www.ingramcontent.com/pod-product-compliance
Ingram Content Group UK Ltd.
Pitfield, Milton Keynes, MK11 3LW, UK
UKHW022041040225
4445UKWH00034B/437

9 780876 123706

人間の永遠の探求

―パラマハンサ・ヨガナンダ講話集 I―

パラマハンサ・ヨガナンダ

Self-Realization Fellowship
FOUNDED 1920
Paramahansa Yogananda

本書について：『人間の永遠の探求』は、パラマハンサ・ヨガナンダ講話集シリーズの第一冊です。1975年に本書が出版され、次いで『Divine Romance』そして『Journey to Self-realization』が出版されました。講話集シリーズには、講話や非公式の講習会の内容、霊感を与える著述等が集録されています。これらはもともと、1925年にスリ・ヨガナンダが創刊したSelf-Realization Fellowship (SRF) の季刊誌（1948年以降の誌名は『Self-Realization』）に掲載されたものです。講話のほとんどは、ヨガナンダ自身が設立したSRFの寺院やロサンゼルスにある国際本部で行われたものです。ヨガナンダは、どのような論題であろうとメモや下原稿は作らず、何の用意もなしにその場で講話をしました。講話は主として、初期の頃からの側近の弟子の一人であったスリ・ダヤ・マタ（第三代SRF会長：1955—2010）の尽力により、現在と未来の世代の人々のために記録保存されました。スリ・ダヤ・マタは、長年ヨガナンダの秘書として仕え、ヨガナンダの霊的・人道主義的活動の推進を補佐しました。そして20年以上にわたり、師の講話や講習会の内容、少数の弟子との会合で師が与えた指針、個人指導の内容の多くを、速記で記録しました。『人間の永遠の探求』によって読者は、様々な問題について、パラマハンサ・ヨガナンダが著述し話した言葉を知ることができます。それだけでなく、この偉大な世界的教師の、力強く愛にあふれた人柄をも知ることができるでしょう。

英語原題：　Man's Eternal Quest
発行者：　Self-Realization Fellowship, Los Angeles (California)
ISBN-13：　978-0-87612-232-7
ISBN-10：　0-87612-232-2

Self-Realization Fellowshipにより日本語に翻訳

Self-Realization Fellowship
国際出版委員会認定

Self-Realization Fellowship (SRF) の名称とシンボルマーク（上掲）は、SRFの書籍、録音物、その他の刊行物すべてに記載されています。これは、それらの作品がパラマハンサ・ヨガナンダによって創立された団体によって出版されたものであり、師の教えを忠実に伝えていることを読者に保証するものです。

Self-Realization Fellowshipにより2016年日本語訳第一版発行
First edition in Japanese from Self-Realization Fellowship, 2016

2016年印刷
This printing 2016

ISBN-13: 978-0-87612-370-6
ISBN-10: 0-87612-370-1

1608-J3835

パラマハンサ・ヨガナンダ
（1893年1月5日－1952年3月7日）

SRF（Self-Realization Fellowship）はこの書を

敬愛するスリ・ダヤ・マタ第三代会長に献げる

――パラマハンサ・ヨガナンダによって語られた
人間の魂を解放する英知と　神の愛の言葉を
現代および後生の人々に伝えるために長年に
わたり記録された　献身的な業績に感謝して――

パラマハンサ・ヨガナンダの聖なる遺産

パラマハンサ・ヨガナンダ全コレクション（著作・講話・非公式の談話）

パラマハンサ・ヨガナンダは、一九二〇年にSelf-Realization Fellowship（ＳＲＦ）*を設立しました。これは、自らの教えを世界中に広め、また次の世代に向けて、その教えの完全さや純粋さを保つようにするためでした。パラマハンサ・ヨガナンダはアメリカでの初期の時代から、多くの本を執筆し講演を行っており、科学的なヨガ瞑想、バランスのとれた生活を送る方法、すべての偉大な宗教の根本的な一致を明らかにすることに関し、多くの名高い業績を残しました。様々な分野を網羅した、他に類を見ないこの聖なる遺産は、今もなお生き続けており、世界中の無数の真理探究者に霊感を与え続けています。

この偉大な師の明確な望みに従って、ＳＲＦは、現在進行中である、パラマハンサ・ヨガナンダ全コレクションを発行し、出版し続ける事業を継続しています。これらの中には、師の生前に発行された最終版の書籍だけではなく、多くの新しい本――一九五二年に肉体を離れたときにはまだ出版されていなかった草稿、ＳＲＦの定期刊行誌に不完全な形で連載されていた原稿、また生前に録音され活字になっていなかった数百の深遠で啓発的な講話や非公式の談話――などが含まれます。

パラマハンサ・ヨガナンダは、ＳＲＦ出版委員会を統率する側近の弟子を、個人的に選んで訓練していました。そして、自分の教えを準備し出版するための特別な指針を与えました。ＳＲＦの出版委員会のメンバー（生涯の禁欲と無私の奉仕を誓願した僧侶・尼僧）は、これらの指針を聖なる信託として大切にし、

愛すべき世界教師の普遍の教えが、原典本来の力と純正さを保つように努めています。

ＳＲＦのシンボルマーク（前頁）は、パラマハンサ・ヨガナンダが定めたもので、自らの教えの公認の発信源として創設した非営利団体を明示するためのものです。ＳＲＦの名称とシンボルマークは、ＳＲＦの書籍や録音・録画物などの刊行物すべてに記載されています。これは、それらの作品がパラマハンサ・ヨガナンダによって創立された団体によって出版されたものであり、師が意図したとおりに教えを伝えていることを読者に保証するものです。

——Self-Realization Fellowship

＊ Self-Realization Fellowship（ＳＲＦ）の名称を、パラマハンサ・ヨガナンダは以下のように説明している。「真の自己を悟ることをとおして神と交わること、また真理を探究するすべての人々との親睦」を意味する。巻末の『ＳＲＦの目的と理想』参照。

序文

私が初めてパラマハンサ・ヨガナンダのお姿に接したのは、一九三一年、ソルトレークシティーで開かれた講演会のときでした。大勢の聴衆が師のお話に魅了されて聴き入っていました。私は満員の講堂の後ろの方で、驚きと感動のあまりその場に釘づけにされたように立っていました。師のお姿と言葉だけが私の心を捕らえて、周りのものはすべて私の意識から消え失せてしまいました。私の魂に流れ込んでくる師の驚くべき英知と、神に対する愛が私の心を押し流して、私の全存在はその中にのみ込まれてしまいました。私に考えることができたのは、ただ、「この方は、わたしがいつもそうありたいと願っていたように神を愛している！　この方は神を知っている！　わたしはこの方についていこう」ということだけでした。そして、その瞬間から私はそれを実行に移したのです。

こうして入門を許されて間もなく、師の言葉がもつ偉大な〝人を変える力〟を自分自身で体験するにつれて、私の中に、来るべき時代のすべての人々のためにどうしてもこの師の言葉を今のうちに記録しておかなければならない、という気持が湧いてきました。そして以来、長年おそばに師事しながら、師の講話やクラスでの講義、多くの非公式な談話や個人的カウンセリングの言葉などを記録することが、私の神聖なしかも喜びに満ちた特権となりました――師の言葉の数々は、まさに崇高な英知と甘美な神との愛の宝庫でした。パラマハンサ・ヨガナンダはよく、講話の途中で急に霊感が次から次へと立て続けに湧いてく

ることがありました。それはお話のテンポがどんどん速まるのでわかりました。数分間息つく間もなく一気に話され、それが一時間も続くのでした。聴講者たちは心を奪われたように身動きもせずに聴き入っていましたが、私のペンだけは飛ぶように走っていました！　私が師の言葉を速記していると、まるで特別な恩寵が私に下ったように、師のお声が即座に紙の上で速記の字に変わるのでした。この速記を普通文に書き直す作業は今だに続いていますが、私にとってそれは、祝福された何よりも楽しい仕事です。あるノートは四十年以上も前のものですが、こんなに長い年月たっても、その仕事を始めると、私にはまるできのう速記したかのように、師の言葉遣いの一つ一つが奇跡のような鮮やかさで頭の中によみがえり、その声の抑揚までが聞こえてきます。

師は、ご自分の講話のための準備らしい準備はほとんどなさいませんでした。したと言えば、事実についてのメモを一つ二つ書きとめるくらいでした。そして、会場へ向かう車の中で、よく私たちの一人に向かって気軽に、「今日の講話の題は何だった？」と尋ねられました。それからその主題に心を集中し、内に蓄えた聖なる霊感によって即席で講話をされたのです。

礼拝堂での講話の主題は前もって決められ、発表されていました。しかし、ときどき講話の初めから、師の心が主題とは全く違う方向に向かうこともありました。その日の主題には頓着なく、師は、講壇に立たれたときに意識を奪われた真理を、ご自分の豊かな霊的経験と直感から流れ出る英知の言葉にして語られました。そのような礼拝のあとには、必ずと言ってよいほど多くの人たちが師のそばに進み出て、ちょうど悩んでいた問題について光明が与えられたとか、かねてから関心を持っていた哲学的概念について説明してくださった、などと言って感謝しました。

講話中、師はときどき意識が高揚して、ほんのしばらく聴講者のことを忘れ、神と直接お話しされるこ

ともありました。そんなとき、師の全存在は聖なる喜びと酔いしれるような愛で満ちあふれます。そのような高揚した意識の中で、師の心は神の意識と完全に一致し、内側で知覚した真理を見たままに描写して聞かせてくださいました。時には、神が聖母様やそのほかのお姿で師の前に現われたり、また、われわれの偉大なグルたちの一人や他の聖者が、師のビジョンの中に姿を現わすこともありました。そのようなときには、そこに出席している人たちまでが、全員その祝福と高揚の恩恵にあずかるのが常でした。本書にも掲げたあの美しい『神よ、神よ、神よ』の詩は、師が深く敬愛しておられたアシジの聖フランシスがこのようにして訪れたときの霊感から生まれたものです。

バガヴァッド・ギーターは、悟りを開いた大師についてこう記しています、「英知の光で無知のやみを追放した人の中からは、神を自覚した真の自己が太陽のような輝きを放つ」(5・16)。もし、パラマハンサ・ヨガナンダの中に、だれに対しても即座に安らぎを感じさせる温かさや、飾らない自然な態度や、柔和な謙虚さが欠けていたら、おそらくだれもがその霊的な輝きに威圧を感じさせられたことでしょう。しかし、聴講者たちはみなそれぞれ、師は自分に向かって個人的に語ってくださった、と感じたのです。師が人から慕われるいろいろな資質の中で特に忘れることのできないものは、巧みなユーモアのセンスでした。話の要点を特に印象づけるために、または、集中を要する深遠な主題についての話がしばらく続いたあとの緊張をほぐすために、師は適切なタイミングで、ユーモラスなジョークや、身ぶり、表情などを使って、聞く人の心からの笑いを引き出しました。

だれに対しても鮮明な印象と親愛感を抱かせたパラマハンサ・ヨガナンダの独特な人柄は、とても言葉や文字で伝えることはできません。しかし、ここに述べた本書の背景についての少しばかりの説明の中に、読者の方々が師の横顔を見られ、それによって本書に紹介された講話を読む楽しみや理解が少しでも豊か

なものになるならば、それが私のささやかな願いです。
長年、神との霊交に入っておられる師をこの目で見、その魂からほとばしり出る深遠な真理と信仰の言葉をこの耳で聞き、それを記録しつづけて今再びその感動を皆さんとともに分かち合えることは、私にとってこの上ない喜びです。師の崇高な言葉によって、皆さんの神に対する不動の信仰への扉がより広く開かれ、愛する父であり母であり、永遠の友であるお方への愛がよりいっそう深められますことをお祈りいたします。

一九七五年五月　カリフォルニア州ロサンゼルスにて

ＳＲＦ（Self-Realization Fellowship）および
ＹＳＳ（Yogoda Satsanga Society of India）
第三代会長　ダヤ・マタ

本書の紹介

人はみな、一つの幸福が終わるたびに、いつまでも変わらない完全な幸福を与えてくれそうな別の何かを求めて、永遠の探求を続けています。この探求は、それを神に求め、神を見つけたときに終わります。神こそがその〝別の何か〟だからです。

――パラマハンサ・ヨガナンダ――

パラマハンサ・ヨガナンダの講話を集録した本書は、かつて失望、不満、落胆、悲しみ、あるいは、霊的な問題についての満たされない願望や疑問、などを経験したことのあるすべての人たちのための本である。この本はまた、生命の謎を解こうとしている人や、神の存在を実際に確かめることができたら、と思っている人や、また、すでに神への道を歩みはじめている求道者のための本でもある。願わくば本書が、それぞれの読者に新しい人生と、霊感と、方向感覚をもたらす、人生の道筋を照らす聖なる灯火とならんことを――。神は、すべての人にとって、すべてである。

『人間の永遠の探求』は神についての本である。すなわち、人生において、われわれが願望や、意志や、大望を抱き、それらを達成するとき、その中で神がどのような位置を占めているかについて語っている。生命も、人間も、そのいかなる業績も、すべては唯一にして至る所に遍在する創造主なる神の顕現にすぎ

ず、ちょうど波が海なしでは存在しえないように、それらもまた神なしでは存在しえない。パラマハンサ・ヨガナンダは、神がなぜ、どのようにして人間をつくられたのか、人間はどうして永遠に神の一部なのか、また、それが各個人にとってどのような意味をもっているのか、について説明している。人間が自らの造り主との一体性を取り戻し、自覚することは、ヨガの真髄でありすべてである。神が人間にとって、人生のいかなる場面においても必要不可欠なものであることを理解すれば、人は、宗教を現実ばなれした別世界のものとする考え方を改め、神を知ることこそ、生きることの意義を科学的、実際的に探究するうえの根本であることがわかるであろう。

パラマハンサ・ヨガナンダは、宗教家としても、また古代の聖なる科学、ヨガの権威としても、同時代の精神的、霊的研究者や宗教者たちから、また、その著書を通して師を知った世界各地の人々から――信奉者のみならず文筆家や一般の読者を含めて――最高の評価と賛辞を受けた。さらに師が、〝至高の権威者〟からも最高の賞賛を贈られたことは、師の模範的な生涯の随所に見られる明らかな神の祝福や、師が神との霊交やビジョンの中で受けた、独特な啓示に満ちたえも言われぬ美しい神の応えの中に十分に証明されている。師の著書『あるヨギの自叙伝』について、コロンビア大学出版部の『宗教評論』に載った書評は、この本が受けた賛辞の代表的なものであった――「ヨガをこのような形でここまで深く紹介したものは、英語でも他の西欧語でも、いまだかつてなかった」。また、サンフランシスコ・クロニクルは同じ本について、「ヨガナンダはヨガに、近代人にも納得のいく説明を加えている。初めはばかにして読み始めた人も、読み終わったあとは、神への祈りを禁じえないであろう」と評し、ドイツのシュレースヴィヒ・ホルスタイン日報は、「われわれは、この本が人間に精神的革命をもたらす力をもっていると確信する」と報じた。インドのリシケシでディヴァイン・ライフ・ソサイエティーを創立したスワミ・シヴァナンダは、パラマ

ハンサ・ヨガナンダについて、「計り知れない価値をもつたぐいまれな宝石にも似た人物を、世界は今目撃している。彼、パラマハンサ・ヨガナンダは、インドの栄光である古代インドの哲人や聖者たちを代表する理想的な偉人である」と語っており、南インドの数百万の人々の精神的指導者であるカンチプラムのスワミ・シャンカラチャリヤは、パラマハンサ・ヨガナンダについてこう書いている――「現代の世界におけるヨガナンダの存在は、暗やみに輝くまぶしい灯火のような存在だった。あのような偉大な魂は、まれに、人類がそのような人を真に必要とするときにしか地上に降りて来ない。われわれは、ヨガナンダがヒンズーの哲学をあのようなすばらしい方法でアメリカと西洋に広めてくれたことに深く感謝している」

パラマハンサ・ヨガナンダは、一八九三年一月五日、インドに生まれた。子供のころから、彼は、やがて聖なる使命に生涯を献げることを示すはっきりとした兆しを見せていた。彼の母はそれを認めて、彼の崇高な理想と霊的な情熱を折にふれて励ました。十一歳のとき、彼がこの世で最も愛していたその母が急逝した。このことが、神を見つけて、人間だれもが心の奥で求めている答えをわれわれの造り主である神に直接求めよう、という生来彼の中にあった決意を確固たるものにした。そしてやがて、偉大なギャナアヴァター（英知の権化）、スワミ・スリ・ユクテスワの弟子となった。スリ・ユクテスワは、一連の偉大なグルの系統に属する一人で、ヨガナンダが師事すべく生まれながらに定められていたグルだった。ヨガナンダの両親とスリ・ユクテスワとは、同じラヒリ・マハサヤの弟子であった。ヨガナンダがまだ母の腕に抱かれていた赤子のとき、ラヒリ・マハサヤは彼を祝福してこう予言した、「若いお母さん、あなたの息子さんはヨギになりますよ。神と人との掛け橋になって、多くの魂を神の国へ導いて行くでしょう」。ラヒリ・マハサヤはマハアヴァター・ババジの弟子で、ババジは、古代の霊的科学クリヤ・ヨガを現代に復活させた不死身の大師である。クリシュナがバガヴァッド・ギーターの中でたたえ、パタンジャリがヨ

ガ・スートラの中で賞賛したように、クリヤ・ヨガは、魂を神との合一に導く霊的な瞑想の技法であると同時に、現実の人生と日常生活の〝生き方〟でもある。ババジはラヒリ・マハサヤに聖なるクリヤの秘技を明かし、ラヒリ・マハサヤはそれをスリ・ユクテスワに伝え、彼がパラマハンサ・ヨガナンダに教えたのである。

一九二〇年、パラマハンサ・ヨガナンダがこの聖なるヨガ科学を世界に広める使命につくべき時が来たとき、ババジは彼に、その果たすべき聖なる任務を告げて言った、「お前は、わたしがクリヤ・ヨガの福音を西洋に広めるために選んだ使者なのだ。今から何年か前、わたしはクンバメラで、お前の師ユクテスワに、お前を彼のもとに送るから訓練してくれるようにと頼んでおいたのだ。クリヤ・ヨガは神を知るための科学的技法として、ついにはあらゆる国々に広まるだろう。そして、各人が超感覚的知覚を通して無限の父に目覚めるようになり、それが国々の和合のうえに役立つだろう」

パラマハンサ・ヨガナンダは、一九二〇年、ボストンで開催された国際宗教自由主義者会議にインド代表として出席した後、その使命であるアメリカでの活動を開始した。それから十年余、師はアメリカ全土を縦横に旅行し、毎日のように主な都市で満員の聴衆を集めて講演した。一九二五年一月二十八日付けのロサンゼルス・タイムズはこう報じている、「フィルハーモニー公会堂は開会一時間前に三千の座席が満席になり、千人以上が入場を断わられるという空前の盛況を呈した。その中心人物はスワミ・ヨガナンダである。一人のヒンズー教の僧侶が、このキリスト教国アメリカの真っただ中に神をたずさえて乗りこみ、キリスト教教義の真髄を説いた」。師の雄弁な説話と明快な解釈によって、ヨガがだれにでも行なえる普遍的な科学であり、すべての真の宗教が最後には取り入れなければならない宗教の本質的要素であることが明らかにされたことは、西洋にとって大きな意味をもつ啓示であった。

一九二五年、パラマハンサ・ヨガナンダは、アメリカにおける活動の拠点として、ＳＲＦ(Self-Realization Fellowship）の本部をロサンゼルスに設立した。これは、これより前一九一七年に、師がインドで創立したＹＳＳ（Yogoda Satsanga Society of India）の国際本部である。

一九三〇年代後半になると、パラマハンサ・ヨガナンダは、国内各地の一般聴衆を対象とする講演を減らし始めた。「わたしは一般大衆に話すよりも、神を真剣に求める魂たちに向かって話したい」——師はこう言って、その後は、真剣な学習者が集まるヨガ教室での講義に専念し、主にＳＲＦの本部や他のＳＲＦの礼拝堂で講話を行なった。本書に集録した講話は主としてこの時期のものである。

パラマハンサ・ヨガナンダはかねがねこう予言していた、「わたしはベッドの中では死なない。靴を履いたまま、神とインドのことを語りながら逝くだろう」。一九五二年三月七日、この予言は成就した。インド大使Ｂ・Ｒ・セン氏のための晩餐会の席で、パラマハンサ・ヨガナンダはゲストスピーカーとしてスピーチを行なった。師は人々に感動的な話をしたあと、結びに自作の詩『わがインド』の中からこう引用した、「ガンジス河、森、ヒマラヤの洞窟、そして人々が、神を夢みる地よ——わたしは清められた。その地に、わたしの身体が触れたから」。そう言うと師は視線を上に向け、偉大なヨギが意識的に地上を離れるときのマハサマディに入った。こうして、師はいつもと同じように、人々に神を知ることの大切さとすばらしさを説きながら世を去ったのである。

師のアメリカにおける初期の講話は、断片的な記録しか残っていない。しかし、一九三一年、スリ・ダヤ・マタがパラマハンサ・ヨガナンダの弟子になってからは、彼女が、師の講演や講話を後世のために忠実に記録するという神聖な役割を引き受けた。本書にはその中の代表的な講話を集録したが、そのほかの多くの記録——特に、ＳＲＦのヨガ教室で師が生徒たちに与えた個人的な助言や、瞑想の技法と原理につ

いての説明など――は、師の指示により、他の著作物と組み合わせてＳＲＦのレッスン（通信講座）に編集され、また、一部の講話はＳＲＦの会誌にも定期的に掲載されている。

本書の講話の多くは、ＳＲＦの教えをすでにある程度学んでいる人たちに向けて語られたものであるため、一般の読者のためには特定の用語や哲学的概念などについての簡単な解説が役立つと思われた。そこで、多くの脚注を加え、また、サンスクリットや哲学用語の説明と、師の生涯や業績にかかわりのある出来事、人物、場所などの説明を「用語解」として巻末に付した。なお、本書の中のバガヴァッド・ギーターからの引用文はパラマハンサ・ヨガナンダ自身の訳である。

パラマハンサ・ヨガナンダは、イエスに倣って、「わたしが来たのは律法や預言者たちを廃するためだと思ってはならない。廃するためではなく、完成するためである」（マタイ５・17）と言うことができたであろう。師は、すべての宗教とその創始者を尊敬し、また、真剣に神を求める人にはだれにでも敬意を払った。パラマハンサ・ヨガナンダの世界的使命の重要な要素の一つは、イエス・キリストが教えた当初のキリスト教と、バガヴァン・クリシュナが教えた当初のヨガとの、完全な調和と基本的な一致を明らかにすることであった（470ページの「ＳＲＦの目的と理想」参照）。昔から宗教間の教義の違いが多くの深刻な対立や紛争の原因をつくってきたが、師は、そうした教義の違いを超えた、すべての宗教に共通する宗教の普遍的な基盤である神との霊交が、ヨガの実践によって果たせることを自分で実証して見せたのである。教義のみを説く宗教の単なる抽象概念は、神の実体験の前にしだいに魅力を失ってゆくであろう。神の存在は――他の霊的真理も含めて――人が人にどのように説明しても完全に証明できるものではないが、ヨガを実践する求道者は、それを自らの体験によって確認することができるのである。

このように、神は現実の存在であり、真剣に求めさえすれば、だれでも知ることができる。われわれは、

神の力を借りなければ、行動したり、考えたり、感じたりするために必要な命も力も持つことができないが、神を知ることによって、どんな力も成功もその源である神から自由に引き出すことができるとすれば、それを試さずに自分を無力者と決めて卑下すべきではないであろう。「神を知ることは、人間の特権であり神聖な義務であるばかりでなく、現実生活のうえにも必要な事である」とパラマハンサ・ヨガナンダは指摘している。

この本に含まれる英知は、学問から得た学者の知識とは異なり、内なる歓びと現実の成功とに満ちた生涯をダイナミックに生きた霊的偉人の、経験に基づく証言である。パラマハンサ・ヨガナンダは、自分が人に教えたとおりに自分の生涯を生きた、世界の教師であり、神の愛と英知をすべての人々と分かちあうことを唯一の願いとしたプレマアヴァター（愛の権化）であった。

一九七五年 五月

SRF（Self-Realization Fellowship）

目次

写真イラスト

講話一　人は初めどのようにして神を見つけたか

（一九三四年十一月十一日　SRF本部における講話）

われわれは、人間が最初どうして医術を思いついたのか容易に理解することができます。つまり、人がけがや病気で苦痛を感じたため、それを癒す方法を探したのです。では、どうして神を見つけようと思ったのでしょうか？　それを理解するには、もう少し深く考えてみる必要があります。

インドのヴェーダ[1]の中には、神についての最も古い、しかも真実の概念が記されています。このインドの聖典は、長い時の検証を経た不滅の真理を世界に提供してきました。

「必要は発明の母」と言われているように、どんな発明も、その動機は必要性でした。同様に、古代インドの賢者《リシ》[2]たちも、必要に迫られて霊的探究に取り組みはじめたのです。彼らは、どんな外面的成功や繁栄を手に入れても、内面的な満足がなければ永続性のある真の幸福は得られないことに気がつきました。では、どうすれば真の幸福が得られるのか？　これが、インドの賢者たちの取り組んだ問題だったのです。

自然が現わす三つの相

有史以前の礼拝は、大自然のさまざまな力に対する人間の恐怖から始まりました。大雨が降ると、大勢の人が洪水で死にました。すると、人々は恐れて、雨や風やそのほかいろいろな自然の力を、それぞれ神と考えました。

やがて人間は、自然が、創造、存続、破壊という三種類の相《すがた》で働いていることを知りました。例えば、波は、海から立ち上がるとき創造の状態を現わし、次にしばらくその高さを保って存続し、最後に砕けて海の中に消滅します。

イエスが、宇宙的な悪の力を人格化してサタンと呼んだように、インドの賢者《リシ》たちも、創造、存続、破壊という宇宙の三つの力を人格化して観ました。そして、創造者をブラフマ、保存者をヴィシュヌ、破壊者をシヴァと名づけました。これらの始原的力は、非顕現の霊である神が、ご自分の創造劇を上演するためにご自身を投影してつくられたものですが、神ご自身は、依然としていっさいの被造物を超越して、それらの意識の背後

パラマハンサ・ヨガナンダ(1926年 ニューヨークにて)

に隠れています。そして、一つの宇宙が壊滅するたびに、あらゆる被造物と、それらを動かしていた膨大なエネルギーは、本源である神の霊の中に溶け込み、次の新しい役割を演じるために、再びかの〝偉大な監督〟から呼ばれるまで休息に入るのです。[3]

ブラフマ、ヴィシュヌ、シヴァの物語

インドには、ブラフマとヴィシュヌとシヴァに関する一つの物語があります。あるとき、三人がそれぞれのすばらしい力について自慢し合っていました。するとそこへ一人の少年が現われて、ブラフマに、

「あなたは何をつくることができますか?」

と尋ねました。ブラフマは胸を張って、

「わたしは何でもつくり出すことができる」

と答えました。少年は、ほかの二人に向かって、

「あなたがたは?」

と尋ねました。二人はそれぞれ、

「わたしは何でも保存する」

「わたしは何でも破壊する」

と答えました。

少年は、つま楊子ほどの大きさのわらくずを一本手に持っていました。そして、それをブラフマの前に置いて、

「では、これと同じわらをつくることができますか?」

と尋ねました。ブラフマはそれと同じものをつくろうとしましたが、驚いたことに、いくら努力してもつくることができませんでした。少年は次に、ヴィシュヌに向かって、

「あなたは、このわらくずが消えないように助けることができますか?」

と尋ねました。わらは、少年に見つめられて少しずつ消え始めました。ヴイシュヌは、それを元の形に保とうとしましたが、その努力はむだでした。最後に少年は、もう一本わらをつくり出して、シヴァに、それを消滅させることができるか、と尋ねました。しかし、シヴァの努力にもかかわらず、小さなわらは元のままでした。

少年は、もう一度ブラフマに向かって尋ねました。

「私をつくったのもあなたですか?」

ブラフマは一生懸命考えましたが、このような驚くべき力をもつ少年をつくった覚えはありませんでした。すると、少年の姿は突然消えてしまいました。三人の神々は、そこで初めて迷いから覚め、彼らの力の背後にはもっと偉大な力が働いていることに気がついたのです。

根本原因としての神

西洋では、神の概念は、因果の法則を観察することから発達しました。人が、地球から素材を取り出し、あらかじめ心に描いた構想に従ってそれを成形すると、目的の物が出来上がります。このことから研究者たちは、この宇宙全体も構想を基につくり出されたに違いない、と考えました。そして、すべてのものが初め構想として存在したとすれば、その構想すなわち宇宙計画をつくっただれかがいる、と考えました。こうして人間の理性は、因果の法則から根本原因の存在を推論したのです。

科学は、ちょうど家がれんがを材料として造られているように、すべての物が、電子と陽子という目に見えない素材によって造られていることを発見しました。しかし、なぜある電子と陽子は木になり、別の電子と陽子は石になったり人間の肉や骨になったりするのか、だれにもわかりません。どんな知性がそれを導いているのでしょうか？　こうした一連の疑問は、自然界の性質を研究する科学者にも、神の存在を考えに入れる余地を与えます。インドの賢者たちは、「すべてのものは、この根本原因すなわち神から生じ、再びそこへ戻ってゆく」と言っています。

至る所に見られる秩序と調和

初め、西洋の研究者たちは、人間がみな物質と心の複合体であると感じられることから、宇宙にも、大自然と心という二つの別々の力が存在する、と確信しました。その後、彼らは考えました――

「なぜ自然界の万物は、それぞれ特定の様式に配列されているのだろう？　なぜ人間の腕はみな左右同じ長さに出来ているのだろう？　なぜ大空の星は、互いに規則正しく運行しているのだろう？　宇宙には、至る所に秩序と調和が見られる！」

そして彼らは、

「心と物質は、それぞれ互いに無関係に存在しているのではなく、唯一の知性によってすべてが支配されているに違いない」

と結論しました。この結論から自然に、

「唯一の神があって、それは万物の根本原因であり、しかも万物に内在しかつ背後にあってそれらを導いている知性でもある」

という考えに達したのです。最高の英知に達した人たちは、すべてのものの本質はその現われている形相《すがた》の背後に隠れている神の霊であることを実際に知覚し体験しています。もし、あなたにもこの知覚能力があれば、神が万物の中におられることがわかるでしょう。では、先人たちはどのようにして神を実際に見つけたのでしょうか？

1920 年から 1935 年まで、パラマハンサ・ヨガナンダはアメリカ全土を縦横に旅行し、毎日のように主な都市で満員の聴衆を集めて講演した。ロサンゼルス・タイムズはこう報じている、「フィルハーモニー公会堂は開会 1 時間前に 3 千の座席が満席になり、千人以上が入場を断られるという空前の盛況を呈した。その中心人物はスワミ・ヨガナンダである。 1 人のヒンズー教の僧侶がこのキリスト教国アメリカの真っただ中に神をたずさえて乗り込み、キリスト教教義の真髄を説いた」

まず初めに、彼らは目を閉じて視覚による外界との接触を遮断し、目に見える現象の背後で働いている知性を感じ取ることに意識を集中しました。彼らは、「神の存在は五官の感覚では見つけることができない」と考えたからです。彼らは意識の集中を深めることによって、自分の内部に神の存在を感じ取ろうと努めました。そしてついに、五官の感覚をすべて遮断する方法を発見し、一時的に物質的意識から完全に離れることができるようになったのです。すると、しだいに内なる霊の世界が見えて来ました[4]。不屈の忍耐をもって内的探究に没頭した古代インドの偉人たちに、神はついにご自身を現わされたのです。

信仰と正しい行動が神の注意を引く

こうして、聖者たちの神に対する知的理解は、しだいに、神を実際に知覚する体験へと変わっていきました。ですから、あなたがたも神を知ろうと思ったら、それと同じことをすればよいのです。あなたがたは神に祈るとき、十分な時間をかけていません。あなたはまず、神についての正しい概念をもつことが必要です。神についての明確な考えをもつことによって、あなたと神との関係が形成されるからです。そして、その考えが実際の体験に変わるまで瞑想[5]し、祈りなさい。そうすれば、神を知ることができます。あくまで忍耐強くつづければ、神は必ずあなたの前に現われてくださいます。神は、たえず人々の心の中を探しながら、純粋なまことの愛だけを求めておられます。神は幼な子のように、われわれがいくら財産を差し出して呼んでも見向きもしませんが、ご自分に対する愛の呼び声には、すぐに駆け寄って来られます。

神を求めるときは、下心があってはなりません。ただ無条件の、いちずな、不屈の信仰をもって祈るべきです。神に対する愛が、自分のからだに対する愛着と同じくらい強まれば、神はあなたに来られるでしょう。

信仰の次に重要なのは行動です。「神は力だから、何事も積極的に行動しよう」と言う人がいます。あなたが積極的に善行を行なうとき、もし、たえず神のことを第一に考えて行なうならば、それによって神を知ることができるようになりますが、善いことをしているつもりでも、心の持ち方によっては、同時に悪を行なっている場合があります。教会活動に熱心な牧師が、いくら大勢の信者を集めても、もし彼の心の中で、神に対する思いよりもその活動に対する自己満足が優先していたら、神を喜ばせることにはなりません。何をするにも、内にいます聖なるお方のことを第一に考えることが肝心です。

あなたが自我の欲望を完全に捨てて、何事も神に対する愛をもって、ただひたすら神のために行なえるようになったとき、

神はあなたに来られます。そのときあなたは、自分が生命の大海原であり、万物は自分の中で揺れ動いている無数の小さな生命の波であることを知るでしょう。これが、行動を通して神に至る道です。何をするにも、それを始める前も、している最中も、終わったあとも、神のことを考えているようになれば、神はあなたに来られます。この世に生きているかぎり、あなたは働かなければなりませんが、あなたを通して神に働いてもらいなさい。これが、信仰における最も大切な姿勢です。歩いているときは、神が自分の足を通して歩いていると思いなさい。働いているときは、神が自分の手を通して働いていると思いなさい。何かを成し遂げようとしているときは、神が自分の意志を通して成し遂げようとしているのだと思いなさい。こうしてたえず神のことを考えていれば、神を知ることができるようになります。また、神を忘れた行動よりも、霊的向上に役立つ行動、神をたえず意識しながら行動することを好むよう、理性を養いなさい。

瞑想は行為の最高の形式

このように、行動も信仰心も理性も、神を求めるときの重要な要素ですが、そのどれよりも偉大なのが瞑想です。真の瞑想とは、注意力と意識を完全に神に集中する、霊的行為です。瞑想は、人間のいろいろな行為の中の最高の行為であり、神を見つけるための最もバランスのとれた方法です。もしあなたが、朝起きてから夜寝るまでただ働くだけだったら、機械のような人間になり、仕事に追われているうちに神を見失ってしまうでしょう。また、もし思索だけによって神を求めようとすれば、果てしない理論の迷路の中で神を見失ってしまうでしょう。さらにまた、もし信仰心だけに頼ろうとすれば、その進歩は、とかく単なる心情的なものになってしまうでしょう。瞑想は、それらの方法を結び付けてバランスを取ります。

働くのも、食べるのも、歩くのも、泣くのも、笑うのも、瞑想するのも、ただ神のためにしなさい。これが最善の生き方です。こうして神を愛し、神に仕え、神と交わりながら生きるとき、あなたは真の幸福を感じるでしょう。肉体的欲望や弱さに自分の考えや行動を支配されている間は、神を見つけることはできません。常に自分のからだの主人でありなさい。あなたは、教会や寺院で礼拝するだけでもある程度は信仰心の高揚や霊的な啓蒙を感じるかもしれませんが、それだけでは不十分です。ほんとうに神を知ろうと思ったら、瞑想という霊的行為が必要です。

あなたがたは、二時間も瞑想して座っていたらさぞかし退屈するだろう、と思うかもしれませんが、そんなことは決してあ

りません。瞑想中に来てくださる神ほど私を酔わせてくれるものはありません。この魂の美酒を飲むとき、大空いっぱいの幸福が私の心をときめかせます。この聖なる喜びはだれの中にもあるものですが、ちょうど太陽の光が木炭とダイヤモンドを平等に照らしてもダイヤモンドしかその光を反射しないように、神を知り、それを反映するのは、ダイヤモンドのような澄んだ心だけです。

このように、神を知る秘密の鍵は、心を澄ますための霊的行為である瞑想の中にあります。私が咎めたいのは、あなたがたのしている事ではなく、していないことです。あなたがたは、神のために割く時間などない、と思っているかもしれませんが、もし神が、忙しくてあなたがたの面倒を見る時間はない、と言われたらどうなると思いますか？　あなたの心を、感覚や習慣の妄想から取り戻しなさい。いつまでもだまされていてはなりません。私は、この世のどんなものよりもすばらしい国のあることをあなたがたに知ってもらいたいのです。昼も夜もあなたを喜びに酔わせ、感覚的誘惑には見向きもしなくなるほどの幸福があることを知ってもらいたいのです。ですから、そのために体と心を訓練し、感覚を制御することを学びなさい。そして神を見つけなさい。

私はよく、この肉体は電話の交換機で、五官はその端末の電話機のようなものだと言います。私は、それらを通してこの世界と接触していますが、この世界から離れたいときは、五官電話のスイッチを切って神の至福の中に引っ越します。天の父は、子供であるあなたがたがこれ以上苦しむのを望んではおられません。あなたは今、感覚の惑わしによる迷妄の中に住んでいますが、今こそその迷妄を克服して、神こそが人生にとって真に必要不可欠なものであることを認識すべきです。あなたを束縛している誤った先入観や、日常の惰性的習慣や悪習を打ち破りなさい。私は、人を咎めようとは思いませんが、ただ神に対する無関心と不信仰だけは別です。瞑想の技法を用いれば、神は、知ることができるのです。ひとたび神を知れば、神はあなたの中で英知となって働き、至福となってときめき、あなたは今までになかったほど生き生きとし、成功するでしょう。

私も、かつてはあなたがたと同様、真理と幸福を地上に求めてさまよいました。しかし、そこで喜びを約束してくれたものは、どれも結局、失望をもたらしただけでした。そこで私は、それを神に求めることにしたのです。あなたがたも、自分の内なる神性を発見して、自分で神の国をかち取りなさい。

真の自己こそおのれの救い主

今まで述べてきた真理は、あなたがたに、単なる一時の精神

的高揚を与えるために述べたのではありません。よく消化して、自分の生涯の最高の指針として活用してもらうためです。あなたがたは、まだ自分にとって何がほんとうに善いことなのか理解していません。あなたがたが間違った行為をするとき、魂はあなたにとって敵となります。魂と手を結べば、魂はあなたを助けてくれます。あなたの救い主は、真の自己であるあなたの魂以外の何物でもありません。[6] あなたを束縛しているのは、あなたの悪習と無知です。あなたが苦痛を味わうのは、自分の悪習の言いなりになっているからです。あなたに与えられた貴重な時間を大切に使うために、もう少し先の人生のことも考えなさい。ヒンズー教徒の間にこんな言葉があります――「子供は遊びに忙しく、若者は恋に忙しく、大人は心配事で忙しい。神に忙しい人のなんと少ないことか！」

　世間的に成功すれば幸福になれる、という妄想は捨てなさい。いくら出世しても、いくら財産ができても、あなたの幸福感は満たされないでしょう。あなたの心は、永遠の幸福を求めているからです。自分の内なる神を見つけて、真の自己こそ神であることを知りなさい。「自分はどこから来たのか？」――あなたの知性が投げかけるこの最高の問いに、あなたは確実に答えられなければなりません。

　神や永遠の生命は、単なる絵そらごとではありません。自分が滅ぶべき存在であると信じて死ぬことは、自分の内なる真の自己に対する最大の侮辱です。いつまでも迷妄《マーヤ》[7]の横暴を許して、神の子である自分自身をみすみす死神のいけにえにしてはなりません。

神を求める能力は理性によって与えられる

　神は、すぐそこにおられます。神は人間に、自由意志と能力と理性を与えられました。人間は、理性という贈り物のおかげで神を見つけることができるのです。神を忘れ、ただこの世の楽しみを追いかけて人生を送っている人は、神から贈られた能力をむだに使っているのです。

　理性という鍵を使いなさい。理性は、動物や木石の中にはありません。神は、人間がマーヤの妄想から脱け出すように、理性を与えられたのです。もし、あなたの自我や悪習が、理性を押さえつけてわがまま勝手に振る舞ったら、幸福は来るのでしょうか？　もし、人々があなたの前にひざまずいて、何でもあなたの言いなりになれば、あなたは幸福でしょうか？　イエスが荒野でサタンに誘惑されたとき、彼はサタンよりも神を選びました。彼は、この世のものはいくら魅惑的に見えても長続きしないことを知っていたからです。彼は、この世のいかなる富よりも偉大なものをすでに見つけていたのです。多くの人々が

求めているものは、やがて朽ち果てるものばかりです。しかし、神を選んだイエスは、遍在の神の国で永遠の喜びを味わっています。あなたがたも神を目標とする人生を選ぶべきです。

　あなたは自分の魂を、過去幾生涯を通じて物質意識の眠りの中に埋もれさせ、死と苦しみの悪夢で脅かし、痛めつけてきました。自分が魂であることを悟りなさい。あなたの感情の背後にある感情、あなたの意志の背後にある意志、あなたの能力の背後にある能力、あなたの理性の背後にある理性こそ神であることをいつも思い出しなさい。心を鎮めて、自分の考えを内なる魂の直感と完全に調和するよう結び付けなさい。そして、瞑想の静寂の中で、この世の自分というかりそめの存在をすべて忘れて魂の聖所に深く入り込むことにより、自分が何物にも侵されない聖なる存在であることを自覚しなさい。

　もっと自分自身の内面を観なさい。そして、神が至る所に遍在したまうことを思い出しなさい。超意識[8]の中に深く入り込むことによって、あなたの心は永遠の次元を通って加速され、大空の星よりも遠くまで行くことができます。人間の心には、その奥にある真理を照らし出すために、超意識光線を照射するサーチライトが備え付けられているのです。それを使いなさい。

　天国は、あなたが自分から出かけて行かなければ見ることはできません。何もしないで待っていても、天国はやって来ません。だれでも、自分の道は独りで歩いて行かなければならないのです。今すぐ、神を求める決心をしなさい。大勢の人が神を求めるようになれば、そのとき、神と神の愛とに導かれた世界連邦[9]が実現するでしょう。

　私がこうして説明しているのは、あなたがたに単なる一時的な感動や励ましを与えるためではありません。私は、あなたがたの霊的無知の暗やみの中に英知の照明弾を打ち込み、それが照らし出す光で、あなたがたが私の語っている真理を自分で実証してくれることを願っているのです。

二つの道――行動と瞑想

　神に近づくには、要約すると、二つの主要な道があります。一つは外面的な道であり、もう一つは内面的な道、すなわち霊的行為による道です。外面的な道とは、正しい行為による道、すなわち、たえず神を意識しながらすべての人々を愛し、それに奉仕する道です。霊的行為とは、深層の意識を開発する深い瞑想です。この瞑想によって、あなたは、今まで自分だと思っていたものはどれも自分ではなく、自分はそれらを超えた聖なる存在であることを発見します――「わたしは呼吸でもなく、肉体でもなく、理性でもなく、感情でもない。わたしは呼吸、肉体、理性、感情の奥にある存在である」と。あなたが今の意

識から脱け出して、自分が肉体でも心でもないことを悟ったとき、そこに、今までとは違った自分が存在するのに気づきます。その聖なる意識こそ、あなた自身です。ヒンズー教徒がタット（彼、それ）と呼んでいるその聖なる意識こそ、宇宙万物の根源であり、真のあなたなのです。

目を閉じて、暗やみの背後に何があるかを探しなさい。そこが探検すべき場所です。

「光はやみの中で輝いている。やみは光を理解しなかった」（ヨハネによる福音書１・５）

そこに、巨大な光と宇宙エネルギーが動いています。

大空いっぱいに感じられる永遠の至福

サマディ[10]は、喜びに満ちた経験です。輝かしい光の中で、あなたは、無数の世界が至福の喜びの大空に浮かんでいるのを見るでしょう。このいっときの人生を真実のように錯覚させる霊的無知を追放しなさい。永遠のサマディなる神の懐に入る力を身につけて、このすばらしい喜びを経験しなさい。輝かしいオーロラと永遠の至福が、大空いっぱいに感じられるでしょう。

「人のからだの内奥には不滅の魂が宿っており、それは万物を支えているタットの火花である」と聖賢たちは明言しています。自己の魂を自覚した人はこの真理を知っていて、こう言います――

「わたしは有限の万物を超越している。今わたしには、この宇宙大自然が、唯一にして常に新たな喜びである神の巨大なみ体であり、自己表現のみ姿であることがわかる。わたしは大空の星であり、大洋の波であり、万物を存在させている大生命である。わたしはすべてのものの心の中にある笑いであり、すべての花々と、すべての魂の中にあるほほ笑みである。わたしは万物を支えている英知と力である」と。

あなたも、このような意識を自分の内に実現しなさい。私の言葉は、あなたがたの内部でいつまでも鳴りつづけるでしょう。しかし、あなたが迷妄の中で夢を見ている間はそれに気づきません。あなたがそこから目覚めたとき、私の語った真理が魂の中で脈打っているのに気づくでしょう。瞑想しなさい。そして、魂を開放するこの教えを実行しなさい。これ以上時間をむだにしてはなりません。私がここへ来たのは、インドとアメリカの親善のためではありません[11]。あなたがたの眠っている記憶を呼び起こして、自己の不滅の本性を思い出させるためです。あなたがたに、自分の苦しみや悩みが、自分自身の霊的無知から来ていることを知らせるためです。あなたがたを、自己の内なる光に気づかせるためなら、私はどんな苦労もいといません。

永遠の自由の中に自己を開放しなさい！

（1）「ヴェーダ」のサンスクリットの語源は〝知る〟の意。ヴェーダは約十万に及ぶ対句から成る吟唱形式の聖典集で、その起源はあまりにも古く不明である。紀元前三千年ごろ聖哲ヴィヤーサが出現するまでは、何世紀にもわたって口伝により伝承されてきたが、彼は初めて自分の口述を記録させ、リグ・ヴェーダ、サーマ・ヴェーダ、ヤジュール・ヴェーダ、アタルヴァ・ヴェーダの四部に分類した。

（2）「リシ」の語義は〝預言者〟。太古のインドで、霊感によりヴェーダの真理を会得した聖賢たちをいう。

（3）「ブラフマの昼の長さは一千ユガ（宇宙周期）で、夜の長さも一千ユガである。ブラフマの朝が来ると、万物は隠れた状態から再び顕現する。そして夜が来ると、それらは非顕現の眠りの中に潜没する」（バガヴァッド・ギーター　8・17―18）

（4）「実に、神の国はあなたがたの内にあるのだ」（ルカによる福音書17・21）

（5）瞑想とは神に対する精神集中をいう。すなわち、ヨガの科学的技法を用いて注意力を肉体意識が引き起こす散漫から解放して神に向けて固定すること。これによって瞑想者の注意力と意識は、神との霊交と合一に向けて集中的に注がれる。

（6）「人は自己を向上させるべきであり、堕落させてはならない。〔自我意識の〕自己を〔魂としての〕真の自己に更生させよ。真の自己は、更生した自己にとっては友となるが、更生しない自己にとっては敵である」（バガヴァッド・ギーター　6・6）

（7）「マーヤ」の語源は〝計る〟の意。マーヤ（迷妄）とは神の創造活動における魔術的な力、すなわち宇宙的幻影をつくり出す力で、これによって、本来一体で無限のものが個々別々の有限のもののように現われる。神の宇宙ドラマ（リーラ）のシナリオにおけるこの惑わしの力の役割は、人間に無知のヴェールをかぶせて、その意識を神から物質へ、実在するものから実在しない幻影へとくらませることである。

（8）超意識は、直観的な、全知の、魂の意識状態。超意識の心とは、魂のもつ全知の能力（直覚）。（用語解「霊眼」参照）

（9）アメリカの各州が、それぞれの自治を保ちながら同じ理想と目標によって一つに結ばれているように、この地上に神の国が実現するときも、世界の国々は協調と同胞愛のきずなで一つに結ばれなければならない。

（10）サマディは、瞑想の最終目標である神との合一を達成したときに経験される霊的至福状態。

（11）パラマハンサ・ヨガナンダは、東洋と西洋の文化交流を進めるための一助として、ときどきＳＲＦの本部で懇親会を催したが、ここでは、この講話のあとに予定されていた午餐会のことを指している。

講話二　ヨガの普遍性

（一九四四年五月二十一日　ハリウッドの教会における講話）

ヨガは、個人の魂を再び神に合一させるための、一連の科学的修行体系です。われわれは神から下って来ましたが、再び神のもとへ昇って行かなければなりません。われわれは父なる神と、意識のうえで分離してしまったため、再び元の一体性を取り戻さなければなりません。この意識的分離という自らの錯覚から脱して、神との一体性を回復する具体的方法を教えるのがヨガです。詩聖ミルトンは、人間の魂と、どうすればそれが再び楽園に戻ることができるか、ということについて書いていますが、これこそヨガの目的です。すなわち、ヨガもまた、人が神との一体性を自覚する魂としての意識を取り戻して天の楽園に帰る――そのための方法を教えることを目的としているのです。

世界のさまざまな宗教は、程度の差こそあれ〝信じる〟ということを基にしています。しかし、真の宗教の基は、すべての人々を唯一の父なる神のもとへ導く〝科学〟に置くべきです。ヨガはその科学です。今や宗教にも、科学を取り入れることが必要不可欠です。昔から、いろいろな考え方に基づく教義や主義が人類の対立を生み出してきました。しかし、イエスは、「家が内輪で争えば、その家は立ち行かない(1)」と指摘しています。宗教の統合は、各宗教に属する人々が、それぞれの信仰を実践することによって実際に内なる神に目覚めたとき、初めて可能になるでしょう。そしてそのとき、人類は唯一の神を父とする真の兄弟になるでしょう。

世界の偉大な宗教はみな、人々が神に目覚めて、互いに兄弟になることの必要性を説いています。そして、どれも十戒のような道徳的規範をもっています。では何が相互の違いを生じさせたのでしょうか？　それは、人間の心にある頑迷さです。われわれを神に目覚めさせるものは、教義の解釈ではなく、魂の自覚です。おのおのの宗教の根底に横たわる共通の真理を会得すれば、教義の違いは問題ではなくなります。私にとっては、ユダヤ教徒も、キリスト教徒も、ヒンズー教徒もありません。みな同じ兄弟です。私はどの寺院ででも礼拝します。なぜなら、それらはみな私の父のために建てられたものだからです。

われわれは、ＳＲＦが始めた〝すべての宗教のための教会〟

の理念によって、世界の統合に取りかかるべきです。それは、折衷主義ではありません。すべての宗教は、すべての人々を神のもとへ導くためのいろいろな道の一つとして尊重されなければなりません。あらゆる宗教が礼拝する〝唯一の神〟に献げられた礼拝所があちこちに建てられるべきです。私は、今に必ずそのような日が来ると確信しています。東も西も、神の家の中での内輪もめを永久にやめなければなりません。ヨガによって真の自己に目覚めれば、人類がみな同じ神の子であることがわかります。

盲人が盲人を導くことはできない

　魂と神との合一は、神を悟った偉大な人たちによって実証されています。盲人が盲人を導くことはできません。神を知った大師[2]だけが、神を正しく語ることができます。ですから、自己の神性を取り戻すには、そのような大師またはグル[3]につくことが必要です。真のグルの教えに忠実に従えば、グルと同じ境地に達することができます。それは、グルが弟子を助けて自分と同じ高さにまで引き上げてくれるからです。私は、私のグル、スワミ・スリ・ユクテスワ[4]にめぐり会って、彼が身をもって示してくれた手本、すなわち、唯一の神だけを心の祭壇に祀り、その神を他の人々にも分かち与えようという姿勢を見習おうと決心しました。

　ヒンズーの大師たちは、最も深い聖なる知識を得る方法として、視線を全知の霊眼に集中することを教えました。強くここに集中すると、ヨギでなくても、額の眉間にしわが寄ります。この眉間の位置は、精神集中の中枢で、魂の直覚である全知の霊眼の座です。霊眼は、ヨギが宇宙の秘密を探るために見つめる真の〝水晶球〟です。この霊眼を見つめて、集中が十分な深さに達すると、それを通して神が見えるようになります。ですから、真理を求める人は、その霊眼を通して直覚のサーチライトを照射する能力を養わなければなりません。ヨガは、この霊眼を開いて直覚を目覚めさせる技法[5]です。

　直覚は、五感を通さない知覚能力です。そこで、第六感とも呼ばれています。この第六感は、だれもが持っている能力ですが、ほとんどの人はそれを未開発のまま放置しています。しかし、何らかの直覚的経験——例えば、何の具体的証拠もないのに予感で先のことがわかったというような経験——は、たいていの人がもっています。

　魂の知覚能力である直覚を養うことは重要なことです。なぜなら、それによって神に目覚めると、自分自身に確信がもてるようになるからです。そのような人は真実を知る人であり、彼には自分の知っている事が真実であることがわかります。あな

たがたは、オレンジの味を感じるのと同じくらいはっきりと、神の存在が感じられるようにならなければなりません。私が人々に神について語るという霊的役割を引き受けたのは、私がグルから教えてもらった方法で神と霊交し、その存在を毎日感じられるようになったからです。

西洋では、礼拝のための大きな寺院や教会を建てることには熱心ですが、信者たちに神を知る方法を教えている寺院や教会はほとんどありません。一方、東洋では、自己を啓発して神の悟りに達することが重要視されてきましたが、多くの場合、神を知った聖者たちは人里離れた所に隠棲していたため、求道者たちはその教えを受けるのが困難でした。神を知るための訓練には、それに適した場所と、それを教える資格のある教師とが必要です。まだ自分でも神を知らない教師には、他人に神を語る資格はありません。私の先生はいつも、ひとに神を説くにはその前にまず自分が神を知らなければならない、と強調されました。私は、先生が私に施してくれた訓練にどれほど感謝しているかしれません。先生は真に神を知るグルでした。

われわれは、神をまず自分の肉体の神殿で感じなければなりません。求道者は、毎日心が神から離れないように自分を訓練し、それによって用意された信仰の花を魂の祭壇に供えるべきです。自分の内に神を見いだした人は、どこの寺院や教会へ行っても、そこに神の存在を感じることができます。

ヨガは神学を実際の体験に変える

ヨガを習得した人は、あらゆる宗教の中にある真理がわかるようになります。十戒は、あらゆる宗教によっていろいろな言葉で説かれていますが、最も重要な戒めは、イエスが強調された二つ、すなわち、

「心をつくし、魂をつくし、思いをつくして、主なる汝の神を愛せよ」と、

「おのれのごとく隣人を愛せよ」

の二つです[6]。

〝思いをつくして神を愛する〟とは、感覚に働く意識をすべて引きあげて、それを神に振り向けること、すなわち、瞑想によって神に意識を集中することです。神を求める人はみな、この集中法を学ばなければなりません。心の一方でほかのことを考えながら唱える祈りは、ほんとうの祈りとはいえず、神の応えを得ることはできません。神を見いだすには、まず、すべての雑念を排除し、集中した心で神を求めつづけなければならない、とヨガは教えます。

ヨガはインド人には向いているが西洋人には向かない、と言う人がいますが、それは間違いです。近ごろでは、むしろ西洋

人のほうが、一般のインド人よりもヨガの修行がしやすくなったと言えます。なぜなら、西洋では、科学の進歩によって余暇が増えたからです。インドは、西洋の進んだ物質文化をもっと取り入れて生活に余裕をつくるべきであり、反対に西洋は、ヨガの霊的科学をインドから学んで、おのおのが神に近づくための道を見いだすべきです。ヨガは一つの宗派ではなく、神を見いだすためにだれもが利用すべき普遍的科学です。

ヨガは東洋人だけのものではなく、すべての人々のためのものです。ちょうど、電話が西洋で発明されたからといって西洋人だけのものではないように、ヨガも、開発されたのは東洋ですが、全人類が利用すべきものです。

人はみな、インドで生まれようとアメリカで生まれようと、いつかは死ななければなりません。聖パウロが言ったように、「毎日神の中に死ぬ」(7)ことを学びなさい。ヨガはその方法を教えます。肉体に宿らされた人間は囚人に似ています。〝刑期〟が終わったとき、彼は追い出されるような屈辱を感じて悩みますが、肉体に愛着を持つことは牢獄に愛着をもつようなものです。人は、長い間肉体に閉じ込められた生活に慣れてきたため、真の自由とは何かを忘れてしまったのです。西洋人だからといって、魂の自由を求めなくてもよいという理屈はありません。おのれの魂を自覚して、自己の不滅性を悟ることは、だれにとっても必要なことです。その具体的方法をヨガは教えます。

魂は再び神のもとへ昇らなければならない

この宇宙がつくられる前からあったものが宇宙意識です。宇宙意識はまた、神、宇宙霊、あらゆる姿形を超えた非顕現の絶対者、常に存在し常に意識し常に新たな至福、などとも言われています。宇宙意識は、宇宙を創造するにあたって、自らの知性と意識を純粋に反映するキリスト意識(8)として降臨し、あらゆる被造物の中に、隠れた状態であまねく浸透しました。さらにこのキリスト意識は、人間の肉体に宿って、超意識すなわち魂になりました。ですから魂は、常に存在し常に意識し常に新たな神の至福が、肉体に入れられて個性化したものです。この魂の意識が、自分を肉体と同一視する錯覚に陥った状態が自我意識で、魂としての自由と不滅性を見失った状態です。魂は、こうして降りてきた意識の階段を再び昇って、神なる宇宙意識に帰らなければならない、とヨガは教えています。(9)

幸福の秘訣は常に神を観る意識である

人生を楽しむのはよいことですが、幸福の秘訣は、何事にも執着しないことです。花の香りを楽しんだら、その中に神を観なさい。私は自分の感覚を、いつもそこに神を感じ神を思うた

めにのみ使ってきました。

「私の目は、万物の中にあなたの美を見るためにつくられました。私の耳は、あなたの遍在のみ声を聞くためにつくられました」――このような神との一体感がヨガです。神を見つけるのに、森や山奥に入る必要はありません。執着は、自分自身を世俗的慣習から脱け出させるまでは、どこへ行ってもついて来ます。ヨギは自分の心の洞窟で神を見つけます。そして、どこへ行くにもその意識をもってゆき、いつも神とともにいる至福を感じています。

人間は、肉体に束縛された感覚意識の中に落ち込んだため、そこから生じる我欲、怒り、嫉妬などのゆがんだ想念にも束縛されるようになりました。神を見つけるには、こうした心のゆがみを追放することが必要です。東洋人、西洋人を問わず、人はみな、感覚への隷属状態から脱け出さなければなりません。朝のコーヒーが飲めなかったからといって腹を立てたり頭が痛くなったりする人は、習慣の奴隷になっている人です。どんな習慣にも束縛されないのがヨギです。

だれでも、今住んでいる場所でヨギになれます。われわれは、とかく自分の習慣と違ったものをおかしいとか難しいとか思いがちですが、今自分の身についている習慣も、他人から見れば同様に見えるのです。

ヨガを実習すれば、習慣に縛られなくなります。しかし、ヨギの中には、こうした無執着の考えを極端に追求する人たちもいます。彼らは、釘のベッドの上に寝ても平気でいられる訓練をしたり、そのほかいろいろな苦行を行ない、人にも教えています。釘のベッドの上に座って神を思うことができれば、それは確かに並々ならぬ精神力をもっている証拠になります。しかし、神を見つけるのに、そのような芸当は必要ありません。楽な椅子に座っても十分に神を瞑想することはできます。

どんな姿勢でも、脊柱が直立した姿勢を保てるならば、神に意識を集中する瞑想に適した姿勢である、とパタンジャリ[10]は言っています。ハタ・ヨガが提唱しているような、体をねじ曲げたり、極端な柔軟性や耐久力を養う訓練をする必要はありません。目的は神との霊交であり、肝心なのは、感覚的苦痛や雑念に邪魔されずに、神を実際に感じるまで瞑想を深めてゆくことです。バガヴァッド・ギーターはこう言っています――

「いろいろなヨギの中で、思いのすべてをわたしに献げ、魂をわたしの中に沈めるヨギを、最も均衡のとれたヨギとわたしはみなす」（6・47）

インドのヨギは、厳しい暑さ寒さや、蚊や、その他の害虫の中でも平気でいられることを実演して見せるので知られていますが、そのようなことはヨギになる必要条件ではありません。

それは、訓練すればだれにでもできる事です。そのような努力に時間を費やすよりも、瞑想を妨げる原因があれば、まずそれを取り除きなさい。そのうえでなお必要ならば、それを克服する忍耐力を養いなさい。きれいな部屋にいられるのに、わざわざ汚すのは無意味なことです。執着は、あばら家に住もうと宮殿に住もうと、油断をすればついて来るものです。

霊的成功を得るために最も大切なことは不撓不屈の意欲です。イエスはこう言っています――

「実りは多いが、働く者（努力して収穫する者）は少ない」（マタイによる福音書 9・37）

世間の人たちは神の贈り物を求めますが、賢い人は、贈り主である神そのものを求めます。

ヨギになる、とは瞑想することです。ヨギは朝起きると、体に与える食事のことを考える代わりに、まず魂に、瞑想による〝神との霊交〟という美酒を飲ませます。そして、そこから得られる霊感に満たされて、与えられた一日の義務を楽しんで果たします。

この地球が今のようにつくられたのは、神のご計画によるものです。その計画の中で、この世界を改善してゆくことが人間に与えられた役割です。西洋人には、物質的快適さの追求のみに熱中する傾向がありますが、東洋人には、現状に満足しすぎる傾向があります。西洋人の積極的意欲も、東洋人のゆったりした考え方も、それぞれ注目すべき長所ですが、われわれはバランスのとれた中道を行くべきです。

瞑想がヨギをつくる

神を見いだすには、毎日、朝と晩、さらに日中のわずかな暇でもできるだけ利用して瞑想すべきです。さらに、一週間に一度、六時間の長い瞑想をすることも大切です。これは別に無理な話ではありません。毎日十時間ずつピアノの練習をして何とも思わない人は大勢います。神と一体になった大師のようになるには、もっと多くの時間を神に献げなければなりません。神の注意を引くには、われわれがほかのどんな物よりも神を愛していることを、神に納得させることが必要です。瞑想に熟練して、超意識に入ることができるようになれば、睡眠は五時間で十分です。残りの夜は瞑想に当てなさい。夜と、早朝と、休日を瞑想に当てればよいのです。そうすれば忙しい西洋人でもヨギになれます。もちろん、私のように頭にターバンを巻いたり髪を伸ばしたりする必要は全くありません！

教会という巣箱も必要ですが、そこには〝真の自己の自覚[11]〟という蜜が満たされなければなりません。神はもちろん教会にもおられますが、ただ礼拝に出席するだけでは、神はあなたに

現われてはくださいません。教会へ行くことも良いことですが、毎日の瞑想はもっと大切です。教会へ行けば確かに心の高揚を与えられますが、毎日の瞑想はもっと大きな霊的高揚をもたらしてくれます。ですから、両方とも実行しなさい。あなたの心を燃え上がらせて、ひっきりなしに祈りの砲弾を打ち込めば、神は降参してあなたの前に姿を現わしてくださいます。こうした不屈の信仰が、神を見つけるためには必要なのです。現代社会と調和しながらヨギであるためには、自宅での瞑想と、自己訓練と、何事も神に献げるつもりで日常の仕事を遂行する姿勢とが必要です。

私の最大の願いは、人々の魂の中に神の宮を建て、人々の顔の中に神のほほ笑みを見ることです。人生の業績の中で最も重要なことは、自分の魂の中に生ける神の聖所を建てることです。それは決して難しいことではありません。ＳＲＦは、それを教えるために西洋に遣わされたのです。

自分の魂の聖所にしっかりと神を迎え入れた人はみなヨギです。彼は、私と同じようにこう言うでしょう――

「ヨガは、東西南北を問わず、あらゆる人々のためのものである。いろいろな神学のわき道を歩いている人たちも、やがて神に通じる本道、ヨガに合流するだろう」と。

この本道を進むことによって、あなたも神の至福の宮殿に達することができます。ひとたびそこに到達した人は、〝もう決して外へ出ることはない[12]〟でしょう。

（1）マルコによる福音書３・25。

（2）大師とは、自己制御――意思、感情、感覚、欲望等の制御――を完成し、自分のいっさいの行動から利己的動機を完全に排除して神の意志をそのまま遂行する人をいう。大師は自分が神と一体であることを、単なる想像ではなく実際に神の遍在性を体験することによって知っている。

（3）魂の進化を霊的に指導する師をグル guru という。サンスクリットの語源は「やみ gu を追放するもの ru」。グルの称号は、真の自己の自覚と神との合一を自らも達成し、他の魂たちを無知のやみから永遠の真実の光へ導く資格があると神によって認められた卓越せる魂にのみ与えられる。

（4）パラマハンサ・ヨガナンダは、彼のグルのもとで過ごした日々について『あるヨギの自叙伝』の中に詳しく記している。彼は、スリ・ユクテスワをギャナ・アヴァター（英知の権化）と呼んだ。

（5）深い瞑想に入ると、霊眼は、金色に輝く光の輪に囲まれた青い空間の中央にきらめく一つの星として見えるようになる。この全知の眼は、いろいろな聖典の中で、一つの目、第三の目、東方の星、内なる目、天より舞い降りる鳩、直覚の目、などと書かれている。「もし、あなたの目が一つならば（あなたの霊眼が見えたならば）、あなたの全身は光り輝いて見えるであろう」（マタイによる福音書６・22）

（6）バガヴァッド・ギーターの中でクリシュナもまたこの二つの戒律を強調している。「たえず［主である］わたしを思い、わたしを愛し、わたしに献げ、わたしを敬え。このようにして、そなたの最高目標であるわたしと合一したとき、そなたはまさしくわたしの愛する者である」（9・34）。「自分以外のいかなるものの苦楽をも、自分自身の苦楽として感じることのできるヨギは最高のヨギである」（6・32）

（7）コリントの信徒への手紙一 15・31。

（8）キリスト意識は、ヒンズー教の聖典ではクタスタ・チャイタニヤと呼ばれ、宇宙に遍在する意識または知性をいう。

（9）人間の魂（生命と聖なる意識）の住みかは、脳の中の三つの霊的中枢、すなわち、大脳の頂点にあって千枚の花びらをもつ蓮の花で象徴される宇宙意識の座、サハスララと、眉間にあるキリスト意識の座、クタスタと、クタスタと対極の位置にある超意識の座、延髄中枢である、とヨガは教えている。人間の生命と意識は、これら最高の霊的知覚中枢から、脊髄に沿って並ぶ五つの幽体中枢を通って肉体（と肉体意識）の中に降下し、それぞれの中枢で生命エネルギーと感覚器官と行動器官に分かれて流入する。

人間の魂が、神と一体だった至福に満ちた状態を取り戻すためには、この下降経路を逆にたどって上昇し、再び脳の高次の中枢にある聖なる住みかに帰らなければならない。これは、グルが教えるヨガの科学的瞑想によって達成されるが、その具体的方法はＳＲＦのレッスン（通信講座）によって学ぶことができる。（用語解「ＳＲＦのレッスン」参照）

（10）パタンジャリは、ヨガの最も偉大な解説者。彼が在世した時期については多くの学者たちが紀元前二世紀と考えているが、確かなことは不明である。

（11）〝真の自己を自覚する〞とは、自分を、ふだん考えている肉体や自我意識の心ではなくその奥にある魂であると自覚し、同時に、魂は神と一体の存在であると自覚すること。

（12）ヨハネの黙示録 3・12。

講話三　神の無限性

（一九三七年一月二十八日　SRF本部における講話）

神は人間の心や知能による理解を超えた存在である、とヒンズーの聖典は言っています。人間の心も知能もすばらしい力をもっていますが、それでも、神を包み込むほどの容量はありません。ですから、人間の心は、神の真の概念を思い描くことができません。「だれが神をつくったのか」という疑問は、〝始めも終わりもないもの〟を考えられないところから生じたものです。

何百万キロも彼方の太陽を見ると、あの巨大な発光体がこの地球よりもずっと小さく見えます。しかし、地球の直径は約一万三千キロで、太陽はその百倍以上もあります。もし、地球と太陽を並べて置けば、地球は太陽に比べて小さな点ぐらいにしか見えないでしょう。仮にその太陽がどんどん膨張して、青い大空が全く見えなくなるほど大きくなったとしても、それが占める空間は、無数の銀河系を包容して限りなく拡がっている宇宙空間に比べれば、これまた小さな点でしかありません。太陽がいくらとめどなく膨張したとしても、無限の宇宙の大きさを知ることはできません。人間の心も、マーヤという宇宙的な惑わしの力によって有限にされてしまったため、そのような無限の広さを考えることができなくなってしまったのです。宇宙の果てはどこなのか？　この無限の虚空はいつからあるのか？　この、起源もなく、測ることもできないものが神なのです。宇宙空間の果ての果てまでも遍満している神は、遠い星々の中にも、また、あなたがたや私の中にもおられ、あらゆる場所のあらゆる瞬間を意識しておられるのです。

しかし、神は心ではありません。心は神によってつくられたもので、神は、心を超越した存在です。そうでなければ、われわれの心は、神を概念としてとらえることができたでしょう。われわれは神を、聖なる意識とか、聖なる喜びとか、聖なる存在などと呼ぶことはできますが、神は心ではありません。

心は、この遍在する神の全容をとらえることはできませんが、しかし、神を感じることはできます。その存在を感じることと、その全体像をとらえることとは別の経験です。ちょうど、波は海全体を知ることはできなくても両者の間には接点があるように、無限の神が有限の姿で現われるときも、そこには、超意識

の心という接点があります。心は、この接点で神を感じることができます。すなわち、神の存在は、われわれが心を通常の状態から超意識状態にまで拡大したとき、感じることができるのです。

人は無限から有限に下ってきた

われわれは無限から有限に下ってきました。ヨガは、注意力を外界から引きあげてそれを内なる真理の本源に集中する行為です。こうすることによってのみ、われわれは、神がご自分の意識を凝縮して、万物やその住みかである宇宙の無数の形態をつくられた経緯を知ることができるのです。その中でも、人間の肉体は最も複雑精妙なものです。精子と卵子が結合した最初の一つの細胞が、分裂増殖をくり返してその周りに何兆もの細胞を構築し、それによってわれわれの聖なる魂意識の宮である肉体が出来たのです。

われわれのからだのたった一グラムの肉の中に、いかに莫大なエネルギーが詰め込まれているか、あなたは考えたことがありますか？　それが放出する無数の電子は、宇宙のはるか彼方にまで拡がってゆきます。[1] そしてまた、肉体に宿された意識の力とその作用範囲も人間の想像をはるかに超えたものです。われわれのからだは外面的には肉で出来ていますが、その細胞の背後には電気的な生命エネルギーの流れがあります。そしてさらに、それらの精妙なエネルギーの背後には想念と知覚があります。

次々と生み出される想念には際限がありません。世界が始まって以来、想像を絶する数の想念がエーテル中を流れました。その数はまさに数えようもありませんが、もしあなたが、自分の一生の間に感じたり考えたりする事がどれくらいあるかを想像してみれば、どれほど多いかわかるでしょう。それは何百万ですか？　では一年間、いや一日に心を通過する想念の数は？　有史以前からこの世に生まれたすべての人が考えたり感じたりした想念の総量など、全く想像することもできません。しかし、神はそれらをすべてご存知なのです。

人間の心はまた、大自然の極微の現象をも測ることができません。この部屋の電球に流れている電流には、何個くらいの電子が流れていると思いますか？　何兆とも知れぬ電子が踊りながら、あの光をつくっているのです。そして、それらの超微粒子は、ここから地球上のどこへでも瞬時に行けるほどの猛スピードで動きまわっているのです。それは科学の実験が証明しています。

もしあなたが、この地球にどれくらいの電子と陽子が凝縮されているか計算しようと思っても、あなたの心はそこではたと

立ちすくんでしまいます。人間の探究心が解明しうる謎には限界がないように見えますが、実は、そこから先へは霊妙すぎて踏み込むことのできない一つの限界があるのです。神は、この人間の心が入ることのできない領域から、ご自分の聖なる光を放射しておられます。そしてこの光、すなわち聖なる知性をもつ宇宙波動によって、有限の世界が構成されているのです。

神の本性は直覚によってのみ知覚される

神は人間の感覚や思考を超えた存在ですが、われわれは、心を正しく制御して魂の直覚を引き出すことによって、神の本性を感じることができます。神の意識は、人間の心と聖なる知性とが接する超意識の心によってのみうかがい知ることができるのです。人間の魂がもっている直感的超意識は、人間が神の無限の本性を知ることのできる唯一の門です。瞑想中に感じられる喜びは、万物の中に遍在したもう神の聖なる永遠の喜びの現われです。また、瞑想中に見える光は、この物質界の万物をつくり出している幽体の光(2)です。この光を見ると、自分と万物とが一体であることが実感されます。

普通の人は、この世界に住みながら、その性質や目的についてはほとんど意識していません。そのような乏しい知覚力で生きることは、動物の生き方とあまり変わりません。以前このマウント・ワシントンで一匹のやぎを飼っていたことがありました。そのやぎは、私の声を聞くといつも近寄ってきました。ある日、私がこの礼拝堂で講話をしていると、そのやぎが入ってきてこの通路をトコトコと私の方へ走ってきました。もちろん私の話を聞きたかったからではなく、ただ私の声が聞きたかったのでしょう。しかし、あなたがたが今日ここに来られたのは、単に私の言葉を聞くためではなく、その背後におられる神を感じるためです。あなたがたは、自分の意識を神の意識に同調させて、その至福の流れの中に浸るとき、神との一体感を感じるでしょう。私が今までに理解したことは、すべて内なる神の意識と接することによって得たものです。あなたがたも、私と同じようにすることができます。

人は、霊的に成長して、自分がすべての生き物と互いに兄弟の関係にあることを悟るようになると、ほかのものの苦しみをいっしょに負担する責任が生じてきます。イエスは、人々の苦しみを進んで自分の身に引き受けました。われわれもまた、飢えや病気で苦しんでいる人たちのために、できるだけのことをしなければなりません。それらの苦しみは彼らにとっての悪夢ですが、われわれが彼らからその苦しみを取り除くことは、それを神から取り除くことです。神は、ご自分の子供たちが不幸なときは幸福ではありません。彼らの中で、神もまた苦しんで

おられるからです。

あなたがたは、今この瞬間平和で幸福ですが、きょうのルイスヴィルの町のことを考えてごらんなさい。洪水で何千人もの人たちが苦しんでいます。以前、私は、「アメリカはなんてすばらしい国だろう、ほかの国々を悩ましているような災害もなくて」と思ったことがありました。するとそのとき、神は私に、今起きているような洪水を幻で見せてくださいました。今、スペインの内戦で殺されている何千人もの人々の想念[3]と感情の波動は、大気に変化を与え、それが今世界中を襲っている洪水やその他の災害の原因をつくっているのです。戦争から吐き出される邪悪な波動は、大自然の調和と均衡を乱して自然の大災害を引き起こす原因となります。

人間は神から自由意志を与えられましたが、それを誤用しています。それがあらゆる苦悩の原因です。この自由意志の誤用は、あとになってから恐るべき結果をもたらします。しかし、過ちは、その場では黙って見過ごされ、そのあと何年もたってから思い知らされるよりは、過ちを犯す前にだれかに注意してもらいたいものです！


サタンがあらゆる苦悩の原因である無知をつくった

ですから、苦悩は神がつくられたものではなく、マーヤ（迷妄）というサタンがつくり出したものです。マーヤがつくり出した無知は、人を盲目にし、自分の行為がどんな結果をもたらすかわからなくさせます。そのため、人は間違いを犯し、苦悩を味わうことになるのです。スペインで戦っている人たちは、政府側も反政府側も、自分では正しいことをしていると思っています。間違いを避けるには、正しい分別を与えてくれる英知を養うしかありません。そして、その判断によって行動することです。間違った者どうしがいくら戦っても、正義はもたらされません。人間の真の敵は無知です。この地上から取り除かなければならないものは、この霊的無知です。

今日、この世界には、至福の黄金時代をつくり上げるのに必要な物はすべてあります。しかし、人間の利己主義がそれを妨げているのです。莫大な無用の苦しみが、人間の偏狭な利己心によってつくり出されています。食物や着物を必要としている人たちのために使われるべき金が、破壊のために使われています。世界の諸問題の根源は、この無知から生まれた利己心です。だれもが自分では正しいことをしていると思っていますが、自分の利益だけを追求すると、その行為は必然的に因果の法則[4]を動かして、自分の幸福も他人の幸福も破壊してしまいます。

人間の無知がつくり出した世界の悲劇を見れば見るほど、永続的幸福は物の豊かさではつくり出せないことがわかります。

幸福は、他人を幸福にすることの中にあります。他人を喜ばせるために、自分の利益や欲望を犠牲にすることの中にあります。もし、だれもがそうすれば、だれもが幸福になり、すべてはうまくゆくでしょう。イエスが、

「何事も、人にしてもらいたいと思う事を人にしなさい」(マタイによる福音書7・12)

と言ったのはこのことです。

すべての宗教とすべての国々の統合はどうしても必要なことです。しかし、そのような統合は、各人が瞑想によって神との直接の交わりを経験するとき初めて可能になるでしょう。解決策は神との霊交です。神を経験した人にとって、もう他人というものはなくなります。このような認識を、一部の人だけでなくすべての人々がもつようになるまでは、地上に真の自由は来ないでしょう。このアメリカにおいてさえ、まだ自由は限られたものであり、苦しみや悩みはたくさんあります。自分の国と世界中の人々に平和と幸福をもたらす責任は、われわれ一人一人が担っているのです。人は、自分の国だけではなく世界中を、自分の家族だけではなくすべての人々のことを、心にかけるべきです。普通の人は、自分と自分の身のまわりの人のことしか考えようとしませんが、神を悟った人は、全世界を自分と感じています。自分の意識を霊的に高めることが世の中にどれほど大きな貢献をもたらすか、その力を侮ってはなりません。あなたはそれによって大きな役割を果たすことができるのです。

神を知るには神を見習わなければなりません。神は、われわれの過ちや、神に対する忘恩や無関心にもかかわらず、われわれを愛し、われわれに生命と、生活に必要なすべてのものを与えてくださいます。これほど偉大なお方はほかにいません。そのような神を忘れることほど大きな罪はありません。

神を見つけるためには自分のすべての持ち物を喜んで捨てる(神に献げる)人でなければ、神を知ることはできません。神を知ろうと志す人はみな、神のためにすべてを投げ出す心構えが必要です。イエスはゲッセマネで、弟子たちにこの真理をわからせようとして、目を覚まして自分といっしょに祈るようにと言いましたが、弟子たちは疲れに負けて眠ってしまいました。そこで悲しそうに、

「まことに、心はその気になっても肉体は弱い」(マタイによる福音書26・41)

と言ったのです。

人間は操り人形のようなものです。習慣、感情、情欲、感覚などの糸によってそれらの操るままに踊らされています。それらが魂を縛りつけているのです。それらの糸を切り払って自分を束縛から解放しようとしない人や、解放できない人は、神を

見つけることができません。私は、今はそれらの束縛から解放されました。私はふだん食事を摂っていますが、全然摂らないこともあります。睡眠もとっていますが、全然眠らないこともあります。私は、それらの肉体的要求は必ずしも満たしてやる必要はない、ということを自分で実証するために、そういう習慣を捨ててしまったのです。神は食事も睡眠もとらず、感覚にも習慣にも束縛されません。これこそ、神が神たるゆえんです。そして、人間もまたその似すがたにつくられているのです。われわれは神を知るためにすべてを捨てることができなければなりません。

「ただ神の国を求めよ。そうすれば、これらすべてのものは添えて与えられる」（ルカによる福音書12・31）

私は神を知るためにあらゆる誘惑を退けてきましたが、神は結局、私がこの世で欲しいと思ったもの、必要と思ったものをすべて与えてくださいました。しかし私は、それらもみなお返ししました。なぜなら、神はもっと大きな無限の贈り物をくださったからです。それは昼夜を分かたぬ聖なる喜びです。その喜びの中で、私の心に浮かぶ願望はすべて満たされてしまうのです。

瞑想は無知の霧を晴らす

聖者ヴィヤーサによって記されたバガヴァッド・ギーターの中で、クリシュナは、魂の本来の知性が無知に包まれると、正しい判断力を失い、その人生は失敗だらけになると言っています。

「タマス的（無知な）行為とは、無知ゆえにおのれの能力をわきまえず、事の結果から生ずるおのれの損失や他人への迷惑を顧みずに行なう行為である」（18・25）

瞑想によって無知の霧を取り払うと、正しい道が見えてきます。そして迷いが晴れ、常に満足が感じられるようになります。

「まことに、この世には英知にまさる浄化力はない。ヨガ（瞑想）を達成した者は、やがておのずから、この真理をおのれの心によって経験する」（バガヴァッド・ギーター４・38）

これらの真理はすべて私が体験したことです。真理は現実に経験されるものです。〝真の自己〟の自覚とは、本から学び取られるものではなく、個人の体験によってのみ得られるものです。真理を悟るとは、単に神学を理解することではなく、神を実際に体験することであり、これこそ、すべての宗教が信者たちに与えなければならないものです。イエス・キリストが経験した真理は、われわれもまたそれを経験しなければなりません。イエスは、決して一個の人間としてのイエスを礼拝せよとは言いませんでした。神との合一によって彼が経験したことを、人々

もまた経験すべきであると教えたのです。その経験は、瞑想と、神のおきてに従うことによってのみ得られるものです。イエスを神の子として礼拝するだけでは不十分です。われわれは、彼の説いた普遍的理想を自分の生き方の中に取り入れて、少しでも彼に近づくよう努力しなければなりません。

われわれは今、この地上で教訓を学び進化するために、ほんのしばらくの間この肉体をまとって生きています。自分は今どこへ向かって歩いているのか？　神の創造のドラマのシナリオの何ページ目を生きているのか？　そんな観点で考えてごらんなさい。私は以前、ソルトレークシティーを訪れたとき、大きな海と浜辺を歩くマンモスたちの幻を見ました。そしてあとになって、その辺りで太古のマンモスの骨が発見されたことを知りました。

われわれ人間には、すべての慣習や限界を取り払って自分の意識を拡大し、この地上の万物の心の中に浸透するだけでなく、遠い星々にまでも出かけて行く力が神から授けられています。われわれが生まれながらにそなえている普遍性は、広大無辺の宇宙までも包含しています。われわれの内には、そのようなとてつもない可能性が秘められているのです。われわれは無限の存在です。私はその無限の世界で生きており、この肉体のことはたまにしか意識しません。

あなたがたは、今、束縛された状態にありますが、毎日の深い瞑想によって自分の意識を有限から無限に転換することができるようになれば、自由になれます。あなたがたが生まれてきたのは、肉体の囚人になるためではありません。あなたがたは生まれながらに神の子なのです。ですから神の子らしく生きるべきです。

神を心の第一の座に着けよ

人は、自分の好きなことに時間を使います。しかし、もし神があなたに、遊んだり、読書したり、働いたりする力を与えられなかったら、あなたは何もすることができません。ですから、毎日の生活の中で、あなたの心の中の第一の座を占めるものは神でなければなりません。神はあなたの心の中をすべてご存知です。神をあなたの心の第一の座に着けて、何事もその指示に従って行ないなさい。

神をつかまえる唯一の方法は愛です。瞑想して、そのあと深くこう祈りなさい――

「主よ、私はあなたなしで生きることはできません。あなたは、私の意識を働かせている陰の力です。私はあなたを愛しています。どうかあなたご自身を現わしてください」と。

あなたが神を瞑想するために睡眠をも犠牲にするとき、また、

あなたの兄弟たちの中で苦しんでおられる神を見て、あなたが自分の利害を忘れてそれらの苦しみを自分自身の苦しみとして悲しむとき、神はあなたの中に来られます。神は、あなたが神のために自分のすべてを献げきるとき、その愛の網の中に捕えられますが、それ以外に神をつかまえる方法はありません。

　知識は愛への道を整えます。相手を知らずに相手を愛することはできません。ですから、神を愛するにはその前に神を知る必要があります。それには、ラヒリ・マハサヤによって伝えられたクリヤ・ヨガ[5]を実習しなさい。そうすれば、神を実際に経験し、知ることができるようになります。神を知れば神を愛するようになり、神を愛するようになれば、神のために自分のすべてを献げることができるようになります。

　あなたが神を完全に意識し、おのれのすべてを献げられるようになるまでは決して休んではなりません。瞑想すべきときには睡魔にも負けてはなりません。何物をも、神より優先させてはなりません。神の愛は広大無辺で、あなたがほかのものを優先させている間待ってはくれますが、あなたの怠慢が長引けば長引くほどあなたの苦難は増します。ですからぐずぐずすべきではありません。真剣に、心を込めて、神と交わるための努力をしなさい。神を自分の目で見、自分の心で感じるまでは、途中で気を緩めたり、あきらめたりしてはなりません。生まれて、遊んで、結婚して、子供をつくって、年老いて、死ぬ——これではほんとうに生きたとは言えません。私は、人生とはもっと深遠で、もっとすばらしいものであることを発見しました。神を知れば、悲しみも悩みもなくなります。あなたがかつて愛して死別した人たちとも、永遠の生涯の中で再びいっしょになります。あなたは、もうだれを自分の親族、自分の友人と呼んだらよいのかわからなくなります。つまり、だれもがあなたの親族であり友人であることがわかるからです。

　神の美しさは広大です。花の美しさを楽しむのはよいことですが、その清らかな美しさの背後に神のみ顔を見ることはもっとすばらしいことです。音楽を聞いても、ただそれに感動することと、その背後から聞こえてくる創造のみ声を聞くこととでは比べものになりません。神は、万物に現われた美の中にも内在しておられますが、それらの形や有限性を超えた神——内なる永遠の自己——は、英知によって理解されます。私は、このマウント・ワシントンとエンシニタスのアシュラム[6]の地がとても気に入っています。その美しさはまったく飽きを感じさせません。しかし最近、主は私に一つの教訓的な体験をさせてくださいました。私の内的視野の中に、人々がすわって話し合っている光景が見えました。その中の一人が一つの活動を提案すると、別の一人が「いや、パラマハンサジは、そういうことをし

てはいけないと言われた」と反対しました。私はすぐに、それが何年か先の、私がこの世を去ったあとの光景であることがわかりました。私は一瞬身震いして、普通の意識に戻りました。

この世のものに執着することは全く無意味なことです。神の宇宙ドラマの中では無数のものが次々と現われては消えてゆきます。私には、多くの飛行場が破壊され、海が死体でいっぱいになっている光景や、そのほかいろいろな未来の出来事が見えます。私の心の中には、私が去ったあとの世界が映っています。こうした魂の自由は、だれもが最後には神から与えられるものです。

ある偉大な聖者はこう言いました――

「おお主よ、私はどんな境遇に置かれてもかまいませんが、あなたを忘れるという罰だけは与えないでください」

まったく、神を忘れさせられることほど大きな罰はありません。イエスも、

「片手を失っても、命に入るほうがよい(7)」

と言っています。神と接すれば、すべての苦悩が取り除かれます。

苦悩の悪夢から覚めよ

あなたが敵に追われて道を逃げている夢を見ているとします。突然、あなたは撃たれてこう思います、「ああ、だめだ、これで終わりか、まだ死にたくない！」。そして次の瞬間、自分が死んでいるのを見ます。葬儀屋があなたの遺体を火葬にし、その遺骨が墓に埋められるとき、あなたの友人たちは涙を流しています。しかし突然目がさめると、それが夢であったことを知ります、「あっ、生きていた！」――これと同じようなことが、あなたが死んだときにも起きるのです。

神は私に、今スペインの内戦で死んでゆく人たちも、実は単なる恐ろしい死の悪夢を見ているにすぎない、という事実を幻で見せてくれました。彼らの意識が肉体を離れると、とたんに彼らは悪夢から覚めたように、恐怖や苦痛から解放されたことを知って喜びます。人生の経験はすべて夢の一部にすぎません。人間は、自分で戦争の悪夢をつくり出したのです。しかし、その犠牲者たちも、自分のからだからほうり出されると、自分が恐ろしい夢を見ていたことに気づき、自分がちゃんと生きていることを知るのです。これは偉大な形而上の真理です。

あなたは夢を見ているとき、自分が夢を見ていることを自覚していれば、夢の中で不幸な出来事に出会っても苦しめられることはないでしょう。しかし、夢に浸り切っているときは、その夢の中でだれかに殺されたりすると、目が覚めてそれが真実ではなかったと気づくまで、夢の死が恐ろしい事実として感じ

られます。死んだときも同じです。ひとたび肉体から抜け出ると、あなたは死んではいないことに気がつき、悪夢から解放されたと感じます。ですから、死は終わりではありません。死は、あなたの意識が肉体という夢のからだに閉じ込められていた状態から解放されることです。それは大きな解放感を感じさせてくれます。とは言っても、われわれは決して自分から死を求めるべきではありません。それよりも、ついに時が来て死を迎えたときに、それが単なる夢の出来事であると観ることができるように、今のうちから瞑想と、神との霊交によって自分の意識を訓練しておくべきです。私は、この世の生死の正体が単なる夢であることを、見ようと思えばいつでも見ることができます。ですから、自分の肉体を普通の人ほどには重視していません。

神との霊交の中で人生が夢であることを会得せよ

神との霊交から得られる聖なる意識の中で生きるようになりなさい。その意識にあるとき、この人生は夢であることがはっきりとわかります。それは、努力しさえすれば決して難しいことではありません。心やからだが健康を失うと、意識をからだから引き離すことが難しくなります。ですから、今健康で丈夫なうちに努力することが賢明です。

物質的欲望は、神を求める気持を奪い去ってしまいます。毎日のようにだれかが私の所へ来て、自分にはあれが必要だとか、これが必要だなどと言います。しかし、私にはそれがこっけいに見えます。なぜなら、その人が必要だと思っているものを持っていない人が、ほかに何千人もいるからです。ほとんどの人が必要としていないものを、なぜその人だけが必要なのでしょう？　人間にとってほんとうに必要なものは神だけです。この世のものに必要と言えるものなど何もありません。財産も、音楽も、本も、そのほかどんな感覚的楽しみも、あなたが執着するに値しないものです。あなたは神の中に永遠の生命をもっているのです。この真理を自覚しなさい。さもないと、この人生の契約期限が切れて肉体を離れたあとも、あなたはそれらの執着に縛られることになります。反対に、神と一体になれば、もうこの夢の地上世界に強制的に引戻されることはなくなります。そして、もし望むならば、この地上の兄弟たちの内に宿りたもう神に仕えるために、いつでも好きなときに好きな期間、自分の自由意志によってこの地上を訪れることができるようになります(8)。

神の喜びの中で生きる人々は死というものを知りません。この境地に達するには、ただ機械的に祈るだけでは不十分です。「神は自分の祈りを聞いてくださる」という信念をもって、その祈りの中に完全に没頭しなさい。このように愛と熱情のすべ

てを献げて神に祈れば、神はいつでもあなたの内に来てくださるでしょう。

（1）この講話から数年後、核エネルギーのもつ恐るべき威力が、ある制御された条件のもとで初めて解放された。それは、一九四五年七月十六日、ニューメキシコ州アラモゴードで行なわれた最初の原子爆弾の実験である。

（2）物質界のすべてのものには、それぞれの原型をなす幽体の光があって、それは物質の原子を構成する電磁エネルギーよりも精妙な波動である。ヒンズーの聖典はそれをプラーナと呼んでおり、パラマハンサ・ヨガナンダはこれを英語に訳してライフトロンと呼んだ。

（3）人間の想念の力は、善い想念の力も悪い想念の力も、本質的に、宇宙を創造している神の想念から来ている。神は創造活動を具象化するにあたって、まず創造エネルギーの最も精妙な形である想念波動で観念を投影し、次にその想念パターンを光の波動に濃縮して幽体をつくり、さらにそれを原子構造の物質に凝縮された。神が最初の想念を引きあげると、幽体も物質もそれに伴って消滅する。人間の想念は、神の想念の力を小宇宙規模で借用したものであるため、質的には同じ働きをする。そのため、まだ力の弱い未熟な想念でも、自分の健康、幸福、成功などに影響を与える力はもっており、また、大勢の人たちの同じような想念が集まると強力な力となって、自分たちの住んでいる世界に影響を及ぼすこともできるようになる。このように、創造活動を遂行している神の想念パターンは、人類の想念によって良くも悪くも影響されるのである。（用語解「カルマ」参照）

（4）因果の法則はカルマの法則ともいわれる。人が自我意識に基づく動機で行なった行為はカルマの種子をまくため、今生または来世においてそれに相応する結果（報い）を刈り取らなければならない。（用語解「カルマ」参照）

（5）広義におけるクリヤ・ヨガとは、一定の行為や作法（クリヤ）によって神との合一（ヨガ）を得ることをいう。しかし、ここでは狭義のクリヤ・ヨガ、すなわち神との合一を得るための特定の瞑想の技法を指している。ラヒリ・マハサヤは、パラマハンサ・ヨガナンダのパラムグル（師の師）で、古代のクリヤ・ヨガの科学を現代に復興させる主要な役割を演じた大師である。（用語解「クリヤ・ヨガ」および、『あるヨギの自叙伝』第二十六章参照）

（6）「アシュラム」とは精神的隠遁所のことで、僧院のことをいうこともある。マウント・ワシントンのアシュラムとはSRF本部のことをいい、エンシニタスのアシュラムはその支部の一つである。

（7）マルコによる福音書 9・43。「片手」とは、神を忘れさせるさまざまな欲望や習慣を指している。

（8）転生の教義は、みな平等な神の愛し子であるべき人間の一見不公平に見える運命の違いに対して、唯一納得できる説明を与えている。魂は、それ自身は初めからそして常に完全無欠の存在であるが、進化の法則により、より高い生涯に向かって転生をくり返し——時には誤った行為や欲望のために手間取ったり、時には霊的な努力によって進歩を速めたりしながら——ついには自己の神性を取り戻して神との合一を果たすように定められている。こうして、神による試練の迷妄を完全に乗り越えたとき、魂は完全な自由（解脱）を取り戻すのである。「おのれの考えを神の中に沈め、魂を神に融合させ、唯一の忠誠と信仰を神に献げる者は、英知の解毒剤により迷妄の毒を浄化して、もはや転生することのない境地に達する」

（バガヴァッド・ギーター 5・17）。また、聖書も同様のことを言っている。「勝利を得る者を、わたしの神の宮の柱にしよう。彼はもう決して外に出ることはない」（ヨハネの黙示録 3・12）。解脱を果たしたあとに再び地上へ戻って来る魂は、自分の意志により、人々を救済するために大師として下生する。このような地上への再生をヴィウッターナというが、このような例はいつの時代にもまれである。

講話四　叶えられる祈り

（一九三九年十月十九日　ＳＲＦ本部における講話）

われわれは知らない所からこの世界にやって来ました。そこで当然、この人生の起源と目的について疑問をいだきます。われわれは、創造主について本で読んだり話に聞いたりはしますが、創造主と接触する方法は知りません。ただ、宇宙全体が創造主の知性を現わしているのがわかるだけです。ちょうど、精巧な時計を見てその製作者の技量に感嘆したり、工場の複雑巨大な機械を見てその設計者の技術力に驚嘆するように、われわれは大自然の驚異を見るとき、その背後に隠れている知性に畏敬を感じます。そして自問します――

「だれが、あの太陽に向かって生長するいきいきとした花をつくったのだろう？　あの香りや美しさはどこから来たのか？　どうやってあの花びらは、あれほど完全な形でしかもきれいな色合いにつくられたのだろう？」

夜、月や星が銀色の光を放ってわれわれを取り巻いているのを見ると、あの大空いっぱいの天体を整然と導いている知性について考えさせられます。やわらかな月の光は昼間の活動には不十分ですが、親切な知性は、こうしてわれわれに夜は眠るよう示唆しています。やがて朝が来ると、太陽の明るい光が周囲の世界を明確に照らし出し、われわれをその日の必要な仕事に目覚めさせます。

われわれが問題を解決しようとするとき、二つの方法があります。一つは物質的方法です。例えば、病気になると医者のところへ行ってその治療を受けます。しかし、どんな医者の手にも負えないとなると、もう一つの方法、すなわち、肉体と心と魂のつくり主である神の力に頼ろうとします。物質的な力には限界があるため、それで用が足りないとき、われわれは無限の神の力に頼ります。お金の問題でも同じように、最善を尽くしてもうまく行かないと、やはり神の力に頼ろうとします。

だれでも自分の問題を最悪だと思います。ことに精神力の弱い人は、ほかの人よりも重圧感を感じます。人は精神力の強弱によって、湧いてくるエネルギーにも強弱が生じます。精神力の弱い人が大きな困難にぶつかると、始めから降伏してしまいます。精神力が強ければある程度の困難は克服できますが、どんなに精神力が強くても克服できない場合もあります。こうし

て物質的、精神的、あるいは霊的な困難に取り囲まれて手も足も出なくなると、われわれは、この物質世界における生命の力がいかに限られたものであるかを知ります。

われわれの努力は、経済的安定や健康の獲得といった外面的な問題だけでなく、もっと根本的な生命の意義を探り出すことにも向けられなければなりません。例えば、われわれは何か問題にぶつかると、まず状況から判断して有効と思われるいくつかの具体的な手段を講じて対応します。しかし、それらの手段がすべて失敗に終わると、そこで初めて問題の本質について真剣に考えはじめます。そして、その思案が十分な深さに達したとき、答えが内から湧いて来ます。これは一種の〝叶えられた祈り〟です。

祈りは魂の要求

祈りは魂の要求です。神は人間を、乞食にではなくご自身の似すがたにおつくりになりました。このことは、キリスト教の聖書も、ヒンズー教の聖典もはっきりと述べています。金持ちの家に行って施しを求める乞食は乞食の分け前しかもらうことができませんが、そこの息子は、父から何でももらうことができます。ですから、われわれも乞食のように振る舞うべきではありません。キリストやクリシュナや仏陀が、人間は神の似すがたにつくられた、と言った言葉は真実です。

確かに一部の人たちはまるで銀のスプーンをくわえて生まれてきたかのようにすべてに恵まれて見えますが、別の人たちは反対に、たえず失敗や困難に付きまとわれているように見えます。このような人たちのどこに神の似すがたがあるのでしょうか？　神の力はだれの内にもありますが、どうやってそれを掘り起こすかが問題なのです。私がそれについて経験した方法を、もしあなたがたも実行すれば、あなたがたも確実に自分の求める結果を手に入れることができるようになるでしょう。あなたがたは、今まで何度も祈りが叶えられなかったことに失望しているかも知れませんが、信仰を失ってはなりません。祈りが叶えられるために最も大切なことは、まず祈りの力に確信をもつことです。

あなたの祈りが叶えられなかった理由は、あなたが乞食のような態度で祈ったためかもしれません。またあなたは、天の父に子としての正当な要求として祈りうることは何か、ということも知らなければなりません。あなたがかりに全心全霊を込めて、「私に地球をください」と祈ったとしても、それは聞き入れられないでしょう。なぜなら、〝物質的〟な願い事に関する祈りにはすべて限界があるからです。それは当然のことです。神は、気まぐれな欲望を満たしてやるためにご自分のおきてを

曲げるようなことはなさいません。祈りには正しい祈り方というものがあります。〝猫は九つの命をもつ〟と言われていますが、困難には九十九の命があると言ってもよいでしょう。このしぶとい困難に打ち勝つためには、一つの確実な方法──正しい祈り方──を知らなければなりません。祈りを効果あらしめるための秘訣は、あなたの立場を乞食から神の子に変えることです。この神の子の意識で父に祈るとき、あなたの祈りには神の全能の力と英知が流れ込んで来るのです。

成功の芽は意志の力の中にある

たいていの人は、自分にとって何か大きな事をしようとするとき、ことさら緊張したり神経質になったりしますが、心配や神経質は神の力の流入を妨げます。しかし、根気よく、静かに、力強く意志の力を行使すれば、それは神の無限の創造力に働きかけて、そこから答えを引き出します。何をするにも、成功の芽はあなたの意志の中にあります。意志の力は、何か困難によって打ちのめされると一時的に麻痺してしまいます。「たとえからだは壊れても、意志だけは捨てまい」と決意する精神力の強固な人は、意志の偉力を最大限に発揮します。

意志の力はあなたの神性をよみがえらせます。この意志の力を使うことを忘れたとき、あなたは有限の人間になってしまいます。

「与えられた環境を変えるために意志の力を使うことは神のご計画に逆らうことだから、それはすべきではない」と言う人がいますが、もしわれわれが意志の力を使うべきでないなら、どうして神は人間にそれを与えられたのでしょう。私が以前会ったある狂信者は、

「意志の力を使うことは自我意識を強めることになるから、わたしは意志の力は使いません」

と反対しました。そこで私は答えました──

「あなたは今、私に反論するために、たくさんの意志を使っているではありませんか。あなたは話をするにも意志を使っているし、立ったり、歩いたり、食べたり、遊びに行ったり、また、眠ろうとするときでさえ、意志を使わずにはできないのですよ。あなたが何かをしようとすれば、必ず意志を使っているのです。あなたから意志の力を取り除いたら、あなたはロボットになってしまいますよ」

イエスが祈りの中で、「私の願いどおりにではなく、み心のままになさってください[1]」と言ったのは、自分の意志を全く使わないと言っているのではなく、人は自分の意志を欲望の支配から引き離して神のご意志に従わせるべきだ、ということを身をもって示したのです。ですから、正しい祈りを根気よく続け

るのも意志を働かせているのです。

あなたは、自分の祈りが叶えられることに確信をもたなければなりません。もしあなたが、家を欲しいと思ったら、心の中で、「ばかな！　家など持てるはずがない」などと思わずに、意志の力を奮い起こさなければなりません。神の力は、あなたの心から否定的な思いが完全に消えたとき入って来ます。家は天から降っては来ません。建設的な行動を通して、たゆまず意志の力を送り込みなさい。少しの疑いも持たず確信をもって続ければ、目的は必ず実現します。あなたの考えと行動の中にたえずそのような意志を働かせていれば、あなたの望みは実現せずにはいません。たとえあなたの望むものがこの世になくても、あなたの意志がたえず働いていさえすれば、何らかの形で望みは叶えられます。そのような意志の中に神の応えはあるのです。なぜならば、意志は神から来るものであり、絶え間なく働いている意志は神の意志だからです。


頭の中から「できない」という観念を捨てること

弱い意志はすぐに消えてしまいます。それは試練や失敗に遭うと、簡単に神の発電機との接続が切れてしまいます。しかし、人間の意志の背後には、全能の神の意志があります。死でさえも、この神のご意志を妨げることはできません。主は、絶え間なく意志の力の働いている祈りには必ずお応えになります。ほとんどの人は、精神的にあるいは肉体的に、またはその両面で怠け者です。座って祈ろうとしても、眠くなって頭がこっくりこっくりしはじめると、すぐに祈りをやめてベッドにもぐり込んでしまいます。意志の力が全く埋もれています。凡人の脳には、「できない」という観念が詰まっています。人は特定の家系や風習の家に生まれると、それらの影響を受けて、「自分には何々はできない」と思い込んでしまいます。そんなに長く歩けないとか、こんなものは食べられないとか、あれはがまんできない、などといった調子です。そうした「できない」という観念は焼き捨ててしまいなさい。あなたの内部には、やりたい事は何でもやれる力があり、その力は意志の中にあるのです。

意志の力を強くしようと思ったら、よい仲間と付き合いなさい。もし、あなたがりっぱな数学者になろうと思っても、ふだんいっしょにいる仲間がみな数学ぎらいだったら、きっと意欲を失ってしまうでしょう。しかし、りっぱな数学者たちと付き合っていれば、あなたは、「ほかの人にできるなら自分にもできる」と思って意志が強められるでしょう。

意志を鍛練したいあまり、いきなり大きな問題と取り組むのは賢明ではありません。成功しようと思ったら、初めは比較的小さな問題から試してみることです。一生懸命やれば必ず成し

遂げることができます。昔私は、友人や周りの人たちから私にはとてもできないと言われた事をすべてやり遂げてしまったことがあります。こういうおせっかいやきはまったく迷惑なものですが、神はそういう連中からも救ってくださいます。われわれの意志は、交友相手から最も大きな影響を受けます。もしあなたが、毎週木曜日、ここへ来る代わりに飲み友達とのパーティーに出席したら、彼らから何らかの俗っぽい影響を受けずにはいられないでしょう。あなたの意志は、あなたが付き合う仲間によって確実に強められたり弱められたりします。独りで自分の意志を訓練するのはきわめて難しいことです。目の前によい手本が必要です。画家になりたいと思ったら、いつもすぐれた絵画や画家たちと接していなさい。聖者になりたいと思ったら、霊的な人たちの仲間に入りなさい。

信じている事と体験した事とは全く別です。信じている事とは、読んだり聞いたりした事をそのまま事実として受け入れたものですが、体験した事とは、自分で実際に感じて知った事です。神を体験した人の信仰は決して揺るぎません。もしあなたがオレンジを食べたことがなければ、私はオレンジがどんなものかあなたにうそをつくことができますが、もし食べたことがあれば、あなたをだますことはできません。あなたはそれを体験して知っているからです。

信仰心を強めてくれる仲間を捜すこと

あなたの脳の中には、神に対する思いや、成功や癒しを求める願望などが、タブロイド版の新聞のようにいろいろと詰まっていますが、あなたはそれらを実際に経験すべきです。それらの思いを経験するには、それらを現実化するために意志の力を使わなければなりません。そして、それに必要なだけ意志の力を強めるには、強力な意志の力をもつ人たちと付き合うことです。もし、あなたが神の力によって癒されたいと思ったら、あなたの信仰と意志の力を強めてくれるような仲間を捜しなさい。

私はかつて、神を知っている人を見つけるためにインド中を旅しました。ほんとうに神を知っている人は、めったにいません。私にいろいろな教師に会いましたが、彼らはみな、自分の信じている事を語ってくれただけでした。しかし私は、神に関するかぎり、ただの説明では決して満足するまいと決心していました。私は神を実際に体験したかったからです。私にとっては、いくら神の説明を聞いても自分で体験できなければ意味がなかったのです。

あるとき私は、ブローカーをしている友人とインドの聖者について話をしていました。彼は、私の聖者に対する情熱にはほとんど興味を示さずこう言いました。

「聖者なんてみなインチキさ。神を知っている人なんていやしないよ」

私はあえて反論せず、話題をブローカーの仕事に変えました。すると彼は得意になっていろいろ説明しはじめました。そこで私は穏やかにこう言いました。

「カルカッタには信用できるブローカーなんて一人もいないよ。みな不誠実な人間ばかりだ」

すると彼は怒って言い返しました。

「君はブローカーについて何を知っているというのだ！」

そこで私は答えました。

「そのとおりだ。だが君も聖者について何を知っているというのだ？」

彼は返事に詰まってしまいました。私はそこで静かに言いました。

「自分の知らない事では議論しないことだ。僕はブローカーの仕事を知らないが、君も聖者については何も知らないじゃないか」

現在では、神についての知識を自分の体験した事実として説く宗教家がきわめて少なくなってしまいました。しかし、私があなたがたに語っている事はすべて私の体験したことです。私は、単に知識として知っている事を講義しようとは思いません。たいがいの人は、真理についての話を読んだだけで自己満足し、自分で体験してみようとはしません。しかしインドでは、単に神学の学位をもっていても、また、どんなに聖典の知識が豊富でも、真理を実際に体験していなければ霊的指導者（グル）とは認められません。覚え込んだ知識をただ口先でくり返す蓄音器のような説教者は、われわれに何の感銘も与えてくれません。われわれはその人の説いている事と身につけている事とを見分けなければならない、と教えられてきました。真の説教者は、自分が学んだ真理を実際に体験していることを証明できなければなりません。

確実に天国に到達するためには

あなたが神について学んだ事を実際に経験しようとして、具体的努力を始めると、新しい世界があなたの前に開けてきます。教会へ通っていれば救われる、というような偽りの保証に安心してはなりません。神を知るには、自分で努力することが必要です。説教を聞いたり礼拝に参加すればあなたのうわべの心は満足するかもしれませんが、そうした形式的信仰をいくら続けても、あなたが自分の祈りに対して神から直接の応えが得られるようになるまでは、あなたの本心は決して満足せず、真の救いは得られません。神が応えてくれないような祈りは何の役に

も立ちません。神の応えを得ることは確かに易しいことではありませんが、しかし、それは可能なのです。あなたが最後に確実に天国に到達しようと思ったら、自分の祈りの力が有効に働くまで試してみなければなりません。私は子供のころ、神に祈るときはいつも、「これは必ず叶えられる祈りだ」と決めて祈りました。このような決意が神の応えを引き出す秘訣です。途中であなたの決意を挫くようないろいろな試練がやって来ますが、神があなたの祈りに応えてくださる方法は無限です。あなたの意志が強固でいつまでも挫けなければ、神は必ず応えてくださいます。

あなたは、心を集中する方法を学ばなければなりません。そのためには、独りになる時間をもつことが必要です。いつも人とばかりいっしょにいることは避けなさい。彼らはスポンジのようにあなたから何もかも吸い取ってしまいますが、ほとんど何も返してはくれません。しかし、誠実で精神力の強い人といっしょにいて互いに誠実さと強さを認め合うなら、双方の精神的長所を交換し合うことになり価値のあることです。

漫然と時間をむだにしてはなりません。多くの人がつまらないことに時間を使っています。彼らに何をしていたかと聞くと、たいてい「ああ、ずっと忙しかった」と言いますが、何をしていたかほとんど覚えていません。また、娯楽にばかり熱中していると精神力が弱まります。映画も毎日見ているとつまらなくなり、飽きてきます。恋人たちや英雄や悪者などさまざまな人物が登場してきますが、基本的には映画はみな同じです。物語は美しくまたおもしろく描かれていますが、作り話はしょせん作り話で、現実とは違います。しかし反対に、あまりに現実的でふだんの実生活と同じでは、だれもわざわざ映画館まで見に行こうとは思わないでしょう！

人生には何が起きるかわかりません。しかも、われわれはそれらをすべて片づけてゆかなければなりません。まず自分の問題を処理できないようでは、他人を助けることはできません。すべての成功をつくり出す工場は、精神集中という隔離された場所に隠されていることを覚えておきなさい。そして、この工場で、成功の妨げとなる困難を乗り越えるための意志の織物を織りつづけなさい。意志の訓練は、休んではなりません。昼も夜も時間をむだにしなければ、この工場で働く時間は十分にあるはずです。私は毎晩、俗世間から隠遁して一人きりになります。この世のことをすべて忘れて心を空っぽにします。そして意志の力だけ残して、自分の成し遂げたい目標とそれに到る方法が心に明確に浮かぶまで、想念をその方向に向けつづけます。それから自分の意志を正しい行動の実行に向けると、事はうまく運びます。私は今まで何度もこの方法で意志の力を有効に利

用してきました。しかし、意志の力はたえず働かせていないと効果をもたらしません。

「わたしの意志の力は神の意志によって充電されている。だからわたしの目的は必ず達成される」

と心底から言えるようになることはすばらしいことです。もしあなたが、何の努力もせずにただ神に委ねるだけで、神がせっかく与えてくださった意志の力を使わなければ、何を求めても成果は得られないでしょう。神の力はたえずあなたを助けようと待機していますから、あなたはことさら助けを嘆願する必要はありません。しかし、その代わり、意志を使って堂々と神の子として要求し、神の子らしく振る舞わなければなりません。「全能の主は天のはるか彼方におられ、自分は地上の苦悩に埋もれた虫けらのような存在だ」などという考えは捨てなさい。あなたの意志の背後には偉大な神のご意志があることを忘れてはなりません。しかしその偉大な力は、あなたに受け入れ態勢が出来ていないと、あなたを助けることができないのです。

自分の意志を精神集中によって充電せよ

神を受け入れる態勢をつくるには、静かに座って、あなたの想念を価値ある目的に集中し、あなたの熱意と思いをその目的とする観念の中にすっかり溶け込ませなければなりません。そうすると、あなたの意志の力には全知全能の神の力が流れ入って、あなたを目的の実現に導くよう働きます。しかし、ただ座って成功が転がり込んで来るのを待っているだけでは不十分です。ひとたび進路が決まり意志が固まったら、具体的な努力もしなければなりません。そうすれば、成功に必要なものがあなたの周りに集まりはじめます。そして、すべてのものがあなたを正しい方向に導くようになります。あなたの祈りに対する応えは、こうした〝超充電〟によって聖化されたあなたの意志の中にあります。このように意志を使うことによって、祈りを叶えてもらう道が開けるのです。これは私の経験です。私は自分の意志の力を試すために何度も実験しました。しかし、今はもうはっきりとわかったので、実験の必要はなくなりました。

かなり昔のことですが、私の生徒の一人が間違った道へ走ろうとしていました。私は彼の身に災難が差し迫っているのを予感したので、ありったけの理由を並べて思いとどまらせようとしましたが、彼はすでに決心を固めていて、私の説得力ではそれを翻させることができませんでした。私はついにあきらめて、「ではしかたがない、好きなようにさせよう」と自分につぶやきました。しかし、すぐにまた彼に対する愛情と心配が私を駆り立てました。そこで私は、ぼだい樹の下に座って彼の姿を瞼に思い浮かべながら、

「神がわたしに、お前を呼び戻すよう命じておられる」と何度もくり返し、一生懸命この心のメッセージを放送しました。私は夕方近く、彼がもうすぐやって来るという直感を感じて、私はからだと心がわくわくしてきました[2]。やがて、〝放蕩息子〟は帰って来ました。そしてプラナム[3]の礼をしてこう言いました。

「きょうは一日中、私がどこへ行っても何をしても、先生のお顔が見えるのです。いったいどうしたのでしょう？」

私は答えました。

「わたしを通して神様がお前を呼んでおられたのだ。わたしが呼んだのではない。神が呼んでいらっしゃったのだ。わたしの望みには少しの利己的動機もない。だがお前が帰って来るまではここから動くまいと決心していたのだ」

このような決心には世界をも変えることのできる偉大な力があるのです。

ですから、深い祈りは必ず叶えられます。祈るのに最もよい時間は、邪魔の少ない夜です。また、必要ならば夕方少し眠るとよいでしょう。そうすれば、夜中も睡魔に邪魔されずに祈りつづけることができます。最初のうちは難しく思えても、慣れればだんだん容易になります。そして、あなたはその効果にびっくりするでしょう。あなたの意志が強まると、神はすぐに応えはじめられます。そして、神が沈黙のおきてを破って優しくあなたの耳もとにささやかれるのを聞いたとき、あなたは喜びを抑えることができないでしょう。しかし、もしあなたが、自分の祈りの力を誇示する気持や金儲けなどの利己的動機から祈るときは、その力は失われてしまいます。神はもうあなたに応えてはくださいません。神は驚いてあなたから逃げてしまうからです。神は、あなたが誠実で、純粋に神を愛しているときにのみ来られます。あなたが自分自身に感動したり、また、自分の力を人に見せびらかそうと思っているとき、神は、求められているのが自分ではなく、あなたの自我の名声や栄誉であることを知って、応えてはくださいません。

神が応えてくれるまであきらめないこと

神は、物も言わず感情もない、非情な存在ではありません。神は愛そのものです。もしあなたが、神と接触するための正しい瞑想の方法を知っていて、その中で愛を込めて求めれば、神は必ず応えてくださいます。あなたは、神に嘆願する必要はありません。神の子として要求すればよいのです。ただ問題は、あなたがそれに必要な時間をかけるかどうかです。神の応えが得られるだけの集中状態に達するまでがんばるかどうかです。

例えば、あなたの家が抵当に入ったままお金の工面がつかないとか、あるいはあなたがどうしても就職したいと思っている

仕事があるとします。そういうときは、まず深く瞑想して、そこから訪れる静寂の中で、確固たる意志をもって、あなたの求める状態をはっきりと心に描きつづけなさい。途中で結果が現われてきたかどうか気にしてはなりません。あなたが、もし、畑に種を播いても、それが育っているかどうか心配してたびたび掘り返していたら、芽は出ないでしょう。それと同様に、祈るときも、主があなたの願いを叶えてくださるしるしが現われたかどうか気にしていたら何も起こりません。神を試そうとしてはなりません。ただ、たゆまず祈りつづけなさい。あなたの役目は、あなたの必要としているものに主の注意を引き、主を助けてその願いが実現するように、自分のなすべき事をすることです。例えば、慢性病の場合だったら、治療のための最善の努力をつくしながら、心の中では、「結局神だけが癒してくださるのだ」ということを確信していなさい。「神だけが助けてくださる！」——毎晩この信念を瞑想しなさい。そして、あらゆる決意を込めて祈りなさい。そうすれば、ある日突然、その病気が治っているのに気がつくでしょう。

心はまず暗示を受けます。すると、心は神の力を宿します。その結果、脳から生命エネルギーが供給されて癒されるのです。あなたは気づいていませんが、あなたの心の中にある神の力が、からだのすべての機能をコントロールしているのです。この心の力を訓練すれば、あなたはからだの不調を癒すことも、また、丈夫になることもできます。それにはまず、正しい瞑想法を学ぶことが必要です。そうすれば、神の力によって強化された集中力を利用して、健康になることも、日常の問題を解決することもできるようになります。

何か一つ、あなたが困っている問題を取り上げて、毎日この方法を応用して試してごらんなさい。五回や六回失敗しても、続けて試しなさい。そうしてそれが成功したら、その集中した意志を、また別の目標に向けなさい。そうすれば、しだいにより大きな事ができるようになるでしょう。意志は、全能の神の似すがたにつくられたあなたに授けられた能力です。あなたの意志の中には、大自然のあらゆる力を支配している神の無限の力が宿されているのです。この力を利用すれば、あなたは何でも望みのものを手に入れることができるのです。繁栄をつくり出すことも、憎悪を愛に変えることもできます。からだと心を完全に支配できるようになるまで祈りなさい。そうすれば神の応えが得られます。現に、私は、自分の望んだ事がどんなささいな事でも、すべて叶えられてゆくのをいつも目撃しています。

あなたにとって最も必要なものは神である

眉間には天国への門があります。この脳の中枢[4]は、意志の座です。この点に深く意識を集中して静かに願い事を念じれば、何でも叶えられます。ですから、この意志の力を邪悪な目的に使ってはなりません。この力を、故意に他人を傷つけるような目的に使うことは、神から与えられた力の重大な誤用であり悪用です。もし自分の意志が間違った方向に進んでいると気づいたら、すぐにやめなさい。それはあなたの聖なるエネルギーを浪費させるだけでなく、この天与の能力を失わせることになります。そしてそのあと、その能力を善い目的に利用することさえもできなくなってしまいます。

自分の祈りが筋の通った正当なものかどうかよく見極めなさい。自然の理に反することを神に祈ってはなりません。真に必要なものだけを祈りなさい。ほんとうに必要なものと、必ずしも必要でないものとを区別しなさい。必ずしも必要でないものに対する欲望を断ち切るには、よく道理を考えてそれを捨てることです。私には大きな建物を夢みる道楽がありましたが、今ではもう興味がありません。私はすでにそれらの建物をたくさん持っていますが、かえってその維持が頭痛の種です。物を所有することには煩わしい責任がともないます。不必要なものを欲しがることはやめて、ほんとうに必要なものを求めることに集中しなさい。

あなたにとって何よりも必要なものは神です。神はあなたのために、ほんとうに必要なものだけでなく、必ずしも必要でないものまでもいっしょに用意してくださいます。あなたが神と一つになれば、神はあなたのすべての欲望を満たしてくれます。とてつもない夢でさえも叶えてくださいます。

私がまだインドにいた子供のころ、子馬が欲しくてたまらなかったのですが、母が許してくれませんでした。何年かたって、私がランチに少年たちの学校を開いてから、校内の仕事をさせるために馬を一頭飼うことにしました。ある朝、その馬は子馬を産みました。私は、忘れていた子供のころの夢が叶えられたのを知りました。こうしたたぐいの経験はほかにもたくさんあります。昔、カシミールへ旅行に行ったときは、この建物（SRF本部）の幻を見ました[5]。そして、それから何年もたってロサンゼルスへ来てこの建物を見たとき、私はそれが昔幻で見た建物であることに気がつき、これこそ神がわれわれのために用意してくださったものだと知りました。

祈りの法則に従うこと

祈るときの第一の法則は、正当な願い事だけをもって神に近づかなければならない、ということです。第二は、乞食のような態度ではなく神の子として、

「私はあなたの子です。あなたは私の父です。あなたと私は一つです」

と言って願い事の成就を求めることです。深く祈りつづけると、心の底から大きな喜びが湧いてくるのを感じます。この喜びが湧いて来ないうちに、途中でやめてはなりません。あなたの心を完全に満足させるこの喜びが感じられたら、それが、あなたの祈りが神に届いたしるしです。そうしたらこう祈りなさい――

「主よ、これは私に必要な事です。私は、そのためには何でも喜んでします。どうかこの願いが成就するために、私が正しく考え、正しく行動するようお導きください。私はあなたから頂いた理性と意志の力を使って行動します。どうか私の理性と、意志と、行動とが、正しい方向に働くようお導きください」

これが私のいつも実行してきた祈り方です。今では、何かの計画について神に尋ねるとすぐに、その計画を実行すべきか否か、また、どんな手順で進めるべきか、などの答えが返ってきます。

祈りを実用的手段として真剣に考えなさい。そして、祈りの目的に深く精神を集中しなさい。仕事を捜すときも、契約にサインするときも、そのほか重要な事をするときはいつも、この神の力のことを考えなさい。そして、それを考えつづけなさい。睡眠時間を割いてでも祈りなさい。あなたの心は、昼は働き夜は眠るように習慣づけられていて、夜になると「眠ろう」と催促します。聖なる意志の力を結集して逆に命令しなさい――

「睡魔よ去れ、神との約束のほうが大事だ！」

そうすれば、神は応えてくださるでしょう。

（1）マタイによる福音書26・29。
（2）大師たちは、ふだん神を全身に感じて楽しんでいるが、弟子の悪い想念を直覚で感じると、ちょうど針で刺されたような痛みとして感じることがある。また、反対に、調和した幸福な想念は、時にぞくぞくするような喜びを伴って感じられる。（出版部注）
（3）用語解「プラナム」参照。
（4）この中枢は霊眼の座で、クタスタまたはキリスト意識の中枢ともいわれる。
（5）パラマハンサ・ヨガナンダがカシミールのスリナガルでこの幻を見たのは一九一三年ごろである。

パラマハンサ・ヨガナンダ (1926 年)

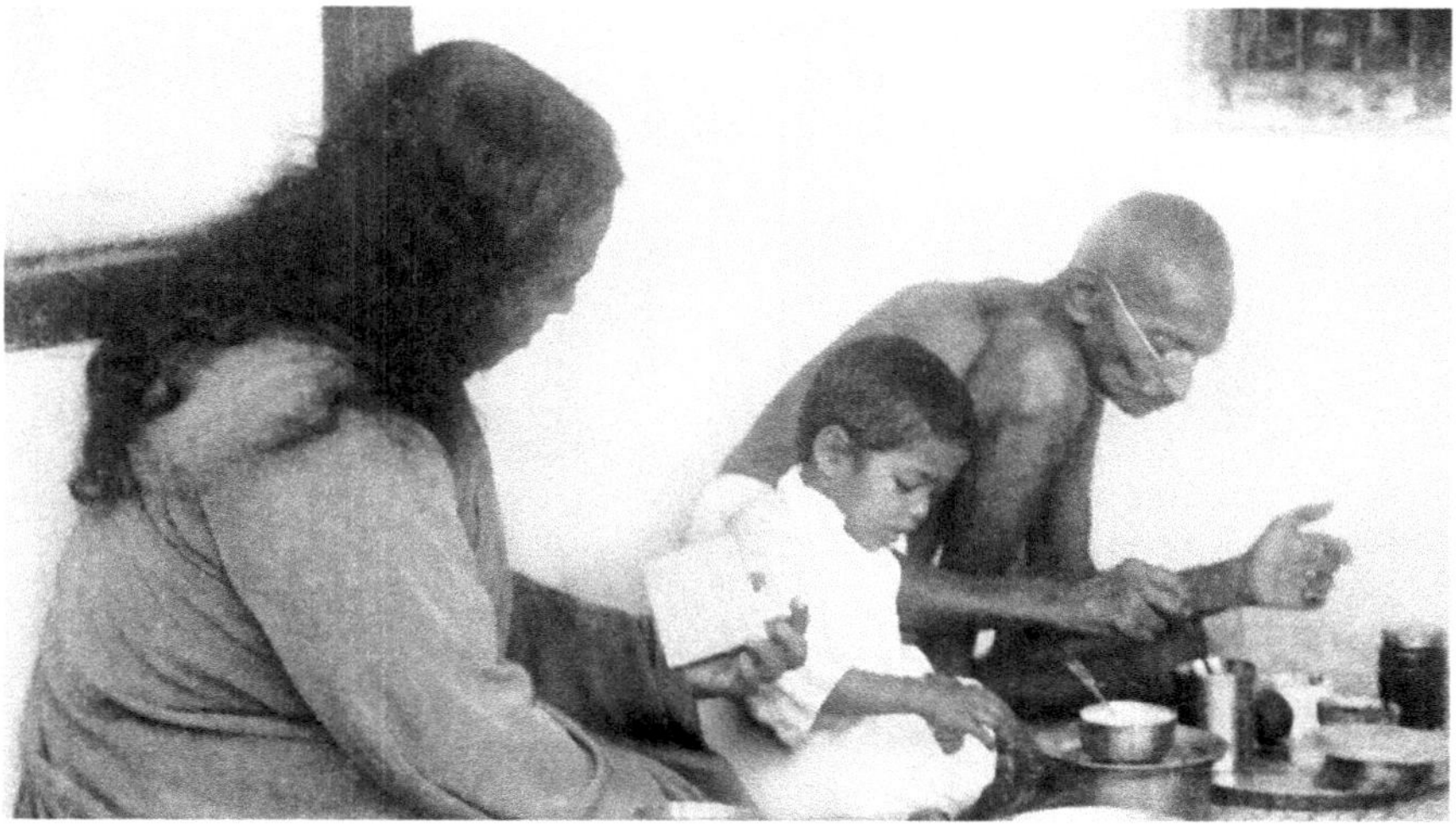

マハトマ・ガンジーとヨガナンダ

1935 年 8 月 26 日ヨガナンダはワルダーにあるマハトマ・ガンジーのアシュラムを訪れた。この日は月曜日で、ガンジーの沈黙日だったので、ヨガナンダはガンジーの書いたメモを読んでいる。翌日、ヨガナンダはガンジーの求めに応じてクリヤ・ヨガを伝授した。

レーク・シュライン

アメリカ、カリフォルニア州のパシフィック・パリセードにある約 4 ヘクタールの敷地をもつレーク・シュラインは、1950 年 8 月 20 日パラマハンサ・ヨガナンダによって開園された。この写真には、開園式に集まった大勢の参会者の一部が写っている。静寂な霊気を感じさせるこの美しい聖園を楽しむために、現在も毎年世界各地からの訪問者があとを断たない。美しい花壇に囲まれた一角には、緑の岡を背にして、マハトマ・ガンジーが唱導した世界平和を記念するために、ガンジーの遺骨を納めた彫刻模様の古い石棺が安置されている。

講話五　宗教の科学化

（一九四〇年十二月二十二日　エンシニタスの旧礼拝堂[1]における講話）

神は、決して遠く近づきがたい存在ではありません。神について語り合い、聖典に記された神の言葉に聞き入り、神を思索し、瞑想の中で神を実際に感じるようになると、それまで実在しないと思っていたものが実在するとわかり、逆に、それまで実在すると思っていたこの世界が実在しないことがわかってきます。このような悟りにまさる喜びはありません。

　神の喜びは限りなく、途絶えることもなく、常に新鮮です。あなたが神の意識にあるとき、肉体も、心も、何物もあなたを邪魔することはできません。神の恵みと栄光とはこのようなものです。そして、その中で神は、あなたが知りたいと思っている事、どうしても理解できなかった事などについて、すべて説明してくださいます。

　何から何まで今すぐ知ろうと焦るのは無益なことです。大自然という本に書かれていることをすべて学ぶには、どれほどの生まれ変わりが必要だと思いますか？　何百万回でも足りないでしょう。ですから、無益な試みはやめなさい。すべての答えは、神の中に見いだすことができるのです。インドの大師たちはいつもこう言っています、「まず神を知れ」と。そうすれば、神があなたの知りたい事にすべて答えてくださいます。神の国に入って神の知識を授けてもらうのです。

　人生は過ぎ行くにつれて、その幻影はつぎつぎと消えて行きます。そこであなたは考えます、「人生とはいったい何だろう？子供時代や若かったころの幻影が消えたあとに何が残っているのだろう？」と。真実の幸福は、この眉間にある霊眼[2]の門〔ヨガナンダ師はここで眉間の位置を指差した〕の後ろにある聖なる意識の中だけにあります。私は自分の人生から、目に見えるこの世界を切り捨ててしまいました。それは、この世界がつまらないことをいかにも重大そうに見せかけてわれわれを幻惑するからです。人はみなこの見せかけの世界に住んで、隣りの人に負けまいと見栄を張りながら生きています。しかし、真の幸福は神の意識の中に住むことによってのみ得られるのです。あなたも試してごらんなさい。

　神はあなたがたをご自分の家に連れ戻そうと一生懸命です。それは、神のほうにも、あなたがたに求めているものがあるか

らです。つまり、神は、あなたがたが自発的に神を求め、神にすがることを求めておられるのです。そうでなければ、神は宇宙も人間もおつくりにはならなかったでしょう。神がこのように求めておられるからといって、それは神が不完全だということではありません。神は、われわれが神を愛し、最後には神のもとへ帰るようにわれわれをおつくりになったのです。そして神は、そのときを待ち望んでおられます。ですから、神の満足はわれわれの愛の中にあるのです。

神はわれわれに、この幻の浮き世に身を投じるか、または父の家に帰るか、選択の自由をお与えになりました。どちらを選ぶかは各人の自由ですが、みんなで父の家に帰ろうではありませんか。そうすれば、もうこのひどい世界に戻って来る必要はなくなります。われわれは、来世はどんな境遇に生まれて来るかわかりませんが、少なくともわれわれが今経験しているような重苦しい苦難と抑圧の時代には生まれ合わせたくないものです。世界のいろいろな紛争は、人間の利己主義と憎しみが原因です。みんなが神を忘れたために、地球全体がうめき苦しんでいるのです。

今こそ父の家に帰る決心をしなさい。あなたがたは時間をたいそうむだに使っていますが、そんな余裕はありません。あなたがたは、人間として生まれてきたことがどんなに幸せなことかもっと自覚すべきです。人間は、他のどんな生き物よりも大きな恵みを神から受けています。動物には、瞑想して神と交わる能力は与えられていません。しかし、あなたがたは、神を求める能力が与えられているのにそれを使っていません。たまに瞑想しても、ちょっと座るだけで心はいつも飛びまわっています。心を鎮め、祈って祈って祈りなさい。そうすれば天の扉が開かれます。そして、あなたを納得させるあらゆる経験が与えられます。それによって、あなたは神の存在を知るでしょう。

神はあなたの招待を待っている

神についての私の話は、本で学んだ知識ではなく、私自身の体験です。自分で直接神を見たり感じたりしなかったら、私はこんなふうに話すことはできなかったでしょう。神が私にそうさせてくださらないからです。私は、自分が今話している事を目の前に見ながら、あなたがたに話しています。そのため、あなたがたが見えなくなることもしばしばあります。もし、私が神を体験していなかったら、何も話さなかったでしょう。私が今ここにいるのは、あなたがたがお金や、名声や、酒や、恋愛や、セックスの中に求めている喜びが、あなたがた自身の中にあることを教えるためです。あなたがたはそれを外に求める必要はないのです。神に対しては、媚びたりへつらったりする必

要はありませんが、求めなければなりません。心の底から愛を込めて、「私に来てください」と祈らなければなりません。

神に対するあなたがたの決意はまだまだ不十分です。守銭奴がお金を愛するように、恋する人が恋人を愛するように、神を愛しなさい。そうすれば神は必ず見つかります。それは決して易しいことではありません。しかし、夜、長い時間座って瞑想していると、時間のことなど忘れてしまいます。私は、一睡もしなくても瞑想は欠かしません。神が来られると、睡眠も自分のからだもどこかへ行ってしまいます。あなたは小説などで理想的な愛について読んだことがあるかも知れませんが、神の愛に比べれば問題になりません。神のもとへ急ぎなさい。常に神を意識して生きることほどすばらしい生きがいはありません。こうして話している間も、全世界が何度も何度も溶けてなくなり、私は神の至福だけを感じています。

この世のものはすべてあなたに幻滅を与える

科学は、人間のあくなき欲望を刺激したり満たしたりしながら、物質生活を快適にするための手段をつくり出しています。しかし、それらの道具はやがて快適さよりも重荷を感じさせるようになります。つまり、それらの面倒を見ることのほうが大変になってくるからです。神から与えられる恵み以外にあなたが何かを手に入れれば、あとで必ず付けがまわってきます。ですから、何か必要なものがあれば、静かに座って天の父に頼みなさい。もし、天の父にもあとで代償を払わなければならないなら、私は頼まなかったでしょう。しかし私には、息子として天の父を知る権利があります。あなたがたも、父に対して自分の権利を要求すれば必ず聞いてもらえます。神は、熱心に求める信仰者のところへは必ず来てくださいます。神はそれを望んでおられるのです。あなたの周りにあるすべてのものは、あなたを迷いから覚まして、あなたを神のもとへ連れ戻すためにあるのです。あなたは、いつこの地上から連れ去られるかわかりません。この世は、いつまでも楽しめるようには出来ていないのです。ですから時間をむだにしてはなりません。私は一日一日を、一刻一刻を生きています。私にいっさいを神に任せきって、生きる喜びだけを感じています。

何事も意志によってつくられ、意志によって成就する日が、あなたにも来るでしょう。そのときあなたは、望む事がすべて実現するのを見ます。これは、私が自分の人生の中で何度も経験していることです。神から授かった意志という力を、神を知るというその本来の目的のために養い育てることが、人生の唯一の目的です。われわれをつくられた神は、われわれを苦しみから解放するために、われわれの意識の中に入ろうとして、一

人一人の心臓をたたいて叫んでおられます。しかしわれわれは、なかなかそれに耳を傾けようとしません。『神はきっと、人間をおつくりになったことを後悔しておられるに違いない！』――私は毎日、神に、どうして人間をこのようにおつくりになったのか尋ねています（私は心に思い浮かんだことは何でも神に話すようにしています。神も、私がそうして神に付きまとうのを喜んでおられます）。すると神は、ご自分のおつくりになったものが完全ではないことをよくご存知で、「鉄を火の中で白熱するのは鋼にするためだ」とお答えになります。つまり、痛めつけるためではない、ということです。病気も困難も、われわれに教訓を与えます。苦しい経験はどれも、われわれを苦しめるためではなく、われわれの中にある不純物を燃やして天の家へ帰らせるために与えられるのです。神ほどわれわれの解放を心底望んでおられる方はほかにいません。

今、私を通して語っているのは神の声です。もし一人でも、これに応えて神の中に魂の自由を見いだすようになれば、私の使命は果たされます。こうして一人の魂を救うことは、何千人を回心させるよりも価値のあることなのです。私があなたがたに話しているのは、この宇宙の唯一の主人、あなたを呼びつづけて待っているあなたのただ一人の恋人のことです。一人の魂が神の国に帰ったとき、神がどれほどお喜びになるか、あなたがたは知らないでしょう。神は、すべての天使たちを呼び集めて歓迎の祝いを催されます。その喜びがどんなものか、それは想像もつかないものです。

あなたが過去世のことを忘れさせられているのには理由があります。例えば、あなたはこれまでに十回生まれ変わったとします。すると、あなたには十人の母親がいることになります。あなたがその十人の母親を平等に愛するにはどうすればよいでしょうか？　あなたは、その十人の母親の背後に唯一の母がいることを知らなければなりません。そして、すべての友人の背後には唯一の友がおり、すべての父親の背後には唯一の父がおり、すべての愛の背後には唯一の愛があることを学ばなければなりません。それを発見することはまったくすばらしいことです。それはちょうど転生という回廊でかくれんぼをしているようなもので、あなたは最後にはそれを見つけます。私は、その唯一の愛を見つけたとき自分を抑えることができませんでした。私の心は無限の王国の中に溶けて消えてしまいました。それは今だに続いています。神の喜びは不滅です。

真理についての明確な理解を求めよ

物質科学においては、すべてが明確な概念に体系化されています――ある結果を得るには特定の二つの物質を結合させると

か、または二つの物質を特定の方法で結合させるなど——。SRFの大師たちは、「なぜ神を科学的方法で求めなければならないのか、そしてその科学的方法とはどんな方法か」について説明しています。この教えは、実行することによって、あなたがたに明確な理解を与えてくれるでしょう。霊的法則について、本で読んだだけで終わってしまう人がいますが、それでは真の自己を知ることはできません。真理の教えは、自分の生活の一部として実践しなければ意味がありません。

ほとんどの人は宗教を本気で考えていません。そして、それを空想と神話の世界に閉じ込めています。インドでは宗教を生活に密着したものとして教えています。ですからわれわれは、「わかった、神についてはいずれそのうちに考えよう」などとは言いません。われわれには、今すぐに神が必要なのです。

科学と宗教とは、互いに手を携えて行くべきです。科学的研究の結果はすべて明確で、理論と実証に裏付けされていますが、宗教の場合はしばしば独断的です。イエスは弟子たちに堅固な信仰心の必要性を強調しましたが、盲目的信仰を勧めたのではありません。盲目的な教条主義を見るたびに、私は心が痛みます。なぜなら、それが多くの人たちの真剣な関心を神から引き離してしまった原因の一つだからです。神に関心のある人はまだ大勢いますが、神を真剣に求める人、この神の夢のドラマから抜け出す道を探ろうとする人は、少ししかいません。神の贈り物に対して神に感謝する人は少数ですが、その中でも、神と接触できるほど深く科学的に探求している人はさらに少数です。神を真剣に求めるならば、科学的方法を学ぶべきです。

宗教はヨガによって科学的になる

ヨガは明確で科学的です。ヨガは、段階的修行法によって少しずつ自分の進歩を確認しながら、最後に自分の魂を神に合一させます。ヨガは教義の違いを超えた、信仰の実践を重視します。私の先生《グル》、スリ・ユクテスワはヨガの効果を賞賛されましたが、それでも、神を知るまでの道程が決して容易ではないことを指摘して、いつも私に、たゆまず努力するよう注意されました。私はその教えを守って努力しました。そして、先生が約束してくれた結果を手に入れたとき、私はヨガのすばらしさを知りました[3]。

自分の信仰に時間を割かない人は、神についても未来についても、全く知ることができません。たいがいの人は、宗教的探究にはほとんど努力していません。仮に努力していたとしても、その深さと真剣さにおいて不十分です。夜の時間をもっと神とともに過ごすべきです。あなたは必要以上の睡眠を取って、多くの貴重な時間を浪費しています。夜は、あなたが神の国の探

検に余念なく熱中できるように、この世の誘惑に幕が下ろされます。神はあなたがたに、夜はこの世のことを忘れてご自分を求めてもらいたいために、すべてのものをおおい隠す闇をつくられたのです。聖典やＳＲＦのレッスン(4)を読んで瞑想しなさい。そうすれば、栄光と至福があなたを訪れるでしょう。これほどすばらしい経験を与えてくれるものはほかにありません。うそだと思うなら試してごらんなさい。

もし神が見つからなければ、それはあなたの瞑想の努力が不十分だからです。一度や二度海に潜って真珠が見つからないからといって、海のせいにしてはなりません。あなたの潜り方が足りないからです。十分な深さまで潜らなければ、神という真珠は見つかりません。もし、あなたが宗教を実践するうえで、明確な科学的方法を取り入れなければ、それは単なる良心の慰めに終わってしまうでしょう。「わたしは毎日曜日、教会へ行っている」と言う人たちも、ほとんど何のために行っているのかわかっていません。説教が終わって「アーメン」と唱えると、もう次の日曜日まで教会のことは忘れてしまいます。愚かなことは思いませんか？　神と交わろうとしないで、何のために教会へ行くのでしょう。

神は十分な熱心さをもって口説けば必ず会うことができる、と聖者たちは言っています。しかし、その努力はすべて自分でしなければなりません。日曜日に教会へ行くだけでは不十分です。何人かの仲間たちといっしょに瞑想するのもよいことですが、最大の努力を夜の時間の活用に向け、一人になって瞑想しなさい。あまり人とばかりいっしょに居過ぎることは、健康にも、神経を休めるうえにも、長生きをするためにもよくありません。彼らのほとんどは、あなたから何かを得ることしか考えていません。あなたの最高の幸福を考えてくれるのは、神とあなたのグルくらいなものです。そして賢明なグルがあなたに教えることはただ一つ、「神を求めよ」ということです。

ひとにも神を分かち与えなさい。神について語ることは、神に対する最高の奉仕です。もしあなたがだれかに、〝罪の道は死の谷に通じ瞑想の道は永遠の命に通ずる〟ことを説いて理解させたとしたら、それは彼に百万ドルより価値のあるものを贈ったことになります。お金はいずれなくなりますが、神についての経験は、死の門を通り抜けてその人について行きます。ですから、神を知るために不屈の努力と苦闘を続けている人の姿を見ることは、私にとっていつも大きな喜びです。

私は、今この世でいろいろな事を計画したり実行したりしていますが、それはみな神に喜んでいただくためです。私はそれを確かめるために、仕事をしている最中でも心の中で、「主よ、どこにおられるのですか？」とささやきかけます。すると、私

を取り巻いている世界が一変し、すべてが巨大な光に呑み込まれて、私はその光の海に浮かぶ小さな一つの泡になってしまいます。神の懐に抱かれた喜びとはこのようなものです。

私が語っている経験は、科学的に努力すればだれでも得られるものです。霊的法則に従えば、成果は確実に得られます。もし成果が現われないときは、自分の努力を反省しなさい。神を求める情熱と、教えを忠実に実行する努力だけが成功への鍵です。深い瞑想を毎日規則正しく行なわない人は、瞑想しても心が鎮まらず、すぐにあきらめて立ち上がってしまいます。しかし、一日ごとに努力を積み重ねてゆけば、深く入ることができるようになります。私は、今では全く努力する必要がなくなりました。目を閉じて霊眼の中枢を見つめるとすぐに全世界が消えてしまいます。しかし、私もかつては何時間も座って、感覚や雑念を追放する努力をしました。一時は、いくら努力してもむだだ、と考えたこともありましたが、あとでその考えは間違っていることがわかりました。雑念と神との間には大きな壁があって、努力しない人はその壁を乗り越えることができませんが、不屈の闘志をもって努力する人は、やがて心が鎮まり、無限なるお方の王国に入ることができます。これに引き替え、無益なことに時間を使い過ぎた人は、結局は何も得ずに外に取り残されることになります。

神との交わりは、人生の唯一の目標です。あなたもいつかはそれを理解しなければならなくなりますが、とかく大きな悩みを経験したあとでないとわからない人が多いようです。それよりも、今のうちにそれを学びなさい。神はあなたを待っておられます。あなたもいずれは神のところへ帰らなければならないのです。「果たして自分は天国に行けるだろうか」などという心配はばかげた心配です。そこはあなたのほんとうの家であり、そこ以外にあなたの落ち着く場所はないのです。あなたはそれを、代償を払って手に入れる必要はありません。あなたは神の似すがたにつくられた神の子です。だから人間の仮面を脱いで、自分の生まれながらの神性を自覚すればよいのです。

神をわれわれの手の届かない存在と思わせるのはサタンである

「人間は神の国に入ることなんかできない」などと考えてはなりません。そのような誤った考えを人の心に植え付けて、あなたがたをこの世に引き止めようとしているのはサタンです。あなたがたは、肉体とともに滅びてしまうような存在ではないのです。私はこのことをグルから聞いたとき、喜びを抑えることができませんでした。そして以来、自分を罪びとと思うのはやめました。あなたも自分を罪びとと呼ぶのはやめなさい。それは、あなたの内にある神性を冒瀆することです。また、だれ

にも自分を罪びと呼ばわりさせてはなりません。過去は問題ではありません。あなたは今も、これからも、ずっと神の子なのです。あなたを神の国の外に引き止めておける者はだれもいません。それを自覚しなさい。しかし同時に、あなたは神を科学的に探求しなければなりません。宗教の科学とは、神を現実に実感できるようになるまで、神だけが真実の存在であるとわかるまで、瞑想の修行を積むことです。私は昔、よく火葬場の空き地へ行って、この幻影の世界の背後にあるものを求めて祈りました。森の中に入って泣き叫んだり、屋根裏部屋に閉じこもったりして、その応えが得られるまで祈りつづけたこともありました。そしてあるとき、私は、無数の世界が宇宙の母のみ足もとでガスや蒸気を吹き出しながら燃えているのを見ました。[5] そして、彼女の英知の光のなかに、魂の不滅性を妨げる私の妄想はすべて消えてしまったのです。

瞑想こそ真の礼拝

真の礼拝とは、静かに座って瞑想し、神に語りかけることです。しかし、あなたがたは集中が不十分で、なかなかそれができる深さにまで達しません。あなたがたが迷妄の中から脱け出すことができないのもそのためです。私は、長時間の深い瞑想の価値を知ってもらうために、毎年クリスマス直前に、クリスマス終日瞑想会を行なうことにしました。[6] 参加者たちは、初めのうちは時間の長さばかり感じますが、瞑想が深まってくるとそれを忘れてしまいます。しかし、普通の教会通いで満足している人たちのほとんどは、何かたえず気を紛らわすものがないと一時間も座っていることができません。

神の意識に入ってゆくときの状態はそれと全く違います。静かに座って、

「私は今、感覚の扉を閉めます……一つまた一つ……花の香りや小鳥のさえずりがあなたへの私の愛を邪魔しないように[7]」とささやくとき、それは近づいて来ます。そして、そうささやき続けながらどこまでも集中と信仰を深めてゆくと、やがて心を掻き乱していた邪魔物がすべて消えます。そのとき、あなたの内的凝視の前に光が見えたり、聖者が現われたり、また深い平安や聖なる喜びがあなたを包んだりします。

霊的な修行や礼拝は、いずれも神を思う心を活性化する良い効果がありますが、この場合何よりも必要なものは、神を知ろうという熱意と努力です。私は、神と交わるために信仰者たちがいっしょに集まって瞑想するセンターが、世界中に造られるべきだと思います。私が寺院や教会へ来る目的はただ一つ、それは神と一つになってあなたがたに神の話をするためです。そして、あなたがたがここへ来る目的は、私の話を聞き、瞑想し

て神の存在を経験することです。

夜空に輝く一つの月は、大空の闇を追放します。神を知った師の訓練を受け、真の信仰と、神に対する真摯で熱烈な愛をもつ魂は、この月のように、どこへ行っても周囲の人々の霊的な闇を追放します。また、いつも神のことを考えている人たちも、少しは輝いていますが、まだまわりの世界を照らせるほどではありません。そして、普通程度の信仰心をもつ人たちは、かすかに光っている星のようなものです。

瞑想は神の存在の証しを与える

科学的瞑想によって真の信仰者となり、自分や他人を包んでいる闇を追放する月のようになりなさい。瞑想によって神を直接経験しないかぎり、宗教はいつまでも不可思議で難解な教えとして残るでしょう。瞑想はあなたに、神の存在の証しを与えてくれます。

まず、自分の部屋に入って戸を閉め、外部とのかかわりを遮断しなさい。それから座って神に祈り、瞑想を始めなさい。初めに精神を集中するための努力をすることが大切です。そうすれば、次に瞑想するとき、努力せずにすぐに心を神に固定することができます。初めは肉体的苦痛や心の散慢を克服するのに大きな努力が必要ですが、これを怠ると、そのあといつまでも、瞑想するたびに悩まされることになります。初めに努力を惜しまなければ、すぐに楽に瞑想できるようになります。

今、私は、神のみ名を唱えると、自分のすべてが神の喜びの中に溶け込んでしまいます。しかし、こうなるには長い努力が必要でした。ですから、あなたがたも努力しなさい。私も、初めから神に集中できたわけではありません。私の心はいつも暴れまわっていましたが、今では神一筋に燃えています。心をこの（眉間の）キリスト意識の中枢に向けるやいなや、すべての雑念が消え、呼吸も心臓も心も鎮まって、神だけが感じられます。

あなたの信仰を科学的方法によって現実のものにしなさい。科学は手段と結果を明示します。静かに座って、インドの偉大なヨギ、マハアヴァター・ババジ、ラヒリ・マハサヤ、スワミ・スリ・ユクテスワ[8]が教えてくれた技法を習得しなさい。そして、私が語った神の至福を自分の内に見つけなさい。そうすれば、宗教が単なる神話や空想ではなく、科学的事実であることがわかるでしょう。ですから神にこう祈りなさい――

「主よ、あなたは万物のつくり主です。だから私はあなたのもとへまいります。あなたが私に語りかけ、あなたの存在を感じさせてくださるまで、私はあきらめません。あなたなしでは、私は生きてゆけません！」

情熱、孤独、信仰、根気が必要

インドの偉大な聖者スリ・ラーマクリシュナは、宇宙の母、女神カーリの石像を礼拝して、女神に現実の姿で現われてくださるよう祈っていました。彼の魂の苦悶が頂点に達して、もうそれ以上生きてゆく意味がないと感じたとき、ふと彼の目は、寺院に保管してあった剣の上に止まりました。彼が狂ったようにいきなりそれをつかみ自害しようとしたその瞬間、女神の宇宙的み姿が彼に現われました。そして彼は、至福の大海の中に呑み込まれてしまったのです。ラーマクリシュナがこの体験をしたまさに同じ場所で、この女神の石像は、私にも生けるみ姿を現わして話しかけてくださいました[9]。

もし私が、神を求めるために何時間もかけて瞑想しなかったら、信仰が科学であることを知らなかったでしょう。神を求めるには、情熱と、孤独と、信仰と、根気が必要です。死はいつ来るかわかりません。片ときも神から心を離してはなりません。あなたが必要とするものや欲しいものは、すべてあなたの内にあります。時間をかけて深く探し求めなさい。私は何時間も瞑想して、終わるまではだれにも会いません。あなたもまた、だれにも、どんなことにも邪魔されまい、と決意して瞑想しなさい。そうすれば時間のことなど忘れてしまいます。

インドのランチに設立したヨゴダ学校[10]にいたころ、私は暇さえあればゆっくりと庭を歩きまわり、ときどき座っては心が神に酔うまで瞑想しました。これが神を見つける唯一の方法です。時間は大切に使いなさい。神の意識の中で生きられるようになれば、睡眠時間は四時間から六時間もあれば十分です。それで疲れも眠気も感じません。私は、睡眠も食事も自分の思いどおりに制御しています。私には限りなく偉大な味方が付いています。神がいっしょにいてくださると、どんなに必要と思っていたものも要らなくなってしまいます。この意識に入るとき、あなたは普通の人よりも健康になり、何をやっても楽しく、おおらかな気持ですることができるようになります。つまらないものを求めるのはやめなさい。それらは、あなたを神から引き離すだけです。生活を簡素化して、王者となるための実験を、今始めなさい。

（1）エンシニタスのＳＲＦ静修所《リトリート》の敷地内にあった旧礼拝堂は、一九三八年、太平洋を見晴らす崖の上に建てられ、〃金色の蓮《ゴールデン・ロータス・》の礼拝堂《テンプル》〃と呼ばれた。しかし、その後海岸線の侵食のため海中に没した。

（2）霊眼はプラーナの星のように見える門で、超意識、キリスト意識、

宇宙意識への入口である。「わたしは門である。わたしを通って入る者は救われ、また出入りし、牧草を見つける」（ヨハネによる福音書10・9）

（3）「アルジュナよ、わたしは今、〔真理への失われた公道である〕いにしえのヨガをそなたに伝えた。それは、そなたがわたしの友であり、わたしを信じ愛しているからである。この〔ヨガの〕奥義は、〔人間に〕最高の利益をもたらすものである」（バガヴァッド・ギーター4・3）

（4）ヨガの瞑想の科学的原理については、ロサンゼルスのＳＲＦ本部から頒布されるＳＲＦのレッスン（通信講座）に詳しく説明されている。

（5）非顕現の絶対者である神が創造活動を行なうときの相を、ヒンズーの聖典は「聖なる母」または「宇宙の母」と呼んでいる。そのような相を通して真に神を愛する信仰者に対して、神は実際に感知できる生きたみ姿を現わされることがある。（『あるヨギの自叙伝』参照）

（6）一九三一年パラマハンサ・ヨガナンダによって始められたこの習慣は、世界各地のＳＲＦのアシュラム、教会、センターなどで行なわれている。終日瞑想会はこのほかにも、特に霊的に記念すべき日などにも行なわれる。（出版部注）

（7）パラマハンサ・ヨガナンダ著『Whispers from Eternity』の〝夜の祈り〟より。

（8）これらのグルにパラマハンサ・ヨガナンダを加えた四人がＳＲＦのグルである。（用語解「グル」参照）（出版部注）

（9）『あるヨギの自叙伝』第二十二章参照。

（10）用語解「ランチの学校」参照。

講話六　物質の非実在性を理解する

（一九二六年ころの講話）

インドの聖典はこう指摘しています――

「物質の非実在性と一元汎神論についての信条は、単なる独断的、非論理的、または、複雑不可解な理論を根拠とすべきではない。それは、科学的な内的探究を通しての、体験による明確な理解に基づくものでなければならない」

普通、人は自分の肉体を自分自身だと思っています。そして、肉体は食物によって養われていると考えており、その存在を支えているより基本的な要素であるプラーナ[1]（生命エネルギー）の存在を知りません。このプラーナが肉体から宇宙エネルギーの源へ引きあげると、どんな食べ物も薬も、肉体を生き返らせることはできません。

物質で出来た肉体と、非物質的な心とを結び付けるものがプラーナです。古代インドの賢者たちはプラーナの存在を発見し、それを制御する方法であるプラーナヤーマ[2]の科学を打ち立てました。

イエスは、荒れ野で四十日間の断食をしたとき、サタンの誘惑に答えてこう言いました――

「人はパンだけで生きているのではない。神の口から出る一つ一つのことばによって生きているのである」（マタイによる福音書４・４）

この〝ことば〟とは宇宙エネルギーの波動です。また、〝神の口〟とは、脳の後部にあって脊髄に続いている延髄のことです。人体の最も重要な部分であるこの延髄は、人間の生命を支えている宇宙エネルギー（聖書や聖典が語る〝ことば〟または〝オーム[3]〟）が人体に流入する〝神の口〟です。

断食をしたことのない人には理解し難いことかも知れませんが、イエスが四十日間何も食べずに生きていられたように、人は、神の〝ことば〟だけでも生きていることができるのです。

断食を始めると、初めの一週間くらいの間は激しい空腹感に襲われます。しかし、さらに断食を続けていくと、空腹感が薄らいで解放感が感じられるようになります。それは、食物の補給を断つことによって、肉体が、別の食物すなわち生命エネルギーに依存するようになるからです。

人間の意志の力は、偉大なエネルギーの発電機です。意志の

力と積極的意欲によって、人は内なる無限のエネルギーの宝庫から即座にエネルギーを引き出すことができます。日常の仕事でも、積極的意欲のない人はエネルギーが欠乏してきますが、意欲のある人は宇宙エネルギーが流入するため、肉体的にも精神的にも厳しい仕事に耐えることができます。

ですから、意志の力を利用してこの無尽蔵の宇宙エネルギーを意識的に取り入れることにより、霊的に生きる方法を身につけた人は、いろいろな肉体的束縛を克服することができるのです。

インドのヨギや聖賢《リシ》たちは、「物質は精神素材が具象化したものである」と言っています。そして、中にはイエスと同じように、自分の肉体やいろいろな物体を実際に物質化したり非物質化したりして、この真理を実証して見せた人たちもいます。

物質の元素は電子的波動である

近代科学は、物質がエネルギーの波動によって構成されていることを明らかにしました。星や岩石から人間に至るまで、宇宙を構成しているあらゆる元素は、すべて電子的波動がさまざまな形態で現われたものです。例えば、氷は冷たくて重さがあり、形があり、目で見ることができます。これが溶けると水になります。それに電気を通すと、目に見えない酸素と水素に分解し、さらにそれを分析してゆくと、両方とも電子的波動であることがわかります。ですから、科学的見地からも、「氷は、われわれの五官には感じられても、実際には存在しない」と言うことができます。つまり、その本質は目に見えない電子であり、氷という姿はエネルギーが形をとって現われたものです。

これは言い換えると、「目に見えたり見えなくなったりするものは、本当に存在するとは言えない」ということです。この意味で、「物質はすべて実在ではなく、相対的存在である」と考えることができます。このように、物質は目に見えない電子的エネルギーの一表現としてわれわれの心との相対的関係において存在するだけで、真に存在するのは、その本質である不変不滅の宇宙エネルギーです。

水も氷も、目に見えないエネルギーが映し出した一時的な姿として存在しているにすぎません。これと同様に、人間の心も物質も、神の意識の一時的な現われであり、単なる幻影です。実在するのは、宇宙の心である神の意識だけです。

ちょうど子供が、両親があって初めて生まれるように、物質は、心があって初めて存在します。物質という観念が神の心から生まれ、それが人間の心に物質的存在として知覚されるのです。つまり物質は、独立して存在しているわけではなく、また、本質的にも存在してはいないのです。

電子的エネルギーは、それ自体は盲目的で知性をもたないにもかかわらず、特定の目的のものをつくり出すことができるのは、その中に意識をもつ万能の生命力、すなわち、プラーナを伴っているからです。そして、そのプラーナは、神の命令によって送り込まれているのです。

「神は『光あれ』と言われた。すると光があった」（創世記1・3）

こうして、初めにまず神の想念と意志とが投影されて、光、すなわち、生命力と電子的エネルギーの結合した創造力の波動（宇宙エネルギー）がつくられました。このエネルギーがさらに強力に振動して、自然界のさまざまな目に見えない精妙なエネルギーとなり、それがさらに目に見える形に成長して、物質界を構成する九十二種類の元素になったのです。

物質は、人間の意識には本当に存在するように知覚されます。しかし、人間は、学理的研究や論理を通して、また、特定の実験（例えば、目に見える氷の塊を目に見えないエネルギーに変換するような）を通して、「このたえず生滅変化している幻影のような現象世界の背後には一つの不変不滅の創造力が働いているに違いない」と考えるようになりました。

このことは、例えば、たえず生滅をくり返しながら移り変わるさまざまな姿を表現している波の下に、不変不滅の海があることを思い浮かべれば、容易に理解できるでしょう。波は、海なしでは存在することができませんが、海は、波があってもなくても存在しています。

この真理は、概念的には理解できても、現実に体認するには、キリストやクリシュナやそのほか最高の悟りに達した大師たちのように、物質を生命エネルギーに、また、生命エネルギーを宇宙意識[4]に変換する方法を会得しなければなりません。これらの目覚めた大師たちは、いつも個々の物質現象の波の下に不変の霊の大海を観ているため、彼らにとって物質そのものは存在しないのです。

宇宙は神の夢である

ヴェダーンタ[5]とヨガの哲学では、宇宙を神の夢として説明しています。つまり、あらゆる物と心は——無数の星を擁する大宇宙も、目に見える物質世界も、その背後にある霊妙な世界も、人間の知性や意志や意識も、生死、昼夜、健康と病気、成功と失敗などのもろもろの状態も——この神の夢を映し出している相対性の法則によって、真実の存在のように感じられるのです。

相対性の法則によって認識されるすべての二元的現象は、夢を見ている者、すなわち巨大な宇宙夢の中で一個の小さな役を演じている肉体人間にとっては、真実のものとして感じられ

ます。そして、このマーヤ（迷妄）と呼ばれる相対性の法則から脱け出すには、この夢から神の聖なる意識に目覚めなければなりません。この法則が映し出している夢は、単に観念的に、真理を想像したり、現象の存在を否定したり、死を拒否して生だけを受け入れようとしたり、病気を無視して健康だけを認めようとするだけでは、これを変えることはできません。物事の一つの状態とその反対の状態とは、ちょうど一枚の織物の裏と表のように一体なのです。二元はもともと本質的に一つのものです。ですから真理を求める者は、二元を、心が感じるように別々のものとしては観ずに、英知によってそれらを超越した観点に立とうとするのです。

肉体と心を別々のものと考える人も、この二元相対の宇宙の明るい面、幸福な面、都合のよい面だけを真実として受け入れようとする人も、ともにこの夢の世界の迷妄の中で熟睡している人たちです。

ちょうど、夢を見ながらその夢の中の出来事を真実だと思っている人が、目を覚ませば夢の妄想から脱け出すことができるように、この神の宇宙夢の中でこの物質世界を真実だと思っている人も、現在の意識から聖なる意識に目覚めることによって永遠不滅の神の国に生きることができるのです。

自分の意識を無限の遍在意識にまで拡大することのできる超人だけが、この宇宙を実際に神の夢として認識することができます。このような人だけが、自らの体験から「物質は存在しない」と断言することができるのです。求道者は、科学的なヨガの瞑想や、愛、英知、奉仕、あるいは自我意識の克服などの霊的修行に長年励んで、自分を一歩一歩完成に近づけることによって、相対世界の二元性を解消して永遠の霊の一元性を会得するのです。

「迷妄を脱し、わたしを至高の霊と知る者は、すべてを知るようになる。彼は、おのれのすべてを献げてわたしを礼拝する」（バガヴァッド・ギーター15・19）

（1）プラーナ（ライフトロン）は物質の原子エネルギーよりも精妙なエネルギーで、万物の生命を維持しているエネルギー。プラーナには二種類ある。一つは宇宙に遍在してすべての生き物を取り囲み、かつその中にも浸透して生命と活力の源になっている宇宙エネルギーで、今一つは、個々の肉体の中に流入してその生命を維持している特定のプラーナである。

（2）ヨガの熟練者は、知覚・運動両神経に流れるプラーナをプラーナヤーマによって制御し、これによって瞑想中、心を肉体意識から解放することができる。彼はまた、このプラーナを用いて意のまま

に自分の体を癒したり、活力を回復したりすることもできる。
（3）物質は、宇宙を構成する霊妙な素材である〝神の知性をもつ宇宙波動〟から生じ、かつそれによって維持される。この神の創造の波動には光と音との二つの主要な特性があり、オームとはその音のことで、キリスト教の聖書の中では、アーメン、聖霊、ことば、などと呼ばれている。（用語解「オーム」参照）
（4）宇宙意識は、神の霊の本質。（用語解「宇宙意識」参照）
（5）「ヴェダーンタ」の語義は〝ヴェーダの結び〟で、ヴェーダの後部に要約されている哲学である。これによると、神が唯一の実在で、宇宙の万物はすべて本質的には幻影であるとされている。したがって、人間の義務は、神を知ることによってこの錯覚から目覚めることである。

講話七　人間の最大の冒険

（一九四〇年二月二十九日　SRF本部における講話）

人生は、人間にとって考えられる最大の冒険です。ある人の人生は平凡で面白さも興奮もありませんが、ある人の人生は波乱と奇抜な経験に満ちています。私は、三十二回自殺しようとしてそのたびに邪魔が入って果たせなかったという人の話を聞いたこともあります。この地上に今生きているすべての人の生涯と、かつてここに生きていたすべての人の生涯と、今後ここに生まれてくるすべての人の生涯をすべて知っている能力――そんな能力をあなたは想像することができますか？　神の力とは、それほど測り知れないものです。イエスは、

「二羽の雀が一アサリオンで売られている。だが、その一羽さえ、あなたがたの父の許しがなければ地に落ちることはない」
（マタイによる福音書10・29）

と言っています。どんな人の人生経験も、すべて神の記憶の中にあります。かつて起きたすべての出来事を知っている意識など、われわれは想像することもできません。この底知れぬ神の性質を探検することこそ、この宇宙における最大の冒険です。私は、今私の霊眼[1]に映ってくる映像を、そのままお話ししましょう。

真理は想像以上のものであり、しかも実際に存在するものです。そして、その源は神の心の中の想念です。例えば、さまざまな原子によって構成されている物体も、すべて神の想念の具象化したもので、それらは想念に還元することも、また、その想念を再び具象化することもできます。人間にもさまざまな観念を考案する力がありますが、その想像力はそれほど強くありません。しかし、もし十分強力な想像力を身につければ、人間にも地上の物質を創造することができるようになります[2]。神が心に思われた事をこの地上世界に物質として具象化されたのと同じ創造力を、人間も潜在的にもっています。しかし、われわれはこの神から与えられた自由な想像力を十分に活用しなかったため、自分の考えを物質化することがほとんど不可能になってしまったのです。

われわれは、神の意識を想像しようとするとき、自分の知能を基準にして考えようとします。そのため、宇宙のすべての出来事を記憶するなどということがどうしてできるのか、ただた

だ不思議に思うだけです。われわれはまた、自分自身の経験から判断しようとします。記憶力のよくない人は、だれの記憶力も自分と同じ程度によくないと思いがちです。しかし世の中には、一冊の本を、あなたが二、三行の文章を覚えるのと同じくらいにやすやすと覚え込んでしまう、ずば抜けた記憶力の持ち主もいます。物忘れの激しい人は、古い事をいつまでもはっきりと思い出すことのできる人がいる、ということすら信じられないでしょう。

宝石商は自分の扱った宝石を覚えており、本屋は自分の店に並べてある本の値段を覚えています。神もまた、ご自分がおつくりになったすべてのものを覚えておられます。全能の神には、今まで宇宙で起きたどんな出来事も即座に思い出すことができます。神は、過去の事を思い出すのにわれわれのような有限の脳は必要としません。その無限の意識がすべてを知っているからです。

記憶の源と力

記憶力はすばらしい能力です。人間の記憶はすべて神の洪大な記憶から来ています。例えば、あなたは今までに見たすべての映画を自分から思い出すことはできないでしょうが、もし、私がその中の一つをもう一度あなたに見せれば、あなたはすぐにその映画の内容を思い出すでしょう。あなたの意識のすぐ下には神の記憶力がたえず働いていて、あなたが経験したすべての事を記録しています。あなたは、映画の最初の場面を見ただけで全体のストーリーを思い出し、「ああ、この映画は前に見たことがある。話の結末も覚えている」と言うでしょう。

われわれは、何年も前に見た映画の細かい点までどうして思い出すことができるのでしょうか？　それは、すべての出来事が脳に記録されているからです。あなたが、自分の特定の経験を記録したレコードの上に注意力という針を置くと、あなたの記憶は直ちにその経験を再生します。私があなたに、先週の木曜日はどの席にすわっていたかと尋ねれば、あなたはその場所とともに、そのときのことをいろいろと思い出すでしょう。また、そのときわたしはどんな話をしたかと尋ねれば、私の話した言葉があなたによみがえって来ます。

われわれの奥深くで働いている記憶力は神から来たもので、完全です。それは決して忘れることはありません。普通の人の記憶力は、すべての経験についての意識を一度に収容することはできませんが、深層にある神の記憶力は、あらゆる経験を同時にしかも永久に保存します。ですから、人の記憶力の良し悪しはその人の信念の問題です。「自分は記憶力が弱い」と思い込むと、記憶力は弱くなります。いったんこのように思い込ん

だものを反対の信念に変えるのはなかなか容易ではありません。「自分の記憶力は実際に神の記憶力が現われたものだ」と自分に信じ込ませるのは、たいそう努力の要ることです。

人間のどんなすばらしい記憶力も、みな神の無限の意識からの借り物です。そこには、人類だけでなく、あらゆる生命体のすべての冒険が記録されています。

創造活動――神と人間による二頭立ての冒険

神の創造の物語のすばらしさ、不思議さは、ただ驚嘆するほかありません。この地上の万物はどのようにしてつくられたのか？　また、われわれを地上の存在から本来の状態に連れ戻すために、神は舞台裏でどのように働いておられるのか？　創造活動という神の宇宙的冒険と、人生という無数の人間の個人的冒険との絡み合いは、とても人間の言葉で説明できるものではありません。

人間の寿命は平均六十年ですが、わには百年です。また、アメリカ杉は二千年、犬はわずか十四年、馬は長くても三十六年くらいです。これらの標準寿命は明らかに神によって定められたものです。しかし、偉大なヨギの中には何百年も生きた人もいると聞いています。[3]現に、マハアヴァター・ババジ[4]はすでに何世紀も生きておられ、いまだに青年のような肉体を保持していることを私は知っています。スワミ・トライランガも三百年以上生きていたと言われています。[5]まことに事実は小説よりも魅惑的です。

例えば、活力の浪費を抑え、[6]適切な食物を摂り、健全な思想を保つなど、あらゆる条件さえ整えれば、肉体の寿命を限りなく伸ばすことも可能かも知れません。しかし、肉体が受けているプレッシャーは恐るべきものです。ねずみ取りにかかったねずみの心拍数はふだんの何倍も高くなります。あなたも借金が返せなくなると、それと同じようになるかも知れません！　このように、悩み事は寿命を縮めます。そのほかにもいろいろなストレスがあります。シカゴ警察では、もし町から騒音がなくなれば住民の寿命は十年伸びるだろうという調査結果を発表したそうです。

われわれは、実際、すばらしい世界に生きています。しかし、ただ食べて、飲んで、騒いで、寝るだけの毎日を過ごしている人たちには、人生のすばらしさはわかりません。

人生の冒険は、まず受胎時の、魂が胎内に入るための戦いから始まります。幽界[7]では、何百万という魂が地上に生まれ変わるために、受精した卵子に入り込もうとして戦っています。人間には、聖者にも凡人にも、最終の救いまたは解脱に達するまでは、地上に再び生まれ変わりたいという根強い願望がありま

す。受精の瞬間、エーテル中に一つの火花が走って、その受精した卵子の中に一つの魂が入ります。そのとき、その胎内に入ろうとして大勢の魂が殺到します。あなたがたも私も、その戦いに勝って、今ここにいるのです。この勝利は、決して生易しいものではなかったのです。

生まれるまでの意識

　胎内に入るとあなたは自問します、「自分はいったいどうしたのだろう？　今までずっと窮屈なからだから解放されて、重さも感じない光のからだで自由に飛びまわっていたのに、今また重苦しい肉体の中に閉じ込められてしまった！」。しかし、胎内で九か月過ごすうちに、あなたはしだいにこの新しい環境に慣れてゆきます。それはちょうど牢屋に入れられたようなものです。この九か月の牢獄生活の間、あなたは呼吸も、食事も、血液の補給も循環も、すべてほかの人を通してやってもらわなければなりません。自分では何もできません。あなたの魂は主に向かって泣き叫びます、「どうかこの牢屋から出してください。私は見ることも、聞くことも、身動きすることもできません！」

　もし、地獄とか煉獄とかいうものがあるとしたら、この母胎の中の九か月間はまさにそれでしょう――暗やみの中で何をすることもできず、木のように一か所に拘束されて、ときどき過去のことを思い出してはいつの間にか眠ってしまう――。あなたが胎内でもがいて暴れるのは、過去を思い出したときです。私は今、自分の意識を母体の胎内に移して、感じたことをそのまま話しています[8]。母胎内の胎児は、母親とは別に眠ったり起きたりします。胎児の動きたいという意志は、魂の過去の記憶から来ます。ですから彼は、暴れて疲れると眠り、しばらくするとまた起きて暴れます。胎児も空腹を感じます。そして、母親の血液から栄養を吸収すると満腹を感じます。

　胎児には、母親の心臓の鼓動や血液の循環する音がかすかに聞こえます。それらの音によって、胎児は自分のからだを意識し、自由になりたいと思います。このように、魂の最初の冒険は、人間として地上に生まれたいという願望と、不自由なからだから解放されたいという願望の、二つの相反する思いの戦いです。

　魂が閉じ込められた体は、初め、小さな尾をもった魚のような形をしています。それからしだいに母胎の中で縮こまった動物の形をとるようになります。胎児は過去の記憶がよみがえってくると、興奮して体を動かします。そして、人間の形をとるにつれて不自由さに対するもがきが大きくなり、ついに「出してくれ！」と叫びます。そして、その意志が最高に強まったと

き、赤ん坊は生まれます。未熟児として生まれる魂は利かん気の強い性格の持ち主です。彼らは、九か月間母胎内にいることにがまんができず、早く出て来るのです。

生命の息

赤ん坊が泣きながら生まれてくるのは、その魂が過去の経験を思い出して、この不自由で苦悩に満ちた地上の生活に戻るのを嫌がるためだ、と聖者たちは言っています。また、胎児が生まれる前、たいてい手を合わせるようにしているのも、同様に過去世の記憶から、神に「どうかもう肉体の身に生まれさせないでください！」と祈って嘆願している姿だといわれています。

赤ん坊が生まれるときに泣く理由についての生理学的説明は、「呼吸を開始するための、肺に弾みをつける動作」です。赤ん坊はこの産声によって最初の〝生命の息〟を吸い込みます。赤ん坊が生まれて生命の息が吸い込まれると、それまで半分眠った状態にあった魂は、独立した生命をもつ生き物となります。すなわち、「神はその鼻に生命の息を吹き入れられた。人はこうして生きる者となった」[9]のです。多くの人が、魂が肉体に入るのは誕生のときだと誤解していますが、もし胎児に魂が宿っていなかったら、そのからだは初めの小さな細胞から全く成長しなかったでしょう。また、魂が誕生前に胎児から抜けると死産になります。

人間の肉体は十六の基本的な物質要素[10]によって出来ており、それらは十九の精妙なエネルギーの要素によって維持され活性化されています。そして、これらの要素は純粋な意識に還元することもできます。「人はこうして生きる者となった」とは、化学物質（〝土の塵〟）で出来た普通の人の肉体は、神が初めに〝その鼻に生命の息を吹き入れられた〟とき以来、酸素を吸わなければこの地上では生きてゆけない、という事実を言っています。

赤ん坊は生まれると、光を見てまばたきし、音を聞き、においや味を感じ、呼吸をします。そして、自分が再び肉体を持ち、正常な状態になった、と思うようになります。こうして、生まれる前に抱いていた誕生に対する抵抗は、最初の呼吸とともに消えて、同時に、マーヤ（自己の存在は肉体と呼吸に依存している、と錯覚させる宇宙的惑わし）が彼を包んでしまいます。そして、再びこの地上の世界に魅力を感じるようになります。

時がたつにつれて、赤ん坊は、自分の体を思いどおりに動かそうとしてもがきます。手足を何度も空中に突き出してそれを試みている光景は、あなたがたもよく見るでしょう。これらの動作はみな、魂の過去の記憶を通して潜在意識の心によって行なわれます。過去の記憶は、このように常に働いています。人

が本能的に死を恐れるのも、過去において何度も味わった経験を覚えているからです。また、苦しみや痛みを恐れるのも、同様の理由によるものです。

赤ん坊が幼児に成長する間、彼は、母親や父親によるしつけや、さらに親族の人たちのさまざまな意志や影響に取り囲まれます。そして、周りの人たちからいろいろ違ったことを教えられて混乱します。中にはとんでもないことを教えるいたずらっ子もいます！

子供はこうしたさまざまなプレッシャーの中で苦闘します。それはみじめな境遇です。ですから、あなたの子供には、少しは自由にさせてやったほうがよいでしょう。しかし、あまりにも自由に育てられ過ぎた子供は、成長してから、「小さいうちにもっとしっかり教えてくれていたら、こんな自分にはならなかったのに！」などと悔やむかもしれません。青春期に入るまでに経験しなければならないこうした生理的および心理的苦闘の数々を思い出してごらんなさい。この時期になると、感覚の働きもずっと活発になります。そしていよいよ青春期に入ると、自分の内部に、自分自身との闘いをもつようになります。感覚との闘いはすさまじい苦闘です。こうして、スリルと冒険に満ちた青春期を勝利のうちに通り過ぎることは、実に大きな経験です。

自分を味方にせよ

生きているということはすばらしいことですが、われわれの周りには、われわれを殺そうと狙っている敵もたくさんいます。この人生の冒険に比べれば、アフリカの猛獣狩りのスリルも、どんな歴史物語の面白さも、比べものになりません。人はその知恵で野獣から身を守る方法は心得ていても、自分の悪習や誘惑から身を守ることについてはほとんど無知です。人間にとって最大の敵は自分自身です。個人的な敵や、国どうしの敵や、ばい菌や、爆弾や、その他どんな脅威よりも、人は、間違いを犯す自分を恐れるべきです。自己の神性を忘れることや、悪習に押し流されることは、自分という敵をつくることです。人生の冒険に成功する最良の方法は、自分を〝真の自己〟の友とすることです。クリシュナはこう言っています――

「真の自己にとって浄化された自己は友であるが、浄化されていない自己は敵である」（バガヴァッド・ギーター６・６）

見えない敵

われわれがどこか見知らぬ未開の土地の探検に出かけるとして、船で行くときは救命ボートを用意します。それは、万一船が沈んだときの用心です。しかし、人生の多種多様な経験の中では、どんなに用心しても〝救命ボートの水漏れ〟まで皆無に

することは困難なようです。

猛獣たちの横行するジャングルでは、それらに対する適当な安全策を講じることができますが、目に見えない危険となると、その対策は難しくなります。例えば、ばい菌の弾幕から身を守るにはどうすればよいでしょうか？　われわれの周りには無数のばい菌がたえず浮遊しています。われわれは、目に見えたり耳に聞こえたりする危険に対しては防備をそなえていますが、ばい菌に対してはまったく不備な対策しか持っていません。われわれの血液の流れの中では、白血球が常にこうしたばい菌たちと戦っています。薬はばい菌たちを麻痺させるだけで、実際にばい菌を攻撃し破壊する戦士は白血球です。血液の力が弱いと、それらの戦士たちはあなたを助けることができません。油断をしている大勢の人たちの肺の中には、獰猛な結核菌がいつの間にか入り込んで家主を破壊しようとしています。自然は細胞のまわりに防護壁をつくりますが、それが役立つのはからだに抵抗力がある間だけです。こうした生命の戦いは、からだの中の目に見えないジャングルの中で絶え間なく行なわれています。食べ物にしても、もしあなたがそれを顕微鏡で覗いたら、とても食べる気にはならないでしょう。しかし、あなたはふだん、ばい菌たちが宴会を開いているその食べ物を丸ごと呑み込んでいるのです。ばい菌は飲み水の中にもいます。人はみな、毎日こうして何百万というばい菌を呑み込んでいると思えば、真の菜食主義者などいないことになります！　さりとて、食べることをやめるわけにもゆきません。

あらゆる敵に備えよ

人生のジャングルを安全に進むには、必要な武器を身に着け、よく訓練された戦士にならなければなりません。自分の身の守り方を知らない素人は、すぐに殺されてしまいます。病気、運命、カルマ、悪習、誘惑など、あらゆる種類の敵に備えの出来ている賢者は、冒険の勝利者になります。それには注意深さのほかに、敵を撃退するための具体的な手段を講じることも必要です。

われわれは経験を重ねるにつれて、そこから肉体的、精神的、道徳的、および霊的不幸の原因を克服するためのよりよい方法を学びます。そして病気や、災難や、悩み事をみごとに克服したとき、「人生は楽しい冒険である」と明言することができるようになります。イエスもそう言うことができました。しかし、こうした困難の克服ができないうちは、まだ人生は楽しいとは言えません。あなたが魂を神の中に解放して最高の解脱を果たすまでは、あなたの人生は終わりません。あなたの意識が神の中に完全に目覚めるまでは、あなたの中に残っている欲望があ

なたを冒険に駆り立てるからです。

あなたは、ほかの人が災難に遭っているのを見ると、自分はそのような災難に遭わないで幸せだと思いますが、しかし、次はあなたの番かもしれません。病気やけがの可能性は無数にあります。ですから、ふだんから備えておくことが必要です。科学者は、「ばい菌から身を守るためには栄養のあるものを食べ、健康法を実行せよ」と言います。政治家は、「外敵から自分たちを守るためによい兵士になれ」と言います。われわれは今、おかしな時代に生きています。昔から〝世界の救済者〟とさえ言われてきた女性たちまでが、兵士として他人の子供を殺す訓練を受けています。まったく恐ろしい世の中です。しかし、戦争も一つくらいは良いことをもたらしてくれます。それは、われわれから臆病を取り除いてくれることです。

心の力の重要性

病気、貧乏、悩み、悪習、誘惑などの敵に囲まれたこの人生のジャングルには、あまりにもたくさんの規則があるので、それらのすべてに気を配ろうとしたら、人生はとてもがまんのならないものになってしまいます。人生にはさまざまな面があり、その多様性は無限です。健康法を完全に実行しようと思うだけでも、その量に圧倒されて、ほかのことは考える余裕さえなくなってしまうでしょう。しかも、あなたに適した健康法といっても、勧める人によって違います。あなたがたは催眠術にかけられているのです。私はいろいろな方法を試してみた結果、一つの真理を引き出しました。それは、「心がそれらすべての効果を左右する」ということです。

神はわれわれに、一つのすばらしい防具を授けてくださいました。それは機関銃や、電気や、毒ガスや、そのほかどんな薬品よりも強力な〝心〟という防具です。強くしなければならないのは、この心です。私は、自分の肉体をただ神のご意志どおりに動かしているだけです。神が私に、医者にかかれと言われればそうしますし、がまんしろと言われればそうします。神のご意志がそのまま私の意志です。人生の冒険でいちばん大切なことは、自分の心をしっかりと制御して、たえず神を受け入れられるように神と同調させておくことです。これが幸福と成功の秘訣です。

最高の防具は神との霊交

物質的治療法を採用しても、その物質的手段だけに頼ろうとせず、むしろその背後に働いている神の力に頼ることが肝要です。例えば、指先をけがしたら傷薬を塗りなさい。しかし心の中では、「主よ、私が薬に頼らず、心の力だけに頼れるよう力

をお貸しください」と祈りなさい。しかし、それにはどうすればよいか、あなたは今まで教えられたことがなかったでしょう。それには、心の集中力を訓練し、その心を、瞑想を通じて神に同調させるのです。物質や物質的治療を否定するには、その前に、こうして自分の心を完全に制御できる力を身につけなければなりません。それができるようになるまでは、常識的な健康法や治療法を採用することが最善です。毒を飲んでも害を受けなくなったとき、初めてあなたは、堂々と物質を否定し、「心こそすべてである」と言いきることができるのです。まずそのような意識に達することが先決です。

神はあなたがたに、どんな悲しみや苦しみをも征服できる無敵の武器を差し出しておられます。それは、神との霊交から手に入れることのできる英知という武器です。ですから、心をたえず神に同調させておくことは、いろいろな病気や悩みや災難を克服する最も簡便な方法です。

われわれは、人生という森の中で、病気や悪習の落とし穴に何度も落ちながら、経験と困難を通して学ばせられている赤ん坊のようなものです。何度も助けを呼び求めては泣き叫びます。しかし、最高の救いは、神と同調することによって得られるのです。

困ったときはいつもこう祈りなさい――

「主よ、あなたは私の内にも周りにもおられます。私はあなたの城の中にいます。そして多くの恐ろしい敵に囲まれながら人生を戦いつづけてきました。しかし、私は今、それらの敵が私を迫害するためにあるのではなく、また、あなたが私をこの地上へ送られたのも私を試すためであることを知っています。私は、ただ私の力を実証するために、この試練を乗り越えます。私は勇気をもって周りの悪と戦い、あなたの全能の力を借りてそれらを征服しましょう。そして、この人生の冒険に成功したときこう言います――『主よ、いつも勇敢に戦うことは易しいことではありませんでした。しかし、私の不安が増せば増すほど、あなたから流れ入る内なる力は強くなりました。これによって私は打ち勝ち、そのたびに、自分があなたの似すがたにつくられていることを実感しました。あなたはこの宇宙の王であり、私はあなたの子です。ですから、私は宇宙の王子です。私には、恐れるものは何もありません』と」

自分がただの人間だと思うと、とたんに周囲は不安だらけになります。どこにも逃げ場がないように思われてきます。あなたがどんなに用心しても、必ずどこかに手落ちがあります。あなたの安全を保証してくれるものは神のほかにはありません。アフリカのジャングルにいても、戦場にいても、病気や貧乏で苦しんでいても、神にこう言ってそれを確信しなさい――

「私は今、あなたの戦車に乗って人生の戦場を突進しています。私はいつもあなたに守られています」と。

自分の安全を保つには、それ以外に方法はありません。常識に従って行動しながら、心では神だけを信じていなさい。私は常識を否定しろと言っているのではありません。何が起きても、「主よ、私を助けることができるのはあなただけです」[11]という真理を自分に言い聞かせて確信するよう勧めているのです。多くの人が、病気や悪い習慣のわだちにはまり込んで、その溝の中を歩かされています。もう脱け出せない、などとあきらめてはなりません。不幸は一時的なものです。一つの生涯の失敗によって、魂の全生涯の成功不成功が決まるわけではありません。困難に打ち勝つ人は、いつも、「わたしは神の子だ。何も恐れるものはない」という姿勢で挑戦しています。ですから、何があっても恐れてはなりません。生も死も、自分の意識の居場所が移るだけです。

神がつくられたものはすべて、われわれに、内に埋もれている魂の不滅性を掘り起こさせるための試練としてあるのです。それを克服することが人生の冒険であり、人生の唯一の目的です。そして、その冒険は人によってそれぞれ異なり、また、独特です。どんな健康的、精神的、霊的問題にぶつかっても、魂は生死を通じて不滅であることを思い出して、つねに常識的手段と神に対する信仰とをもって対処するよう心がけなさい。人は、たとえ死のうと思っても、死ぬことはできないのです。

「魂は、剣もこれを切ることができず、火もこれを焼くことができない。また、水に濡れることもなく、風に吹かれて乾くこともない。……魂は不変であり、あらゆる所に遍在し、平安にして何物にも影響されることはない」（バガヴァッド・ギーター 2・23—24）

あなたがたは永遠に神の似すがたにつくられているのです。人は死によって殺されるものではないことを知れば、あなたがたも気が楽になるでしょう。病気でからだの機能が停止すると、魂は一瞬、「自分は死んだ」と思います。しかし、そのとき、主はあなたを揺り動かしてこう言われます。

「どうかしたのか？　お前は死んではいない。お前はまだ考えているではないか」

戦場で兵士が爆弾でからだを粉砕されると、彼の魂は、「ああ主よ、私は殺されました！」と叫びます。すると主はこう言われます。

「とんでもない、お前はわたしに話しかけているではないか。子供よ、何物もお前を殺すことはできない。お前は夢を見ているだけだ」

そのとき魂は悟ってこう言います。

「ああ、別に恐れるほどの事ではなかった！　自分を肉体と思っていた地上でのかりそめの意識が、肉体の喪失を自分の最後と思わせただけだ。わたしは、自分が不滅の魂であることを忘れていた！」

人生の冒険のゴール

真のヨギは、どんな環境にあっても、自分の心を制御することができます。あなたもそれを達成すれば、自由を得て、人生は魂の冒険であることがわかるでしょう。イエスも他の偉大な魂たちも、これを実証しました。彼らを妨害するものは何もありませんでした。彼らは何物にも邪魔されず、神との甘いロマンスを楽しんだのです。人生の冒険に何か目的があるとすれば、この神とのロマンスだけです。

神の無条件の愛に根ざしていない人間の愛は無意味なものです。男女が恋に落ちても、しばらくすると仲違いしてしまいます。人間とのロマンスは不完全ですが、神とのロマンスは完全で永遠です。

この人生の冒険は、あなたが偉大な聖者たちのように、あらゆる危険を、意志の力と精神力とによって克服したときに終わります。そのとき、あなたは振り返ってみてこう言うでしょう――

「主よ、これはなかなか厳しい経験でした。私は危うくつまずくところでした。しかし、今はもうあなたといっしょにいて、永遠に安全です」

そして神がついに、「お前の苦悩の経験はもうすべて終わった。これからはいつもわたしといっしょだ。お前を害するものはもう何もない」と言われたとき、あなたは人生をすばらしい冒険として見ることができるようになるのです。

人は、人生の庭で子供のように遊びながら、病気や困難との戦いを通して、心を強く成長させてゆきます。あなたの心を弱くするものは、あなたにとって最大の敵であり、あなたの心を強くするものは、すべてあなたの味方です。どんな困難も笑い飛ばしなさい。神は私に、この人生が文字どおりただの夢にすぎないことを見せてくださいました。あなたもその夢から覚めたとき、この人生を、喜びと悲しみの織りなす過去の夢として思い出し、同時に、自分が永遠に神の中にいることを知るでしょう。

（1）霊眼は直覚の望遠鏡である。瞑想が深まると、額の中央の内側

に霊眼が見えてくるが、たえず神に意識を同調させている偉大なヨギは、瞑想中だけでなく普通に活動しているときでも、それを見ることができる。

(2) イエスは、神の内在を自覚した人にそなわってくる聖なる力の可能性についてこう言っている。「わたしが父の内におり、父がわたしの内におられることを信じなさい。……よくよく言っておく、わたしを信じる者はわたしと同じ業を行ない、さらに、もっと大きな業を行なうであろう」(ヨハネによる福音書14・11—12)

(3)「マーヤの宇宙夢から目覚めて、この世を神の心の顕現として真に認識している偉大な聖者たちは、自分の肉体が、意志によって自由に操ることのできるエネルギーの凝縮したものであることを知っている。それゆえ、意のままに肉体を支配することができるのである。科学者たちは、物質がエネルギーの凝集したものであることを近年ようやく理解しはじめたが、真理を会得した大師たちは、すでに理論の域を出て実践の域に達し、実際に物質を制御しているのである」(『あるヨギの自叙伝』第三十一章)

(4)「マハアヴァター」とは〝偉大な神の化身〟、「ババジ」は〝尊い父〟の意。ババジはラヒリ・マハサヤのグルであり、ラヒリ・マハサヤはスワミ・スリ・ユクテスワのグルであり、スリ・ユクテスワはパラマハンサ・ヨガナンダのグルである。ババジの超越的活動については『あるヨギの自叙伝』参照。

(5) スワミ・トライランガは、その隔越した長寿に加えて多くの奇跡を行なったことでも知られている。彼はめったに食事を摂らなかったにもかかわらず三百ポンドもの体重を保持していた。そして、しばしば何日も続けてガンジス河の水の上に座っていたり、時には何時間も水中にもぐっていることもあった。また、マニカルニカの水浴場で、照りつける太陽の下で焼け付くような石畳の上に不動の姿勢で座っていることもしばしばあった。彼が自然法則を無視した離れ業を演じて見せたのは、人々に、神と一体になることこそ最高の法則であることを教えようとしたためである。

(6) からだの活力のエッセンスである性的分泌物にはプラーナが凝集している。この浪費を抑制することによって、それに含まれる力を肉体の健康、精神的活力と創造性、霊的開発等の増進に利用することができる。

(7)「わたしの父の家には住む所がたくさんある」(ヨハネによる福音書14・2)。精妙なエネルギーで出来ている幽界には、高い世界から低い世界までさまざまな世界があり、地上生活で肉体の死を迎えた魂が行く天国(一部には地獄も含まれる)である。そこで過ごす期間はその人のカルマによって決められている。魂は、物質的欲望や地上で果たしきれなかったカルマ(因果の法則によって生じた義務)が残っているかぎり、何度でも地上に転生して、神のもとに戻るための進化過程を続行しなければならない。

(8) 遍在のキリスト意識に達したヨギは、自分以外のどんなものの経験でも、それを思うだけで感じ取ることができる。

(9) 創世記2・7。

(10) 人体の内面に宿って肉体に生命と活力を与えている幽体の構成要素。十九の要素とは、理性、自我意識、直感、感覚意識の四つと、五つの感覚器官と、五つの行動器官と、五つの生命力(プラーナ)。

(11)「わたしを真実の自己として瞑想し、不断の信仰をもって片ときもわたしを離れぬ者に対して、わたしは彼の必要とするものを与えていつまでも彼を守る」(バガヴァッド・ギーター9・22)

講話八　自己分析——人生を支配する鍵

（一九三八年十一月六日　エンシニタスの旧礼拝堂における講話）

自己分析をしない人の人生はロボットと同じ

ほとんどの人が自己分析ということをしていません。彼らは、精神的には、環境という工場で機械的に生産されている製品のような毎日を送っています——三度の食事と、仕事と、遊びに行くことと、寝ることの毎日です。彼らは、自分が何を求めているのか、なぜ求めているのか、また、なぜ完全な幸福や永続する満足が得られないのか知りません。自己分析を怠っている人は、環境に支配されて機械的に動いているロボットと同じです。自己分析は、人間として進歩するための最高の技法です。

人間として生まれた以上、だれもが冷静に自己を分析することを学ぶべきです。毎日、自分の考えたことや抱いた欲望を書き留めなさい。そして自分のありのままの姿を見定めなさい。想像の自分ではありません。だれでも自分の好ましい姿だけを想像したがります。ほとんどの人はこうして自分の欠点を直視しないため、変わらないのです。

人はみな遺伝と環境の産物です。アメリカに生まれた人はアメリカ人気質を現わし、中国やイギリスに生まれた人はそれぞれ

皆さん、自我意識の小さな城を出て、魂の解放という広大な野山を歩きまわろうではありませんか。時がたえず前進しているように、あなたがたの魂も、人生をよりいっそう神の中に拡げるために前進しなければなりません。それは人生における最も大切な義務です。しかし、それを始めるきっかけは、しばしば習慣という堆積物の下に埋もれています。そのごみの山を取り除いて、あなたの人生を実りあるものにする成功の種を播きなさい。自己の存在の意義と、その真の価値を見いだすことは、人間にとって最も重要な仕事です。その達成に向かって努力するとき、あなたの人生は価値あるものとなるのです。

人は、この人生という宇宙映画から学ばなければなりません。われわれはそれを理由もなく見せられているのではありません。われわれは毎日違うシーンを見せられますが、それらには、それぞれ教訓が含まれています。あなたがたは、人間として生まれたことの最高の目的、すなわちこの宇宙映画を背後で映し出しておられるお方を知るという唯一の目的のために、この毎日の教訓を学ばせられているのです。

れの国の国民性を強く現わすようになります。あなたの現在の環境は、あなたの真の遺伝、すなわち前世で身につけた性格や欲望がもたらしたものです。あなたを今の家族や環境の中に生まれさせたものは、あなたの過去世からの遺伝です。

偉人たちの家族について書かれたものを読んでみると、偉人の子供たちが必ずしも父親または母親と同じような器量をもっていないことに気がつきます。このように、生物学的遺伝が必ずしも人間に当てはまらないことは大きな疑問を感じさせます。植物や動物の場合、よい品種やよい血統はよい子孫を生むのに、どうして人間は同じようにいかないのでしょうか？　この疑問を解くには、人間の内部にある隠れた生命経験にまで探りを入れる必要があります。

過去世の性格が現在の自分に影響を与える

文学者の家族の中に文学に全く興味を持たない子供がいることは珍しくありません。文学好きな人たちの中で育てられても、少しもそれに馴染もうとしません。なぜでしょうか？　それは普通考えられているような、生物学的遺伝や環境的影響だけでは説明できません。実は、人間にはこれらの要因のほかにもう一つ、転生という要因があるからです。人がある家族の中に生まれて来るのは、彼がその家族と何らかの性格的類似点をもっているからですが、その家族の人たちも、魂としてそれぞれ前世から独自の性格を持ち越してきているため、同じ家族でも必ず、特定の生物学的遺伝による類似性のほかに一人一人異なる性格の違いがあるのです。

人が、ある家族的、社会的、国家的環境の中に生まれて来るのは、偶然ではなく、前世の行為《カルマ》によって自ら選んでそこへ生まれて来るのです。ですから、われわれは自分の運命の設計者です。今、自分がどんな性格でどんなことに強い興味を感じるかを分析すれば、来世でどんな人間になるかということもおおよそ予測することができます。

自分で始めた事は自分でやめることもできる

ですから、自己分析は魂の進歩のためには大切なことです。例えば、あなたが悲劇小説が好きで今まで何年も愛読してきたとすると、当然これから後もずっとそれを続けてゆこうとするでしょう。しかし、あなたが今、自己分析をして、自分がいつも悲劇小説に読み耽っているために性格がだんだん暗くなってきたと気がつけば、これからはもっと明るい、精神的または霊的向上に役立つ本を丁寧に読む習慣をつけよう、と思うでしょう。そうすれば、あなたの人生の方向は変わってきます。強い決意で実行すれば、速やかに自分を変えることができます。し

かし優柔不断では、長い間の習慣を変えることはできません。長年の悪習ときっぱり縁を切るには、あらゆる決意を傾けてそれを排除し、根絶するまでその努力を続けなければなりません。ほとんどの人はその根気に欠けているのです。「自分で始めた事は自分でやめることもできる」——この真理を、あなたも自分に言い聞かせて挑戦すべきです。

自己分析をするときは、自分の弱点を取り除いて自分を必ず理想の姿につくり上げよう、という不屈の意志を持ちなさい。自己分析を行ない自己の欠点を直視すると、ともすると改善の意欲を失うほどその根深さに圧倒されることがありますが、決して負けてはなりません。

宇宙のどんなものも想念からつくられる

最近、想念は内分泌腺によってつくられるという説が出ていますが、この考え方には根拠がありません。肉体は想念をつくり出すことはできません。心は、小宇宙と大宇宙の建築士です。ちょうど、水が冷やされて凝結すると氷になるように、想念が凝結して物質の形をとるのです。宇宙のすべてのものは凝結した想念です。内分泌腺も、小宇宙的想念の青写真が物質化したものです。

しかし、人間の心は肉体と深く関連し合っています。肝臓に障害のある人が気むずかしいことはよく見られるところです。不愉快な気分のときは、ひとに笑顔で「ご気嫌よう」などと挨拶する気にもなれません。そして無愛想になります。このように、気分も考え方も、からだの状態に左右されます。

からだが弱くなると、心の力もそれに影響されて弱くなります。ふだん肉を大量に食べている人はとかく不機嫌になりやすく、いつもいらいらしがちです。あなたがたも、一週間、ぶどうジュースだけの断食をすれば、気分が高揚したようになり、周囲のだれとも調和したくなるでしょう[1]。

最近私が会った七十歳の男性は、たいそう寒い日でしたが、薄地のスーツだけでコートも着ず、靴下も履いていませんでした。それでも、彼は全然寒くないと言っていました。彼は自分のからだを寒さに慣らしてしまったのです。精神がからだに及ぼす影響は、からだが精神に与える影響よりも大ですが、それでも、体内の化学成分はたえず精神に影響を与えています[2]。からだと心とは、互いに影響し、依存し合っているのです。

夢は心の全能性を示唆している

例えば、私が夢を見ているとします。夢の中で、私は空腹を感じて台所へ行きます。私は何かを食べ、ミルクを一杯飲みます。そこで、私の空腹とのどの渇きは癒され、満足を感じます。

この場合、私を満足させたものは何だったのでしょうか？　食べ物でしょうか？　いや、私は夢を見ていたのですから実際には何も食べていません。私を満足させたのは単なる想念の変化にすぎません。夢の中で食べたと思ったのは私の心です。空腹も食べ物もミルクも、夢の中の想念にすぎません。すべては心の産物です。目が覚めれば、すべての経験は一連の想念以外の何物でもなかったことがわかります。不快な空腹感を取り除くために食べたり飲んだりして快い満腹感に変えたものは、すべて単なる想念の変化です。このことからも、想念の全能性がわかるでしょう。

かつて私が汽車で旅行したとき、たいそう暑い日で、窓から入ってくる風までが溶鉱炉の熱風のようでした。私の周りの人たちはみな暑さでぐったりしていましたが、私は、自分の心を暑いという考えから分離していたため平気でした。私は心の中でこう言ったのです――

「主よ、溶鉱炉の熱をつくる電気エネルギーは冷蔵庫の氷もつくります。ですから、私もあなたのエネルギーを転用すれば、今すぐ涼しさをつくり出せるはずです」

すると、とたんに氷の幕が私を取り囲んだように涼しくなったのです。

心の姿勢を変えよ

しかし、からだのことをあまりに無視しすぎるのは賢明ではありません。不適当な食物より、適当な食物を摂るべきです。また、もしあなたの神経をいら立たせるような人といっしょに住まなければならないときは、ときどき別の人と付き合うようにしなさい。しかし、もっとよい方法は、自分の心の持ち方を変えることです。そうすれば、あなたは他人の行為によって悩まされることもなくなるでしょう。自分自身を変えれば、どこにいても平和で幸福でいられるようになります。

世間は、いわば精神病院のようなものです。ある人は嫉妬の病にかかっており、ある人は怒りや、憎悪や、情慾の病にかかっています。彼らはみな、習慣と感情の犠牲者です。自分の家庭を安らぎの場所にしようと思ったら、自己分析をしなさい。どんな感情も、からだや精神状態に現われます。ねたみや恐怖は顔色を青ざめさせ、愛は顔を輝かせます。心を平静に保てるようになれば、いつも幸福でいられます。

あなたがどんな素質や性格をもっていようと、また、どんな生き方を志していようと、大切なことは、自分の真の個性を分析して、その最高の素質を伸ばす努力をすることです。道徳的意識の高い人もいれば、愛国心の強い人もいます。また、芸術的素質や実業的素質にすぐれた人たちもいます。もし、あなた

の理想が人間の徳性にあるならば、高潔な日常生活を送り、だれに対しても善意を示しなさい。それが本当の徳性です。弱い人たちをむやみに裁きたがるのは、独善的な傲慢さです。無知のために間違いを犯している人々には哀れみを感じるのが本当の徳性です。

物質依存型の人は余計な苦しみや悩みをつくり出していま す。そういう人は、自分自身を制御することを学ぶべきです。常時たばこがないとだめ、毎日何と何を食べないとだめ、昼食を抜くと頭が痛くなる、慣れたベッドでないと眠れない――これでは環境に動かされているロボットです。生活を快適にするために物を利用するのはよいことですが、物の奴隷になってはなりません。

物と理性とに依存する人はそれよりはましですが、それでも、物と理性と霊性の三つの面でバランスのとれた性質を養わないかぎり幸福にはなれません。人生に振りまわされず、人生を支配するようにあなたに指針を与えてくれるのは、あなたの霊的直感です。自分の行動は、愚かな物質的自我の判断に委ねず、良心と霊的直感によって決めるべきです。

幸福の条件――簡素な生活と高邁な思想

あなたの目標を、簡素な生活と高邁な思想に置きなさい。瞑想によって、あなたの意識を〝常に存在し、常に意識し、常に新たな喜び〟なる神に同調させて、あなたの内にある〝普遍的な幸福の条件〟をたえず保持しなさい。周りの条件によって自分の幸福を左右されてはなりません。どんな環境にあっても、自分の心の平和を保持しなさい。自己を分析して、こうあるべきと思う姿、こうありたいと思う姿に自分を変えてゆきなさい。ほとんどの人が本当の自己制御を知らず、自分では幸福を求めているつもりで、実は逆に、真の幸福の妨げになるようなことばかりしています。為すべきときに為すべき事が為せること、為すべからざる事は為さぬこと――これが真の成功と幸福への鍵です。

落ち着いて考える暇もないほど自分を忙しくするのはよくありません。そこから何が得られるかを分析して、ほんとうに大切な事かどうかよく考えなさい。そして、時間を大切に使いなさい。映画を見るより、良い本を読むほうがはるかに自己改善に役立ちます。私はよくこう言います、「一時間読んだら、二時間精神面の日記に書きなさい。二時間書いたら、三時間考えなさい。三時間考えたら、いつもそれを瞑想しなさい」と。私はどこへ行っても、心をたえず魂の平安の中に置いています。羅針盤がいつも北極を指しているように、心の注意力をたえず神の至福の方に向けていなさい。そうすれば、何物もあなたの

心の平安を乱すことはできません。

あなたが毎日、健康の面でも、心の平和の面でも、魂の喜びの面でも、もし前日よりも進歩していなかったら、むしろ退歩していると思いなさい。それは、あなたが自分の行為を十分にコントロールしていない証拠です。あなたの習慣をつくったのはあなた自身ですから、あなたはそれを変えることもできるのです。もし、自分の今までの考えが間違っていたと思ったら、良い友達と交わりそこから学んで瞑想しよう、と決心しなさい。交友相手を変えることは、あなたを大きく変えることになります。たとえ二、三時間でもここへ来ると、あなたの心は変えられて新鮮な安らぎを感じるでしょう。それと反対に、ダンスパーティーへ行くと、たいていそわそわして神経質になり、興奮します。しかし、そのあとで別の静かな雰囲気の中に入ると、また安らいだ気分になります。環境の力というものは、あなたの意志の力よりも強く、あなたの人生に最も大きな影響を与えます。ですから、環境の悪影響を受けていると思ったら、それを変えなさい。あなたの心が十分に強くなるまでは、よい環境の助けなしに自己を改善することはほとんど不可能です。自己改善が思うようにできないときは、霊的な仲間や、そのほか霊的高揚を与えてくれるものの助けがどうしても必要です。

自己改善には、自己分析もまた必要です。恐れずに自己分析ができれば、他人の厳しい批判に対しても、動揺せずに対応することができます。

他人のあら探しを好む連中は、人間の姿をしたはげわしです。この世界には、すでに悪が満ち溢れています。これ以上悪を語り、悪を思い、悪を行なってはなりません。ばらの花のように、あなたの魂の甘い善意の香りを周囲いっぱいに漂わせなさい。だれもがあなたのことを、良き友であり、協力者であり、味方であると感じるようになりなさい。良くなろうと思ったら、自己分析をして、自分の徳性を伸ばしなさい。「自分の性質の中に悪の忍び込む余地はない」と思いなさい。そうすれば、それはなくなります。周りの人たちが、あなたの言葉によってではなく、あなたのする事を見て、あなたを神のような人だと感じるようになりなさい。光をあてれば、闇は自然に消えます。真理を学び、瞑想し、人のために奉仕しなさい。

偉大さを得るには孤独が必要

偉大さを得るには孤独が必要です。心の中では自分独りでいなさい。大勢の人に流されて目的のない人生を送ってはなりません。瞑想し、良い本をもっと読みなさい。われわれが霊的に向上するために知らなければならない事は、まだまだたくさんあります。しかし、ほとんどの人が無益な毎日を過ごしていま

す。偉大な聖賢たちの英知を学び、それを実行しなければ、真の幸福は得られません。いろいろな聖典や真理の書の中に語られている英知は、あなたがたを助けるためにあるのです。

　ですから、時間をむだにせず、たえず新しい感動を求めなさい。ときどき映画を見に行ったり社交的な付き合いに出席するのは結構ですが、自由時間はできるだけ独りになり、内的生活に当てなさい。真の幸福を得るには、瞑想することと、偉大な人たちの本を読んでその思想を学ぶことと、高尚で親切な人たちの中で暮らすことが何よりも大切です。また、孤独の価値を知りなさい。しかし、人と付き合わなければならないときは、愛と友情のすべてをつくして付き合いなさい。そうすれば、その人たちはいつまでもあなたのことを忘れず、自分に貴重な霊感を与え自分の心を神に向けてくれた人のいたことを、機会あるごとに思い出すでしょう。

---

(1) 食べ過ぎや、適正を欠いた食事は体内に多量の毒素を生じさせ、それが精神の働きを鈍らせ、また怒りやすくする原因となる。ときどき、ぶどうやオレンジのジュースだけによる断食を行なうと、体内の器官が浄化され、そのため脳が活性化される。一週間に一日、または、ときどき三日間連続の断食をすることは、体内の不純物を除去してからだを清浄に保つうえに有効であることがわかっている。しかし、連続三日以上の断食は、医学的知識と経験のある指導者の監督のもとで行なうべきである。

(2) パラマハンサ・ヨガナンダがこの所見を語ったあと何年もたって、食物と栄養が精神の健康に及ぼす効果についての真剣な調査研究が行なわれるようになった。スラム街から連れて来られた食事も満足にとっていない人たちは、明らかに精神の発達や反応が遅くなっているのが認められた。また、それまで治療不可能と考えられていたいくつかの精神異常が、ビタミンの投与だけで著しい改善を見せたり、うつ病、精神不安定、その他の情緒障害の中に体内の化学成分の不均衡が原因となっている場合が多いことが科学的に認められた。(出版部注)

講話九　神の無限の力による癒し

（一九四七年八月三十一日　ハリウッドの礼拝堂における講話）

病気には、大別して肉体の病気と、精神の病気と、霊的な病気の三種類があります。肉体の病気には、いろいろな毒素や、伝染性の病原体や、事故などによるものがあります。精神の病気は、不安、悩み、怒りその他の情緒的不調和によって起こります。また、霊的な病気は、人と神との真の関係を忘れた無知から生じます。

霊的無知はあらゆる病気の根源です。無知を追放すれば、あらゆる肉体的、精神的、霊的病気の原因をなくすことができます。私のグル、スリ・ユクテスワは、よくこう言われました、「英知は最高の解毒剤である」と。

いろいろな病気に対して、限られた効力しかない物質的治療法だけに頼ろうとすると、しばしば失望させられます。われわれを、肉体と心と魂のどんな病気にも再びかからないように、永久に癒すことができるのは、無限の効力をもつ霊的な方法だけです。そして、この無限の癒しの力は、神の中に求めなければなりません。もしあなたが、愛する人に死なれて悲しんでいたとしても、あなたがその人を神の中に求めるならば、再びその人と会うことができます。神の助けを得さえすれば、どんなことでも可能です。

しかし、「ほんとうに存在するのは心だけだから、健康法に従ったり、医者にかかって物質的治療を受けたりする必要はない」という言葉は、神をほんとうに知った人だけが言える言葉です。神を実際に体得するまでは、何事にも常識を無視すべきではありません。しかし同時に、全能の神の力を信じ、自分を癒してくれるのは神であることも忘れてはなりません。

医師は、病気の原因を探り、その原因を取り除いて病気を再発させない方法を研究しています。そして、物質的治療法の面ではいろいろすぐれた技量をもっています。しかし、すべての病気が薬や手術で治るとは限りません。そこに、これらの治療法の限界があります。

化学物質や薬品は、肉体細胞の外面的な物質構造に効果を及ぼすだけで、内面的な原子構造すなわち細胞の生命原理まで変えることはできません。多くの場合、病気は、神の癒しの力が、内面から体内の生命エネルギーの不均衡を正さないかぎり治り

ません。病気は、基本的には、身体を構成し維持しているプラーナと呼ばれる生命エネルギーの波動が、過大になったり過小になったりしてバランスを失うことから生じます。プラーナには、循環をつかさどるヴィヤーナ、新陳代謝をつかさどるウダーナ、消化吸収をつかさどるサマーナ、結晶化をつかさどるプラーナ、排泄をつかさどるアパーナの五つの流れがありますが、これらの一つまたはいくつかが正常な機能を失うと、健康は損なわれます。これらの霊妙なエネルギーの自然な調和と均衡が神の力によって回復すると、それらのエネルギーから栄養を補給されている肉体細胞の原子的均衡も回復し、病気は完全に癒されます。しかも、即座に治ることもしばしばあります。正しい生活と、適正な食事と、プラーナヤーマ瞑想（生命エネルギーの制御）によって体内の活力の均衡が保たれていると、病気は、発達する前に、本人自身の生命エネルギーによって感電死させられます。

バランスのとれた発達が肝要

死亡の原因は、老衰よりも、けがや病気によるほうが圧倒的多数を占めています。たいがいの人は、真の寿命が来る前に死んでしまいます。中には、ちょうど熟した果実が自然に木から落ちるように、全身が一様に衰えて痛みも苦しみもなく死ぬ人もいますが、それはむしろ例外です。大部分の人は、寿命の実が熟す前に、むりやり生命の木からもぎ取られてしまいます。

ほとんどの場合、死は、からだの一部分だけが他の部分より も早く機能を止めてしまうために起こります。また、からだのある部分が他の部分より異常に強かったり発達したりしていると、体内の生命エネルギーに不均衡が生じて、そのために病気になったり、死ぬことさえもあります。例えば、筋肉が発達している割に心臓の弱い人は、筋肉を使い過ぎると心臓を損なうことになります。怪力で有名だったサンダウ[1]は五十八歳で死にましたが、彼はそのとき、片手で車を持ち上げたため、脳の血管が破裂したのです。このように、からだの不均衡な発達をもたらす無理な訓練は、有害な結果を生むことがあります。

ＳＲＦの活力強化体操[2]は、心臓への負担が最小で、からだ全体を均等に発達させるように考案されています。散歩のような単純な戸外運動や、適量で栄養バランスのとれた食事や、静かな瞑想などは、みなからだを健康へ導くものです。

自然のおきてに従いながらそれ以上に神を信じること

最高の悟りに達した大師たちは、食事や、そのほか健康上のおきてを無視しても害を受けませんが、まだそのような境地に達していない人たちは、健康を保持するためには自然のおきて

に従わなければなりません。

食物の選択は大切です。からだには適量の澱粉、蛋白質、脂肪が必要ですが、取り過ぎると害になります。澱粉はごく少量摂れば十分です。パンはもう〝命の糧〟とは言えません。特に、精白した麦からの澱粉の取り過ぎは、体内の粘液の蓄積を過剰にします（もちろん、ある程度の粘液は粘膜に有害な細菌が侵入するのを防ぐために必要です）。果物や野菜のような、無機塩類を多量に含む食物を多く摂りなさい。この種の食物は、便秘を防ぐ効果があり、多くの病気を予防するうえに役立ちます。

自然は、からだに異常が起きると、反射作用によってその原因を取り除こうとします。例えば、目にごみが入ると、われわれは自然にまばたきしてそれを外へ出そうとしますし、鼻に異物が入ると、くしゃみをします。また、何か有害なものを食べると吐き気を催して、それを外へ吐き出します。このように、からだの各部の器官は、病気の侵入に対して自衛したり、また、自らを更新するようないろいろな対応策を自然から与えられています。しかし、ほとんどの人は、さまざまな不自然な生活習慣によって自分自身を自然の作用から遠ざけてしまったため、生来の回復力や活性化能力を失い、そのために早死にするのです。

からだはたえず有害な細菌に攻撃されていますが、それに対して有益な細菌も、ときには食事や薬草や医薬品やその他の健康法の助けを借りたりして、たえず応戦しています。しかし何といっても、人間にとって防衛力の無限の源は、「自分は神の子であって病気に影響されるような存在ではない」という固い信念です。

心の力は薬よりもはるかに強力です。しかし、薬の力を全く否定するのは正しくありません。薬の力を否定できるのは、毒を飲んでも死なない人だけです。薬の力は否定すべきではありませんが、それを常用しているとやがて限界が見えてくる、ということも心得ておかなければなりません。つまり、初めほどの効き目がなくなる日がやって来ます。しかし、そうした限界のない、万能で無限の癒しの力があなたの心と魂の中にあります。この霊的な力でからだを癒すには、強力な精神力と信仰が不可欠です。再び病気にかからない永久的な癒しの力は、心の無限の力と神の恵みから来るのです。

果物、野菜、木の実は肉よりも優れている

ある種の病気には動物の内臓を食べると効く、という説があります。ある蛮族は、ライオンの心臓を食べると自分の心臓も強くなる、と信じて、貪ってそれを食べます。また、にわとりの心臓の筋肉組織は人の心臓を強くする効果があるといわれて

おり、その肝臓《レバー》は貧血症に良いとされています。しかし、貧血を治すには、卵、カシューナッツ、大豆、糖蜜、干しあんず、干しあおい豆、干しえんどう豆、砂糖にんじん、ほうれん草、パセリなどのような、鉄分とビタミンの豊富な食物を摂れば十分レバーに匹敵する効果がある、と健康の専門家たちは言っています。また、動物の臓器から取ったペプシンは胃潰瘍に有効ですが、パパイヤの実に含まれているパパインもペプシンとよく似ていて、どんな消化不良にもよく効きます。

　病気になったら何でもそれに効き目のあるものを食べればよい、と思うかもしれませんが、動物の肉は必ずしも良くありません。肉は血液の中に毒素を送り込み、それだけからだの負担を増すからです。つまり、肉は一つの病気を治す効果はもっていても、同時に、からだの他の部分では別の病気を引き起こしやすい条件をつくり出します。ですから、新鮮な野菜、果物、細かく挽いた木の実、植物性または乳性の蛋白質などが、人間にとって最も良い食物です。人によっては、消化器官が弱くて生の野菜や果物が食べられない人もいますが、普通の人は、毎日の食事にそれらを取り入れることによって良い効果が得られます。

　神は、野菜や果物にも、治病を助ける薬物的効能を注入されました。しかし、これらの効力はあくまで限られたものです。身体の器官を本質的に維持しているのは神のエネルギーであって、このエネルギーを直接増強する方法を習得した人は、どんな薬や食物から得られる効力よりも大きな治癒力を意のままに駆使することができるのです。

体内の毒素を排出する

　からだの四分の三は水分で出来ています。ですから、からだにとっては水分のほうが食物よりも重要です（実際、飢えで死ぬよりも、のどの渇きで死ぬほうが苦痛です）。からだには多量の水分を補給する必要があります。甘味を加えない果物ジュースも有効です。ことに、水のカルシウム濃度が動脈硬化の危険性を生じるほど高い地方では、水の代わりに果汁や、すいか、メロンのような水分の多い果物を摂るべきです。ただし、研究家の中には、蓄膿症の人は柑橘類のジュースは飲まないほうがよい、と言う人もいます。

　体内の毒素を洗い流すために、多量の水分を取るよう心がけなさい（と言っても、炭酸飲料のたぐいではありません）。しかし、食事中に多量の飲み物を摂ることは、消化を妨げるので避けるべきです。食べ物を、よく噛まずに流し込む人がいますが、澱粉は、口の中である程度消化しておかないと、胃の中で十分に消化されません。口でよく噛むことが大切です――胃に

は歯がありません！　早食いもいけません。ことに、多量の飲み物をいっしょに摂ると、胃液が薄められて、いっそう消化を妨げます。また、食べ物といっしょに飲み物を摂ると、肥満になります。

血液の流れを健康に保つことは大切です。牛肉や豚肉は、血液の中に毒素やばい菌を持ち込むことがあります。白血球はばい菌を破壊するために働いていますが、もし、ばい菌の力が強くて白血球の抵抗力を上まわると、毒性の反応が生じます。魚や鳥肉や羊肉《マトン》は、酸性の強い牛肉や豚肉に比べると、かなりましです。

食事に関して最も戒めなければならないことは暴飲暴食です。だれでも、自分を制御できるようになれば健康になれるのですが、自分の好きな食べ物を見ると、つい我慢ができなくなります。からだに悪いと知っていても、感覚に食べろ食べろとけしかけられるからです。しかし、もしあなたが、自分の悪習を断とうと決心するならば、しだいに有害なものが嫌いになり、有益なものが好きになるでしょう。貪欲な人は、満腹になってもなお食べようとします。彼らは、すでに何十年も働き通しに働いてきた心臓ポンプに、さらに食べ過ぎによる重労働まで課しているのです。

また、多くの人が、無分別にも夜遅くなってから食べています。そして、たいてい食べたあとすぐに寝るため、内臓の働きが緩慢になり、食べた物は消化されずに胃の中に残ります。ですから、就寝前に食べることは避けるべきです。

酒ほど、体にも心にも有害なものはありません。酒に酔うと、正気ではできないような破廉恥な行為も平気でするようになります。酒の力は、暴力、貪欲、性欲、金銭欲をあおり、人殺しまでさせます。「幸福をもたらすものは酒と金とセックスだ、などという誤った思い込みは、人間が自己の本質を悟るためにまず克服しなければならない妄想である」と聖賢たちは教えています。

酒は、人の金銭欲や性欲をあおり立てるため、それら三つの中でも最も悪質です。酒は、不必要であるばかりでなく、理性をも失わせるため、きわめて危険です。理性を失った酔っぱらいは、もはや人間とはいえません。欲望を正常な範囲に抑制するのが理性です。

病気に対する自然の抵抗力を強める

断食は、自然の知恵による治療法です。動物も未開人も、病気になると何も食べません。食物の補給を断つことによって、体内の器官に浄化と必要な休息を与えるのです。たいがいの病気は、適切な断食によって治すことができます。(3)　心臓の弱い人

は別として、短い断食を定期的に行なうことは優れた健康法である、とヨギたちは勧めています。また、適当な薬草やその抽出物を服用することも、からだの健康によいとされています。

薬は、使用しても効かなかったり、逆に強すぎて、病気を治すかわりにからだの組織を傷めてしまうことがあります。同様に、治療用の放射線の中にも、からだの組織を焼いてしまうものがあります。このように、物質的治療には多くの限界があります。

薬よりも優れているのが太陽光線です。太陽光線にはすばらしい治療力があります。私は、毎日十分間の日光浴を勧めます。[4] たまに長時間の日光浴をするよりも、たとえ十分でも、他の健康法とともに毎日行なう習慣をつけると、からだはいつも充分な生命エネルギーに満たされて、どんなばい菌も破壊してしまいます。

健康な人は、病気に対する自然の抵抗力をもっています。特に、感染症に対してはそうです。病気は、悪い食べ物や食べ過ぎによって血液の抵抗力が衰えたり、過度のセックスによって活力が枯渇したとき、かかりやすくなります。からだは、活力を畜えておくことによってすべての細胞に生命エネルギーを補給することができ、それによって、病気に対する充分な抵抗力も維持できるのです。過度のセックスは体力を衰えさせ、病気にかかりやすくさせます。

寿命は伸ばすことができる

普通、老人よりも若い人のほうが病気に打ち勝つ力をもっています（ただし、カルマにより常に例外はあります）。今日の人間の平均寿命は約六十年[5]ですが、この寿命は、日常生活に気をつけさえすれば容易に伸ばすことができる、と多くの医師たちは言っています。

マハアヴァター・ババジも、そのほか偉大な大師たちも、数百年生きています。寿命はいくらでも伸ばすことができるかもしれませんが、それは、神の無限の力を導入することによって可能になるのです。食物や、薬や、運動や、日光浴などのような限られた効力しかない手段では、そうはいきません。われわれは、からだのことばかりでなく、神のことも考えるべきです。神との合一によって内的に完全になれば、からだも完全になります。[6]

多くの人たちがからだの健康のことばかり心配して、心を訓練することを忘れています。あらゆる能力の鍵は自分の心にあります。この心の力を掘り起こすことを忘れていると、重病に侵されたとき、いくら若くても、何の抵抗もできずに死ななければなりません。

ほほ笑みの力

常に活力を蓄え、バランスのとれた食事を摂り、ほほ笑みを絶やさず、幸福でいなさい。内なる喜びを見いだした人は、自分のからだに、食べ物によってではなく神によって生命エネルギーが補給されているのがわかります。どうしてもほほ笑むことができないときは、鏡の前へ行って、指でむりに口を引っ張ってでもほほ笑ませなさい！　ほほ笑みはそれほど大切です。

私がさきほど述べたバランスのとれた食事や、薬草、断食などによる、体内器官の浄化を通しての治療効果には限度がありますが、内なる喜びを知った人は、神の無限の力に助けを求めることができます。ただし、この内なる喜びとは、心の底から自然に湧いてくる喜びのことで、自分でむりに想像したり、うわべだけまねた喜びではありません。あなたの内なる喜びが本物であれば、あなたはほほ笑みの百万長者です。本物のほほ笑みは、体内のすべての細胞に宇宙エネルギー（プラーナ）を浸透させます。幸福感は万能の生命エネルギーを多量に体内に導入するため、幸福な人ほど病気にかかりにくくなります。

治療についてはまだお話ししたい問題がたくさんありますが、いちばん大事なことは、無限の心の力をもっともっと活用しなければならない、ということです。病気から身を守るための原則は、自己制御、運動、適正な食事、果汁を多く摂ること、ときどき断食をすること、それと、心からのほほ笑みを絶やさないことです。この心からのほほ笑みは、瞑想によって得られる内なる喜びから湧いてきます。あなたはそこに神の無限の力を見ます。そのような神の至福の中にあるとき、あなたは意識的に神の癒しの力を自分の体内に導入しているのです。

永遠の癒しは神から来る

心の力は神の全能のエネルギーを引き出します。それがからだを癒すのです。そのエネルギーを導入する具体的方法が、瞑想による神との霊交です。あなたが神との合一を果たしたとき、癒しは永遠のものとなります。神の癒しの力が働くとき、その効果は即座に現われます。癒しを完了するのに、時間は必要としません。

多くの人たちは、神に癒しを求めても、少しばかり試みてその効果が現われないとすぐに信仰心を失い、あくまでも神の助けを求めよう、という決意に欠けています。神の力にすがって離れない人は必ず癒されます。このような信仰者には、神は応えずにはいられないからです。これに対して、すぐにあきらめてしまう人にはこうおっしゃいます、「よろしい、お前がわたしを必要としないなら必要とするときまで待とう」と。

神の力を呼び起こすには、不断の信仰心と、祈りつづけるこ

とが必要です。適切な食事や、そのほかの健康法も大切ですが、何よりも神にこう祈りつづけることを忘れてはなりません、「主よ、あなたは、医師や薬の手の届かない命の原子やからだの微妙な条件を支配するお方です。あなたなら私を治すことができます」と。薬や断食などの外的手段は、肉体にある程度の治療効果をもたらすだけで、細胞を支えている内的力にまでは作用しません。肉体細胞の原子に直接生命エネルギーを送り込むことができるのは、神の癒しの力だけです。あなたはそれを神に求めることによって引き出すことができるのです。しかも、それによって病気を即座に治すこともできるのです。あなたは、もっと神に頼ろうとは思いませんか？

しかし、物質的手段への依存から霊的手段への依存に切り換えるには、徐々に行なうことが大切です。大食の習慣の人が病気になって、急に心の力で治そうと思い立ち、いきなり断食を始めてみても、効果がすぐに現われないと言ってあきらめてしまうかも知れません。食物依存から精神力依存に考え方を改めるには、時間が必要です。神の癒しの力を呼び起こすには、神の助けに対する信念を確立するための心の訓練が必要なのです。

この物質宇宙のすべての細胞をつくり出し、かつそれらを支えている原子エネルギーは、すべて神の全能の力から出ています。ちょうど、映画の画面が映写室から投射される光線によって支えられているように、われわれはみな、永遠の映写室から投射される神の光である宇宙エネルギーによって支えられているのです。その聖なる光を求めてそれを見つけたとき、あなたは、自分のからだの故障したすべての細胞の原子と電子とライフトロン（生命エネルギー）が、その光のもつ無限の力によってつくり変えられるのを見るでしょう。その〝偉大な癒し手〟と交わりを結びなさい！

（1）ユージン・サンダウ（一八六七年—一九二五年）は体育振興とレスリングの唱道者で、そのたくましい体格と離れ技で有名だった。彼は、人間の肉体の適合性について広く各地を遊説した。

（2）プラーナを意志の力によって意識的に身体の各部へ送り込むこの体操は、一九一六年パラマハンサ・ヨガナンダによって考案されたもので、具体的方法はＳＲＦの通信講座《レッスン》に説明されている。（出版部注）

（3）アメリカではグラント・サーキシャン博士が、気管支ぜんそく、皮膚病、初期段階の動脈硬化症、高血圧、狭心症、消化器障害など、いろいろな病気の治療に断食を取り入れて成功した。退院後も食事に気をつけ、野菜や果物を多く摂ることは長生きをするために大切である、と博士は考えている。
ソビエトでは、ユリ・ニコライエフ博士が二十三年間にわたって断

食療法を行なっている。博士は、精神分裂症の患者に適用したところ六十四パーセントに良い結果が得られた、と報告している。

　カリフォルニア州ヴィクターヴィルのジョージ空軍基地では、二十五人の肥満患者に最高八十四時間の断食療法を施したところ、十六人がプログラムの全部を完了し、四十ポンドないし百ポンドの減量に成功した。この実験を指導したロバート・カーンズ博士はまた、断食をする以前は毎日二十五単位のインシュリンを注射していた四十八歳の糖尿病患者が、断食によってインシュリンの投与をやめることができたと報じている。また、六十歳の患者は関節炎と心臓の症状が改善したと報告した。

　はつかねずみを使った実験では、断食をさせたところ寿命が五十パーセント伸びたという結果が出た。(出版部注)

(4) 日光浴は、日の出または日没に近い時間帯を選ぶことが賢明である。敏感な皮膚を太陽光線にさらし過ぎないよう、いつも注意しなければならない。日光浴に疑問や不安があるときは、主治医または皮膚科の専門医に相談して指示を受けるべきである。(出版部注)

(5) この講話は一九四七年のものである。

(6) 神との合一を達成した偉大な人たちでも、過酷な肉体的苦痛を背負っている人がいるが、これは、神の側に手落ちがあったからではなく、彼が他人を助けるために、神の許しを得て、その人たちの悪いカルマを自分の身に進んで引き受けたためである。

講話十　心のラジオから不安という電波障害を取り除く

（一九三八年十月十六日　エンシニタスの旧礼拝堂における講話）

宇宙の万物は、エネルギー、すなわち波動によって構成されています。言葉という波動は、想念の波動が発達して、より粗い波動として現われたものです。すべての人の想念は、エーテル[1]の中で振動しています。想念波動はこのように精妙な波動であるため、科学的にはまだとらえることができませんが、われわれがすべての人々の想念を知らずにいることは、むしろ幸いなことです。

あなたがラジオのスイッチを入れると、音楽やいろいろな声が聞こえてきます。もし、電波を伝えるエーテルに知性がなかったら、いろいろな放送が同時に聞こえてくるかもしれません。神は、エーテルをつくられたとき、人間が将来この媒体を使って電波を送り、ラジオ放送を聞くことができるように計画されました。電波はエーテルによって遠隔地まで送られますが、放送するときも受信するときも、電気的に増幅されなければなりません。ラジオ放送の音声はいつもエーテルの中で振動していますが、受信機がないと、われわれはそれを聞くことができません。想念もまた、電波のように空間を伝わってゆきますが、ダイヤルを合わせている心の受信機にしか受信されません。

あなたがたは、ごく身近にいる親しい人の心を感じ取ることはできるかもしれませんが、遠隔地にいる人、例えばここからインドにいる人の想念を感じ取ろうと思ったら、もっと高い受信能力を開発しなければなりません。SRFの精神集中法と瞑想法を毎日実習して、心を十分に鎮めることができるようになると、他人の想念、それも遠くにいる人の想念をも感じ取ることができるようになります。つまり、心の感受性が鋭敏になるからです。

われわれはみな、人間ラジオです。あなたは、他人からの想念の通信を心[2]で感じ取り、自分の想念を霊眼を通して相手に送信します。心は受信中枢であり、霊眼は集中と意志の中枢です。あなたのアンテナは延髄にあり、そこは直覚と超意識の中枢です。例えば、あなたが旅先で、家に何か変わった事がないかどうか知りたいと思ったとします。もし、あなたの心が十分に鎮まって直覚が働くようになれば、あなたは家にいる家族の人たちの心を感じ取ることができるようになります。このような精

神集中に熟練すると、あなたの心の受信機はエネルギーを補給されて、その受信能力は至る所に及ぶようになります。

この世界は神の心の中の想念にすぎない

インドとアメリカとの間には、実は、空間[3]などというものはありません。しかし、われわれは、このアメリカからインドまで行くには船で二十五日も航海しなければならない、と思っています。物質的意識で考えると、空間を横切って行くにはこのように時間が必要です。しかし、エネルギーはこの空間を切り詰めます。飛行機を使えば、その日程は七日[4]に短縮されます。つまり、距離は強力な飛行エネルギーによって縮められることになります。エネルギーが大きければ大きいほど、空間や距離は縮小されます。例えば、あなたが眠ってインドへ行く夢を見ているとします。汽車でニューヨークまで行き、船に乗り、あちこちの港に寄ってボンベイに着きます。あなたはこれだけの旅を、夢の中ではわずか数分間で果たすことができます。想念には空間がないからです。また、私が夢の中でラジオをつけ、インドの放送を聞いているときでも、そこには空間はなく、すべては私の頭の中の観念でしかありません。

全世界は想念の中にあるだけです。心には、このような力があります。空間は、心が描いた概念にすぎません。私は、眼を閉じて二千マイル離れた所にある物を思い浮かべることができますが、二千マイルという距離も、心が描き出したものです。空間も時間も、想念の違いにすぎません。夢の中のアイスクリームと熱いコーヒーとは、どこが違うでしょうか？ 目が覚めてみれば、アイスクリームもコーヒーも同じ心が描いた想念で、ただ観念が違うだけだったことがわかります。

心には全知の能力があります。ただし、それは神の心のことです。神の心が万物の中に浸透しているように、われわれの心にも同じ性質があります。われわれは、すでにラジオによって、アメリカとインドを想念の中で結び付けています。両者の間に空間はありません。

ラジオのダイヤルを一つのチャンネルに合わせようとするとき、電波障害によってうまく放送が聞けないことがありますが、あなたが自己改善のために心のチャンネルを変えようとするときも、それと同じように〝電波障害〟によって邪魔されることがあります。この場合の電波障害とは、あなたの〝悪習慣〟です。

不安は落ち着いた心には侵入できない

あなたの心のラジオを妨害するもう一つの電波障害は、〝不安〟です。習慣に、よい習慣と悪い習慣とがあるように、不安にも、建設的なものと破壊的なものとがあります。例えば、あ

る婦人が友人の誘いに対して、「今夜の外出は夫が喜ばないと思うので失礼します」と言ったとします。この場合、彼女の心配は愛から出たもので、これは建設的なものです。建設的な心配と卑屈な心配とは違います。愛から出た心配は、他人を不必要に傷つけまいとする心遣いですが、卑屈な心配は、自分の意志の力を麻痺させます。家族は互いに愛をもって心配し合うべきであり、真実を語ることを恐れてはなりません。他人に対する愛から、自分の義務を遂行したり欲望を犠牲にすることは、不安や恐れからそれと同じ事をするよりもはるかに優れています。神のおきてを守るのも、罰を恐れるからではなく、神に対する愛からすべきです。

不安は、心から生じます。もし、病気またはほかのことで不安に取り付かれたら、深く、ゆっくりと、一定のリズムで、数回深呼吸しなさい。そして、息を吐き出すごとに、からだ全体をリラックスさせなさい。そうすると、不安で滞っていた血液の循環が促されて正常に戻ります。あなたの心が完全に鎮まれば、不安の入り込む余地はなくなります。

不安は、苦痛の記憶から湧いてきます。つまり、過去の経験が因です。例えば、あなたに、以前転んで足を骨折した経験があると、また同じことをくり返しはしないかという心配が生じます。そういう不安に取り付かれると、あなたの意志も神経も麻痺して、ほんとうにまた転んで足を骨折することになります。そのうえ、心が不安で麻痺すると、活力が低下し、体内に病源菌が侵入しやすくなります。

用心はしても恐れてはならない

病気を恐れない人はほとんどいません。恐怖心は、人を苦痛から守るために神が与えられた警報装置です。しかし、それを過剰に反応させたり、誤用したりしてはなりません。必要以上の恐怖心は、困難を撃退しようという意志を萎縮させてしまいます。警戒心は、賢い恐怖心です。例えば、自分に必要なダイエットを心得ていて、「この菓子は自分の健康によくないからやめておこう」というような場合です。しかし、わけもなくむやみに恐れることは、病気の原因になります。そのような恐怖心は、あらゆる病気の因になる真の病源菌です。病気に対する恐怖心は、病気を促進させます。病気を思い浮かべることが、病気を呼び寄せることになるのです。いつも風邪をひくのを恐れていると、どんなに予防してもますます風邪をひきやすくなります。このような恐怖心によって自分の意志と神経を麻痺させてはなりません。避けようと思うあまり恐れてしまう人は、自分でその恐れている状態をつくり出す手助けをしているようなものです。また、病気のことや病弱な悩みばかり話題にする

人と必要以上に付き合ったり、彼らに同情しすぎることもよくありません。こういう話題にかかわり過ぎると、知らず知らずのうちに自分の心にも不安の種を播いてしまいます。「自分も、結核や癌や心臓病で死ぬのではないか」などと恐れている人は、今すぐその恐怖心を捨てなさい。さもないと、その恐怖心がその恐れている状態を引き寄せます。すでに病気にかかっていたり、からだの弱い人は、できるだけ気持の明るくなるような環境の中にいるように努め、力強く積極的な人と交わり、その人たちの積極的な考え方や雰囲気を自分の中に取り入れるよう心がけるべきです。気の持ち方や考え方には、大きな力がありません。病院で働いている人がめったに病気にかからないのは、彼らの積極的な心の姿勢によるものです。彼らは自信を持っており、その積極的な考え方とエネルギーによって活力を得ているのです。

同様の理由で、年を取ったらむやみに年齢のことは言わないほうがよいでしょう。年齢を告げると、相手はあなたの中にその年齢を思い浮かべ、健康や活力の衰えを想像するからです。老齢を意識することは心配を生み、それによって活力を失うことにもなります。ですから、年を取ったら年齢のことはできるだけ口にしないようにして、ときどき神にこうささやきなさい、「私は不死です。私は健康に恵まれていることを感謝します」と。

用心することと、心配することとは別です。用心することは大切ですが、心配してはなりません。ときどき体内を浄化するためにダイエットをして、体内に蓄積された不純物を取り除き、病気の予防をしなさい。こうして適切な予防措置を講じたら、あとはいっさい心配しないことです。病源菌は至る所に充満しており、心配しはじめたら、人生は楽しむどころではなくなってしまいます。どんなに衛生的予防手段を講じても、家の中を顕微鏡で覗いたら、物を食べる気もしなくなるでしょう。

不安を取り除く方法

あなたの不安が何であれ、心をそれから引き離して、それを神に委ねなさい。そして、神を信じなさい。心配のしすぎは、それだけで状態を悪化させます。悪い状態がまだ現実に起きていないのに、今から苦しむのはばかげたことです。たいていの病気は、心配という入り口から入って来ます。ですから、心配を捨てれば、あなたはすぐ自由になれます。癒しは一瞬のうちにも行なわれます。毎晩、眠る前にこう断言しなさい、「天の父がいつもわたしといっしょにいてくださる。わたしは守られている」と。そして心の中で、自分が神とそのエネルギーに取り囲まれていて、自分の中へ侵入しようとする病源菌がすべてそれに触れて感電死する有様を想像しながら、「オーム、オーム、

オーム」または「神よ、神よ、神よ」と唱えなさい。そうすれば、あなたは病気から隔離され、神のすばらしい守護を感じるでしょう。不安や恐怖を捨てることが、健康への唯一の道です。そして、あなたが神との霊交に達したとき、神そのものがあなたの中に流れ込んできて、自分が不滅の魂であることを自覚するでしょう。

　不安に襲われたときは、手のひらを胸の肌の上にじかに当てて、左から右の方へこすりながらこう念じなさい、「天の父よ、私は自由です。この不安を、私の心のラジオから取り除いてください」と。ちょうど、ラジオの雑音を消すようなつもりで、心臓を左から右へこすりながら、心の中の不安が消えるように一心に念じつづけていると、それは消えます。そして、代わりに神の喜びが感じられるようになります。

神と接触すれば不安は消える

　人は、たえず不安に付きまとわれています。不安から解放されるには、神と接触する以外に方法はありません。今すぐ始めなさい。ヨガを利用すれば、神と実際に接触することができます。インドには、他の国々にはないこの国特有の、先祖伝来の霊的遺産があります。私は、この遺産のすべてを、私の師《グル》、スワミ・スリ・ユクテスワから授けられました。先生は、すべての点で真の大師でした。私が西洋で使命を果たすことができたのも、先生の英知の導きに従ったおかげです。先生はこう言われました、「何をするにも、人まねではなく、自分の独自の方法でやりなさい」と。あなたがたも、この考え方で行動すれば成功します。たいていの人は、他人のした事のまねばかりしています。あなたの独創性を発揮しなさい。そうすれば、何をしてもうまくゆくでしょう。神に意識を合わせていれば、すべての物事があなたと調和して働きます。

　われわれは、とかく自分のことを第一に考えがちです。しかし、他人をも含めた幸福を常に考えるべきです。一人一人が心からの善意をもってそうするとき、相互の思いやりの精神が広がります。もし、千人の集団で皆がそのように振る舞えば、だれもが九百九十九人の友をもつことになります。反対に、もし皆が互いに自分の利益だけを主張し合って争えば、各人が九百九十九人の敵をもつことになります。

　愛の力によって人の心を征服することが、人生における最高の勝利です。いつも他人のことを先に考えるよう心がけなさい。そうすれば、全世界があなたに従うようになります。イエスの偉大さもそこにあります。イエスは、世のすべての人々のために生き、そのために死にました。自分だけのために生きる人は、どんなに権力や栄華を誇っても、死ねばすぐに忘れられてしま

います。しかし、人のためだけに生きた人は、人々の心の中に永遠に生きつづけます。〝王の中の王〟イエスは、短い地上の生涯では黄金の王座にすわることはありませんでしたが、その死後二千年もの間、何億という人々の心の、愛の王座に君臨してきました。これこそ最高の王座です。

一念を貫けば最高目標に達することができる

あなたがこの世に生まれたとき、あなたは泣き、周りの人たちは喜びました。しかし、今度あなたがこの世を去るときは、世の中の人々が泣いてあなたがほほ笑んでいられるように、この一生を人々のために働き、奉仕しなさい。このことをいつも心に留めて、自分のことよりも他人のことを先に考えるよう心がけなさい。

この広い世界は、あなたがたが、神から授かった知性を使って神を知り、真の自己を知るためにつくられたのです。あなたが人生の目標をこの一事に絞ってそれを貫けば、その目標は必ず達せられます。こうした一念がエーテルの中で働くとき、どれほど大きな力を発揮するか、あなたにもわかるときが来るでしょう。

もし神が、人の心にご自分の愛を植え付けられなかったら、あなたがたは愛というものを知らなかったでしょう。神ほど優しく愛に満ちた方はいません。だからこそ、われわれは神を求めるべきなのです。神はあなたがたに、ご自分を求めるように強制はなさいません。しかし、われわれが神から与えられた命や、知性や、からだの神秘さを考えてみれば、神を求める動機としては十分でしょう。だれでも、それを求める気を起こしさえすれば、与えられ、救われるのです。ですから、その気を起こしなさい。

私がこの道を歩みはじめた最初のころは、私の人生はまだ混沌としていました。しかし、努力しているうちに、いろいろなことが驚くべき姿や形ではっきりと見えてきました。すべての出来事が神の存在を私に語りかけ、この世にいても神を知ることができることを教えてくれました。そして、神を見つけたときに与えられた安心と保証のなんとすばらしく、また、大きかったことでしょう。神を知ったとき、ほかのものはもう何も問題ではなく、怖いものもなくなります。だからクリシュナは、アルジュナに、恐怖心を捨てて人生の戦いに挑み、霊的勝利者になるよう諭したのです――

「弱気を起こしてはならぬ、敵を滅ぼす者（アルジュナ）よ、それはそなたにふさわしくない。女々しいためらいは捨てて、いざ立て」（バガヴァッド・ギーター２・３）

（1）エーテルの仮説は、現在の科学では、この物質世界の性質を考えるうえに必要とは考えられていないが、インドの聖典はこのエーテルを、すべての物質的存在を顕現させている精妙な波動による〝バックグラウンド〟（素地）と言っている。それは、空間の至る所に浸透し、すべての心象を別々の姿に分ける働きをする波動である。（用語解「エーテル」および「五大要素」参照）（出版部注）

（2）心（ハート）は人間の神秘的な直感の座である。

（3）空間も時間もマーヤ（宇宙的幻術）の一部で、姿も形もない無限の存在を個々別々の有限の存在のように錯覚させる。神の意識はマーヤの影響を超越しているため、信仰者の意識が神に目覚めると、遠いものも近くのものも、過去も現在も未来も、すべて永遠の普遍的な〝今〟の中に溶け込んでしまうのである。

（4）この講話のあった一九三八年ごろは七日であったが、現在の宇宙船なら分単位で地球のまわりの軌道を一周できる。人間の意志は、時間と空間を大きく屈服させたが、いずれは征服するかも知れない。（出版部注）

講話十一　神経質――その原因と治療法

（一九二七年ごろの講話）

神経質は、心の安定という特殊な薬によって癒すことのできる慢性病です。心がバランスを失って神経機能に異常を引き起こす原因は、興奮状態の連続または過度の感覚的刺激です。恐怖、怒り、憂うつ、後悔、嫉妬、悲嘆、憎悪、不満、心配など、さまざまな精神的苦痛に取り付かれること、また、正しい食事、適度の運動、新鮮な空気、日光、満足できる仕事、生きがいなど、正常で幸福な生活を送るために必要な条件を欠くこと――これらはすべて神経疾患の原因になります。

人が精神的にまたは肉体的に興奮するとき、それがきわめて強烈だったり、長期間連続したりすると、全身の知覚、運動両神経系統と末端の感覚器官へ流れる生命エネルギーの流れが大きく混乱して、バランスを失います。ちょうど、普通の百ボルト用の電球を二千ボルトの電源につなぐと焼け切れてしまうように、人間の神経も、あまりにも強烈な感情や、長期間の不健全な想念や刺激には耐えられないのです。

神経質がもたらすさまざまな影響

神経質はなかなか厄介な代物です。それは、われわれにさまざまな面で深刻な影響を与える恐しい敵です。肉体的な面では、いろいろな病気を悪化させて治りにくいものにします。また、精神的には、体内の生命エネルギーのバランスを崩して、精神集中や瞑想を困難にさせ、英知を得るために必要な平安に入ることを妨げます。しかし、神経質は治せます。神経質に苦しんでいる人は、率直に自分の状態を分析して、自分を徐々に蝕んでいる破壊的感情や不健全な想念を取り除かなければなりません。自分の問題点を客観的に分析し、日常のどんな出来事にも平静でいられるようになれば、どんな頑固な神経質も治ります。

「われわれが考えたり、感じたり、話したり、行動したりする力は、すべて神から来るものであり、その神は、たえずわれわれといっしょにおられ、われわれに霊感を与え、導いてくださっている」ということを真に悟れば、即座に神経質から解放されます。そして、この悟りとともに聖なる喜びが溢れてきます。また、ときには深遠な光があなたの全身に浸透して、あなたの心から恐怖という観念を追い出してしまいます。神の力は

大海のようにあなたを包み、その浄化の波で、あなたの心からすべての迷いや、神経質や、恐怖などの障害を洗い流してくれます。物質を真実の存在と考える誤った認識や、自分をいずれは死ぬ肉体的存在であると錯覚する意識は、日々の瞑想の中で神の甘美な安らぎに触れることによって克服されます。そのとき、あなたは、自分のからだが神の宇宙という大海の中に浮かぶ小さな一粒のエネルギーの泡にすぎないことを知るでしょう。

神経質に悩まされている人は、自分の異常な状態を理解して、人生に対する適応性を妨げている間違った考え方をよく反省すべきです。「神経質は、決して原因不明の病気ではなく、自分自身の間違った習慣から当然生じた結果である」とわかれば、その人はもう半分治ったようなものです。

神経系統

肉体の神経系統は、内外の刺激を伝達する通信網のようなもので、人はそれに反応して感じたり行動したりします。興奮は、それに必要なエネルギーを他の部分から奪って神経的バランスを崩します。このような神経エネルギーの不均衡な供給が、神経質の唯一の原因です。自分の自我にあまり執着せず、いっさいの出来事を動かしているのは自分ではなく神であることを理解して、心がいつも平静で安定している人は、神経の働きが常にバランスを保っているため、どんな事に出会っても適切に対応することができます。クリシュナはこう言っています――

「たえず理性を保持して、迷妄に陥らず、好ましきものや好ましからざるものに出会っても、喜びや悲しみなど心の動揺を起こさぬ賢者は、神の中に安住する」（バガヴァッド・ギーター5・20）

これこそ、われわれが努力し到達しなければならない目標です。

神経は、脳や心臓をはじめ、からだのあらゆる部分に生命エネルギーを供給します。視・聴・嗅・味・触の五つの感覚器官も、神経によってエネルギーを供給されます。神経は、われわれが外界やあらゆる感覚的刺激の源と接触するための媒体です。ですから、各部の神経の働きを完全にバランスさせておくことがどんなに大切か、また、一部分にショックを与えて過大なエネルギーを流すことによって他の部分に必要なエネルギーの供給ができなくなることがどんなに有害か、わかるでしょう。落ち着きのない心や、物事に感情的に反応するような性格では、ヨギにとって必要な、バランスのとれた状態にはなれません。そうなるには、静かな落ち着きと、神に対する深い信仰が必要です。

ヨギは、神経の酷使によって破壊されかかった神経に生命エネルギーを送り込んで、その組織を復活させる特殊な技法を知っています。神経系統の各細胞と組織は、生きた知的構造をしており、いつでも生命エネルギーによって新しく再生することができるのです。

良き交友によって神経質を克服せよ

神経質には二種類あります。心理的または表面的なものと、器質性のもの、すなわち神経器官に異常を起こしたものです。最も一般的な症状である心理的なものは、心の興奮によって起こります。そして、霊性の乏しい友達との付き合いや、不健康な食事や習慣によって、この状態が長く続くと、やがて慢性的な器質性神経疾患に発展します。

食事は、簡素でバランスがとれ、食べ過ぎないことが大切です。運動も規則的に行なうべきです。睡眠の取り過ぎは神経を麻痺させますが、逆に、睡眠不足は神経を衰弱させます。しかし、何よりも大切なことは、交友を選ぶことです。どんな友達と付き合っているかを聞けば、その人がどんな人間かわかります。お世辞やへつらいを言ってくる人間は、自分の助けにはなりません。率直に真実を語り、自己改善を助けてくれるような優れた人たちと付き合うべきです。自分の生き方や欠点をどう改めれば幸せになれるのか謙虚に忠告してくれるような友達こそ、最良の友です。

卑劣な、または心ないやり方で他人を厳しく批判することは、人の頭を棒で殴るようなものです。これに対して、愛の力には測り知れない効果があります。愛と理解をもってなされる親切な助言はすばらしい効果をもたらしますが、単なるあら探しは何の益ももたらしません。人は、自分自身の性格を完全にしたとき、初めて他人を裁く資格が出来ます。それまでは、自分自身を裁くことが唯一の有益な批判です。

落ち着いた賢い人たちと付き合うことは、神経質を追放し、自己の内なる霊性を発掘するための最も早い方法の一つです。神経質な人は、同じような悩みをもつ人たちと付き合うことは避けるべきです。

最良の治療法は心の安定

神経質の最良の治療法は、心の安定を養うことです。自然に心が安定している人は、どんな環境にあっても、理性と公正さとユーモアを失いません。そして、常に自分の感情や期待と、事実との区別ができます。そういう人は、他人の甘言に乗せられて道を誤ることもなく、また、血液の循環に悪影響を及ぼす怒りや恐怖によって体内組織を害することもありません。反対

に、怒っているときの母親の乳が子供に有害な影響を与えることはすでに実証されており、また、何よりもはっきりした証拠は、激しい感情が長い間にからだを見る影もないほど衰弱させてしまうという事実です。

心がいつも静かに安定しているということは、すばらしい性格です。われわれの人生は、次の三つの要素を三辺とする三角形で象徴されるようなものであるべきです。すなわち、心の安定と優しさを上の二辺とし、幸福を底辺とする三角形です。毎日、自分にこう言い聞かせなさい——「わたしは内なる平安の王座にすわって、行動の王国を支配している平和の王子である」と。

忙しく働いているときも、ゆっくりしているときも、独りでいるときも、大勢の人の中にいるときも、心はたえず静かで平和でなければなりません。イエスは、われわれにその手本を示してくれました。彼は、どこにいても、身をもって平和を表わしました。そして、最後までそれを失わず、あらゆる試練を克服して見せてくれました。

神は、あらゆる所に遍在して、すべての星や銀河を支配しておられますが、何物にも妨げられません。神は、この世界の至る所におられ、しかも、この世界を超越しています。われわれは、神の似すがたを反映しなければなりません。そのためには、瞑想に励み、それによってもたらされる平安をいつも保持するよう努めなければなりません。また、たえず、愛と善意と調和の想念を発散しなければなりません。直覚の灯し火を祭壇にともした瞑想の聖所には、不安をかき立てられる事もなければ、神経をすり減らして努力したり捜したりする事もありません。人は、最後には、神の平安によって建てられた内なる聖所に真の故郷を見つけて安住するのです。

講話十二　断食の肉体的および霊的効用

（一九三九年三月九日　ＳＲＦ本部における講話）

断食がもたらす肉体的効果と、精神的、霊的経験はすばらしいものです。肉体の維持を物質に依存する習慣から解放されると、魂は、肉体的要求に煩わされなくなります。私は、食事制限と断食に入ってからきょうで三十日になりますが、まるで今まで物を食べたことなどなかったかのように自然に感じられます。あなたがたも、からだに支障がなければ、三日間の断食か、または、できればもう少し長い断食を実行すべきです[1]。そうすると、人間は食べなくても生きていられることがわかってきます。

からだの痛みや不調は、からだの機能に故障があることを示すもので、修理が必要です。あなたがたは、自分の車をいつもきれいに手入れし、故障があればすぐに修理して、保全に気を配っています。その車よりもはるかに複雑なのが人間のからだです。神は、あなたがたが、そのからだを常に清潔で健康な状態に保ち、しかも、神の力に頼ってそうするよう望んでおられます。健康は、食物や薬など、化学物質だけで保たれているのではありません。人はもっと、内なる神のエネルギーに頼るべきです。

この内なる生命力が、実はわれわれの生命の源です。それは意識をもつエネルギーで、からだのいろいろな器官をつくったり、また、それらに活力を供給しています。生命力は、ふだん心の力と食物とによってたえず補強されていますが、あまり乱用されると働かなくなってしまいます。例えば、生命力が弱まると、視力が低下して、物がよく見えなくなります。そして、生命力が衰えはじめると、いくら栄養のあるものを食べても、また、転地などを試みても、体力を回復させることができなくなります。

断食は、過労に陥った肉体エンジンに休息を与えます。また、生命力を余分な仕事から解放して、生命力そのものをも休ませます。あなたの意識が、〝生命力は、食べ物や、水や、酸素や、日光などの外的要素に依存している〟という先入観から完全に抜け出したとき、あなたの生命力は、何物にも依存せず、それ自身で独立自給するようになります。

多くの病気の原因が、一年三百六十五日を通じての食べ過ぎ

です。からだが実際に要求しようとしまいとかまわずに、ただ機械的に食物を送り込んでいると、からだを害します。また、味覚に誘惑されて本来の食欲を見失うことも病気を呼び寄せます。食べ物を味わって楽しむのは結構ですが、そのとりこになると、命を縮めることになります。自然を敵にまわしてはなりません。あなたが自然の要求を重んじ、食べ物やからだに執着しなければ、自然はあなたを罰したりはしません。からだを維持しているのは食べ物ではなく、生命力であることを忘れてはなりません。

何よりも心の力を重視しなさい。そして、それをもっと強めて頼りがいのあるものにするよう心がけなさい。ただし、狂信的になってはなりません。あなたがいつまでも心をからだに隷属させていると、心はあなたに報復します。心は、その力を放棄して、あなたがほかのものに頼らなければならないようにさせます。そして、心の無力化が進むと、病気は慢性になり、どんな薬や医師の手にも負えなくなります。病気を治す力の四分の三は、本人の心にあるのです。

インドでは、できるだけ自分の心に頼る習慣をつけさせるために、精神力によってからだを克服する方法を教えています。病気を治したり健康を維持するために、いつも物質的手段ばかり用いていると、どうしてもそれに頼るようになります。しかし、心の力は物質よりも勝っています。人は、心の力の使い方を学んで、それに対する依存度を少しずつ高めてゆくべきです。そうすると、心こそ最高の道具であることがわかってきます。あなたが命令すれば、心は何でもそれを成就してくれます。それは、私が自分で体験してきたことです。

かつて私がミルウォーキーで講演したとき、その日はたいそう暑い日で、私の顔は流れる汗でびっしょり濡れてしまいました。ところが、あいにくハンカチが見当らず、私は一瞬戸惑いましたが、すぐに眉間の中枢に意識を集中し、心の中で、「主よ、私のからだは涼しく、さわやかです」と言いました。すると、たちまちからだ中の汗が消えて、私が望んだように涼しくなりました。あなたがたも、もっと心に頼る練習をしなさい。とは言っても、あなたは肉体を完全に否定することはできません。もし、肉体を完全に否定したら、あなたは考えることも、食べることも、動くこともできなくなってしまいます。

健康になることを第一の目的として心の力に興味をもつ人がいますが、健康は人生の目的ではありません。人生の目的は、神との交わりです。あなたは今元気でも、やがてどんなものもあなたの役に立たなくなるときが来ます。そのときあなたを助けてくれるのは神だけです。断食は、神に近づくための最も効果的な手段の一つです。断食は生命力を食物への依存から解放

して、あなたに、肉体生命を真に支えているのは神であることをわからせてくれます。

心が食べ物のことを思ったとたんに食べたくなるのはサタンの誘惑です。私がまだ子供でインドにいたころ、あるとき風邪を引いて、タマリンドが無性に食べたくなりました。タマリンドは風邪にはたいそうよくないとされていたので、姉は強く反対しました。しかし、私があまりしつこく欲しがったので、しぶしぶいくつか持ってきてくれました。私は、一つ取ってそれを噛むと、そのまま吐き出しました。こうして、私はその実を飲み込まずに、ただ味覚だけを満足させました。人は、時折抑えがたい食欲に襲われますが、もし、食べ過ぎたり、有害なものを食べたりしても、それを消化器官を通さずに直接排泄して、味覚だけ満足させられるように神様がわれわれのからだをおつくりくださっていたら、もっと便利だったかも知れません！

自己制御――健康と幸福を得るための唯一の正道

しかし、ほんとうは、健康と幸福への唯一の、そして最も正しい道は自己制御です。感覚に支配されない、自分自身の支配者になることは、あなたが手に入れることのできる最高の幸せの一つです。電気回路に過大な電流を流すと回路が焼け焦げてしまうように、消化器官に食物の負荷をかけ過ぎると、生命力が焼損します。過食を避け、断食をすると、生命力は休息して、充電されます。

あなたは、自分の自動車の調子が悪くなると、それを修理に出します。そして、調子が直ったあとしばらくしてまた別の所が悪くなると、再び修理に出します。自分のからだについても、これと同じようにしなければなりません。からだに及ぼす断食の効果は明白です。オレンジジュースだけによる三日間の断食はからだを一時的に修理しますが、長期の断食は、大がかりな分解修理のように、からだを完全に修復します。[2] そうすると、からだが鋼鉄のように頑丈に感じられます。しかし、修理したからだを再び故障しないようにするには、自分のからだにはどんな食べ物をどれくらい補給すればよいか、常に気をつけていなければなりません。

正しい断食法を知ること

断食を行うには、正しい方法で行なわなければなりません。ことに、三日以上の断食は、適切な管理のもとで行なう必要があります。初めて断食をする人がいきなり長い断食をすることは、からだが衰弱するので勧められません。毎週一回の、果物だけによる一日限りの断食か、毎月一回の、オレンジジュースだけによる三日間の断食は、断食に慣れるためのよい方法です。

断食をする人は、周りの人たちが、食べないと病気になるとか、死んでしまうなどと言って心配するのを覚悟しなければなりません。確かに、長い断食をするとき、最初の数日間はからだが衰弱するのを感じます。それは生命力に、長い間の、食物に依存する習慣がついているからです。しかし、日がたつにつれて、しだいにその感じはなくなってゆきます。あなたの生命力と魂は、食物への依存から抜け出します。そして、自分のからだが生命力だけでも支えられることがわかってきます。

私は、断食をしても体重を減らさない方法を会得しています。生命力を自分の意識的制御下に置くと、太り過ぎを減量することも、また、一定の体重を保つことも、自由自在になります。この原理を応用すると、どんな長い断食を行なっても、からだを正常な体温に保つことができます。〝神の口〟[3]と呼ばれる延髄からエネルギーを取り入れる方法を会得すると、外的エネルギー源への依存度がしだいに減って、自分の内にある再生能力に、より多く頼るようになるのです。

生命活動だけを一時休止した完全な仮死状態の肉体は、五千年、あるいはほとんど永久的に地中に埋められても、生き返ることができます。生命は永遠です。それは呼吸にも、食物にも、水にも、日光にも依存しません。自分が不滅の霊であることをたえず念頭に置きなさい。これが生きるための秘訣です。

われわれの意識は死後も存続しますが、普通の人は意識の連続感を失うため、「自分は死んだ」と思います。人はだれでもいつかは死ぬのですから、死を恐れるのは無意味なことです。あなたは、眠るとからだの意識がなくなるからといって、眠ることを恐れたり悲しんだりはしないでしょう。むしろ、いろいろな苦痛や疲労から解放される状態としてそれを受け入れます。死も同じです。それは休息の状態であり、この世からの避難所です。恐れる事は何もありません。死が訪れたら、笑っていなさい。死は、自己の不滅性を学ぶための経験にすぎません。しかし、それを学ぶために死を待つ必要はありません。今すぐそれを学ぶことができるからです。まず最初に学ばなければならないことは、〝生命は、食物には依存しない〟ということです。あなたは断食によって、それを自分で実証することができるのです。

どんな環境でも働けること

人はどんな環境にあっても――睡眠や食事や休息をとってもとらなくても――からだが正常に働けるよう、心の力を養うべきです。規則正しくすることは良いことであり、また、必要なことです。自然の法則に従うには、規則正しさを身につけなければなりません。しかしまた、その規則から外れるとすぐに調

子を崩してしまうようではいけません。

子供の基本的習性はすべて、三歳から七歳までの間に形成されます。良い環境は、子供の成長を良い方向へ導く助けになりますが、特定の重要な性癖を直そうと思ったら、特別のしつけが必要です。インドのランチにある私の学校では、少年たちに厳しい肉体的訓練を施しました。生徒たちは、しばしば断食を行い、夜は床《ゆか》の上に毛布を敷き、枕を使わずに寝ます。そして、ときどき何時間もぶっ通しで瞑想します。子供たちを肉体の暴政から解放してやるために厳しい訓練を施すことは、彼らに一生の恩恵を与えることになります。ある生徒は、十二時間座ったまま、まばたきもせず瞑想しました。あなたがたにもそのような心の安定があったら、もっと平和で幸福でいられるでしょう。最高の訓練とは、科学的で、しかも体と心と魂の、バランスのとれた訓練です。断食の精神もそこにあります。

断食の根底にある霊的科学

断食の根底には、偉大な霊的科学があります。イエスは、この真理について、

「人はパンだけで生きているのではない」

と言っています。人間は、呼吸と食物の二つによって地上に縛りつけられていますが、睡眠中は呼吸のことも食べ物のことも忘れて平和です。そのとき、あなたの魂は肉体の意識から離れています。断食もまた同じように、あなたの心を高揚させます。断食によって、あなたの心を、それ自身の力に頼るようにさせなさい。その力が現われてくると、体内の生命力は、身体を取り巻いている宇宙エネルギーから延髄を通ってたえず脳と脊髄に流れ込んでいる不滅のエネルギーに、より多く依存し補強されるようになります。そうして、食物という外的エネルギー源に対する依存からしだいに離れるにつれて、あなたは、自分の生命力が内なるものによって支えられていることがわかるようになり、どうしてそうなるのかと考えます。そして、こう思います、

「からだが頼っていた食物その他の物質は、エネルギーが固まって形を現わしたものにすぎない。生命力こそ純粋なエネルギーであり、純粋な意識だ」と。

そのとき、あなたの心が生命力の意識に対して発する命令は、何でもそのまま実現するようになります。

心の力は全能です。ですから、「食べ物がなければ生きてゆけない」などと言うことは、あなたの心や内なる全能の生命力に対してどんなに不当かわかるでしょう。あなたの生命力と肉体を心の力で強化して、苦悩などの入り込む余地がないようにしなさい。そして、自分自身の支配者になりなさい。長い断食

を行なえば、すべては心しだいであることがわかるようになります。

　この宇宙のあらゆる力や物は、神の心がつくり出したものです。あなたは夢を見ているとき、それと同じ方法で、心によって夢の世界をつくり出していますが、あなたの心には、この現実の世界でも同様に、思った事を具象化する力があるのです。もしあなたが、「断食をしたらからだが衰弱する」と思うと、そうなります。また、断食中に、ふと「自分は衰弱している」と思えば、実際からだに衰弱を感じるようになります。しかし、反対に、「自分のからだは丈夫で少しも衰弱を感じない」という確信をもてば、衰弱を感じないどころか偉大な力を感じます。ほとんどの人は、実際に試したことがないので、それを知らないのです。心の力は、あなたがその機会を与えないかぎり奇跡を現わしません。また、物質に頼っている間は働こうともしません。だから、その驚異的な力も一般の人々の目に触れないのです。しかし、断食を実行して心の力に頼ることを学べば、それは、病気を治すためにも、事業に成功するためにも、人生の最高目的である神を見つけるためにも、すべての事に働きはじめます。

　「心をたえず自己の制御下に置き、自己統御を完成したヨギは、わたしの住む平安に入り、最終の解脱を達成する」（バガヴァッド・ギーター 6・15）

（1）健康な人は、三日間断食をしても何の困難も問題も生じないことを経験すべきである。しかし、それより長い断食をするときは、経験のある指導者の管理のもとで行なう必要がある。また、慢性の病気や、器質性の疾患がある人も、必ず、断食について経験のある医師の指示を仰いで行なわなければならない。

（2）89ページの注（3）参照。

（3）「人はパンだけで生きているのではない。神の口から出る一つ一つのことばによって生きている」（マタイによる福音書 4・4）。神が人間に〝ことば〟（知性をもつ宇宙エネルギーの波動）という息を吹き込んでおられる所は、延髄にある超意識の中枢である。このエネルギーは脳の中に蓄えられ、そこから脊髄を下って、そこに並ぶ五つの霊的中枢（チャクラ）に入る。すると、それらの中枢がその生命エネルギーを身体の各部に配分するのである。

講話十三　宗教の第一義——自己の神性を自覚する

（一九三三年八月二十二日　ＳＲＦ本部の礼拝堂における講話と
一九三九年八月二十七日　エンシニタスの礼拝堂における講話の編集）

神が最も愛しておられる教会は、ご自分の信者たちの心の内に建てられた〝静寂と平安〟という教会です。あなたがたも、この美しい礼拝堂[1]に入るときは、いっさいの不安や心配事を外に置いて入りなさい。さもないと、神はあなたのところへ来ることができません。まず、あなたの内に、美しい平和な〝心の教会〟を打ち建てなさい。そうすれば、あなたはその魂の祭壇の上に、神がおいでになるのを見るでしょう。

人はときどき、「自分はもう、神を見つけるには遅すぎるのではないか」と思って失望することがありますが、神を見つけるのに遅すぎるということは決してありません。「たとえ臨終の間際でも、この世界が虚偽のものであり、神の霊だけが真実のものであることを悟れば、より高い世界に生まれ変わる」とバガヴァッド・ギーターは教えています[2]。

人はだれでも、遅かれ早かれこの世から連れ去られます。今のうちに、〝人生とは何か〟を見極めなさい。あなたがたがこの世で出会ういろいろな経験は、あなたがたにそれらの意味を考えさせるためにあるのです。人生のドラマは、これをあまり過大視してはなりません。あなたがたは、年を重ねるにつれて、自分が偉大なお方の一部であることをより深く理解するようにならなければなりません。神を知ることをあなたの人生の目標にしなさい。ババジは、「たとえ少しでも、このダルマ——神を知るための正しい行為——を実行すれば、大いなる恐怖から救われる[3]」と言われました。人は、自分の身に、死や、失敗や、その他の悲運が予想されると、大きな恐怖に襲われます。もし、あなたが、自分ではどうしようもない危機または窮地に陥って、だれもあなたを助けることができずただ見守るしか仕方がないような状態になったとしたら、そのときのあなたの気持はどんなでしょう？　そんなみじめな思いをしないように、早く神を見つけて、神の中に碇を下ろしなさい。あなたが生まれる前からずっとあなたといっしょにいて、あなたを見守ってくれていたのはだれだと思いますか？——それは神です。また、あなたがやがてこの地上を去るとき、あなたといっしょにいてくれる

のは？――それも神だけです。しかし、そのとき神がいっしょにおられることを自覚するには、今のうちから神と親交を結んでおかなければなりません。神は、あなたが真剣に求めさえすれば、必ず見つかります。

この世界にあるものは、すべてあなたを神から引き離そうとして誘惑するものばかりです。しかし、神は地上のどんな誘惑よりも魅惑的です。あなたも、神を一目見ればそれがわかるでしょう。神は、深い祈りと、瞑想と、強い決意で求めれば、必ず見つけることができます。神を見つけるための決意は不動でなければなりません。あなたの心が神以外のものを求めてさ迷っている間は、神はおいでにはなりません。神は来たくても、あなたがそれを妨げているからです。あなたが小さな感覚的楽しみを求めたり、読み物やカクテルパーティーに夢中になっている間は、神は、「子供よ、では遊んでいなさい」と言うでしょう。

もし、神が何かを求めておられるとすれば、それは、われわれの愛です。神は、すべての人々の心の戸をたたいてご自分の方へ呼んでおられますが、ほとんどの人は耳を傾けようとしません。しかし、彼らもいざ病気になったり困難にぶつかったりすると、急に神を呼び求めます。自分が順調で幸せなうちから神と親しくしている人は、神が必要になったとき、いつでも神を身近に感じることができますが、ふだんから神とこうした関係を結んでいない人は、英知と無条件の自己放棄（我慾我執を捨てて自己のすべてを神に献げること）によってこの永遠の友を見つけるまでは、独りでそれらの試練と闘わなければなりません。

今、この地上には何億という人が生きていますが、真剣に神を求めている人は、ほんのわずかです。二百年前にこの地球上をわが物顔に生きていた人たちは、今どこにいるのでしょう？みな去って行ってしまいました。それらの人々の中には、人生というものの正体を理解し、自己の神性に目覚めた人たちも少しはいたでしょう。しかし、その子孫たちは、まだ相変わらずこの地上の人生を真実のものと思っています。この人生劇のショーがいかにも重大な事のように見えるのは、われわれがこの世に滞在しているほんのしばらくの間だけです。それに夢中になり過ぎてはいけません。神を見つけなさい。神は、その愛の力で、われわれをご自分の方へ引き寄せようとしておられます。神は、成長する万物や、大自然の完全な秩序などに見られる不思議など、われわれが見たいと思うあらゆる奇跡を見せてくれています。神は、花々のすぐ後ろにもおられます。それを見つけなさい。科学者たちが発見に成功したのは、盲目的に祈ったからではなく、科学的法則を利用したからです。もし、あなたが、真剣な信仰心をもって、科学的、霊的法則を応用すれば、

神は自動的にあなたのところへ来られます。信仰の眼を開きなさい。不断の熱意と、霊的法則の応用とによって、あなたも神を見つけることができるのです。

物質的繁栄は霊的進歩とのバランスが必要

世界の国々は、それぞれ芸術や科学の面で優れた特徴をもっています。インドは、神を知り悟りを得るための科学を完成しました。私がアメリカへ来たのは、このインドの霊的科学をあなたがたに教えるためです。物質科学の発達は、人間の霊的進歩とバランスがとれていなければなりません。さもないと、個人も国も、不幸と破滅の淵に陥ってしまいます。もし、今日の世界の指導者たちが、すべての人々の内奥に宿された神性に目覚めて互いに協力すれば、戦争や貧困は数年のうちにもこの地上から姿を消すでしょう。この霊的意識――自己の内にも、また、他のすべてのものの内にもあまねく内在する神を真に知ること――以外に、世界を救えるものはありません。それをおいて、真の平和はありえません。まず、あなた自身から始めなさい。もう、ぐずぐずしている余裕はないのです。地上に神の国をもたらすために、自分の役割を果たすことはあなたの義務です。

「神を求めようとすると、人生が陰気くさくなる」などと考えて躊躇する人がいますが、そんなことはありません。私は、神との霊交の中に、言葉では言い表わすことのできない純粋な幸福を経験しています。昼も夜も、私は喜びの中にいます。その喜びこそ神です。神を知るということは、すべての悲しみを葬り去ることです。神は、あなたが禁欲主義や陰気になることを求めてはおられません。それらは、神に対する正しい考え方でもなければ、神を喜ばせる方法でもありません。あなたは、自分が幸福でなければ神を見つけることもできません。自分が平和であればあるほど神の存在を感じることができるのです。幸福であればあるほど神の波動と同調することができるのです。神を知っている人は常に幸福です。それは、神が喜びそのものだからです。

人々は、酒やセックスや富の中に幸福を見つけようとしていますが、歴史の物語は、それらによって幻滅を味わわされた話で満ち満ちています。私が瞑想に費やした時間は、私の人生を想像もできなかったほど実り豊かなものにしてくれました。瞑想が私に与えてくれた喜びは、千本のワインでもつくり出すことはできません。しかも、その喜びの中には、神の英知による意識的な導きがあります。瞑想によって神の喜びと同調していると、あなたが知らずに過ちを犯しても、神の全知の導きによって正されます。また、誤った判断をしても、神が直してくださ

います。

これ以上道草を食うのはやめなさい。私が今話している事は、すべて真実です。私の口を通して語っているのは神の声であり、神の力であり、神の権威です。もし、私が、神から与えられた力のすべてを実演してみせたら、すぐにでも大勢の群集が集まって来るでしょう。しかし、私はそのような取り巻きたちを求めてはいません。私は、あなたがたが、神の力にではなく、神の愛に惹きつけられることを求めているのです。なぜなら、あなたがたはそのとき初めて変わり、神を知ろうと努力するからです。それが私の目的なのです。

もし私が、神を知らなかったら、こんなふうに話すことはできません。あなたがたも私と同じように、神を知ることができるのです。そのために、私はあなたがたに瞑想を勧めているのです。瞑想により自己の神性に目覚めれば、あなたがたは自分の意識の中で、私の言っていることが真実であることを知るでしょう。あなたがたは、私の言う事を、盲目的に信じる必要はありません。あなたがた自身でそれを確かめることができるからです。もし、私に千個の口があったら、それを使ってあなたがたの納得のゆくまで話してあげたいところです。

私の唯一の願いはあなたがたに神を経験させること

あなたがたは、神を知らずにいることがどれほど寂しいことか、わかっていません。それは、まだ神を経験したことがないからです。ひとたび神を経験すれば、地上のどんな力も、あなたを神から引き離すことはできなくなるでしょう。私の唯一の願いは、あなたがたに、一度でも神を経験させることです。一度神を知ったら、ほかにそれ以上のものはないことがわかります。サタンはイエスを、「全世界の支配権を与えよう」と言って誘惑しましたが、イエスは、「サタンよ去れ」(4) と言ってそれを退けました。それはイエスが、もっとすばらしい〝限りなく偉大なもの〟を手に入れていたからです。神を知れば、地上のどんな欲望が叶えられるよりも大きな満足を得ることができます。また、ひとたび最大の宝物である神を手に入れると、心の中にあるそれ以外の小さな望みもすべて叶えられます。私は、私自身の経験から、それが真実であることを証言します。神は、私のすべての望みを叶えてくださいました。私は、今は何も求めません。かえって、私は求められるばかりです。神は、ご自身をあなたに与えられるとき、あなたのどんな小さな望みをも叶えてくださいます。あなたはもう、ことさら求める必要もなくなります。これが、あなたがたの目指すべき状態です。しかし、それにはまず最初に、あなたが、神の贈り物ではなく神ご

自身を求めていることを証明しなければなりません。

神は、私に多くのものを与えてくださいましたが、私は、それらを何一つ自分のものにはしていません。私は自分の所有物をもたないので、常に自由です。私は、神とあなたがたすべての人々のために働いています。ですから、そのために何か必要なものが心に浮かぶと、神はすぐにそれを用意してくださいます。私が心の中で神に話しかけると、神がすぐにそれを実現してしまわれるので、私はうっかりした事を思わないように気をつけなければならないほどです！　この世の富をいくら蓄えても、これほど満たされた状態にはなれません。

神は、あなたがたを求めておられます。あなたがたも、神を求めなければなりません。ＳＲＦが教えるヨガの瞑想によって神を求めなさい。この方法よりも早く神のもとに行ける道はありません。私はあらゆる道を試してみましたが、自分の好みからではなく、理性の判断によってこの道を選びました。ＳＲＦの偉大な大師たちは、この道があなたがたを神のもとへ導き、この道を実践すればあなたがたも大師たちと同じ霊的偉人たちの仲間入りができることを、自らの手本によって証明してくれました。それはちょうど、偉大な科学者について学べば、あなたも偉大な科学者になれるのと同じです。炭は、太陽光線を受け入れることも反射することもできませんが、ダイヤモンドはそれができます。霊的な存在に対して懐疑的で、否定的で、鈍重な、炭のような心の持ち主は、神を受け入れることができませんが、誠実で、不動の信仰心をもつ、ダイヤモンドのような心の持ち主は、神の意識と英知を受け入れて、それを反映することができるのです。

宗教の意義を理解せよ

ほとんどの人は、宗教を、家の伝統行事か、社会的慈善行為か、道徳的慣習くらいにしか思っていません。彼らは宗教の重要性について、少しも考えたことがありません。ある人に、どんな宗教を信じているか、と尋ねたところ、「特に決まったものはない。そのときの都合で教会を決めている」という答えが返ってきました。

神を、人生で最も必要なものとして求めていない人たちは、宗教の意義を知らない人たちです。人がみなお金を求めるのはなぜでしょうか？　それは、お金さえあれば欲しいものを手に入れることができ幸福になれる、と思っているからです。彼らは、それを人から教えられなくても知っています。では、なぜ神を知ることの必要性がわからないのでしょうか？　それは、想像力と霊的な洞察力に欠けているからです。私は子供のころ、〝ある種の疑問に対しては、どんな神学的答えも、また聖典の

教えも、自分の魂を満足させることはできず、神との霊交と悟りによって真理を体験する以外に自分を満足させる方法はない〟ということを知りました。例えば、私の母が亡くなったときや、その後ほかの親しい人たちとの死別に出会うたびに、私は心の中で、「なぜこんな事が起きるのか」と激しく反抗しました。しかし、だれからも満足のゆく説明を聞き出すことはできませんでした。そこで私は、「自分の努力によって、自分自身でその答えを見つけよう」と決心したのです。そして、「このような運命を盲目的に受け入れるのはいやだ。そのわけを宇宙のつくり主である神から直接聞き出そう」と誓いました。私は、教会や寺院での説教からは得られない、生命の神秘についての理解を、直接神に求めたのです。「人はなぜ貧しく生まれたり裕福に生まれたり、また、盲目に生まれたり健康に生まれたりするのか?」という疑問に対して満足に答えられない宗教に、神の正当性を説くことはできません。しかし、インドの大師たちは、神との霊交から得た悟りによってこれらの生命の謎に対する答えを見つけ、そのような悟りを得るための具体的方法をわれわれに教えてくれたのです。

世界にはいろいろな性格の信仰者がおり、どの宗教も、それらの多様性を反映する一面をもっています。情緒一筋で信仰目的に近づこうする人たちがいますが、自分の感情に乗り過ぎると、異常に興奮するようになります。そして、こうした極端な感情表現は、かえって神との接触を遠ざけてしまいます。こうした情緒型の人たちは、宗教にも〝興奮剤〟を求めます。彼らに理性的傾向の説教をすると、すぐに退屈して居眠りを始めます。しかし、彼らの宗教的情緒を煽り立てることは、ただ彼らの心をごまかすだけで、決して神や真理へ導くことにはなりません。

一方、理性的傾向の強い信仰者は、いろいろな神学的、あるいは哲学的考え方について聞くのを喜びます。そして、自分は情緒型の信仰者よりも神の理解において優れている、と自惚れています。しかし、知的な刺激もまた別の種類の〝薬物〟にすぎず、心をごまかすだけで、ほんとうに求めているものを与えてくれないという点では、情緒型の信者に対する興奮剤と変わりありません。

また、盲目的に教義にしがみついている宗教家は、自分がほんとうに理解も体験もしていない事を、ただおうむのようにしゃべります。彼らに質問すると、頭の中に録音した聖典の言葉や教義を蓄音機のようにくり返します。こういう人たちは、自分では何でも知っていると思い込んでいるので、いくら道理を話し合おうとしてもむだです。

真の宗教は魂の要求を満たす

教義を盲目的に信奉する教条主義の宗教家は、「あなたもそれを信じないと、悲運に見舞われる」と人に教え、自分もそう確信しています。しかし、科学はそのような教え方はしません。科学は、論点を証明して見せます。真の宗教も、言葉ではなく事実によって、あなたがたの魂の要求を満足させます。私は、自分の理性や常識までも捨ててしまうような教条主義者には決してなりたくない、と思いました。私のグル、スリ・ユクテスワは、私とめぐり会ったときにこう言いました——

「世の多くの教師たちは、弟子たちにただ『信じろ』と言うだろう。彼らは、弟子たちの理性の目を塞いで、自分の教える教理に従うことだけを要求する。だが、わたしがお前に求める事は、理性の目をしっかりと開けていることだ。そうすれば、わたしはお前のもう一つの目、英知の眼を開いてやろう[5]」と。

スリ・ユクテスワは、私が彼の説く真理を自分自身で実証できるように、その方法を教えてくれました。だから、私はこの道に従ったのです。だれも、もう私をこの道から引き離すことはできません。

自由主義者は、教条主義者と正反対の極端です。彼らは何にでも従います。寛容さを自負する彼らはこう言います、「霊的修行の道は、どれもそれぞれ結構だ。だから、わたしは一つのものに固執しない」と。すべてを尊敬するのは良いことですが、蝶々のようにあちこちふわふわと飛びまわるよりは、一つの道を固守すべきです。偽物の自由主義も、盲目的教条主義も、ともに避けるべきです。内なる英知だけを信じ、それを放さないようにしなさい。そうすれば神を見つけることができます。

神は、ご自分に近づこうと努力している人たちをすべて見ておられます。しかし、すでに効力を実証済みの科学的方法を利用しない人の進歩は、いわば牛車並みの速さです。熱心に神を求めれば、どの道に従おうと神に近づくことはできますが、盲目的信仰と機械的な祈りだけでは、神に到達するまでに何回も生まれ変わらなければなりません。

宗教を選ぶときはよく調べること

自分の宗教を選ぶときは、まず、自分の心の霊的傾向に最も合ったものが見つかるまで捜し求め、見つかったら、あとは脇見をせずにしっかりとそれに従ってゆきなさい。どれを選ぶにしても、よく試して調べなさい。ＳＲＦの教えも同様に、よく試してみてから入りなさい。宝石商は、宝石の本物と偽物とを見分けることができますが、ほんとうの霊的教師も、真剣な求道者と不まじめな人とを見分けることができます。ＳＲＦの生徒たちの中にも、通信講座を受け取っているだけで勉強しない

人や、読むだけで実行しない人がいます。そういう人に、この講座について尋ねると、ただあいまいに、「ええ、とても良い教えです」と答えますが、どんな進歩があったか、と尋ねると、「まだ実行はしていません」と言います！　しかし、この教えを実行している人は、この道から得た恩恵を身をもって体験しています。

求道者も信仰者も、その目的は、まず何よりも神を見つけることでなければなりません。お金や健康を第一の目的とすることは、宗教の本道ではありません。人は、どんなものでも、実は神を通してそれを手に入れています。しかし、神以外のものを先に求めようとすると、限界に突き当たります。真の霊的教師は神を知っており、神を愛しています。彼の最大の関心事は神です。私はかつてある教師から、彼の霊的指導を受ければ必ず大勢の信奉者が出来るようにしてやる、と言って誘われたことがありました。しかし、私が求めていたのは神だけでしたので、その誘いには何の魅力も感じませんでした。立派な師たちは、常に、あなたがたが神を見つける気持を起こすことを求めています。そのような師は、あなたがたを袋小路に連れ込むようなことはしません。

神との霊交を忘れた宗教は、宗教としての生命を失ったものです。教会は、ダンスや、映画や、にぎやかな集会のための場所ではありません。それらは、人々の関心を神から引き離すだけです。そうした世俗的な楽しみを求めるつもりなら、町へ行けばいくらでも見つけることができます。教会へは、神との霊交という目的だけをもって行きなさい。神との霊交が、宗教の真偽を決める基準です。私のグルが私に教えてくれたのもそれであり、私がすべてを捨てて彼の教えに無条件に従った目的もそれでした。そのおかげで、私は今、四六時中、神との霊交を楽しんでいます。宗教とは、こうあるべきものです。

もし私が、自分の見つけたすばらしい果物について、毎日いくら詳しくそのおいしさを説明しても、実際にそれをあなたがたに食べさせなければ、あなたがたは満足しないでしょう。真理も、ただ耳で聴くだけでは、魂の渇きを癒すことはできません。もしあなたが、真理についての話だけで満足を感じ、実際に神を知りたいという気持が起きないとしたら、あなたは偽物の満足にごまかされているのです。あなたは、もっと魂の渇きを痛切に感じて、真剣に神を求めようという気を起こさなければなりません。宗教的講話や説教は、あなたがたの内に、神に対するやむにやまれぬあこがれを呼び起こすことが目的なのです。

神を知るには自己訓練の努力が必要

私はときどき、わずかながらも真の信仰心をもっている人に出会うことがありますが、神を〝知っている〟つまり〝経験している〟ということは、それよりもはるかに偉大なことです。神を知っている信仰者は、ときどき全世界が神の光で満ち満ちているのを見ます。それはまったくすばらしい経験です。しかし、そのような経験は、そうたやすく手に入れられるものではありません。神を経験するには、長く、辛抱強い自己探究の努力が必要です。

幸福になりたいという願望は、だれにとっても最も強い願望です。永遠に衰えることのない真の幸福は、神の中にのみあります。神を見つけたとき、あなたは洪大な喜びの中に包まれます。そのような喜びはほかのどこを捜してもありません。スリ・ユクテスワは私にこう言いました――

「お前が瞑想と霊交の中で感じる喜びが、ほかのどんな喜びよりも大きくなったとき、お前は神を見つけたのだ(6)。たとえ、お前に全世界が与えられたとしても、お前はそれをどうしたらよいかわからないだろう。それは、お前にとって重荷となり、お前を悩ませるだけだ。世界の権力者たちの生涯を調べてみれば、彼らの生涯がいかに苦痛に満ちたものだったかわかるだろう」と。

われわれは、運命の手の中にある操り人形のようなものです。しかし、この世界をつくり出している光と一つになった人、何も所有しないで、しかもすべてを所有している人は、幸福な人です。神と一つになっている人は、たとえ肉体の生命を脅されても恐れません。イエスはこう言いました、「この宮を壊しても、わたしは三日のうちにそれを建て直そう」(ヨハネによる福音書2・19)

教会は、皮肉なことに今や乞食と同じです。今の世は、善いことをしたり広めたりするにもお金が要ります。教会の仕事も例外ではありません。お金には意志がありませんから善いことにも悪いことにも使われますが、神の仕事を広めるためにお金を集めるのは正しい行為であり、そういう目的に使われたお金も善いことをしたことになります。そして、神の仕事のために献げられた犠牲は大きければ大きいほど、その報いも大きくなります。

教会を神との霊交の場にせよ

どの教会も善いことをしています。ですから、私はどの教会も愛しています。しかし、教会がその崇高な使命を真に果たすのは、そこが神との霊交の場になったときです。教会は、神との霊交という蜜で満たされた、信仰深い蜜蜂たちの巣箱である

べきです。こうした宗教の真のあり方をもっとはっきりと示さないかぎり、今の教会はしだいに姿を消してゆくでしょう。そして宗教は、戸外の静かな隔離された場所で、少数の真剣に神を求める人たちだけによって行なわれ、神はそういう人たちのところへ来られるでしょう。これは、インドではすでに起きている事です。インドの寺院のいくつかは、今や神との霊交のための瞑想の場ではなく、単なる鳩と群衆の集まる場所になってしまいました。そのため、インドの真の求道者たちは、静かな木陰に集まって神を瞑想しています。これと同じことがいずれ方々の教会でも起きるでしょう。そして、古い教条主義に対する真の求道者たちの不満と、一人一人を神との霊交に導くことを忘れた単なる教会という組織の空虚さが、宗教に対する考え方を、大きく世界的広がりをもって変えていくことになるでしょう。

第一の戒律を実行するための霊的科学ヨガ

「心をつくし、魂をつくし、力をつくし、思いをつくして、あなたの神を愛しなさい。また、隣人を自分のように愛しなさい」(ルカによる福音書10・27)

この二つの戒律は、宗教の目的のすべてを要約しています。もし、あなたが真に神を愛するならば、あなたは真理に基づいた行為のみを行なうようになるでしょう。あなたの神への愛が、神の言いつけに背くことを許さないからです。光が射し込めば闇は跡形もなく消えてしまうように、神の愛が入って来ると、無知の闇は消えてしまいます。ヨガ科学は、この第一の戒律の背後にある真理を説明し、神を完全に愛するために必要な、神との霊交に入るための明確な科学的方法を教えています。これらの戒律の背後には、それぞれ深い形而上の真理があります。

「心をつくして神を愛する」とは——

あなたに、あなたの家族や友人を愛する力を与えられたのは神です。その力を、地上の親しい人たちを愛するために使いながら、神を愛するために使わないという法はありません。あなたはこう言えるようになるべきです、「主よ、私は、父が子を愛するように、恋人が恋人を愛するように、友が友を愛するように、主人が使用人を愛するように、あなたを愛します。私は、私の愛する人たちすべてに対する愛よりも強くあなたを愛します。なぜなら、あなたは私の父であり、母であり、友であり、主人であり、恋人だからです」と。あなたが心をつくして真に神を愛するとき、昼も夜も、神に対してこのような愛を感じるようになります。

私が、かつて神を求めるために家を出ようとしたとき、私は、二つの愛の板ばさみに遭って苦しみました。父は、私のために

は何でもしてくれましたし、家族たちは、私との別れを嘆き悲しみました。しかし、私の神に対する愛のほうが強かったので、家族の絆に打ち勝つことができたのです。

多くの人が、「わたしはあなたを愛している」と一度言っておきながら、次に会ったときにはそっぽを向いています。これは愛ではありません。心が神の愛で満たされている人は、意識的に人を傷つけるようなことはできません。あなたが神に無条件の愛を献げるとき、神は、あなたの心をご自分の愛で満たしてくださいます。それは、すべてのものに対する無条件の愛で、とても言葉では言い表わせないほどの愛です。

「魂をつくして神を愛する」とは——

あなたがたは、自分の魂を自覚するまでは、この戒律を実行することはできません。あなたがたは毎晩、自分では意識せずに魂の状態になっています。つまり、熟睡中、あなたは自己の存在だけはわかっていますが、自分が男か女かという意識はありません。しかし、瞑想はあなたに、意識的に真の自己である魂を自覚させます。自分を魂として意識するとき、あなたは自分の中に神の存在を発見します。池の水は、波立っているときははっきりした月の影を映しませんが、波が静まって平穏になると、そこに完全な月の姿を映します。それと同様に、あなたの心の動揺が治まって平静になると、魂の月影がはっきりと見えてきます。魂としてのわれわれは、神の反映です。瞑想の技法によって心の湖から雑念の波を取り除いたとき、神の完全な似すがたである魂が現われ、魂と神とが一つであることが自覚されるのです。

「力をつくして神を愛する」とは——

この戒律はきわめて科学的な意味合いのものです。これは、あなたのすべての力、すなわちエネルギーと意識のすべてを、その源泉である神の中に引きあげよ、という意味です。ヨガは、あなたが生命エネルギーを制御して、その働きを、肉体の意識から神の意識に転換させる方法を教えます。

「思いをつくして神を愛する」とは——

神に祈るときは、あなたの注意力を完全に神に集中しなければなりません。晩のご馳走や、仕事のことや、欲しい物や、心配事などを考えてはなりません。神は、いつもあなたの心の中を見ておられます。クリシュナはこう言っています——

「心が何かの理由で、または理由もなく落ち着かず、さ迷うときは、ヨギはそれを引き戻して、自己の制御下に置かなければならない」(バガヴァッド・ギーター 6・26)

私が神に祈るとき、私の思いは神に釘づけになります。あなたも、このような完全に沈静した集中状態に達すれば、何をしていても神の思いの中に浸っているようになり、昼も夜も、そ

うして過ごすようになります。

「隣人を自分のように愛する」には——

普通の人は、このように他人を愛することができません。「わたしが」とか「わたしに」とか「わたしの」といった自己中心的な自我意識のために、自分や他人の中にあまねく内在したもう神を、まだ見たことがないからです。私にとっては、だれもみな同じに見えます。だれを見ても他人とは思えません。なぜなら、だれもが唯一の神を反映する魂として見えます。(7) 私は、だれを見ても他人とは思えません。なぜなら、すべての人が、唯一の存在である神の一部として見えるからです。あなたも、宗教の本来の目的である神との霊交を体験すれば、神こそ真のあなた自身であり、神がすべてのものの中に平等に内在していることがわかるでしょう。そのときあなたは、ほんとうに他人を自分自身として愛することができるようになるのです。

ヨガの瞑想は知識を経験に変える

宗教が人々を惹きつける力は、真理のみであるべきです。私がＳＲＦを通してあなたがたにもたらすものも真理です。ＳＲＦの運動は、その背後におられる、神の悟りに達した大師たちの英知と祝福とによって大きな広がりを見せています。ＳＲＦが説くクリヤ・ヨガの道（真の自己を自覚することによって、そこに内在する神すなわち究極の真理に至る道）に惹きつけられたすばらしい生徒たちを、私はこの国の至る所に見ました。ヨガの科学的瞑想によって真の自己を自覚させ、それによって多くの魂を神のもとへ導くことがＳＲＦの唯一の目的です。私は、それ以外のものであなたがたを惹きつけようとは思いません。私の講義に集まる人が何百人いようと、または少数であろうと、私は気にしません。私は、真剣味のない何百人よりも、むしろ少数の、真剣な魂のために力になりたいと思っています。この運動の大目的は、人々に、真の自己を自覚させ、神を経験させることです。神を知ることが人間の義務であり、かつ特権であることを人々が悟るとき、初めてこの地上に新しい時代が来るでしょう。そして、神の存在を経験したいと真剣に求める人たちは、もはや聖典や、講義や、説教だけでは満足しなくなるでしょう。ＳＲＦが教えるヨガの科学的瞑想によって真理を悟れば、人間の本来の姿や人生のあり方が見えてきます。

あなたの読んだり聞いたりした真理の教えが、単なる頭の中の理解ではなく、体験による確信となるように、その学んだ事を実行に移しなさい。もし、あなたの神を知りたいという願望が、神学の本を読んだだけで満足したとしたら、あなたは宗教の目的を果たさなかったことになります。聖典の真理を、知的理解だけで終わらせてはなりません。ヨガの瞑想によって、そ

の知識を実際の経験に変えなさい。それによってあなたは、真の自己を自覚し、それを通して神を経験することができるのです。

神と霊交するには科学的瞑想が必要

今、人々に必要なことは、神を経験することです。科学的方法による霊的開発を怠っている人は、遅かれ早かれ人生に退屈を感じます。それを防ぐことができるのは、神との霊交だけです。この霊的経験を得るために必要なのが、日々の瞑想の習慣です。あなたは、神を実際に経験することができるのです。瞑想することによって、あなたは、今神を知ることができるのです。そのとき、あなたは何の疑いもためらいもなくこう言うことができるでしょう、「わたしは神とともにいる！」と。さあ、今から始めなさい。神はあなたのものです。

今や、人が自分の努力で真理を体験できるときが来たのです。私はあなたがたに、そのための方法を教えているのです。ある人たちにとっては、ＳＲＦの通信講座は書棚の一隅を飾る単なる哲学的文献の一つとして終わるかもしれません。しかし、それを実行する人たちは、その真価を知るでしょう。スリ・ユクテスワは、私に新しい霊的真理を授けてくれるたびに、「この真理を自分で実証しなさい」と言いました。そして、私はそのようにしてきました。私がインドで霊的探究に入った初めのころ、私はどの団体にも入る気がしませんでした。そこには、自分で試し、自分で実証できる真理がなかったからです。しかし、私のグルと、この科学的自己探究の道とにめぐり合い、この道によって真理を実際に体験し、自分で実証できることがわかったので、私はこの道のために一生を献げることにしたのです。

---

(1) カリフォルニア州エンシニタスにあるＳＲＦの〝金色の蓮の礼拝堂〟。

(2) 「アルジュナよ、これぞブラフマン(神)の中に確立した境地である。ここに至れば、もはや迷いに惑わされることはない。たとえ臨終の間際でもこの境地に達すれば、最高の解脱を得、再び退転することはない」(バガヴァッド・ギーター 2・72)

(3) バガヴァッド・ギーター 2・40の言い換え。

(4) ルカによる福音書 4・8。

(5) 英知の眼とは直覚の眼すなわち霊眼のこと。「迷妄のとりことなった凡人は、真の自己を知らず、グナが映し出すこの世界にしばらく滞在して生活を経験し、やがてここを去って行く。しかし、英知の眼の開けた賢者は真の自己を見る」(バガヴァッド・ギーター 15・10)「あなたの目が一つならば、(あなたの霊眼が見えたならば)、あなたの全身は光り輝いて見えるであろう。……だから、あなたの内なる光が暗くならないように気をつけなさい」(ルカによる福音書

11・34—35）

（6）「内なる至福を保持し、内なる拠り所に安んじ、内なる光と一体のヨギは、ブラフマン（神）と合一し、〔肉体を保持したままでも〕最高の解脱を得る」（バガヴァッド・ギーター 5・24）

（7）パラマハンサ・ヨガナンダがここに語った経験をバガヴァッド・ギーター（6・9）は次のように述べている。「恩人、友人、敵、見知らぬ他人、仲裁人、憎むべきもの、親族、善人、悪人を問わず、だれに対しても平等の心をもって観る者は最高のヨギである」

講話十四　すべての欲望がともに叶えられる欲望

（一九三九年十月二十六日　ＳＲＦ本部における講話）

神の栄光は偉大です。神は真実の存在であり、われわれは、それをこの世で見ることができます。人間の心には多くの願望があります。お金や、名声や、健康や、その他あらゆるものに対する願望です。しかし、それらを求める前に、まずだれもが求めるべきものは、神そのもの、すなわち神との交わりです。あなたがたは、この人生を経験しながら、神こそがわれわれを真に満足させてくれるものであり、われわれの求めるべき唯一の目標であることを、心に深く悟らなければなりません。なぜなら、人間のすべての願望をかなえてくれるのは神だからです。

　あなたがたは、何か差し迫った願望があって、しかも、それが自分の努力だけではどうしても果たせないとき、神に向かって祈ります。このように、祈りは願望を表わします。しかし、個々の願望をいちいち祈らなくても、ひとたび神を見つけると、すべての願望は満たされて消えてしまいます。そして、祈る必要もなくなります。私は、今ではもう祈りません。不思議に思われるかも知れませんが、祈る相手がいつも自分といっしょだと、祈る必要がなくなるのです。神そのものを求める祈りが叶えられたとき、そこにはいつも永遠の喜びがあります。

　物欲は、人生の目的についての誤った考え方から来ます。この地球はわれわれの家ではありません。われわれは神の似すがたにつくられた神の子であり、われわれの家である神のもとへ帰ることが神のご意志である、と聖典は教えています。人は、神のもとへ帰り着くまでは、次々と限りない欲望を自分でつくり出し、それを果たそうとして、苦しみと戦いつづけなければならなくなりますが、このことについてあまり理解していません。しかし、これについてはよく考えてみる必要があります。人は、欲望を持たずにはいられませんし、欲望を持つことは罪ではありません。しかし、人が抱く欲望のほとんどは、神のもとへ帰るという魂の最高の願望を阻害するため、真の幸福を得る妨げになるのです。人は、神を求めてそれを手に入れるまでは、神以外の、自分に幸福を与えてくれそうなものを次から次へと求めつづけるでしょう。しかし、ひとたび神を手に入れれば、どんな望みも直ちに、しかも自動的にかなえられるのです。

　欲望は、二種類に分けられます。つまり、われわれが神を見

つけるために助けになる欲望と、妨げになる欲望です。例えば、だれかがあなたを殴ったとします。あなたは仕返しをしたいと思います。この場合、もしあなたが、それに勝る愛の力で、仕返しをしたいという欲望を克服すれば、あなたは神を見つけるうえに助けになるような行為を行なったことになります。どんな欲望も、このように聖なる方法で満足させるべきです。これに反して、世間一般の報復による方法で自分を満足させようとすると、問題を大きくするだけです。もしあなたが、自分の欲望をすべて神に委ねれば、あなたのよい欲望は叶えられ、悪い欲望は克服されるように神が計らってくださいます。あなたの良心や、あなたのよい欲望がもつ聖なる特性ほど、あなたを守ってくれるものはありません。もし、神の完全な似すがたである自分の魂を見つめることができるようになれば、あなたは自分のあらゆる願望がすでに満たされていることを知るでしょう。この聖なる意識を自分のものとし、その中にいるとき、ほかのものはすべて小さく見え、たとえ全世界を与えようと言われても気持は動かないでしょう。そして、褒められて得意になったり、咎められて傷つくこともなくなるでしょう。あなたはただ、内なる神の洪大な喜びを感じるだけです。

神の子は物乞いをすべきではない

正当な願望を果たしたいときは、いつも神の導きを求めて祈りなさい。それが、願望を果たすための最善の方法です。ただ、一つだけ忘れてはならないことは、物乞いをするように祈ってはならない、ということです。古い祈りの型は改めなさい。神に対しては、神の子として、もっと親しみを込めて祈りなさい。乞食が見知らぬ人にすがるように、あなたが自我意識[1]で祈っても、神は反対はなさいませんが、あなたの努力は自分の自我意識によって制限されてしまいます。神はあなたに、神の子としての聖なる特権である意志の力を授けられました。そして、あなたがそれを正しく使うことを望んでおられるのです。

自分の願望や祈りは、まず、それが正当なものかどうかよく判断しなければなりません。また、願望はその良し悪しにかかわらず、抱き続ければみな成就されることを覚えておきなさい。たとえ悪い欲望でも、いつまでも固く持ち続ければそれは叶えられます。そして、それがどんな害や不幸をもたらすかを思い知らされます。その結果、自分の願いは叶えられても、心は満足しなかったことに気がつきます。そして、あとに後悔が残ります。例えば、あなたが胃が悪いのに油で揚げたものが食べたくてがまんできなくなり、食べたとします。当然、あなたは食べたあと苦しみます。欲望が満たされた当座あなたは喜びを感

じますが、あとに苦しみが残ります。こうして、あなたは自分の欲望が間違っていたことを思い知らされます。ですから、理性により、悪い欲望と良い欲望とを選り分け、悪い欲望は満たさずに克服することが賢明です。あなたの内にある聖なる理性である良心の指示に従うようにしなさい。

満たされない欲望の危険性

欲望は、これを満たすか、または克服しないかぎり、いつまでも心の中に残ります。そして、それがあなたに有害な影響を残すわけはこうです――欲望は、良い欲望も悪い欲望も、また、善悪入り混じった欲望も、すべてある霊妙な力で構成されています。あなたが死ぬとき、肉体は死んでも、その力は死にません。それは、〝心の明細書〟としてあなたの魂にどこまでも付いてゆき、再び生まれ変わったとき、そこに記された性癖がそのまま現われます。ですから、アルコール中毒で死んだ人は、生まれ変わってもアルコール中毒の癖を持ち越し、その癖は、彼がそれを克服するまでは彼から離れません。

幼い子供の行動にも、過去世の性質が現われています。ある子供は激しいかんしゃく持ちであったり、ある子供は気まぐれだったりします。これは、神がそのようにおつくりになったのではありません。その子供の過去世で満たされなかった欲望がそれらの心理的傾向をつくり、そのために、魂は神の似すがたにつくられていても、それとは違った形で現われるのです。あなたの中の神の似すがたが、もし怒りや恐怖のためにゆがめられ、それが今生の間に修正されないと、それを持ったまま生まれ変わります。そして、いつか先の転生の生涯でそれを克服するまで、それがもたらす苦しみに悩まされなければなりません。

ですから、すべての欲望は、今のうちに果たすか、または克服しなさい。ひとたび神の至福の中に浸れば、それらはすべて一瞬のうちに、しかも永久に消えてしまいます。しかし、神を知るまでは、まだ克服していない欲望に束縛されなければなりません。

欲望を処理するには二つの方法があります。一つは、理性と霊的洞察力、すなわち英知によって、神だけが永遠不変の完全な幸福をもたらすものであることを悟ることです。そしてもう一つは、欲望を果たすことです。多くの場合、欲望は潜在意識の中に潜んでいます。それらは、一見なくなったように見えても、間違いなく残っています。人生は大いなる神秘ですが、理性のメスで解剖してゆくと、それははっきりした姿を現わします。あなたがたも、毎日、短時間ずつでも静かに座って自己分析をすれば、たくさんの未遂の欲望が潜んでいるのを発見するでしょう。それらは、自分のからだに奥深く取り付いたばい菌

のように、どこへ行っても、また、今生だけでなく来世までもついて来ます。

最善の方法は、危険な欲望を理性によって今生のうちにすべて克服し、良い欲望は、意志の力を集中してそれを果たすことです。もし、自殺したいとか、何か悪い欲望を感じたら、すぐに追い出しなさい。常に理性を働かせ、善い行ないをすることによって、自分が神の似すがたにつくられた神の子であることを自覚し、不安定な気分や悪い習慣に左右されないように、それらを超越しなさい。たえずそのように心がけていれば、欲望を克服することができます。慢性の病気に苦しんでいる人は、心の中で、自分自身を肉体意識から分離するよう努めなさい。このように、肉体から分離した魂としての自己を意識することによって、感覚を克服することができます。魂の意識がもたらす英知は、欲望を焼き尽くす浄化の火です。

普通、家庭では要らなくなったがらくたはすべて物置に集めておき、ときどき大掃除をして処分します。それと同じように、あなたの潜在意識の物置には、いつかあなたを悩ませることになる有害な欲望がたくさん詰まっています。だから自己分析が必要なのです。もし、あなたがすぐに人を憎んだり、いつも不機嫌だったり、怒りっぽい性格なら、それらの特徴は、過去の行動によって蓄積されたものです。あなたの心の物置からそれらの不要ながらくたを取り出してきれいに掃除するには、建設的で、有益で、愛に満ちた行為を積極的に実行しなければなりません。

汝の敵を愛せよ

例えば、あなたが、もう死んでしまった昔の敵をまだ憎んでいるとします。すると、その憎しみの感情は、あなたの体や心に害をもたらします。しかし、もしあなたが、その敵の中に宿っておられる神を見ようと努力すれば、あなたは有害な復讐心から自分を解放して、心の平和を得ることができます。憎しみの上に憎しみを重ねたり、憎しみに対して憎しみで応えたりすることは、相手の敵意を増大させるばかりでなく、自分自身の悪意によって、自分の心や体を害することになります。

良心はあなたの真の姿を教えようとしている

人は、ときどきゆっくりくつろぎたくなります。それは悪いことではありません。ときどきすべての日常の煩わしさから離れることは、「人生とは何か」について考えるチャンスを与えてくれます。ほとんどの人は、身についた習慣と世間の風潮に流されて生きています。そういう人たちは、自分の人生を生きているとは言えません。彼らが生きているのは、世間の人たち

の人生です。これではどこへ流されて行くかわかりません。ですから、ときどき世間的な問題を離れて心を落ち着け、自分がどんな人間であるか、また、どんな人間になりたいかを考えてみることが賢明です。そして、あなたに最も正しいことを語ってくれるのは、あなたの良心の声、すなわち、魂の理性の声であることを忘れてはなりません。あなたの良心が語る事は、すべてあなたのあるべき真の姿です。イエスの偉大な良心の力を思い出してごらんなさい。彼の告発者たちは、彼を罵倒し、十字架に掛けましたが、彼は、「父よ、彼らをお赦しください」と言いました。このような純粋な理性こそ、われわれの人生に光をもたらす唯一の力です。あなたの心の中に何か強い欲望が湧いてきたときは、いつもこの純粋な理性にこう尋ねなさい、「わたしが今抱いているこの欲望は良い欲望だろうか、それとも悪い欲望だろうか？」と。

人間が失った宝とは神である

あなたの欲望をそそろうとするものはたくさんあります。あなたは新型の車を見ると欲しくなり、しゃれた家を見ても欲しくなり、新しいファッションの服が発表されると、すぐにそれを着たくなります。それらの欲望はどこから来るのでしょうか？　私は昔、何時間も座ってこのことを考えたものです。あなたは、自分のすべての欲望を選別することができますか？私は自分の欲望を選り分けて、良い欲望だけを持ちつづけることにしました。そして、ついに神を手に入れたとき、それらの良い欲望が即座に、しかもすべて満たされたことを知りました。あなたは、きょう一つのものが欲しくなり、あすはまた別ののが欲しくなります。全能の神から下って来たあなたの心は、この世のもので満足させることはできません。なぜなら、あなたのすべての欲望を満足させることのできる、神というかけがえのない魂の最高の宝が失われているからです。

欲望の中には、必要で良い欲望もあることは事実です。そして、それらについては成就するよう努力すべきです。しかし、それらの欲望を追いかけている間も、いちばん大切な神を求めるという最高の欲望と義務を忘れてはなりません。神を忘れて、この世の小さな欲望や義務を優先して考えることが人間の最大の誤りです。私は昔、スワミ・スリ・ユクテスワの弟子として訓練を受けていたころ、毎日、「あすはもっと長く瞑想しよう」と自分に約束していました。しかし、まる一年たっても、約束は延び延びになっていました。そこで私は、あすの朝は、起きたらまずからだを清め、それからすぐ長い瞑想に入ろう、と決心しました。しかし、それでも、からだを動かしはじめると、たちまちその日の仕事や義務のほうに頭が行ってしまいまし

た。ついに私は、目が覚めたらまっ先に瞑想することにしました。こうして、私は大きな教訓を得ました。すなわち、「まず神にたいする義務を果たし、それからほかのより小さな義務に取りかかるべきだ」と。あなたがたもやってごらんなさい。神はこう言っておられます、「お前がわたしよりもほかのことを大事に考えているのに、どうしてわたしの扉を開けてやらなければならないのか」と。人は、神との交わりができるようになるまでは、まだ価値ある存在とは言えません。それまでは、神にも人にも献げるべき物を持っていないからです。

ですから、まず神を求めなさい。神よりも地上の義務を優先させるのは間違った考え方です。あなたは、いつ天使に呼ばれてこの地上から連れ去られるかわかりません。そんなはかないこの地上の人生を、なぜそんなに重大視するのですか？　あなたは今の生活が安定していると思っていますが、突然愛する人に死なれたり、健康を失ったりすると、すべての幸福は消えてしまいます。私の場合も、母をこよなく愛し、母はいつも自分といっしょにいるものと思っていましたが、突然亡くなってしまいました。(2) 死は、恐れてはなりませんが、それに対する心の備えは必要です。

人生は、普通考えられているようなものではありません。目に見える姿をそのまま信じてはなりません。そこにはトリックがあり、たくさんの失望の落とし穴が仕掛けられています。この世には、初めから完全なものは用意されていないのです。これはうそではありません。この世は神の国ではなく、神の実験室なのです。神は、魂たちがここで、神の国へ帰るために悪い欲望を良い欲望で克服して、何よりも神を第一に求めるかどうか、試しておられるのです。

人生よりも神のことを真剣に考えよ

人生は、喜劇と悲劇が入り混じって無限に変化する万華鏡に似ています。同じものは一つもありません。だれの人生も独特なものです。人はそれぞれ異なる顔をもち、異なる心と欲望をもっています。もし、毎日が同じだったら、われわれは退屈して、すぐに人生に飽きてしまうでしょう。天国も同じです。もし、毎日が同じなら、われわれはそれを求めないでしょう。われわれは変化を楽しんでいるのです。天国についての型にはまった固定観念は、すべて間違いです。もし、天国がそのような退屈なものだったら、聖者たちはみな、少しでも変化のある地上に戻りたいと願うでしょう。天国も無限に変化しています。しかも、地上の変化がしばしば苦痛を伴うのに対して、天国の変化はたえず新鮮な喜びをもたらします。

しかし、そんな苦痛の絶えない人生でも、ほとんどの人はそ

れに慣れて、しかたがないとあきらめています。彼らは、現在の生き方を、もっと霊的な生き方と比べてみることができないため、今の地上生活がどんなに苦痛で退屈なものか知らないのです。

実は、人生は真実の存在ではありません。それは単なる芝居であり、遊びです。そして、ちょうど古い映画が何度もくり返し上映されるように、人生では、基本的に同じ型の出来事が何度も起きてきます。この人生劇は限りなく演じられてゆきますが、そこでは、過去の出来事と同じテーマが何度も何度もくり返されます。「歴史はくり返す」とはほんとうのことです。われわれは、その意味で、みな過去の遺物のようなものです。

人生に何が起きても、映画を見ているように楽しみながら傍観的にとらえなさい。人生は、あまり深刻に考え過ぎなければ楽しいものです。病気には、明るく笑うことがよい治療法です。明るい笑いは、アメリカ人の長所の一つでもあります。人生を笑って観られるということはすばらしいことです。私は、このことをスリ・ユクテスワから教えられました。先生の僧院で訓練を受けるようになった初めのころ、私は、笑顔を忘れたようにいつも厳しい顔つきをしていました。すると、ある日、先生はそれを指摘してこう言われました、「どうした、お前は葬式にでも行くのかね？　神を見つけるということはあらゆる悲しみを葬り去ることだということをお前は知らないのか？　なぜそんな陰気な顔をしているのだ？　この世をあまり深刻に考え過ぎてはいけない」と。神の中に完全な幸福を見いだすためには、この地上の人生におけるいろいろな試練に対して精神的に超越していなければならない、ということを先生は教えてくれたのです。

クリシュナはこう教えています――

「人生の戦いに臨んでは、苦楽、得失、勝敗を平等視せよ。そうすれば、そなたは罪を負うことはない」（バガヴァッド・ギーター２・38）

何が起きても物事を平静に受け止めることは、迷いから生じる誤った欲望を克服する最善の方法の一つです。偉大な私の師《グル》は、自分で手本を示してそれを教えてくれました。彼の平静さは最後まで変わりませんでした。イエスもまた、自らその範を示しました。拷問と磔刑の苦痛の中でも聖なる意識をもちつづけ、神の愛を失いませんでした。神から来る喜びと平安ほど偉大な防壁はほかにありません。試練や困難に出会ったときは、神から頂いたいろいろな賜物を思い出しなさい。あなたの魂は、聖なる神の宮です。その神殿から、無知と束縛のやみを追い払いなさい。魂の意識の中にいるということはまったくすばらしいことです。これほど堅固で安全な場所はありません。

何物をも恐れず、何物をも憎まず、すべてを愛し、神の愛を感じ、すべての人の中に神を観、たえず神が自分の意識の神殿にいてくださることを唯一の願いとすること――これが、この世の正しい生き方です。神以外のものを求めている間は、いくらそれを手に入れても、真の満足は得られません。

欲望は環境によってつくられる

欲望を形成する要因は、その人の環境です。欲望は、その人の感覚的経験によってつくり出されるため、それらの感覚的経験はまた、その人の欲望の内容を限定します。地方の小さな博覧会でも、初めて博覧会というものを見たときは興奮と満足を感じますが、国際的な大博覧会を見たあとではもう魅力を感じません。このことは、今、神との霊交を経験することが、この地上の楽しみのはかなさ、小ささを悟るうえにいかに重要であるかを物語っています。一度でも神を経験すれば、あなたの望みはもっと高く優れたものになるでしょう。神との合一を望むことは、あらゆる欲望の中の最高の欲望です。神以外の欲望は、それを果たしたあと必ず別の欲望を生じます。しかし、神さえ手に入れれば、そのほかの欲望はすべてそれといっしょに満たされます。

「まず、神の国と神の義とを求めよ。そうすれば、これらのものはみな添えて与えられるであろう」（マタイによる福音書6・33）

ですから、この最高の欲望をまっ先に果たしなさい。神は、神を知りたいというあなたの祈りに応えられるとき、同時に、あなたのそのほかの欲望もすべて、しかも完全に果たしてくださいます。

あなたがたは、今現在は何の欲望も感じていないかも知れませんが、買い物に出かけた人たちを見ていると、よくこういうことがあります。初めは特に何も買うつもりがなくても、偶然何かを見つけると、「これが欲しい」と思います。そして、昼も夜もそれが頭から離れなくなり、ついにそれを買います。ときには、借金をしてまで買います。しかし、それを買ってしばらくすると、それに対する満足感は薄れてきて、そのうちに別のものが欲しくなります。「もし千ドルあったら」とか「もし車さえあれば」などと言う人がいますが、彼らは、その望みを果たすと必ず次のものが欲しくなります。物質的、人間的欲望はすべて不完全なため、それが叶えられても、決して完全な満足は得られないのです。

この世の環境は、神を手に入れることこそ唯一の価値ある欲望である、ということを忘れさせます。しかし、あなたがたはこのことを毎日思い出すべきです。そして、禁煙しようとか、

暴飲暴食をやめようとか、うそをついたり人をだましたりするまい、とひとたび決心したら、そういう良い欲望は固く守って、忘れたり薄れたりしないようにしなさい。悪い環境は、あなたの意志を弱め、悪い欲望を誘発します。盗賊といっしょに暮らしていると、盗むことが唯一の生き方だと思うようになります。

しかし、聖者たちといっしょに暮らして神との霊交を経験すると、そのほかのどんな欲望も色褪せて見えます。ですから、たとえわずかな時間でも深く瞑想したり、聖者とともにいることは、あなたがこの迷妄の海を乗り越えて神の岸辺にたどり着くための、貴重な霊感の筏となるでしょう。

神の城壁の中で身の安全をはかれ

喜びは、たえず神を思うことの中にあります。神に対する思いは不変でなければなりません。やがてあなたにも、心が完全に安定して、どんな肉体的または精神的苦悩に遭っても神の生ける存在を意識していられるようになるときが来ます。それはすばらしいことです。そのときあなたは、たえず神を感じ、神を思い、神の中で生きるようになります。神の城の中に守られて、どんなものも、死でさえも、あなたを連れ去ることはできません。

「たえずわたしを思い、わたしに頼り、わたしにすべてを献げて、わたしを信仰せよ。こうして、わたしを最高の目標とし、わたしと一体になった者は、わたし自身と同じである」(バガヴァッド・ギーター 9・34)

どんな欲望にも全く動じなくなったとき、あなたは永遠の存在を楽しむようになるのです。

この世は、何が起きるかわかりません。すべてのものは移り変わってゆきます。ですから、人は、幸福の保証をこの世に求めるべきではありません。われわれの人生もやがては過ぎ去り、今見えているものも、いつかはみな消えてゆきます。そうした変化も、それを平静に受け止めることができさえすれば、退屈しないでなかなかよいものです。しかし、それらの変化は、ときにはあなたを傷つけ悲しませるでしょう。そうした悲しみは、あなたに、この世のものに対してはどんな欲望も期待も持つべきではないことを教えるためにあるのです。ひとたび神の中に碇を下ろせば、あなたはすべてのものを何の執着もなく楽しむことができます。だからこそ、神を知るための努力は価値があるのです。神を忘れた人生には幻滅があるだけです。

一九三五年、私がインドに帰ったとき、私は子供のころの思い出の場所を訪ねるのを楽しみにしていましたが、行ってみると、何もかもすっかり変わっていて、昔の面影はほとんどありませんでした。いちばん幻滅のショックを味わわされたのは、

昔そこで遊び、鳥たちを眺めたイチャプールの家を訪ねたときでした。昔のまま残っていたのは一本の木だけでした。人生とはこういうものです。慣れ親しんでいたものが、一つまた一つと視野から消えてゆきます。私はそのとき、もし昔のままの家が見られるならどんな代価でも支払おう、と思ったくらいです。しかし、私は後に、それを幻の中で経験しました。私は同行の人たちといっしょに、昔のように池で泳ぎ、ひとり二階へ上がってベッドに寝ころび、マンゴーを食べました。

自分の欲望を注意深く観察して選り分けなさい。そして、良い欲望だけを保持しなさい。しかし、たとえ良い欲望でも、それに熱中して神を求めるという最も重要な欲望を忘れてはなりません。もしあなたが、地上の欲望について神に頼みながら神ご自身を求めることを忘れていたら、あなたは大きな間違いを犯していることになります。もしあなたの息子が、お金をせびるときだけ頼みに来て、それ以外のときは全くあなたのことを顧みなかったら、あなたはどう思いますか？　そんな恩知らずになってはいけません。

あなたがこの人生を終えたあと、次の人生へ持ってゆけるものは、神を求めた結果得られる悟りだけです。ですから、毎晩寝る前に、『永遠からのささやき』(3)の一部を読んで瞑想しなさい。そして、朝起きたら、まず神のことを考えなさい。食事の前だけでなく、食べている間も、また、食べたあとも、神を思いなさい。仕事をしているときも、神への思いをその仕事の中に織り込みなさい。あなたの思いが神に届いたとき、あなたは、そのほかの願いもまたすべて叶えられたことを知って驚くでしょう。そうなるには、何よりも神を第一に求めなければなりません。神は、あなたにすべてのものを与えられました。しかし、あなたがそれらの贈り物には目もくれず、神ご自身を求めるとき、神はあなたの前にご自身を現わされるのです。あなたが、神を知るためにすべてを喜んで犠牲にすることを行動で示すとき、神はあなたに来られるのです。

常に内なる天国を携行せよ

最も克服困難な障害は、自分自身です。夜、座って瞑想しようとすると、神経的興奮や雑念がそれを妨げます。心と体を制御する訓練をして、自分自身の支配者になりなさい。また、自分の内に、たえず天国を携行しなさい。そうすれば、生きている間も死んだあとも、天国へ行っても地獄へ行っても、内なる天国はあなたについて来ます。心を込めてこう祈りなさい、「主よ、私はあなたを知りたいのです。どうか私の願いに応えてください」と。そして、次の朝もう一度「主よ、私に来てくださ い」と祈り、さらに、夜も同じように祈りなさい。あなたの心

の言葉で祈りなさい。このように毎日続ければ、神は応えずにはいられなくなります。しかし、もしあなたが、祈りながら心の裏側で別のことを考えているときは、神は、まっ先に求められているのが自分ではないことを知って、お応えにはなりません。

まず神を手に入れなさい。今すぐ手に入れなさい。いつまでも引き延ばしていてはなりません。迷妄《マーヤ》の力は強大です。ぐずぐずしていると、神を知る前にこの世を去らなければならなくなります。少しでも時間があったら、座って瞑想しなさい。あなたの祈りに応えが返って来なくても、あきらめずに何度でも祈りなさい。心を込めて祈りなさい。「神は必ず応えてくださる」と信じて祈りなさい。

私は自分の人生で、神のすばらしい応えを何度も経験してきました。つまらない事を祈らず、神ご自身を求めて祈りなさい。それが、唯一の価値ある祈りです。毎晩、一時間か二時間の睡眠時間を割いて、それを喜んで神のために献げて瞑想すれば、あなたも神の国に入ることができるのです。時間を気にせず、心を込めて、「主よ、私はあなただけを求めています」と祈りなさい。悪い習慣や雑念が、あなたの努力を邪魔しようとするでしょう。しかし、あくまでも神を思い、神を求めつづければ、やがていつか、神があなたといっしょにおられるのがわかるようになります。

世間的な喜びに対する欲望は、人生から人生へと、その人を再び地上へ引き戻す磁力をつくり出します。神の中ですべての欲望を満足させた人には、もはや地上への転生は不要になります。そういう人は、何かが必要だと思うと、そう思っただけでそれは実現します。私の母は、亡くなったあとも、今私が見ているあなたがたと同じような血の通った肉体で私の前に現われました。神ほど親切で、すばらしいお方はほかにいません。われわれが神を何よりも大切なものと心から思ったとき、神はそれに対する感謝と愛を示すために、われわれの望むものを具象化してくださるのです。

神の力を借りて健康や、財産や、能力や、友人を手に入れることはすばらしいことですが、さらに、神に何でも願いを聞いてもらえるようになれば、あなたはもう運命の支配者です。ですから、あなたの人生に神そのものを現わせるようになるまで気を緩めてはなりません。神はあなたに、あなたの望むすべてのものをくださるでしょう。そして、あなたを試されます。霊の世界で受けるテストは、それまでのどんなテストよりも厳しいものです。しかし、そのテストに合格した人はこう言います――

「主よ、私の最大の祈りは叶えられました。あなた以外に何

を望む必要がありましょう」

（1）自我意識は肉体を自分自身と思う意識で、これによって自分が神とは別の存在であり、さらに、有限で束縛された存在であると感じるようになる。
（2）パラマハンサ・ヨガナンダは、母堂が亡くなったときまだ十一歳未満だった。（出版部注）
（3）『永遠からのささやき』はパラマハンサ・ヨガナンダの霊的な祈りを集めた本。これらの祈りは、師が神からの応えを得た祈りで、だれでも、これらの言葉で深く真剣に祈れば同様の恩恵を受けるであろう。（出版部注）

講話十五　すべての幸福は神の中にある

（一九三七年六月十日　エンシニタスの静修所における講話）

神は限りない慈愛を以て、われわれにさまざまな人生を経験させ、それを通して、聖なる喜びや、導きや、真の命や、真の知恵や、真の幸福や、真の理解を与えてくださいます。しかし、われわれが直接神の栄光に触れることのできる場所は、心の制御という神との霊交のためのたゆみない努力から得られる、魂の静寂の中だけです。われわれが真理を見いだす場所は、この内なる聖所以外にはありません。外の世界は迷妄《マーヤ》の力が強く、ほとんどの人は、環境の力に妨害されてしまいます。われわれが住んでいるこの世界は限りなく複雑で、人生には百人百様のさまざまな経験がともないます。だれの人生も、みな新しく独特なもので、人はみな創造的に生きなければなりません。しかし、どんな人生にも、その背後には神の沈黙の声があって、それは花々や、聖典や、われわれの良心を通して、また、あらゆる美や、われわれの人生を有意義にするすべてのものを通して、われわれに呼びかけています。

あなたが注意力を外の世界に向ければ向けるほど、永遠の喜びという内なる神の栄光を知ることは困難になり、反対に、注意力を内面に集中すればするほど、外界からの影響に邪魔されなくなります。しかし、ほとんどの人は、世俗的な環境や交友相手や悪い習慣に押し流されて生きているため、この事実を理解していません。環境の力は多かれ少なかれあなたをとりこにして、より深い真実について考えることを忘れさせてしまいます。この美しいエンシニタスに集まってくる生徒たちの中にさえ、純粋に霊的な進歩を求めようという気持のない人たちがいます。神は、見ようと思えばどこにでも見ることができますが、習慣はあなたから魂の自由を奪い、幸福を破壊します。今与えられているもので幸福になることを学びなさい。神が与えてくれた以上のものを望んではなりません。神は、あなたが必要とするものを、あなたよりもよくご存知です。

永遠に幸福でいられるための最良の方法は、たえず神を意識することです。神を知る（経験する）ことを第一の願いとし、片ときも神を忘れまいという決意を何よりもまず念頭に置きなさい。

私は神にすべてを献げてしまったため、神以外のものに与え

る物はもう何もありません。私は、神を知ることを人生の第一の目的として選び、すでにそれを果たしました。人生の目的は神を見つけることだと言うと、多くの人には納得できないかも知れませんが、人生の目的は幸福を見つけることだという考えには、だれも異論はないでしょう。しかし、実は、神こそ幸福なのです。神は至福であり、愛であり、あなたの魂から決して離れることのない喜びなのです。だから神を求めよと言っているのです。神以外に、そのような幸福を与えてくれるものはありません。しかし、それを手に入れるには、たゆまぬ努力が必要です。自然界のいろいろな力は、あなたがたにたえずこの世の楽しみを与えようとしていますが、それらは一時的な満足を与えてくれるだけで、最後には悲しみと苦い思いを残すだけです。何でも持っていて申し分なく恵まれているように見える人でも、幸福であるとは限りません。この世のものは、決して永続性のある満足を与えてはくれません。それは、見せかけの満足や安らぎを与えるだけです。今、世界全体が、人間の果てしない欲望のために混乱に陥っています。戦争を引き起こしている原因は、人間の貪欲以外の何物でもありません。

人生の戦いにおける最大の勝利者は、自己を克服した人です。お金や名声や欲望など、この理想を妨げようとするものはすべて、平和と幸福のためには有害です。人は、人生の真の価値について真剣に考えるようになりさえすれば真の幸福が見いだせるのに、いたずらに世間的な欲望に振り回されています。私は、どんな誘惑が来ても、自分の選んだ道は踏み外しません。私は、神が与えてくださった力を使えば何千人もの人々を驚かせることもできますが、そういうやり方は私の目的に反するばかりでなく、私自身にとっても有害なので、どんな場合でもそのような人気取りのまねはしません。私が求めているのは、真の信仰者です。神の中にしっかりと碇を下ろした求道者たちです。ここへは、心から神を愛する魂たちが集まって来るでしょう。そして、最後までその情熱を持ちつづける人だけが神を見つけるのです。

神は真剣に求める人のところへは必ず来られる

神をだますことは不可能です。なぜなら、神はあなたの心のすぐ後ろで、あなたが何を考え何を望んでいるかをすべて見ておられるからです。もし、あなたが世俗的欲望をすべて捨てて、内面的に真の脱俗者となり、神との霊交だけを求めるようになれば、神は必ずあなたのところへ来られます。神以外には何物も求めてはなりません。神だけを求める心構えが確立すれば、神は必ず来られます。

人生の唯一の目的は、神との霊交、すなわち神を経験するこ

とです。しかし、ほとんどの人がその価値を知らずにさ迷い苦しんでいます。だからイエスは、「実り（神との霊交から得られる収穫）は多いが、働く者（そのために努力する者）は少ない[1]」と言ったのです。真理を生きたイエスの言葉を信じなさい。迫害の苦しみの極にあって、なお、「父よ、彼らをお赦しください。彼らは自分が何をしているのか知らないのです[2]」と言えるほど神の愛を現わした人がほかにいたでしょうか。

たいがいの人が、隣の人よりも金持ちになりたいと思っていますが、その望みが果たされると、もっとお金を持っている人が目につくようになります。そして、どこまで行っても満足しません。人々は、自分の欲望がつくり出す不満の渦の中で生きています。今与えられているもので満足することを学びなさい。アメリカの人たちは、平均的に見れば、ヨーロッパやアジアやその他の国々の人たちよりも裕福ですが、それでも幸福だとは感じていません。そして、いろいろな心配や悩み事に追われています。

神とともに歩む道は、最も楽な道です。まず神のところへ行って、自分にとってどうすることがいちばん良いかを尋ねることが最善の道です。神は現実におられ、あなたがたを待っておられるのに、どうしてつまらない事にむだな時間を使うのですか？　あなたがたは今までに、神がほんとうに自分に話しかけてくださるかどうか試してみたことがありますか？　神は、現に、すべての人に話しかけておられるのです。これ以上、どうすればあなたがたは神に注意を向けるのですか？

いくらよい説教を聞いたり、聖典を読んだりしても、それだけで神を実際に体験することはできません。読んだり聞いたりした知識を実行しなければなりません。教会へ通うことは、家にいてつまらないおしゃべりをしているよりはましですが、教会へ来たら、自分の内に神を感じなければなりません。そして、そのためには、神を経験するための方法を身につけなければなりません。単に、神を情緒的に求めたり、神学的にあるいは哲学的に理解するだけでは、神を経験することはできません。

あなたが真の自由（解脱）を得るのは、あなたがおのれのすべてを神に委ね、利己的な欲望を完全に捨てて、神こそが自己の本質であり、自分の魂であり、自分を取り巻く万物であることを真に悟ったときです。

これから数十年たったあとのことを考えてごらんなさい。そのとき、今の現実はすべて夢となっているでしょう。私が今ここにすわってあなたがたと話をしていることも、その夢の一こまにしかすぎなくなります。過去の偉大な大師たちの存在も、人類の意識の中の夢になってしまいましたが、それらの偉大な人たちは、今最高の目標に到達し、この地上で何が行なわれて

いるかを常に意識しています。

この人生という夢は、まったく何という不思議な夢でしょう！　夢だと知りながらも、今自分のからだを見て生命が鼓動しているのを見ると、とても夢とは思えず、真実のように思ってしまいます。あなたがたは、何と何さえあれば幸福になれるのだが、などと言います。しかし、いくら多くの欲望が満たされても、それで幸福になれるかと言えば、決してなれません。物は、持てば持つほど、さらに新しい欲が湧いてきます。簡素に生きることを学びなさい。

「欲望をすべて内に向けて流す人は、心が常に満たされている。彼は、たえず流れ込んでくる河の水を呑み込んで動じない海に似ている。おのれの平安の水桶に欲望の穴をあけて平安の水を漏らす者は、ムニ[3]ではない」（バガヴァッド・ギーター2・70）

神を求めるときは独りになって求めよ

あなたがたには、神を知り、神と一つになった人の導きが必要です。イエスは、ひとのいない所で神に祈れと教えました[4]。外界の刺激を隔離した内的静寂の中に入るとき、あなたは聖霊を経験することができます。インドの大師たちもこの聖なる力について語っています。聖霊の真の意味をこのアメリカに伝えるのはＳＲＦが初めてです。すべての被造物は波動で出来ており、この波動は、神の知性によって導かれています。この知性をもつ波動が聖霊です[5]。この聖霊と実際に接触してそれを経験するための具体的方法が瞑想で、すべての人々が学ぶべきわざです。ＳＲＦはその方法を教えているのです。

魂の静寂の中に、瞑想の木陰に、神との永遠のロマンスがあります。しかし、あなたは、神と富との両方に仕えることはできません[6]。おのれのすべてを神に献げなさい。神こそあなたの永遠の恋人であり、神は、あなたがたすべての人々の愛を求めておられるのです。

心のすべてを献げて神を求めるには、自分の意志と集中力とを養うことが必要です。あなたの行動はほとんど習慣に指図されており、あなたはいつも習慣に強制されて、自分が真に欲する事とは違う事を行なっています。そういうあなたは真のあなたの敵であるのに、あなたはそれを自覚していません。あなたは静かに座ることを知りません。神のために時間を献げることも知りません。そして、忍耐することも知らずに、天国にはやすやすと行けることを期待しています。しかし、天国は、ただ本を読んだり、説教を聞いたり、慈善を行なったりするだけでは手に入りません。神と会うには、神に献げる長時間の深い瞑想が必要なのです。

神だけに頼れ

まず、神を喜ばせるための努力をしなさい。すべての人を喜ばせることは不可能です。私は、だれにも不愉快な思いを与えないように心がけ、そのためにできるだけの努力はしていますが、それが私にできる限界です。私の第一の目的は神を喜ばせることです。私の手は神をたたえて祈るために使い、私の足は至る所で神を探すために使い、私の心は、いつもいっしょにいてくださる神を思うために使います。何を考えるときも、まず神を迎え入れなさい。平安なる神を、愛なる神を、思いやりなる神を、理解なる神を、憐れみなる神を、英知なる神を、あなたの心の王座に迎えなさい。私が来た目的は、ほかならぬこのことをあなたがたに言うためです。それ以外に目的はありません。

真の自己を自覚するための瞑想法を学びなさい。良い友と交わりなさい。ほかのものに頼らず、神だけに頼りなさい。そして、毎日、この教えのことをほかの人にも知らせなさい。毎日、だれかのために善いことをしなさい。私は、自分の財布にお金があるかぎり、必要な人には惜しみなく与えます。私の銀行は神です。

要するに、私の言いたいことは、あなたがたも偉大な聖者たちと同じように神を知らなければならない、ということです。そのための技法を実行すれば、あなたの努力しだいで神を見つけることができるのです。

ある日、私は、この僧院のまわりを散歩しながら、私の先生《グル》、スリ・ユクテスワのことを考えていました。そして、「わたしは毎日この美しい僧院を楽しんでいるけれども、この楽しみを先生といっしょに分かち合えないのが寂しい」と思いました。すると突然、空に先生の姿が現われてこう言いました、「お前はそこを一人で楽しんでいると思っているが、わたしはあらゆる空間からそれを楽しんでいるのだ」と。

神と一つになるために努力しなさい。毎日瞑想を実習して、深く神を愛し、隣人を自分と同じように愛することを学びなさい。それ以外に戦争を避ける道はありません。必要なのは、お互いの霊的一体感です。国も個人も、霊的に目覚めなければ、幸福はありません。そして、それはまず個人から始めなければなりません。健康の問題も、経済の問題も、結婚の問題も、道徳の問題も、霊的な問題も、あらゆる問題は神と交わり、神を知ることによって解決されるのです。

真の幸福は、あなたが神との一体感を感じたとき、自分が神の子であることを自覚したときに訪れます。あなたは、宇宙支配者の王子なのです。乞食の息子ではありません。あなたは自分の父である神を忘れたために、自分で自分を肉体の牢獄に監

禁してしまったのです。この監禁から自分を開放しなさい。何が起きても心が神から離れないようになれば、あなたは測り知れない喜びと平安を見つけることができるのです。

「心を尽くしてわたしを思い、おのれのすべてをわたしに委ね、互いに啓発し合い、常にわたしを賛美しつつわたしを信仰する者は、満足と喜びを味わう」（バガヴァッド・ギーター10・9）

（1）マタイによる福音書 9・37。

（2）ルカによる福音書 23・34。

（3）ムニとは、マウナ（霊的沈黙、すなわち、思考や感情など心の動きを制御して霊的静寂に入ること）を守る人。

（4）「あなたは祈るとき、自分の部屋に入って戸を閉め、隠れた所におられるあなたの父に祈りなさい。そうすれば、隠れた事を見ておられるあなたの父が報いてくださるであろう」（マタイによる福音書6・6）

（5）聖霊は、遍在のキリスト意識が外面的活動をするために顕現したエネルギーで、創造活動におけるキリスト意識の〝証人〟（ヨハネの黙示録 3・14）である。また、聖書の中では〝ことば〟（ヨハネによる福音書 1・1）あるいは〝助け主〟（ヨハネによる福音書 14・26）という名でも語られ、ヒンズーの聖典では〝オーム〟と呼ばれている。この隠れた聖なる力は、創造活動を波動エネルギーで顕現し維持している根源の原動力であり、唯一の行為者である。ＳＲＦが教えるヨガの瞑想法に熟練すると、この至福の助け主、聖霊と実際に交わることができる。「父がわたしの名によって遣わされる助け主、すなわち聖霊は、あなたがたにすべてのことを教え、また、わたしが話しておいた事をことごとく思い出させるであろう」（ヨハネによる福音書 14・26）

（6）マタイによる福音書 6・24。

講話十六　人に好かれるには

（一九三九年八月二十日　エンシニタスの旧礼拝堂における講話）

ある人は、生まれつき好ましい性質をもっていてだれからも好かれますが、ある人は反対に、だれからも嫌われます。また、ある人は好かれも嫌われもしないかわりに、だれの注意も引かず見過ごされます。それはなぜでしょうか？　生まれつきの魅力が人によって異なるのは、神が不公平だからではありません。人の性格の違いは、その人自身がつくったものです。良い性質も悪い性質も、すべてその人が、現世または過去世でつくり上げたものです。もし、神のせいで、ある子供は人に好かれる良い性質をもって人生を出発し、ある子供は人に嫌われる悪い性質というハンディキャップを負わされて出発させられるとしたら、全く不公平な話です。しかし、ある子供に良い性質を与え、ある子供に悪い性質を与えたのは神ではありません。ですから、それを神のせいにするのは見当違いです。

神は、すべての人を平等に、ご自分の似すがたにおつくりになりました。一見、不平等に見える人間の生まれつきの違いが、実は不平等ではないことを理解するには、転生の法則について知らなければなりません。この法則についての知識は、過去の暗黒時代を通じて人々の目に触れない所に埋もれ、忘れられてきました。しかし、生まれ変わりについてはイエスも言っています――

「エリヤはすでに来たのだ。人々は彼を認めず……そのとき弟子たちは、イエスがバプテスマのヨハネのことを言われたのだと悟った」（マタイによる福音書17・12―13）

つまり、前にエリヤとして生まれた魂が、次にバプテスマのヨハネとして生まれ変わったのです。

人生が、もしわれわれに、その潜在能力を伸ばして欲望を満足させるに十分な機会を与えてくれるものでなかったら、それは無意味でしょう。もし、生まれ変わりがなかったら、死産の赤ん坊や、五、六歳までしか生きられないからだに入れられて、ほとんど自己表現の機会も与えられずに死んだ子供に、どのようにして神の公平さが働くのでしょう？　そういう魂は、まだ罰を受けるような悪いことはしていないわけですから地獄に送られるはずはありませんが、天国へ行けるほど善いことをする機会もなかったのでそこへも行けないでしょう。その答えを与

えてくれるものが転生です。この地球は巨大な学校で、ここに各人を、人生の学習がすべて終わるまで何回でも連れ戻して、平等に学習の機会を与えるのが転生の法則なのです。クリシュナは、この真理についてこう言っています――

「勤勉に努力してその罪を浄め、多くの生涯を経て完成に達したヨギは、ついに最高の至福に入る」(バガヴァッド・ギーター6・45)

自分の明るい性格や暗い性格をつくったのは、自分自身です。現世か過去世の、いつかどこかで、自分の行為がその種子を播いたのです。もし、悪い種子に発芽の機会を与えると、それは良い種子を追い出してしまいます。賢い人は逆に、悪い種子を自分の人生の庭から取って捨てます。

真の魅力は内面から

どうしてある人はだれからも好かれ、ある人はそうでないのかを検証するために、自分や他人を分析してごらんなさい。子供たちの中にも、皆から好かれる子と好かれない子がいます。そういう分析からまず得られる結論は、人に好かれるにはまず内面から魅力的にならなければならない、ということです。いくら容姿が美しくても、言葉や行動に現われる内面的醜さは、その人を敬遠させます。

一時、肉体的魅力、すなわち容姿や性的魅力が人気の秘密だと考えられていた時期がありました。しかし、外面的魅力は、人に好かれるための必要条件ではありません。その人の性格の良し悪しが、人に好かれるか否か、また、だれに好かれるかを決めるのです。悪は悪を引き寄せ、善は善を引き寄せます。われわれが求めるべき魅力は、外面的魅力ではなく、善いものを引き付ける磁力、誠実な友人や自分の真価を認めてくれる人たちを引き寄せる魅力です。そのような魅力は、いくら容姿がハンサムでも、また、美しい服で身を飾ってもつくり出せません。それは、内面的につくり出されるものだからです。

不機嫌は禁物です。真剣さや厳粛さの中には不愉快な影はありませんが、気分の暗いときは表情が全く違います。顔は、あらゆる感情の変化を映す鏡です。あなたの感情や想念は、顔の筋肉をたえず緊張させたり緩めたりして、その表情を変えさせています。あなたに会った人はみな、あなたの心の動きを示す顔の表情を見て、それに反応します。あなたは、目や笑顔をうまく操作して、一部の人たちに対しては自分の感情を隠すことができるかも知れませんが、すべての人に隠すことはできません。リンカーンはこう言っています、「あなたは、すべての人を一時的に欺くことはできる。また、一部の人を欺き通すこともできる。だが、すべての人を欺き通すことはできない」と。

だれの目にも、その人の過去の歴史がすべて映っています。それを読み取れる人の目をごまかすことはできません。目には、霊的な目、半ば霊的な目、不正直な目、官能的な目、などがあります。その人の行なった事は、目に記録されます。もし、私がだれかの目を見て、その人の過去や性格を分析してみせたら、その人は、その正確さに驚くでしょう。

自分の心を汚すような事をしてはなりません。誤った行為は、マイナスの波動、すなわち邪悪な心の波動をつくり出し、あなたの容姿や人柄に反映します。あなたの望んでいる良い性質を育てるような想念をたえず保持し、そのような行動をしなさい。私の説く真理に従って自己を改善すれば、あなたの人生はすばらしいものに変わってくるでしょう。

人は主としてその行動によって判断される

人は、服装などによってもある程度は判断されますが、主として、その行動によって判断されます。いつも清潔できちんとした身なりをしていなさい。飾り過ぎはいけません。飾り過ぎた服装は、自分をショーウインドーの人形のように見せるだけです。質素で、清潔で、自分に似合う服装を身に着けなさい。しかし、何よりも大切なのは、あなたの言葉と行動です。あなたが心の徳性を養って、それが自然に表に現われるようになれば、服装はあまり問題ではなくなります。

マハトマ・ガンジーは、人の価値は服装で決められるものではないことを身をもって証明しました。彼は、自分が貧しいインドの大衆の仲間であることを示すために、いつも腰布しか身に着けていません。(1) あるとき彼は、イギリス総督主催のパーティーに招かれて、いつもの身なりで出かけました。彼が中に入ろうとすると、入り口にいた案内係がそれを阻止しました。ガンジーは家に帰ると、使いの者に総督あての小包を持たせてやりました。その中にはスーツが入っていました。総督はすぐにガンジーを訪ねて、その意味を尋ねました。ガンジーは答えました、「私はあなたのパーティーに招かれましたが、この身なりのために、中に入るのを断わられてしまいました。ですから、私の代わりにこのスーツに行ってもらったのです」。総督はもちろん謝罪して、彼の出席を改めて懇請しました。ガンジーは、ロンドンでも腰布だけで国王や女王陛下の前に出ました。彼は服装による人間の格付けを超越していたのです。しかし、私は別にガンジーのような服装を勧めているわけではありません。ガンジーには果たすべき使命があって、その身なりも彼の役割の一部なのです。だれでも、もしガンジーくらい偉大になれば、自分の信じる事を押し通すことができるでしょう。

要するに、身なりのことにばかり夢中になってはいけないと

同時に、それをなおざりにしてもいけない、ということです。身なりに気を使い過ぎるのも、無関心になり過ぎるのも、ともにバランスを欠いた極端な行き方です。身なりには適度に気をつけながら、それよりも何よりも大切なのは、心であり、言葉と行動であることを忘れないようにしなさい。心を美しくすることにもっと気を使いなさい。心の姿が言葉や行動となって現われ、人はそれを見てあなたを判断するからです。

人に対しては誠実で思いやりをもつこと

人といっしょにいるときには、ある程度の心配りが必要です。一人でいるときは自分の好き勝手に考えたり振る舞ったりする権利がありますが、人といっしょにいるときには、相手に無関心であってはなりません。いっしょにいる人に無関心に振る舞われるよりは死体といっしょにいるほうがましです。死体になら、無視されても侮辱感を味わわされずに済むからです。社交的な集まりなどに出席したときは、心のこもった交流に専念しなさい。もし、そこにとどまる興味が薄れてきたら丁寧に挨拶して帰りなさい。ただぼんやりとそこに居残る権利は、あなたにはありません。

人といっしょにいるときは、心から愛想よく振る舞いなさい。無愛想な態度をとってはなりません。むやみに笑う必要はありませんが、暗い顔や浮かない顔は禁物です。笑顔で、穏やかで、親切でありなさい。しかし、顔で笑って、心の中で怒ったり憎んだりしているのは偽善です。人に好かれようと思ったら、誠実でなければなりません。誠実さは、神が人間に与えられた魂の特性ですが、それを現わしていない人も大勢います。特に大切なのは、謙虚さです。たとえあなたが、人より優れた能力をもっていたとしても、その力で人を押さえ付けてはなりません。優しく親切に振る舞いなさい。それが人に好かれる魅力を育てるこつです。

人に理解をもつように、いつも心がけなさい。人の言うことやすることを、事ごとに悪く受け取ってけんかをする人がいます。そういう人はどこへ行っても嫌われます。真の友人を引き寄せようと思ったら、人を理解する力を養いなさい。真の友人どうしは、何をしても互いに理解し合います。あなたもそうなりなさい。

もし、自分の人間的向上を助けてくれるような真の友人が周りにいなかったら、その人の人生はどんなでしょう。しかし、あなたの心には、真の友人を引き寄せることのできる磁石があります。その磁石とは、人のことをまず考える非利己的な心です。自己中心的な考え方から解放された人は、そう多くはいません。しかし、非利己的な心は、他人のことをまず第一に考え

ることによって容易に養うことができます。母親には、普通こうした特性があります。母親の一生は奉仕です。夫や子供のことを第一に考えます。いつも自分のことよりも家族のことを考えているので、彼女のことはまわりの人が考えてあげる、というのがインドの家庭の伝統です。真の霊的教師たちも、これと同じ心得をアシュラムで教えています。

他人を思いやる心は何よりもすばらしい性質です。それは人間としての最大の魅力です。ですから、それを身につけなさい。だれかのどの渇いた人がいると、思いやりのある人はそれを察して水を与えます。思いやりとは他人の気持を察する心です。思いやりのある人は、人といっしょにいると、直感的に相手の望んでいる事を察知します。

人のために生きれば、人もあなたのために生きる

自分は敬虔な人間だと自認しながら、教会でいつも自分がすわる席にだれかがすわっているのを見ると、いまいましそうに睨みつける人がいます。この教室でも、この種の人をときどき見かけます。もし、だれかがあなたの席にすわりたがったら、譲ってあげなさい――たとえそのために、あなたが立つことになっても――。あなたが立派に振る舞えば、だれかほかの人が、あなたにいつも親切にしてくれるようになります。人のために生きるようになれば、人があなたのために生きてくれるようになります。自分だけのために生きている人には、だれも構ってくれません。人を惹き付ける最良の方法は、善い行ないをすることです。

パーティーなどに出席すると、必ずと言ってよいほど嫉妬心をあからさまに出す人がいますが、自己中心的で人の気持に無神経な人は、だれからも敬遠されます。反対に、よく気がついて思いやりのある人のそばには、人が集まって来ます。

言葉にも、行動にも、相手や周りの人々への気配りが必要です。荒々しい言葉遣いや非難がましい言い方をしそうになったら、その衝動を抑えて穏やかに話しなさい。だれにも、あなたの口から粗暴な言葉を聞かせてはなりません。本当の事を言うよう求められたら、恐れずに真実を語りなさい。しかし、自分の考えを人に押しつけてはなりません。また、盲人の前で盲人と言ったり、病人を病人と呼んだりするのは事実かも知れませんが、そういう無神経な言い方は避けるべきです。親切で思いやりのある言葉こそ、人を励まし、向上させる力があります。

しかし、人は、必ずしもあなたの言葉だけではなく、その背後にある誠意と実行力にも耳を傾けています。誠実な人の言葉には、世界が動かされます。誠実な人が何かを語るとき、人々は進んで耳を傾けます。よく、相手を説得しようとして機関銃

のようにまくしたてる人がいますが、つかまった相手は、いつ逃げ出せるか隙をうかがっているだけです。話をするときは、自分のことを話し過ぎないように気をつけなさい。そして、相手が関心をもっている事について話すよう努め、相手の話もよく聞きなさい。これが魅力的になるこつです。そうすれば自然に、あなたはどこへ行っても歓迎される存在になります。

私の母はそんな思いやりのある人でした。父親や母親は、お互いの悪口を子供に言うべきではありません。夫婦間の問題は自分たちだけの問題にしておくべきです。私の両親はそのように自己制御していました。二人とも天使のような魂でした。私は、両親のいざこざを一度だけ見たことがあります。そのとき、われわれ子供たちには、門の前に馬車が止まっていて、母が出て行こうとしていることしかわかりませんでした。そこへ伯父がやってきて、父に、どうしたのかと尋ねました。父は、「わたしは、彼女が慈善事業に金を使うことには反対しないが、わたしの収入以上には使わないでくれと言っただけです」と答えました。すると伯父は、何か父の耳もとにささやきました。父が母に、二言三言なだめるような言葉を言うと、母は呼んだ馬車を帰してしまいました。母は、父を非難するような言葉は決して口にしませんでした。そして、いつも自分のことよりも人のことを考えていました。

人のために生きることは楽しいことです。私は、一人でいるときは、ほとんど食べたいという気持が起きませんが、人といっしょにいると、その人のために何かご馳走を作りたくなります。私の先生《グル》、スワミ・スリ・ユクテスワも同じでした。私が先生のアシュラムに通いはじめたころ、私は、先生がいつもおいしいご馳走を食べているような印象を受けました。しかし、ある日突然先生を訪ねたとき、先生が思いもかけぬ質素な食事をしているのを見ました。そこで、私がそれについて尋ねると、先生は、「わたしは、お前が来るとき以外はご馳走は食べていない。お前のためにご馳走を作るのが楽しみなのだ」と答えられました。

あるとき、私は大学の友人を誘ってパイナップルを買いに市場に行きました。そこにはあいにく、大きいのと小さいのと二つしかありませんでした。私はその二つを買って、大きいほうを友人に渡しました。すると彼は驚いた顔をしました。彼は、私が大きいほうを取ると思ったのです。人のことを先に考える思いやりの心は、相手にすばらしい感動を与えます。あなたがほかの人のことを心配すると、その人があなたのことを心配してくれるだけでなく、神もあなたのことを心配してくださいます。あなたが、いつも思いやりの心をもって人のために尽くしていれば、そのために財布の底をはたいても、神はその何倍も

の恵みを返してくださいます。

もう一つ、大切な事を覚えておきなさい。人にはみな、他人にはない独特の性質があります。そして、いろいろな意味で人よりも裕福だったり、貧しかったりします。もしあなたが非利己的で、人柄がよく、他人に理解があれば、あなたは、利己的で怒りっぽく嫉妬深い人よりもはるかに裕福なのです。

バランスのとれた心こそ神の祭壇

人間社会は、まるで大きな動物園のようです。大勢の人たちが思い思いに行動しており、ほとんどの人は真の自己制御をしていません。しかし、だれでも、人生の真の目標である神に目覚めるためには、自己制御が必要です。それによって、心のバランスを身につけなければなりません。バランスのとれた心こそ神の祭壇です。神は、完全にバランスのとれた心に来られます。ですから、そのための努力をしなさい。そして、ひとたびそれを手に入れたら、二度と失ってはなりません。イエスは十字架に掛けられたときでも、それを失いませんでした。そして、「父よ、彼らをお赦しください。彼らは、自分が何をしているか知らないのです」と言いました。普通の人は、このような試練にはとても耐えられません。

私は、霊的修行を始めたころ、この道に入ればよいことばかり起きるようになる、と期待していました。しかし、実際には、いろいろな困難が襲って来ました。そこで私は考えました、「自分は神に甘えて、神に多く期待しすぎたのだ。これからは『主よ、み心のままになさってください』と祈ることにしよう」と。そして、厳しい試練に遭うたびにそう祈りました。私は、神が私の前に置かれたものは何でも受け入れよう、と決心しました。すると、神はいつもその試練に打ち勝つ方法を教えてくださいました。

霊的に強くなると、死も問題ではなくなります。あるとき、私は死にそうになっている夢を見ました。しかし、私はそのとき、神にこう祈っていました、「主よ、み心ならば私は喜んで死にます」。すると、主が優しく私に触れられ、とたんに私はこう悟りました、「どうしてわたしは死ぬことができよう。海の波は死ぬことができない。それは海の中に沈むけれども、再び姿を現わす。波が決して死なないように、わたしも決して死ぬことはないのだ」と。

あなたは洋服屋へ行くと、自分に似合った、そして自分を最高に表現する服を選ぼうとします。自分の魂についても同じようにすべきです。魂には、決まった衣装はありません。思いどおりに装うことができます。肉体という衣裳はそれほど自由にはいきませんが、どんな心の衣装、すなわち人柄でも、自由に

身に着けることができます。

もしあなたが、だれかを深く敬愛し、その人の生涯と生き方を学び、意識的にその人柄をまねていると、だんだんその人に似てきます。あなたの中に、その人と同じ個性が形成されてきます。私は、この方法を使って自分の望む個性をまとうことができるようになりました。私が賢者の個性をまとうと、英知の言葉しか話せなくなります。偉大な信仰者だったスリ・チャイタニヤ[2]の個性をまとうと、神に対する愛の言葉しか話せなくなります。そして、自分をイエスの個性に合わせると、私は、神を母としてではなく、イエスのように父としてしか話しかけられなくなります。このように、魂は、自分のあこがれるどんな心の衣装でもまとうことができ、また、いつでも思いのままに着替えることもできます。

あなたはすばらしい人に出会ったとき、自分もその人のようになりたいとは思いませんか？　偉大な人たちの心の中にある崇高な性質を思い浮かべることによって、あなたはそれらをすべて自分の心の中に取り入れることができるのです。謙虚になることも、強くなることも、また、正義のために戦う英雄のように勇敢になることもできます。ジンギスカンのような征服欲（障害を克服しようという強い意志）をもつことも、聖フランシスのような神の意志と聖なる愛と献身の心をもつこともできます。

神を見つけて人生の勝利者となれ

何よりもまず、「どんな障害も乗り越えて神を求めよう」という意志を固めなさい。それによって、あなたは人生の勝利者になることができます。私はこの仕事を進めてゆくうえで、いろいろな試練に遭遇しますが、ときどきこう思うことがあります、「わたしは、なぜ今さらこんな苦労をしなければならないのだろう？　わたしはもう神を見つけたのだから、こんな試練は必要ないのに[3]」。しかし、そのあとは神にこう言います、「私は、私のところへ来るものは何でも受け入れます。私は人がどう思おうと気にしません。人は、私の味方になったり敵になったり、始終変わるからです。私にとっては、あなたの喜びが私の喜びであり、あなたの保証が私の安心です」と。

イエスのような偉大な人たちの意識を見習いなさい。その遍在性を自分のうえにも実現しなさい。神はイエスに、普遍的な全知のキリスト意識をお授けになりました。私が今こうして話していることも、イエスはご存知です。彼は巨大な光として、今ここにいます。その光でこの教会は変貌し、その光の中に、ここにいる人たちがみな包み込まれています。われわれはまるで、神の光の海、キリスト意識の光の海に浮かぶ波のようです。

この光——キリストの来臨——を見たとき、あなたがたはこの人生が、神に到達するためにはだれもが通らなければならない試練にすぎなかったことを知るでしょう。サタンの試練も、それを克服してみれば、サタンが単なる神の道具にすぎなかったことがわかります。試練もまた、われわれを神に近づけるための恩恵なのです。このことをよく覚えておきなさい。そして、この地上で何をするにも、神のためにしなさい。

人は、みな独特の個性をもっています。全く同じ人など一人もいません。自分についてこう考えなさい、「わたしの個性は神からの贈り物だ。わたしはわたしであり、ほかのだれでもない。わたしは、自分に与えられた神聖な個性を誇りにしよう。わたしは自己を改善して、善良な人格を身につけよう」と。もし、あなたが、今の自分の役割を立派に演じれば、それは、一国の王や女王の役を演じる魂と同じに立派なことです。そして、自分の役割を立派に演じるかぎり、あなたはいつまでも魅力的で、だれからも愛されるでしょう。自分の役割を立派に果たすことは、神のもとへ行くためのパスポートです。

アブラハム・リンカーンは、この人生という舞台で、その役割をみごとに演じた俳優です。彼は、自分の困難な役割を恐れることなく遂行しました。彼は神のために、そして、人間は平等でなければならないという自己の信念のために働きました。彼が今でも人々の心の中に残り、愛されているのはそのためです。神に奉仕すれば、すべての人々に奉仕したことになります。人を喜ばせるよりも、神を喜ばせようと考えなさい。

あなたが人に期待する性質を、まず自分の身につけなさい。それには、一度にしようとせずに、一つずつ取り入れてゆきなさい。例えば、きょうはまず、平和な心を保つ実習をします。次は快活さを養うために、つらいときでもほほ笑みを忘れない練習をします。その次は、勇気と恐れない心を訓練します。暗闇が怖い人は、その恐怖心を克服するまで暗い部屋の中にいる練習をしなさい。「神はいつも自分といっしょにいてくださる」という意識を養うことが大切です。どんなに堅固な城の中にいても、病気はやすやすと侵入してきますが、いくら銃弾の飛び交う戦場にいても、もしあなたに肉体を離れるべき時期が来ていなければ、あなたに弾は当たりません。誠実さ、利己心の追放、職業的能力など、一つずつ習得しなさい。自分の理想を決して妥協させない殉教者たちの固い意志を見習って、どんな障害にも決して怯んだり挫けたりせずにやり遂げなさい。

だれもがあなたに会うのが楽しいと思うようになるまで、思いやりと善良な人柄を養いなさい。花のような美しさと、純粋な心のもつ魅力とを身につけなさい。このような魅力を身につければ、あなたの周りにはいつも真の友人が集まり、あなたは、

人からも神からも愛される存在になるでしょう。

（1）この講話がなされたころ、ガンジーはまだ健在だった。（出版部注）

（2）ひたすら神を愛するバクターとしてのスリ・チャイタニヤの名は、十六世紀インド中に知れわたった。彼が一五〇八年、ガヤで霊的に目覚め、神への愛の炎で燃え上がったとき、彼は主クリシュナを神の化身として礼拝していた。

（3）バガヴァッド・ギーター　3・1でアルジュナもまた主クリシュナに嘆きを訴えている。「もし、行動するよりも〔真理を〕理解するほうが優れていると言われるなら、なぜ私にこのような恐ろしい戦いをお命じになるのですか」。そしてまたイエスも、十字架の試練を前にして神に悲痛な思いを打ち明けている。「父よ、もしできることなら、この杯をわたしから過ぎ去らせてください。しかし、わたしの願いどおりにではなく、み心のままになさってください」（マタイによる福音書　26・39）

講話十七　真の個性の発掘

（一九三八年十月二十八日　ＳＲＦ本部における講話）

人間の個性や自己開発の問題は、普通、事業を伸ばしたり交際を拡げるなどの単なる物質的な目的と関連して考えられていますが、人間の個性というものの本質については、ほとんど研究されていません。

では、個性の本質とは何でしょうか？　それは、純粋な自己意識です。それは自尊心や利己心などの自我意識ではなく、その奥にある、自分という存在意識です。「自分が今ここに存在している」という意識はだれもがもっています。

さらにわれわれは、自分を男性として、または女性として、あるいは、ある特定の性質をもった存在として意識しています。そして、自分の個人的背景や、経験や、環境と合わせて自分を考えます。家政婦は自分を家政婦と思い、講師は自分を講師と思い、科学者は自分を科学者と思っています。しかし、夜になって眠ると、昼間の自分のことは忘れてしまいます。自分を特定の環境の中で生きている一個の人間と考えていた観念は完全に消えて、存在意識だけが残ります。そして目が覚めると、また、ふだんの環境の中にいる自分の意識に戻ります。ですから、人が目覚めているときに現わす個性は、あとからつくられたもので、その人の個性の外側の部分にすぎません。

自分という存在意識は、もともと何の束縛もない普遍的な意識ですが、われわれが毎日しがみついている個人的な意識のために多かれ少なかれ束縛されたものになります。そして結局、われわれは、自分の個性がふだんの生き方によって拡大したり萎縮したりする、ということを忘れてしまっています。

人間の真の個性はどこから来るのでしょうか？　それは、神からです。神は絶対的意識であり、絶対的存在であり、絶対的至福です。創造主は、自分が存在していることを意識しています。そして、自己の存在が永遠不滅であり、自己の本性が常に新たな至福であることも意識しています。

われわれは、現在の人間意識のままでは、神の無限の意識を知ることも、霊妙不可思議な神の霊を感じることもできませんが、魂の超意識に入ることによって、神の存在を至福として体験することができます。われわれが経験する喜びは、どんな外的環境から生じたものでも、実はすべて神から来るのです。

あなたは、自分の意識を自己の内面に集中すると、魂の聖なる喜びを、内にも、また外にも、直接感じることができるようになります。そして、その意識の中に自己が確立されると、あなたの外側の個性も高まり、だれからも愛されるようになります。神は、人間の魂をご自分の似すがたにおつくりになりました。われわれが自己の魂に目覚めて、自己意識を魂の超意識の中に確立したとき、われわれの個性は、神の善と美とをそのまま反映するようになります。それがあなたの本性であり、真の個性です。それ以外の個性は、あなたの自我意識が付け加えたもので、ほんとうのあなたではありません。神の宇宙意識の中に住んでいる聖者は、どんな外面的個性も思いのままに装うことができます。

私は、自分を一個の人間として意識しているときは、いろいろな束縛を感じます。しかし、意識を魂の次元に移すと、この世界の出来事がみな映画のように見えてきます。映画のスクリーンに像を投影している光線に注目する人は、スクリーンのすべての映像が、映写機から投射される光線によって映し出されているのを見ます。それと同じように、私には、この世界とそれを構成している万物が、すべて神の想念によって投影された像として見えます。意識を物質の次元に置けば、万物は物質として見えますが、聖なる次元に高めると、万物の背後に洪大な神の光が流れていることがわかります。そして、万物を神の霊（聖なる光または波動エネルギー）として見るようになります。

神が一つの統一体であることは万物の中に反映されていますが、物質次元では多様に分化して見えます。全能の創造力をもつ神の生命は地上をくまなく流れています。それは種を播き、生長します。いろいろな金属は、神の力と美とをそれぞれ特定の形で表現しています。植物は、また別の形で神の性質を表現しています。植物の中では、生命はより生き生きと表現されます。こうして神の創造物を研究すると、鉱物も、植物も、動物も、みなそれぞれ特徴的な個性をもっていることがわかります。そして、人間の場合は、さらにいっそう拡大された個性をもっていることに気がつきます。つまり、人間は、自分が意識をもった生き物であることを自覚しています。しかし、これらのいろいろな個性は、すべて神からの借り物です。神こそ唯一の生命であり、すべての個性は、この唯一の生命から派生したものです。神はギーターの中でこう言っておられます――

「アルジュナよ、わたしは万物の心に宿る自己意識である。わたしは万物の起源であり、存在であり、帰結である」（バガヴァッド・ギーター10・20）

また、聖書にもこう書いてあります――

「今いまし、昔いまし、やがて来るべきおかた、全能の主なる神がこう言われる、『わたしはアルファー（始め）であり、オメガ（終わり）である』と」（ヨハネの黙示録1・8）

直覚は真の個性を高める

人間の魂がもっている直覚は、神の能力です。神は口がなくても、何でも味わうことができ、手足がなくても、宇宙のすべてのものを感じ取ることができます。何によってか、と言えば、それは普遍的意識、すなわち直覚によってです。

人は普通、自分自身や周囲の世界について情報を得るのに、感覚器官に頼っています。五官が伝えてくれる情報以外には、ほとんど何も知ることができません。しかし、超人《シッダ》といわれる人たちは、第六感とも呼ばれる直覚によって、何でも知ることができます。直覚は、情報を得るのに、感覚器官や推理力にはいっさい頼りません。例えば、あなたにも、何か起ころうとしている出来事がはっきりと予感され、それが予感どおりに実現したという経験があるでしょう。何の推理もせず、また、感覚も通さずに、どうして前もってそれを知ることができるのでしょうか？　その、直接に知る能力が魂の直覚です。

古代インドの聖哲パタンジャリは、「聖典が聖典として認められている根拠は、そこに真理が論証されているからではないと言っています。では、どうしてギーターやバイブルに書いてある事が真理であるとわかるのでしょうか？　感覚や推理による情報は、決定的な証拠を与えてはくれません。結局、真理は、魂の直覚によってのみ理解され、また、確認されるものなのです。

あなたは、自分がこの肉体ではなく、その内部を流れている聖なる不滅の生命力と意識であることを、魂の直覚によって実感することができるようにならなければなりません。あなたの真の個性は、そのとき輝きを現わしはじめます。イエスが水の上を歩くことができたのも、そのためです。イエスは、万物が神の意識によって出来ていることを体得していたのです。

人間的個性は、これを神のような個性に変えることができます。自分が骨と肉の塊であるという意識を捨てなさい。神は、毎晩あなたを眠らせ、その錯覚を忘れさせようとしておられます。しかし、あなたは目を覚ますたびに、再び肉体意識の中に自分を閉じ込めているのです。

人は自分の思うとおりのものになれる

人は、心を集中することによって、自分の外面的性格や内面的性質を変えることができます。強い心をもつ人は、自分の思うとおりの人になることができます。人間の個性には限界があ

りますが、それは瞑想によって大きく拡げることができます。目を閉じて、あなたの内にある魂の広大さを感じ、その意識を持続することができるようになれば、あなたは、神が初めに意図されたとおりの個性をもつようになります。今、あなたの意識は、目を覚ましている昼間の経験によって大きく影響されていますが、深い眠りに入って肉体の束縛を忘れると、自己の本性である真の個性に触れます。自分は無限の存在であり、どんな姿でもとることができる、ということを、潜在意識と超意識で会得すると、あなたの姿勢は変わってきます。

あなたの意識が聖なる理解によって拡大してゆくにつれて、あなたの個性はますます魅力的になり、能力も増大します。あなたが霊的に成長すると、ほとんどどんな個性でも思いのままに装うことができるようになります。心には限界がありません。ですから、あなたが霊的に成長して肉体意識から脱け出すと、もはや肉体に対する利己的執着はなくなり、言いようもない自由を感じるようになります。

あなたは、自分を特定の個性の枠に嵌め込むよりは、いつでも思いどおりの個性を身につけられるようになるべきです。私は今まで、面白半分にいろいろな事をやってみました。投資家や、音楽家、請負師や、料理人などのまねをしたこともあります。あなたも、自分を今の個性の枠に嵌め込んで制限しなければ、何でもできます。あなたは、自分にはこんな事はできないとか、あんな事はできない、などと言いますが、私は、自分をそんなふうには考えません。あなたは、決心しさえすれば何でもできるのです。神はすべてのすべてであり、あなたの中には、その神の似すがたがあるからです。神は、どんな事でもできます。ですから、あなたも自分の中に神の無限の性質があることを自覚すれば、できない事はないのです。

あなたが仮に、健康や、富や、そのほかこの世の欲しい物をすべて手に入れたとしても、そのあとには必ず幻滅が残ります。地上には、不滅のものはないからです。神だけが永遠です。あなたは、自分の内にある神の似すがたである真の自己を自覚し、その本来の個性を掘り起こしたとき、自分の望むものを何でも引き寄せることができるようになります。そのほかの個性は、芸術家としての個性も、実業家としての個性も、作家としての個性も、どんな個性も、一時は身につけてもやがては夢として消えてゆきます。人間的表現にはすべて限りがあるからです。あなたが、この世の成功や、富や、名声を追い求めて、それを手に入れても、いつも必ず何かの欠陥――例えば健康や、愛情や、その他のいろいろな問題――によって悩まされるでしょう。ですから、最善の道はこう祈ることです、「主よ、私をあなたに目覚めさせ、それよって幸福にしてください。私を、すべて

の世俗的欲望から解放してください。そして、地上のどんな喜びや悲しみよりも長続きするあなたの喜びを私にください」と。

自己の本性を忘れないこと

あなたには、神の子として、神から与えられるどんな試練をも克服しうる偉大な力が与えられていることを忘れてはなりません。

われわれはしばしば、自分を変える努力を忘れて、そのためにいつまでも苦しんだり悩んだりしています。われわれが永続する平和と満足を見つけられない理由はそこにあります。根気よく自分を変える努力を続ければ、あなたはどんな困難でも必ず克服することができるようになります。不幸から幸福に、失望から勇気に乗り換えるために、あなたは自分を変える努力をすべきです。

それには、まず自分に対する認識を変えることの重要性をたえず意識していることが必要です。そういう姿勢を取りつづけることによって、しだいに自分の意志が行動に現われるようになります。自分を束縛する今までの誤った自己認識を改める努力を続けることによって、自分をより自由な存在に解放してゆこう、と決心しなさい。

インドの霊的科学者たちは、魂の君臨する世界を探究し、幸福を得るためにだれもが利用できる瞑想の技法を人類にもたらしました。自分を変えることによって自分の人生を改善しようとした真の求道者たちは、その技法によって自分の心を科学的に制御し、真の自己を自覚することができるようになったのです。

自己の聖なる本性を発掘すると、自分が肉体的存在であるという錯覚が消えて、肉体の束縛から完全に解放されます。そして、自分の肉体を、幼な子を世話するように扱うようになります。瞑想によって真の自己を自覚すればするほど、あなたは、精神的、肉体的苦痛から解放されます。そして、人生のあらゆる束縛を断ち切ることができるようになります。それが、この地上での最高の生き方です。

聖なる個性を目覚めさせよ

物を所有することは害にはなりませんが、物に所有されると害を被ります。その正しいバランスを取ることは、必ずしも容易ではありません。お金を稼ぐために夢中になり過ぎると、健康への配慮がおろそかになります。あなたが神への忠誠を怠ると、すべてのものがあなたに背くようになります。ですから、毎日瞑想し、日常の仕事を遂行しているときも、心の聖所で神に献げる灯火の油をこぼさないように気をつけなさい(1)。このよ

うに、日々の義務を忠実に遂行しながら、たえず内なる魂の生家を意識することによって、われわれの目指すべき個性は養われます。たえず移り行くこの世の価値を基にした個性を養っても、真の幸福を得る役には立ちません。それよりも、たえず神を意識する生き方から得られる真の個性を掘り起こす努力をしなさい。クリシュナはこう言っています――

「人が自我意識の心から生ずる欲望をすべて放棄し、自我が真の自己の中で完全に満足するとき、その人は英知の中に確立したと認められる」（バガヴァッド・ギーター 2・55）

謙虚で、しかも雷のような力を秘めた個性、獅子の強さと、鳩の柔和さとを合わせもつ個性を掘り起こしなさい。不屈の決意をもって瞑想を実行し、この天与の個性の発掘に努力すれば、何物もあなたを邪魔することはできません。この世の義務は忠実に果たしなさい。そして、それを果たしながら、神に対する最高の義務を片ときも忘れないようにしなさい。

（1）インドには、偉大な聖者でもあったジャナカ王が、弟子として入門を求めてきた少年シュカデーヴァを試みるために次のようなテストを行なったという話が伝えられている。王は少年に、容器の縁まで油の入ったランプを手に持って宮殿中の各部屋をまわり、それらのもようを漏れなく、しかも詳細に観察して報告するよう命じた。ただし、その間一滴の油もこぼしてはならないという条件付きだった。このテストの意味は、霊的修行を志す者はたえず注意力を神に集中し、一瞬たりともほかの事に心を奪われて神との霊交という油をこぼさないよう注意するとともに、一方、世間的な義務に対しても、ささいなことでも漏れなく誠実に果たすよう心がけなければならない、ということである。

講話十八　友人をつくる聖なる方法

（一九三九年一月二十二日　エンシニタスの旧礼拝堂における講話）

神は、人間に対するご自分の愛と同じような愛を、人間どうしの間でも表現して欲しいと望んでおられます。友情は、神の愛の最も高貴な人間的表現です。神は、生まれたばかりの赤ん坊には、その父親や母親を通してご自分の愛を注がれます。父親も母親も、その子供を本能的に愛するようにつくられているため、子供を愛さずにはいられませんが、友情は、そのような特別な関係から来る必然性によらない、各人の自由意志による神の愛の表現(1)です。

二人の見知らぬ者どうしが出会って、一目で互いに助け合おうという気になることがあります。どうしてそのような気持が起きるのか考えたことがありますか？　友達になろうという自発的な気持は、神の聖なる引力の法則から直接生じるものです。つまり、二つの魂の過去世における相互間の友情の積み重ねが、現世においても自然に引き付けあうカルマの絆をつくるのです。

この衝動は、利己的な思わくや異性的興味によって汚染されないかぎり純粋なものですが、とかく汚染されがちです。友情は、心のいちばん奥にある直覚の木に実りますが、有害な欲望や利己的な行動が汚染を引き起こします。間違った肥料を木の根元に施すと、よい実が成らなくなるのと同じように、あなたが直覚の木に利己的な感情を注入すると、その有害な動機のために、友情の果実は腐ってしまいます。相手が金持ちだからとか、有力者だからとか、自分にとって利益があるから、などという理由でその人に興味を持つのは友情ではありません。また、容姿の美しさに惹かれるのも友情ではありません。そのような〝友情〟は、若さとともにやがて消えてゆきます。

前世からの友情を育てよ

友達は、どこででも見つけられるというものではありません。毎日顔を合わせていても、何も感じない人もいれば、一目見ただけで、昔からよく知っているように感じる人もいます。自分の内部からの合図がわかるようになりなさい。いつも直感の眼を開けていて、もし、だれかに聖なる魅力を感じたら、その人と友達になりなさい。その人は、過去世においてあなたの友だっ

た人です。あなたと過去世で友達だった人は大勢いますが、その人たちとの友情はまだ完成されてはいません。友情は、このようにすでにある土台の上に築くほうが、行きずりの砂地に新しく穴を掘って築くよりも、よい結果が得られます。友情のない形だけの友達は、一見、大勢いて心強く思えても、すぐに傷つけられ、幻滅を感じさせられます。

　多くの人が、外見に惑わされて友達の選択を誤っています。真の友人を見分ける唯一の方法は、瞑想することです。この聖なる方法で友達を見分けようとすれば、容貌その他の外面的要素に惑わされずに相手の実体を直感することができます。そして、自分のまわりに真の友人を集めることができるようになります。こうした、神に忠実で謙虚な人たちを通して、あなたは聖なる友情を感じることができます。聖なる友情の光は、そういう清らかな心を通して、あなたの中に流れ込んで来るのです。

友達を惹きつけるには自分の性格を改善せよ

　真の友人を引き寄せるには、自分の中から利己心や、そのほかの醜い性格を取り除かなければなりません。友人をつくる最高の方法は、自分の性質を浄化して、利己的な衝動を排除し、純粋で、霊的に振る舞うようにし、また、前世からすでに友情の基礎の出来ている相手との間に友情を築き上げることです。

　友情は、親子の間にも、夫婦の間にも、男どうしの間にも、女どうしの間にも、また、男女の間にも、すべての人間関係に存在すべきものです。そこに条件はありません。あなたが純粋に友達になりたいという衝動を感じたとき、あなたはそこに、聖なる愛、すなわち神の存在を感じているのです。友情は、聖なる衝動です。神は、両親や親族となって子供である私たちの面倒を見るだけでは満足なさいません。そこで、われわれにも心からの無条件の愛を表現させる機会を与えるために、友人として現われるのです。

　あなたが人間的欠点を取り除いて、聖なる性質を現わせば現わすほど、多くの友人が出来るようになります。イエス・キリストも、仏陀も、クリシュナも、すべての人々の偉大な友でした。彼らのようになるためには、あなたも、他人に対する愛を完全なものにしなければなりません。あなたの友情がまわりの人々から認められたとき、つまり、いろいろな試練を含む彼らとの長い付き合いを通して、お互いがともに何の打算もない純粋な友情によって心から相手のことを思い合うようになったとき、あなたは、そのような人間関係の中に神が現われているのを見るでしょう。

神を見習ってすべての人々に友情を示すこと

あなたの友情を一人の友との間だけにとどめずに、崇高な理想をもつほかの人々との間にも拡げてゆきなさい。心の曲がった人との間に友情を築こうとすると、幻滅を感じさせられます。ですから、最初は真に善良な人と友達になり、しだいに範囲を拡げて、だれに対しても友情を感じられるようになりなさい。そして最後には、「たとえ敵であっても、私にとってはすべての人が友である」と言えるようになりなさい。イエスは、自分をはりつけにした人々に対しても友情しか感じませんでした。そして、「あなたの敵を愛し、あなたを罵る者を祝福し、あなたを憎む者に親切にし、あなたを裏切る者や迫害する者のために祈りなさい[2]」という自分の教えを、最後の苦難の中で自ら実行して見せたのです。

真の友情とは聖なる愛です。それは無条件の愛であり、いつまでも変わらない真実の愛です。エマーソンは、随筆の中[3]で、理想的な友情についてこのように表現しています——

「われわれが人と結ぶことのできる最高の契約は、『お互いの間に常に変わらない真実があること』という契約である。……互いに相手について、『彼とは特に会う必要もなく、話し合ったり手紙を書いたりする必要もない。友情を確かめ合うことも、贈り物を交わす必要もない。わたしは彼を自分と同じように信頼している。だから、彼のする事はいつも正しいと確信している』と言い合える間柄ほどすばらしいものはない」

あなたは、友達となら安心して何でも率直に話し合うことができます。しかし、お互いの間に少しでも相手に何かを要求する気持があるとき、そこには友情は育ちません。友情は、相互の自主性と、互いに霊的には平等な存在であるという認識の上にのみ築かれます。ですから、だれに対しても、神の似すがたにつくられた神の子であるとの意識をもって、そこに神の光を見ながら付き合わなければなりません。それを忘れた付き合いからは、真の友情は生まれません。

多くの人が、こうした友人を持たずに一生を終えています。真の友人どうしの間には、めったに誤解もありません。たとえ一時的に生じても、すぐに解消します。もしだれかが、あなたの信頼を裏切るような事をしても、あなたからは、自分が人に期待するような変わらぬ愛と理解を相手に与えつづけなさい。しかし、それにもかかわらず、その人があなたに悪意を示しつづけ、あなたが差し伸べる友情の手をはねつけるならば、しばらくは手を引いたほうがよいでしょう。

普遍的友情は家庭から始まる

友情は家庭から始められるべきです。もし、家族や親族の中で特に気の合う人がいたら、まずその人との友情を育てなさい。次に、知り合いの中であなたと同じ理想をもち、特に心を惹かれる人がいたら、その人との関係を育てなさい。利己的な打算や性的衝動から来る欲望はすべて追放しなさい。あなたが純粋な友情を示すとき、そこに神の導きが働くのを見るでしょう。まず、善良な人々との友情を育てなさい。あなたは、瞑想すればするほど、過去世からの友人がわかるようになります。瞑想は、再び友情を育てるべき昔の友の記憶を甦らせます。私は、瞑想中幻に見た多くの人たちと、後日実際にめぐり会いました。一九二〇年、私が初めてアメリカに来たときも、船の中で大勢の人の幻を見ましたが[4]、後にアメリカに着いてから、その中の多くの人たちを見つけました。

友情は普遍的に働く偉大な力です。友情を求めるあなたの願望が十分強ければ、あなたと霊的に感応する未知の人が、たとえ遠い南極に住んでいたとしても、友情の磁力が二人を互いに近づけるでしょう。しかし、このような磁力も、利己的な気持があると働かなくなります。自分のことばかり考えている人は、友情を破壊してしまいます。そういう人は、自己意識を拡大して善性の人たちを受け入れることができないため、真の友人を引き寄せることができないのです。

神があなたがたに家族を与えられたのは、あなたがたが人を愛することを学び、その愛をすべての人々にも拡げるようになるためです。そして、死や、そのほかの理由によって愛する人々と引き裂かれるのは、あなたがたが、単にこの世で密接な縁があったというだけでその人を愛するのではなく、その人に限らず人間という姿の背後にあるもの、すなわち愛そのものである神を愛することを学ぶためです。

「万物の個別的存在を、個々別々の姿に展開された唯一の存在と観る者は、ブラフマン（神）と融合する」（バガヴァッド・ギーター13・31）

友情とは、特別な人間関係から生じる偏見を超えて愛を築くことです。夫婦間の愛には性的衝動による強制がともない、家族間の愛には血族的本能という強制がともないますが、友情は、そのような強制なしに築かれる自由な愛です。

あなたの愛をすべての人に与えなさい。そして、聖なる友情を理解し、「それを身につけるために、前世からの友を見つけて友情を確かめ合うことができるように祈りなさい。真の友情によってすべての神の子たちとの一体感を達成しなければ、神との合一は果たせません。

私には、赤の他人というものは一人もいません。これほど幸

せで喜ばしい状態はありません。どんなに悪意に満ちた敵でも、私にとっては友達です。あなたもそう感じるようになったとき、すべての人を愛するようになります。そして、すべての人を神の子として見、その愛はもう決して冷めません。その愛はますます成長し、やがてすべての友人たちの友情の中に、神の聖なる愛を観るようになるでしょう。

（1）「……全宇宙の至高の主であり、万物の友であるわたしを知る者は平安に入る」（バガヴァッド・ギーター　5・29）

（2）マタイによる福音書　5・44。

（3）『Conduct of Life: Behavior』by Emerson.

（4）「眠っていた記憶の中の　遠い昔の友たちが
海を越えて　かの地からわたしにあいさつした
主をたたえるために
新開地に渡るわたしを感知して」
（パラマハンサ・ヨガナンダの『Songs of the Soul』の中の On Coming to the New-Old Land——America　より）
（出版部注）

講話十九　真の至福経験

（一九三四年十二月十六日　ＳＲＦ本部における講話）

神は、われわれに霊感という能力をお授けになりました。すなわち、われわれの内に宿りたもう神を純粋な至福として経験し、それによって霊的高揚を得る能力です。しかし、創造活動における悪の力は、その偽物を発明しました。酒や薬物による一時的な陶酔は、真の霊的体験をまねた偽物です。酒や薬物を常用すると、感覚や性本能に耽溺するようになり、それによって、心は肉体意識のとりこになり、霊感能力は失われてしまいます。

多くの人が不愉快な思い出や、悲しみや、心配事を忘れようとして酒を飲みますが、このような忘れ方は、その人が生来もっている魂の知性——それは、人が試練を克服して真の幸福を見いだすために神から与えられたものですが——それを奪い去ってしまいます。至福そのものである神は、われわれが、魂の中に宿している〝神の常に新たな至福〟を求め、それを見いだすことを望んでおられるのです。

その至福の偽物は、われわれを陥れようとしている危険なわなです。それは、神の美しい創造物を破壊しようとしてたえず狙っている宇宙的迷妄《マーヤ》、すなわち悪魔《サタン》の誘惑です。宇宙の創造活動を見ると、常に善悪二つの相反する力が働いているのがわかります。神が愛をつくられると、悪魔は憎しみをつくりました。神が親切をつくられると、悪魔は利己心をつくりました。神が平和をつくられると、悪魔は争いをつくりました。

このように見ると、酒や薬物も、あなたがたの幸福を破壊しようとしている悪魔の誘惑であることがわかります。それらは、あなたの魂の知性と真の喜びを奪おうとしているのです。酒も薬物も、一度そのとりこになると癖になります。[1] ことに、前世からそういう傾向があって、それが潜在意識の中に刻みつけられている人の場合は、ますますそこから抜け出せなくなります。ですから、悪を近づけないよう不断の注意が大切です。

神の至福の酒に匹敵するものはない

ひとたび神の至福の酒を味わえば、それに匹敵する経験はどこにもないことがわかります。あなたの子供たちが、偽物の喜びに誘われて危険な火遊びに走らないように、瞑想によって聖

なる意識に入ることを教えてあげなさい。聖なる喜びはいつまでも尽きませんが、酒や薬物による快楽はすぐに終わるだけでなく、あとに有害な結果を残します。

毎晩、睡眠中、あなたは平和と喜びを味わいます。あなたの眠りが十分に深いとき、神は、あなたを静かな超意識の中に住まわせ、この世のすべての不安や悩みを忘れさせます。しかし、瞑想は、こうした心の聖なる状態を、目を覚ましたままで経験させ、あなたをたえず平安の中に浸らせて癒します。

聖なる喜びが訪れると、呼吸はすぐに静止し、意識は聖霊の中に引き上げられます。そのとき、まるで千回もの眠りを一つに凝縮したような至福を感じますが、普通の意識もちゃんと残っています。これは、深い超意識状態に入った人がみな一様に経験することです。神の深い至福の中では、からだは硬直し、呼吸は止まり、心の動きも完全に静止します。魂の不思議な指令によって、だれでもそうなります。そこで、あなたは神の至福の美酒を飲み、喜びの陶酔を経験します。それは、千回のワインの酔い心地を一つに濃縮したものよりも、もっとすばらしい幸福感です。

普通の人は、眠りとの境界のうとうとした状態で、少しばかり幸福を感じることがありますが、すぐにその状態を通り越して眠ってしまいます。眠りは、全くの無意識状態ではありません。だから、目が覚めると、自分がよく眠ったかどうか覚えているのです。

眠りにはいろいろな種類があります。浅い眠りもあれば、深い眠りもあります。しかし、最も幸福感に満ちた眠りよりもさらに魅惑的なのが、神との意識的霊交です。聖なる喜びは、眠りの国の神秘を越えた所にあります。私は、自分の望むどの状態にも自由に入ることができます。そして、しばしば夢の国とこの世の意識との間にある超意識状態にとどまっています。

意識に広さの限界はない

心の領域は広大で無限ですが、あなたがたはまだそれを知りません。私は、深く眠って、眠りの楽しみを味わいながら、同時に、この世のことを意識していることができます。また、眠って夢を見ながら、同時に、自分のまわりで起こっている出来事をすべて聞くこともできます。ときには、普通の人と同じように眠ることもありますが、また、眠りながら、眠っている自分を見つめることもあります。超意識状態では、自分のからだや心が眠っているのを知りながら、まわりの出来事をすべて意識していることができます。これらのことは、自由に超意識状態に入ったり、普通の意識状態に戻ったりする能力を身につけたときに初めてできることです。

瞑想によって（または想像や、心を沈静させることによって）意識が肉体から離れると再び元の状態には戻らなくなるのではないか、と心配する人がいますが、その心配は全く無用です。マーヤが仕掛けた肉体に対する執着は強力で、そんなにたやすくその束縛から逃れられるものではありません。たとえ普通の意識が消えても、潜在意識の心が肉体に繋ぎ止められているかぎり、あなたは肉体から完全に離れることはできません。

真の自己を自覚したときの証し

あなたが何かを強く想像すると、それが幻覚として見えるようになりますが、それは真実の知覚ではありません。あなたは、真の自己を実際に自覚することと、それを単に想像することとの違いを理解しなければなりません。その証し、すなわち、真の自己を通して内なる神の意識を自覚したときの最も明白な証拠は、真実の、そして無条件の幸福感です。もし、あなたの瞑想中に湧いてくる喜びがとどまる所なくどんどん増大するならば、それは、神があなたの中に現われつつある証拠と考えてよいでしょう。もし、その聖なる幸福感が途中で途切れたら、あなたの意識の中に何か間違ったものがあるしるしです。それは、あなたがグルの助けを借りて取り除いてもらわなければならない心のゆがみです。毎日の瞑想とグルの教えとを忠実に実行して、グルとの交わりを保ちながら教えられた道（サーダナ）[2]を歩めば、あなたのグルはそのゆがみを取り除いてくれます。

単に、「自分は神の中に目覚めている」と思うだけでは、あなたは神のそばにいることはできません。あなたは自己を改善し、完成させなければなりません。神を知る潜在能力をもっていることと、実際に神を知ることとの間には大きな隔たりがあります。神を知るには、謙虚さと、英知と、信仰が絶対に必要です。謙虚な人でなければ、神を知ることはできません。

超意識に深くはいれるようになると、自動的に、超常的な霊力が身についてきて、自然の力を支配することができるようになります。しかし、ほんとうに神の意識に達した人は、その力を、決して自己顕示などの誤った目的には使いません。賢者たちは、神だけが唯一の行為者であることを知っており、神から与えられた特別の贈り物であるその力を、謙虚に神にお返しする（神のためにのみ使う）ことしか考えません。奇跡といえば、宇宙のすべてが奇跡です。人間が存在していることだけでも奇跡だとは思いませんか？　神が現に見せてくださっているこんなすばらしい奇跡にも満足しない人たちには、これ以上どんな奇跡を聖者たちが見せても無意味でしょう。真の聖者は、神がわれわれの理解を超えた何か特別な理由から特に指示を下されないかぎり、決して奇跡を行なおうとはしません。

潜在意識の万華鏡の彼方

では、超意識と潜在意識との違いを説明しましょう。超意識状態では、目が覚めていても眠っていても、はっきりした意識をもっていて、いろいろな感覚を、外界からの刺激なしに、意のままに体内につくり出して味わうことができます。これが超意識状態に入った証拠です。これに対して、潜在意識の夢の世界では、例えば、ミルクを飲んで味わうことはあっても、その経験は自分の意志によらずに与えられます。超意識状態では、いろいろな経験を意識的に、自由につくり出すことができます。それができずに、超意識に入ったと思うのは間違いです。

ほとんどの信仰者たちは、普通、睡眠中に潜在意識の心が映し出す不思議な万華鏡のような世界から奥へ踏み入ることができないでいます。しかし、超意識状態に入ると、あなたは何でも思いのままに見たり、知ったりすることができます。しかも、それは単なる想像ではなく、実際に知覚するのです。私は、今この椅子にすわったまま、心をインドへ移して、私の実家で今実際に起こっている事を具体的に見ることができます。

求道者は、霊的修行を積むと、三位一体の神の、三つの段階を経て霊的に上昇します。第一の段階は超意識で、この状態で求道者の意識は、オームまたは聖霊と呼ばれる神の創造力と一体になります。次の段階はキリスト意識で、この状態に達すると、求道者は、あらゆる創造物の中に浸透しているタット——神のひとり子とも呼ばれる神の普遍的知性——と合一します。そして、最後に到達する段階が至高の宇宙意識で、これは、あらゆる創造物を超越した唯一の実在、言葉では表現できない絶対者、サット、父なる神などと呼ばれているものです。

真剣に神を求める信仰者は、あるときは潜在意識に住み、またあるときは、超意識やキリスト意識に引き上げられます。そして、その中のごく少数の偉大な魂だけが、キリスト意識から宇宙意識、すなわち、始めも終わりもない究極の本源に入ることができるのです。

キリスト意識の状態では、自分が経験したいと思うものを初めに想像する必要はありません。例えば、インドへ行きたいと思えば、インドを思い描かなくても、その瞬間にあなたはそこにいます。すべてのものがあなたの意識の中にあります。そのような経験は、意識の限りない拡大です。あなたは、一本の草の葉の中にも、高山の頂きにもいます。そしてまた、自分のからだの一つ一つの細胞の中にも、宇宙のあらゆる原子の中にも、自分を意識することができます。

しかし、宇宙意識に達すると、それをも超越します。そして、自分が宇宙のすべてのものの中にいると同時に、すべての創造活動を超越した喜びを感じます。そのとき、あなたは神のよう

な存在になったのです。

（1）ただし、信頼すべき医師が必要と診断し、その監督のもとで使用する場合は別である。

（2）サーダナとは、グルの指導のもとで行なう霊的修行。（用語解「サーダナ」参照）

講話二十　宇宙意識に至る三つの道

（一九三四年二月九日　ロサンゼルス、トリニティー公会堂における講話）

少しでも心に動揺があったり想念が働いている間は、宇宙意識に入ることはできません。ＳＲＦの精神集中法(1)は、集中力の質と強さを高めるうえにたいそう効果のある技法です。真剣な求道者は、この行法を実行することによって、何年もむだに潜在意識の領域をさまよわずに済みます。潜在意識の世界は、幻覚と妄想による偽物の霊的体験に満ちた所で、あなたがたにとって好ましい所ではありません。真の霊的体験を経て神との合一を達成するには、超意識の状態に入らなければなりません。(2)

世間にはたくさんの教えがありますが、ほとんどの人はそれを実行しようとしません。例えば、砂糖の甘さについて百回の説明を聞いても、実際にそれを口にするまではその味を知ることができないように、真理の教えも、それを実行しなければ、そのすばらしさはわかりません。偉大な聖者や預言者たちの教えは、実行しなければ無意味です。実行することによって、それらの真理はあなた自身のものとなり、それが、だれにでも自分で実証できる普遍的なものであることがわかります。あなたが自分のことをキリスト教徒であると思っているにせよ、あるいは、ヒンズー教徒、仏教徒、そのほかいかなる宗教の信者であると思っているにせよ、あなたがそれらの教えの真理を実行したとき初めて、キリストも、クリシュナも、仏陀も、そのほか神から遣わされた聖者たちも、あなたを真の信者として認めるでしょう。

真理への道は、一歩一歩着実に歩むことが大切です。神を求める人は、何千人のうち数えるくらいしかいませんが、そのわずかな求道者の中でも、ほんとうに神を知るまでに至る人は一人いるかいないかです。(3)最後まであきらめずに求めつづける人だけが神に到達するのです。ですから、毎日欠かさず瞑想をつづけるよう最善を尽くしなさい。神を手に入れるまでは、決して神を忘れたり、途中であきらめたりしてはなりません。「この限られた形あるものの背後に、形なき無限の存在を感じる！」と言えるようになりなさい。私は、神が自分といっしょにおられる、と実感するまでは、講義には出かけません。神との完全な霊交に入るまでは、説教はしません。そして、私がその境地

から語る言葉は、あなたがたの心にいつまでも残ることを私は知っています。

集中力——神を見いだすための必要条件

精神集中は、霊的向上のためには欠かすことのできないものです。集中力なしに神を見つけることはできません。あなたの意識から、集中を妨げる外界の音やすべての雑念を締め出す訓練をしなさい。あなたの意識が本来の正常さを取り戻したとき、その瞬間、神がそこにおられるのがわかります。隠れているのは、実は神ではなくて、あなたのほうです。瞑想が深まると、内なる光[4]が見えてきます。そうしたら、それを一心に見つめながら、その中に入り込んで、それと一つになろうと努めなさい。神はそこにおられます。自分がその神の光であることを実感しようと努めなさい。

精神集中から感じる平安が深ければ深いほど、また、その集中力の持続が長ければ長いほど、あなたは神の中に深く入ることができます。真理の書を読む時間をそのまま瞑想に当てれば、あなたは、精神的にも、霊的にも、もっともっと向上することができます。また、睡眠時間を減らしてその分瞑想すれば、そこから得られる休養は睡眠の百倍も効果的です。

あなたの意識から外界の雑音や雑念を切り離せない間は、神に到達することはできません。昔の聖者たちが洞窟や森の中に隠遁したのもそのためです。私が教えた精神集中法と瞑想法を実習して、何度もくり返し内的静寂の中に潜り込んでゆきなさい。そうすれば、偉大な平安と喜びを見つけることができます。ギーターはこう言っています——

「ヨギは、静かな場所に独り座し、次々と湧いてくる欲望や執着を排除し、〔ヨガの集中法により〕心を制御して、魂との合一に努めなければならない」（バガヴァッド・ギーター 6・10）

どこの教会でも寺院でも、もっと瞑想して、内的静寂に入る時間をもつべきです。そして、お互いの会話はもっと少なくすべきです。私が訓練を受けたインドの僧院では、私の先生スワミ・スリ・ユクテスワはときどき講話をされるだけで、われわれは、大部分の時間、先生のまわりに座って沈黙したまま、心を内部に集中していました。少しでも動くと、先生に叱られました。真の師《グル》は、聖典の知識を超えた知識をもっています。そのような師から英知を学ぶことが、霊的修行には必要なのです。彼の知識は単に書物から得たものではなく、彼はその知識を実際に体得しているので、自分の知識が真実であることを知っているのです。

目に見える世界の目に見えない源

宇宙は、二つの部分または二つの面に分けられます。その片方の面では創造活動が行なわれ、被造物が存在します。もう一つの面には神がおられるだけで、創造活動は行なわれず、被造物もいっさい存在しません。そこは、〝闇なき闇〟、〝光なき光〟の世界です。ギーターの中で主はこう言っておられます——

「わたしの最高の住みかは、太陽や月や火の光によって照らされる所ではない」（バガヴァッド・ギーター15・6）

この二面性は、人間の意識にも当てはまります。あなたの存在には、目に見える部分と見えない部分との二つがあります。あなたは、目を開けると、外の世界とその中にいる自分とが見えます。目を閉じると、何も見えなくなり、暗闇だけになりますが、それでもあなたの意識ははっきりと働いています。あなたが深い瞑想によって、その閉じた目の後ろにある暗闇を突き抜けると、そこに、万物をつくり出している光が見えてきます。そして、さらに深いサマディの状態に入ると、その光よりもさらに奥にある至福に満ちた意識を経験します。そこは、あらゆる形ある存在を超越しながら、しかも、どんな感覚的および超感覚的存在よりも限りなく真実で、現実的で、喜びに満ちた所です。

神は、この宇宙を支配する法則と同じ働きを、われわれも自分の意識の中に見ることができるようにしてくださいました。あなたが目を閉じたときに経験する、形も大きさもない意識状態は、宇宙の、神だけが存在する無限の〝闇なき闇〟、〝光なき光〟の領域と比べて考えることができます。そこには、個々の被造物を区別するための姿も、形も、性質も、二元性の原理もありません。この、創造活動の背後にある無限の、そして永遠の広がりの中に、神は、〝常に存在し、常に意識し、常に新たな喜び〟の意識として、ただ独り、何物にも束縛されぬ完全に自由な状態で住んでおられるのです。神が〝絶対者〟として君臨するこの無限の意識領域には、どんな世界も被造物も存在しません。しかし、宇宙のもう一つの部分では、神は、ご自身の中にすべての創造活動と被造物を意識しておられます。

宇宙をつくり出している工場は、目に見えないほうの部分にあります。アインシュタインは、「万物を生み出し、また、万物がその中に消えてゆく宇宙空間は、まったく謎に満ちている」と言いました。全世界を構成している電子は、いったいどこへ消えてゆくのでしょう？

何かに魅せられたとき、あなたは目を閉じて、そのものの源を探索してごらんなさい。初めは何も見えませんし、何も感じません。しかし、目に見えるものはすべて目に見えない所から生じるのです。

「光は闇の中に輝いている」（ヨハネによる福音書1・5）

あなたは、その闇の中を覗きつづけていると、やがてかの偉大な光が見えてきます。闇の後ろにはキリスト意識があります。そして、いろいろな別の世界のさまざまな生命が満ち満ちています。

「わたしの父の家には、住む所がたくさんある」（ヨハネによる福音書14・2）

宇宙空間のすぐ後ろには聖なる知性があります。そして、あなたのすぐ後ろには神がおられます。これ以上、神を忘れて生きてはなりません。ミルクを掻きまわしながらバターが現われるのを待つように、瞑想によってあなたの闇を掻きまわしなさい。神が現われてくださるまで休んではなりません。あなたが知らなければならない事、内面的に見つけなければならないものは、たくさんあります。どんな問題の答えも、あなたは無限なるお方から直接聞くことができるのです。私が瞑想によって会得する真理は、科学が別の方法で発見しつつあるいろいろな生理学的法則の基礎を私に明かしてくれます。私は、目を閉じると、霊妙な生命エネルギーが自分の体内を流れているのを見ることができます。

目を閉じたときに経験する静寂の中では、あなたは、自分が独りぼっちだと思ってはなりません。あなたのそばには神がおられるのです。目に見えないからといって、神はいない、と思ってはなりません。エーテルの中には、ラジオで聞くことのできる音楽が充満していますが、ラジオがなければそれはわかりません。神も同様です。神は四六時中あなたのそばにおられますが、瞑想しなければ神を感じることはできません。瞑想は神を知る唯一の方法です。しかも、深く瞑想することが必要です。夜は、自分の内に何か具体的な神の現われを感じるまで眠ってはなりません。閉じた目の闇の中に隠された神秘を見つけるまで、闇の中を見つめつづけなさい。

あなたがたを安心させるために、けさ私が超意識状態で経験した事をお話ししましょう。朝の四時ごろ、私がSRF本部の書斎で瞑想していると、突然呼吸が止まって手足が硬直しました。私は、自分が死ぬときの過程を眺めていました。呼吸が止まり、からだは動かなくなりましたが、意識ははっきりしていました。その死の経験はすばらしいものでした。私は、自分のからだと周りのすべての自然を、神の光によって映し出された宇宙映画として眺めていました。喜びのあまり私はこう叫びました、「まさに、死というものはないのだ！　主よ、全世界は映画にすぎません」

どんなに権勢を誇っている王様でも、ひとたび死に肩をたたかれると連れ去られてしまいます。しかし、万物の中に神を感

じる人は真の王です。そのような人は、死とは天国への門にすぎない、と知っているので、死によって脅かされることもありません。

宇宙意識への第一の方法

人間の意識を宇宙意識まで拡大するには三つの方法があります。その第一の方法は社会的方法、つまり、社会生活の面で、自分のことを考えずに全体のために生きる方法です。友人に対しては信義を重んじ、だれに対しても博愛の心を持ちなさい。神があなたに家族を与えられたのは、あなたが、自分以外の人たちのために尽くすことによって自分の意識を拡大するためです。家族をもつことによって、われわれは親しい人々への愛や自己犠牲を学び、ある程度意識を拡大します。しかし、その程度ではまだ不十分です。特定の関係にある人だけに注ぐ愛は、狭小で排他的です。そうした特定の関係を超えて平等に人を愛するとき、あなたの意識はほんとうに拡大するのです。ですから、博愛の心を養いなさい。そして、だれに対しても家族に対するのと同じ愛を注ぎ、自分のためにするのと同じように人にもしてあげなさい。すべての人に対してこのように振る舞うことが、宇宙意識に至る社会的方法です。

神は、われわれ子供たちを平等に愛しておられます。人はみな神の家族であり、神の愛は普遍的です。神の子たちも、それと同じ愛を互いに与え合うべきです。それが神のご計画です。それを忘れるとき、苦悩が生じます。今や、世界中が考え方を変えなければならない時です。真のあなたは普遍的な存在です。すべての人はあなた自身なのです。

私の楽しみは人に与えることです。人が喜ぶのを見ることは私の最大の楽しみです。他人を愛し、他人を深く思いやるとき、すべてのものがそれに応えてくれます。イエスは、〝多くの人々の代償[5]〟として自分の肉体を捨て、宇宙意識に至る社会的方法の模範を示しました。あなたがたもイエスのように、すべての人々を自分自身と思ってそれに尽くすべきです。

宇宙意識にある人は常に幸福です。彼は、自分の愛を狭く限定してほかの人々を拒むようなことはしません。あなたも全世界を自分の家族にしなさい。このことを忘れないでください。私はいつもそういう意識の中にいます。私には、カーストも国家もありません。すべてを自分のものとして感じています。すべての男性を自分の兄弟として、すべての女性を自分の姉妹として、すべての年長者を自分の両親として愛しなさい。そして、全人類を自分の友として愛しなさい。

第二の方法

宇宙意識に至る第二の方法は自己訓練です。何事にも節度を忘れてはなりません。物事を楽しんでも、それに執着しないことが大切です。執着に束縛されない自由な心を養いなさい。楽しく行動しながら、しかも節度を失わないよう自分を制御しなさい。悪い習慣の奴隷にならず、いつも自分が正しいと思う信念に従って行動できるようになりなさい。宇宙意識に入るには、自己制御ができ、寒さと暑さ、苦しみと楽しみ、病気と健康、などの二元性を克服しなければなりません。どんなことにも興奮したり動揺したりせず、心の平静が保てるよう自分を訓練しなさい。

「いかなる事にも執着せぬ者――喜ばしきものに対して興奮せず、悪しきものにも妨げられぬ者――は、英知を確立した者である」（バガヴァッド・ギーター　2・57）

第三の最高の方法

第三の方法は霊的な方法、すなわち瞑想です。瞑想中、自分の呼吸を意識している間は、まだ肉体意識から抜け出していないことを意味します。宇宙意識に入るには、グルから教わった瞑想の技法によって肉体の束縛を断ち切らなければなりません。

水を入れたびんに栓をして水桶に入れると、びんの中の水はまわりの水から隔離されたままですが、びんの栓を抜くと、びんの中の水はまわりの水と混じり合うことができます。普通の人の意識は、このびんの中の水のように、無知という栓で肉体に封じ込められているため、神と隔離されています。しかし、正しい瞑想によってこの栓を取り除くと、からだの内にも外にも神の平安を感じることができるようになります。時間をかけて瞑想を深めてゆくと、平安もまた深まり、泉のように湧いてくる常に新たな喜びが感じられるようになります。瞑想以外のどんな方法を試みても、そのような聖なる意識状態に入ることはできません。

神は、至る所に遍在してあなたがたを取り巻いておられますが、あなたがたはそれを感じていません。あなたは、無知という栓を取り除いて、自分の意識を神の意識の中に溶け込ませ、まず自分の内に神を発見しなければ、外に遍在する神を感じることはできません。あなたの意識は、物欲に溺れると窒息して死んでしまいますが、神の海に溺れれば永遠に生きるようになります。

ひとたび神を見つけさえすれば、あなたは、永遠不滅の真の満足を経験します。人間の友情は断絶することがありますが、神があなたをお見捨てになることは決してありません。たとえ、

あなたが、すべての人から見捨てられても、神を〝もっている〟かぎり、すべてはあなたのものです。

（1）精神集中とは意識が一点に集中して静止した状態。創造活動の本質は〝動〟であり、神の本質は〝静〟である。「静まって、わたしこそ神であることを知れ」（詩編 46・10）。したがって精神集中は、神との霊交に不可欠な要素である。ＳＲＦが教える精神集中法と瞑想法は、人間の意識を聖なる意識に完全に同調させるための技法である。（用語解「精神集中法」参照）

（2）潜在意識の領域には、記憶の貯蔵庫としての働きと、眠りや夢の世界をつくり出す働きがある。ふだんから心がうつろになりやすい人や、空想に走りやすい人や、心霊現象にかかわりやすい人が、瞑想中に潜在意識の領域に迷い込むと、幻覚や妄想の世界へ誘い込まれて瞑想が阻害される可能性がある。幻覚の世界は夜見る夢と同様、真実性もなければ霊的な価値もない。科学的瞑想法の正しい実行と、たゆまぬ努力とによってのみ、瞑想者の心は正しく超意識へ導かれ、神との霊交が可能になるのである。

（3）「解脱を求めて努力する者は何千人に一人しかいない。そのような高い志をもつ求道者の中でも、わたしの実体を知るに至る者は恐らく一人であろう」（バガヴァッド・ギーター ７・３）

（4）内なる光とは神の光、すなわち霊眼のこと。

（5）マタイによる福音書 20・28。

講話二十一　ほほ笑みの百万長者になれ

（一九四九年六月五日　ハリウッドの礼拝堂における講話）

真のほほ笑みとは、瞑想中に神とともにある喜びから生じる至福のほほ笑みです。ラヒリ・マハサヤの写真に見られるほほ笑みがそれです。[1]その目は、一部この世を見てはいますが、完全に神を見ています。私のほほ笑みも、私の奥にある喜びから生じます。そして、その喜びは、あなたがたも自分の内部にもっているものです。それは花の香りのように、開花する魂からにじみ出ます。この喜びは、ほかの人々をも引き寄せて聖なる至福の中に浸らせます。

次の四つの心理状態は、通常よく経験されるものです。人は、欲望が満たされると喜びを感じます。逆に、欲望が満たされないときは悲しみを感じます。また、喜びも悲しみもないと退屈を感じます。そして、これら三つの感情、つまり喜びも悲しみも退屈も捨てたとき、平穏を感じます。

平穏の奥に至福がある

平穏とは、喜怒哀楽の変化も、退屈もない状態です。それは、きわめて望ましい状態です。喜びや悲しみの波に突き上げられたり、退屈の波間に突き落とされたりした嵐のあとは、凪の平穏を楽しむことができます。しかし、平穏よりもさらにすばらしいのが魂の至福です。それは、泉のように湧いてくる常に新鮮な喜びで、飽きることも途絶えることもなく、魂とともに永遠不滅です。その喜びは、神と実際に触れ合うことによってのみ手に入れることのできるものです。

月の光が射している所に水を入れた水がめを置いて揺らすと、水面に乱れた月の影が映りますが、揺れが治まると月の影ははっきりしてきます。水の動揺が治まってはっきりした月の影が映っている状態は、瞑想中、心が平穏になった状態と、さらにいっそう鎮まって静寂に達したときの状態にたとえることができます。平穏の状態では、心の中から感覚や想念による動揺がすべて消え去ります。そして、さらに深い静寂の状態に達すると、その鎮まりの中に完全な神の〝月影〟を知覚するようになります。初めの平穏は、単に喜びや悲しみや無関心の波が治まったというだけの消極的な状態です。ですから、瞑想者は、しばらくすると再び変化の波を経験したいという欲望に駆られ

ます。しかし、瞑想がさらに深まって、心が沈静し、ついに最後の積極的な至福の状態に達すると、瞑想者は、〝常に新鮮ですべてを満足させる喜び〟を経験するようになります。

睡眠中、あなたの想念や感覚は、無意識のうちに自然に鎮まります。しかし、瞑想は、想念や感覚を意識的に鎮める方法です。そのとき、最初に経験するのが平穏の状態です。心が安らぐと、それを反映して、あなたの顔の筋肉はほほ笑みをつくります。しかし、あなたは、その平穏よりもさらに奥まで入り込んで、感覚的刺激や雑念の影響によってゆがめられていない魂の純粋な姿を見なければなりません。そのときあなたは、至福といわれる常に新鮮な喜びを経験します。これは、聖者たちがいつも心の中に保持している喜びです。彼らは、この聖なる内的保証にいつもしっかりと守られているため、決して怒りや恐怖に動揺させられることはありません。そして、心の手術台に乗せた自分や他人の想念を理性や直覚のメスで解剖しても、いつも平静でいられるのです。

「魂の至福の中では、いっさいの苦悩は消滅する。至福を得た人の理性(英知)は、おのれを真の自己の中に確立させる」(バガヴァッド・ギーター2・65)

神の愛をもってほほ笑むこと

普通のほほ笑みは、何か善いことをしたり、人に愛や、思いやりや、親切や、憐れみを感じたりしたときのよい感情から生じます。しかし、ほほ笑みをつくる最もすばらしい方法は、心を神の愛で満たすことです。そうすれば、あなたはだれに対しても愛を感じ、常にほほ笑んでいることができます。感情は、どんなによい感情でも、いっとき揺らめいて消えるものです。ですから、神の愛から生じる以外のほほ笑みは、みなすぐに消えてしまいます。神の喜びだけが、永続する唯一のものです。それさえもっていれば、あなたはいつもほほ笑んでいられます。反対に、それをもっていないと、例えばあなたがだれかに優しく親切にしてあげたとき、もしその人が平手打ちで報いたとしたら、あなたはもうその人に優しい気持を抱くことができなくなるでしょう。

私の知っているある人が奥さんを亡くしたとき、その悲しみようはたいへんなものでした。しかし、私には、彼が激情的な性格であることがすぐわかりました。私は、「あなたはひと月以内に再婚しますよ」と言いました。すると、彼はたいそう怒って、それから顔を見せなくなりましたが、実際、ひと月たたないうちに再婚してしまいました。彼は、自分では最初の妻に対して非常に深い愛情を持っていると思っていたのですが、こんなにも早く忘れてしまったのです。

私の師《グル》、スリ・ユクテスワは、幼いころの次のような話をしてくれましたが、この話の中に含まれる教訓を私はいつも思い出します――

「わたしは、幼かったころ、隣の家で飼っていた醜い顔の小犬が欲しくてたまらなくなり、どうしてもその犬を自分のものにしたいと言って、何週間も家の者を困らせた。そして、もっと可愛い犬を買ってやるからという家族の言葉にも耳を貸そうとしなかった」

これと同じ執着が人を恋に縛りつけます。恋人たちは相手の容貌に魅せられ、忘れられなくなります。しかし、われわれが人の中に求めるべき美しさとは、外面の美しさではなく、内面的なものであるべきです。

あなたの魂が喜びに満たされているとき、あなたは魅力的になります。私が魅力を感じるのは聖なるほほ笑みだけです。それをもたない人は操り人形のようなものです。そういう人が「あなたを永遠に愛します」などと言っても、あすは墓の中かもしれません。そうなれば、〝永遠の愛の約束〟もそれまでです！しかし、ひとたび神が「わたしはお前を愛する」と言ってくださったら、それは永遠です。小さな人間どうしの愛や、財産や、次々と湧いてくる欲望のために時間をむだ使いするよりも、神を求めなさい。宇宙に存在するどんな愛も、どんな能力も、すべて神の中に見つけることができます。しかし、能力欲しさに神を求めてはなりません。ただ神を愛する一念で神を求めなさい。そうすると、神の泣き所が見えてきます。神は、無条件の愛を献げられると、いやとは言えなくなるのです。

至福を見つけるために瞑想せよ

もっと瞑想しなさい。あなたがたは、まだ瞑想のすばらしさを知りません。瞑想することは、お金や、人間の愛や、そのほかあなたが考えうるどんな事に時間を使うよりも偉大なことです。あなたは、瞑想すればするほど、また、仕事やその他の活動の最中でも心が神に向けられていればいるほど、ほほ笑みを保つことができるようになります。私は、いつもそういう状態、つまり神の至福の意識の中にいます。それは、どんなものにも影響されることはありません。独りでいるときも、人といっしょにいるときも、そこにはいつも神の喜びがあります。私は、そのほほ笑みをずっと保持してきました――もっとも、それをかち取るのはたやすいことではありませんでしたが――。あなたの中にも、これと同じほほ笑みがあります。これと同じ喜びと魂の至福があります。あなたは、それを新たに手に入れる必要はありません。ただ、忘れていたものを取り戻せばよいのです。あなたは今、感覚のとりこになって一時的にそれを見失ってい

るだけです。
もしあなたが、最高の喜びを五感の対象の中に求めているとしたら、大きな見当違いです。感覚的喜びは、かえって最高の喜びを妨害するものです。「彼女の顔を見ないと何をしてもうれしくない」などと喜びに条件をつけている間は、決して純粋な至福を見つけることはできません。感覚によってつくられる喜びで、長続きするものはないからです。物質世界のものはすべて無常です。肉体の若さや美しさも、時は容赦なく破壊します。ですから、たとえあなたが百人の美女に囲まれ、いつも好きな音楽を聞いて、欲しいものをすべて手に入れたとしても、真の幸福を見つけたことにはなりません。あなたは、一時的には幸福だと思うかもしれません。また、欲しいものを手に入れようと苦心して努力した結果、そのもの自体からは幸福が得られなくても、それに費やした努力から満足感を引き出して幸福だと思うかもしれません。しかし、そういう満足も一時的なものです。

ですから、感覚の中に幸福を求めてはなりません。喜びは、自分の内に求めなさい。そして、その喜びを顔に表わしなさい。そうすれば、どこへ行っても、あなたがちょっとほほ笑んだだけで、周りの人たちはあなたの聖なる磁力によって高揚され、幸福を感じるでしょう。

しかし、人の心を変えるのは、ほかならぬ神であることを忘れてはなりません。自分の力で善いことをしている、などと決して思ってはなりません。善いことをしているのはすべて神です。ここは神の世界です。もしあなたが、神こそ自分の内にいます主人であり、すべての行為の主人公であることを知って、自分の善い行為も悪い行為もすべて神に献げ、神に委ねるならば、あなたのすべての行為は驚くほど良い方向に変わってゆくでしょう。神の意識があなたとともにあるとき、あなたは間違った行為をすることができなくなります。あなたの人生を神に委ねなさい。何をするときも、

「これをするのは、神よ、あなたです。私ではありません」と言いなさい。こうして、自我意識を粉砕しなさい。自我意識は、魂の自由を得るうえの最大の障害です。あなたは行為の主人公ではないのです。もし、神があなたの延髄のスイッチを切って生命の灯を消されたら、あなたは手をあげることもできなくなります。(2)

外界の印象を意識から消すには

ある日、私はエンシニタスの僧院の庭で座っていました。それはたいそう寒い日でしたが、私が意識を内面に振り向けると、とたんに寒さを感じなくなりました。そして、喜びが私を包み

ました。このように、私はときどき、周りの風景が、映画を映し出している映写機からの一本の光線のような一つの光の中に溶け込むのを見ます。私が風景を見ようとしてそれに意識を集中すると、風景が見えます。そして、光線に集中すると、風景は消えて見えなくなります。あなたがたは、意識を働かさずには何も見ることができません。もし、自分の心を完全に制御できるようになって、内なる魂を見ようとすれば、目を開けたままでも神の偉大な光だけが見え、そこから湧いてくる大きな喜びが感じられます。そして、肉眼で外の世界を見ようとするときだけ、あなたの意識は外の世界を知覚します。外の世界はすべて神の〝映画〟です。この日、エンシニタスで私は、神から来た私の意識が描く夢である感覚と想念を片側に見、それとより内面に入り込んだ別の側に、感覚の全くない純粋な喜びを意識することができました。そのとき私は、厳しい寒さの中で海水パンツ一つで座っていましたが、寒さも周りの景色も私の意識から消えて、喜びだけを感じていました。しばらくたってから、私は大きな喜びのほかに、周囲に対する感覚をわずかに意識しました。

　このように、内なる神を感じる練習をしなさい。少しばかり祈ったり、小さな光を見ただけで、満足して眠りに入ってはいけません。睡眠は麻薬のようなものです。あなたが、性欲やその他の感覚を正しく制御して、魂の全力を傾けて神を求めつづけるとき、神はあなたに来られます。あなたがいくら道徳的に優れ、霊的素質に恵まれていても、神を直接に感じることができなければ、あなたはまだ肝心なものをほとんど手に入れていないのです。

　ですから、考え違いをしてはなりません。もっともっと瞑想しなさい――たゆまず、そして真剣に。そして神にこう言いなさい――

「主よ、私は自分の弱さを知っています。しかし、その弱さもあなたから頂いたものです――私をおつくりになったのはあなたですから。私は、あなたさえいっしょにいてくださるなら、ほかに欲しいものは何もありません――この宇宙劇を見せてくださるのもあなたですから。あなたには喜劇も悲劇もありません。あなたは、それらの二元性を超越して完全に自由です。私はあなたの子供ですから、私もまた自由です」と。

　あなたは、自分を罪びとと思ってはなりません。しかし、自分は正しい人間だと自惚れてもいけません。ただ、神がいつも自分といっしょにいて、自分を通して働いておられる、ということを覚えていなさい。すると、世界が違って見えてきます。神の意識をもたない人には、この世界が、苦悩と闘争と失望に満ちた場所に見えますが、神を意識している人にとっては、こ

こも幸福な天国です。

かつて私は、「ベルナデッタの歌」という映画を見ていたとき、聖女の生涯の物語に感動して涙が止まらなくなってしまいました。私はふと気がついて、「いったいどうしたというのだ!」と自分に言いました。そして再び画面を見ると、それはただの光と影の像でした。もうドラマの意識はありませんでした。そして、悲しい気分は消えて大きな喜びが私を包みました。

創造活動という映画

神は、この世を去ったどんな人の姿でも一瞬のうちに複製することができます。そして、そのことをあなたがたに知ってもらいたいと思っておられます。神はあなたがたに、この創造活動の世界が一つのお芝居であることを理解するよう望んでおられます。もし、この芝居をあまり深刻に受け取り過ぎると、あなたは傷つくことになります。それはあなたも望まないでしょう。悲しみや、病気や、苦痛に満ちた人生など、だれでもご免です。私は、けがなどで痛みを感じたときは、いつも心を眉間の霊的意識の中枢に集中します。すると、痛みを感じなくなります。しかし、注意力をけがのほうに向けると、痛いという〝幻覚〟を感じます。あなたも、心を魂の霊的意識に集中させることができれば、悲しみや痛みの幻影が心のスクリーンに現われても、それに煩わされなくなります。ですから、神に、その最も本質的なみ姿である至福を現わしてくださるようたえず祈りなさい。

あなたは、すでに多くの時間をむだにしてきました。死は、いつあなたを連れ去るかわかりません。気がついてからでは遅いのです。肉体の鳥かごから出される前に神を知りなさい。神に、

「あなたご自身を感じさせてください」

と訴えなさい。しかし、神は、あなたが欲望という病気をすっかり治すまでは、この迷妄《マーヤ》という病院から退院させてはくださらないでしょう。何事も神のために行ないなさい。神のために働くことは、霊的進歩のためには瞑想と同じくらい大切なことです。

夜は、神の中に引き上げられて、その至福の中にしっかりと抱かれたと感じるまで瞑想しなさい。そして、昼の仕事をするためにそこから降りて来たら、そのときの状態を思い出しながら働きなさい。そうすれば、あなたはいつも神といっしょにいることができます。そして、いつもほほ笑みを絶やさずこう言えるようになります――

「わたしの魂を満たしている常に新鮮な喜びの海は、この世の小さな喜怒哀楽で波立たせようとしても、少しも動揺しな

い」と。

あなたをたぶらかそうとするマーヤの魔法など笑い飛ばしなさい。人生を宇宙ドラマの映画として見れば、マーヤの偽瞞も、もうあなたには通じなくなります。神の至福を手に入れなさい。世界が音を立てて崩壊してゆく中にあっても平然と立っていられるようになれば、あなたは神を現実の存在として知るようになります。神は、あなたを、ご自分の似すがたにつくられたのです。神はあなたを苦しめようとしているのではありません。あなたはすでに神と同じにつくられているのに、それを知らずに、自分を一個の肉体人間としてしか認めていません。そして、そうした認識が妄想であることも知りません。

もし、自分が癌にかかっていると知ったら、だれでも深刻にならざるをえないでしょう。しかし、聖フランシスは、自分が難病にかかっていながら他人の病気を治したり、死人をよみがえらせたりしました。彼の聖なる喜びは、どんな障害にも揺るぎませんでした。ですから、あなたも万難を排して神の懐に飛び込んで、聖なる喜びを手に入れなさい。しかし、神に受け入れてもらうためには、あなたが求めているのは神ご自身であり、神のお芝居の中で喜びや楽しみのまね事を演じることではない、ということを証明して見せなければなりません。

神には理屈でなく愛で訴えること

また、神のなさる事を理屈で理解しようとしてはなりません。ますます不可解になるだけです。あなたは、神と一体になるまでは、神の法則を完全に理解することはできないでしょう。人間の理屈で神の意図を理解しようとするのはむだなことです。例えば、あなたが小説を読んでいるとします。その中で、善良な主人公が苦しめられたり、悪人たちが勝ったりして、予想を裏切るような展開ばかり続くと、あなたは気持が治まらず、著者に怒りを感じます。しかし、最後の章で満足な結末に達すると、あなたはその複雑な過程を振り返ってみて、すばらしい小説だったと思います。神は、小説家としても超一流です。ですから、人は創造活動の複雑な筋書きや矛盾に戸惑いを感じさせられるのです。その謎を解こうとしても、途方に暮れるだけです。しかし、あなたが神を見つけたとき、その最後の章で、神は人生のあらゆる謎を解いてくださるでしょう。そして、その答えを知ったとき、あなたはただ神の英知に感嘆するほかはないでしょう。それは私が経験したことです。

たえず心に神を感じながら生きなさい。そして、この世に関するいっさいの恐怖を心から閉め出しなさい。そうすれば、恐怖のほうがあなたを避けて行きます。そのとき、あなたはマーヤの惑わしから解放され、ほほ笑みながらこう言うでしょう、

「わたしはついにマーヤの神秘のすべてを知った！」と。しかし、初めにその謎を解こうと思ってはなりません。まず神を愛しなさい。そうすれば、神がすべてを教えてくださいます。そして、あなたは永遠のほほ笑みをほほ笑むことができるようになります。そのほほ笑みの中に輝いている聖なる喜びは、あなたのすべての考えと、言葉と、行動に反映します。どこで瞑想しても、あなたはそのほほ笑みの余香をあとに残し、そこに来る人もみな神とともにほほ笑みたくなるでしょう。得も言われぬ神の至福の中に住むとき、あなたはいつもほほ笑んでいられるのです。

(1) ラヒリ・マハサヤはパラマハンサ・ヨガナンダのグルのグル。その写真と、その写真が撮られたときのいきさつについては『あるヨギの自叙伝』第一章参照。
(2) 延髄にある霊的中枢（チャクラ）は、生命エネルギーが人体に流れ込む入口。

講話二十二　主よ、われらをあなたの愛のとりこにしてください

（一九四五年一月五日　パラマハンサ・ヨガナンダの誕生日祝賀会のときの講話）

われわれはみな神の子です。われわれは、神の霊からその純粋さと、栄光と、喜びのすべてを受け継いで生まれてきました。この天性は永遠不変のものです。自分を罪の道に運命づけられた生まれながらの罪びとと自認するのは、最大の罪です。聖書はこう言っています――

「あなたがたは、自分が神の神殿であり、神の霊が自分たちの内に住んでいることを知らないのか」（コリントの信徒への手紙一　3・16）

あなたがたは、天の父が、あなたがたを無条件に愛しておられることを忘れてはなりません。しかし、あなたがたの父はあなたがたに、父から離れるかまたは父を求めるかの選択の自由をお与えになったので、あなたがたが父の愛を心底から求めているることを先に表明するのを待っておられるのです。

かつて私は、瞑想中、天の父がこうささやかれるのを聞きました――

「お前は、わたしがお前から離れたと言うが、お前のほうが入って来なかったのだ。そのため、お前はわたしが離れたと思ったたけだ。わたしはいつもお前の中にいる。お前が入って来さえすれば、いつでもわたしに会うことができる。わたしはいつもここにいて、お前が来るのを待っているのだ」

神を求めるには真剣な誠実さが必要です。神の霊は、誠実な心にのみ現われます。イエスはこう言いました――

「父よ、あなたはこれらの事を、知恵のある者や賢い者には隠して、幼な子のような者にお示しになりました」（マタイによる福音書　11・25）

神の前では、人間の知恵など無いも同然です。神にご自身を現わしてくださるよう口説く唯一の方法は、神がわれわれに注いでくださる無条件の愛と同じ愛をこちらからも献げることです。

人はみな、いつかは救われますが、途中あまりぐずぐずしていると、無関心という溝に落ち込みます。無関心は、今すぐ神を見つけることの重要さを悟る機会を奪ってしまいます。われわれに、それぞれの個性と、地球という環境が与えられたのは、われわれが、単にしばらくここに存在してそのあと無の中に消

えてしまうためではなく、それらの意味を考えるためです。人生の意味を理解しないで生きることは愚かなことであり、時間の浪費です。生命の神秘はたえずわれわれを取り巻いており、われわれには、その謎を解くための知性が与えられているのです。

神は、あらゆる愛の背後で働いている愛である

　私は、永遠不変の愛を探し求めた結果、すべての人間愛を通して私をずっと愛しつづけてくださったお方がほかにおられたことを知りました。それは、私の母として、父として、友として私を愛してくださった聖なるお方でした。私はそのお方を――すべての友人の背後にいますただ一人の友であり、今もあなたがたの顔の奥から私に愛のまなざしを注いでくださっているただ一人の聖なるお方を――捜し求めて、ついに見つけました。そのお方は、どんな事があっても、決して私をお見捨てになったりはしません。

　神は、すべてのものの背後におられます。〝父母を敬いなさい[1]〟。しかし、〝心をつくし、魂をつくし、力をつくして、主なるあなたの神を愛しなさい[2]〟。神との聖なる友情を育てることと、これ以上時間を浪費しないことの重要性をあなたは理解すべきです。あなたがたは毎晩平気で眠りに就きますが、翌朝目が覚めるという保証はどこにもありません。われわれは、一人ずつ確実にこの世から連れ去られてゆきます。しかし、それを悲しむのは無意味なことです。われわれは、死んでもまたこの世に生まれて、この生涯の続きを始めなければならないからです。

　私は、生と死を、海の波の浮き沈みのように観ています。われわれは誕生によって、波のように表面に姿を現わし、死ぬと、神の懐の中に沈み込んで眠ります。私はこのことを、自分で体験しました。私は、自分が死のうと思っても決して死ねないことを知っています。私は、霊の海の中で眠っているときも、肉体の中でこの世を意識しているときも、いつも神といっしょだからです。この至福は、この世のことにあくせくしている間は見つけることができません。さりとて、人のいないジャングルに逃げ込む必要はありません。それは、日常生活というジャングルの中で、内なる静寂の洞窟を探せば見つけることができるからです。

　あなたがたが過去にどんなに多くの過ちを犯したかは問題ではありません。それらは夢と同じく消えてしまうものです。あなたがたは、神の似すがたにつくられているのです。神がこの欺瞞的な地上映画とその中のさまざまな楽しみをつくられたのは、ただ一つの目的のためです。つまり、あなたがたがマーヤ

のからくりに気がついて、その幻影の正体を見破り、神だけを愛するようになるためです。これは間違いのない真実です。われわれは、なぜ、自分を残して次々と地上を去って行く家族たちに愛情を感じるようにつくられたのでしょうか？　それは、そうした出来事を通して、それらの愛する人々の背後にいてわれわれを愛しておられるのは実は神であることを、われわれに悟らせるためなのです。

　この人生映画のむずかしさは、偽物が本物に見え、本物が偽物に見えることとです。この世界が、毎晩眠っている間われわれの意識から消されてしまうのは、この物質宇宙が本物（実在）ではないことをわれわれに教えるためです。この睡眠の教訓は、われわれを育てるためではなく、われわれに、真実の存在である神を求めさせるためにあるのです。われわれの魂を満足させうるものは、神と、神の愛以外にはありません。真実性において、神の霊に匹敵するものはほかにありません。[3]

時間を浪費するな

　われわれは、もうすでに何年もの人生を過ごしてきました。あと、何年何か月何日何時間かが残っているだけです。時間をむだに費やしてはなりません。昼も夜も、たえず心の中でこう祈りなさい——

「主よ、あなたご自身を現わしてください」と。

　これを怠ってはなりません。「きょうは遊んで、あすから神を求めよう」などと考えてはなりません。いつもこう言いなさい——

「主よ、今すぐ私に現われてください」と。

　私には今、神の偉大な光が至る所に満ち満ちているのが見えます。何という喜び、何という輝きでしょう！

「主よ、み前に礼拝します。あなたは今、新たな栄光をもって、われらの内にお生まれになりました。私に、たえずあなたを感じさせてください。そして、ここにいる人たちの意識の中に新しく生まれることを望んでおられるあなたのご意志を、それぞれがみな自覚しますように——」

　仕事をしているときも、沈黙の中にいるときも、たえず神を思い、心からの願いを込めて神に語りかけなさい。そうすれば、あなたと神とを隔てている迷妄の霧は消えてしまいます。そして、今まで、美しい花々や、大勢の魂たちや、愛情や、夢の中で、あなたとかくれんぼをしておられたお方が姿を現わしてこう言うでしょう——

「わたしは長い間、お前から姿を隠していた。それは、お前が自発的にわたしを愛するのを待っていたからだ。わたしは、お前をわたしの似すがたにつくった。そして、お前がわたしの

与えた自由意志を、わたしを愛するために使うかどうか見たかったのだ」

私は、神があなたがたに、永遠の愛という贈り物をくださるよう祈ります。しかし、それには、あなたの側でも神を見つける努力をすることが必要です。あなたは二十五パーセントの努力をすればよいのです。そうすれば、あとは神とグルが助けてくださいます。今夜はまるで一瞬のように過ぎてしまいました。それは、神がずっと私といっしょにいてくださったからです。これこそ私が求めていたものです。あなたがたは、私への感謝を通して、私を遣わされた神への感謝を表わそうとしているからです。あなたがたのうえに常に主の祝福がありますように――。主の意識が片ときもあなたがたを離れませんように――。そしてあなたがたが、内にも外にも、至る所に主の存在を感じますように――。

神を自分のものとして呼びかけよ

神があなたがたにすぐに応えてくださらないのは、あなたがたが神に対して遠慮して、自分がどれほど切実に神を求めているかを積極的に示そうとしないからです。神を恐れてはなりません。自分の最も身近で親しいお方としてたえず神に呼びかけ、片ときも忘れず、何事も神と相談しながらしなさい。そうすれば、神が何物にもまさる安全の保証人であることがわかります。

「父よ、私はここにいる魂たちを、あなたの祭壇を飾る花束としてみ前に献げます。どうか、いつも彼らとともにいてください。あなたは、この家族の長《おさ》です。われらは、み名の栄光をたたえるために集まった、あなたの子供たちです。あなたの光で無知の闇を追放し、その輝きでわれらの心の霧を吹き消してください。おとなしい子も、わんぱくな子も、みなあなたの子です。どうかみ姿をお見せください。ここにいるすべての者をお恵みください。私は今、彼らの好意を感じています。私に与えられたすべての好意、名誉、尊敬、愛をみ前に献げます。父よ、あなたは私の愛であり、私のすべてです。

われらを祝福してください。あなた以外のものに対する欲望を、われらの中から滅ぼしてください。われらが心に抱くすべての野望の王座に君臨してください。あなたの栄光を世界のすみずみにまで現わしてください。われらを恵み、われらをあなたの存在で満たしてください。そして、あなたが過去も、現在も、未来も、常にわれらとともにいますことをもっとはっきりと悟らせてください。あなたが、ここに集まっているあなたの家族たちに今まで注いでくださった恵みと愛に感謝いたします。われらすべての者が、いつの日か、あなたを永遠不滅の生命《いのち》として、不断の喜びとして自分の内に迎え、その聖なる誕

生を祝うことができますように――」

さあ、いっしょに祈りましょう――

「われらの父よ、われらが地上の束縛から解放されたとき、天国に集まって、内なるあなたの誕生を祝うことができますように――。どうか、われらの内にも、外にも、み姿を拝させてください。われらを、あなたの光の中で一つにして、そこに唯一なるあなたのみ姿を拝させてください。われらは、一つに溶け合った心と魂の信仰をもって、あなたの遍在のみ足もとにひれ伏します。われらがあなたを忘れないよう祝福してください。あなたの不滅の愛の火で、われらの心をとりこにしてください。われらの父よ、われらの愛しきお方よ、み前にひれ伏します。どうか今も、そして永遠に、われらとともにいてください」

（1）マタイによる福音書 19・19。
（2）申命記 6・5。
（3）「生滅するものは実在ではなく、実在するものに生滅はない。英知に達した賢者は、存在についての究極の真理を知る」（バガヴァッド・ギーター 2・16）

講話二十三　新しい年の運命を開く

（一九四四年一月二日　ハリウッドの礼拝堂における講話）

もし、あなたが、最深の信仰を込めて神を思い、その思いを集中力によって心の奥に深く刻みつけると、宇宙の主は、あなたの愛を受け取るためにあなたの超意識の聖所まで降りて来られます。

あなたが新しい年に向けて抱いている高邁な抱負や決意を成就することができるよう、神に助けを求めなさい。そして、どんなことがあっても過去の習慣に流されたり誘惑に屈したりせずに、自分の志したことを必ずやり遂げようと決心しなさい。

私は、今書いている本を通して、貴重な一つの事を学びました。今まで私は、どんな原稿も書きっ放しで、読み直すことをしませんでした。いつも面倒がっていたのです。ところが、今度の自叙伝[1]では、細かい点を何度も読み直さなければなりませんでした。すると主は、実に思いやりのある方法で私を訓練してくださったのです。つまり私は、読み返すたびに自分のすばらしい体験がよみがえってくるので、何度もそれを楽しむことができたのです。

私は、この人生でいろいろなことをやってみました。講演したり、建物の設計・建築をしたり、芸術作品を手がけてみたり、楽器を演奏したり、造園をやったり、学校を設立したりしましたが、私の成功の秘訣はいつも意志の力でした。「運命とは自分でつくるものである」――私は確信をもってこう言うことができます。

去年一年の自分を振り返ってごらんなさい。初めに立てたりっぱな計画や目標はどうなりましたか？　意志の弱さから挫折させてしまったのではありませんか？　今年は同じ過ちを再びくり返さないように、さらに強い決意を固めなさい。時間は、漫然と過ごさず、計画的に使いなさい。世間の風潮や自分の習慣に流されていては、真の幸福は得られません。そのようなロボットにはなるまい、と決心しなさい。あなたは変わらなければなりません。それには、自分で自分を変えなければなりません。良くなろう、と漫然と望むだけでは不十分です。現在のあなたをつくったのはあなた自身ですから、あなたは、自分を思いのままに変えることもできるのです。しかし、そのためには、意志の力を使うことが必要です。

石の壁よりも破壊しにくいのが、習慣という檻《おり》の格子です。あなたはどこへ行っても、この目に見えない檻に閉じ込められています。しかし、あなたはそこから出て、自由になることができるのです。今すぐ、その習慣の檻を破って自由に向かって突進しようと決心しなさい。われわれが習慣の檻に入れられるのは三歳ごろからです。人生も、ひどいことをするものです！すぐにその私は、自分が習慣の檻の中にいると気づいたとき、すぐにその檻を破って外へ出ました。私は、習慣に縛られて「自分にはできない」とか、「それをしないと気がすまない」とか、「その話は頭が痛くなるからかんべんしてくれ」とか、「寒さには勝てない」などと弱音を吐きたくなかったからです。

習慣の力がなぜそんな子供のころから強く働いているかと言えば、それは、それらが前世における経験の持ち越されたものだからです。われわれの気質というものは、過去のカルマによって生命の記録紙に描かれたグラフのようなものです。悪い習慣や気質は、スカンクの悪臭よりも不快を感じさせます。まわりの人々を不愉快にさせるばかりでなく、自分自身をも罰する、そんなスカンク人間にならないよう気をつけなさい。われわれは、みな何らかの悪い癖を前世から持ち越してきているため、だれでも一度や二度はそういうことをしているのです。

失った神性を取り戻せ

自分の好ましくない性格は変えることができます。人間の心は弾力的ですから、徐々に引っ張ってやればその方向に伸びます。しかし、人はなかなかそれを試そうとしません。神はわれわれに、人生のあらゆる試練や自分の欠点を克服するために、十分すぎるほどの能力を授けてくださいました。聖フランシスは、自分自身は病気で失明していたにもかかわらず、病人を癒し、死人をよみがえらせることができました。彼は、肉眼は見えなくても、内なる眼で宇宙の偉大な光を見ていたのです。神は、聖フランシスのような真の神の子には、普通の人よりも大きな試練を与えられるのです。しかし、人はだれも、神のすべての試練に合格して真の神の子としての生き方を身につけるまでは、真の自由への門をくぐることはできません。自分を、命や能力に限りのある弱い存在と思ってはなりません。あなたがたは、みな神の子の素質を与えられているのです。あなたには、すべての能力がすでに備わっているのです。あなたは、ただそれを自覚すればよいのです。

真の神の子になることは、実は、今生で百万長者になることよりもはるかに易しいことです。地上の環境にはあまりにも制約が多すぎるため、多くの人たちは望みを果たさないうちに死を迎えてしまいます。しかし、神を知ることは、今生でも果た

すことができます。なぜなら、あなたは神を外から連れてこなくても、神はすでにあなたの内におられるからです。

仮に、すべての人がヘンリー・フォードのような大金持ちになりたいと日夜祈ったとしても、それは叶えられないでしょう。この地上は、すべての人がフォードのようになれるような場所ではないからです。しかし、精神的、霊的に富豪になることなら、だれにでもできます。神は、すべての人に、神のようになれる能力を平等に授けてくださったからです。あなたが自己の神性を取り戻しさえすれば、すべてのものはあなたのものになります。いくらフォードのようになっても、財産や健康はいつ失われるかわかりません。しかし、キリストのようになれば、富でも健康でも、何でも思いのままにつくり出すことができます。ですから、他人の財産や健康を羨んだり憧れたりするよりも、ただ一つの事――神性を取り戻すことを求めなさい。イエスは、決して自分だけが神の子だとは言っていません。天の父は、ご自分の子供たちであるあなたがたをも、イエスと同じように愛しておられるのです。もしあなたが、イエスのように、自分と神との真の関係を確立すれば、神は、あなたの望みを何でも叶えてくださるでしょう。瞑想という技法を使えば、あなたの失われた神性は、取り戻すことができるのです。

習慣は、常に自由な霊であるわれわれの本性の上につぎ足された接ぎ木のようなものです。私は、子供のころ、大そう怒りっぽい性格でしたが、それを直そうと決心してからは決して怒らなくなりました。しかし、もし私が意志の力を使わなかったら、それはできなかったでしょうし、また、今までに成し遂げたほかの事もみなできなかったでしょう。あなたがたも、意志の力を使うことを学びなさい。悪い習慣は、放っておけば生涯苦労の種になりますが、決心すればきょうにでも正すことができるのです。今、新しい年を迎えるにあたって、決意を新たにし、自分が、肉体をもつ人間としてはいろいろな習性をもっていても、神の似すがたにつくられた魂としては自由である、ということを自覚しなさい。勘違いしてはなりません。過去に身につけた欠点は、あなたの本来のものではないのです。そんなものは容赦なく切り捨てなさい。さもないと、それらは、あなたの生命の木につぎ足された芽のように生長します。そうさせてはなりません。「わたしは神の子だ。わたしと神とは一体である」とくり返し断言しなさい。

理性と意志とを働かせて決意せよ

強い決意をもって決めたことは、何でもすぐ習慣になります。あなたは、自分の理性が望むとおりに行動できるようになるべきです。試してごらんなさい。そして、自分のすべての欠点を

追放しなさい。去年の行動を反省し、どんな悪習に悩まされたかを思い出しなさい——人と争ったり、食べ過ぎたり、人をねたんだり、いろいろあるでしょう。今年こそ、そういうことはもう二度とくり返すまい、と今決心しなさい。そして、自分にこう言いなさい、「パラマハンサジは、編集という仕事が大嫌いだったが編集者になったと言われた。だから、わたしも同じように、どんな苦手なことでも成し遂げることができる！」と。あなたにも、できないはずはありません。私は、意志の力を使って決意したことはすべて成し遂げることができました。ですから、あなたがたも、決心しさえすれば必ず成功します。あなたは、神から、どんな障害をも打ち砕くことのできる力を与えられているのです。

「おお、なんじ山よ、わたしの道を遮るな！　きょうはお前の肋骨をずたずたに引き裂き、粉々にしてくれよう！」

この言葉は、ある偉大なスワミ[2]の詩の一節です。彼は、また別の所でこう詠っています。

「わたしは、わが戦車に運命の女神と神々とを繋ごう！」

昔、ローマ人は、捕虜たちを戦車に繋いで地面を引きずりまわしました。恐ろしいことをしたものです。しかし、このことの中にも教訓があります。つまり、われわれは、自分の悪い習慣にそれと同じことをさせて、自分自身をその犠牲者にしているからです。われわれは、習慣の捕虜になる代わりに、習慣をわれわれの捕虜にすべきです。習慣を、自分の意志という戦車に繋いで、引きずりまわされる代わりに引きずりまわしなさい。真の自由とは、自分の気分や衝動に従って行動することではなく、自分の理性に従って行動できるようになることです。

今年からは、理性によって行動するようになりなさい。自分の内に生じた衝動をチェックして、それを行なうことが自分にとって正しいことかどうか見極めなさい。そして、あなたの理性がそれをなすべきだと判断したら、運命の女神にも神々にも邪魔させてはなりません。しかし、自分が間違っているとわかったらすぐに改める姿勢が肝要です。頑固な人はなかなか自分の間違いを認めようとしませんが、人は理性に従うべきで、〝盲目的な意志〟に従うべきではありません。あなたは、冷静に判断した結果、自分のしようとしている事が正しいと決断したら、もうだれにも邪魔をさせてはなりません。私は、もし自分の仕事がなくなったら、周りの人たちが、「彼をおとなしくさせるために仕事を与えよう」と言うまで世界中を揺さぶることもできます。（これは、自分の力を自慢するために言っているのではありません。あなたがたに私の経験から学んでもらうために話しているのです）

どんな仕事でも、正しい精神で行なうことは、自我を克服す

ることになります。例えば、トイレの掃除をするにも、人々に奉仕する精神で行なうとき、あなたは神に仕える者としての正しい精神を表わしているのです。何をするにも、それを行なうあなたの姿勢が重要です。嫌々ながらしかたなしに行動していると、人間はだめになります。私はよく人から、どうしてそんなにたくさんの仕事をこなすことができるのか、と尋ねられますが、それは、私が何事も最大の喜びと奉仕の精神でやっているからです。私はいつも、内的には神といっしょです。私はあまり睡眠を取りませんが、気分はいつも爽快です。それは、私が自分の仕事を正しい姿勢で行なっているからです――つまり、人々に奉仕するという神から与えられた特権を喜んで行使しているからです。

自分が神の子であることを改めて認識しなさい。これからは、以前のように習慣に縛られた自分に引きずりまわされるようなことはするまい、と決心しなさい。肉体や脳の、限界や不完全さは一時的なもので、あなたをいつまでも縛りつけておくことはできません。「これからは新しく生まれ変わるのだ」と強く決意しさえすれば、あなたは変わることができるのです。

あなたは今まで、自分の習慣の捕虜だったためずいぶん損をしてきました。あなたの王国が今、病気や、故障や、不機嫌や、無知などの侵略にさらされているのは、今生や過去世で身につけた間違った考え方や行動による習慣のせいです。これからはこう言いなさい――

「わたしはもう肉体の奴隷ではない。わたしは、わが王国の支配者だ。これからは、わたしが望むとおりに考え、実行しよう」と。

ひとたび自分の習慣を変えたら、あなたはこう言うでしょう――

「何だ、こんな簡単なことだったのか！　習慣さえ変えればこんなにたやすく幸福になれたのに、自分の魂を無能扱いする悪習を今まで放置しておいたとは、わたしは自分に対してなんて不親切だったのだろう！」

精神的骨董品になるな

習慣に縛られている人は、いわば精神的骨董品です。彼らは、何年たっても昔のままです。いつも同じことを言い、同じことをして、少しも進歩がありません。彼らとしばらく話していると、次に何を言うかすぐにわかるようになります。自分を振り返ってみれば、たいていの人が、自分も精神的骨董品であることがわかるでしょう。

しかし、そうと気づいたら、今すぐそこから抜け出しなさい。あなたの習慣を変えなさい。気分に流されて行動するのをやめ

なさい。毎日、少しでも良くなろうと努めなさい。そして、周りの人たちから「彼はまったくすばらしい変身を遂げた！」と言われるようになりなさい。

神の悟りに達した人は、古い習慣に凝り固まった自分を完全に克服しています。パリサイ人たちからイエスの逮捕を命じられた下役たちが、イエスを逮捕しないで帰ってきて、「あの人のような話し方をする人は今までにいませんでした(3)」と報告したのは、下役たちがイエスの確信に満ちた保証の言葉を聞いて驚き、イエスが古い月並な説教者たちと違うことを認めたからでした。イエスのような偉大な師たちの性質は無限で、凡人の狭い量見では測り知ることはできません。私のグル、スワミ・スリ・ユクテスワの場合も、私が、「先生はこういうふうに考えられるだろう」と思っていると、いつもそれとは違った、もっと大きな測り知れない考えをもっておられることに気づかせられたものです。

あなたも、いつかは長い間の習慣である肉体への執着を断ち切って、神のもとへ帰らなければなりません。それ以外に道はないからです。あなたは今、この地上で道楽をしている放蕩息子です。あなたは、自分の無限の性質を再発見しなければなりません。自分の永遠の魂の本性を忘れて古い習慣のとりこになっている間は、幸福にはなれません。あなたがどこのだれであっても、それは問題ではありません。永遠の至福を得る唯一の道は、神のもとへ帰ることです。しかし、そのためにこの地上を去って背中に翼を付ける必要はありません！　今どんな境遇に置かれていても、その場で幸福をつかむことを学びなさい。そして、他人の幸福を自分の喜びと感じるようになりなさい。自分の立場を離れて他人の幸福を考えるようになりなさい。あなたは、すべての人を喜ばせることはできませんが、少なくとも自分に縁のある人々には親切にし、愛を与えなさい。自分に不親切な人に心からの親切で報いるほど、自分を束縛から解放する行為はありません。無残にむしり取られても、その手の中で芳香を放っている花のようになりなさい。ギーターはこう教えています――

「いっさいのものに悪意を抱かず、親切で思いやり深く……このような人は、わたしの愛する者である」（バガヴァッド・ギーター12・13）

人があなたを批判したら、それを無視してはなりません。指摘された過ちや欠点が真実かどうか反省し、もし真実ならば、黙ってそれを直しなさい。しかし、自分の過ちを他人に告白する必要は、ほとんどの場合ありません。告白することがかえってよくない場合もあります。相手があなたに悪意を抱いているときは、あなたの告白を逆手に取って、あなたを脅してくるか

も知れません。神の悟りに達した師《グル》には自分の過ちを告白してもよいですが、あなたを助ける力をもたない人や、あなたの過ちを他人に言い触らしてあなたを傷つけるような人たちにそうするのは無用なことです。

聖なる力の流れ

努めて善良な人たちと交わるようにしなさい。毎週ここに来る人たちの顔つきは、概して以前よりも霊的になってきました。そして、私と意識的に同調し、小さな事に動揺しなくなればなるほど、もっとよくなるでしょう。私をここに遣わされたのは偉大な師たちですから、その方々の聖なる力があなたがたの中へも確実に流れ込んでゆくのです。私が世を去ったあとは、この事実がもっとはっきりとわかるでしょう。私がここにいる目的はただ一つ、その偉大な師たちの教えを伝えるためです。この教えを真剣に実行する人たちには、少しずつ霊的変化が現われ、やがてその人たちによる影響が世界中に拡がってゆくでしょう。SRFの活動は、これまで人類を啓蒙するために高い世界から送られた最も偉大な霊的啓蒙運動の中の一つです。それは、キリストやクリシュナと霊交しておられるマハアヴァター・ババジ、ラヒリ・マハサヤ、スリ・ユクテスワなどの偉大な師たちによって贈られたものです。これらの大師たちの恵みは、今も地上に働いています。彼らはあなたがたを、そして世界を救おうとして手を差し伸べ、待っておられるのです。しかし、われわれの側からそれを望まなければ、彼らも働くことができません。世界は今や憎悪と戦争の狂乱の中にありますが、この世界的問題を解決しうるものは、キリストが教えた同胞愛だけです。キリストが望んだように、われわれがその教えに従えば、世界を戦争から守ることができるのです。

先日のクリスマス瞑想会のとき、キリストは何回か私に現われてくださいました。最初は幼な子として、次に成人した姿で、最後は十字架に掛けられる少し前のお姿のようでした。私は、キリストが現われてくださるまでにはかなり長い時間の瞑想が必要だろうと考えていたので、驚かされました。この経験を通して、神は、われわれがどんな現世的贈り物よりも神ご自身を求めていることを神に納得させさえすれば、それ以上の努力は要らないことを教えてくれたのです。神は、われわれのそういう願いを認められたとき、神秘のヴェールを取り払ってわれわれのところへ来られ、キリストでも、クリシュナでも、ババジでも、われわれが望むどんな偉大な方の姿でもとって現われてくださるのです。

この新しい年を迎えるにあたって、今年こそ自分の行動をもっとキリストに近づけよう、と決心しなさい。そのための努

力を今から始めなさい。まず、今までよりもっと瞑想しなさい。ＳＲＦが設立された目的は、あなたがたに、神を単に言葉で説明して観念的に理解させるためではなく、神を実際に体験して本当に知ってもらうためです。人々が互いに真の同胞となるには各人が神を体験しなければならない、というのがＳＲＦの主張です。もしあなたが、自分の内に神を見いだせば、その神がすべての人々の内にもいますこと、そして、あらゆる人種の子供たちとなったのも神であることがわかるでしょう。そのときあなたは、だれをも敵視することができなくなります。全世界がこのような普遍的愛をもつようになれば、互いに軍備の必要もなくなるでしょう。われわれは、まず自分からキリストのような手本を示すことによって、すべての宗教、すべての国々、すべての人種間に、融和統一をもたらさなければなりません。

　われわれは、簡素な生活をしながら高邁な思想を保持するよう、自分を訓練すべきです。どの家でも、自家用の食物を作れる小さな庭をもつことができたらよいと思います。生活を簡素化すれば、人生のもっと小さな楽しみまで楽しめる余裕が出来てきます。多くの人が、生涯、働いて、食べて、眠ることに追われて一生を終えていますが、あなたがたはもっと、自分の精神的平和と幸福を妨げる悪習や行動を追放する努力をしなさい。

　今年から自分の理性が望む事だけを行なえるようになるために、自分の心の聖所からすべての悪習という悪魔を追い出す決心をしなさい。そして、自分の願望をすべて成就できるように人生の計画を立てなさい。幸福になりたいと思ったら、幸福になろうと決心しなさい。あなたを邪魔しうるものは何もありません。あなたは不死不滅の神の子なのです。あなたの前に現われる困難は、すべてあなたをより高く向上させるための刺激剤にすぎません。

最善の決意——もっと神に時間を献げよ

　今年はどの悪習を追放するか、まず目標を立てなさい。それが決まったら、それを忘れないようにしなさい。次に、もっと神に時間を献げる決心をしなさい。つまり、毎日規則正しく瞑想し、一週間に一度は夜数時間瞑想し、自分の霊的進歩が感じられるようになりなさい。クリヤ・ヨガを忠実に実行し、食欲や情動を抑制しようと決心しなさい。

「自分自身の主人になろう！」——今すぐそう決心しなさい。

　あなたが今までに克服しようと思った自分の悪い習慣や考え方を振り返ってごらんなさい。それらは完全に克服できましたか？　自分の弱さに服従することは、自分の魂と神に対する冒瀆です。自分の運命を自分で決める、自分の支配者になりなさ

い。自分を誘惑する危険と自分とは、いっしょに生まれた兄弟です。しかし、自分のほうが兄で、力も強く、したがって、自分自身こそいちばん危険なのです！　あなたが今、私の話を聞きながら感じている勇気と決意を忘れないようにしなさい。では、いっしょに祈りましょう――

「天の父よ、われらが新しき年のすべての良き決意を成就することができますよう力をお貸しください。われらが、自分の行為を通して、いつもあなたを喜ばせることができますように――。われらはそれを心から望んでおります。新しき年の価値ある願いをすべて実現することができますよう祝福してください。われらは、考え、志し、行動します。何事も正しく考え、正しく志し、正しく行動するようお導きください。オーム、ピース、アーメン」

（1）『あるヨギの自叙伝』。
（2）スワミ・ラム・ティールタ。
（3）ヨハネによる福音書 7・46。

講話二十四　誘惑をかわすには

（一九三四年十一月十五日　ＳＲＦ本部における講話）

サタン（悪魔）とは、この宇宙の本質を構成する惑わしの力（マーヤ、迷妄）に付けられた名です。サタンは、いつも真実を隠してわれわれをだまし、無知のわなにはめようとしています。われわれに神が見えないのもそのためです。神は、容易にサタンを殺すこともできますが、それよりも、われわれが愛によってサタンの力を克服することを望んでおられるのです。サタンは、われわれが彼の差し出すいっときの感覚的快楽よりも神のくださる永遠の喜びを選ぶとき、その魔力を失います。ですから、サタンに勝てるかどうかは、「あくまでも天の父の側に付こう」というわれわれの決意いかんにかかっているのです。

自分の怠惰や油断を容認することは、サタンに味方することです。イエスは、こう祈るよう教えました――

「われらを試み（誘惑）に会わせず、悪より救い出したまえ」（マタイによる福音書６・13）

誘惑が差し出すものは、われわれを益するためのものではなく、この世界を支配するマーヤの謀略の道具です。そのため、人はみなその影響を受けます。そこで、神はわれわれに、その影響を克服させるために、理性と、良心と、意志の力とを授けられたのです。

自分の間違った行為を許していると、苦悩という付けがまわってきます。間違った考え方によって過ちの穴に陥ったときは、こう祈りなさい――

「父よ、われらを過ちの穴に置き去りにしないでください。あなたのくださった理性と意志の力によって、ここから脱出させてください。そして、そのあと、なおもわれらを試そうとなさるなら、その前に、どうかあなたを経験させてください。そして、あなたが地上のいかなる誘惑よりも魅惑的であることを悟らせてください」と。

あなたが有害な喜びや楽しみから離れられない間は、サタンの支配下にいるのです。感覚的誘惑は、ひとたび屈服すると、必ずまた襲って来ます。「誘惑は一時的な幸福感を感じさせるだけで、結局は悲しみをもたらす危険なものだ」と真に悟ったとき、あなたはサタンの魔力をかわすことができるようになります。

感覚的経験はなぜ魅力的か

誘惑とは、確かに魅力的なものです。われわれの感覚機能は、すべて外側の世界に向かって働いています。脳から神経を通して目、耳、鼻、舌、皮膚へ生命エネルギーが流れており、それらの器官を通して経験される感覚は、この外向きに流れている生命エネルギーの働きによるものです。そして、われわれはそれらの感覚に、自然に興味を引かれます。それが感覚の誘惑です。しかし、それらの感覚に溺れることは危険を招きます。この外向きに働く生命エネルギーは、あなたが英知の中にしっかりと目覚めるまでは、あなたを感覚のとりこにしてしまいます。

われわれは、五つの光線を放つ感覚のサーチライトによって物質世界を感知し、探検しています。われわれが見たり、聞いたり、嗅いだり、味わったり、触ったりして、快いと感じるものを好きになるのは、感覚を通してです。そして、ある特定の感覚を好むようになると、それが習性になります。ここで問題は、ほとんどの人が、物質の陰に隠れておられる神を経験したことがないため、その得も言われぬ魂の至福が感覚的興奮や快感に比べてどれほどすばらしいものかを知らないことです。しかも、その至福は、われわれがあらゆる感覚的誘惑を追放するか、またはそれに全く興味を感じなくなるまで、経験することができないのです。感覚の誘惑というサタンのわなから身を守る道は、それよりもはるかに優れた喜びのあることを、理性または経験を通して知る以外にありません。

習慣は横暴な独裁者である

ある経験が有害だからと言ってそれを禁じられても、なかなか簡単にはやめられません。人はだれかに、してはならないと言われると、かえってそれをしたくなるものです。禁断の木の実は、初めは甘く感じられますが、終いには苦くなります。それでも人は、同じ苦い経験を何度もくり返して、自分を傷つけています。あなたが、ひとたびある感覚的経験を好むようになると、その習慣は、横暴な独裁者のようにあなたの脳に居すわって、自分に有害なものでもそれを受け入れるように、あなたに命令します。あなたの理性が止めようとしても、結局は押し切られてしまいます。自分をそういう悪習の犠牲者にしてはなりません。あなたは、自分自身の支配者であるべきです。どんな悪習の支配をも許してはなりません。ある特定の感覚的経験に対する欲望が習慣になったと気づいたら、すぐにそれと手を切りなさい。

私は以前、ジンジャーエールが好きでした。それは、その飲み物が、インドにいたころのレモネードの味を思い出させてくれたからです。それを知っていた私の生徒たちは、私が外へ出

かけるときは、いつもそれをそばに用意してくれました。ところがある日、私は、用意されたジンジャーエールを全部飲んでしまったのに、まだ欲しいという欲望を感じました。そこで、私はすぐにこう言いました――

「ジンジャーエールよ、わたしは君と長く付き合い過ぎたようだ。しかも、うっかりしてそのことに気づかなかった。この辺で別れよう。さよなら」

その翌日、私が試しに少しジンジャーエールを飲んでみると、それはまったくまずい味でした。前日の私の自省の思いがあまりに強かったので、ジンジャーエールに対する欲望がいっぺんに消えてしまったのです。

私は、自分から何を取り去られても、また、自分の意志で追放しても、寂しいとは思いません。また、肉体的安楽や快感に執着することもありません。そうなろうと努力したからです。あなたがたも、人生のあらゆることを、執着を残さずに経験できるようになりなさい。主クリシュナはこう言っています――

「自己制御を達成し、物質の中で生活しても、感覚の制御によって好き嫌いを生じない人は、不動の平安を得る」（バガヴァッド・ギーター２・64）

あなたが何かを――例えば、柔らかなベッドでも、枕でも、何でも「どうしても欲しい」と思ったときは、あなたは、自分を感覚の奴隷にしているのです。あなたの意志と理性が、感覚的執着によって束縛されているときは、自分が永遠の神の国から遠ざかってしまったと思いなさい。イエスは、主の中に復活したときに経験した至福の喜びを今でも楽しんでいますが、無知の中で欲望のとりこになって生きている人たちは、この世の誘惑を克服できるようになるまでは、何度生まれ変わっても同じような生き方を続けるでしょう。

自分の真の幸福をそこなうものは、どんなものでも許してはなりません。怒り、貪欲、嫉妬など、自分を苦しめる感情や、性欲、酒、麻薬などへの耽溺は、特に有害です。それらは、あなたを魂の喜びから引き離します。真の幸福を手に入れようと思ったら、感覚の濫用を戒めて、それに溺れてはなりません。「いつも感覚を喜ばせている者は決して満足することなく、感覚を制するものはいつも満足している」とは、不健全な感覚的快楽を戒める金言です。

英知は最良の防具である

誘惑から自分を守るには、英知の砦の中に入りなさい。そこより安全な場所は、ほかにありません。完全な悟りに入れば、あなたは何物にも害されなくなります。しかし、まだ英知に達しないうちに誘惑に襲われたら、まず行動をやめるか、または、

急いでその場から離れ、それから考えなさい。最初に考えようとすると、誘惑の力は理性よりも強く巧妙なため、あなたの理性を打ち負かして、あなたの望まない事をさせてしまいます。ですから、自分に強い調子で、ただ「だめだ！」と言って立ち上がり、その場から離れなさい。それが、サタンから逃れる最も確実な方法です。こうして、「だめだ！」とか、「サタンよ、去れ！」と言って誘惑をはねつけることができるようになればなるほど、あなたは幸福になります。あなたのすべての幸福は、あなたが良心の指示に従って行動できるか否かにかかっているのです。

あなたは環境や、習慣や、感覚的欲望の横暴な支配を許してはなりません。感覚的喜びよりも、徳性や精神的な生き方のほうが、実は、はるかに魅力的です。しかし、人は、習慣的な誘惑の鎖にしっかりと繋がれているため、それを知りません。もし、神がその愛であなたを誘惑したら、あなたはもうほかに何も求めようとは思わなくなるでしょう。そのとき、この世のどんなものも、あなたの関心を引くことはできません。神こそ最高の宝であると悟ったとき、あなたは物質世界のどんな誘惑にも心を動かされなくなるでしょう。

神を知ろうとすることは、人が抱く野心の中で唯一価値のある野心です。なぜなら、神は、永遠不滅の幸福そのものだからです。われわれは、あらゆる苦悩の万能薬である神をまず求めるべきです。神は、われわれが必要とするすべてのものを与えてくださいます。われわれが心の底から叫び求めるものは、愛でも、名声でも、知恵でも、何でも、完全者である神との交わりの中に見つけることができます。あなたが、仮に世界的な有名人であったとしても、死とともに自分の名声のことは意識から消えて、人々の賞賛も、もうあなたの意識には届かないでしょう。しかし、イエスは、自分の信者たちが自分を愛していることを今でも意識しています。それは、彼の意識が、宇宙の創造活動の中に浸透している神の意識――すなわち、万物に遍在し、たえず、そして永遠に万物を意識している全知のキリスト意識――と一つになっているからです。

ですから、肉体の死とともに失ってしまうようなものを夢中になって追い求めるのはやめなさい。財産、名誉、名声、感覚的快楽、物質的安楽――これらはみな偽物の喜びであり、神との交わりから得られる真の喜びの代わりにサタンが用意したものです。誘惑が魅力的に見えるのは、あなたが、それよりももっと良いもののあることを知らないからです。あなたが誘惑の魔力に屈するとき、あなたの理性は、欲望と習慣の捕虜になっているのです。そこから脱出する最高の方法は、神の無尽蔵の喜びの中に浸ることです。どんな世俗的喜びも、それによって即

座に魅力を失ってしまうでしょう。

今生のうちに真の喜びを発見すれば、それは、この一生だけでなく、来世までも持ち越すことができます。少しばかりの喜びを今放棄することによって得られる神の永遠の至福と、すぐに消えてしまうはかない今の世俗的幸福と、あなたはどちらを選びますか？　両者を比べて、よく考えてごらんなさい。あなたが自己の向上のために献げる努力を、神はすべて見ておられます。

罪びとの意識を捨てよ

自分を罪びとと思ってはなりません。あなたは紛れもなく天の父の子です。たとえ、あなたが過去において最悪の罪を犯したとしても、心から懺悔したあとは忘れなさい。ひとたび善くなろうと決心すれば、あなたはもう罪びとではありません。

「たとえ極悪の所業があっても、ひとたび悔い改めてひたすらわたしを信仰する者は、その正しい決意のゆえに、善人のうちに数えられる。彼はすみやかに有徳の人となり、永遠の平安を得るであろう。アルジュナよ、わたしを信仰する者は決して滅びることはない」（バガヴァッド・ギーター９・30―31）

過去の罪はきれいに洗い流して、再出発しなさい。そしてこう言いなさい――

「わたしはずっと善人だった。ただ、悪い夢を見ていただけだ」と。

この言葉は真実です。罪は悪夢であり、魂の本質ではないからです。

誘惑は、砂糖をかぶせた毒のようなものです。それは甘く感じますが、食べれば必ず死にます。人々がこの世に捜し求めている幸福は長続きしませんが、聖なる喜びは永遠です。幸福を求めるなら、永遠のものを求めなさい。そして、この世の束の間の喜びは冷淡に拒否しなさい。永遠なるものをしっかりと見定めて、この世の偽物に幻惑されてはなりません。神だけが真実の存在です。真実の愛であるあなたの宇宙の父は、あなたの心の中で、あなたとかくれんぼをしているのです。真の幸福は、神を経験することの中にあります。

人は、無知の夢の中に浸って、自分が病気や、悲しみや、貧乏に苦しめられている、と〝想像〟しています。インドの偉大な聖者だったジャナカ王は、あるとき深い祈りの最中、突然こう叫びました――

「今、わたしの宮の中にいるのはだれか？　今までは自分自身だと思っていたが、今そこには永遠なるものがいる！　あの小さな自分も、この肉と骨の塊も、わたしではない！　今わたしのからだの中にいるのは無限者だ！　わたしはその無限なる

自分を礼拝し、無限なる自分に花束を献げよう」

あなたにも、いつかそう悟る日が来るでしょう。そのとき、あなたは、自分が男とか女とかいう肉体的存在ではなく、神の似すがたにつくられた魂であり、〝神の霊が自分の中に住んでいる〟[1]ことを知るでしょう。

魂は、欲望や、誘惑や、心配事などの鎖によって肉体に繋がれており、そこから逃れたいと望んでいます。自分を有限の意識に縛りつけているその鎖を断ち切るためにたゆまず引っ張りつづければ、いつか見えざる神のみ手が加勢してその鎖を断ち切り、あなたを自由にしてくれるでしょう。

あなたの理性と、神との霊交とによって、自分を誘惑や悲しみから守りなさい。ギーターの中で主はこう言っておられます――

「万物のつくり主であるわたしを忘れた無知な人は、わたしがだれの内にも宿っていることを知らない」(バガヴァッド・ギーター9・11)

瞑想はあなたに、自分が有限の肉体ではなく無限の霊であることを、くり返し思い出させます。そして、あなたの想像している間違った自分の姿を忘れさせ、真の自分を思い出させます。例えばここに、酒に酔って自分の身分さえ忘れた王子がいて、スラム街へ行き、「自分はなんて貧しいんだろう!」と嘆いたとしたら、彼の友人たちは笑ってこう言うでしょう、「目を覚ませ、君は王子なのだ」と。

あなたも、それと似た一種の幻覚状態で、「自分はどうせいずれは死ぬものであり、苦しみながら生きるしか仕方のないみじめな存在だ」と思っているのです。毎日、静かに座って、確信をもってこう断言しなさい――

「わたしには、生死もなければ身分もない。父もなければ母もない。わたしは聖なる霊、永遠の至福である!」[2]と。

あなたが毎日、昼も夜もくり返しこう念じれば、やがて、不滅の魂としての自分の実体を悟るでしょう。

心を瞑想中の聖なる意識に固定せよ

誘惑、貪欲、人や財産への執着、感覚への隷属、自己の霊性に対する無知、怠惰、習慣に流された惰性的な生き方――これらは、あなたの幸福を妨げる最大の敵です。自分の心を、瞑想から得た聖なる意識のうえに固定して、勤勉に働きなさい。そうすれば、あなたは真に幸福になり、真の生き方ができるようになります。

私は、瞑想を始めたころはまだ、瞑想の中にそのような喜びがあるとは思っていませんでした。しかし、やがて、私はそこに、瞑想すればするほど増大する平安と至福とを発見したの

です。

もし、あなたが今の生活に退屈して、それを満たすために相変わらず目新しい経験やより多くの物を追い求めてゆくつもりなら、あなたの方向は間違っています。誘惑を避ける最も確実な方法は、自然に順応した生き方、つまり、神と調和した生き方をすることです。自然に逆らう生き方はやめなさい。真の幸福をもたらす力のないこの世界にいくらそれを求めても、幻滅を味わわされるだけです。人生は、もっと大切に使いなさい。

私は、毎日神にこう祈っています――

「父よ、もしみ心ならば、私から何でも取り去ってください。私は最善を尽くそうと努めています。しかし、このことだけは知っていてください。私は、あなたを喜ばせることをいつも第一に考えています。私は、ほかのものも喜ばせようと努めますが、しかし、何よりもあなたに喜んでいただきたいのです」

このように祈ると、あなたはいろいろな欲望の試練に悩まされるかも知れません。しかし、挫けずに自分の悪い性格や習慣と闘いつづけてゆくと、やがて神が近づいて来られて、ついには、あなたの好ましくない性質を洪水のようにすべて洗い流してくださいます。

クリシュナはこう言っています――

「禁欲により感覚の対象を物理的に遠ざけても、それに対する愛着は残る。しかし、至高なるものを経験すれば、その愛着からも解放される」（バガヴァッド・ギーター２・59）

すべての闇を神の光で追放しなさい。すべての邪念を正しい想念で追い払いなさい。何物にも勝る神の魅力を瞑想の中に見つけることによって、すべての誘惑を排除しなさい。これこそ、誘惑を退ける最強の武器です。そして、挫けそうになったらいつでも座って、神の存在が感じられるまで瞑想しなさい。

（１）コリントの信徒への手紙一　３・16。
（２）「われにに生もなく、死もなく、
　家柄もなく、父母もなし。
　われは彼なり、われは彼なり、
　われはかの永遠の至福なり」
　　スワミ・シャンカラ（ヴェーダの一元論の無類の解説者）

講話二十五　心のアル中の治療

（一九四九年ころの講話）

酒は、飲み過ぎると癖になり、最悪の場合、身を滅ぼす因になります。この癖を直す努力を怠って放置すると、アルコール中毒になり、ただ無性に際限もなく酒を飲みたいという、どうしようもない欲望に苦しめられることになります。そして、多くの場合、そのためにお金を使い果たします。彼らは、食べ物はわずかしか食べず、酒からなにがしかの栄養を摂っているように見えます。そして、自分の健康に対する正常な責任感も、家族や隣人や世間の中での自分の名誉ある立場も失ってしまいます。そして、ついにはすべての自尊心まで失い、酔いつぶれて溝にはまったり、路上に行き倒れて、あげくの果ては盗賊のえじきになったり、車にひかれたりすることにもなります。

以上、アルコール中毒についてお話ししたのは、これからお話しする心のアルコール中毒（心のアル中）を説明するためです。心のアル中は、その人の異常な心理特性によっていろいろに分類されます——例えば、慢性的な怒りや恐怖心、好色、変態性欲、賭博好き、盗癖、強い嫉妬心や憎悪、貪欲、不機嫌、狡猾、無分別、その他です。

生まれつき激しい癇癪や、恐怖心、嫉妬心、そのほか今述べたような性格を現わす人は、前世でそれらの異常な精神的習性を身につけたと考えることができます。

子供が、幼児あるいは乳児のころからそのような異常な特性を現わしているのに気づいたら、親は、その子が心のアル中にかからないうちに、すぐに手を打たなければなりません。そして、できればすぐに環境を変えて、精神面の教師の指導のもとに置くことが最善です。

心のアル中患者は、時間をかけて、適切な環境で、良い仲間たちといっしょに生活していれば、しつこい生来の悪習からも徐々に解放されるでしょう。心のアル中患者には、よい環境で行き届いた看護をする一方、心の悪習がもたらす結果をよく説明し、本人がそれを自覚して、その癖が出ないようにたえず気をつけ、かつ努力するよう励ますことが必要です。前世から持ち越してきた精神的悪習は、甘やかせば甘やかすほどますます強まり、その人を、文字どおりその悪習の奴隷にしてしまいます。

誤った考え

怒りっぽい人、好色な人、貪欲な人は、自分の立場や社会との関係を忘れて、自分ばかりでなく他人の一生までだいなしにするような大きな過ちを犯します。こうした心のアル中患者の多くは、自分がそれらの心の衝動を表に発散すれば気分が落ち着くと考えていますが、そうした有害な衝動にいつも降伏していると、結果はかえってますます悪くなります。すなわち、それをくり返しているうちに、心のアル中は慢性化して、どこへ行っても、だれにも相手にされなくなります。

心のまだ柔軟な子供たちは、悪い環境に置かれると、心の異常な習性が発達するのも速く、周りが気づかずにいると、すぐこ慢性的な心のアル中になってしまいます。子供の急激な変化に気づいたら——例えば、おとなしかった子が急に怒りっぽくなるなど——親はすぐに対処すべきです。その子の欲求不満の原因を調べて、それを取り除き、その子のエネルギーを建設的な方向に使わせる道を探さなければなりません。

前に述べたような異常な心理特性が習性となってしまった心のアル中患者は、ちょうど、悪習の放任というナイヤガラの滝を無謀にもボートで下るようなもので、自分の悪習に翻弄されながらどうすることもできず、自分の幸福を粉々に打ち砕いてしまいます。世間を憎んだり人生に飽きたりして、激しい反抗的な態度を示す心のアル中患者に対しては、まともに忠告したり叱ったりしてもむだです。彼らのそうした態度は、それまでの悪い習慣がつくりあげたものです。彼らは、慢性の精神病患者として扱わなければなりません。

交友相手の影響

急性の心のアル中に対しては、その種類のいかんを問わず、交友相手を変えることが最良の策です。心のアル中患者の意志は、すでに習慣の奴隷になっているため、どんな悪いことでも、習慣に抵抗できなくなっています。最も効果的な治療法は、彼の精神的症状を解消するような別の環境にすぐ移すことです。

できれば、怒りっぽい心のアル中患者は、何があっても怒らないような人たちといっしょに生活させるべきです。性的に放縦な人は、自己制御のできた人たちの中で暮らすようにさせ、盗癖のある人は、正直な人たちの中に置いてやることが必要です。小心で臆病な人は、勇敢な人たちと付き合ったり英雄の物語を読むことが効果的でしょう。また、気むずかし屋や、ひねくれ者や、人を軽蔑したり塞ぎ込んだりするタイプの人は、いつも明るく快活な人と付き合うようにすべきです。

心のアル中患者は、特に便秘と肉食——中でも牛肉と豚肉——が症状を助長し、その傾向を脳に深く刻みつけてしまうこ

とを知っておくべきです。毎日、果物や野菜を豊富に摂り、一週間に一日（ときにはそれ以上）の果物ジュースによる断食をすることは、悪い癖を固守している脳の溝に変化を与えるうえに大きな効果があります。

過度の性交は、神経系統や脳細胞を損ない、それが、心のアル中にかかっている人を怒りっぽくさせます。また、性的放縦は意志の力をも破壊します。ですから、心のアル中患者は、性的衝動を抑制して夫婦の間でも自然の節度を守るべきです。

小さな暴君

われわればしばしば、一家の生計を支えている人――例えば、父親とか、息子とか、またときには、母親や娘など――が支配者的地位にあるという意識から、心のアル中にかかりやすい傾向にあることを目にします。家庭の支配者は、無邪気で罪のない家族たちにまで当たり散らして自分の不機嫌を発散させ、身の周りの人たちの内心の尊敬を失うようなまねをすべきではありません。家庭内の独裁者が家で好き勝手に振る舞う癖をつけると、しだいに外でもわがままになり、人に不愉快な思いをさせたり、横暴な振る舞いをするようになります。そしてついには、いつでも、どこでも、そうするようになります。家庭内の小さな暴君は、自分の横暴な癖を直そうとしないと、しだいに心のアル中になって、大人げない乱暴な振る舞いで、身近な人たちにも、また、親しく付き合っている人たちにも大きな迷惑を与え、ひいては、自分自身も被害を被ることになります。

自分が心のアル中にかかっていると気づいたら、自分で治そうと努めなさい。そして少なくとも、周りの人に感染させたり、八つ当たりして気分を晴らそうなどと考えてはなりません。そんな事をすれば、より大きな被害が自分自身にはね返って来るでしょう。もし、あなたが家の中で静かに瞑想したり、暖炉のそばで読書などをしているとき、そこへスカンクが一匹飛び込んで来たら、どんな大騒ぎになるでしょう。家中の人はみなでスカンクを追い出そうとし、スカンクは追いかけられて悪臭をまき散らし、あなたの家族もスカンクも大被害を受けるでしょう。

ですから、スカンク人間も、嫌がられるような所へ入って行くのは得策ではありません。彼は、周りの人たちに迷惑を与え、その結果、ひどい仕打ちを受けることにもなりかねません。不機嫌な顔をして、どこへ行っても険しい雰囲気を辺りにまき散らすスカンク人間は、平和な環境に測り知れない害を引き起こすことを覚えておきなさい。そういう人は、どこへ行っても嫌われます。

心のアル中は、周りに迷惑をかけるよりは、隠すほうがまだ

ましです。悪癖は、生まれつきのものにしろ、生まれてからのものにしろ、それを恥とも思わず放置しておいたためにはびこったものです。生まれつき心のアル中にかかっている人は、自分の悪い習慣や気質を形成した、生来の心因を助長するような環境には住まないよう、二倍の注意を払う必要があります。

もし、あなたに会った人が、「こんにちは、お目にかかれてうれしいです」などと作り笑いを浮かべながらうわべは丁寧に挨拶し、内心では、「嫌なやつに会った。顔も見たくない！」などと考えていたら、あなたはそれを感じて嫌な気がするでしょう。私も、相手が自分のことをほんとうにどう思っているかを知りたいですし、偽善的な態度をとられるよりは、無愛想でも率直な態度を示されるほうが好きです。ほほ笑みのばらの茂みの陰から偽善の蛇が襲いかかって来そうな危険を好む人はいません。

しかし、心のアル中患者の場合は、人に自分の異常な気質をそのままぶつけるよりも、たとえ偽善的でも、友好的な態度を取るほうが良策です。そして、何をするにもたえず自制を心がけることが、その中毒症状から少しずつ抜け出してゆくうえに大切なことです。

講話二十六　気分の病の治療

（一九三九年三月五日　エンシニタスの旧礼拝堂における講話）

気分の病を明確に定義するのは容易ではありませんが、それがどんなものかは、あなたがたもご存知のとおりです。気分が病むと、感じ方や振る舞いが不自然になり、本来のその人ではなくなります。そして、結局自分でみじめな思いをします。自分で自分をみじめにするのですから、こんなばからしい事はありません。だれも、みじめになりたいと思っている人はいないわけですから——。気分が落ち込んだときは、自分自身を分析してごらんなさい。自分が自分をわざとみじめにしていることがわかるでしょう。あなたが塞ぎ込んでいると、周りの人たちにも重苦しい気分を感じさせます。どこへ行っても、あなたの心の波調は目に現われ、見る人に心の陰を感じさせるため、あなたは、何も言わなくても自分を語ることになります。あなたの目に現われている暗い感情を見た人は、その不快な波動から遠ざかりたいと思い、あなたのそばから離れます。自分の目からそういう暗い陰をなくすには、まず自分の心の鏡から気分の曇りを取り除かなければなりません。

われわれはガラスの家に住んでいる

われわれの住んでいるこの世界は、ガラスの家のようなものです。あなたは、周りの人たちから始終見られていますから、人前だけポーズをとっても、ごまかし通すことはできません。ですから、自然に振る舞って人に尊敬されるような生き方をしなければなりません。人があなたの顔を見て喜ぶようになりなさい。しかし、あなたの性質がどんなによくても、気分が病んでいると、それを内に閉じ込めてしまいます。

あなたは人に見られているだけでなく、自分もたえず人を観察しています。そして、自分を周りの人たちと比べてみて憂うつになります。また、次々と襲ってくる人生の果てしない苦労で憂うつになることもあります。気分は環境に影響されがちです。だれでもそういう傾向はありますが、環境の影響をやすやすと受け入れてはなりません。外的条件に左右されて自分を気分の奴隷にしてはなりません。中には、問題と正面から取り組むことを恐れて憂うつな気分の中に逃げ込む人がいます。しかし、憂うつは、逃避にも、気分の安定剤にもなりません。時折

気分が落ち込むことは自然ですが、いつまでもそこにとどまるべきではありません。

気分の病にはいろいろな症状があり、その種類によって原因もさまざまです。しかし、その原因はすべて心の中にあります。気分の病を治すには、その原因を取り除かなければなりません。人は、自分の気質を理解し、有害な気質があれば、どうすればそれを治すことができるかを毎日反省すべきです。もしかすると、あなたの心は、何に対しても興味の湧かない無関心な状態に陥っているかも知れません。そんなときには、積極的に興味を起こすように、意識的に努力する必要があります。無関心は、あなたの意志の力を麻痺させて、人生での進歩を停止させるため、最も用心しなければなりません。

もしあなたが、病気のために気が滅入って、もう自分は再び健康な状態には戻れない、と考えているなら、健康で、積極的で、道徳的な人生を送るための正しい生活法を実行し、神の癒しの力をもっと信じられるように祈るべきです。

また、もしあなたが、自分は失敗者で何をやっても成功しない、と思い込んで失望しているなら、問題を分析し、自分がほんとうに精一杯の努力をしたかどうか確かめなさい。そして、アメリカの大統領が処理している膨大な仕事のことを考えてごらんなさい。彼は、合衆国の四十八の州(1)のためばかりでなく、他の国々のことまで考えなければならないのです。一人の人間がそれほど多くの事を理解し、それほど多くの仕事をやれるとは、まさに驚きです。一般の人と大統領とで、それほど能力の差があるとすれば、大統領と無限に多忙な神との能力の違いはどれほどでしょう！　神は全宇宙を、その極微の原子に至るまで支配しておられるのです。しかし、忘れてはならないことは、われわれ人間はみな、その神の似すがたにつくられているということです。ですからわれわれは、「自分にはできない」などと言い訳をすることはできません。困難を恐れてはなりません。困難が人を傷つけたことはありません。あなたがたは、静かな落ち着いた心で働いたり考えたりすることを学ぶべきです。落ち着いて活動すれば、心が静かに澄んでいるため、何をやっても成功します。

たいていの人は、からだが十分に働いていないだけでなく、心も十分に活動していません。あまりにも多くの時間を考えずに過ごしています。そして、それがリラックスすることだと考えています。しかし、ほんとうにリラックスしているときは、心は静かに活動しています。例えば、神のことや、静かな美しい風景のことや、何か楽しかったことなどを思い出しています。静かな、そして積極的な心の活動は活力を増進しますが、多くの人は、創造的努力とは緊張することだ、という間違った思い

込みで、創造的思考をするのに気を張り詰めて神経質になっています。

気分の病はうつろな心を狙う

創造的思考は、気分の病に対する最良の治療法です。落ち込んだ気分は、心が消極的、受動的な状態にあるときを狙って入り込んで来ます。心がうつろなときは気分の病にかかりやすく、気分が病むと、悪魔が入り込んで来て暴力を振るいます。ですから、創造的な考え方を養いなさい。からだを動かしていないときは、いつも心を何か創造的な事に働かせなさい。落ち込んだ気分に浸っているひまがないほど忙しく、心を創造的に働かせなさい。

創造的に物を考えることはすばらしいことです。それは別世界に住むようなものです。だれもがこの力を養うべきです。私はここへ来るとき、講話について、前もってはほとんど何も考えません。しかし、ここに着いて講話の主題の意識に入ると、私の魂が、私にすばらしい事を語りはじめるのです。創造的に考えるとき、あなたは、からだや気分のことはすっかり忘れてしまいます。そして、心が神に同調します。われわれ人間の知性は、神の創造の知性の似すがたにつくられており、その知性を使えば、われわれは何でもできるのです。しかし、その意識に住んでいないと、いろいろな不安定な気分に包まれてしまいます。創造的思考はそうした気分を破壊して、自分の問題でも他人の問題でも、どんな問題にも答えを出してくれます。

気分の病は癌のようなものです。それは、魂の平安を食い荒らします。そのため、気分の病んでいる人たちは自分の困難を取り除くことができないのです。あなたにとってすべてがうまくゆかないときでも、それが腹を立てたり塞ぎ込んだりする言い訳にはならないことを覚えておきなさい。だれでも、自分の心の征服者にはなれるのです。心で敗北した失望者は、現実の敗北をも受け入れなければなりませんが、不屈の意志を持ちつづける人は、たとえ世界中が焼け野原になっても勝利者です。

あなたは、捕虜と征服者のどちらを選びますか？　自分を気分の捕虜にすると、あなたは人生の戦いを続けてゆくことができなくなります。自分の心を悲観的な気分で包むと、あなたの意志は麻痺してしまいます。病んだ気分は脳を曇らせるため、判断を誤らせ、せっかくの努力もむだにしてしまいます。

病んだ気分は進歩にブレーキをかける

どんなに気分が落ち込んでも、自分の気分は自分で克服することができます。気分の病にはもう取りつかれまい、と決心しなさい。それでもなお気分が不安に襲われたり、落ち込んだり

しそうになったら、その原因を分析して、何か建設的な行動を起こしなさい。興味も気力も失った無関心や投げやりな気分で仕事を続けてはなりません。無関心は、気分の病の中でも最悪のものです。そんなときは、あなたのつくり主はあなたではないことを思い出しなさい。あなたのつくり主は神であり、神はあなたのために宇宙を動かしておられるのです。ですから、何をするにも、神のために情熱を込めてしなさい。あなたは、神から無限の能力を与えられているのですから、いつも創造的に行動しなさい。病んだ気分の中に自分から浸って精神的敗北者になってはなりません。自分をだめにしてしまう、そういう精神状態からはすぐに抜け出しなさい。病んだ気分はあなたの進歩にブレーキをかけます。そのブレーキを外すまで、あなたは前進することができません。自分は神の子であり、自分にはどんな困難をも乗り越える力が与えられているのだ、と毎朝思い出しなさい。無限の神の力を受け継いでいるあなたは、自分を生かすも殺すもあなたしだいなのです。

知恵のある少年は、易しい問題には興味を示さない代わりに、難しい問題には喜んで挑戦します。しかし、多くの人たちは、人生が差し出す難問を恐れます。私は、一度も恐れたことはありません。いつもこう祈ったからです――

「主よ、私の中にあるあなたの力をもっともっと強めてください。どんな困難も、あなたの助けを借りれば乗り越えることができる、という積極的意識を、私にたえず持たせてください」

問題に直面したら、もうそれ以上考えられないというところまで、建設的に考えなさい。私は、問題を解決しようとするとき、「自分は最善を尽くした。これ以上自分にできる事はもう何もない」と正直に言えるまで、考えうるあらゆる解決策を試みます。そして、あとは忘れてしまいます。

問題についていつまでも心配して、それを意識の中に持ちつづけると、気分が滅入ります。それは避けなさい。難問に出会っても、困ったと思わずに、それを解決するためのあらゆる手段を考えなさい。自分だけで思いつかなければ、それと同じような問題にぶつかった人の場合を考え、彼らの経験から、どうすれば失敗し、どうすれば成功するかを学びなさい。そして、合理的で実行できると思われる手段を選んで、恐れず実行しなさい。あなたの内には、宇宙のあらゆる知識を収めた図書館が隠されているのです。あなたの知りたいことは何でも、あなたの内にあります。それを引き出すために、創造的に考えなさい。

誠実な愛のもつ不思議な効果

病んだ気分は、感受性や理解力を鈍らせ、周囲の人々との調和を破壊します。家庭は天国のような楽しい場所でなければな

りませんが、中に不機嫌な人がいると、そこは地獄に変わってしまいます。夫が外から帰宅しても、妻が不機嫌だと話しかける気にもなりませんし、反対に、夫が不機嫌な顔つきで帰って来ると、妻は相談を持ちかけることもできません。不機嫌が引き起こしているいざこざの何と多いことでしょう。

　家族の中に、一人でも激しく怒っていたり、あるいはまた無関心な態度の人がいると、周りの人はすぐにその気分に影響されます。また、あなたが上機嫌でだれかの所へ行ったとします。ところが、相手が不機嫌であなたにけんかを売り、あげくの果てにあなたを殴ったとしたら、あなたの気分はいっぺんに損なわれ、相手を殴り返したくなるでしょう。しかし、他人の気分の病をうつされてはなりません。聖書は、もし片方のほほを打たれたら別のほほを向けよ、と教えていますが、そうする人は何人いるでしょう？　殴られた人はたいがい、十倍も殴り返してやりたいとか、足で蹴ってやりたいとか、中には銃で撃ってやりたいなどと考えます。殴り返すことは簡単ですが、敵の暴力を収めさせようと思ったら、愛を返すことが最高の方法です。たとえその場ですぐに効果が現われなくても、相手は、あなたが自分の暴力に対して愛を返してくれたことを決して忘れることができないでしょう。ただし、その愛は真実のものでなければなりません。それが心からの愛であるとき、その愛は不思議な力をもつようになります。それには、結果を期待してはなりません。たとえあなたの愛が拒絶されても、気にしてはなりません。愛を与えたら、あとは忘れなさい。すると、思わぬ不思議な結果が現われてくるでしょう。

　あなたの内部、すなわち魂の中には、すばらしい花園があることを知っていますか？　それは、愛や、善や、理解や、平安の香りに満ちた想念の花園で、地上のどんな美しい花よりも美しい花々が咲いている花園です。腹を立てている人があなたを誤解しても、それに対してあなたが愛を与えつづけるとき、あなたは自分の内なる花園で香ぐわしい花を育てているのです。そのような愛と理解の芳香は、どんなばらの香りよりも長く匂いつづけるとは思いませんか？　自分の心は花園である、といつも思い、それを聖なる想念で美しく香ぐわしく保ちなさい。いまわしい気分でそこを不快な悪臭の泥沼にしてはなりません。あなたが愛と平和の聖なる香りの花を育てれば、キリスト意識[2]という蜜蜂があなたの内なる花園に飛んで来るでしょう。蜜蜂が、甘い蜜をたくわえた花にだけ飛んで来るように、神は、あなたの日常が蜜のような甘い想念で満たされたときにだけ来られます。あなたの美しい魂の花園に、悪臭を放つ怒りの毒草を生やすまいと決心しなさい。あなたが、花のような天与の聖なる性質を育てれば育てるほど、神は、あなたの魂の中に隠れ

ているご自分の遍在性を、あなたに明かしてくださるでしょう。

「敵味方を平等視し、誹謗、賞賛に動ぜず、寒暑、苦楽に心を乱されず、……このような人はわたしの愛する人である」（バガヴァッド・ギーター12・18―19）

あなたが、思いやりを忘れた人たちにも愛を与え、心配事で悩んでいる人たちに安らぎを与え、気むずかしい人たちに優しさを与え、悲しんでいる人たちに慰めを与え、さらに、間違った道を歩んでいる人たちによい手本を示そうと常に心がけていると、心がいつも創造的に働いているため、気分の病など吹き飛んでしまいます。たとえそれらを行動に現わすことができなくても、少なくとも心の中ではたえず建設的なことを考えていなさい。

不思議の国に住みなさい

私はよくこう言います――

「一時間読んだら二時間書き留めなさい。二時間書いたら三時間考えなさい。三時間考えたら、いつもそれを瞑想しなさい」と。

神はあらゆる幸福の宝庫です。あなたはその神と、毎日の生活の中で接することができるのです。それなのに、人はたいてい、自分を不幸に導くようなものばかり追い求めています。瞑想は、気分の病を癒して不思議の国に住むための最良の方法です。その不思議の国について、大聖ナーラダはこう言っています――

「主よ、私はあなたをたたえて歌っているうちに、あなたの中に我を忘れてしまいました。そして再び我に返ったとき、気がついて見ると、私は古いからだを脱いで、あなたのくださった新しいからだをまとっていました」

また、インドの別の聖者について、似たような話があります。一人の若者が死んで、会葬者たちが彼のからだを火葬場へ運び、火を付けようとしていました。するとそのとき、一人の老人が走って来て、「待ってくれ！　そのからだを焼かないでくれ、わたしが使うから」と言いました。そう言い終わるやいなや、老人のからだは死んで地面に倒れ、代わりに、若者たちの口から立ち上がって、森の方へ走って行ってしまいました。その老人は偉大な聖者だったのです。彼は、不自由な赤ん坊からやり直す普通の生まれ変わりによって、神との交わりを中断したくなかったのです。

人生から神を閉め出したとき恐怖が入り込む

生と死の問題については、知らなければならない不思議なことがたくさんあります。瞑想は、それを知る手段です。この世

を神の子として生きることを学びなさい。人は、神を忘れて生きようとするために、死を恐れるようになるのです。この世の不思議なからくりと目的とを理解しないでこの世に愛着を抱いてしまうために、苦悩に脅かされることになるのです。すべてを神として見れば、怖いものは何もありません。われわれは、いつも死ぬたびに生まれているのです。死という言葉はむしろ誤りで、死は存在しないのです。あなたがこの世の生活に飽きて、肉体の衣を脱いで幽界(3)に戻ることを死と呼んでいるにすぎません。

死は一つの終わりを意味します。自動車は、部品が傷んで使いものにならなくなると死にます。つまり、そこで自動車の寿命は終わります。しかし、人間の場合は、死によって肉体の寿命は終わりますが、不滅の魂は、死のうと思っても死ねません。われわれが毎晩眠っているとき、魂は肉体を意識せずに生きていますが、これは死ではありません。死はそれよりも大きな眠りで、魂はそのとき、肉体の意識は失いますが、幽体の中で生きています。もし、肉体意識を失うことが死なら、われわれは毎晩死んでいることになります。しかし、われわれは睡眠中、死んでもいなければ、完全に意識を失っているわけでもありません。なぜなら、目が覚めたとき、自分がよく眠ったかどうか覚えているからです。それと同じように、いわゆる死後も、われわれは死んではいないのです。

それよりも、心が硬化してしまった人こそ、ほんとうに死にかけている人です。生命の謎を解こうと思ったら、毎日新しく生まれなければなりません。つまり、毎日何らかの自己改善の努力をしなければなりません。とりわけ大切なことは、英知を求めて祈ることです。英知を手に入れれば、何でも手に入れることができるからです。その時々の気分に従う代わりに、英知に従いなさい。英知によって創造的に考えかつ行動できるようになりなさい。自分自身を完成するためばかりでなく、他人を益するためにも建設的な行為を行ないなさい。神の国に入ろうと思ったら、毎日他人に奉仕しなければならないからです。そのような生き方をすれば、自分が精神的にも、肉体的にも、霊的にも進歩していることが自覚され、気分の病は吹き飛んで、喜びが感じられるようになります。その道は天国へ通じており、その道を進めば、あなたは必ず神のもとに到達することができます。

気分が病まないようにたえず気をつけ、努力しなさい。気分が晴れないとき、あなたは、自分の魂の畑に罪の種子を育てているのです。病んだ気分の中に閉じこもっていることは、少しずつ死んでゆくことです。しかし、どんな問題に遭遇しても、たえず快活さを失わないように努めれば、あなたは新しく生ま

れ変わってゆきます。そして、その新しい誕生がより高い霊的誕生にまで高まったとき、あなたは神の中に〝新たに生まれる(4)〟ことができるのです。

気分の病は伝染しやすく、世の中が不況になると大勢の人々がそれに冒されます。人生で遭遇する不幸な出来事は、あまり深刻に考え過ぎてはなりません。不幸は、それを悲劇に仕立てるよりも、一笑に付するほうが賢明です。ギーターはこう教えています――

「喜びも悲しみも（人生のさまざまな変化を）平等に見て、嘆くことも、求めることもなく、善悪（相対的意識）を超越した人は、わたしの愛する人である」（バガヴァッド・ギーター12・17）

楽観的でほほ笑みを絶やさないよう心がけることは、建設的で価値のあることです。なぜなら、勇気や喜びは神から与えられた性質であり、あなたがそれを現わすとき、そこにはいつも新しい誕生があるからです。あなたが魂の本性を現わすことによって、あなたの意識は新たに生まれ変わるのです。そして、その霊的誕生が、あなたを神の国へ導くのです。

（1）この講話がなされたとき、アラスカとハワイはまだ州ではなかった。（出版部注）
（2）キリスト意識は万物の中に遍在する神の知性であり、また、万物を神に引き付ける愛でもある。
（3）ヒンズーの聖典によれば、魂は三重の体に包まれている。すなわち内側から、観念体（根源体）、幽体、肉体である。幽界は、精妙なエネルギーで構成された世界で、魂は肉体の死を迎えると観念体と幽体をまとったまま幽界に引退し、再び地上に転生するまで、そこで学習を続け、霊的に進化する。（用語解「幽界」参照）
（4）「人は、新たに生まれなければ、神の国を見ることはできない」、「あなたがたは新たに生まれなければならない」（ヨハネによる福音書3・3、3・7）

講話二十七　転生は科学的に証明できる

（一九二六年ごろの講話）

もし、あなたが、神の公平を信じることができるなら、人間の生まれ変わりを信じることも容易でしょう。なぜなら、この二つの考え方は互いに依存し合っているからです。では、懐疑論者や無神論者の場合はどうでしょうか？　彼らを満足させるような、転生の真理を科学的に証明する方法はあるのでしょうか？　転生の理論を、それが単なる希望ではなく真実であることを、科学的実験によって証明する方法はあるのでしょうか？

唯物的な考え方をもつ科学者たちは、「昔から、神の存在を証明できる具体的な証拠は何も発見されていない。だから、神がすべての生命に公平な機会を与えるために転生の法則をつくった、などという証拠もあるはずがない」と主張します。このような人たちにとっては、罪のない赤ん坊が生まれながらに負わされている苦しみや、いろいろな生命の間に存在する不平等は説明のできない問題であり、彼らはむしろ、これらの事実こそ公平な創造者などというものが存在しないことを示すものである、と考えます。

科学的法則

一方、神の公平を信じる人たちのほとんどは、ただ頭からそれを信じているだけで、信じない人たちに科学的証拠を示すことができません。彼らは、自分の信仰がぐらついたり、仲間の人たちから疑いの目で見られたりするのを恐れて、ほとんど自分の信仰を根本から吟味したり問い直してみようとはしません。つまり彼らは、自分の信仰の正しさを証明する科学的法則が、霊的分野においてもあることを知りません。

しかし、霊的法則もまた、科学者たちが物質界の真理を発見するときに用いているのと同じ、実験的方法によって探究されるべきではないでしょうか？　実は、ヒンズーの学者たちは何千年も前にこの問題に取り組みはじめました。そして彼らは、長い実験研究の結果、霊的法則の存在を実証するための、だれにでも実行できる科学的方法を発見し、それによって、転生の法則を含むかずかずの偉大な霊的宇宙法則を発見したのです。

現に実証する方法がある以上、それを試してみないで、だれも転生その他の霊的法則を否定する権利はありません。懐疑的

な科学者は、否定的な持論を述べることはできても、それは単なる意見にすぎず、事実として述べることはできません。科学は、一つの理論の真実性を立証するために、特定の実験を行ないます。例えば、細菌は直接目で見ることができないため、顕微鏡を使ってその存在を実験します。だから顕微鏡の使用を拒否する人は、細菌の存在について説を唱えても、それは科学的に証明された事実とは言えません。彼の意見は、一定の実験によって証明されないかぎり価値をもちません。霊的な問題についても同じことが言えます。霊的法則もまた、その真実性を立証するために必要な手段はすでに発見されており、だれでも実行しさえすれば実験することができるのです。しかし、西洋では、今までこのような霊的法則に対する科学的探究が行なわれてきませんでした。そのため、宗教は、人生の重要な要素としての価値を大幅に失い、その教義は、科学的探究の結果としてではなく、単なる個人的な偏見によって、信じられたり拒否されたりしてきたのです。

霊的法則はどのようにして発見されたか

リシとよばれた古代インドの科学者たちは、どのようにして不変の宇宙法則を発見したのでしょうか？　彼らは、自分の庵を研究室として、自分の生命と心の働きを実験研究した結果、発見したのです。われわれは、物質に関する真理を発見するためには物質を用いて実験しなければなりませんが、それと同様に、転生に関する真理、すなわち、同じ魂が何度も別の肉体に宿って生まれ変わる過程を調べるには、人間の意識を実験しなければなりません。古代の霊的科学者たちは、自分の意識を実験して、人間の自己意識が、生涯を通じていろいろな経験をしたり考え方が変わったりしても、また、目を覚ましているときも、眠って夢を見ているときも、夢を見ないで熟睡しているときも、一貫して存続することを発見しました。つまり、自分という意識の主体は、認識される経験や、環境や、感覚や、考え方や、からだの状態が変化しても、生まれてから死ぬまで一貫して変わらないことを確かめました。ヒンズーの研究者たちは、意識を自己に集中し、目覚めているときも、夢を見ているときも、熟睡しているときも、たえず自己を客観的に注視して内観を続けることによって、人は自己の永遠不変性を自覚することができる、ということを立証したのです。普通、人は、目を覚ましているときと、夢を見ているときは、自分を意識することができます。夢を見ながら、夢を見ている自分を意識することは、珍しくはありません。しかし、特別な技法を使えば、人は目覚めている間も、夢を見ている間も、夢を見ないで熟睡している間も、また、睡眠中の潜在意識よりもさらに深い所で常に

目覚めている超意識状態（心の完全に自由な領域）においても、継続して自己意識を保持することができるのです。

睡眠中のリラックス

睡眠中は、運動神経と知覚神経からエネルギーが自然に引きあげられて、からだはリラックスした状態になりますが、このリラックス状態は、訓練によって、目覚めたままでも随意につくり出すことができます。〝大いなる眠り〟である死は、完全なリラックスの状態で、エネルギーは心臓や脳脊髄神経からも引きあげられますが、この完全なリラックスも、深い瞑想によって、肉体を保持したままでつくり出すことができます。つまり、からだのどんな不随意機能も、訓練によって随意に働かせることができるのです。

古代インドのリシたちは、死というものを、いろいろな肉体機能を遂行するための情報伝達網である運動神経と知覚神経とを備えた肉体という電球から、生命エネルギーという電流が引きあげることだ、と考えました。ちょうど、壊れた電球から電流が引きあげても、電流が死んだわけではないように、肉体の各神経から生命エネルギーが引きあげても、生命エネルギーそのものは死滅するわけではありません。エネルギーは不滅です。それは、肉体の死とともに宇宙エネルギーの源に引きあげるだけです。

引きあげたエネルギーと意識

睡眠中は、神経から一時的に生命エネルギーが引きあげられて、その間、顕在意識の働きは停止しますが、死ぬと、人間の意識は、永久にその肉体を通しての自己表現活動を停止します。そのとき人は、自分の肉体を、ちょうど麻痺した腕のように感じます。つまり、自分の肉体を心では意識していますが、動かすことも感じることもできません。仮死状態に陥ったある聖職者の医学的報告があります。彼は、自分のまわりに集まっている人たちが、彼をもう死んだと思って嘆き悲しんでいる声を聞きましたが、からだのモーターが完全に止まって心の指示に反応しなくなってしまったため、自分がまだはっきりと意識をもっていることを周りの人たちに伝えることができませんでした。こんな状態で約二十四時間がたち、今まさに埋葬されようとしたとき、彼は、残っていたありったけの力を振り絞った結果、わずかにからだを動かすことができました。この例は、肉体が外見的には死んだ状態になっても、自分という意識ははっきりと存続していることを物語っています。

リシたちは、われわれが肉体からエネルギーと意識を、意識的に切り離す方法を学ぶよう勧めています。それには、自分の

睡眠状態を意識的に観察し、心臓や脊髄からエネルギーを、意識を保持したまま随意に引きあげる訓練をしなければなりません。それによって、われわれは、普通なら不本意な強制によって、しかも意識を失って経験する死と同じ状態を、意識をもったまま随意に経験することができるようになるのです[1]。

驚くべき実例

フランスその他のヨーロッパの医師たちのファイルの中に、インドのランジット・シン皇帝の宮廷にいたサドゥー・ハリダスという人についての記録があります。彼は、自分のエネルギーと意識を肉体から切り離し、数か月後、再びそれを元のように結合しました。その間、彼のからだは地中に埋められ、昼も夜も見張りが付けられました。彼のからだが掘り起こされたとき、ヨーロッパの医師たちは、診察の結果、彼はすでに死んでいると診断しました。ところが数分後、彼は目を開け、からだを元どおりに動かし、その後何年も生きたのです。彼は訓練によって、自分のからだと心の、不随意機能を自由に制御するわざを会得していたのです。彼は、宇宙法則の真実性を実証するための、古代から伝わる技法を自分のからだで実験した霊的科学者だったのです。これによって彼は、肉体は死んでも生命の本質は不滅であり、人間の自己意識もまた中断されることなく存続する、という理論が真実であることを証明したのです。

転生の教義が科学的真理であることを自分で確認したいと思う人は、まず自分の魂を肉体から意識的に分離する方法を会得し、それによって、肉体が死んだあとも意識が存続することを確かめなければなりません[2]。これは、何千年も昔からヒンズーの科学者たちによって伝えられてきた技法を用いればできることです。それには、

1　睡眠中も意識を保つこと、

2　随意に夢をつくり出せるようになること、

3　五つの感覚を、意識的に（睡眠中のような受動的にではなく能動的な意志によって）遮断することができるようになること、

4　心臓の動きを制御して、意識的な死（顕在意識や潜在意識よりも高い超意識状態で経験できる肉体の仮死状態）を経験できるようになること、

——これらを会得することが必要です。

自己訓練の勧め

クリシュナはこう教えています——

「人の自我意識は、少年期、青年期、老年期を通して生きる自分を意識しているが、魂の意識は、これらの間だけでなく、

死後、別のからだに宿ったあとも一貫して（物質界と幽界との間を往復するいわゆる〝生死〟のくり返しを通して）生きつづける自分を意識している」（バガヴァッド・ギーター 2・13）

先に述べた四つの状態を経験する訓練をすることによって、われわれは、どんな存在状態になっても――死を越え、空間を越え、別のからだに宿って別の世界に生まれたあとでも――自己の存在意識を保持することができるのです。しかし、これらの訓練をしていない人は、死という〝大いなる眠り〟の間自己意識を継続して保持することができないため、前世の自分を思い出すことができず、また、今生で生きている間も、超意識の中で常に目覚めている魂としての自分を意識することができないのです。

古代ヒンズーの科学者たちは、このように、霊的宇宙法則を実験研究によって科学的に証明するための貴重な知識を残してくれました。それらの方法を用いれば、だれでも、転生やその他の霊的真理の真実性を、科学的に確認することができるのです。

（1）延髄から体内に流入した生命エネルギーは脳に蓄えられ、そこから脊髄を下って、そこに並ぶ生命エネルギーと意識の五つの中枢に入り、さらにそれらによって身体各部と感覚器官に送られる。肉体の死を迎えると、生命エネルギーは永久的に脊髄に引きあげ、さらに延髄を通って完全に肉体から離れる。完成したヨギは、自分の意志によって意識的に、生命エネルギーを身体各部と感覚器官から脊髄に引きあげ、さらに脊髄を上昇させて脳の最高中枢に集めることができる。そこは聖なる存在を知覚する働きをもつ中枢で、自分が〝死んだ〟こと――すなわち、自分が肉体的存在であると錯覚していた束縛から解放されたこと――を、喜びをもって意識するのである。

（2）キリストの神秘体験者であった聖パウロは、この生死を制御する方法を会得していたので「わたしは日々死んでいるのである」と言うことができたのである。（コリントの信徒への手紙一 1・31）

講話二十八　転生――魂の完成への旅

（一九四四年二月二十日　ハリウッドの礼拝堂における講話）

転生とは、ちょうど、われわれが学校を卒業するまでにいくつもの学年を経るのと同じように、魂が、神との合一を果たして永遠不滅の完全さを取り戻すまで地上で進化の生涯を重ねることです。自分が神の子であることを忘れた不完全な束縛状態にある魂は、死によって肉体から解放されても、自動的に本来の神の子の意識状態に戻れるわけではありません。われわれは神の似すがたにつくられましたが、肉体に宿って自分を肉体的存在と錯覚するようになったため、肉体固有の不完全さと限界とを身につけてしまったのです。われわれは、この生死に束縛された不完全な人間意識から脱け出すまでは、再び神の国の住人に戻ることはできません。

放浪の王子は、王宮を飛び出して貧民窟に隠れ家を見つけました。そして、そこの風習に浸って悪い仲間たちと交わっているうちに、いつの間にか自分の素性を忘れてしまい、長い年月の後、父親に発見されて王宮に連れ戻されるまで、自分が王子であることを思い出しませんでした。

われわれもまた同様に、宇宙の王の王子ですが、父の家を飛び出して来ました。そして、あまりにも長い間自分を肉体の中に閉じ込めてきたため、自分の聖なる本性を忘れてしまったのです。何度も地上に生まれ、そのたびに新たな欲望と束縛を自分でつくり出してきました。そのため、われわれはそれらの欲望をすべて果たすか、または、英知を開発して、それによってそれらの欲望を解消するまでは、何度でもこの地上へ戻って来るのです。欲望は、これを果たすか、または英知によって解消しなければなりませんが、自分の欲望を〝すべて果たす〟ことによって生死の輪廻から解放される人は、ほとんどいません。それは、欲望というものの性質から、よほど強固な意志をもつ人でないかぎり、一度それを果たして満足を味わうと、かえってそれによって、同じ経験をしたいという欲望がいっそう強められるからです(1)。

小さな、あまり重要でない欲望は、それを果たして、速やかにその欲望の束縛から解放されるほうがよいかもしれません。しかし、その場合でも、理性と分別（真理とマーヤの惑わしとを見分ける分別）とを働かせることが必要です。さもないと、

初めは小さかった欲望も、満足を経験することによってかえって強められ、あなたをいっそう束縛することになるからです。例えば、酒好きな人はよくこんな理屈を言います、「きょう思いきり飲んで、あすからやめよう」と。しかし、翌日になるとまた同じことを言い、それをくり返しているうちにそれが習慣になって、気がついたときには、もうどうしてもやめられなくなっています。どんな欲望にも、これと同じ危険が潜んでいます。

神は、われわれをこの地上へ送ってわれわれの行動を命令する独裁者ではありません。神はわれわれに、好きなように振舞う自由意志を与えてくださいました。われわれは常々、善良であれと教えられています。しかし、もし一部の人が言うように、だれでも死後直ちに天国へ行くとしたら、どうして生きている間に善行を積む必要があるのでしょうか？　もし、一生の終わりに皆が同じ果報を与えられるなら、だれでも、いちばん容易な、利己的で欲望のままに生きる道を選ぶでしょう。善人も悪人も一様に天使になるなら、偉大な聖者たちの生き方を見習う必要もないでしょう。

また、もし神がそのご計画の中で、われわれをすべて地獄へ送ろうと決めておられるなら、その場合も同様に、われわれは今いかに振る舞うべきか心配する必要はありません。われわれの一生がまるで自動車のように、古くなったらスクラップにして捨てられ、それで終わりになるなら、われわれは、自分の行ないに気をつける必要はないでしょうし、それがわれわれの人生のすべてなら、聖典を読むことも、自己制御の訓練をすることも無意味なことでしょう。

進化には時間が必要

しかし、もし人生に高遠な目的があるとすれば、われわれは、死んで生まれる赤ん坊のように一見不公平に見える事実をどう説明したらよいのでしょう？　また生まれつき盲目であったり、おしであったり、不具であったり、二、三歳で死んでしまう子供がいるのは、どうしてなのでしょう？　持って生まれた欠点や欲望と闘って自分を改善する時間がもてるのは、長く生きられる人たちだけです。もし、数か月で死んでしまう子供にとって、将来別の人生というチャンスが与えられないとすれば、神はその子に心を与えながら、その心の潜在能力を育てる時間をお与えにならないというのはなぜなのでしょう？　われわれが成長を遂げるためには時間が必要です。十分な進化を遂げるには、一回の生涯ではとても足りません。

生まれて間もなく死んでしまう子供には、実はそれなりの理由があります。そして、そのような場合、つまり自分の人間的

または神的能力を発揮する十分な時間がなかった彼には、それを果たすための別の機会が与えられるのです。それはちょうど、病気で学校を休学した生徒と同じです。彼は学校をやめてしまったわけではなく、病気が治れば、また学校へ戻って、し残した授業を受けます。人生においても、今生で学ぶ機会を持てなかった人には、いつかそれを果たす機会が与えられるのです。

もしあなたに、この世界の舞台裏を見ることができたら、この地上の人生がただの人形劇であることがわかるでしょう。今、目の前で現実に見えている事柄も、二、三年たつと、もう夢と同じ非現実的なものになります。また、今の現実を五年前に知らされたら、やはりその時点では非現実的に感じられたでしょう。先週の日曜日には、この教会へ来たあなたがたのほとんどは、今とは別の席にすわって別のことを考えていました。きょうわれわれは、先週とは別のドラマを見ています。あなたがたのかつて知っていた人で、今はこの地上の舞台から姿を消してしまった人のなんと大勢いることでしょう。

人生は無常だという考え方は、悲観的な見方を意味するものではありません。むしろ、人生をあまり深刻に受け取るべきではない、と考えるべきです。マーヤという宇宙夢は、われわれの肉体を、いかにも本物らしく、またわれわれの存在を支えるうえに必要不可欠なもののように感じさせていますが、実は、肉体は、死によって一瞬のうちに魂から取り去られ、しかも、その〝分離手術〟は何の苦痛もともないません。そしてその分離が終わったとき、あなたはもう、時間も、着る物も、食べ物も、住む所も要らなくなります。なぜなら、あなたはそのとき、もうこの肉の塊を持ち運ぶ必要がないからです。あなたは肉体から解放され、しかも、あなたは依然としてあなたとして存在しています。こうした事実がなぜ人々の目から隠されているのか、また、この地上を去って行った何億もの人々は今どこにいるのか、そんなことをあなたは考えたことはありませんか？　また、われわれは鶏小屋の鶏のようだとは思いませんか？――われわれが今の鶏小屋から出されると、代わりに新しい鶏たちがそこに連れて来られる！　こうしたことを確かめる方法はないものでしょうか？

現世の生き方が来世を決める

人間には、自分がどこから来て、どこへ行くかを理解する力が与えられています。しかし、われわれは、自分自身や自分の人生について考える十分な努力を払っていません。常識的に考えてみても、われわれの現在の性格は、今生における自己改善の努力に応じて多少変化するだけで、そのまま死後に引き継がれると思われます。あなたは一年に三百六十五日ずつ歩み、何

年かたてばある程度は進歩するかも知れませんが、あなたの性質は、死後も生前とほとんど変わらないでしょう。死んだからと言って、すぐに天使に変わるとは思われません。変わるのはあなたのからだだけで、それ以外は何も変わりません。死とは、通り過ぎる門のようなもので、肉体が取り去られるほかは何も変わりません。もし、あなたが激しい気性をもっていれば、死んでもその気性はそのまま持ち越され、あなたがそれを克服するまであなたに付いてまわります。もしあなたが、現世で健康の法則を守った生活を送れば、来世では健康なからだがもてるでしょう。特に、人生の終わりの部分の生き方が、始めの部分よりも重要です。なぜなら、今生の最後の自分が来世での最初の自分になるからです。

普通、人生の最初の部分は、一種の当惑状態の中で、わけもわからずに過ぎてしまいます。それから楽しい夢のある生活が展開し、やがて病気と老化が訪れると、からだとの闘いが始まります。こうなると、まさに〝補修だらけ〟の人生です。この傷みやすい肉体を長持ちさせるために、われわれは、たえず修理しつづけなければなりません。肉体は、ほとんどいつも手間のかかる厄介物です。頭痛、歯痛、風邪、胃の痛み等々、故障の連続です。あなたが幸福であるためには、自分がそうした痛みや苦しみに侵される肉体ではなく、それらを超越した不滅の魂であることを悟らなければなりません。

私は、人生を少しも深刻なものとは思っていません。私はこう言います――

「主よ、あなたがこのからだを魂から脱がせたいとお思いになったときは、いつでもそうしてください。私をここに引き止めておこうと、肉体から解放しようと、どうぞみ心のままになさってください」と。

肉体への執着から解放されるためには、わざわざ死ぬ必要はありません。神と霊交すれば、自分が今すでに自由であることがわかります。あなたは肉体ではなく、永遠不滅の魂だからです。

自分が前世でどんな人間だったかを知る方法はあるのでしょうか？　現在の自分を分析してみれば、自分の考え方や能力の基本的傾向をほぼ間違いなくつかむことができます。ヒンズーの聖典は、魂が解脱するまでには百万年の健全で調和のとれた生活を送る必要がある、と言っています。したがって、普通の人が一生の間に遂げられる霊的進化は、どちらかと言えばわずかなものです。しかし、もし、真のグルの助けを借り、かつ、堅い決意をもって正しく生きる努力をすれば、それを著しく促進することができます。

インドのリシたちは、人間を、その霊性の目覚めの程度によっ

て、四つの基本的なタイプに分類しました。シュードラは、肉体労働によって社会に奉仕できる人、ヴァイシャは、知能や技能を使い農業、商工業、その他の事業などを営んで社会に奉仕する人、クシャトリヤは、王候、政治家、役人、軍人などのように、秩序を守るための行政・管理能力や、人々を保護するための武力をもって社会に奉仕する人、バラモンは、思索型、瞑想型の性質をもち、霊性に目覚め、他人を霊的に啓発できる人です。

性格的な面から言えば、シュードラに属する人は、肉体的な要求や欲望を満たすことだけを人生の目的としています。彼らは、食べて、眠って、働いて、子供をつくって、最後に死ぬだけです。今日、まだ多くの人々がこのシュードラの段階で生きており、毎日肉体的満足のことだけを考えて生きています。

知能的または技能的活動に満足を感じるヴァイシャに属する人は、いつも仕事のことを考えています。その中には、金儲けのことしか考えない人たちも多く、彼らはたいてい、その儲けた金を感覚的娯楽のために浪費しています。しかし、ヴァイシャの中でも、優れた実業家はそれよりはるかに進化しており、創造的性質をもっています。

三番目のクシャトリヤに属する人は、すでに金儲けや創造的仕事に熱中する経験を終えた人たちで、人生とはいかなるものかについて理解しはじめています。そして、感覚の誘惑に打ち勝つための自己制御に励みます。二番目のヴァイシャに属する人たちは、このような自己の内面的向上のための努力はせず、ただ金を稼ぎ、子供をつくり、仕事以外の人生の意味などめったに考えませんが、このクシャトリヤに属する人たちは、もっと人生を真剣に考えてこう自問します、「人間は、自分の欠点や悪習と闘ってこれを克服すべきではないだろうか？」と。そして、自己を改善して正しく行動しようと思います。

最後のバラモンは、霊的に最も進化して、神を知るようになった人たちです。(2)

自分をどう変えるべきか自己分析せよ

以上に述べたように、人間の意識段階の四つの基本的な型を要約すると、シュードラは感覚に捕らわれた状態、ヴァイシャは事業や創造的な仕事に熱中している状態、クシャトリヤは感覚的誘惑を克服しようと苦闘している状態、バラモンは感覚を克服して神と霊交し英知を獲得した状態です。

人はみな、これらの四つの型のどれかに該当します。あなたも自己分析をしてみれば、自分がどの段階に属するかわかるでしょう。子供のころからの自分の生活を振り返ってみて、自分がどの部類に属するか、考えてごらんなさい――感覚的楽しみ

に耽っていたか、感覚的娯楽と金儲けに熱中していたか、何も考えずにただ働いていたか、それとも、創造的な考えをもって仕事をしていたか？

自分が子供のころから創造的であったかどうか、振り返ってごらんなさい。例えば、ある子供は機械に興味を持ち、好んで中を開けて分解したり、再び組み立てたりします。また、ある子供は絵を描いたり、音楽を聞いたり、楽器を奏でることを好みます。創造性の有無は、上手下手や、世間的評価には無関係です。即興で口ずさむつまらない歌でも、創造的心の産物です。

人が創り出すものは、上手下手にかかわらず、創造的才能の現われです。天賦の才能というものは、小説を書くことであれ、芝居を演じることであれ、木を彫ることであれ、絵を描くことであれ、音楽を奏でることであれ、機械を扱うことであれ、それが人生の初期に現われたなら、恐らくその人が前生においてヴァイシャであったことを示すものです。

夫婦は、お互いのまたは子供たちの創造性を、未熟だからと言って笑ってはなりません。それは、他人の創造的精神を抑えつけることで、神が定められた人間の進化の歩みを妨害する罪を犯すことになります。

また、あなたは自分が子供のころからいつも良心の導きに従って行動しようとしてきたかどうか、自問してごらんなさい。あなたは自分の行動をたえず反省し、自分が間違っていたときは率直に直そうとしましたか？　子供のころから、このような内面的な闘いをしてきましたか？　もしそうだったら、あなたは前世で、三番目のクシャトリヤの段階にあったと言えます。そしてまた、もしあなたが、子供のころからいつも神のことを考えていたなら、あなたは四番目のバラモンの段階に入っていたのです。

あなたが自己分析の結果、これら四つの意識段階の下のほうにいるとわかっても、落胆すべきではありません。むしろ励みとすべきです。自分が最高の段階に達していないからと言って、自分が不幸だとか、どうせだめな人間だ、などと嘆くのは間違いです。あなたがまだ自己改善を果たしていないなら、今こそそれを実行すべき時です。さもないと、今の状態をさらに来世まで引きずって行くことになります。死が訪れたとき、あなたは、「これで今までの段階は卒業した。この次はより高い段階へ進むことができる」と思いたいでしょう。そのためには、今、自分の生き方を変えなければなりません。自己を分析して自分の前世の状態を知れば、もっと理想に近づくためには今の自分をどう変えてゆくべきか、わかるでしょう。

自分の気性をチェックしてごらんなさい。あなたの中に何か目立った気性があるとすれば、それは過去世においてつくられ

たものです。もしそうでなければ、同じ両親を持つ家族の中に、生まれつき嫉妬深い子供がいたり、おとなしくて思いやりのある子供がいたりするはずはないでしょう。また、叱られるとすぐに反抗する子供や、素直に言うことを聞く子供もいれば、中には盗み癖のある子供もいます。これらの生まれつきの性質は、前世の性質がそのまま持ち越されてきたものです。

私は以前、一人の赤ん坊を抱かされたことがありましたが、その瞬間、もう少しでその子を落とすところでした。それは、神が私に、その赤ん坊が前世で残忍な人殺しだったことを知らせてくれたからでした。しかし普通は、人の過去は完全に秘密にされています。神が特にその人に知らせようと思われたとき以外は、知ることはできません。

外面的な地位や名声と内面的真価とを見分けよ

かつて私がニューヨークにいたとき、ＳＲＦの事務所で手伝いをしてくれていた女性が、あるすばらしい透視能力をもつ男に出会った、と言いました。その男は霊媒で、彼女についていろいろとびっくりするようなことを語り、彼女の前世はスコットランドのクイーン・メアリーだったと教えてくれたというのです。私には、彼女がそのクイーンであったとは思えなかったので、神が彼女の迷いを晴らしてくださるようにひそかに祈りました。

すると、それから二、三日たって、一人の生徒が私の所へ来て、たいそう興奮した様子でこう言いました。「私は今、有名な霊媒に会ってきましたが、彼は、私が前世でスコットランドのクイーン・メアリーだったと教えてくれました」。その霊媒というのは、例の事務所の女性が会ったのと同じ霊媒でした。私はそこで、彼女を呼んで、二人のクイーン・メアリーの生まれ変わりを対面させて言いました。「どちらが本物のクイーン・メアリーですか？」。二人は顔を見合わせて笑い、自分たちの誤りに気づきました。これは、無分別な妄信と、外面的な名声にだまされると内面的な真実を見誤るということを示した一例です。

人はとかく、おだてられるとつい好い気持になります。そのため、ときどき悪い連中につけ込まれることになるのです。先程の話でも、あなたがたが前世に何であったとか、世間的に有名であったかどうかなどということは、ほとんど重要ではありません。世間的な地位などとは関係なく、神を知るタイプ、バラモンに属する性質をもっていることこそ、最もすばらしいことです。ここに集まっているあなたがたは、みなある程度そういう素質をもっている人たちです。そうでなければ、今朝ここに来てはいないでしょう。

東西間の魂の交流

大勢の人々の中から、あなたがたがこの教会へ引き寄せられて来たのは、あなたがたが以前、東洋と、東洋の霊的教えに関係があったからです。今、あなたがたは西洋人ですが、ほかの西洋人たちは、彼らにとって異端の教会と思われる所へあなたがたが通うのを見てあざ笑うかも知れません。東洋に対して偏見をもつ人たちは、近い過去世において、東洋とあまり縁のなかった人たちです。このようにして、東洋的な魂と西洋的な魂とを見分けることができます。もし、あなたが子供のころから、お香の香りや、東洋の話や絵に興味を持っていたら、それは、あなたが近い過去世において東洋と関係があったことを示すものです。

今、多くの東洋の魂がアメリカに生まれ変わってきています。彼らは、物質的欲望の完成を望んで西洋に生まれ、その望みを果たしながら、アメリカを霊的理想へ導く手助けをしています。同様に、以前アメリカにいた多くの魂も、その後インドに生まれ変わって、インドの霊的財産の恩恵を受けながら、インドの物質文明の発達を助けています。私は、あなたがたの中の多くの人々がインドを助けるためにそこへ赴き、また、インドの多くの人々がアメリカに奉仕するためにここを訪れることを願っています。この世界は神の一家族です。神は、すべての国々を平等に発展させようと考えておられるのです。

自分の過去世を知るためのもう一つのテストは、感覚的な好みについてです。ある人たちは暑さを好みます。これは、彼らが過去において暑い気候に慣れてきたためです。反対に、寒さを好む人は、以前寒い気候の所に住んでいたことを示します。もしあなたが、海や山にいつも特別な感情を抱くならば、その愛着は間違いなく前世から持ってきたものです。また、町を離れると寂しさや静かさに耐えられなくなる人も、やはり、その習慣は前世で培われたものです。

一生涯精力的な野心を持ちつづける人は、以前、社会的に重要な人物であったことを示します。そのような性格をもちながら、それが発揮できないと、抑圧感を感じます。そのような人は、環境さえ整えば大人物になりうる人です。また、どんなに成功しようと思ってもいつも失敗する人がいます。これは、前世から失敗しやすい傾向を持ち越してきたからです。そういう人は、失敗を克服する闘いをあきらめてはなりません。今生でそれを克服しないと、来世でも同じ傾向をもつことになります。

ジョージ・イーストマンは、かつて私に、彼がコダックの会社を始めたころ一株二十五セントで株を売りに出したが少しも売れなかった、と語ってくれました。また、彼にはそのころ結婚したいと思っていた女性がいましたが、彼女の家族はその結

婚に反対でした。そんなわけで、彼の環境はすこぶる悪く、とても成功しそうには見えませんでしたが、やがてすべてが好転しはじめました。それは、彼の前世以来の創造的で野心的な性格が、不屈の努力によって、ついに実を結ぶようになったからです。

私は、子供のころからどこへ行っても、大きな建物と自分を取り巻く大勢の人々、枝を広げた大きな木々と広々とした水のある場所——そんな光景が脳裡から離れず、それらのものに惹かれていました。そして、それらのものはいつか自分のものになる、と感じていました。自分が将来、手に入れようと思えば容易に手に入れることができる、と知っていたのです。しかし、そのことを話すと、本気にしないで笑う人もいました。けれども、今それらは実現しています。われわれのランチの学校には大きな池があり、ダクシネスワの本部はガンジス河に面しており、エンシニタスの僧院は太平洋を見渡しています[3]。

ですから、あなたがたも、今自分の中にある目立った性格や特徴を分析すれば、自分が以前どんな生き方をしていたか、かなり正確に推測することができます。

過去の関係が現在の親近感の傾向に影響する

特定の外国語に特別な親近感をもったり、それをすぐに習い覚えてしまう人がいます。例えば、マダム・ガリクルチの場合は、たくさんのベンガル語の熟語を簡単に覚えて私を驚かせました。こうした特定の言語への親しみは、前世における環境によるものです。もしあなたが、ドイツ語や、フランス語や、中国語や、ベンガル語に惹かれるとすれば、それは、あなたが以前その言葉を話していたからです。

最近、私はあるアメリカ人の少女に会いましたが、彼女は私にこう言いました、「私は、今まで東洋の言葉を習ったことはありませんが、自分の知らない言葉が心の中に聞こえてくることがよくあります。私はそれを言うことができますが意味はわかりません」と。そして、すぐに九つくらいのベンガル語の言葉を発音しました。彼女は、生まれてから、ベンガル語を習ったことも、ベンガル語を話す人と付き合ったこともなかったのに、それらの言葉を知っていて正確に発音したのです。

旅行をすると、特に心を惹かれる風景に出会うことがあります。もし、ある場所が、あなたにとってほかのどんな場所よりも魅力的に感じられたら、あなたはおそらく、以前その辺りにいたことがあったからでしょう。

このような手がかりによって、あなたは自分の前世の生活について、いくつかのヒントをつかむことができます。それらを念頭に置いて瞑想すれば、もっと深く自分の前世について知る

ことができるでしょう。

　ときどき、初めての場所へ行ったのに、そこで何かの情景が思い浮かんでくることがあります。しかし、その情景の中に登場する人たちはもうすでにいません。また、初めての人に会ったのに、以前から知っているような感じがすることもあります。私の場合は、以前知っていた人に出会うと、すぐにわかります。ことに、以前私の弟子だった人[4]ははっきりとわかります。

　前世の経験を思い出した例として、次の事実は世界的にも有名になりました。インドのある小さな村に生まれた少女が、どうしたわけか、そこから遠く離れた別の村へどうしても行きたいと言い出しました。そして、そのためにしだいにやせ衰えて病気になってしまいました。そこで、医者は、彼女の言う遠方の村へ連れて行くよう勧めました。すると驚いたことに、彼女は村の入口に着くやいなや、その村の様子を詳しく説明しはじめました。そして、初めて会ったそこの村人たちの名前まで知っていたのです。彼女は、前世で彼女の兄だったという人の名前を言って、まっすぐその家に行きました。そして、さらに彼女は、前世でその家のレンガの壁の中にいくつかの金製品を隠し、そのことをだれにも話さずに死んでしまった、と説明しました。彼女がその場所へ行って、見ると、その金製品はまだそこにあったのです。彼女はまた、自分の衣服や、それらをどんなふうにしまっておいたかも説明しましたが、すべて彼女の話したとおりでした。これだけの証拠を目の前に見せられては、彼女の前世での経験を疑うことはできないでしょう。

　また、インドのある聖者は、河岸に立っているある寺院へ行ってこう言いました、「わたしの寺はこの近くにあったが、今は河の中にある」と。そこで、潜水夫が潜ってみると、河底に古い寺院の跡がありました。その聖者は、前世でこの水中の寺院を寄贈された聖者だったのです。

純粋な心――澄んだ洞察力

　もし、あなたが、性を超越した意識をもちつづけ、心を純粋にして、他人を見るときも男女を意識しないようになれば、以前知り合っていた魂をいつでもすぐに見分けることができるようになります。このように、個人としての自分から脱け出した意識を養えば、以前知っていた人を即座に見分けることができます。例えば、もしあなたが、生まれて六か月の赤ん坊に会い、その後赤ん坊が成人するまで何年も会わずにいてから会ったとしたら、あなたはその人の中に昔の赤ん坊を見分けることはできないでしょうが、もし、その赤ん坊の特徴がはっきりと心に残るくらい長くその赤ん坊と接していたら、成人してから会ったとき、その特徴が変わっていないことを発見するでしょう。

それと同様に、われわれには前世の特徴が残っているのです。特に、目は魂の窓で、ほとんど変わりません。怒りや、恐怖心や、ずるさを表わすような目をもっている人は、自分の魂の本来の美しさを隠したりゆがめたりするそれらの好ましくない性質を取り除いて、自分を変える努力をすべきです。環境や交友関係が変われば、あなたの表面的な心や容貌はいくらか変わりますが、性質が変わらなければ、目はほとんど変わりません。生まれ変わっても、ほとんど同じような表情の目をしています。

あなたはまた、自分の性格から、前世に男であったか、女であったかを知ることができます。男性的な女性や、女性的になりたがる男性は大勢います。

男性も女性も、その重要性においては平等です。理性と感情は男にも女にもありますが、理性は男のほうが優勢であり、感情は女のほうが優勢です。男性は、感情よりも理性に訴えられるほうが影響されやすく、女性は、感情に訴えられるほうが容易に動かされます。

あなたは、自分の中にあるこれら二つの性質を、神との霊交によって均衡よく調和させることができます。私は、自分を男とも女とも性別で意識することはありません。私は、他人に対しては母性的な愛を感じますが、もし人が、私の感情に訴えて私を動かそうとしても、私の父性的な理性が同意しなければ動かされません。男にとっても女にとっても、理性と感情とが聖なるバランスを保つことが理想的です。一般に、男は感受性を、女は論理性を、より養うよう心がけるべきです。

人は少なくとも一つの間柄を通して愛を完成させなければならない

われわれが普通、前世のことを思い出せないようにつくられていることには深い理由があります。それは、もしわれわれが、前世の知人を思い出すことができると、そうした仲間どうしが再び集まって、自分の愛をそれ以外の人々に拡げようとしなくなるからです。神は、われわれが広くすべての人々に愛と友情を注ぐことを望んでおられるのです。しかし、われわれは、愛と友情の関係を少なくとも一つの間柄を通して〝完成〟させなければなりません。あなたは昔の古い友人たちと再び出会ったとき、彼らとの間に愛を完成させることができます。グルは、弟子との間に聖なる友情を完成させます。弟子とは、そういう人のことで、グルの導きに忠実に従う人を言います。真のグルの導きは英知に裏付けされており、それに忠実に従う弟子は、グルと同じ高さ――解脱の境地――に引き上げられます(5)。

何よりもまず、あなたはこの人生でできるだけ多くのことを学び、最高の霊的進歩を遂げるよう努力すべきです。そして、

早く神との霊交を果たしなさい。この最高の義務を果たせば、それ以外のこの世の義務の遂行にいくらか足りない所があっても赦されるでしょう。自分を、この世の義務に束縛するカルマから解放するために、英知と聖なる意識を開発しなさい。

（1）「行為がもたらす果報〔に対する執着〕を捨てて、神と合一したヨギは、不動の平安（自己訓練から得られた平安）を得る。神との合一に達しない人は欲望に支配され、執着に束縛されて脱け出すことができない」（バガヴァッド・ギーター　5・12）

（2）用語解「カースト」参照。

（3）インドのビハール州ランチにある学校は一九一八年、カシムバザールのマハラジャの好意によって彼の敷地に建てられた。ＳＲＦのインド法人であるＹＳＳの本部は一九三九年、カルカッタのダクシネスワに建てられた。カリフォルニア州エンシニタスの太平洋を見下ろす崖の上にあるＳＲＦの静修所《リトリート》は一九三六年、ラジャシ・ジャナカナンダ（ジェームズ・リン氏）からパラマハンサ・ヨガナンダに贈られたものである。ラジャシ・ジャナカナンダはパラマハンサ・ヨガナンダの高弟で、一九五二年、師のあとを継いで第二代のＳＲＦ―ＹＳＳの会長となった。（出版部注）

（4）この〝以前弟子だった人〟とは、過去世においてパラマハンサ・ヨガナンダから霊的指導を受けた弟子のことを言っている。（出版部注）

（5）「もしわたしの言葉のうちにとどまるならば、あなたがたは本当にわたしの弟子である。あなたがたは真理を知り、真理はあなたがたを自由にするであろう」（ヨハネによる福音書　8・31―32）。「わたしを信じ、わたしの教えを疑心なく実行してたゆまざる者は、すべてのカルマから解放される」（バガヴァッド・ギーター　3・31）。

講話二十九　イエスは再来するか

（一九三九年十一月二十六日　エンシニタスの旧礼拝堂における講話）

多くの人がキリストの再臨を予言していますが、一方では、本当のキリストはまだ来ていないと考える人もいます。しかし、イエスが地上に生まれ、地上を去って行ったことは歴史的事実です。もし、一部の人が言うように、伝えられているイエスの話がただの伝説だったら、これほど何世紀にもわたって人々の心に影響を与えつづけることはできなかったでしょう。彼は磔刑の辱めを受けましたが、その教えは、その後世界中の人々に信奉されてきました。それは、彼が神のために生きたからです。

「見よ、その方は雲に乗って来られる。そして、すべての人の目が彼を仰ぎ見る」（ヨハネの黙示録１・７）

聖書にあるこの言葉から、多くのまじめな信者たちが、キリストは文字どおり雲から下りて来ると信じています。しかし、この言葉の真の意味は形而上にあります。あなたは、目を閉じると暗闇が見えますが、その闇の背後には内なる光があります。この闇と光との対比は、われわれの住んでいるこの地上世界と神の国との違いを端的に表わしています。

私は、目を閉じて自分の意志を集中すると、その内なる光(1)の中にキリストを見ることができます。それは、私だけでなく、霊眼の奥を透視できる真の信仰者なら、だれでも見ることができます。私はこうして、この世の人たちを見るのと同じようにはっきりとイエスを見ることができます。その光の中に見えるものは、すべて、この世のものよりもはるかに繊細です。もしあなたが、真剣に神を求め、霊的に成長すれば、すばらしい聖者たちの姿を見ることもできるようになります。このような経験は、五分や十分瞑想しただけですぐにほかのことを考えてしまうような人にはできません。あなたが本気で神を求め、何よりも神を愛するようになったとき、そして、神を求めるために喜んで睡眠をも犠牲にするとき、聖なるみ姿は見えてきます。それは、単なる幻覚（自分の意識がつくり出す虚像）ではなく、実在から投影される霊的実像です。

神の公平と転生の法則

あなたがたの中には、転生の法則を信じる人も信じない人もいるでしょう。しかし、もし今の一生が自分の存在のすべてで、

それが始めであり終わりであるとしたら、この人生の不平等さを見るかぎり、神が公平だと考えることはできないでしょう。ある人は金持ちの家に生まれ、ある人は貧しい家に生まれて飢え死にしています。ある人は百年も生きるほど健康なからだに恵まれ、ある人は生まれつき病弱です。エスキモーは極寒の地に生まれ、別の種族は温暖で豊かな土地に生まれます。ある赤ん坊は初めから目が見えなかったり、死んで生まれたりします。数えあげれば切りがありません。もし、あなたが神だったら、こんな不公平なことをするでしょうか？　もし人生が、わざと不完全なからだや脳をつくるような酔興な神によって定められているとしたら、聖典を学んだり、それに従って生きる意味はどこにあるでしょう。

実は、あらゆる行為は、厳正な因果の法則によって、それにふさわしい結果を生む仕組みになっています。ですから、今われわれの身に起きている事は、すべて自分が過去において行なった行為の結果なのです。もし、現在の状態を説明しうる原因が今生になければ、それは、前世またはそれ以前の過去世にあるのです。あなたの中にある最も特徴的な気性や性格は今生において始まったものではなく、もっとずっと以前に、あなたの意識の中につくられたものです。人によって、生まれつきの才能や、肉体条件や、環境などに差があるのも、これによって理解することができます。

イエスがこの地上で演じた完全な生涯も、彼がいくつもの過去世を通じて養った自己制御の結果です。イエスの、キリストとしての奇跡的生涯は、長い過去世における霊的修行の賜物なのです。彼はアヴァター[2]として生まれましたが、実は過去世において、普通の人間として肉体の誘惑と闘い、それを完全に克服していたのです。彼は、自らそういう手本を示すことによって人類に明確な希望を与えました。そのような実例を見せられなかったら、人はだれも、自分たちの可能性に気づくことさえできなかったでしょう。そして、神が天使を遣わして教えを説いても、私ならこう言うでしょう、「主よ、あなたはなぜ私も天使としてつくってくださらなかったのですか？　私があなたから課せられているのと同じ試練や誘惑と闘った経験のない、初めから完全につくられた人たちを、どうしてまねすることができましょう」と。

われわれが見習うことのできる手本は、本質的にわれわれと同じ人間でなければなりません。イエスも今生でいろいろな誘惑に会いましたが、「サタンよ、去れ」と言って、それに打ち勝ちました。もしイエスが、初めから誘惑を知らない完全な存在だったら、「サタンよ、去れ」と言った彼の言葉は単なる演技で、われわれに勇気を与える力はなかったでしょう。イエス

は、過去世においてすでに肉体を克服していましたが、今生でイエスとして生まれることによって、再び肉体の弱さを感じなければなりませんでした。そうすることによって彼は、われわれと同じ条件のもとで誘惑を克服し、だれでも彼のような高い霊的成長を遂げることができるという模範を示したのです。

イエスの前世はエリシャだった

イエスは、前世にエリシャとして生まれ、その生涯でほとんどキリストとしての完全な状態に達していました。イエスの前世はエリシャであり、また、バプテスマのヨハネの前世はエリヤであった[3]ことを、私は知っています。それは間違いありません。エリシャが生まれ変わってイエスとして下生することは、何百年も前から予言されていました。それは、地上における神の一つのご計画がイエスによって成就するよう定められていたからです。そのことは、イザヤ書にあるように、キリスト降誕より八世紀前に予言されています――

「それゆえ、主は自ら一つのしるしをあなたがたに与えられる。見よ、おとめが身ごもって男の子を産み、その名はインマヌエルと呼ばれる」（イザヤ書７・14）

そして、マタイはキリストの誕生についてこう伝えています――

「これらすべての事が起こったのは、主が預言者を通して言われたことが成就するためであった。すなわち、『見よ、おとめが身ごもって男の子を産み、その名はインマヌエルと呼ばれる』と記されている。この名は、『神われらと共にいます』という意味である」（マタイによる福音書１・22―23）

イエスは、過去いくたびもの転生を通じて人間としての進化を完成していたため、物質意識を完全に克服する模範を示すことができたのです。だから天の父も、彼のことを、「これはわたしの愛する子、わたしの心にかなう者である[4]」と言われたのです。

イエスがこの地上に生まれた目的は、自分と同じ神の子である地上の人々に、この世の迷いを完全に克服した人の実例を示すためでした。彼はそれほど偉大でしたが、謙虚にこう言いました――

「わたしは、自分からは何もせず、ただ父が教えられたとおりにしているだけである」（ヨハネによる福音書８・28）

彼の愛は、すべて神への愛であり、その意識は、常に父なる神の中に浸っていました。

われわれは、みな神の子です。神は、われわれもイエスも、いくつもの転生の生涯に入る初めは同じようにおつくりになりました。聖書は、イエス自身こう言ったと伝えています――

「あなたがたの律法に、『わたしは言う、あなたがたは神々である』と書いてあるではないか」(ヨハネによる福音書10・34)

このように、イエスもわれわれも同じ神の似すがたにつくられました。そして、彼は迷いを克服して、われわれがそれに倣うように手本を示してくれました。もしあなたがたも、今生で迷いを克服して勝利を得れば、神のもとへ帰り、もう転生する必要はなくなります。

「勝利を得る者を、わたしの神の宮の柱にしよう。彼はもう決して外へ出ることはない」(ヨハネの黙示録 3・12)

では、イエスはもう来ないのでしょうか? 形而上の観点から見れば、彼はすでに宇宙に遍在しています。彼は、すべての花々の中であなたがたにほほ笑みかけています。彼は、自分のからだである宇宙のどんな隅々の出来事も意識しています。そよ吹く風も彼の息吹きです。彼は、神のキリスト意識と一つになって、すべての生き物の中に生きています。もし、あなたに見る眼があれば、万物の中にくまなく君臨している彼を見ることができます。

この世の束縛から解脱した人は、イエスのように、神の普遍的な意識と一つになりますが、それでも個性は保持しています。それは、神によって一人の人間がつくられると、その人の記録が永遠に神の宇宙意識の中に残されるからです。すべての被造物のすべての想念と行為は、神の意識の中に記録されます。イエスは、このことについてこう言っています――

「五羽の雀が二アサリオンで売られている。だが、その一羽さえ、神がお忘れになることはない」(ルカによる福音書 12・6)

キリストは信者の前に幻影や肉体をもって現われる

イエスは、霊姿《ビジョン》(幻影)と肉体との二つの方法で、その個人的な姿を現わすことができます。もしあなたに、熱烈な信仰心さえあれば、あなたは、イエスが地上に生きていたときと全く同じ姿を、自分の内に見ることができます。多くの聖者たちがこのようにしてイエスに会い、彼の生涯の出来事を彼とともに再現して見ました。

イエスは、信者の信仰心と精神集中の強さに応じて、ときには肉体をもって、ときには光の姿で、信者の視野の中に現われます。普通の人の生まれ変わりは、その人のカルマに強制されて行なわれますが、イエスはすでにカルマの束縛を超越しているので、再来するもしないも自分の意志しだいです。もしあなたに、彼を惹き付けるだけの完全な信仰心があれば、彼は、今すぐにも血の通った肉体をもってあなたの前に現われるかもしれません。しかし、あなたの信仰心に少しでも欠ける所があれば、彼は現われないでしょう。

何年か前、私がボストンに住んでヨガを教えていたころ、一時あまりにも多忙で、三日間神との時間を持つことができませんでした。そんな日がなおも続くかと思うと、私はがまんできなくなり、アメリカを去ろうと決心して荷物をまとめはじめました。しかし、ちょうどそのとき、私の生徒の一人が訪ねて来て、いっしょに瞑想してくれと言いました。二人はいっしょに瞑想を始めましたが、私は神にこう祈りました。

「私は、あなたがくださったこのアメリカの仕事を愛しています。しかし私は、あなたご自身のほうをもっと愛しているのです。もし、この国にいることによって、今後もあなたから離れそうになるなら、私はこの国を去ります」

すると、私の内部から、神の声が聞こえてきました。

「では、どうして欲しいのだ?」

私は、とっさに心に浮かんだとおり答えました。

「私に、クリシュナと、キリストと、そのすべてのお弟子たちを見せてください」

すると即座に、金色の海の上に彼らの姿が、ちょうど今あなたがたを見ているのと同じくらいはっきりと見えてきました。私は彼らを礼拝しました。

しかし、すぐに心の中に疑いが湧いてきました、『これは本物ではないかもしれない?』そこで、私はもう一度祈りました。

「神よ、もし、これらの姿が本物なら、この部屋にいるもう一人の信者にもそれを見せてください」

すると、傍らの友人が突然叫びました。

「おお、クリシュナとキリストが、金色の海の上に見える!」

ところが、また別の疑いが湧いてきました、『これは単なる想念の移転かもしれない?』この疑いが私の心をよぎったとたん、神の声は言いました。

「わたしが去ったあと、この部屋の中に蓮の花の香りがみなぎるだろう。そして、部屋に入ってきた者は、みなそれに気づくだろう」

そして、そのあと部屋に来た人たちはみな、「この不思議な花の香りは何ですか?」と私に尋ねたのです。

ほとんどのキリスト教信者にとって、イエスは、聖書に記されている理想的な人物像として観念的に存在していますが、私にとってはそれ以上の存在です。私にとって、彼は現実の存在です。かつて八年前、彼は一人で私の所へ来て、一晩中いっしょに瞑想しました。そのとき私は、当時まだなかったこのエンシニタスの僧院の幻を見ました[5]。そのほかにも、私は何度も彼の姿を見、彼と話をしました。あなたがたも、このようにキリストに会うことができるのです。

神と霊交するには、すべてを捨てるだけの心構えが必要です。

神はあなたを試されるでしょう。あなたが祈っても祈っても、瞑想しても、神が現われてくださらないときは、こう言いなさい――

「主よ、私はあきらめません。あなたは私が祈っていることをご存知です。そして、あなたが来られるまで私があきらめないこともご存知です」と。

そうすれば、神は応えてくださいます。ある聖者はこう言いました――

「わたしは、神がいつ来られるかは全く気にしない。必ず来られることだけは確かだから」と。

これが、神を求めるときの正しい姿勢です。

あなたが、イエスと同じキリスト意識に到達するために努力しようと決心すれば、神はその願いが叶えられるように助けてくださいます。しかし、それにはまず、イエスと同じように自己制御を達成しなければなりません。神は、信者が人間的弱点を克服したことを確認するまでは、偉大な霊的能力をお授けにはなりません。さもないと、彼がその聖なる力を誤用して他人を傷つけたり、さらには世界を滅ぼすことにもなりかねないからです。

イエスは最高の霊力をもっていました。彼は容易に十字架から逃れることもできましたが、ゲッセマネの園で悩んだとき、ただこう言いました――

「父よ、私の願いではなく、み心のままになさってください」(ルカによる福音書22・42)

そして十字架の上では、

「父よ、彼らをお許しください。彼らは、自分が何をしているのか知らないのです」(ルカによる福音書23・34)

と言いました。これらの最後の試練で、イエスは、自分の自我意識の働きを完全に克服したことを証明しました。あなたが他人から不当な暴力を加えられたとき、もしイエスのように、無限の力を持ちながらなお報復せずにいられたら、あなたは真の勝利者であると言うことができます。

偉大なアヴァターたちはみな再来する

地上に生まれた聖者たちは、みな、神の子である人類を霊的に進化させようという神のご意志を遂行するために、一身を献げてきました。偉大な魂たちがこの世に下生する目的は二つあります。一つは、ある範囲の人々または不特定の大衆を啓蒙するため、今一つは、師と同じようになりたいと願う特定の弟子たちに個人的訓練を施すためです。後者は、聖者が自分の生命を植え付ける内弟子たちであり、聖者の霊的家族です。イエスにはこのような十二人の弟子がいました――もちろんそのほか

にもいましたが——。しかし、そのうちの一人は、彼の愛と信頼を裏切りました。神から任命されたグル（魂を導く師）たちにとって最も難しい仕事は、弟子たちを自分と同じ聖者に育て上げることですが、イエスは真にキリストのような弟子たちを育てました。

グルたちは、みな、多くの弟子や信者たちを神との霊交へ導くために努力しますが、それでも、それらの人たちをすべて完成に導くことはできません。そこで、未完成の人たちを完成させるために、また戻って来なければならないのです。しかし、その時期は神のご意志によって決められます。これらのことは、だれの言ったことでも、また、本に書いてあることでもありませんが、真実です。

イエスは大勢の人々を癒しましたが、彼らはそれに対して、必ずしもイエスの真価を認めませんでした。イエスは、彼らの病気を治すのに疲れました。彼の目的は、人々に神を知らせることでした。彼は、人々の心の中に眠っている最高の善である神を呼び覚まそうとしたのですが、彼らはイエスを十字架にかけてしまいました。ですから、人々を神に目覚めさせようというイエスの願いはまだ未完成であり、そのために、彼は再び戻って来なければならないのです。イエスのような偉大な師たちは、一人でも多くの魂を神のもとへ導くために地上に再生します。

彼らは、自分自身は完成の域に達していても、まだ迷いと苦悩の中を放浪している兄弟たちを神のもとへ連れ戻すことに願いをかけているのです。

あなたがイエスに祈るとき、彼はあなたの祈りを感じます。イエスのような解脱した師たちは、信者の呼び声をすぐに感じ取ります。あなたには、彼らがほんとうにあなたの祈りを感じているかどうかわからないかも知れませんが、彼らは間違いなく感じています。そして、あなたの愛を込めて祈る熱意が十分に高まったとき、あなたの所へ来てくれるのです。

偉大な師たちの願いは、地球全体を救うことです。神の悟りに達した聖者たちは、みな不死の境地に達して永遠の喜びの中に生きていますが、地上の人々が苦しんでいることもよく知っていて、天の父にこう言います——

「人々は互いに殺し合い、また、さまざまな苦しみにあえいでいます。救ってやらなければなりません」

すると神はこう言われます——

「いずれそのうちにお前を送ろう」

救い主たちは、こうして神に命じられて地上に戻りますが、その時期はだれにもわかりません。イエスの再来も大勢の人々が信じていますが、それがいつかは神だけがご存知です。偉大な師たちは、天の父のお許しがあったとき初めて来られます。

時が定まると、預言者たちによってそれが知らされることもありますが、何の予告もなしに来るアヴァターたちもいます。しかし、その目的は同じです。私もまた、何度でも来たいと思っています。

わたしは　何度でも
自分の舟を漕いで生死の淵を渡り
天の家から　地上の岸辺に戻りたい。
渇きを訴えて待つ　残された人々を乗せて
玉虫色の喜びにきらめく
オパール色の泉のほとりに運ぶために。
そこでは　わたしの父が
すべての欲望を鎮める安らぎの水を注いでくれる。(6)

すべての人々を救うために戻って来ることはすばらしいことであり、これこそ、この地上のだれもが見習うべき生き方でしょう。利己的な生き方は空しさを残すだけです。神と知り合いになれば、すべての神の子たちとも知り合いになります。われわれは神の中で一体だからです。だからこそ、神を知ることは重要なのです。われわれは自分自身のためにも、神の愛に目覚め、昼も夜も神の不断の愛と幸福の中に浸っていられるようになるべきです。

偉大な師たちは、再び地上に生まれ変わって来るでしょう。彼らは、神から、個性とそれぞれの役割とを与えられています。彼らは神を愛しているので、与えられた役割を果たすためにどうしても戻って来なければならないのです。この地上に、迷いと苦しみの泥沼にはまって悩んでいる大勢の兄弟たちがいるかぎり、彼らは来るでしょう。イエスも来るでしょうが、ほかの偉大な師たちも、もっと多くの魂を天国に連れ戻すために何度でも戻って来るでしょう。

---

(1) この内なる光とは眉間に見える霊眼の光のこと。「からだのあかりは目（一つの目、霊眼）である。だから、もしあなたの目が一つならば（あなたの霊眼が見えたならば）、あなたの全身は光り輝いて見えるであろう」（マタイによる福音書 6・22）
(2) 用語解「アヴァター」参照。
(3) バプテスマのヨハネについてイエスはこう言っている、「もしあなたがたが認めるならば、彼こそ来るはずになっていたエリヤである」（マタイによる福音書 11・14）
(4) マタイによる福音書 3・17。
(5) 師はわれわれに、この幻を見たのは一九三二年だったと語った。エンシニタスの僧院が建てられたのは一九三六年で、この講話が行なわ

れたのは一九三九年である。（出版部注）

（6）パラマハンサ・ヨガナンダ詩集の中の『神の船頭』より。

講話三十　この世界は夢である

（一九三七年十二月二十三日　ＳＲＦ本部における講話）

われわれは、ふつう夢を見ている間は、それが夢であることに気がつきません。目が覚めたとき、初めて夢を見ていたことを知ります。それと同様に、この人生が夢であることを知るのは、われわれが神の宇宙意識の中に目覚めたときです。

われわれは、目が覚めているときの普通の意識状態では、何かを――例えば美しい風景を――強く思い浮かべても、その想念には、それをすぐに物質化する力はありません。しかし睡眠中は、われわれの想念はもっと強い創造力――心象化し、具象化する力――をもっていて、すぐに夢の世界をつくり上げてしまいます。夢の像を映し出すには、想念とエネルギーとが必要です。それはちょうど、映画を映写するのに、フィルムと、光をつくる電気エネルギーとが必要なのと同じです。

睡眠中、われわれの生命エネルギーは、体内のいろいろな活動から解放されて脳細胞に引きあげます。その脳細胞には、その人の過去のあらゆる経験が想念のフィルムとして記録されています。潜在意識に記録されたその想念のフィルムが、脳に引きあげた生命エネルギーによって活性化されると、夢という映像を映し出すのです。夢は、われわれに宇宙意識の働き方を教える教材です。夢は、この宇宙と神の創造活動の仕組みが、夢と同じであることをわれわれに悟らせるためにあるのです。

インドの聖賢たちは、昔から、宇宙は神の想念が具象化したものである、と教えてきました。もちろん、「宇宙は夢である」と口で言うことは簡単ですが、われわれにとって、毎日の日常生活の出来事はあまりにも生々しく現実的で、それらがただの大きな宇宙規模の夢にすぎないと信じることはほとんど不可能に近いと言ってもよいでしょう。宇宙がほんとうに神の想念によってつくられたもので、構造的には夢と同じはかないものだ、ということを真に理解するには、まず心の力を養わなければなりません。

想念は目に見えません。しかし、夢の世界では、エネルギーの力で見えるようになります。この宇宙も、初めは神の想念として宇宙意識の流れの中に潜在して見えませんでした。それが、神の知的波動である宇宙エネルギーによって具象化し、目に見える物質宇宙になったのです。

ですから、この宇宙を実際に単なる夢の世界として見られるような意識になるのはたいそう難しいことですが、そう思うように努力すべきです。この物質世界の真実の姿をそのように正しく理解することは、われわれに多くの実益をもたらしてくれます。

今、ある人が夢を見ているとします。夢の中で、彼は武勇にすぐれた軍人で、戦争に行き、弾にあたって倒れ、まさに死のうとしています。そのとき、死の恐怖と悲しみの中で突然目が覚めます。彼は、自分が軍人でもなければ死にそうでもないことを知って、夢の中の恐怖と悲しみに苦笑します。

現実の人生でも、われわれはこれと同じことを経験します。一人の兵士が戦争に行き、致命傷を受けると、突然幽界に目覚めます。すると彼は、戦争はただの悪夢で、自分には砕けた骨もなければ肉体もないことを知ります。そして、依然として生きている自分を意識します。

この世の経験はすべて夢の出来事である、ということを自分で検証するには、自分の想念を視覚心像化《ビジュアライズ》する方法、すなわち自分の想念を集中力で活性化し、具象化する方法を学ばなければなりません。意志の力と集中力を高めて、自分の思っている事を一心に見ようとすると、それが単に幻として見えるようになるだけではなく、それを現実の経験として物質化することもできるのです。

すべての物は想念から生じる

現代の驚くべき科学技術やすばらしい物質文明は、すべて人間の創造的想像力から始まって築き上げられたものです。発明は人間の想念が具象化したものです。新しいものを考案しようとする人は大勢いますが、ほとんどの人は、困難に出会うとそこであきらめてしまいます。自分の考えを極めて強く想像し《ビジュアライズ》つづけた人だけが発明の完成に成功しました。地上に存在するものはすべて、初めに神の心か、人間の心かのいずれかによって考え出されたものです。ただし、実際には、人間は完全に自分で創作したアイディアを考え出すことはできません。人間は、ただ神のアイディアを借りて、それを基にして物質化する助手を務めているにすぎません。

自分の想念の力を実験してごらんなさい。自分のからだを実験台にして、できるだけ強力な想念を働かせるのです。それによって、自分の悪い習慣や長年の持病を治そうと試してごらんなさい。もし成功したら、さらに自分の周囲の環境の改善にも利用することができるでしょう。

想念と物象との関係はなかなか霊妙です。例えば、あなたの前に柱があるとします。あなたがそれを念力で消そうとしても、

柱は消えません。どんなに念じても、柱はそのままです。その柱は、だれか前の人の想念によってそこにあるのです。あなたが、ただ「消えろ」と思っても、それは消えません。その柱が想念の具象化したものであることを、あなたが〝真に悟った〟とき、初めてあなたは、その柱を自分の意識の中に解消することができるのです。あなたは、自分の癖や痛みなどを想念の力で克服する実験を重ねることによって、しだいに、自分のからだの仕組みや機能が想念によってコントロールされていることを理解するようになるでしょう。

人は、この世界のすべてを単なる夢として見る意識を開発すると、偉大な英知を引き出すことができるようになります。それにはまず、この世での経験をあまり深刻に受け取り過ぎないことです。悲しみの根本原因は、たえず移り行くこの夢のドラマの画面に感情を入れ込み過ぎることにあります。もし、あなたが、「自分はこんな人生を送るつもりではなかった」などといつも後悔ばかりしていると、自分をみじめにするだけです。それよりも、これからよりよく生きるために最善の努力をすべきです。そして、どんな困難に出会っても、「これはみな夢だ、すぐに消えて行く！」と断言しなさい。そうすれば、どんな障害も大きな困難にはならず、挫けずに切り抜けることができるでしょう。

この世界が夢であることを真に悟ろうと思ったら、苦痛や恐怖の意識を克服することも必要です。私は子供のころ、フットボールでよくけがをしました。そして、夜フットボールの夢を見ると、夢の中でもけがをしました。フットボールをするとけがをするという不安が潜在意識の中に植え付けられてしまったため、夢の中でまでけがをしたのです。

ですから、いろいろな問題をあまり深刻に考え過ぎてはなりません。さもないと、自分の潜在意識に暗い陰をつくることになります。困難は、この人生が夢であることをわれわれに悟らせるためにあるのです。われわれはみな、困難からそれを学ぶべきです。そうすれば、この世はなぜ人によってこんなに――ある人は貧しく、ある人は裕福、ある人は健康で、ある人は病弱というふうに――差があるのかもわかるでしょう。人生のそうした違いは、非情で残酷なゲームのようにも見えますが、だれもがただ夢を見ているにすぎないことを理解すれば納得がいくでしょう。ですから、人生のどんな困難や逆境も、そのように観なさい。

あなたは、子供のころや青春時代にどんな夢や希望を抱いていましたか？　それらの夢が、今のあなたにとってしだいに遠いものになったとしても、失望してはなりません。あなたの心の映画館で上映されている神の夢の映画には、いろいろなシー

ンが次々と現われては通り過ぎて行きます。目の前に今どんな情景が現われても、それらのシーンの一つだと思いなさい。あなたがいろいろと楽しむためには、悲劇の夢も、喜劇の夢も見なければなりません。例えば、あなたが映画館へ行って、悲劇や戦争の映画を見ても、見終わったあとは、「ああ、すばらしい映画だった！」と思うでしょう。そのように、人生も宇宙映画として見れば楽しめるのです。ですから、どんな経験に出会っても、夢の中のドラマとして対処できるよう心がけなさい。

だれの人生も一つのドラマであり、毎日の出来事は、そのドラマの一シーンです。あなたは毎日、新しい一日を生きています。あなたは、自分がそのドラマの中の一俳優だと思えば気が軽くなるでしょう。どんな役柄でも、それを演じることは、真のあなたには何の影響も与えないことを知りなさい。この地上での演技を終えて衣装を脱げば、あなたがたはみな永遠不変の魂であり、どんな悲しみにも、病気にも、死にも冒されない存在なのです。

「いかなる苦楽にも動揺せず、心がたえず平静なる者のみが、生死を超越する資格がある」（バガヴァッド・ギーター２・15）

慢心は英知を妨げる最大の障害

私は、自分の経験から、英知の流入を妨げる最大の障害は自我意識から生じる慢心であることを強く確信します。自己中心的なプライドは捨てなければなりません。それは、われわれが神を、すべての創造活動の唯一の実行者、すなわち宇宙ドラマの総監督として見るのを妨げます。あなたは、この宇宙ドラマの中でいろいろな役割を与えられますが、あすはどんな役割を与えられるか予測することはできません。ですから、どんな役にも応じられる心構えが必要です。人生とはそういうものです。どんな人生経験も、悲しむようなことではないのです。もしあなたが、自分の身に起こっている出来事を、舞台の上でだれかが演じている芝居として見るならば、悩んだり悲しんだりはしないでしょう。一年に三百六十五回与えられている毎日の役割を、夢の中のドラマのつもりで、心でほほ笑みながら演じなさい。そうすれば、人生に打ちのめされることもないでしょう。

あなたは、すでに過去世の人生で、いくつもの役割を演じてきました。それらはすべて、あなたを楽しませるために与えられたもので、悲しませたり、恐れさせるためのものではありません。あなたの不滅の魂は、それらによって何の影響も受けません。あなたは、人生ドラマの中では泣いたり笑ったりいろいろな役を演じなければなりませんが、心の中ではいつもこう言いなさい、「わたしは不変不滅の魂なのだ！」と。真にこの自覚を得たとき、あなたは大きな慰めを感じるでしょう。

あなたは、森の中へ隠遁しても、それだけでは、この地上の人生を真実のごとく錯覚する意識から脱け出すことはできません。人はみな、宇宙ドラマの中でそれぞれの役割を演じており、あなたは自分に与えられた役割を最後まで果たし終えなければなりません。幸福を得ようと思ったら、自分の役割を堂々と、自信をもって、楽しみながら果たすべきです。ひとたび神の中に目覚めれば、神はあなたに、宇宙ドラマの中でどんな役を演じてもあなた自身は不変である、ということを悟らせてくださるでしょう。

この世の経験から自己を分離せよ

こんなことを考えてごらんなさい——今まで百年ごとに十五億人の人々が死に、その一人一人がこの宇宙ドラマの中でそれぞれの役割を演じてきました。しかもそのだれもが、そうした役割のほかに、個人個人の人生ドラマを演じているのです。こうしてみると、今までに何百億とも知れぬ人々によって演じられた人生ドラマの数は計り知れません。しかし、それら無数のドラマには一つの目的があります。その目的とは、あなたがたが、どうしたら劇中の役割を本来の自分自身と混同せずに演じられるかを学ぶことです。それには、痛みや怒りや悲しみなど、どんな肉体的または精神的苦痛に襲われても、それらを自分自身とは区別して客観的に見ることが大切です。苦痛から自分を分離する最善の方法は、問題の解決方法を求めながらも、心の奥ではいつも傍観者の立場でそれを見ていることです。

純粋な平安や幸福を地上の生活の中に期待してはなりません。これからは、どんな経験も映画を見るように客観的な姿勢で楽しみなさい。真の平安と幸福は自分の内に見つけなければなりません。外界の経験は遊びのつもりで楽しく観賞すべきです。あなたの姿勢いかんで、それらの楽しみは一転して苦痛に変わります。あなたは今健康で、その幸せを特に意識していないかもしれませんが、ひとたび病気になると、健康の有難さがわかります。神があなたに与えられた恵みに対しても、失ってから気づく前に感謝しなさい。

あなたがたは、みな不死不滅の神の子です。あなたがたは、互いに人を楽しませ、人から楽しませてもらうためにこの地上に来たのです。そのためには、行動と瞑想とを組み合わせた生き方をしなければなりません。瞑想による内面的なバランスを失うと、人生が苦痛に感じられるようになります。あなたがたをご自分の似すがたにつくられた神の名を汚してはなりません。神から与えられた不屈の精神を目覚めさせるためにこう断言しなさい——

「どんな経験も、私を害することはできない。わたしはいつ

も幸福だ」と。

私が、インドで初めて小さな泥造りの小屋を一ルピーで借りて、子供たちの教育を始めたとき、生活はまったく簡素なものでした。それに比べると、今は、この大きな施設を維持する責任を負っています。しかし私は、どんな試練が来ても心のバランスは失いません。あなたがたも、自分が不死不滅の存在であることを思い出して、どんな困難も笑い飛ばしなさい――

「わたしは何度殺されても生きている。何度生まれても不変である」と。

どんな苦難の最中でも、また、富と権力を手にしてほほ笑んでいるときでも、平静な意識を保持しなさい。このような平常心を達成したとき、何物もあなたを害することはできなくなります。偉大な師たちの生涯は、みな彼らがこの聖なる平安の境地に達していたことを示しています。

「すべてのものはわたしの心の中にある」――自分の体験としてこう言えるようになるには、まず、この世のどんな出来事にも動じない聖なる平安の意識を開発しなければなりません。どんな経験も、夢の中の出来事として受け止めなさい。そうすれば、いつか、自分の思ったことが強力な想念の力だけで実現できる、とわかる日が来るでしょう。それは、決して容易なことではありませんが、可能なことです。

科学者は、一つの事実に到達するまでに、いくつもの実験を経なければなりませんが、霊的達人は、物理的な過程を経なくても、事実を直接見たり感じたりすることができます。また、神と一体になれば、考えた事を即座に実現することもできます。イエスはこのことを何度も実演して見せました。それは、彼が神との合一を達成していた証拠です。

まず神に意識を集中せよ

何をするにも、まず、神に意識を集中しなさい。日常生活のどんな状況の中でも、たえず神との一体感を保持するよう努めなさい。それを乱すような悩みに襲われたらこう考えなさい――

「もし、わたしが眠っていたら、この悩みは感じないだろう。今だってそれを感じなければよいのだ。この世のものはすべて消えてゆく夢だ！」と。

この方法ですべての試練を克服しなさい。

集中の第一段階は、何でも自分の思うものが心の眼に見えるようになることです。例えば、私はこの室内を、目を閉じても室内の情景がそのまま見えているようになるまで、集中して見つづけることができます。これが深い集中にはいる第一段階ですが、大概の人はそこまで練習する根気がありません。私には

その根気があったのです。

思った事を集中力によって心のスクリーンにビジョンとして見る練習をすると、しだいに自分の思いが物質化されるようになります。どんな事でも、あなたが命じると、宇宙法則があなたの思う事を実現するように働くのです。

例えば、一つのりんごを思い浮かべるだけで、手の中にそのりんごを物質化することができれば、それは強力な集中力の働きです。ババジは、ヒマラヤの山奥でラヒリ・マハサヤに黄金の宮殿を物質化して見せましたが(1)、それはまさに最高の集中力を表わすものです。このように、霊的偉人たちは、何でも目の前に物質化することができます。どんな価値ある事も、努力と集中力なしに達成することはできません。

肉体のことや物質的問題に神経質になったり、他人の言動に振りまわされて自分を傷つけてはなりません。自分の意識をそれらから離れた所に置きなさい。だれに対しても親切でなければなりませんが、同時に、だれにも心を乱されない平静な意識状態（平常心）を養いなさい。そして、毎日人々の幸福のために奉仕し、あなたの知恵と知識を分け与えなさい。人生に対する意欲をなくしてはなりません。一つの事から学びうる事はすべて学び、どんな事からも何かを学びなさい。想念の領域は無限です。求めれば求めるほど、求めただけのものが与えられます。反対に、もうすべて手に入れたと思ったら、その瞬間、あなたは自分に限界を設けてしまいます。常に慢心を戒め、どこまでも求めつづけなさい。そうすれば、その謙虚さの谷間に、神の英知の海から無限の知恵や知識が流れ込んで来るでしょう。

英知を開発するために、あなたにできる最も重要で効果的なことは、この世界を夢として観る意識を養うことです。何かに失敗しても、「これはただの夢だ」と思って、心の中から失敗の観念を追い出しなさい。悲観的な状態にあるときは、極力その反対の、積極的、建設的考え方や行動をするよう心がけなさい。困難や苦痛にも心を乱されず、平静を保つことをティティクシャと言います。ティティクシャを養いなさい。病気になっても心の健全さを失わず、健康の法則にかなった生活をしなさい。何物にも、心の平静を奪われてはなりません。もしあなたが、自分の遭遇するすべての試練をただの夢と観て、その反対の夢をつくり出す訓練をすれば、あなたはすべての悪夢をすばらしい経験に変えることができるようになるでしょう。そのような心の自由は、この物質世界のものはすべて——固体も、液体も、そのほかどんな形態のものも——神の想念の具象化したものにすぎない、と真に悟ったとき、あなたを訪れます。

真の自由を見つける最善の方法は、深く瞑想することです。

その具体的方法はＳＲＦの通信講座で学ぶことができます。砂糖の甘さは、説明を受けただけではわかりません。あなたは、自分で味わってみなければなりません。

きのう、私は自分の部屋で、座って自分の人生を振り返っていました。そして、かつて私に大きな幸福を約束した外界のものはすべて私を裏切ったことを改めて思い起こしました。それに対して、私を裏切らなかったものが一つだけあります。それは内なる平安です。それは、言葉では言い表わせない大きな幸福感の波となっていつも私を包んでくれます。私は、長年いろいろな経験を通り抜けてきましたが、この内なる不動の平安は、私にとって、いつも神の存在の証しでした。

そんなことを考えていたとき、突然まばゆい光が見えました。そして、ほかのものはすべて消えてしまいました。そこには知覚だけがありました。私の手は手ではなく、手の感じがあるだけでした。両手を合わせてみましたが、肉体としての手はなく、合掌した感じだけがありました。そこで私は、自分が想念体だけになったことを知りました。私自身のからだの重さと、私の周りのすべてのものが――光も部屋も――ただの想念になってしまいました。

それはすばらしい喜びに満ちた経験でした。過去の出来事に対してそれまで感じていた後悔や悲しみはすべて消えて、代わりに、完全に自由な解放感だけが満ち満ちていました。

神の平安にある意識は不変不滅です。それだけが真に幸福な状態です。それ以外のものは、いずれはあなたを失望させます。神そのものがもたらす喜び以外に、真の幸福を与えてくれるものはありません。神の喜びだけが実在する真実のものだからです。

神の完全な英知を達成するのに、あらゆる人生を自分で経験する必要はありません。他人の人生からいくらでも学び取ることができるはずです。果てしなく続く人生経験をいくら重ねても、結局得るものは、〝この世のもので真の幸福を与えてくれるものは何もない〟という発見だけです。

真理を学ぶ方法には二とおりあります。一つは、良い経験や悪い経験をいろいろと実際に体験してみる方法であり、もう一つは、英知を養う方法です。どちらでも、あなたは好きなほうを選ぶことができますが、クリシュナはこう言っています――

「英知を達成した者は、すみやかに至高の平安を得る」（バガヴァッド・ギーター４・39）

また、イエスは、

「まず神の国を求めよ」（マタイによる福音書６・33）

と言っています。もし、あなたが、神の国以外のものを第一に求めているなら、必ず幻滅と失望を味わわされます。「他人は

ともかく、自分は大丈夫だ」と思っても、例外はありません。唯一の真実の経験、真の幸福をもたらす唯一の経験――それは、あなたの意識を神の中に目覚めさせることです。

（1）『あるヨギの自叙伝』第三十四章参照。著名な電気科学者で発明家でもあったニコラ・テスラ氏は、心の力による物質化の可能性について理解し、こう書いている――

「大昔、彼（人）はこのように考えていた、『感覚で認識できるすべてのものは、一つの本源的実体から生じた。それは、想念よりも希薄な存在で、あらゆる空間に遍満して光を放っているエーテルであり、アーカーシャと呼ばれた。それは生命を与えるプラーナの働きを受けて創造力となり、際限なくくり返す循環過程の中で、万物を顕現させる』と。

この壮大な、驚異的畏敬を感じさせる大自然のすべてのプロセスを、彼は、制御できるのだろうか？　彼は、大自然の無限のエネルギーを自由に操って、そのあらゆる機能を自分の命令どおりに動かしたり、さらに単純に、自分の意志の力だけでそのようにすることができるだろうか？

もしそれができれば、彼はほとんど無限の超自然的能力をもつことになる。彼自身は大した努力を払わなくても、彼の命令によって、その計画どおりに古い世界は消え、新しい世界が顕現するであろう。彼は、自分の想像する夢の中に浮遊する幻の影を、固定させ、凝結させ、存続させることができる。つまり、心に描いたどんな大きなまたは微細な構想でも、確固とした物質的存在として表現することができるのである。

物質の本質を創造したり、消滅させたり、また、それによって自分の欲するものを意のままにつくり出すことができるようになれば、それは、彼が心の力を完全に発揮できるようになったこと、そして物質世界を完全に征服したことを意味する。それは人間としての最高の完成であり、それによって彼は創造主の傍らに座し、人生の最高目標を達成したことになるのである」。（一九四四年 Ives Washburn Inc. 発行『Prodigal Genius』より）

講話三十一　神の母性と父性

（一九四一年五月十一日、母の日、サンディエゴの礼拝堂における講話）

一、神の母性

きょうは、深い愛情をもって子供たちを育ててきたすべての善良な母親たちに感謝を献げましょう。そのような愛に育てられた人たちが、自分に注がれた母の愛を思ったら、それと同じ愛を世界中の子供たちにも与えたいと思うでしょう。母の愛に育てられたすべての人々が、自分たちが受けた母の無条件の愛を、今度は他人に向けて注ぎますように――。そうすることによって、初めて世界は平和になり、この地上にも天国が実現するでしょう。

母の愛は、子供を甘やかしたり、わがままにするためのものではありません。子供たちの心を柔和にし、その心に他人に対する思いやりを育て、それによって人々の魂をこの世の苦労や悩みから救うためのものです。自分のカルマに縛られ、厳しい試練に遭遇して途方に暮れている人々には、そういう愛と優しさが必要なのです。

私が幼いころ母に対して抱いていた、深い愛と完全な信頼は、その後の私の、宇宙の母に対する愛を呼び覚ますきっかけになりました。ですから、私を神の悟りに導いた第一の原因は、母に対する大きな愛だったのです。

多くのインド人は、神を聖母様（天の母、宇宙の母）と呼んで慕います。それは、ほんとうの母親らしい母親は父親よりも優しく寛大だからです。母親は、神の〝無条件の愛〟の現われです。神は、その子供たちである人間に対する無条件の愛をわれわれに示すために、母親をつくられたのです。私にとっては、女性はみな宇宙の母の化身です。私は、すべての女性の中に宇宙の母を見ます。私が女性の中に見る最も賞賛すべき特徴は、母性愛です。女性を情欲の対象として見る人は、その邪悪な炎によって自ら滅びるでしょう。しかし、すべての女性を聖なる母の化身として見る人は、彼女たちの中に冒すことのできない神聖さを見るでしょう。インドの聖者たちの中には、すべての女性を自分の母として見た人たちがいました。あなたもそのように女性を見ることができれば、あなたの心に普遍的な愛が流れ込んで来るでしょう。

インドで、ある偉大な聖者を疑い深い弟子たちが試そうとして、聖者の所へ数人の美しい売春婦を送りました。すると聖者は、後ろへとび下がって彼女たちの前にひれ伏し、「聖母様、きょうはこんなお姿でおいでくださったのですか！」と言いました。深く自分を恥じた売春婦たちは聖者の前にひざまずきました。それ以来、彼女たちのうえに霊的変化が起きたということです。

女性を聖なる母の化身と見て敬う人は、魂の慰めを見いだすでしょう。夫たる者は、妻の中に聖なる母の純粋な美しさを見るべきです。妻を聖なる宇宙の母の現われとして見ることによって、彼は、それまで気づかなかった彼女の聖なる本質を発見するでしょう。

もし、神が母親たちに愛を授けられなかったら、母親たちは、子供を愛することも知らなかったでしょう。母親たちは神の洪大な愛の取次ぎ人ですが、神は彼女たちを通してその愛を現わしておられるのですから、われわれも彼女たちを通して神への敬愛の念を示すべきです。偉大な大師たちは、母親に対してみなそのように振る舞いました。スワミ・シャンカラ[1]は、その母が亡くなったとき、家族の葬儀を行なってはならないという僧侶のおきてを無視して、自分の手のひらから聖なる火を噴き出させ、その火で母の遺体を火葬にしました。

母親の中に聖なる母が現われている家庭は、優しく愛情に満ちた家庭になります。これは大事なことです。忘れてはなりません。心の中でたえず聖なる母への愛を養いなさい。そうすると、どんな女性を見ても、自分の母として見ることができるようになります。肉眼がもたらす異性意識を離れて女性を見れば、彼女の中から豊かな霊的財宝を引き出すことができるでしょう。

母親は自分の子供を無条件に愛することができますが、母親にはどうしてそのような愛があるのでしょうか？　母親が自分の子を愛する行為は、彼女が、神から与えられた愛をそのまま行なっているにすぎません。彼女は自分の子だと思っていますが、実は、神の子なのです。ひとたび神がお呼びになれば、すぐに連れ去られてしまいます。ですから、母親たちは、自分の子供に対して抱く愛と同じ愛を、地上のすべての子供たちにも注ぐべきです。

昔から両親は子供を世話し、子供は母親を尊敬するものと教えられています。しかし、子供は自分の母を敬愛するだけでなく、すべての女性を聖なる母の現われとして見るべきです。

また、すべての母親は、〝自分の中には神の無条件の愛が流れていて、自分はそれによって神聖化されている〟という自覚を持つべきです。母親は、自分の愛情が自分個人のものではなく、内に宿る聖なる母から来ていることを知るべきです。そし

て、自分の子供のことを誇りに思うのは当然ですが、自分の子供にだけ愛を注いで自分自身を小さく限定してはなりません。母親は、無条件の聖なる愛をすべての子供たちに与えるべきです。これが、きょう私が皆さんに言いたかったことです。

母親である皆さん、あなたがたは、聖なる宇宙の母がその普遍的な愛を具体的に現わすためにあなたがたの姿を取っておられることを自覚して誇りとし、自分の子供だけでなく、すべての子供たちにその愛を与えるべきです。そのとき、あなたがたは真に神聖化され、自分の子供がわずか一人とか、二人とか、数人とかではなく、世界中にいることがわかるでしょう。そう悟ったとき、あなたがたは宇宙の母と一つになるのです。

すべての神の子たちを自分の子供として見るようになった母親は、もう単なる人間の母親ではなく、聖なる不滅の母です。聖女と呼ばれる人たちはみなそうです。そのような人たちはやがて、

「わたしは、自分の子供に対して抱いていた大きな愛を、今すべての人々に対して感じる。わたしはもう、この一個のからだではなく、宇宙の母の現われなのだ！」

と自覚するようになるでしょう。あなたがたにはそれができるのです。単なる一人の女性から聖なる母になれるのです。そうなりなさい！　あなたがたはもともと宇宙の母の似すがたにつくられているのです。ですから、その無限の愛をすべてのものに与えて、聖なる母の似すがたを現わしなさい。

二、神の父性

（一九四四年六月十八日、父の日、ハリウッドの礼拝堂における講話）

この父の日に、皆で天の父に忠誠を誓いましょう。父親の愛は、必ずしもいつも無条件とは限りませんが、その愛は、英知と、法を重んじる精神と、他の人々を守ろうという意志とに導かれたものです。すべての善良な父親を通して、英知と法と保護とを現わしておられる天の父に、改めて尊崇の念を献げましょう。

父親たちは、自分が単なる人間としての父親ではなく、天の父の代理であることを自覚すべきです。私は、天の父のために働いています。すべての父親たちの背後にいて、彼らに父の役を演じさせているのは天の父です。もし、父親の心が無知や間違った考えで汚れていると、天の父の光を正しく透過させることができません。ですから、父親たちは、正しく振る舞う責任

があることを自覚して、いつも清純な心を保持すべきです。天の父は、すべての父親たちを通して、この地上の子供たちの面倒を見ておられるのです。

父親たちの心とからだは、天の父の座したまう聖所でなければなりません。父親は、子供たちを神に目覚めさせるように導くとき、神の代理として最も大きな創造的役割を果たしているのです。

子孫をつくることは人間独特のわざではありません。動物でもやっている事です。しかし、聖なる愛と霊的意識の中で子供をつくることは、人間にしかできない重要なわざです。ところが、動物でさえ正常な繁殖の動機から生まれてくるのに、大勢の人間の子供たちが偶発的な情欲や、邪悪な行為から生まれています。そのような子供たちがどうして純粋で完全な人間に育つでしょうか？　もちろん例外はありますが、盗賊や、そのほかの犯罪者たちの多くが、不純な情欲から生まれた子供たちです。

「手本」は最良の教師

人格の養成については学校での教育も必要ですが、父親たちは、自分が子供たちに手本を示すことのほうがより重要であることを知るべきです。子供たちに、「わたしのまねはするな。だが、言う事は聞け」などと言っても効き目はありません。子供に煙草を吸わせたくなかったら、まず自分が吸わないことです。子供に穏やかで上品な話し方を求めるなら、自分の妻に対する口の利き方からそのようにしなければなりません。子供たちはいつもあなたを見ています。子供たちには、まず自分から親切な言葉遣いと心遣いの手本を示しなさい。あなたの姿を通して子供たちを育てているのは天の父だからです。

もし、子供たちに高圧的な態度で荒々しい言葉を吐きそうになったら、次の言葉を思い出しなさい――

「わたしの声は、天の父がお使いになるためのものだ。下品で理不尽な暴言を吐く、無知の父サタンなどに使わせてはならない。わたしはいつも真実の言葉で、子供たちが心から納得するように導かなければならない。わたしの心は、天の父の英知の光がそのまま透過する透明なガラスのようでなければならない」

われわれは今、世界に平和をもたらすために、父なる神の英知と、母なる神の愛とを最大限に発揮しなければなりません。よき父親は、どんなことがあっても自分の子供を殺すようなまねはできません。もし、すべての父親たちが、その心を、あらゆる国の人々を愛しておられる天の父の愛で満たしたら、どうして戦争など起きうるでしょうか？　愛こそ、あらゆる争いを

終わらせる精神的武器です。

私は、自分の声も、目も、手も、足も、心も、からだも、感情も、意志も、残らず主に献げてしまいました。すべての父親たちよ、あなたがたも、自己中心的な小さな自我を捨てるとき、天の父の英知と、人々を守ろうという聖なる愛が、自分を通して働き出すことを知るでしょう。

（1）シャンカラは、聖なる母に罪の赦しを乞う祈りをうたった詩の中で、「悪しき子は数あれど、悪しき母のいまだありしためしなし」とくり返している。

講話三十二　万物の中に神のみ業を見よ

（一九三九年八月十七日　ＳＲＦ本部における講話）

神のつくられた宇宙は、まったく驚異に満ち溢れています。神は、その創造活動の中で、あらゆる不思議を演じておられます。明きめくらにならないように洞察力を養いなさい。神とその代行者である人間がつくったものをよく観察し、分析し、鑑賞しなさい。宇宙の仕組みは実に複雑霊妙です。われわれがどのようにしてつくられたのか、そして、この大宇宙という機械が宇宙のさまざまな法則によっていかに整然と動かされているか、考えてごらんなさい。

　われわれは、花を見て、その美しさを楽しみます。しかし、それらの花々がどのようにしてつくられたかだれが知っているでしょうか？　われわれがふだん何気なく使ったり見たりしているものについて——ハンカチでも、楽器でも、家でも、樹木でも、何でも——それらが何からどのようにして作られたか考えてごらんなさい。あなたがたは、ふだん自動車を当り前のように見ていますが、もし自動車の生産工場を見学したら、それがどんなに複雑な工程を経て作られているかわかるでしょう。また、毎日発行されている新聞も、それが出来上がるまでにどれほど手がかかっているか？　しかも、それを印刷する機械の複雑さや速さは人の手とは比べものになりません。

　人間の作った日常の身の周りのものでさえ、それほど複雑に作られているのです。まして、神のつくられた植物や、動物や、人間の複雑さはどれほどでしょう！　一見単純に見える人体の構造や、機能や、必要物などを一とおり理解するだけでも、医学を十年は勉強しなければなりません。ちょっと考えただけでも、驚くことばかりです——もっとも、もう少し神様に改良して欲しいと思うこともありますが！

　ガラスの容器で植物を水栽培すると、その根が髪の毛のように見えます。植物は、その根の部分にある、神から与えられた知的エネルギーの働きによって、生長に必要な養分を土や水から吸収します。人間も、ちょうど植物を逆さまにしたような形で、からだに必要なエネルギーを髪の毛を通して吸収しています[1]。

　植物の葉を養う樹液が、重力の方向とは逆の上向きに流れることも驚きではないでしょうか？　樹皮を剥いでみると、樹液

を送る複雑な管の網目模様が見えます。この養分の供給と生長とをつかさどる不思議な力が生命と呼ばれるものです。私は、神の至福の意識に入ると、草の葉の中を流れているこの生命を見ることができます。このような創造の神秘が実際に見られるとは、以前は夢にも思いませんでした。そうした生命の神秘について考えれば考えるほど、神のみ業に畏敬を感じずにはいられません。

神は、綿密に計算された正確さで、すべての生き物の構造と、その機能を維持するための必要物とを定められました。もし、それらの必要物——例えば食物や養分など——が不足すると、植物も動物も人間も、からだに故障を生じます。普通の人は、肉体の維持に必要な化学成分のすべてを食物から摂っていますが、多くの人が、必要な成分の不足した、またはバランスを欠いた食事をしています。栄養分の不足や偏りは、すべての病気の主な原因の一つです。植物に、必要な成分の一部を抜き取った肥料を与えてみると、すぐに栄養失調の症状を現わします。

人間とすべての生き物との間には、互いに与え合い、生かし合う互恵関係があります。昔からインドには、死体を火葬にしてその灰をまき散らす風習がありますが、これも、人間が母なる大地を養っている一つの方法で、大地はこれに対して、人間に植物を与えてこれを養っています。

人間と樹木との間の互恵関係はよく知られているところです。人は酸素を吸って炭酸ガスを吐くのに対して、樹木は炭酸ガスと水分を吸って蓄え、それを光合成により分解して炭水化物（食物）を作る過程で、人間に必要な酸素を放出します。(3)しかし、光合成は太陽光線によって行なわれるため、夜間は行なわれません。また、それとは別に、樹木は呼吸作用によってたえず炭酸ガスを放出していますが、夜間は、炭酸ガスを吸収して酸素を放出する光合成が行なわれないため、炭酸ガスの放出量が多くなります。しかも夜は、ふつう大気が静止しているため、重い炭酸ガスは地表近くに滞留します。人がベッドなどによって地面より高い所に寝る習慣が生まれた理由の一つには、そういうこともあるのです。

肉体の感覚の限界

科学はわれわれに、宇宙の複雑な構造や、われわれのからだを構成している物質について多くのことを教えてくれましたが、まだまだ膨大な未知の知識があります。われわれは、感覚器官の隠れた能力を開発すれば、もっと多くのものを感じたり知ったりすることができます。しかし今のところ、ほとんどの人は見るべきものを見ず、聞くべきものも聞いていません。それは、われわれの感覚器官が、この物質世界の経験に慣れ過ぎ

てそれに密着し、執着するようになってしまったからです。そうした執着を捨てることは、感覚の楽しみを否定することではなく、反対に、神から与えられた感受性を全知の霊的知覚能力にまで高め、拡げることを可能にします。

人間は、物質次元で、視力を増大するさまざまな方法を発見しました。例えば、人間の目はふつう限られた色しか見えませんが、紫外線を当てて見ることによって、普通では一様に暗褐色にしか見えなかったいくつかの石が、それぞれに含まれた成分によっていろいろな色に輝いているのが見えるようになります。紫外線を取り除くと元のくすんだ色に戻ります。この物質世界の多くの色は、空の青さのように、実は、いろいろな種類の粒子に光が反射して起きる目の錯覚です。あなたの目は、万物を構成している創造の波動の、ごく限られた範囲しか認識できないため、万物の陰にある霊妙な幽体[4]の光を見ることができません。それが見えたら、あなたはその美しさに驚嘆するでしょう。地上のどんな華麗な色彩も、すばらしい幽界の色合いに比べたら、まったく粗野で、どぎつく、荒っぽく見えます。

このように、あなたの目や耳は、存在のすべてを認識することはできません。その鼻で幽体の香りを嗅ぐこともできなければ、そのほかの感覚器官でエーテルの中を流れている無数の精妙な映像や印象などを感じ取ることもできません。今ここに聖フランシスが幽体で現われても、あなたがたは、その姿を見ることも、声を聞くことも、からだに触ることもできないでしょう。しかし、そういう感覚の限界は拡げることができるのです。私自身、そのようにして聖フランシスに会いました。

人はしばしば、普通の感覚器官で感じ取れるものさえ感じないことがあります。観察力のある人は至る所に美を見いだして楽しみますが、見る眼のない人は、どんなに美しいものを見ても何も感じません。私は、かつてメキシコのソーチミルコ[5]を訪れて、そこの湖に浮かぶ花園を見たとき、文字どおり神の芸術を見た思いですっかり魅了されてしまいました。ところが、ふと見ると、私のそばに一人の男が立っていて、彼も熱心に景色を眺めていました。しかし私は、彼が何となく私とは違うものを見ているような気がしたので、彼に、その絵のような景色の感想を尋ねてみました。すると彼は、「私は今、どうすれば湖の水を排出して、もっと土地を拡げることができるか考えているところです」と答えました。彼は、技術者として湖を見ていたのです。このように、われわれはそれぞれ異なる考え方や気分で物を見ています。

魂はみな、それぞれの個人的意識を構成する感覚や感情や想念などの合成された波動の中に閉じ込められています。そして、みなそれぞれ異なる構成内容の異なる波動をもっています。人

が子供のころから行なってきた行為は、すべて縮刷版の新聞のように、脳の中に性格として記録されています。それらが今のあなたをつくっているのです。われわれにはその縮刷版の内容が見えないので、人の振る舞いを見て、その人がなぜそのように振る舞うのか不審に思ったりします。例えば、ある人は急に上機嫌になったり、不機嫌になったり、また、わけもなく怒り出したりしますが、なぜそうなるのか本人にもわかりません。また、ある人は、自分の家の掃除も忘れて、他人の批評や噂話に熱中します。その人にそのように振る舞わせるのは、その人の脳の中の縮刷版に記録された性格です。それらは魂を閉じ込めて、真の自己を表現するのを妨げています。人間とはまったく複雑な存在です。みな自分の中に、過去の自分のすべての物語をしまい込んでいるのです。

想念の無限の可能性

人は、この世で食べたり、眠ったり、働いたりするほかに、この人生から何かを学ばなければなりません。深く考える人は、人生のいろいろなことに疑問を持ちます。物事を観察し、なぜそのようなことが決まって起きるのか、また、起きないのか、疑ってみます。歯は、だれでも一度生え変わるのに、なぜそのあとはもう生え変わらないのか？　そういう決まりは何から生じたのか？……など。しかし、従来経験してきた物事の決まりや物質的限界に慣れてしまった人は、それ以外の可能性については全く考えようともしません。深く考える人は、普通の人が当然の事として受け入れている事にもいちいち疑問を持ち、それを変えてみようとします。そういう姿勢が進歩をもたらすのです。

私は、新しい技術を駆使した大規模な生産工場や、すばらしい発明や、そのほか人間の目ざましい業績を見ると、からだ中がわくわくします——人間の脳が生み出したものはなんてすばらしいんだろうと。しかし、脳そのものは、それが生み出したどんなものよりも限りなく複雑精巧に出来ているのです。

ここに、ある王様の話があります。その王様は、総理大臣に特別に目をかけていました。それがあまりにも目立っていたので、他の側近たちは嫉妬していました。それを知った王様は、自分がなぜ総理大臣をそれほど気に入っているのか彼らに知らせてやろうと思いました。あるとき、遠くの方から音楽が聞こえてきたので、王様は一人の側近に、何事か見てくるよう命じました。しばらくするとその側近は戻って来て、結婚式の行列です、と報告しました。すると王様は、だれの結婚式か、と尋ねました。しかし、彼は、そこまでは聞いてこなかったので、別の側近が聞きにやらされました。二人目の側近は、戻って来

て先程の質問には答えましたが、王様がまた別の質問をすると、やはり答えられませんでした。そして、どの側近も同じことをくり返しました。最後に王様は総理大臣を呼んで、見てくるよう命じました。総理大臣が戻って来ると、王様は次々と質問を浴びせましたが、気配りの行き届いた彼はすべての質問に満足に答えることができました。

非常に多くの人たちが、この気の利かない側近たちのように心が怠けています。彼らは、必ずしも愚かではないのですが、その心は怠慢で、目先の必要な事以外に働こうとしません。肉体的怠慢は、肉体的に何か理由があるときは人も大目に見てくれますが、精神的怠慢には言いわけもできません。心が怠慢な人は考えることが嫌いです。彼らにとっては考えることも大仕事です。

しかし、物を考えたり想像したりすることは、わくわくするほど楽しいことです。考えたり感じたりする心の働きは、だれもそれを言い尽くすことはできません。心の能力は無限です。しかし、人は、自分の完全な独創による考えを生み出すことはできません。人間の心が考える事で、神が過去、現在、未来の創造活動の中で考えておられないものは一つもありません。ですから、どんな問題でも、十分に深く考えれば、それに対する答えは必ずそこから引き出すことができるのです。

あなたがたは、考えるだけでなく、直感を働かせなければなりません。思考と直感との、両方を働かせないと、必ずしも正しい答えは得られません。直感は、あらゆる知識の宝庫である英知の一つの閃きです。直感（直観）と思考（推理）とは、バランスが取れていなければなりません。両方が均衡して働くとき、初めて、あなたの内にある神の似すがたである魂はその本来の性質を発揮することができるのです。ヨガはそのために、直感と思考とのバランスの取り方を教えます。この両方を均等にそなえていない人は、人間として完全な発達をしているとは言えません。

神の意識に入るとすべてが美しく見える

私は、若いころ、よく観光旅行に出かけましたが、私の関心は寺院だけでした。瞑想により私の意識が変わってゆくにつれて、世界が変わって見えるようになりました。すべてが変貌して興味深く見えてきました。今では、すべてのものの背後に神の国が見えます。それは、この世のどんな夢よりも魅惑的です。私はときどき、この物質世界を透して見える神の国の美しさを見ています。

あなたがたが霊的に進歩して神に近づくにつれて、神はあなたがたに、より多くの創造の神秘を明かしてくださいます。刈

入れの終わった小麦畑の一見枯れたように見える切り株にも、あなたは生命が活動しているのを見るでしょう。それは、肉眼には、もう役目を果たして死んだように見えますが、聖なる霊の眼[6]で見ると、外側の朽ちかけた部分にも、電子と陽子の踊っている美しい色を見ることができます。

どんな物体にも、その背後には、色のついた光で描かれた幽体の青写真があります。幽界では、すべてのものが活動しており、生きています。死んだものは一つもありません。この物質世界でも、死は生の終わりではなく、単なる形態の変化にすぎません。いわゆる〝命のないもの〟の中にも生命は脈動しています。私は、死んだ動物の骨の中にも、いろいろな色で震動する光を見ました。

あなたがたは、神の製造工場――それは被造物の背後に隠れていますが――でつくられたものの中の〝物質〟しか見ていませんが、もしその工場へ行くことができれば、この世のものがいかに神秘的な方法で物質化されているか見ることができます。

この世界の背後にある神の製造工場は、われわれの想像をはるかに超えています。全宇宙は、神の心の中の一つの想念にすぎません。そう言ってしまえば簡単ですが、宇宙に浮遊する無数の銀河系は、人間には想像もできないほど複雑で緻密な数学的法則によって運行されているのです。すべてのものが完全な秩序を保って動いています。なんと驚くべき知性でしょう！　無限なるお方が、すべてのものの中で働いているのです。生命と呼ばれるあらゆる活動の渦が、神の宇宙知性によって制御されているのです。

地球では、百年ごとに十五億人の人が世を去り、それ以上の人が生まれています。それによって生じる需要と供給の関係の複雑さは測り知れません。それでも神の知性は、人間の要求を満たすに十分な食糧をちゃんと用意しています。地上の欠乏や貧困の責任は、ひとえに人間の側にあります。われわれは、本来ならば、今ごろは黄金時代を迎えていられたはずです――だれもが健康で、生きるために必要なものをすべて与えられ、賢明な秩序のもとで平和で幸福な生活を送って――。しかし、人間の利己主義や、不当な者たちによって握られた権力が、それを阻んでいるのです。アブラハム・リンカーンは、政治の最高の理想は〝人民の、人民による、人民のための政治〟でなければならない、と言いました。彼は非常に霊的な人でしたが、少数の愚かな人たちのために命を落とさなければなりませんでした。

この世界はかりそめの場所である

リンカーンのように人々に敬愛された偉人たちや、自分の接していた親しい人たちが死後どこへ行ってしまったのか、と不思議に思うのは自然なことです。そのような疑問が湧いてくるのには理由があります。それは、あなたがたを失望させるためではなく、この世がかりそめの夢のようなものであることをあなたがたに悟らせるためです。バガヴァッド・ギーターはこう言っています——

「万物の〔眠る〕夜は、自己制御をするヨギにとって、〔聖なる光に〕目覚めるときである。凡人が目覚めていると思っている昼は、真理に目覚めた賢者から見れば、迷妄の中で夢を見ている夜である」（バガヴァッド・ギーター2・69）

このように、ほとんどの人は、この夢の人生を始めから終わりまで〝眠って〟過ごしますが、悟った人は〝目を覚まして〟いて、普通の人たちが夢中になっている金儲けや、感覚的快楽や、浅薄な社交などには興味を持ちません。人は、この夢の世のはかない楽しみを追い求めて神経をすり減らしていますが、神のえも言われぬ喜びや不思議は、それとは比べものにならない無限の幸福と満足とを与えてくれます。

あなたが神の夢であるこの地上世界で一個の人間の姿で生きるのは、ほんのわずかな間だけです。あなたは今、自分がいずれは死ぬべき存在だと思って、はかない人生の夢を見ていますが、それは、神の宇宙夢の中のごく一部分にすぎません。毎日あなたは、自分を肉体的存在と錯覚する夢の中で生きていますが、夜、深い眠りに入ると、その夢は一時的に消えます。そして、いつかあなたが真の自己である神の中に目覚めたとき、その夢は永久に消えてしまうのです。

万物の背後に隠れている神を求めよ

この世の背後にある神の製造工場を見つけるために、時間を正しく使いなさい。かつて私は、まる一日、幻の中で神の創造活動の神秘を見たとき、こう祈りました——

「父よ、私はまだ眼が見えなかったとき、あなたに通じる扉を見つけることができませんでした。あなたは、その眼を癒してくださいました。今、私はその扉を至る所に見ることができます——花々の心にも、友人たちの声にも、楽しい思い出の中にも——。私が祈りの風を吹き込むと、そのたびに、あなたの聖所に通じる新しい扉が開きます(7)」

万物の背後に隠れているお方を見つけようと、断固たる不屈の決意を固めなさい。夜は、この世の義務から自分を解放して、神との霊交に入るまでは寝床に入るまい、と決心しなさい。私は、朝の四時以前に就寝することはめったにありません。私に

とっては、夜だけがあらゆる仕事から解放され、何物にも邪魔されずに神といっしょにいられる時間だからです。

普通の人でも、毎日の仕事に追われて、アメリカの大統領と同じくらい忙しいことがあります。仕事！　仕事！　仕事！　人生が突きつける要求は切りがありません。しかし、あなたは一日のうちに、世間のことを忘れて神とともに過ごす決まった時間を設けるべきです。自分の人生を計画的に制御し、神と霊交するための瞑想の時間を持ちなさい。そうすれば、この世のすべてがすばらしいものに変わってくるでしょう。

科学者たちは、それぞれの分野で、物質的法則に従って研究することにより、いろいろな発見をしてきました。あなたがたも、霊的法則に従って科学的に探求すれば、間違いなく神を見つけることができます。ＳＲＦが教える霊的法則を応用して神を探求することは、自分を助ける最高の方法です。

以上お話ししてきた事を忘れないようにしなさい。「賢者（霊的に目覚めた人）には一言にして足る」と言います。また、イエスはこう言いました――

「実りは多いが、働く者（努力する者）は少ない」（マタイによる福音書　９・37）

もしあなたが、ＳＲＦの教えを受け入れ、努力して実行するならば、やがて私の語ったすべての真理を理解するようになるでしょう。それは、複雑な事ではありません。私が勧めているのは、ただ、神を感じ神と交わるための霊的技法です。今生でどんな不幸な環境に置かれても、ひとたび神を見いだせば、あなたは、神が自分を通して働いておられ、また、すべてのものの中に現われておられるのを知って、神の愛と喜びに満たされるでしょう。

インドの聖賢《リシ》たちは、健康や、繁栄や、財産や、物質的成功には必ず終わりがある、と教えています。早晩滅びてしまうものを追い求めて夢中になるのは愚かなことです。永遠不滅なのは、絶え間なく湧いてくる喜びに満ちた神との霊交と、自己の内奥に潜む神の似すがたである真の自己の自覚です。それを自覚するとき、あなたは真の満足に達します。その状態に達した人をインドの聖典はシッダ（最高目標を達成した人）と呼んでいます。私は、今まで各地で大勢の人々にヨガの講義をしてきましたが、そんなとき、よく人からシッダだと言われました。しかし、そう言われても私はうれしくも何ともありません。世の中には、全世界に名を知られていても肝心な神には知られていない人もいれば、神の注意は引いていても世の中では全く無名の人もいます。あなたはどちらになりたいと思いますか？　私は神に認めてもらうことだけを求めてきました。世間的賛辞はとかくその人を得意にさせ、そのためかえって、すべてを満

足させてくれる神に認めてもらうことの大切さを忘れさせてしまいます。

この地上劇の舞台で王様の役を演じたいと思うのはだれしも当然ですが、皆が王様になったら芝居はできません。だれの役もみな等しく重要なのです。それぞれがみな聖なる監督の指図に従って自分の役割を演じなければなりません。あなたも、神を喜ばせるために自分の役割を生きれば、人生の成功者として最高の目標に達することができます。だれもが心の中でたえず次のように祈るべきです――

「主よ、私の手を使ってみ業を行なってください。この手はあなたのために働き、あなたの聖所を飾る花を摘むためにつくられたものです。私の目は、きらめく星々の中に、また、敬虔な信者たちのまなざしの中にいますあなたを見るためにつくられたものです。私の足は、至る所にあるあなたの教会へ私を運んで、信者たちに語られるあなたの説教の甘露を飲むためにつくられたものです。私の声は、あなたのことだけを語るためにつくられました。私の舌は、健全な食物を味わって、万物を育てておられるあなたの慈愛を思い出させてくれます。私の鼻は、花の香りを吸い込んで、そこにおられるあなたの芳香を味わわせてくれます。私は、私の思いも、感情も、愛も、すべてあなたに献げます。私のすべての感覚器官は、永遠の宇宙交響曲の折返し《リフレーン》を奏でているあなたの喜びと、美と、香りの、聖なるオーケストラに聴き入っています。

私を、闇から光へと導いてください。憎しみから愛へ導いてください。限りある力からあなたの無尽蔵の力へ導いてください。無知から英知へ導いてください。死と苦痛からあなたの中にある永遠の生命と喜びへ導いてください。そして何よりも、私を人間的執着の迷いの中から引き上げて、あらゆる人間愛の陰に隠れて私を見つめておられるあなたの永遠の愛を悟るよう導いてください。

父よ、母よ、そしてわが友にもまします愛しき神よ、私の前にみ姿を現わしてください。これ以上、私を無知の中に置き去りにしないでください。私は、すべての迷いをわが魂の聖所から追い出します。どうか私の野望の王座に君臨する唯一の王になってください。私の愛の館に住みたもう唯一の女王になってください。わが魂の宮に祀られる唯一の神になってください。あなたが、あなたの英知の家の入口をすべて開いてくださるまで私が祈りつづけますように、私をたえずあなたの意識に目覚めさせておいてください。そして、この放蕩息子の私を受け入れて、永遠の喜びと不死というご馳走で私をもてなしてください」

（1）「人間のからだは、髪の毛を根に、脳脊髄を幹に、神経を枝に、手足を大枝に見立てると、ちょうど木を逆さにしたように見える。……ヨギの中には、エーテル中の宇宙放射線をできるだけ多く取り入れるために、髪を切らずに長く伸ばしている者がいる。サムソンがデリラに髪を切られ、そのために、もっていた超人的怪力を失ったという聖書の物語は、彼がそれまで、何らかのヨガの技法を用いて、髪の毛を特別な感度をもつアンテナにしてエーテル中の宇宙エネルギーを取り入れていたとすれば、うなずけることである」（パラマハンサ・ヨガナンダ、Self-Realization Magazine 一九六三年五―六月号より）

（2）過剰の二酸化炭素は人体にとって有毒であるが、少量の二酸化炭素は、血液中に残って、体内のいろいろな化学作用を調整するため、生命にとって不可欠である。（出版部注）

（3）われわれに必要な大気中の酸素――大気の五分の一を占める――は、すべて光合成によって供給されていると考えられる。（ブリタニカ百科辞典より）

（4）物質界のすべての生き物、物質、波動は、それぞれその内部に、それぞれの原型をなす光り輝く生命エネルギーによって構成された幽体をともなっている。

（5）ソーチミルコの浮かぶ花園は、今ではそれぞれが固定された島になっている。それは、湖の底がきわめて浅く、花園の植物から長く伸びた根が湖底に届いて根づいてしまったためである。

（6）直覚の眼、第三の眼などとも呼ばれる眉間の霊眼のこと。

（7）『永遠からのささやき』〝遍在の扉〟より。

講話三十三　目に見えない自分

（一九四〇年三月三日　エンシニタスの旧礼拝堂における講話）

あなたがたは、ふだん肉体的存在として目に見えます。目に見えないあなた、などと言うと奇妙に思われるかも知れませんが、あなたがたの目に見えない本質はいろいろなふうに現われています。例えば、目を閉じてごらんなさい。あなたは、自分の肉体は見えなくても、自分が存在していることはわかるでしょう。何によってわかりますか？　あなたは自分の体重を感じていますし、また、聞いたり、嗅いだり、味わったり、触れたりすることもできます。しかし、あなたはそれらの感覚を感じなくても、自分がいろいろなことを考えていると自覚するだけでも、自分が確かに存在していることがわかります。あなたは、自分の周りに無数の想念を回転させている目に見えない中心の核です。では目をあけてごらんなさい。あなたは目に見えるその肉体でしょうか？　それとも、今、目を閉じて感じた内的存在でしょうか？

目に見えるあなたにはさほど大きな価値はありません。何よりも重要なのは目に見えないあなた、すなわちあなたの魂です。睡眠中、あなたは目に見えるあなたを意識していませんが、それでも自分自身を意識しています。目が覚めたとき、自分がよく眠ったかどうかわかるのもそのためです。ですから、目に見えないあなたは本当に存在します。その目に見えないあなたを取り去ったら、外側の目に見えるあなたは何の意味もないものになってしまいます。目に見えないあなたのいない肉体はただの屍で、何の価値もありません。内なる目に見えないあなたこそ真のあなたです。しかし、人はとかく、この目に見えない自分についてなかなか考えてみようとしません。目に見える肉体部分に対する関心があまりにも強すぎて、外面的容姿や感覚的楽しみのことばかり考えているため、立ち止まって、内なる目に見えない自分の存在に注意を向ける余裕がないのです。

われわれの肉体の内側には、肉眼には見えない、それと同じ光のからだがあります。それは幽体と呼ばれ、その奥に魂が宿っています。もし、あなたの指が、何かの理由で一本切り取られても、あなたは依然としてその指があるように感じます。また、手足を失った人も、その感覚を知っています。幽体は、肉体のすべての部分に相当する部分を備えています。肉体心臓の背後

には、目に見えない幽体心臓があります。それがなければ、肉体心臓は働きません。あなたは、目に見えない視覚器官、聴覚器官、脳、骨格、神経などをもっています。光とエネルギーの組織で出来たそれらの器官が、目に見えないあなたの幽体を形成しているのです。幽体は光とエネルギーで出来ているため、肉体よりもはるかに精妙に出来ていますが、それ以外は肉体と全くそっくりです。

もし、あなたが肉体に損傷を受けても、「自分は視覚を失ってしまった」とか、「手をなくしてしまった」などと考えてはなりません。あなたの見えない目や手は、まだ依然としてあるからです。肉体の腕が麻痺しても、見えない腕まで麻痺したわけではありません。肉体が故障したからと言って、見えないからだまで故障したと思い込むのは禁物です。そのような否定的想念は、肉体部分へ流れる知的生命エネルギーを妨害するからです。

電流は電線を通って流れますが、電線と電流とではどちらが重要だと思いますか？　電線は電流を流すためにありますが、電流は電線のためにあるわけではありません。それと同じように、肉体は、目に見えない自分である魂が使うためにあるのであって、魂が肉体のためにあるのではありません。しかし、魂がこの目に見える世界にとどまっているためには、肉体を一定の条件に保たなければなりません。

こうして肉体に拘束されていることは、目に見えない自分にとってまったく大きな足かせです。もし、肉体に縛られていなければ、われわれは自由に水の上を歩いたり、空中を飛んだりして、そのあと再び肉体に戻ってくることもできるでしょう。目に見えない幽体の感覚能力は、それに相応する肉体の感覚能力よりもはるかに優れています。肉体には多くの限界があり、人間は、肉体よりもいろいろな点で優れた能力をもつさまざまな機械を発明しました。しかし、もしあなたが、目に見えない幽体の意識を開発すれば、肉体の耳では聞こえない音を聞いたり、肉眼では見えないものを見ることもできるようになります。また、肉体の感覚能力を超えたものを嗅いだり、味わったり、触ったりすることもできます。そして、さらにそれを、自分の思いのままに大きくしたり、小さくしたりすることもできます――ちょうど、映画の技師が、スクリーンの映像を自由に大きくしたり小さくしたりすることができるように――。

肉体電球に光をともす電流

あなたは、いつも肉体という電球の世話に明け暮れていますが、その電球に光をともす電流について知ることがどんなにすばらしいことか考えたことがありますか？　目に見えるあなた

は、基本的には十六種類の要素で構成されており、それらは薬品店で手に入れることのできるごくありふれた化学物質です。肉体としてのあなたは、材料費として見れば九十セントくらいの価値しかありません。不況になればもっと安くなるでしょう！　そんなものよりも、目に見えない本当のあなたをもっとよく知るための努力をすべきです。いろいろな能力や、友人や、愛をもっているのは、この目に見えないあなたです。それが内側になければ、目に見えるあなたはただの化学物質の塊にすぎません。

あなたの注意力のスポットライトを、目に見える有限のあなたから内面に向け変えなさい。肉体は、背中が痛いとか、胃が痛いとか、始終泣いたりわめいたりして年とともに老化するやっかいな動物です。目に見えるあなたは、ちょっと高い所から落ちても致命傷を受けたり、とげが刺さっただけでも震えあがったりしますが、目に見えないあなたは何物にも害されません。いつも自由で、どんな肉体的障害をも取り除くことができます。目に見えるあなたの内側にある、目に見えないあなたこそ本当のあなたなのです。

「万物の内部に遍満しているものこそ永遠不滅である。何物もこの不変不滅の霊を破壊することはできない」（バガヴァッド・ギーター２・17）

あなたがたは自分の肉体を自分だと思っていますが、そうではありません。一かけらの氷が溶けると水になり、さらに蒸発すると消えてしまいますが、この過程は逆行させることもできます。すなわち、水蒸気を凝縮すれば水になり、さらにそれを冷却すれば氷になります。普通の人は、自分の肉体の原子をそれと同じように変形させるすべを知りませんが、イエスはそれが可能なことを実証して見せました。

人体は神の三十五種類の観念で出来ている

十六種類の物質要素で出来ているあなたの肉体は、目に見えないあなたの影にすぎません。その目に見えないあなたは、電気的エネルギーで出来た幽体と、観念で出来た観念体とをもっています。光の幽体は十九種類の要素で構成されており、目に見えない観念体は三十五種類の観念で構成されています。そして、その中の十九種類の観念が幽体[1]の十九種類の要素をつくり、残りの十六種類の観念が肉体の十六種類の物質要素をつくっているのです。神は、初め、鉄やカリウムその他の化学成分を観念として創造されました。それから、それらの観念を物質化してあなたがたの肉体をつくられたのです。このように、あなたの肉体も、他のすべての被造物も、初めは観念としてつくられ、本当のあなたは目に見えない存在なのです。

ですから、あなたがたのからだの本質は、三十五種類の観念で出来た観念体です。そして、それを十九種類の光とエネルギーの要素で出来た幽体が包んでおり、さらにその外側を、十六種類の物質要素で出来た肉体が包んでいるのです。あなたが死ぬと、目に見える肉体はあなたの意識から消えて、内側の今まで見えなかった幽体が意識されるようになります。さらに、より高い霊的成長を遂げると、あなたは、精妙な幽体を三十五種類の観念に還元することができるようになり、それら三十五種類の観念の背後にある意識こそが人間の真の実体であると悟るようになります。そして、その意識すなわち魂は、神の宇宙意識の火花なのです。

あなたは、映画を見ているとき、スクリーンの上にいろいろな映像を見ますが、頭の上を見上げると、それらの映象を映し出している一本の光線を見るでしょう。それと同様に、脳から流れ出る五つのエネルギー、すなわち、地、水、火、風（空気）、空（エーテル）で象徴される五種類の創造の波動があって、それが凝縮され、物質化されて、この物質界というスクリーンの上に肉体を映し出しているのです。(2)

昔の映画は無声映画でしたが、今では音が聞こえます。そして、匂いのある映画も試みられています。それが出来れば、スクリーンに花園が映ると、同時に花の香りも匂ってくるでしょう。このようにして、光の像がさらに味わったり、触ったりすることができるようになれば、人間は、五つの感覚手段で認識される神の創造物と同じような映像をつくり上げたことになります。人が物を感知する五つの感覚器官は、物質を構成する五種類の電気的エネルギーに対応しています。すなわち、聴覚は〝空〟のエネルギーに、触覚は〝風〟のエネルギーに、視覚は〝火〟のエネルギーに、味覚は〝水〟のエネルギーに、嗅覚は〝地〟のエネルギーにそれぞれ対応しています。いつかあなたにも、全世界が五つの感覚で知覚される光の像で構成された一種の映画として見える日が来るでしょう。今世界で起きている悲惨な出来事は、あなたに痛ましい現実として感じられるでしょうが、それらを光と影による映象として見ることができるようになると、それらが神の上演しておられる劇映画の一部にすぎないことが理解されるでしょう。

あなたは、自分が肉体をもっている、という夢を見ているだけです。本当のあなたは、光と意識であって、肉体ではありません。あなたは、肉体があまりにも生き生きと見えるため、物質を認識する意識が惑わされているのです。もし、真の自分である魂を自覚する超意識を開発すれば、肉体が内なる見えない自分の単なる影にすぎないことがわかるでしょう。そのときあなたは、自分のからだでどんなことでもできるようになります。

しかし、今はまだ、水の上を歩こうなどとは思わないほうがよいでしょう！

あなたは、映画館で映画を見ているとき、スクリーンの映像がいかにも本物そっくりに見えるため、それに心を奪われます。そして、その映像を映し出している頭上の光線のことは忘れています。しかし、目を上に向けると、目に見えるものは見えないものから生じていたことがわかります。スクリーンの映像は、すべて映写室から出ている一本の光線によってつくり出されたものです。光と映像とは同一のものです。もし、光がなかったら、映像もありえません。それと同様に、もし目に見えない人間がいなかったら、目に見える人間は存在しないのです。目に見えない人間が肉体を去ると、肉体は崩壊します。目に見える人間と目に見えない人間との間の霊妙な関係を真に会得している人は、自分の肉体を意のままに解消したり、物質化したりすることができます[3]。われわれは今や、自分が目に見えない存在すなわち魂であることを、より深く理解するような進化段階に入りつつあります。

目に見えない人間に苦しみや死はない

この目に見える肉体だけを意識して生きることは、霊的進歩の妨げになります。肉体はたえず、病気や、けがや、貧乏や、空腹や、死などによる苦悩にさらされています。自分から好んで、自分をそのような、脆弱な傷つきやすい肉体だなどと思うべきではありません。われわれの内なる目に見えない自分は、傷つけられることもなければ、殺されることもない存在なのです。われわれは、自己の不滅性をもっと深く理解するよう努力すべきです。この目に見えない自分をもっとよく理解することによって、われわれも偉大な大師たちのように、目に見える自分を制御することができるようになるのです。たとえ目に見える自分に苦痛が襲って来ても、内なる見えない自分の聖なる力を知っている人は、その肉体的苦痛を超越することができます。

どうすれば自分をそのように制御することができるようになるのでしょうか？　先ず、もっと内的な思索と瞑想の時間をもつことです。それは、初めはつまらなく思えるかもしれません。あなたは今まで、肉体が求めるものや、目に見える肉体とばかり親密に付き合ってきたため、肉体に関係した問題以外のことを考えにくくなっているのです。しかし、努力しなさい。目を閉じて、何度もくり返しこう念じなさい――

「わたしは神の似すがたにつくられている。わたしの生命は何物にも侵されない。わたしは永遠不滅の目に見えない人間なのだ」と。

万物はすべて観念からつくり出されたものである

目に見えない人間は、神の似すがたにつくられています。ですから、神の霊と同様、何物にも束縛されず自由です。目に見える人間は、いつもこの世のあらゆる苦難や束縛に付きまとわれています。われわれは、肉体を意識していると、どうしても肉体の限界に縛られてしまいます。そこで、大師たちはわれわれに、目を閉じて目に見えない自分を瞑想し、自分が肉体的能力の限界に縛られない自由自在な存在であることを思い出すよう教えているのです。私は、いつも深い確信をもってこう念じました――

「わたしは肉体には束縛されない。わたしはどこへでも、行こうと思っただけでそこにいる」と。

あなたは、「それは単なる想像であり観念ではないか」と言うかも知れません。では観念とは何でしょうか？　あなたが見ているものは、すべて観念からつくり出されたものです。あなたは、まず観念をもたずには、何も目にみえる形にすることはできません。どんなものでも、目に見えない観念が、現実のものになるのです。ですから、もし観念を現実化する過程を心で制御することができるようになれば、あなたはどんなものでも見ることができますし、また、集中力によって、自分の思うものを具象化することもできるのです。

例えば、今あなたがそこに座ったまま内的静寂の中に入って、われわれが集まっているこの教会に心を集中するとします。そして、心が深く鎮静するよう何度も何度も試みます。すると、やがてこの教会が、今肉眼で見ているのと全く同じように見えてきます。目に見えない観念は、こうして現実に目に見える経験にすることができるのです。

あなたは、目を閉じると、自分の肉体は見えなくなりますが、自分の存在を現実に感じることはできます。ですから、目に見えない自分は、見えないからと言って存在しないわけではありません。瞑想するときは、閉じたまぶたの裏の暗闇の中を見つめながら、内なる見えない自分である魂に注意力を集中しなさい。グルから教えられた科学的瞑想法に従って、雑念を制御して心を内面に集中する訓練をしなさい。それによって、あなたの霊性は少しずつ開発されてゆきます。あなたの瞑想が深まるにつれて、神の似すがたにつくられた魂としての見えない自分が現実の存在として感じられるようになります。こうして、真の自己に目覚めるという喜びに満ちた経験の中で、今まで真実のように見えていた有限の肉体意識はただの幻に変わります。そして、真の自分が、神と一体の、何物にも侵されない存在であることを悟るようになるのです。

今こそ自己の不滅性を悟れ

あなたはまた、目に見えない自分を肉体に縛りつけていたものの正体をはっきりと理解するようになります。それは、物質的または感覚的経験に対する欲望や執着という知的または感情的な鎖です。あなたの瞑想が深まるにつれて、その鎖はしだいに解けて、自由になった目に見えない自分を発見します。そして、その自分こそ神の似すがたであることがわかるでしょう。肉体の感覚やこの世の雑事というジャングルの中に閉じ込められている目に見えない自分を探しなさい。

あなたがひとたび、目に見えない自分と、それがまとっている三つのからだ――いちばん外側の肉体と、その内側の光の幽体と、いちばん内側の観念体――の不思議を理解すれば、自分がどんなにすばらしくつくられているかわかるでしょう。その目に見えない自分に意識を集中しなさい。それこそが真のあなたであって、目に見えるあなたはその影です。それがわかったとき、あなたは、自分がいずれは朽ち果てる肉や骨ではないことを悟るでしょう。本当のあなたは、不老不死の目に見えない存在なのです。

ですから、あなたに死はありません。自分は今、年を取って墓場に近づきつつある、などと考えてはなりません。あなたはむしろ、不滅の存在に近づきつつあるのです。死というものはどこにもないのです。あなたがたの肉体の青写真は、観念として常にエーテルの中に存在しています。あなたは、亡くなった家族や友人たちとはもう永遠に会えないと思っていますが、もしあなたが、幽界にいる彼らの幽体を見るだけの集中力を養いさえすれば、いつでも会うことができるのです。この真理を忘れずに、静かに瞑想する時間があったらいつでもくり返しこう念じなさい――

「わたしは神の想念によって生まれた神の似すがただ。わたしは永遠不滅であり、いつも神の国を楽しみながら散策している」と。

本当のあなたは目に見えないあなたであり、永遠に不死です。今こそ自己の不滅性を悟りなさい。

あなたの二つの肉眼は、あなたに、この二元性の世界が真実の存在であるかのごとく錯覚させます。あなたの霊眼を開いて、肉眼には見えない真の自分の姿を見なさい。内なる静寂の中で霊眼が開けると、見えなかったものが見えてきます。あなたが考えたり、夢みたり、深く集中したりしているとき、それをしているのは見えないあなたです。それが真のあなたであり、目に見えるあなたはその影です。影に奪われていた意識を引き戻して、忘れていた本物を思い出しなさい。そして、神の似すがたである見えない自分を自覚しなさい。

（1）用語解「幽体」参照。
（2）宇宙エネルギーの波動（オーム）は、地、水、火、風、空で象徴される五つの要素（タットワ）の顕現を通して、人間の肉体を含むすべての物質を構成する。それらの要素は、知性をもつ波動エネルギーである。〝地〟の要素がなければ固体はありえず、〝水〟の要素がなければ液体はありえず、〝火〟の要素がなければ熱はありえず、〝風〟の要素がなければ気体はありえず、〝空〟の要素がなければ宇宙映画を映し出すスクリーンにあたる空間はありえない。宇宙エネルギーの、人体への入口は延髄で、そこから脊髄を下りながら、そこに並ぶ五つの中枢（チャクラ）の働きによって五つの生命エネルギーの流れに分けられる。五つのチャクラとは下から、尾骨にあるムラダーラ（地）、仙椎にあるスワディシュターナ（水）、腰椎にあるマニプラ（火）、胸椎にあるアナハタ（風）、頸椎にあるヴィシュッダ（空）である。
（3）神と一体の境地に達した大師たちは、原子を意のままに配列して、自分の望むどんなものでもつくり出すことができる。パラマハンサ・ヨガナンダはその自叙伝の中で、師スリ・ユクテスワが死後三か月たってから、現実の肉体をもって彼の前に姿を現わしたと述べている。しかも、ただ目で見ただけではなく、「私はたこのようにしっかりと先生にしがみついた。私には、ほのかな懐かしい先生特有の快い体臭が感じられた」と語っている。そのとき師弟が長時間語り合った内容については『あるヨギの自叙伝』第四十三章に詳しく記されている。（出版部注）

講話三十四　幽霊とは何か

（一九四五年七月二十二日　ハリウッドの礼拝堂における講話）

昔から幽霊や、悪魔や、魔女や、吸血鬼などを扱った話は無数にあり、実際にそれを経験したという人も少なくありません。しかし、その種の経験を私のところへ持ち込んできた何人かの人たちについて見ると、ほとんどの場合、本人の病的な、しかも異常に強い想像力の作用によるものでした。ある女性の場合は、吸血鬼についての本を読んだところ、あまりにも生々しい想像をかき立てられたため、自分が毎晩その吸血鬼に血を吸われていると信じ込んでしまいました。彼女は、私のところへ来るとしばらくは良くなるのですが、強力な印象による彼女の妄想はなかなか根強く、しばらくすると、また元に戻ってしまうのです。そして、とうとう自分の妄想のために早死にしてしまいました。(1)

十六世紀のころには、魔女の存在を信じる迷信が流行し、魔女と疑われた何百人もの人たちが悪魔の仲間として裁判にかけられ、死刑にされました。ジャンヌダルクも魔女として火あぶりにされました。イエス・キリストでさえ、大勢の病人を癒し、善いことしか行なわなかったのに、悪魔の仲間として告発されました。あるとき、憑依者に取りついた悪霊がイエスを認めて、「ああ、ナザレのイエスよ、わたしたちにかまわないでください。わたしたちを滅ぼしに来たのですか。あなたがどういう方かはわかっています。聖なる神の人よ(2)」と言ったことは、聖書にも書いてあるとおりです。イエスもまた、悪魔(3)や悪霊について語り、大勢の人々から悪霊を追い出し、あるときは、それらを豚の群の中に入らせせました。(4)

われわれが住んでいるこの物質界の背後には、肉眼では見えないもう一つの別の世界、幽界があります。幽界の住人たちは、光で出来たからだ、すなわち幽体をまとっていますが、肉体をまとっていないため、われわれの肉眼には見えない、いわゆる幽霊です。通常、彼らの生活領域は、ちょうどわれわれが物質界に閉じ込められているのと同じように、一定の範囲に限られています。もし、悪意をもった幽界人が、このわれわれの地上世界に簡単に出はいりできて、われわれに害を加えることができたら、われわれはいつも恐怖の中で暮らさなければならないでしょう。そうでなくても、この地上には無数の病原菌が充満

しており、ほかにも恐怖の種はいやというほどあります。この上、幽霊にまで勝手に入り込まれてはたまりません！

しかし中には、いわゆる浮遊霊とか地縛霊などと呼ばれている幽霊がいます。彼らは、この地上世界に対する強い執着のために、肉体を失ったあともこの地上を離れることができず、だれかの肉体に入り込んで、感覚的満足を経験しようとねらっています。それらの浮遊霊は、通常肉眼には見えず、また、普通の人に害を加える力はありませんが、ときには、うまくだれかの中に入り込んで、その人の心とからだに憑依することがあります。しかし、これは憑依される人が精神的に不安定だったり、または、たびたび自分の心を空白状態にして、心の力を弱めてしまったような場合に限って起きることです。それはちょうど、エンジンの始動装置にキーを差し込んだままドアの鍵もかけずに置きっ放しにした車を、隙をねらっていた浮浪者がやって来て、乗り逃げするようなものです。浮遊霊は、自分が強く執着していた肉体を死によって失ったため、だれかの肉体自動車にただ乗りしようとねらっているのです。イエスが追い払った悪霊たちも、そういう浮遊霊でした。浮遊霊は、霊的に高い思想や意識の波動には耐えることができません。したがって、神を求めて科学的な祈りや瞑想に励んでいるまじめな求道者や信仰者は、こうした浮遊霊を恐れる必要は全くありません。神は、あらゆる霊の中の最高の霊です。いかなる悪霊も、神を思念する人に害を加えることはできません。

人体の三重構造

幽霊とはどんなものかを理解するために、まず、われわれがどのような存在であるかを理解しましょう。神が人間をおつくりになったとき、人間は最初、単なる意識として存在しました。すなわち、神の心の中の観念でした。われわれ人間が何か新しいものをつくるときも、まず最初に、心の中でそのもののイメージを描くでしょう。そして、次に必要な材料を集め、最後に、それを初めのイメージのとおりに組み立てます。人間も、その他あらゆる被造物も、それと同じように三重の構造につくられています。すなわち、観念（イメージ）と幽体（材料）と肉体（製品）です。

肉体は十六種の要素から出来ています。神が人間に知性をもたせるために、これらの化学物質の要素をどのように組み合わせられたかは、まさに驚異的というほかありません。とは言っても、この肉体は、完全からは程遠いものです。われわれでさえ、もう少しましなものを考えられそうです――例えば、石綿のように火に燃えないからだとか、骨折したり不愉快な咳に悩まされたりしないからだなど！　ところが、この肉体は始終痛

んだり故障したりします。一か所が治ったかと思うと、次々と別の場所が悪くなり、最後に心臓が故障するとそれでおしまいです！

アメリカ人は、毎年自分の車を新しい型に取り換えたがりますが、自分のからだとなると、そうはいきません。いくら型が古くなっても、六十年、七十年ともたせなければなりません。それどころか、たいがいの人は、自分の肉体自動車がもう壊れてだめになりかけても、自分の古い型にしがみついて放そうとしません。そして、いよいよ主に、「さあ、そこから出なさい」と言われて、しぶしぶそこから飛び出します。そのとき彼は、自分が輝く光とエネルギーのからだ、すなわち幽体に包まれているのを発見します。[5] そして、自分が以前と同様、見たり、聞いたり、触ったりすることができるばかりでなく、その新しいからだには、折れやすい骨も傷つきやすい肉もないことを知って喜ぶでしょう。

幽体は、心と生命エネルギーの十九種の要素から出来ています。すなわち、理性、自我意識、感性、感覚意識（感覚に密着した意識）、五つの感覚器官（視聴嗅味触の肉体感覚器官の背後で働いている幽体器官）、五つの行動器官（生殖、排泄、会話、歩行、手仕事を遂行する幽体器官）、五つの生命力《プラーナ》（肉体の細胞形成、消化、排出、代謝、循環を遂行するエネルギー）です。

これらはすべて、肉体を構成する波動よりもはるかに精妙な波動で出来ています。われわれは、夢の世界で見たり、聞いたり、嗅いだり、味わったり、触ったりしますが、これは五つの幽体感覚器官の働きによるものです。われわれは幽界においても、これらの精妙な感覚器官によって、目や耳や鼻や舌や皮膚などの肉体感覚器官はなくても、視・聴・嗅・味・触の感覚能力をもっています。幽体には重さがなく、光のように移動することができます。また、自分のからだを意のままに大きくしたり、原子のように小さくしたりすることもできます。と言っても別に不思議はありません。神は、永遠の映写室で映写機を操作している宇宙映画の映写技師ですから、スクリーンの映像を大きくしたり小さくしたりするのはお手のものです。われわれはみな、神の無限の光によって個々の形に投影された映像です。そして幽体は、肉体や物体ほど強い投影上の制約がないため、はるかに自由なのです。

しかし神は、幽体や肉体をつくる前に、まず、それらをどんな材料でつくるかを考えなければなりませんでした。その構想が、われわれのいちばん根源的なからだを構成している三十五種の観念的要素です。すなわち、先ほど述べた十九種の幽体要素の因になる十九種の観念と、十六種の肉体要素の因になる十六種の観念です。これらの観念から、幽体の五つの生命力《プラーナ》の

働きによって、光の幽体と、化学物質の肉体とが、有形の存在としてつくられたのです。それをもう少し具体的に理解するために、次の実験をしてごらんなさい。まず目を閉じて、左側に一匹の馬を想像しなさい。初めのうち、あなたが想像する概念はかなり漠然としたものでしょう。しかし、私が白い馬を想像しなさいと言ったら、前よりもはっきりと想像できるでしょう。では次に、右側に黒い馬を想像しなさい。今あなたは、心の像、つまり観念をつくっています。では、左右の馬を入れ替えなさい。あなたにもう少し強く想像する能力があれば、あなたの観念は現実的に見える像になります。あなたは、それを夢の中でやっています。そこでは、あなたの心はもっと集中しており、自分の観念を幽体の視覚に感じられるまでに凝縮しています。夢も想像も本質的には幽体の波動で、光とエネルギーで構成されています。幽体の像である白い馬と黒い馬を、もし肉体の感覚で感じられるまでに凝縮することができれば、あなたは実際に物質を創造したことになるのです。

このように、人間は本質的に三十五種の観念で出来ており、これが人間の、観念体とか根源体《コーザル》と呼ばれるからだを構成しています。これら三十五種類の観念の内部には神の霊が宿っており、これが魂と呼ばれるものです。ちょうど一つの炎が、ガスコンロの小さな孔を通ってたくさんの炎になるように、われわれも、神から大勢のからだに流れ込んだ一つの同じ光なのです。

人は死んでも幽体と観念体をまとっている

人が死ぬと、十六種の要素から成る肉体は崩壊しますが、十九種の要素から成る幽体はそのまま存続します。では、そういう魂は地上を去ったあとどこへ行くのでしょうか？　彼らは、エーテルの中を動きまわっているのです。「そんなことは信じられない」と言う人は、次のことを考えてごらんなさい。仮に、ここに一人の原始人を呼んできたとします。私が彼に、「今エーテルの中では音楽が鳴っている」と言ったら、彼は私を笑うか、またはびっくりするでしょう。しかし、私がラジオを持ってきて、音楽を放送しているチャンネルにダイヤルを合わせてみせたら、彼はもう私の言った事を疑わないでしょう。それと同じように、私は今あなたがたに、エーテルの中を動きまわっている幽霊を見せてあげることもできますが、それを見れば、もうだれも否定しないでしょう。幽界は、今ここに、この物質宇宙の粗雑な波動のすぐ背後にあるのです。

もし今、あなたがたが、自分の周囲のエーテルの中にいる大勢の幽界人の群れを見たら、たいがいの人は怖がるでしょう。またある人は、その中にかつての親しい人たちを捜そうとするかも知れません。しかし、もしあなたが意識を深く霊眼に集中

すれば、あなたの内的視野の中に、かつてこの世を去って行ったすべての魂たちが生きている光り輝く世界を見ることができます。人の心臓中枢は受信機の役目をし、霊眼は送信機の働きをします。もしあなたが、愛する故人を直接見ることができなくても、自分の意識を静かに心臓部に集中することができるようになれば、その人が今や肉体の束縛から解放されて、幽界の自由な生活を楽しんでいることが感じられて安心するでしょう。

私には、この物質界を去って行った大勢の幽界人の姿が見えます。しかし、彼らには私は見えません。私は彼らの目から隠れていますが、私から彼らを見ようと思えば、いつでも見ることができます。[6]

ですから、人は、死んで肉体を離れても、完全に自由になるわけではなく、魂は依然として霊妙な幽体と観念体の中に包まれているのです。人がこの物質界で目にみえる姿で存在するのは、肉体をまとっている間だけです。死によって肉体を脱ぐと、幽体をまとったいわゆる幽霊として存在します。それは肉眼には見えませんが、りっぱに知性をもっており、地上にいたときと本質的には同じ気性や性質をもっています。もちろん幽界人どうしは、互いにその光り輝くからだを見ることができますが、物質界にいるわれわれが幽界を見るには、霊眼を開発しなければなりません。魂がさらに、幽体を脱いで、観念体だけをまとって観念界（根源界《コーザル》）[7]に入ると、ちょうど観念が目に見えないように、全く見えなくなります。しかし、その場合でも、存在を失うわけではありません。

イエスは、「この〔肉体の〕神殿をこわしたら、わたしは三日のうちにそれを起こそう」[8]と言いましたが、これは、彼が神と一体になるには肉体と幽体と観念体の三つを脱ぎ捨てなければならないことを言ったのです。そして、それには、それぞれの体に対する執着を外側から順に跡形もなく捨てなければならない、という三段階の努力が必要なのです。

魂が肉体を離れたとき、まだ地上で果たし切れなかった欲望が残っていると、その魂は幽界に移ってもその欲望を抱きつづけ、それを果たすためにもう一度地上に戻りたいと願います。そのため、再び受精卵に引き寄せられて肉体に宿ることになるのです。

プラーナの知性が肉体をつくる

プラーナとは、われわれの肉体に浸透している、知性をもつ生命エネルギー（ライフトロン）です。電球に光をともす電流は、電球をつくることまではしませんが、受精卵に働く生命エネルギーという電流は、胎児から成人になったあとまで人体の

成長を導きます。それは、意識の命令によって働く知的エネルギーで、前に述べた、幽体の五つの生命力として働きます。

自分のからだの欠陥を恒久的なものと思い込むのは禁物です。例えば、あなたがこの世で腕を一本なくしたとします。そして、もうその腕はなくなって二度と使うことができない、という考えをあまりにも強く自分の意識に刻み込むと、次に生まれ変わったときに、その意識を持ち越してしまいます。すると、その否定的な意識が、新しい肉体の腕を成長させようとする生命力の働きを阻害することになります。ですから、からだの欠陥を自分自身の欠陥のように自分の意識に思い込ませてはなりません。自分自身は完全無欠な神の似すがたにつくられた魂であって、からだの欠陥は自分自身に関するものではないことをたえず自覚すべきです。

以上述べてきたように、人間は、肉体に宿る前は幽霊でしたし、死んだあともまた幽霊になります。そればかりか、睡眠中も実は幽霊です。なぜなら、眠っている間、われわれは自分の肉体を全く意識しないからです。自分自身睡眠によって毎晩幽霊になっており、また、死後も幽霊になるとすれば、幽霊を怖がるというのもおかしな話です。幽霊は、あなたのかつての姿であり、また、未来の姿です。現在との唯一の違いは、死んで幽界に入ると、今持っているような肉体をもう自分の意志で身に着けることができなくなる、ということです。しかし、聖なる創造主と一体になった大師たちにはそれができます。大師たちのように霊的に進歩した魂は、幽体の精妙な波動を濃厚な肉体の波動に凝縮することができるからです。

死は恐れるようなものではない

人は、死とは苦痛を伴うもので、しかもそれによって自分は消滅する、と考えて死を恐れます。しかし、この考えは間違っています。イエスは、死んだあと肉体の姿で弟子たちの前に現われましたし、ラヒリ・マハサヤも、マハサマディ[9]の翌日肉体をもって復活しました。こうして、これらの大師たちは、人間が死によって消滅しないことを実証して見せました。こうした宇宙法則をマスターした人の実例が少ないからと言って、その事実を疑ってはなりません。イエスや、私のパラム・パラムグル[10]、ババジが示された聖なる証しは、決して疑うべきものではなく、私自身も、私のグル、スリ・ユクテスワの復活[11]を実際にこの目で見、このからだで体験しました。バガヴァッド・ギーターはこう記しています――

「人の魂は、本質的に神の霊の反映であり、死や誕生の苦しみを経験することなく、また、一度存在したあと消滅するというものでもない。魂は、生まれたこともなく、死ぬこともなく、

永遠に生き続けて、マーヤの生滅変化の魔術にもいっさい影響されない。魂は、そのまとっているからだがいくら崩壊と更新をくり返しても不変である」（バガヴァッド・ギーター２・20）

私の幽体も、遠方にいる病気の弟子や、臨終に直面している弟子たちの信仰心によって引き寄せられたことがたびたびあります。こんなこともありました――セーヴァ・デヴィーは非常に信仰心の厚い婦人でしたが、重い病にかかっていました。しかし、彼女は、だれにも悲しみを訴えたりしませんでした。彼女は、自分がこの世を去る時期が来たことを知っていました。ある日、私がロサンゼルスの家に彼女を見舞ったとき、彼女は私に、「どうか私を引き止めないでください[12]」と言いました。それからしばらくたって、私がエンシニタスの僧院に滞在していたときのことです。私は、朝早く起きてラジオでインドの放送を聞くことにしていましたが、ある朝突然、セーヴァ・デヴィーのかすかな幽体波動を感じました。私の幽体が彼女の信仰心に引き寄せられるままに離脱すると、私の肉体は仮死状態になりました。あとで聞いた話ですが、彼女は息を引き取る直前に、「スワミジがいらっしゃった」と叫んだそうです。彼女は、私によって別の世界に導かれることを意識していたのです[13]。それからしばらくして、私は彼女の輝く幽体を見ました。彼女は生前と同じように、私の講習会に出席して私の講義を聴いていました。そのとき私に触れた人がいれば、その人も彼女を見ることができたでしょう。しかし、幽体の意識状態にある人は、ふつう人には触れさせないものです。

人は今までに何度も生死を経験してきているのに、どうして死を恐れるのでしょうか？　死は、恐れるようなものではないのです。死はわれわれを束縛から解放するために来るのです。われわれは自分から死を求めるべきではありませんが、死はわれわれをいろいろな苦悩から自由にしてくれることを理解して安心すべきです。死は、人生という旅路の一くぎりが終わった所にある休息所です。私はむしろ死を楽しみにしています！

人が死を恐れる理由には、長い間住み慣れたこの肉体を離れることに不安を感じて臆病になる、ということもあります。しかし、この肉体は早晩修理が利かなくなるのですから心配しても始まりません。それまでの間をせいぜい大切に使ってゆくべきです――それが神のご意志ですから。しかし、聖仙ナーラダのようにサマディに入って簡単に自分の肉体を新しく取り換えることができたら、それに越したことはありません。ナーラダは、神との至福の霊交に入り、その中で聖歌を歌ったあと元の意識に戻り、気がついて見ると、古い肉体を脱いで新しい若者の肉体に生まれ変わっていたのです。こんなふうに生まれ変わ

ることができたら、まさに理想的です。[14]

インドには、死んでゆく一人の若者が、枕もとで嘆き悲しんでいる親族たちの泣き声を聞きながらこう叫んだという話があります――

「わたしに同情してくれるのはありがたいが
それはわたしを侮辱するようなものだ。
同情しなければならないのはわたしのほうだ。
わたしは永遠の光と愛の国へ行くのだから。
わたしにはもう、病気も、けがも、
悲しみも、悩みもない。
わたしは喜びを夢み、喜びを呼吸し
限りない喜びの大空を飛びまわるのだ
あなたがたは、この世にいる間は、これから先自分に何が起ころうとしているのかわからないまま、心配しながら生きてゆかなければなりません。死んでゆく人は、むしろ残った人たちを哀れんで祝福しています。彼らは決して哀れみを受けるような状態にはないのです。私は、かつてある息子を亡くした女性にこのことを話しました。すると、彼女は涙を流すのをやめてこう言いました、「私は息子のことでやっと安心しました。息子が今までよりも自由な身になったことを知って、かえってうれしく思うようになりました。私は今まで、息子に何か恐ろしいことが起きたとばかり思っていました」

意識的に肉体に出はいりすることは可能である

霊的に進化した人の中には、自分の幽体を見ることのできる人が大勢います。聖書の中で聖ヨハネも、「わたしは彼を見たとき、その足もとに倒れて死人のようになった」[15]と言っています。あなたがたは、臨終を迎え、幽体だけになって上昇したとき、足もとに自分の死んだ肉体を見ます。これと同じことは、熟練したヨギが意識的に肉体を離脱したときにも経験します。ヨハネもまた、サマディに入っている間、自分の肉体が仮死状態で横たわっているのを見たのです。このようにして肉体を出はいりするのはなかなか面白いものですが、それには特定の技法を身につけなければなりません。自分にもそういう能力があると思っている人が大勢いますが、そのほとんどは単に想像しているだけです。想像だけではそういう状態にはなりません。

ニューヨークで、あるとき私に会いに来た人が、自分は幽体旅行ができると言いました。私は、「私にはそうは思えません。あなたのは、ただそう想像しているだけです」と言いました。すると、彼は自分を試してみるように主張したので、私は同意してこう言いました、「よろしい、では、幽体で階下のレストランへ行って、そこに何があるか見てきてごらんなさい」。彼

はしばらく静かにしていましたが、やがて、「部屋の右隅に大きなピアノがあります」と言いました。しかし私には、彼が単に想像しているだけであることがわかりました。それは、彼が普通に呼吸しており、脈拍も変わっていないのを見たからです。[16] そこで私は、「いいえ、それは違います。部屋には二人の女性がテーブルを挟んですわっています」と言いました。彼はあざけるように笑いました。そこで、二人で階下のレストランへ行って見ると、隅にピアノはなく、二人の女性がテーブルを挟んですわっていました。彼は、やっと自分が自分の想像力にだまされていたことを知りました。

私は、しばしばヨーロッパ戦線の情景を霊視することがあります。それは、ちょうど映画のように見えます。この世界は、人を楽しませるためにあるのであって、苦しめるためにあるのではありません。神は、創造活動というこの宇宙映画を、至る所に善悪の対比を複雑に織り混ぜてつくられました。あなたが映画館へ行くのは、映画を楽しむためです。そして、人が殺されるミステリー映画を見たあとでも、「ああ、面白かった」と言います。それと同じように、人生という映画も、あまり無我夢中になり過ぎずに、楽しみながら見るように心がけなさい。

われわれは、自分がふだん肉体という衣をまとっていても、夜眠っているときや死んだときにはその衣を脱いで幽霊になる、という事実の中から教訓を学ぶべきです。幽霊としてのわれわれは、目には見えなくても強力な力をもっています。しかし、「頭が痛い」とか、「あれが欲しい、これが欲しい、ほうれん草は嫌いだ」などと、からだのことにばかり注意を奪われている間は、それはわかりません。まず、そうした物質的関心を克服することが必要です。それには、神のことを真っ先に考える習慣をつくりなさい。神を二の次に考えている間は、神はあなたのところへは来てくださいません。お金や酒や性欲は、あなたをこの世に縛り付けておくためにつくられたものです。神はそれによって、あなたがそういうものよりも神の愛を求めるかどうか試しておられるのです。

黒魔術の力はあなたの心の中にある

幽霊のほかに、黒魔術や呪術や妖術のたぐいを恐れている人たちもいます。私のところへ来て、「私の知っているだれそれが私に呪いをかけています」と訴える人がいます。そういう人たちに私はこう言います、「あなたは神の砦の中にいるのですよ。あなたが心から神を信じるならば、だれもあなたを害することはできません」と。しかし、もしあなたが、だれかに危害を加えられそうだという消極的な考えをもっていると、あなたは相手にそういう力を与えてしまうことになります。だれかが

あなたに有害な想念を送った場合、あなたがそれを受け入れれば、その想念は効力を発揮します。しかし、あなたは、そんな想念を受け入れる必要はないのです。悪意をもった人を恐れてはなりません。あなたが恐れさえしなければ、何物もあなたを害することはできないのです。恐怖心をもったり、心をうつろな状態にすると、邪悪な想念につけ込む隙を与えることになるのです。「神が自分といっしょにおられる」という信念をもてば、あなたのところへは善い想念しか集まらなくなります。神を思う心で自分を武装しなさい。神のみ名は、あらゆる力の源である最強の力です。それは、あらゆる邪悪な波動をはね返す盾です。

善と悪との宇宙戦争

黒魔術の呪いや浮遊霊による霊障を心配するよりも、自分の内部や周囲には、自分の幸福や健康を脅かすもっと大きな危険が常に存在していることを心配すべきです。すなわち、宇宙には、たえず善悪二つの力が競い合っており、一つはわれわれを救おうとし、一つはわれわれを陥れようとして働いています。

この世界は、目に見えない霊的存在、つまり幽霊によって支配されています。それは、父なる神と、キリスト意識と、神のみ座の前にある七つの霊[17]と、これらの神の勢力に反抗するサタンとその悪の軍団です。神のみ座の前にある七つの霊とは、創造活動を遂行する七つの根源要素（知性をもつエネルギー）で、それは、聖霊（神の創造力の第一次顕現の波動、オームまたはアーメン）と、それから分化した六つの創造力（観念界、幽界、物質界と、人間の観念体、幽体、肉体とを構成し維持する力）のことです。

サタンは、初め大天使の一人でした[18]。彼は、神から、神のご計画に従って世界を創造する力を与えられました。神は、あらゆる被造物をご自分のもとに引きあげさせるご計画だったので、サタンも、その役目を果たしたあとは神のもとに戻るはずでした。ですから、このサタンという名で擬人化されている知性をもつ神の創造エネルギーが神のもとへ戻っていたら、サタンによってつくられた世界も消滅していたでしょう。ところが、サタンは、自分のつくった世界をいつまでも存続させるために、人間の心に物質的、肉体的欲望（すなわち悪の種）を植え付けて、それによって人間がこの地上へ何度でも生まれ変わってくるようにしたのです。こうして悪の力サタンは、人が神のもとへ帰る機会をたえず妨げようとしているのです。

神とサタンとの間には、たえず綱引きのような戦いが行なわれています。サタンの力は、それを、「単なる心の迷いである」と考えるだけでは解決しない問題です。それが世界をどれほど

狂わせ苦しめているかは、神もよくご存知です。もし、サタンが単なる架空の存在だったら、イエスも、「サタンよ去れ」とか、「われらを悪より救い出したまえ」などとは言わなかったでしょう。この世に悪の力がなかったら、神に祈る必要もないでしょう。悪の力は現実に存在しています。

神が人間をつくられたとき、実は、悪の力も同時におつくりになりました。人をだまして神から引き離そうとするマーヤの魔力をもつサタンは、本来神の子である人間を試すために存在しているのです。鉄を火に入れて赤めるのは鍛えあげるためです。あなたがたも病気や苦悩に遭遇したときは、それがマーヤによる神の試練であることを思い出しなさい。そして、落ち着いてそれらに打ち勝たなければなりません。イエスは十字架の苦しみに耐えて、この神の試練を見事に克服しました。イエスのほかにも、ひどい病気や苦痛に耐えて世を去って行った多くの偉大な魂がいます。アヴィラの聖テレサは結核に苦しんでいましたが、それでも彼女はこう言いました、「私は、主にこの試練を短くして欲しいとは思いません。私は、この試練と闘いながらできるだけ長く働きたいのです」と。そして、ついに肉体の寿命が尽きたとき、彼女はキリストの中に引き上げられたのです。

この宇宙という神の創造活動は、神の遊びです。しかし、私はいつも神にこう訴えています、「あなたはなぜ、ただの戯れのために、私たちをこんなに苦しめておられるのですか?」と。われわれのこの地球は、宇宙の中でも最も住みにくい場所の一つです。もっと住みよい場所はいくらでもあります。しかし、神は、いろいろな災害や困難の存在を許しながら、一方では、われわれをそこから救い出そうとしておられるのです。神は、天使たちと何百万もの善霊たちを使って、地上に調和ある秩序を築こうとしておられます。世の中の有益なものはみな善霊によってつくられたものです。善霊たちは、たえず人々の心に有益な想念の種をまきつづけています。一方、悪の王サタンは、その配下の悪霊たちを使って、混乱と災難をつくり出しています。病原菌をつくったのはサタンです。いろいろな伝染病や、結核や、近頃猛威を振るっている癌をつくったのもサタンです。サタンは、人間を苦しめるためにあらゆる邪悪な手段を使っていますが、神はこれに対して、病気をなくすための新しい方法を発見できるように、研究者たちに知恵を授けて助けておられるのです。

アダムとイヴの誘惑

サタンはまた、人間を地上に引き止めておくために、性欲をつくりました。そして、有史以来、これによって人間を誘惑し

てきました。主は初めに、人間の男と女を意志の力でおつくりになりました。彼らのからだは、神の聖なる英知と愛とが具象化したものです。[19] そして男も女も、初めは神と同じように意志の力によって子供をつくる能力を持っていました。アダムもイヴも、汚れなき聖なる方法で子孫を殖やす力を授けられていたのです。私のグル、スリ・ユクテスワが言われたように、悪の力サタンは、イヴに、園（肉体）の中央にある木の実（性感覚）を食べる（味わう）よう誘惑しました。[20] 神はアダムとイヴに、園の中にある生命の樹（肉体と感覚に意識と生命エネルギーを与える幽体の脊髄中枢）のどの感覚を味わってもよいが、中央にある性の感覚を味わうことだけは禁じていたのです。イヴを誘惑した蛇とは、性神経を活発に刺激するコイル状の脊髄エネルギーのことです。人間のイヴ的意識である感情が性衝動に負けると、アダム的意識である理性もそれに倣ってしまうのです。

性的快感は神の至福のまがい物です。性欲が誠実な愛から切り離されて、肉体的感覚を満足させるためにのみ使われるとき、それはサタンの道具となり、人の意識を感覚の中に閉じ込めて、魂としての自覚も、本物の神の至福――常に存在し、常に意識し、常に新たな喜び――を経験する能力も失わせてしまいます。セックスや酒や金から得られる満足は、サタンが人を誘惑するためにつくった、神の至福の偽物です。アダムとイヴは、性感覚の味を知ったとき、天の楽園から転落してしまいました。すなわち、聖なる至福の中で神との合一を経験することのできる魂の意識を失ったため、エデンの園から追放されたのです。それ以来、人類は動物と同じように、性的結合によって子孫を繁殖させるようになりました。そのため、女性は出産の苦しみを味わい、夫婦は与えられたものを受け取らなければならなくなったのです。どんなに気に入らない子供が生まれても、育てなければなりません。もともとは、人間も神と同じように、意志の力で自分の望む子供をつくり出す能力をもっていたのです。あの原罪さえ犯さなかったら、どんなに幸せだったことでしょう。

神の声にだけ耳を傾けよ

要するに、サタンも実に神の道具なのです。サタンは偽物の幸福しか提供しません。それに気づいた人は、信頼できる神のほうを求めるようになります。ですから、あなたがたも早くそれに気づきなさい。すべての幸福の卵を、つぶれやすいかごに詰め込んではなりません。今いくら丈夫で健康な肉体をもち、満足な生活をしていても、災難はいつ襲って来て、あなたを戸惑わせ、途方に暮れさせるかわかりません。私は、あなたがたが幸福への希望のすべてを、自分の肉体やこの世の快楽という

〝つぶれやすいかご〟に託さないよう忠告しているのです。そしてそのために、肉体を制御して神を瞑想する方法を教えているのです。

常に心を善い想念で満たして、神の声に聴き入るよう努めなさい。神や天使たちは、善い想念をつくり出しています。これに対して、サタンの仲間は、邪悪な想念をあなたがたに吹き込もうとしています。悪い想念が浮かんで来たら直ちに追い出しなさい。そうすれば、サタンはあなたに対して何もできません。反対に、悪い想念を温めていると、あなたはサタンの方へ引き寄せられてしまいます。あなたは、自分の心の持ち方によってたえず善と悪との間を行ったり来たりしているのです。そんな状態から脱け出すために、サタンの力の及ばない神のふところ深く逃げ込みなさい。

---

(1) 感受性の強い信者は、パラマハンサ・ヨガナンダのような神に意識を同調させている大師といっしょにいると、精神的または肉体的病気が癒されることがしばしばある。その癒しが永続するかどうかは、普通、癒された人の信仰心と、癒しを受け入れる精神的姿勢のいかんによって決まる。この婦人のように、間違った思想に逆戻りすると、再び病気を呼び戻すことになるのである。(出版部注)

(2) ルカによる福音書4・34。

(3) ルカによる福音書4・1—13。

(4) ルカによる福音書8・26—33。

(5) 幽界には、さまざまな種類と段階の、天国から地獄に至る多くの世界がある。「わたしの父の家には住む所がたくさんある」(ヨハネによる福音書14・2)。地上の生涯で善い行ないをすると、その人は死後、光と平和と喜びの高い世界に生まれる。悪い行ないを重ねた人は、低く暗い世界に引き寄せられて、地獄のような悪夢の生活を経験させられる。こうして、自分のカルマによって定められた期間、幽界にとどまったあと、再び肉体に宿って地上に転生するのである。

(6) 大師たちは常に、地上界、幽界、観念界にいる自分の弟子たちを見守っている。そして、弟子たちの真剣な魂の呼び声に応えるために、必要と思えば幽体または肉体をまとって弟子の前に姿を現わすことがある。『あるヨギの自叙伝』第三十四章には、マハアヴァター・ババジがラヒリ・マハサヤの求めに応じて、同席していた疑い深い友人たちの前に姿を現わした話が載っている。

(7) 魂は物質的欲望から解放されると、もう地上に転生する必要がなくなる。するとその後は、幽界と観念界との間で転生をくり返しながら、幽界での欲望を果たす。そして、幽界の欲望から解放され、さらに進んで観念界での欲望も完全に克服すると、ついに最終の解脱すなわち完全な自由の境地に入るのである。

(8) ヨハネによる福音書2・19。

(9) 完成したヨギがこの地上を去るとき、意識を保持したまま肉体を捨てて神の霊の中に融合する最後の瞑想をマハ(偉大な)サマディという。

(10) パラム・パラムグルとは〝師の師の師〟のこと。(用語解「パラム

グル」参照）
（11）『あるヨギの自叙伝』第四十三章参照。
（12）大師たちは、神にとりなして、弟子の地上での寿命を延ばすことができる。
（13）これは聖なる師弟関係の間で交わされる約束の一例で、弟子が死を迎えたとき、グルが来て弟子を幽界の新しい生活の場に導くのである。
（14）魂は、自然の進化過程に従った生存形態をとりながら生まれ変わり、途中で逆戻りすることはない。初めは鉱物界に生まれ、植物界、動物界を経たあと人間として生まれるようになる、とインドの聖典は教えている。魂はそのあと、人間として何度も生死をくり返しながら、失敗したり教訓を学んだりして向上を続け、最後に神と合一して、本来の全知全能性を発揮できるようになるのである。
（15）ヨハネの黙示録１・17。
（16）意識的〝幽体旅行〟は、深いサマディに入って意識を拡大し、全知の霊眼の知覚能力をもつ超意識状態になったときはじめて可能になる。ヨギは、この物質世界または幽界のどんな場所でも、霊眼を通して実際に見、そこに意識を投入することができる。また、熟練したヨギは、自分の幽体や、さらには肉体までも自分の欲する場所に物質化する――すなわち、同時に二つの場所に肉体を現わす――こともできる。このような、幽体が働いているサマディの状態では、肉体は、呼吸も脈搏も止まって気を失ったように動かなくなる。最高の意識段階、ニルビカルパ・サマディに達した大師だけが、内的に神の至福に浸りながら、肉体を普通に働かせることができるのである。
（17）ヨハネの黙示録１・４。
（18）「そして彼らに言われた、『わたしはサタンが稲妻のように天から落ちるのを見た』」（ルカによる福音書10・18）
「サットワ（善）も、ラジャス（活動）も、タマス（悪）も、みなわたしから出たものと知れ。それらはわたしの中にあるが、わたしはそれらの中にはいない」（バガヴァッド・ギーター７・12）
（19）男性は、内に感性を隠しているが、理性をより強く外に表わす。女性は、感性をより強く外に表わして、理性を内に秘める。
（20）創世紀３・３。

講話三十五　イエス――東洋と西洋のキリスト

（一九三八年九月十八日　エンシニタスの旧礼拝堂における講話と
一九四五年二月四日　サンディエゴの礼拝堂における講話の編集）

イエス・キリストは、東洋と西洋との掛け橋です。この偉大な師は、今、私の目の前に立って、東洋と西洋の人々にこう呼びかけています。「ともに手を携えてついて来なさい」。わたしのからだは東洋に生まれたが、わたしの精神と教えは西洋に広まった」と。イエスがアジア人として生まれ、西洋の人たちからグル（魂を導く師）として受け入れられたことは、東洋と西洋とが互いにその長所を交換し合って手を結びながら繁栄するようにという、神のご意志を示唆しています。物質的能力において勝る西洋と、霊的能力において勝る東洋とが、互いの特質を分かち合いながら友好を結ぶことは、神のご計画です。東洋で開発された霊的解放は、西洋が経験している物質的偏向による苦悩を取り除きます。肉体的にも物質的にも恵まれた西洋の神の子たちは、今、東洋の霊的啓蒙を必要としています。そして一方、東洋は、西洋の物質的進歩を必要としています。東洋の神の子たちは、西洋の助けを借りてアジアをもっと工業化し、資源の開発利用を促進しなければなりません。

めざましい進歩を遂げつつあるアメリカの物質文明にインドの霊性が組み合わされれば、これに勝るものはありません。インドはいろいろな宗教が溶け合っている宗教のるつぼであり、アメリカはいろいろな国の人々が混じり合っている人種のるつぼです。アメリカが偉大な国になったのは、その自由を愛する精神と、この国が人種的差別を超えて人々を受け入れ、すべての国の長所を吸収したためです。このようなすばらしい理想の上に築かれ、発展してきた国はほかにありません。アメリカは、この理想によって築き上げた自由と独特の生き方を決して失ってはなりません。

多くの西洋人は、東洋人が物質的に貧しいのは霊的に豊かだからだと信じています。しかし、そうではありません。また、多くの東洋人も、西洋人が霊的に貧しいのは物質的に豊かだからだと思っていますが、これも正しくありません。ほんとうは、どちらも偏り過ぎているだけです。われわれはお互いの長所を学び合って、バランスを取る必要があるのです。

イエスは、東洋と西洋との間に立って、双方が互いに長所を交換し合うよう呼びかけている聖なる巨人です。彼がそこにいるのが、あなたがたに見えますか？　私には見えます。イエスは、西洋が東洋から霊の伝導者を受け入れて霊性を高め、東洋は西洋の科学者や技術者を受け入れて工業化を進めるよう呼びかけています。彼は西洋人に向かって、「あなたがたの東洋の兄弟たちを愛しなさい。わたしは東洋から来たのだから」と言い、東洋人に向かっては、「あなたがたの西洋の兄弟たちを愛しなさい。彼らは東洋人のわたしを受け入れ、愛してくれたのだから」と説いています。なんと美しい言葉ではありませんか？　そうなったら、どんなにすばらしい世界が出来上がることでしょう。

キリストは、東洋のものでも西洋のものでもありません。イエスの生涯は、彼が東洋と西洋とを結び付ける掛け橋であることを表わしています。彼は東洋のものでもあり、西洋のものでもあり、全世界のものです。イエスのすばらしさは、その普遍性にあります。彼が東洋人として生まれたのは、後に西洋人からグルとして受け入れられることによって、東洋と西洋との融和を象徴しようとしたからです。キリストを自分たちのものとして受け入れた西洋人は、彼が東洋の生まれであることを思い起こすべきです。そして、イエスに対する愛と共感を、東洋人全体と世界中の人々にまで拡げるべきです。

神の目には、東洋人も西洋人も平等です。神は、ご自分の霊性を現わしている人たちを愛されます。では、神が人類の偉大な救い主キリストを東洋の地に生まれさせたのはなぜだと思いますか？　それは、神が、虐げられている人々の間に生まれて、物質に対する霊の超越性を示そうと思われたからです。このことは、キリストのようになるためには貧しくなければならないということではありません。そのような考えは、もしイエスが裕福な国の生まれだったらキリスト意識は物質的豊かさの中から生まれるとか、神は金持ちを好まれる、などと考えるのと同じ愚かな考え方です。大切なのは、霊性と物質的豊かさとのバランスです。

キリストの理想は、インドの聖典が説く理想です。イエスの教えは、イエスの降誕よりもずっと昔からあったヴェーダの最高の教義とよく似ています。このことは、イエスの偉大さを損ねるものではなく、真理の永遠不変性と、イエスがサナタンダルマ（〝永遠不変の真理〟）[1]を世界に向かって新しい表現で説くために降臨したことを示すものです。旧約聖書の創世記の中には、宇宙創造に関する古来のヒンズーの概念ときわめてよく似た記述が見られますし、また、モーセの十戒や、多くの伝説、人物像、儀式、イエスの行なった奇跡、キリスト教教義の基本

など も、インドの古いヴェーダの聖典と共通したものをもっています。新約聖書のイエスの教えと、バガヴァッド・ギーターのクリシュナの教えとは、全く一致しています。[2]

〝東方の星〟の真の意味

イエスの教えが、ヨガやヴェダーンタの教義によく似ているということは、イエスが聖書に記されていない十二歳から三十歳までの間のうちの十五年間をインドで過ごし、そこで学んだ、というインドに遺された記録を裏書きしているように見えます。イエスは、自分が生まれたとき、自分に敬意を表するために訪ねて来た三人の東の国の賢者を、[3]答礼の目的で訪ねるためにインドへ旅に出かけました。賢者たちをイエスの誕生の場所へ導いた東方の星とは、物質的な星の光ではなく、全知の霊眼の星です。この霊眼は、第三の眼とも呼ばれ、深い瞑想中に眉間の内側に見ることができます。霊眼は、形而上を覗く望遠鏡で、全方位的視野をもっており、宇宙のどんな出来事でも瞬時にして知ることができます。霊眼については、インドの聖典にいろいろ説明されていますが、イエスもこれについてこう言っています――

「からだの明かりは目（一つの目、霊眼）である。もし、あなたの目が一つならば（霊眼が見えたならば）、あなたの全身は光り輝いて見えるであろう」（マタイによる福音書6・22）

こうして霊眼の光によってベツレヘムの馬小屋へ導かれた賢者たちは、赤子イエスが偉大な魂であり、神の子の降誕であることを認めて礼拝しました。そこで、イエスはこれに答えるために、例の十五年間の時期に賢者たちを訪問したのです。

イエスの名前と、キリストという称号も、サンスクリットの中に対応する音と意味を見つけることができます。イエスという言葉とサンスクリットのイーシャとは、本質的に同じです。イース、イーシャ、イーシュワラはみな、支配者、主、または至高の存在を意味します。イエスという語は、ギリシャ語のヨシュア、イェシュアに由来し、〝エホバの救い〟、〝救い主〟を表わすイエホシュアという言葉の短縮形です。[4]

キリストという称号も、インドのクリシュナという語と符号します。イエスは、このキリストという称号をインドにいたときに与えられたのかもしれません。私は、その関連性を強調するために、わざとクリシュナ（Krishna）をクリストナ（Christna）と綴ることがあります。キリストもクリシュナも、ともに神性を表わす称号で、二人のアヴァターたち（イエス・キリストとヤーダヴァ・クリシュナ）が神と一体であることを意味しています。二人ともその意識は、肉体に宿っている間も、キリスト意識（サンスクリットのクタスタ・チャイタニヤ）す

なわち〝被造物の内に遍在する神の知性〟と一致していました[5]。この意識は、創造主である神が被造物の中に完全な形で反映している唯一のものであるため、〝神のひとり子〟とも呼ばれています。

キリスト意識を理解するために、自分の意識と蟻の意識とを比べてみるとよいでしょう。蟻は、自分の小さなからだしか意識することができませんが、あなたは、それに比べればはるかに大きな自分のからだをくまなく意識することができます。だれかがあなたのからだの一部に触っても、すぐにそれに気がつきます。宇宙は神のからだですから、神の意識は、宇宙の隅々にまで浸透しています。これがキリスト意識と呼ばれるものです。ちょうど、われわれが自分のからだ全体を意識しているように、神は、ご自分のからだである宇宙の中でわれわれがしている事をすべてご存知です。イエスが、離れた所にいたラザロの死を知ることができたのも、このキリスト意識と一体になっていたからです。

神の創造の神秘を発見することは、人間以外の動物にはできません。キリスト意識に入ってその全知の能力を獲得することは、人間だけに与えられている潜在能力です。神の存在を信じない人たちに私はこう尋ねます、「人間の中にも、そして全宇宙にも遍在している知性が、エーテルの陰に隠れている神の〝工場〟でつくられたものではないとすれば、いったいどこから来たのか？」と。そのような神秘性がアインシュタインをして、「この宇宙は不可解に満ちている」と言わせたのです。空間の陰には、神が隠れています。そこに神の知性が隠れているからこそ、〝無〟の空間からすべてのものが出現するのです。

あらゆる原子を導いて創造活動を遂行しているこの知性と一つになることによって、イエスは、自分の姿をどこにでも思いのままに現わすことができました。そして、かつてアシジの聖フランシスに毎晩現われたように、今でも現われることができるのです。イエスは、自分の小宇宙である肉体だけでなく、大宇宙の万物を自分のからだのように意識していたので、実感をもって、「わたしと父とは一つである」[6]と言うことができたのです。イエスは、天の父と同様に、万物のすべての原子の中にいる自分を意識していました。イエスの、「二羽の雀が一アサリオンで売られている。だが、その一羽さえ、あなたがたの天の父の許しがなければ地に落ちることはない」[7]という言葉は、どんな小さなものの中にもあまねくこのキリスト意識が浸透していることを言ったのです。

イエスは、世の中が希望と霊的復興とを痛切に必要とした歴史の危機的時期に来ました[8]。イエスの教えは、イエスを自分たちだけのものと考えるさまざまな宗派を育てることを意図した

ものではありません。それは、すべての教え、すべての人々を包含する普遍的な教えで、かつて地上にもたらされたいくつかの最も偉大な教えの一つです。イエスは、「あなたがたは神々である」[9]という聖書の言葉を人々に思い出させました。また、ヨハネは、「しかし、彼（イエスおよび万物の内に遍在するキリスト意識）を受け入れた者に、彼は神の子となる力を与えた」[10]と言って、イエスの教えの真髄とその霊力について語っています。これほど偉大な福音がかつてあったでしょうか？ イエスは、どんな下層階級の人も、また、白人も黒人も、東洋人も西洋人も、みな神の子であり、心さえ清ければ、人種や肌の色には関係なく、だれでも神を受け入れることができることを保証したのです。

ちょうど、木炭とダイヤモンドが同じ太陽の光を受けても、ダイヤモンドだけがその輝きを反射するように、東洋人でも西洋人でも、ダイヤモンドのような心をもっている人は、神を反映して神の子と呼ばれますが、悪徳で自分を暗くしている人は、神の光を反映することができません。

すべての人を兄弟と感じるように心を訓練せよ

「神は、一人の血からすべての民族をつくられた」[11]という聖書の言葉を、全人類はあらためて思い起こすべきです。私は、キリストの精神を鼓吹するこの言葉が大好きです。私は、この言葉が文字どおり実感されるような世の中になることを願っています。肌の色の偏見は、さまざまな人間の無知の中でも最も愚かしいものです。肌の色は、単なる外観上の特性です。神は、全く実用的な目的から、気候的に太陽光線からの保護を必要とする地方に住む人種に、濃い皮膚の色素を与えられたのです。ですから、肌の色の違いには、自慢したり差別したりする根拠は何もありません。魂は、この一生で特定の色の肉体コートを着ていても、生まれ変われば、また別の色のコートを着るかもしれません。このように、肌の色は、全く表面だけの問題です。肌の色に偏見をもつことは、いろいろな色の肌をもつすべての人々の心に一様に宿っておられる神を差別視することです。そういう人は、次に生まれ変わるとき、自分が軽蔑した肌の色に生まれ変わることを知るべきです。カルマの法則は、こうして魂を窒息させる偏見を打ち砕いてゆくのです。ですから、自分の心を訓練して、人はみな兄弟であると感じるようになりなさい。これは最も大事なことです。

イエスの教えは、西洋に最大の基盤を築くことが初めから定められていましたが、イエスは、東洋人でしかも長い迫害の歴史をもつユダヤ人として生まれることを選びました。それは彼が、人種や肌の色で人を判断することの愚かさを証明したかっ

たからです。われわれは、人種的差別観を捨てて、このキリストの精神を生きるべきです。本来神の子どうしである人間の間に戦争や対立を生み出しているものは、偏見による、真の同胞愛の欠如です。われわれは、こうした戦争の根本原因を根絶しなければなりません。憎しみや偏見の中に、爆弾や悲劇があるのです。イエスは、「剣を取る者はみな剣で滅びる」[12]と警告しています。世界に真の平和をもたらすものは剣ではなく、結局はキリスト精神の実行です。究極的な意味で、あなたがたを守ってくれるのは神だけです。イエスや、そのほかの大師たちが説いた理想的な生き方を実践することが、世界の平和と幸福に最も貢献することになるのです。それには、何よりもまず神を愛することです。あらゆる問題の答えは神のみ手の中にあります。神が神秘のヴェールを上げられたとき、それまで見えなかったすべての答えが見えてきます。

西洋人の中には、ヒンズー教徒を異教徒だと思っている人たちがいます。しかし、実は、多くのヒンズー教徒もまた西洋人を異教徒だと思っています。無知はどこでもお互い様です。私もときどき、イエスを信じるかと尋ねられることがあります。私はこう答えます、「どうしてですか？　インドでも、私たちは、イエスやイエスの教えを恐らくあなたがた以上に尊敬していますよ」と。

イエスを愛するということは、イエスの教えを自分の生活の上に実践し、イエスの生き方を手本として生きることです。イエスは、「だれかがあなたの右のほほを打ったら、左のほほをも向けてやりなさい」[13]と教えましたが、インドはこの教えをほかのどの国よりも実行してきました。しかし、キリスト教徒を自認する人々の多くは、この教えを試してみようともしません。彼らは、この言葉をすばらしい教えだとは言いますが、いざ自分が殴られると、その十倍も殴り返すか、足で蹴るか、ともすると銃さえ向けかねません。こんなふうに報復する人はキリスト教徒とは言えませんし、また、キリストを愛しているとも言えません。それは、すべてを赦すキリストの精神に背いているからです。

十字架のシンボルを見るたびに、それが表わす意味を思い出しなさい。それは、イエスのように、だれもが自分の十字架（試練）に正しい態度で耐えるよう教えています。あなたが善意でしたことが誤解されたら、また、そのために迫害されたときは、怒るかわりに、イエスのようにこう言いなさい、「父よ、彼らをお赦しください。彼らは自分が何をしているのか知らないのです」と。自分に害を加える者をなぜ許さなければならないのでしょうか？　それは、もしあなたが怒って相手を殴り返せば、あなたは自分の神性を現わしそこなったことになるからです。

そうすれば、あなたは殴った相手と同類になってしまいます。反対に、もしあなたが霊的な強さを発揮して神性を現わせば、あなたは祝福され、あなたの正しい行為は相手に感化を与えて、誤解を解く助けになるでしょう。

イエスの説いたこの真理と正義に関する永遠不変の教えを、インド人はきわめて真剣に受け取っています。そして、自分に都合のよい解釈を加えることなく、文字どおりに順奉していますす。イエスはまたこう言っています、「わたしの名のために、家、兄弟、姉妹、父、母、子、もしくは畑を捨てた者はみな、その百倍の報いを受け、また、永遠の生命を受け継ぐであろう」[14]と。これと同じ、神のためにはすべてを捨てる精神が、インドには広く浸透しています。ことに昔は、人生の一時期だけでも神にすべてを献げることが理想的な生き方と考えられていました。

神は忘れられることを喜ばない

だれも、世俗生活そのものを捨てる必要はありません。しかし神は、われわれがいくら世俗的義務を十分に果たしても、神を忘れていたらお喜びにはなりません。仕事のことを忘れて神のことだけを考える時間をつくりなさい。私は毎日、朝と夜、神に献げる時間を設け、そのほかの時間は、仕事をしている間も心を込めて神に奉仕しています。ギーターの中で神はこう言っておられます――

「そなたが……何を行なうにしても、すべてわたしへの献げ物として行なえ。そうすれば、どんな行為も、そなたを善悪のカルマに束縛することはない」(バガヴァッド・ギーター 9・27―28)

あなたがたがこの地上に来たのは、神のためです。ここは神の世界であって、あなたがたの世界ではありません。あなたがたは、神に奉仕するためにここにいるのです。あなたが自分のためだけを考えて働くならば、人生は、あなたに失望と幻滅をもたらすでしょう。あなたは、最後にはすべてを置いて行かなければなりません。そのときには、いやでもすべてを捨てさせられるのです。

イエスの教えは、思いやり、許し、献身、道徳、同胞愛、融和、平等、そして最高の〝神に対する愛〟を説く教えです。イエスはこう言っています――

「わたしを『主よ、主よ』と呼びながら、なぜわたしの言うことを行なわないのか」(ルカによる福音書 6・46)

多くの懐疑論者は、イエスの生涯の真実性に疑問を抱いています。中には、イエスは伝説上の人物で、その生涯は単なる作り話だ、と主張する人もいます。しかし、私は、イエスが実在することを知っています。それは私が、彼と何度も会ったから

です。

私が会ったイエスの容貌は、あなたがた西洋人のように色白ではありませんでした。肌は浅黒く、目もよく画に描かれているような青い目ではなく、黒い目でした。また、髪もブロンドではなく、黒い髪でした。

インドのヨゴダ学校で見たイエスの霊姿

かつて、私のランチの学校で、私が子供たちを前にして、いっしょに座って瞑想していたときでした。子供たちの後方からだれかがわれわれの方へ近づいて来るのが見えました。だれだろうと思っていると、やがて私にはそれがイエスであることがわかりました。その足は地面から浮いていましたが、近くまで来ると、その姿は消えてしまいました。

それから数年後にも、私はボストンで再びイエスを見ました。そのころ私は、神から与えられた仕事の処理に追われて、その前の三日間、神のことを忘れていたような気がしたので、瞑想して深く祈りました。私は神に言いました。

「主よ、私はこの仕事をやめます」

私は、神を愛し神のためにその仕事を愛するのが正しい姿勢である、と考えたからです。神から与えられた使命を遂行していても、瞑想して神と交わる努力をしなければ、神にまみえることはできません。私は、自分の行なっている聖職活動が、かえって私を神から離れさせていると感じたので、こう祈りました。

「主よ、私はインドへ帰ります。私は、これ以上アメリカにとどまって、あなたを忘れてあなたのお仕事をしたいとは思いません」

すると、エーテルの中から、一筋の光のように声が聞こえてきました。

「では、どうして欲しいのだ？　お前はそこを離れることはできない」

私は、これまでにも何度か、神だけといっしょにいたい、という願望から自分の義務を放り出そうとしましたが、その度に、その企ては神に妨げられてきました。私は神に訴えました。

「金色の海の上に、クリシュナとイエスと、そのお弟子たちの姿を見せてください」

私が、心の中でこう求めたとたん、それらの聖者たちが私の方へ近づいて来るのが見えました。しかし、「これは幻覚かもしれない」という疑いが湧いてきて、心の中で、「もし、今ここでわたしといっしょに瞑想している友人にも同じように見えたら信じよう」と思いました。すると即座に、隣にすわっていた友人が大声で叫びました。

「おお、キリストとクリシュナが見える！」

私はさらに考えました。

「これは想念の移転ではないか？」

私は疑いながらも、神にその疑念を晴らしてくださるよう祈りました。すると聖なる声は言いました。

「わたしが去ったあと、この部屋には蓮の花の香りがみなぎるだろう。そして、この部屋に入って来た者は、みなそれに気づくだろう」

聖者たちの姿が消えると、部屋中はすばらしい蓮の花の香りで満たされました。そして数時間後、この部屋に入って来た人たちも、その香りに気がついたのです。私は、もうそれ以上疑うことはできませんでした。

マハアヴァター・ババジは私に、アメリカへ渡って、イエス・キリストの教えとインドのクリシュナが説いたヨガの教えとが同じであることを、その一致点を指摘しながら解説するよう命じました。これら二人のアヴァターが説いた不滅の真理の中には、人類が何世紀にもわたって求めてきた問いの答えがあります。そのために、キリストとたえず霊交しておられるババジは、この二人のアヴァターの教えの一致を西洋に伝えるという特別の使命を私に与えたのです。

私は、この肉体に宿っている間は、キリストが東洋人として生まれた目的である、東洋と西洋との融和のために力を献げるつもりです。キリストの精神は西洋に広まりましたが、そのからだは東洋のものです。東西にまたがったキリストの精神とからだのように、東洋と西洋も一つでなければなりません。

真理は普遍的な経験

私は、あなたがたがＳＲＦの教えの普及に力を貸してくださることを望みます。この教えには、あいまいな点や神秘的な要素はありません。あなたがたは、この教えの真実性を自分で経験し、実証することができるのです。真理は、だれもが一様に経験することのできる真実です。私は、私のグル、スリ・ユクテスワの教えを受けるようになってから、以前私に自分で理解していない事を教えようとした教師たちの欠陥がわかるようになりました。セールスマンは、自分が信用していないものを売ろうとしてはなりません。あなたがたも、この教えを実行し、自分で経験した事だけを人に語りなさい。

ＳＲＦの信徒は、ＳＲＦの通信講座を真剣に学習し、毎晩、就寝前には深く瞑想しなさい。イエスは、助け主なる聖霊を送ると約束されましたが[15]、あなたがたは、教えられた瞑想法を忠実に実習することによって、イエスのこの約束を自分自身の上に実現することができます。イエスを礼拝することの真の意味

は、自分の意識を拡大して、そこにキリスト意識を導き入れたときに成就します。それが、キリストの再臨です。あなたは、自分のなすべき努力をしなければ、千人のキリストが来てもあなたを救うことはできません。あなたが自分を救うための努力をして初めて、キリストはあなたを救うことができるのです。

「東は東、西は西、両者が交わることはない……」というラドヤード・キプリングの詩の言葉が有名になりましたが、私がカレーを食べ、あなたがアップルパイを食べているからと言って、どうしてわれわれの間に差別が必要なのでしょう。差別は、狭い心が描く想像の垣根です。それは、醜い優越願望の産物で、戦争や対立の原因です。われわれは、そうした差別を排除するために、イエスが示した手本を見習わなければなりません。彼は東洋の地に生まれましたが、今、崇高な理想像として東洋と西洋との間に立ってこう言っています――

「わたしは、あなたがたの真ん中にいる。互いに相手の長所を学び合って、霊性と物質的繁栄とのバランスを取りなさい」と。

この東西融和の教えを掲げて両半球の間に立つキリストを見なさい。

（1）サーンキヤの哲学は真の宗教を定義して、「人間を病気と苦悩と無知の三重苦から永遠に守る不変の原理」と言っている。

（2）二つの聖典の教えの多くの類似点が『あるヨギの自叙伝』に説明されている。

（3）「さて、イエスがヘロデ王の時代に、ユダヤのベツレヘムでお生まれになったとき、見よ、東から来た賢者たちがエルサレムに着いて言った、『ユダヤ人の王としてお生まれになったかたはどこにおられますか。わたしたちは東の方でその星を見たので、そのかたを拝みに来たのです』」（マタイによる福音書２・１―２）

（4）ボストンの De Wolfe, Fiske and Co. 発行『スミスの聖書辞典』参照。

（5）〝クリシュナ〟という言葉の由来については多くの説があるが、最も一般的な説は、クリシュナの肌の色が〝黒ずんだ〟（サンスクリットでクリシュナ）色であったことから来ている、という説である。（クリシュナはしばしば神性を暗示する暗青色で描かれる。深い青色はまた、霊眼の図――白い星を取り囲む深い青色の円い空間――におけるキリスト意識の色である）。M・V・スリダッタ・サルマの『スリ・クリシュナの陰謎』によれば、〝クリシュナ〟という言葉の他の意味のうち幾つかは、『ブラフマヴァイヴァルタ・プラーナ』の中に見いだされる。彼はその中の一つとしてこう述べている、「クリシュナとは宇宙に遍満する霊を意味する。〝クリシ〟は全体を総称する意味の言葉で、〝ナ〟は自分を表わす言葉である。そこから、〝全知の神〟を意味する」。このことからも、クリシュナのもつ意味と、万物に遍在する神の知性であるキリスト意識との類似性がうかがわれる。口語体のベンガル語でクリシュナのことをクリスタというのも興味ある符合である。（ちなみに、キリストのことをギリシャ語ではクリストス、スペイン語ではクリストという）。（出版部注）

(6) ヨハネによる福音書 10・30。
(7) マタイによる福音書 10・29。
(8) バガヴァッド・ギーターの中で主はこう言っている、「バーラタ (アルジュナ) よ、わたしは、ダルマ (善、正義) が廃れ、アダルマ (非法) がはびこるたびに、アヴァターとして世に出現する。わたしは、悪を滅ぼし、善を再興するために、人の姿をとって世に現われる」(4・7―8)
(9) ヨハネによる福音書 10・34。
(10) ヨハネによる福音書 1・12。
(11) 使徒言行録 17・26。
(12) マタイによる福音書 26・52。
(13) マタイによる福音書 5・39。
(14) マタイによる福音書 19・29。
(15) ヨハネによる福音書 14・16、26、15・26。

講話三十六　キリストとクリシュナ――同じ真理を説いた二人のアヴァター

（一九三三年一月十五日と一九三五年四月十四日のSRF本部における講話の編集）

神の光を完全に受け入れ、かつ反映できるほど純化した意識をもつ人を大師といいます。太陽の光が、ダイヤモンドと木炭の上に等しく降り注いでも、その光を反映するのはダイヤモンドだけです。神の光もまた、あらゆる生命体の上に平等に照り輝いていますが、それを反映する度合いはまちまちです。神の光を完全に反映するのは、神を体得した大師だけです。

人はみな、マーヤ（迷妄）のヴェールに包まれていますが、本質は魂です。自然がもたらす進化と本人の努力とによって、人は、そのヴェールに小さな穴をあけ、やがて、その穴を少しずつ大きく拡げてゆきます。穴が大きくなるにつれ、人の意識は拡大し、しだいに魂が表に現われるようになります。そして、ヴェールが完全に破り去られると、その人は、魂を完全に外に現わします。こうして、マーヤを克服して自分自身の勝利者となった人が大師です。

大師たちは、神によって特別につくられた人たちではありません。彼らといえども、自分の努力によって大師になったのです。彼らもまた、一般の人たちが魂の自由を求めて苦闘しているように、過去において、解脱（完全な自由の達成）のための努力をつづけてきたのです。

イエス・キリストやヤーダヴァ[1]・クリシュナのような、救い主または神の化身といわれる大師たちも、かつてはどこかでこのような霊的修行をした結果アヴァター[2]となり、特別な目的をもって地上に下生するようになったのです。こういう大師たちは、カルマに強制されて転生してくる未熟な魂たちとは違って、すでにカルマの束縛を超越していますが、人類を救済する目的のために、進んでこの地上に生まれてくるのです。こういう人たちの魂はすでに解脱を果たしていますが、神の指示により、この地上劇で一個の人間としてその役割を演じます。彼らは、普通の人たちと同じように弱さをもち、苦しみや悩みや誘惑に出会いますが、正しい姿勢でこれと闘い、行動し、ついに勝利を得ます。こうして彼らは、〝人はみな、自分を神から引き離そうとする力（マーヤ）を克服して勝利者となるべきであり、また、そういう能力をもっている〟ということを人々に教えようとしているのです。

もし、キリストやクリシュナが、初めから完全につくられた人たちで、自分自身はこの世の苦しみと闘う必要も、それを克服した経験もなく、ただそういう芝居をして見せただけだったとしたら、ほんとうに苦しんでいる人類のお手本にはなれなかったでしょう。しかし、彼らもかつてはわれわれと同じ人間で、われわれが今直面しているのと同じ試練を克服して現在の高い進化状態に達した人たちだからこそ、苦しんでいる人々に力と励ましを与えることができるのです。神の化身といわれるアヴァターたちが、われわれと同じ人間的試練を経て現在の完成を得たという事実こそ、われわれに希望を与えるものです。

神を体得した大師たちは、その霊的な業績によって知られていますが、彼らの業績で最も重要な意味をもつものは奇跡ではありません。キリストが行なった奇跡の中には、今日科学者たちが別の方法で再現できるものもあります。霊的な業《わざ》についてイエス自身もこう言っています――

「わたしを信じる者は、わたしのしている業を行なうであろう。そればかりか、もっと大きな業を行なうであろう」（ヨハネによる福音書14・12）

私は、あなたがたが耳にしたことのあるような奇跡をインドの大師たちが実際に行なっているのを何度も目撃しました。しかし、奇跡は彼らの偉大さを表わす指標ではありません。神を体得すると、その人を通じて宇宙法則が働くようになるため、自然に奇跡を行なう能力がそなわってくるのです。しかし、奇跡に執着するようになると、神を失ってしまいます。われわれの目標は、あくまで神そのものでなければなりません。大師たちが最も重要視している霊的目標は、マーヤの克服です。マーヤを克服したとき、神こそ人生における最も重要なものであり、自分の生命よりも大切なものである、と悟るようになります。

キリストが十字架の上で、甘んじて苦痛に耐えながら、「父よ、彼らをお赦しください。彼らは、自分が何をしているのか知らないのです」[3]と言ったとき、彼は最も偉大な奇跡を行なったと言えます。彼は、自分の霊的能力をもってすれば、容易に加害者たちに報復し、自分を救うこともできたのです。彼の霊的勝利は、彼自身を不滅のものにし、幾世紀にもわたって人類に手本を示してきました。彼があのように自分の肉体意識を克服し、神性を現わすことができたということは、われわれにもそれと同じことができるということです。

聖者の中に神がどれくらい現われているかということを、その聖者がどれくらい善いことを、どれほど多く行なったかという業績によって測ろうとする人がいますが、神を完全に反映するようになった大師たちは、みな神との合一に達した人たちですから、彼らを比較することは不可能であり、試みてもむだな

ことです。神との合一を果たした人はみな同じで、神の前に同等だからです。

しかし、私にとっては、クリシュナとキリストが最高に見えます。キリストは、自らを犠牲にして示した偉大な愛によって世界中の人々に感化を与えましたが、クリシュナは、また別の形で父なる神を現わしました。脱俗者のキリストとは対照的に、クリシュナは一国の王でした。王という立場にありながら、しかも聖者であった彼に、私は最大の尊敬を感じます。なぜなら、誘惑や欲望の充満する世俗の中にいて、その影響を受けずに精神的脱俗を貫くことは、たいそう難しいことだからです。

クリシュナは、キリストよりもずっと前に地上に現われました。学者たちによれば、三千年くらい前ではないかといわれています。二人の生涯は、ともに直接神の意志によって演じられ、神の偉大な力を現わしましたが、われわれに語り継がれてきた両者の個人的な物語にも、興味深い共通点があります。イエスもクリシュナも、神を愛する敬虔な両親の間に生まれました。クリシュナの両親は、彼の伯父である邪悪なカンサ王から迫害されましたが、イエスの両親も、ヘロデ王に追われて苦しめられました。イエスは良き羊飼いにたとえられていますが、クリシュナは幼少のころ、カンサ王の目から隠れていたときは牛飼いでした。イエスはサタンを征服し、クリシュナは魔物のカリヤを征服しました。[4] イエスは湖上で、弟子たちの乗っている船を救うために嵐を静め、クリシュナは、弟子たちや牛を洪水から救うためにゴワルダーン山を持ち上げて傘にし、彼らを守りました。

イエスの王国はこの世ではありませんでしたが、彼は、〝ユダヤ人の王〟と呼ばれました。クリシュナも、聖者であると同時に地上の国の王でした。イエスには、マリヤ、マルタ、マグダラのマリヤなど、女性の弟子たちがおり、彼の使命遂行に重要な役割を演じました。クリシュナにも、ラーダやゴピ（乳搾りの女）たちの女弟子がいて聖なる役割を演じました。イエスは十字架に釘ではりつけにされて死に、クリシュナは狩人の矢に射られて死にました。二人とも、その運命は聖典に予言されていました。そして、ともに東洋に生まれましたが、後に、神の化身として世界中に知られるようになりました。

イエス・キリストとバガヴァン・クリシュナは、それぞれ時代を超えた重要な本を世に残しました。バガヴァッド・ギーターに記されたクリシュナの言葉と、新約聖書に記されたイエスの言葉は、ともに最高の真理を説いており、あらゆる聖典を代表するものです。この二つの聖典は、本質的には同じことを説いています。イエスが説いた教えの深いほうの意味は、今日のキリスト教会における説教からはほとんど姿を消してしまいまし

たが、イエスもまた、クリシュナと同じ信仰とヨガを説いたのです。そして、キリストの教えとクリシュナのヨガ哲学との一致を明らかにすることの必要性を最初に指摘したのが、私のパラム・パラムグル（三代前の師）、マハアヴァター・ババジでした。[5] そして、これを広く世に伝えることが、ババジから私に与えられた使命だったのです。

普遍的意識

私は、キリスト教がイエス教と呼ばれなかったことをうれしく思います。なぜなら、キリスト教のほうがより広い意味をもっているからです。イエスとキリストとでは、意味に違いがあります。[6] イエスとは、普遍的なキリスト意識が宿った一人の人間の名前です。キリスト意識はイエスという人間を通して現われましたが、一個人の中に収納されるものではありません。普遍的なキリスト意識を、特定の肉体をもつ一人の人間に限定して考えることは、形而上学的にも間違いです。

ヤーダヴァ・クリシュナは、ヒンズー教徒のキリストです。ヤーダヴァもイエスも、キリスト意識またはクタスタ・チャイタニヤと呼ばれる、〝あらゆる被造物の原子に内在する聖なる知性〟を完全に現わしていました。

「彼（普遍的キリスト意識）を受け入れた者に、彼は、神の子となる力を与えた」（ヨハネによる福音書1・12）

また、イエスはこう言っています――

「二羽の雀が一アサリオンで売られている。だが、その一羽さえ、あなたがたの父の許しがなければ地に落ちることはない」（マタイによる福音書10・29）

神の意識は至る所に浸透しています。神は、世界中で起きているすべての出来事を同時に意識しています。あなたが自分のからだのどこかで起きる出来事にすべて気がつくように、神は、ご自分のからだである宇宙で起きている出来事をすべて知っておられます。あなたが自分の指先や、心臓や、頭や、そのほか創造の波動が働いている場所に神の普遍的意識を感じるとき、また、宇宙のすみずみにまで自分自身を感じるとき、そしてまた、あなたの愛と思いやりの気持が拡大して万物を自分自身として感じるとき、あなたはキリスト意識の中にいるのです。イエスもヤーダヴァも、この普遍的キリスト意識と一体だったのです。

びんに塩水を入れて栓をし、海中に入れても、びんの中の塩水は海水と混じり合うことはできません。しかし、栓を抜けば、それらは同じ成分なので、すぐに一つになってしまいます。われわれもまた、ヤーダヴァ・クリシュナやイエス・キリストのように、意識というびんから無知という栓を抜き取れば、洪大

な普遍的意識と一つになることができるのです。

われわれは、キリストやクリシュナの教えから、「宗教の目的は、われわれの人間的意識を拡大して普遍的キリスト意識に合一させることである」ということを学ぶことができます。そのための一つの方法は、すべてのものに対する普遍的な愛を育てることです。日常生活の中ですべてのものを平等に愛することは、キリスト意識を知る社会的方法です。もう一つの方法は、超越的方法すなわち瞑想です。ヨガの瞑想は、キリスト意識と直接交わる方法です。

肉体は、たえずあなたに、自分を肉体として意識させます。しかし神は、あなたが毎晩眠りに就くと、あなたの肉体意識を消して、あなたが肉体ではないことを思い出させます。あなたは波ではなく、波の背後にある海なのです。肉体とともに消えるような無常の意識ではなく、その背後にある永遠に存続する意識なのです。

イエスはこう言いました、「わたしと父とは一つである」(7)と。神を体得した人は神と一体になります。このような人の意識は、肉体に宿っていても、肉体や心の背後にある神の霊との一体感をたえず保持しています。波は、海面で踊っているとき、自分は一個の波であると思っています。しかし、「自分は海なしでは存在しえない」と悟ったとき、波は、自分が海そのものであり、海が一個の波として一時的に姿を現わしたものであることを知ります。それと同じように、神は、人間のからだをまとった個々の魂としてご自身を現わされることはあっても、それらのからだによる束縛は何も受けません。バガヴァッド・ギーターはこう言っています――

「人体に宿る神の霊は、この世界を、超越した立場から観察し、容認し、維持し、経験する偉大な主であり、また、最高の自己である」(バガヴァッド・ギーター13・23)

イエスも、「父がわたしになった」と理解していました。この真理について、ヒンズー教の聖典は、「タット・トワム・アシ」(汝は彼なり)と表現しています。

神および三位一体についての概念の一致

ヒンズー教もキリスト教と同様、唯一の神を信仰します。しかし、かつてインドを訪れた西洋人の一部の人たちが、ヒンズー教徒の信仰を誤解して、西洋の人たちに偏見をもたせるような話を持ち帰りました。もし、私もインドへ帰って、アメリカは人殺しやギャングや酔っぱらいの国だ、などと話したら、インドの人たちもそう信じるようになるかもしれません！　しかし、もちろん、私はアメリカ人がみなそんな人たちではないことを知っています。インドにも、アメリカにも、また、どこの

国にも、間違いはあるものです。インドの教師たちの中には、神に祈るとき、姿形のない神の霊の、ある特定の相を表わす像に意識を集中するよう弟子たちに教えている人もいます。目に見える像は、目に見えない神に祈るとき、信者の集中力と信仰心を高める効果があるからです。その意味を知らない西洋人は、それを見ると、インド人はみな偶像崇拝者だと思います。しかし、われわれが礼拝しているのは、ブラフマンすなわち唯一の神だけです。唯一の神についての概念は、ヒンズー教もキリスト教も同じです。

三位一体の概念についても、ヒンズー教とキリスト教とは全く同じです。三位一体の考え方は、唯一の神を否定するものではありません。それは、神が創造活動をされるとき唯一なるものが三つに分かれる、という形而上の真理を言っているのです。

太初、すなわち創造活動が行なわれる前は、神なる霊だけがありました。しかし、神は創造活動をしようと思い立たれ、ご自分の意志によって巨大な光の天球を投影しました。それが宇宙空間になりました。この光すなわち宇宙エネルギーが、キリスト教で聖霊(ホーリー・ゴースト)と呼んでいるものです。ゴースト(幽霊)とは、知性を有する目に見えない存在(エネルギー)を言います。聖霊とは、神の創造エネルギーの波動をいい、その中に神の知性が、キリスト意識(被造物に内在する〝神の唯一の純粋な反映〟すなわち〝神のひとり子〟または〝ひとり子なる神〟[8])として浸透しています。このキリスト意識の知性が宇宙の秩序を維持しているのです。父なる神は、創造活動を超越した知性ですが、その〝ひとり子〟、キリスト意識は、創造活動の中で働いている神の知性です。そして、聖霊は、創造活動を遂行している知的エネルギーの波動そのものです。キリストがこれについて語るずっと以前から、ヒンズー教の聖典では神の三位一体を、「オーム・タット・サット」(宇宙波動・キリストの知性・父なる神)と言い表わしてきました。

聖書は、自分が世を去ったあと助け主なる聖霊を遣わす[9]、というイエス・キリストの約束について述べています。すべての波動は音を発しますが、宇宙に遍満する神の知的エネルギーの波動である聖霊の発する音を、「オーム」または「アーメン」と呼び、この音は、深いヨガの瞑想の中で聞くことができます。ヨハネが、

「わたしは主の日に、み霊の中にあった。そのとき、わたしの後ろの方でラッパのような大きな声がするのを聞いた」(ヨハネの黙示録 1・10)

と言ったのは、この音です。この音が聖霊の波動で、この波動の中に、安らぎを与える癒しの力があります。

われわれは今、クリシュナとキリストがそれぞれの聖典の中

で「オーム」または「アーメン」という名で語られた、神の創造のみ声が東西両半球から聞こえてくる新時代に生きています。クリシュナが聖なる波動の音オームついて語った(10)のはインドの地でしたが、この同じ聖なる波動をアーメンまたは聖霊と呼んで、これを通して神と交わる方法を教えたのは、もう一人の東洋出身のキリストでした。

この「オーム」または「アーメン」の音は、あなたが瞑想により意識を内面に集中したときに聞こえてきます。そして同時に、大きな安らぎが感じられます。この聖なる安らぎ――聖霊の波動――の中に浸っていると、そこに内在するキリスト意識が自覚されるようになります。さらに、このキリスト意識との霊交を深めてゆくと、ついに父なる神との合一を経験するのです。つまり、聖霊と交わることによってキリスト意識を知り、キリスト意識と交わることによって父なる神、宇宙意識と合一するのです。万物の原子の内奥に隠れている聖なるキリスト意識は、いっさいの被造物を超越した父なる神の宇宙意識と本質的には同じものです。父なる神を知るためには、聖霊との交わり、キリスト意識との交わり、という二つの段階を経なければなりませんが、父なる神との合一に達すると、そこにはもう三つの区別はなく、父と子と聖霊は、三位一体の一つの霊として認識されるのです。

肉体意識の落とし穴

自分の肉体の不自由さを考えてごらんなさい。あなたが自分の外面に目を向けると、そこには病気や、痛みや、苦しみや、悩み事が目につきます。しかし、注意をからだの内面に向けると、霊妙な、霊的意識の中枢に聖霊（オーム）なる〝助け主〟がいるのに気づきます。あなたの心が普通の意識の流れに従って外向きに働くと、あなたは地獄を見ますが、オームを瞑想して心が内向きの意識の流れに従うと、肉体の背後にある広大な天国が見えてきます。イエスはこれについてこう言っています――

「何を食べようか、何を飲もうかと、自分の命のことで思いわずらい、また、何を着ようかと自分のからだのことで思いわずらうな。命は食物にまさり、からだは衣服にまさるではないか」（マタイによる福音書6・25）

あなたは、この不自由な肉体のことに注意を奪われると、とたんに不幸な落とし穴にはまり込んでしまいます。近ごろは多くの人が金儲けに夢中ですが、ひとたび病気になると、せっかく手に入れたその金を使って楽しむこともできなくなります。だからイエスは「まず神の国を求めよ」と警告したのです。自分の意識を、たえず神とともにあるようにしなさい。それが人間の最高の義務です。

「これらのものはみな、世間の人々が切にもとめているものである。そして、あなたがたの父は、それらのものがあなたがたに必要であることをご存知である。だが、それよりもまず神の国を求めなさい。そうすれば、それらのものはすべて添えて与えられるであろう」（ルカによる福音書12・30―31）

健康な人も病気の人も、能力のある人も無い人も、だれもがまず神を求めるべきです。このように決心して、物よりもまず神を求めるとき、必要なすべてのものがいっしょに添えて与えられるのです。

イエスはまたこう言っています――

「だれでもわたしのために、また福音のために、家、兄弟、姉妹、父母、妻子もしくは畑を捨てた者は、今この時代には、家、兄弟、姉妹、母、子、および畑の百倍を迫害とともに受けるが、来るべき世では永遠の生命を受ける」（マルコによる福音書10・29―30）

ここでイエスは、世俗的な物や関係を捨てることが、神を手に入れる最高の道であることを教えています。今わずかな代償を払えば神の国が手に入るのに、それを出し惜しみするのは愚かなことだとは思いませんか？　しかし実際には、この教えに従える人は少ししかいません。敬虔なキリスト教徒でさえ、この教えを実行している人はめったにいません。自分の持っているものを捨てるのは、自分を罰するためではありません。それは、神という永遠の宝物を手に入れるために、この世かぎりのはかない〝装身具〟を外して投資することです。世間の人々は、この世のはかないものを手に入れるために神を捨てていますが、私は、神を手に入れるためにはかないものを捨てたのです。

クリシュナもまた、ギーターの中で、〝捨てる〟ことについてこう言っています――

「他のいっさいのダルマ（義務）を捨てて、わたしのことだけを考えよ。そうすれば、わたしはそなたをあらゆる罪（世俗的義務を捨てたことから生じる罪）から解放しよう」（バガヴァッド・ギーター18・66）

神は、われわれが最も大切な神に対する義務を果たすためにより小さな世俗的義務を捨てるなら、それによって生じる恥や、障害や、苦痛から解放しよう、と言っておられるのです。ギーターはさらにこう言っています――

「いっさいの行為において、欲望や結果を動機とせず、その行為が英知の火で純化されている者は、真に賢い者である。このような人は、結果を期待せず、常に満足し、物質的果報に心を動かされないため、何を行なってもカルマの束縛を受けることはない」（バガヴァッド・ギーター4・18―20）

ここでクリシュナは、何事も利己的な動機からではなく、た

だ神を喜ばせるために行なうならば、神を見つけるのに物や行為そのものまで捨てる必要はないことを明言しているのです。いくら世間的な義務を立派に果たしても、そのために神を忘れるならば、それは大きな忘恩行為です。なぜなら、われわれが家族やそのほかの人々に対する義務を果たそうとしても、神の力を借りずには何もできないからです。

インドでは、何百人もの人々が、神のことだけを考えるために森に隠遁します。イエスが弟子たちに、「わたしについて来なさい」[11]と言ったのも、そういう生き方を教えたのです。弟子たちはそこで、仕事も、家族も、また命までも、すべて神のために捨てたのです。

クリシュナの生き方が現代人に教えるもの

ギーターの中で主クリシュナは、人が天国を見いだすために真に必要なことは、おのれの行為の結果を捨てる（神に委ねる）ことである、と言っています。神が人間を置かれたこの世の環境は、人間をたえず飢えと欲望で駆り立てるため、人々は働かなければなりません。働かなければ、人間が築き上げた文明も、病気と飢餓と混乱のジャングルになってしまいます。物質文明は不完全で苦痛に満ちていますが、さりとて、世界中の人々がみな物質文明を捨てて森に隠遁したらどうなるでしょう――こんどは森を町に変えなければならなくなってしまいます！　さもないと、人は不衛生のために死んでしまうでしょう。どうすればわれわれの文明を快適に楽しむことができるのでしょうか？

クリシュナの生涯は、人は物質世界で生きるための責任から逃避する必要はない、という彼の哲学を実証してみせたものです。つまり、神がわれわれを送られたこの場所に、神を迎え入れれば問題は解決するのです。われわれの環境がどうであろうと、神と霊交するときの心の中に天国は来るからです。

「主よ、あなたのおられない天国など、私は欲しくありません。たとえ機械の騒音の中でも、あなたのみ声さえ聞こえるなら、私は工場の中で働きます。あなたのおられない物質まみれの生活は、貧困、病気、犯罪、無知など、いっさいの不幸の源です」[12]

物質文明を捨てるな、またはそれに溺れるな、という両極端の落とし穴にはまらないためには、日々の瞑想によって心を訓練し、それにより、日常生活の義務を遂行しながら、しかも内面では神の意識を保持できるようにならなければなりません。だれでも、毎日の日課の中に深い瞑想を取り入れるならば、この世の生活を普通に送っていても、日夜われわれを襲って来る肉体的、精神的苦痛から解放される、ということを心に銘記す

べきです。結果に執着せず、常に瞑想と行動とがバランスを保っている生活こそ、クリシュナが教えた生き方です。

バガヴァッド・ギーターに示されたクリシュナの教えは、忙しい現代生活の中で多くの悩みをもつわれわれによく適合した教えです。心の聖所から神の平安を見失った活動は地獄をもたらします。魂から湧いてくる神の喜びとともに行動すれば、どこにいても、天国はあなたについて来ます。どんなに物質的に恵まれた環境の中にいても、心に悩みがあれば、そこは地獄です。反対に、どんなあばら家に住んでいても、内なる魂の平安の中にいれば天国です。宮殿に住もうと、森の中に住もうと、大事なのは自分の内に天国を保持することです。

ヨギは、どんなものでも神の意識で楽しみますが、同時に、それらがなくても不自由とは思いません。たとえ食物でも、なければないで平気です。周囲の条件に悩まされてはなりません。どんな執着も捨てなさい。イエスは、四十日間断食しましたが、心は神から離れませんでした。

俗世間の中にいて俗世間に執着しない人こそ真のヨギであり、真の脱俗者です。お菓子屋の中にいてもお菓子に手を出さないことが、真の〝脱俗〟です。しかし、ミルクはバターにならなければ水に浮きません。真の自由と幸福を得る唯一の道は、神を求め、そのおきてに従って生きることです。イエスはこう言いました――

「もし、あなたの片方の手があなたに罪を犯させるなら、それを切り捨てなさい」(マルコによる福音書9・43)

それくらいの決心が必要です。この真理を心と魂で悟り、こう言いなさい――

「主よ、あなたは私のすべてです。私は、ただあなたを喜ばせるためにここにいるのです」と。

単なる外面的な脱俗者ではなく、内面的な意味での脱俗者になりなさい。イエスは、衣食そのものを捨てよと言ったのではありません。彼自身、食べたり着たりしていました。彼が言った意味は、着るものや食べるものに執着してはならない、ということです。真の脱俗は、外面的に世俗を捨てるよりも、心の中にある世俗への執着を断ち切ることによって果たされることを彼は教えたのです。

「何を食べようか、何を飲もうかと、自分の命のことで思いわずらい、何を着ようかと自分のからだのことで思いわずらうな」(マタイによる福音書6・25)

この言葉は、自分の衣食のことや、からだが要求するもののことで心配しすぎてはならない、という意味です。うわべをきれいにするよりも、心の中をきれいにすることのほうが大切です。内面的にも外面的にも清浄になれば、最善です。

両聖典に共通する道徳的教義

われわれは、キリスト教の聖書とヒンズー教の聖典の中に、宗教の主要な道徳的教義を見いだすことができます。ギーターの中には、キリスト教の十戒が含まれていますし、また、それを破ることがなぜ悪いかということも説明されています。ギーターはこう警告しています――

「聖典の教えを無視し、愚かな欲望のままに行動する者は、幸福も、解脱も、神との合一も達成することはできない」（バガヴァッド・ギーター16・23）

あなたがたは、宗教的ではなくても道徳的であることはできますが、宗教を実践してゆくには、まず道徳の基本を身につけることから始めなければなりません。なぜならば、真の宗教は神との交わりを目的とするため、普通の道徳よりも深いものだからです。しかし、自分の欠点や過ちにこだわり過ぎたり、罪びと意識をもつことは禁物です。イエスの、「わたしと父とは一つである」と言った言葉を思い出して、自分も神の子であることをたえず自分に言い聞かせなさい。

ギーターと聖書に見られる転生

クリシュナはギーターの中で、転生についてすばらしい解説をしていますが、これは、人生についての理解を深め、霊的高揚をもたらす最も重要な教義の一つです。転生を知らずに神の公平さを理解することはできません。例えば、なぜ生まれつき手足の不自由な赤ん坊が生まれるのか？　なぜ神は、同じ両親の間に丈夫で五体満足な赤ん坊と障害のある赤ん坊を送られるのか？　人はみな神の似すがたにつくられたといわれているが、これらの事実のどこに神の公平さがあるのか？――こういう疑問に対して説明できる答えは、転生だけです。生まれつき片足の利かない赤ん坊の魂は、かつて過去世において神のおきてに背いた結果、片足の自由を失ったのです。からだを形成するのは心ですが、魂が健康な足をもつ意識を失うと、この世に戻って来るときに、完全な二本の足をつくることができなくなってしまうのです。魂は、自分が失った完全さを取り戻すまで、何度でも転生をくり返さなければなりません。そして、完全になった魂だけが転生から解放されるのです。

欲望を克服した人は、神の国に入って神といっしょに住むようになります。これについて、イエスはこう言っています――

「勝利を得る者を、わたしの神の宮の柱にしよう。彼はもう決して外へ出ることはない」（ヨハネの黙示録３・12）

ギーターも同様にこう約束しています――

「アルジュナよ、これぞブラフマン（神）の中に確立した境地である。ここに至ればもはや迷いに惑わされることはない。

たとえ臨終の間際でもこの境地に達すれば、最終目標である神との合一を得ることができる」（バガヴァッド・ギーター　2・72）

あなたが物質的、肉体的欲望を完全に克服したとき、もうあなたを神から引き離すものはなくなります。あなたを地上へ連れ戻す原因は、あなたの欲望です。われわれは神の放蕩息子であり、この世の欲望を捨てないかぎり、神のもとへ帰ることはできません。たとえ肉体の死によって一時地上を離れても、心の中に欲望が残っている間は、何度でも戻って来なければなりません。われわれが神のもとへ帰るには、自己の完全さを取り戻す必要があります。ちょうど、波が、嵐の吹き荒れている間だけ海から現われ、嵐が静まると消えるように、われわれも、物質的欲望という心の嵐が静まったとき、初めて、神の海の中に溶け込むことができるのです。

キリスト教も初めは転生について教えていました。イエスがこの真理を知っていたことは、聖書にも記されています――

「『エリヤはすでに来たのだ。しかし人々は彼を認めず……』。そのとき、弟子たちは、イエスがバプテスマのヨハネのことを言われたのだと悟った」（マタイによる福音書　17・12―13）

ここでイエスは、エリヤの魂はバプテスマのヨハネとなって生まれ変わった、と言ったのです。

イエスは東洋と西洋を結ぶために東洋に生まれた

神は、東洋と西洋とを融和させるために、イエス・キリストを東洋人としてこの地上に送られました。イエスは、東洋と西洋の人々を聖なる同胞愛の意識に目覚めさせるために来たのです。彼が、その生涯のうちの、聖書に記されていない空白の十八年間の大半をインドで過ごしたことは事実です。彼は、その間、インドの大師たちから学んだのです。このことは、決して彼の神性と特異性を否定するものではありません。この事実は、地上の人類を救い導いている偉大な大師や聖者たちが、一つの連携関係にあることを示すものです。

それらの偉大な魂たちがこの地上に下生するのは、彼らが達成したキリスト意識を、すべての地上の人々もまた求めなければならない、ということを教えるためです。あなたがたも、自分の意識を拡大して、それによって苦しみや悩みを追放しなければなりません。からだの痛みはご馳走を食べても治りません。心の悩みは欲しい物を手に入れても治りません。魂の渇きは精神的な本を読んでも満たされません。宗教の目的は、人々に盲目的服従を求める戒律的な教義をつくり出すことではなく、永遠の幸福を自分自身で見つける不変の方法を教えることである、とインドの大師たちは言っています。事業家が人々に必需品を供給して物質的な不自由を取除く役割を果たしているよう

に、また、人がみななにがしかの善行を行なって神から与えられた地上での役割を果たしているように、キリストやクリシュナや仏陀など、偉大な大師たちは、人類に永遠の至福への道を教え、それを達成するための崇高な生き方の手本を示して人々を感化する、という最高に価値ある仕事をするために来たのです。

人はみな、いつかはこの肉体を脱ぎ捨てなければなりません。どんなに丈夫なからだでも、いずれは土の下に埋められる日が来ます。貴重な時間をむだに費やしてはなりません。私の愛するクリシュナとイエス・キリストが教えたヨガの技法は、あなたがたを自己の本質に目覚めさせ、神との霊交を可能にし、それによって、無知とあらゆる苦しみの束縛から解放してくれます。キリスト教とヒンズー教の創始者であるキリストとクリシュナの名によってマーヤの無知と束縛の壁を打ちくだき、神のみ顔を仰ぎ見ようではありませんか。これまで、あまりにもしばしば、貪欲と偏見の悪魔が、神に代わってわれわれの内なる聖所に入り、わが物顔に振る舞ってきました。われわれはこの神聖な祭壇を、平安と至福の主に返さなければなりません。もはやアメリカ人も、インド人も、すべての国の人々が互いに習慣や信条の違いをぶつけ合うことをやめて、唯一の父をもつ同じ神の子どうしとして振る舞うべきです。キリスト教徒も、ヒンズー教徒も、単なる呼び名にすぎません。世界が内面的にも、外面的にも、神の至福と調和によって結ばれていることを知って、お互いが大きな一つの聖なる家族の兄弟として生きようではありませんか。

キリストとクリシュナの幻

（パラマハンサ・ヨガナンダ著

『永遠からのささやき』より）

わたしは、輝く宝石のような山々に囲まれた

大きな青い谷を見た

乳白色の山の頂きに漂う霧が閃光を放った

ダイモンドのように輝く川が静寂の調べを奏でている

わたしは見た、その山の奥から

キリストとクリシュナが

手を取り合って歩いて来るのを

ヨルダン河のほとりで祈りをささげたキリストと

ジャムナ河のほとりで

フルートを吹いていたクリシュナが

二人はわたしを輝く河の水で浄めてくれた
わたしの魂は底知れぬ深みの中に溶け込んだ
すべてのものが幽体の炎を上げはじめ
わたしのからだ、キリストとクリシュナの姿、
虹色の岡、光輝く河の流れ、はるか彼方の大空が
燃える原子の流れの中で光のダンスと化した
ついにやわらかな光だけが残り
万物はその中で小刻みに震えていた

おお、み霊よ
心を込めてみ前に礼拝します、幾たびも幾たびも
あなたはすべての形が溶け込んでゆく
　永遠の光です

---

(1) 〝ヤーダヴァ〟はクリシュナのいくつかある呼び名の一つ。(用語解「ヤーダヴァ・クリシュナ」参照)
(2) アヴァター（avatara）のサンスクリットの語源は、ava（下って）とtri（通り過ぎる）で、ヒンズーの聖典では、〝神が肉体に宿って下生したもの〟という意味。

(3) ルカによる福音書23・34。
(4) サタンもカリヤも、悪または霊的無知(神を知らないこと)の象徴。
(5) マハアヴァター・ババジは、これより前、パラマハンサ・ヨガナンダのグル、スワミ・スリ・ユクテスワに、キリスト教の聖書とヒンズー教の聖典の根底にある根本思想の一致について本を書くよう要請した。その本がThe Holy Science『聖なる科学』である。
(6) 講話三十五「イエス――東洋と西洋のキリスト」参照。
(7) ヨハネによる福音書10・30。
(8) ヨハネによる福音書1・18。
(9) ヨハネによる福音書14・26。
(10) パラマハンサ・ヨガナンダはここで、バガヴァッド・ギーター(7・8)の言葉のことを言っている。「わたしはすべてのヴェーダにおけるオーム（聖なることば）であり、エーテル（宇宙空間）に遍満する音（波動）であり、……」。師は自叙伝の中で、インド最古の聖典ヴェーダの知識は、古来のリシ（預言者）たちが耳を通して直接与えられた啓示である、と説明している。リシたちは、最深の瞑想の中で意識を宇宙波動オームに同調させることによって、神と創造活動についての内からの啓示を聞いたのである。（出版部注）
(11) マタイによる福音書4・19。
(12) 『永遠からのささやき』より。

講話三十七　十戒——幸福のためのルール

（一九三八年三月六日　エンシニタスの旧礼拝堂における講話）

大きな破壊や災厄をもたらす自然界の突発的な大異変は、いわゆる〝神のみ業〟ではありません。そのような災害は、人間の想念と行為から生じるものです。人間の間違った考え方や行為に起因する有害な波動が蓄積して、この世界の安定を保っている善悪の波動的バランスが崩れると、最近各地で起きているような大惨事が起きるのです[1]。

すべての人間が間違った考え方や行為を改めるまでは、戦争や自然災害はなくならないでしょう。戦争は、神のご計画によって起きるものではなく、人間の物質的利己主義がはびこったときに生じるものです。個人や、企業や、政治家や、国が利己主義を捨てれば、戦争はなくなります。

人間の意識の中に物質的な考え方が優位を占めるようになると、マイナスの霊的波動が放射されます。それが蓄積すると、自然界の電気的バランスが崩れて、地震や、洪水や、その他の災害を引き起こすのです。ですから、それは神のせいではありません！　自然を安定した状態に制御しようと思ったら、その前に、人間が自分たちの考え方を正しく制御しなければなりません[2]。

古代インドの偉大な王の一人であり、かつアヴァターでもあったラーマは、アヨーディヤ王国を治めていましたが、そこの領民たちはみな正しい生活を送っていたため、ラーマが治めていた黄金時代には、国内は完全な調和を保ち、事故や早死にする者や、自然災害は皆無だったといわれています。われわれの家庭においても、家族の一人一人がより正しく生きるようになれば、その家は、より平和で健康になるでしょう。反対に、家族が利己的で互いに奪い合いをすれば、争いや不幸が絶えなくなります。これと同じことは、国どうしについても言えます。人類が正しく生きるとき、初めて地上にも神の国が訪れるのです。しかし、ぐずぐずしてはいられません。あなたがたは、きょうここにいても、あすはもういません。神を求めることは、人間に与えられた最高の特権です。あなたがたは、神が今生で与えてくださった自由を活用して、今すぐ永遠不変の霊的真理を実験し、体得すべきです。

あなたに苦悩をもたらすものは〝罪〟であり、長続きする幸

福をもたらすものは〝徳〟です。もし、あなたの心に霊的な調和がなければ、新しい家も、新しい車も、あなたを幸福にすることはできません。依然として地獄がついてまわります。

真の幸福とは、どんな外的経験や試練にも動揺しない幸福です。あなたが人からどんな中傷や迫害を受けてもそれに耐え、しかも、その相手に愛と赦しで報いるとき、また、どんなに苦しく厳しい環境に置かれても聖なる平安を失わずにいられるとき、あなたは真の幸福を知ります。

「聖典の教えを無視し、愚かな欲望のままに行動する者は、幸福も、解脱も、神との合一も達成することはできない。おのれのなすべき事と、なすべからざる事とを判断するにあたっては、聖典を拠り所とし、そこから与えられる英知に従って行動せよ」（バガヴァッド・ギーター16・23―24）

内的に満足している人は、正しく生きている人です。幸福は、正しく行動することによってのみ得られます。この世にいるうちに幸福になりなさい。そうすれば、次の世でも幸福になれます。死は、逃避にはなりません。天国に生まれようと思ったら、今を正しく生きることが必要です。あなたの死後の環境は、因果の法則によって今生と全く変わりありません。幸福の干し草は、チャンスという日が照っているうちに、英知の日射しを取り入れて作らなければなりません。

幸福のためのルール

十戒(3)という言葉は、「幸福のための十か条のルール」と呼んだほうが適切かもしれません。戒めという言葉は、あまり歓迎される言葉ではありません。なぜなら、戒められることの好きな人はあまりいないからです。子供は、してはいけないと言われると、かえってそれをしたがるようになります。

十戒は、毎日至る所で破られています。戒めは、その精神的な意味が理解されなければ、いくら禁じても人々は背きます。十戒は、世界のあらゆる偉大な宗教が説いている永遠不変の行動のルールですが、聖典のほとんどは、その精神と効果について説明していません。そのため、人々はそれらのルールを教会の中では受け入れますが、ひとたび外へ出ると、非実用的な教えとして実行しようとしません。しかし、十戒に背くことこそ、この世のあらゆる不幸の原因なのです。

十戒を守るのは何のためでしょうか？　バガヴァッド・ギーターはわれわれに、神以外のものへの依存や執着をすべて捨てて神だけを思うよう教えています。

「常にわたしを思い、わたしを信じ、わたしを頼りとせよ。何事もわたしのために行ない、わたしに忠実であれ。そうすれば、そなたは必ずわたしのもとに来る。これは、愛するそなたに対するわたしの約束である」（バガヴァッド・ギーター18・

65）

これは、モーセに授けられた十戒の第一のルールに相当するものです。

第一のルール「わたしのほかに何物をも神としてはならない」

人生の目標は神を知ることでなければなりません。この世のどんな仕事も、神の力を借りずに遂行することはできません。日常の普通の仕事でも、神を忘れて行動することは最大の罪です。〝罪〟とは、〝無知〟（神を知らないこと）であり、最高の善に背いて行動することです。あなたがたは今までに、何度自分の不運や不幸に悔しい思いをさせられたことでしょう！　その原因は何だと思いますか？　それはすべて、あなたが正しく行動しなかったからです。神を第一に考えなかったからです。ギーターはこう言っています——

「他のいっさいのダルマ（義務）を捨てて、わたしのことだけを考えよ。そうすれば、わたしはそなたをあらゆる罪（他のより小さな義務を怠ったことによる罪）から解放しよう」（バガヴァッド・ギーター18・66）

神（父なる神、唯一の実在）以外の何ものも、神として崇めたり、また、神よりも大切なものと考えてはなりません。イエスは父なる神と一体でしたが、それでも、自分は父が知っている事をすべて知っているわけではない、と言いました。[4]

人は、財産や名誉や名声など、神よりも劣るものを崇めるようになると、とたんに不幸になります。

「アルジュナよ、デーヴァ（幽界の諸霊、いわゆる神々）を礼拝する者はデーヴァのもとへ行き、わたしを求める者はわたしのもとに来る」（バガヴァッド・ギーター７・23）

永遠不変の幸福という人間の夢をかなえてくれるものは神だけです。ですから、神以外のものを礼拝の対象にしてはなりません。ヒンズー教の聖典を研究してみると、それがいかに旧約聖書の十戒と共通しているかわかります。

第二のルール「自分のために、刻んだ像を造ってはならない」

象徴を礼拝することはいくらかの利点はありますが、悪い効果のほうが大です。十字架のキリスト像を礼拝しても、それが象徴する意味を知らずに、または忘れて礼拝するならば、それは単なる〝刻んだ像〟（偶像）を拝むことになります。なぜなら、あなたは礼拝すべき真の対象を見ていないからです。偉大な大師が亡くなると、そのあと、彼の像や、その生涯を象徴するものが祀られたりしますが、それによってその大師を偲び、その神性を見習おうとするならば良いことです。しかし、その像が象徴する意味を深く考えようともせずにそれを礼拝するなら

ば、無限なる神を忘れていることになります。イエスの肖像画や像を身近に置くことも、それがイエスの神性をたえず思い出すのに役立つならば良いことで、偶像礼拝ではなく、その像が表わす理想を礼拝することになります。どんな礼拝の儀式も、神を意識して行なうならば神を喜ばせますが、モーセの時代には、ほとんどの人たちが神を忘れて像そのものを崇拝し、羊をいけにえに供えたりしていたのです。

インドには、聖者の絵や像を作ったり、神のいろいろな属性を象徴的な像にして寺院に祀ったりする風習があります。そして人々は、そういう絵や像に象徴される神や聖者の霊に花を献げ、象徴された神性を瞑想します。このような礼拝は、神に受け入れられる礼拝です[5]。真の信仰者は、意識を目の前の礼拝対象である絵や像には置かずに、その背後におられる神に最深の愛とともに集中します。インドのある偉大な聖者は、ふだん通っている寺院の聖母像の前で祈りを献げるといつもサマディ（神との至福の霊交）に入りました。彼はこう言いました、「わたしが石像の足もとに花を置こうとすると、突然わたしは、自分がからだから離れて、宇宙を支えておられるお方と一つになるのを感じました。そこでわたしは、その後、花を自分の頭の上に置くことにしました」と。

あなたは礼拝するとき、初めに象徴的な像に精神を集中して、次にその集中力を神に移し変えるよりも、できれば初めから、自分の内におられる神に集中するほうがはるかによいでしょう。神は無限の存在です。一個の像に収められるものではありません。これが第二のルールの背後にある理由です。神は無限ですから、有限の像を神として礼拝すべきではありません。

無限なる神は、人間であれ、石像であれ、どんな有形のものの中にも限定されることはありませんが、どんな有形のものの中にも現われています。神はすべてのものの中におられるわけですから、偉大な聖者の中にも、また一般の凡人たちの中にも現われています。太陽が木炭とダイヤモンドを平等に照らしていても、ダイヤモンドはその光を受け入れて反映しますが、木炭は反映しません。それと同様に、神の光もすべての人々を平等に照らしていますが、だれもがその光を受け入れて反映しているわけではありません。それを反映するようになるには、十戒を守り、瞑想を実行して、自分を純化しなければなりません。

第三のルール「汝の神、主の名をみだりに唱えてはならない」

あなたが神のみ名を唱えて祈りを献げるときは、自分の言っていることに心がこもっていなければなりません。もし、あなたに、人の心の中が見えたら、実に多くの人たちが、神に祈りながら神以外のことを考えているのがわかるでしょう。それが、

〝神の名をみだりに唱える〟ということです。祈るときは、全注意力を神に集中しなさい。口で「神よ、神よ」と言いながら、心でほかのことを考えていてはいけません。私の伯母は、数珠を繰りながら祈りの言葉を唱える習慣がありましたが、いつ見ても、ただ数珠を繰るのに忙しい様子でした。あるとき私のところへ来て、自分は四十年もこうして祈ってきたのに神は一度も祈りに応えてくれなかった、と告白しました。しかし、それは当然です。彼女の〝祈り〟は、ただ習慣的に指先を神経質に動かしていただけだったからです。

祈るときは、神以外のことを考えてはなりません。真剣に祈ることに心のすべてを献げなさい。祈るときに数珠を繰ったり、神のみ名をくり返し唱えること（ジャパ）は、信仰心と集中力が伴うならば結構ですが、とかく機械的になりがちで、礼拝の方法としては未熟な方法です。しかし、心の中で愛の数珠を繰りながら神のみ名をささやくならば、それは真の礼拝です。また、信仰心のこもらない口先だけで聖歌や賛美歌を歌うことも、神を侮辱することです。ギーターも、礼拝するときの精神集中の重要性を強調しています。祈るときは、心のすべてを神への愛で満たしなさい。

「アルジュナよ、ヨガにより心を鎮静し、至高の主を一心に念じて心がそこから離れない者は、必ずそこに到達する」（バガヴァッド・ギーター８・８）

第四のルール「安息日を覚えて、これを聖とせよ」

一週七日のうち、たった一日でも神に献げている人のなんと少ないことでしょう。しかし、神のために一日を聖別して取って置くことは、あなたにとって何よりも有益なことです。日曜日は太陽の日、すなわち、英知の光に浴する日です。この日を、神のことを考えるために使うことは最高の英知を吸収することになるのに、ほとんどの人はそれをしていません。もしあなたが、この日を短時間でも独りで静かに座ってその静寂を楽しむようになれば、それがいかにすばらしい気分をもたらすかわかるでしょう。そのような安息日は、その前の六日間の苦労をさわやかに癒してくれます。人はみな週に一日、心の傷を癒すために、この〝霊的な病院〟に入る必要があります。

安息日を、強いられた義務と思ってはなりません。それを楽しい日にしなさい。その日があなたにとって、平安と喜びと満足の日になれば、いつもそれが待ち遠しくなるでしょう。孤独の効果は絶大です。神と二人きりになることが、あなたの心とからだと魂にとってどれほど大きな効果をもたらしてくれるかを知ったら、あなたはきっと驚くでしょう。早朝と就寝前、神の平安の中に沐浴しなさい。

インドの聖者たちは、定期的に日を決めて孤独を守ることを勧めているほかに、毎日四回、特定の時間に瞑想することの重要性を強調しています。まず早朝、起床前または人と顔を合わせる前、静かにして平安を味わいなさい。次は、昼食前にしばらく静かになりなさい。さらに、夕食前にも静まる時間を持ちなさい。最後に、就寝前もう一度静寂に入りなさい。こうして、一日に四回の静かな孤独を忠実に実行すれば、必ず神との同調を感じるようになります。もし、一日四回の実行が難しければ、朝晩の二回、神に献げる時間を持ちなさい。そうすれば、あなたの人生は見違えるほど幸福になるでしょう。

あなたが、もし小切手を切るばかりで、自分の預金口座に少しも払い込まなければ、あなたの預金はゼロになってしまいます。人生の場合も同じです。あなたの生命の銀行に定期的に平安を預金しなければ、あなたの力と平安と幸福は枯渇してしまうでしょう。そして最後には、精神的にも、肉体的にも、霊的にも破産してしまいます。ですから、神との毎日の霊交によって、たえず内的銀行預金を補充しなさい。

一日四回、静かに座って瞑想し、心からの愛と願いを込めてこう念じなさい――

「わたしは今、無限なるお方といっしょにいる。『父よ、私にみ姿を現わしてください。あなたを感じさせてください』と。

そして、神とともにいる平安を感じようと努めなさい。その平安の中に身も心も浸れば、あなたの人生は何事もうまくゆくようになります。このような平安を持つ人は、間違いを犯しません。周りの人がみな失敗しても、その人は成功します。成功しようと思ったら、その平安を保持しなさい。安息日を守らず、この聖なる平安を知らない人は、しだいにストレスが昂じて、神経質なロボットのようになってしまいます。英知と平安という癒しの光は、静寂の入り口から射し込んで来るのです。

安息日は休息の日であり、また、聖なる平安を開発する日ですが、英知と平安を現わすような活動をすることもまた、安息日にふさわしい行為です。

第五のルール「父母を敬え」

人間の父母は、最高の父母である神の、代理人として敬われるべきです。神は人間の父母に、人を生み育てる力をお授けになりました。母親は、神の無条件の愛が化身したものです。そのため、真の母親は、ほかのだれもが赦さないときでも赦します。父親は、天の父の英知と、子に対する保護が現われたものです。ですから人は、父母を愛するときも、父母が神の英知と愛を代行する、神の代理人であることを忘れてはなりません。神が父母となって子供たちを助け育てているのです。ですから、

両親の中に現われている神を敬いなさい。

第六のルール「殺してはならない」

これは、殺そうと思って殺してはならない、という意味です。殺す意志をもって殺せば人殺しです。また、一時的な興奮で他人の命を奪うことも同じです。しかし、もしあなたの国が攻撃されて戦争になったら、あなたが神から保護を命じられた人たちを守るために戦うべきです。あなたには、あなたの家族と国を守る正当な義務があるからです。

第七のルール「姦淫してはならない」

性的交わりの理想は、神の似すがたにつくられた子供をつくることと、夫婦が互いに相手の中に神だけを見る、純粋な魂の愛を表現することです。そのような愛や、神が人間に性感覚を与えられた高い目的について考えてみようともせず、ただ肉体的レベルで生きている人は、このルールの精神から言って姦淫していることになります。このように、本能のままに交わり本能のままに生きる人は、動物と同じレベルの人間です。

神が人間に性本能を与えられた目的は、子孫をつくることと、神聖な夫婦愛を表現することのほかに、それを、エネルギーと聖なる自覚に変換するためです。性エネルギーは、これを偉大な精神力に昇華することにより、あなたは文章を書いたり、絵を画いたり、そのほかいろいろな創作活動や創造的事業に利用することができます。そして、さらにこの創造エネルギーを最高度に制御して霊化すれば、神の偉大な平安と愛と至福を感じることができるようになります。聖者たちは、このように性エネルギーを霊化することによって偉大な能力を獲得し、現世活動のうえにも、内的な真理探究のうえにも、すばらしい成果を得ることができたのです。

このように、性エネルギーは、これを昇華して霊的な想念や、理想や、英知を現わすためのエネルギーに変換することが最高の利用法です。夫婦愛の表現や子供をつくるという結婚の目的を離れて性欲に溺れることは、精神的にも肉体的にも有害です。性的な考えにふけったり、淫らな誘惑に負けて不道徳な行為に走ってはなりません。性欲を制御することができるようになると、あなたは性に対する正しい姿勢を身につけて、性の力を正しい神聖な目的のみに使うことができるようになります。

神は、宇宙も人間も、汚れなき方法すなわち意志の力によっておつくりになりました。人間も、初めは神と同じように、意志による汚れなき方法で子供をつくる能力を与えられていましたが、誘惑に負けて、その能力を聖なる方法よりも性的な方法で表現することに熱中するようになったため、初めの聖なる創造

能力を失ってしまったのです。性欲の奴隷になることは、健康や、自己制御や、心の平安など、幸福の条件をすべて失うことになります。

第八のルール「盗んではならない」

もし、千人の集団でみなが互いに盗み合えば、それぞれが九百九十九人の敵をもつことになります。ですから、ひとのものは財産であれ、愛であれ、平和であれ、何ものも不当にこれを奪ってはなりません。他人のものを奪おうと思わなければ、必要なものや欲しいものは自然に与えられます。他人の持ちものを欲しいと思ったとき、心の中で盗みが始まります。心の中から、そういう欲望の種子を抜き取って捨てなさい。そういう利己心を残らず追い出しなさい。そうすれば、自然に豊かさが引き寄せられて来ます。

物を奪い合おうとする利己心を捨てずに、この世に幸福はありません。人々が互いに他人の必要を自分の必要と感じ、他人のために自分のことのように働く――そういう霊的一体感に基づく協力関係が広まったとき、初めて世界に幸福が訪れるのです。

第九のルール「隣人について偽証してはならない」

真実を偽って他人を傷つけることもまた、社会的幸福を破壊します。自分が人から親切に扱われたいと思ったら、自分もまた、人に親切にしなければなりません。常に真実を語ることは大切なことです。

真実を語る人になるには、事実と真実との違いを理解することも必要です。からだに障害のある人を、事実だからといってそれを露骨に口にすることは、その人を傷つけるだけで、決して善いこととは言えません。ですから、人に不快を与えるような事実は不必要に口にすべきではありません。また、事実を語ることによって人を裏切ることも、言う必要のない事実を漏らすことも、悪いことです。事実を語りたくないときは、うそをつくよりも黙っているべきです。人を傷つけたり困らせたりするような情報は、故意にしろ不注意にしろ、決して漏らしてはなりません。

第十のルール「隣人の家をむさぼってはならない。隣人の妻、しもべ、はしため、牛、ろば、またはすべての隣人のものをむさぼってはならない」

他人のものを欲しがる心から不満が生じます。ほんとうに必要なものと、必ずしも必要でないものとの区別をはっきり見極めなさい。他人のものを欲しがれば欲しがるほど、あなたは不

幸になります。いつも不満感に駆られながら一生を送ることになります。それよりも、内なる霊的な富を求めなさい。

あなたが自分の内にもっている価値は、あなたがこれまで外に求めたどんなものよりも、また、あなたがあこがれたどんな人よりも偉大なのです。神はあなたの中に、ほかのだれの中にも見ることのできない独特な方法で現われています。あなたの顔は、ほかのだれとも違う独特な顔であり、あなたの魂は、ほかのだれにもない独特な個性をもつ魂です。あなたはすでに、自分の中に十分なものをもっているのです。それは、あなたの魂の中に、最も偉大な宝、神がおられるからです。

（1）ここでは各地で起きている異常豪雨のあとの洪水のことを言っている。

（2）「人間の〝自然征服〟という高言は、自分たちの能力についてのコンプレックスから来る強がりである。自然は、われわれが〝服従〟すべきものである。科学者たちは、われわれが従わなければならない掟（法則）を解読しようとしているが、解明された掟はすべてわれわれを服従させる力をもっている」（スコット・ウイリアムソンとイネス・ピアスの『物質を探究する生物学者』より）

（3）出エジプト記20・3—17。

（4）「その日、その時は、だれも知らない。天にいるみ使いたちも、また子も知らない。父だけが知っておられる」（マルコによる福音書13・32）

（5）「人がどのような神体（アヴァター、聖者、または神の象徴）を信仰しようとも、わたしは真剣な信仰者の信仰心を堅固なものにする。深い信仰をもって真剣にその神体を礼拝する信仰者の願いは叶えられる。そして、それを叶えてやるのはほかならぬわたしである」（バガヴァッド・ギーター7・21—22）

講話三十八　人の性格を読み取るには

（一九四二年一月十一日　ＳＲＦ本部における講話）

われわれは他人の性格を研究することによって、それを自分自身の性格の改善に役立てることができます。しかし、間違った研究のしかたは、かえって逆効果を招きます。他人の欠点ばかり分析する〝あら捜し屋〟は、だれからも嫌われます。他人の批判をしたがる人の多くは、自分が批判されることには耐えられません。そして、他人の欠点を分析していかにも残念そうに批判しながら、自分が同じ欠点をもっていることには気がつきません。

性格研究のうえで最も重要なことは、いつも他人の長所を見つけるよう心がけ、それを自分自身の中に取り入れようと努力することです。私は、私といっしょに働いてくれる人を選ぶとき、その人の性格を調べますが、その場合は全く別の観点から選びます。ときには、悪い性格とわかっていても、彼が変わることを期待してそばに置きます。彼が、私の霊的な働きかけに応えてくれれば良くなりますが、たとえ応えてくれなくても、私は試してみます。私は、病人を助けるためにあえて病人と接触する医者のようなものです。医者はみな、人に奉仕しようと思ったら、そうしなければなりません。人を霊的に向上させる場合も、その人の性格を診断し、その人と接しながらその欠点を教えてあげるのです。

イエスは、「人を裁いてはならない。自分が裁かれないためである」(1)と言いましたが、これは、人を非難するための批判を戒めたものです。そのような批判には善意がなく、友情を破壊します。批判は、心からの愛をもって、しかも、どうしても必要なときにする以外は無益です。それは、相手を心から愛し、助けたいと思うときにのみ与えるべきものです。ですから、自己制御のできる人でなければ他人に助言をする資格はありません。このような見地からなされる性格分析こそ、価値あるものです。

性格判断の一つの外観的指標

ある種の性格判断は人相を基にしています。人の特徴的な性格は肉体のうえに現われると言いますが、これはきわめて大ざっぱな見方で、人の肉体的特徴がすべてその人の内面的実態

を物語っているわけではありません。

アリストテレスは、性格判断の指標として人相学を研究しましたが、ヒンズーの教師たちはもっと深く研究しています。彼らは、人がすべての過去世を通じて一貫して持ち続けてきた主たる考え方は目に現われる、と言っています。目には、今生だけでなく、過去世における魂の歴史の全貌が現われていますが、あなたの今生に反映される過去世を読み取るには、大師並みの洞察力が必要です。

あなたがたは、道を歩いていて、ときどきすれ違った人の目から何かを感じ取り、「善良そうな人だ」とか、「何となく嫌な人だ」などと思うことがあるでしょう。目は、心のすべてを物語ります。不安、怒り、嫉妬、貪欲、寛容、愛情、勇気、霊性など、善い性質も悪い性質も、すべて目に反映します。探偵は、心の中で思っている事を相手に悟られないように顔の筋肉をコントロールすることができますが、目に映っている疑惑は隠すことができません。ヨギはいつも、平安なる神を思っているため、穏やかな落ち着いた目をしています。

昔から、人相や、からだつきや、さらには頭の骨相までいろいろな研究がされてきましたが、肉体の外観は、必ずしもその人の性格や過去を物語ってはいません。また、互いに文化の異なる所では、別々の見方や判断をします。ある人は、太った人はぜいたく好みで働くことが嫌いだが、痩せた人は比較的霊的な素質をもっている、と言います。しかし、インドでは、霊的でしかも太っている人が好感をもたれます。シーザーは、カッシウスの痩せて飢えたような風貌の中に、自分の権力を脅かす危険を見て、彼を警戒しました。作家の中には、痩せた人は考え過ぎるために肉が付かない、と理屈づけている人もいますが、歴史を調べてみると、痩せた人も太った人も立派な支配者になっていることがわかります。

長い間ずっと太っている人は、過去世においてもほとんど太っていた人であり、反対に、現在慢性的に痩せている人は、過去世を通じてだいたい痩せていた人です。あなたがたの内部には過去世の特徴や傾向が宿されているため、何を食べても同じ想念のパターンが現われやすいのです。

いくつもの過去世を通じて個人の心を通過した想念はすべてその肉体に現われる、という事実から考えると、人相学も性格判断の一つの指標であると言うことはできます。しかし、人相からその人の性格を正しく完全に読み取るには、大師たちと同じくらいの直観力が必要です。

例えば、ソクラテスはたいそう醜い容貌をしていましたが、あるとき一人の偉大な占星学者に会いました。すると、占星学者はソクラテスに言いました、「ソクラテスよ、あなたはわた

しが知っているかぎり最も悪賢い人です」。ソクラテスの弟子たちはこれを聞いて腹を立てましたが、ソクラテスはこう答えました、「そのとおりです。わたしは前世において、まったくあなたの言うとおりでした。しかし、今はそれを英知で克服しました。ところが、肉体に記録された当時の痕跡がまだこのような醜い形で残っているのです」

この世に二つと同じ顔はありません。だれの顔にも、今生だけでなく過去世のすべての経歴が現われているため、みなそれぞれ違っているのです。ですから、現在の顔つきが好ましいとか好ましくないということで、単純にその人の善悪を判断できるほど簡単な問題ではありません。聖フランシスも決して魅力的な容貌ではありませんでした。彼の弟子のマシウスは師と違ってハンサムでしたが、霊的な美しさでは、師のフランシスに遠く及びませんでした。

性格の手がかりとしての情緒

人相による性格判断と並んで、もう一つ、情緒による性格判断があります。これは、顔の表情やからだの動作に現われる感性や情緒を研究したり、また、人生のさまざまな出来事に対する感情的な反応のしかたなどを通して研究するものです。物の感じ方や習性は、その人の性格を表わしますが、中には、自分のありのままの感情を人に見せたくないために、それを隠す能力を身につけている人もいます。例えば、二人の男が突然自分たちの妻が溺死したことを知らされました。一人は大声をあげて悲しみ、もう一人は無言のままでした。しかし、声をあげて悲しんだ男よりも、悲しみを表に現わさなかった男のほうが妻への愛情は深かった、ということもあります。このように、人のほんとうの感じ方やその表現方法の研究による性格判断は、なかなか奥が深いのです。

情緒による判断方法は、肉体の外観による判断方法よりも正確に人を分析することができます。私は、できるだけ正確な判断を得るために、これら二つの方法を組み合わせて分析します。私は、私のところへ訓練を受けに来た人をある状況のもとに置いて、その人の理性や感情がどう反応するかを見ます。もし、その反応が正しくなければ、私はそれを直そうと試みます。しかし私は、本人が自分自身の性格の矯正と導きを私に依頼した場合でなければそうはしません。

情緒的な性格の人は、ささいな事にも情緒をかき立てられます。この国（アメリカ）の音楽家は概して情緒的で、音楽もほとんど人間の愛をテーマにした情緒的なものです。これに対して、インドの音楽の多くは、神への思いを歌っています。そのため、インド音楽を聴いていると、感情の動揺が静まって、深

い霊的な安らぎが感じられてきます。もちろん、西洋の音楽家がすべて情緒的で、インドの音楽家がみな霊的だというのではありません。大体がそうだということです。音楽家のことをサンスクリットでバガヴァタールと言いますが、これは〝神の賛歌を歌う者〟という意味です。

情緒的な人とつきあって、相手の態度に安定を期待するのは困難です。きょうあなたに熱中していても、あすは離れてゆきます。このアシュラムに来る人たちの中にも、初めの数日間、将来はまるで使徒ヨハネのような忠実な弟子になるかと思わせるような態度を見せながら、ひと月後にはいなくなってしまう人が何人もいます。私が何かに傷つけられるとすれば、それは、一度明言した友情と信頼をあっさり取り消されたときです。私は、一度だれかに与えた友情を取り消すようなことは決してしません。

心の安定（平常心）は霊的向上の鍵

行動型の人と思考型の人との違いははっきりしています。前者は、いつも働いていることが好きで、後者は、じっくりと考えることが好きです。しかし、どちらの要素も必要です。行動型の人は、何でもすぐに行動に移したがりますが、そのエネルギーをもっと霊的向上に役立つ行動に注ぐよう努めるべきです。どちらのタイプの人も、それぞれ調和の取れた生き方をするために、行動型の人はもっと瞑想と思考を、思考型の人はもっと瞑想と行動を取り入れるべきです。

食べ過ぎ、酒、たばこなどの悪習のとりこになっている人の扱いには注意が必要です。頭から欲望を禁じることは、相手を怒らせるだけです。大食の人から食べ物を取り上げたら、怒って暴れ出すかもしれません。感覚の奴隷になっている人に対しては、本人が自分から真剣に変わりたいという気を起こすまでは、はたから助けようとしてもほとんどむだです。

スワミ・シャンカラは、「心を鎮めた人は神を知る」と言っています。宇宙の主は平安の聖所に座しておられます。平静な心（平常心）を身につけたとき、人は不動の平安を楽しむようになります。

ヒンズーの哲学によれば、人間の中には三つのグナ（基本的素質）が働いていて、その中のどれかが各人の性格の中で優位を占めていると言います(2)。サットワというグナは、霊的傾向をもつ人の素質で、彼らは、正しい食事をし、良い習慣を養い、神に献身する生き方をします。ラジャスというグナは、行動的な人に現われている素質で、彼らは死ぬまで忙しく働きつづけます。タマスというグナが最も強く現われている人は、一生、争いや、怒りや、ねたみや、肉欲や、怠惰に明け暮れる生活を

します。

霊的向上を妨げる悪習は、すべてこれを克服しなければなりません。そして、自分の想念と行動を支配する、自分自身の主人になりなさい。行動的で自分の習慣や癖を制御できるラジャス・タイプは、タマス・タイプよりは優れていますが、理想的なのは善性を現わすサットワ・タイプです。自己改善を志す人は、サットワ・タイプの人たちとより多く交わるべきです。

自分にとってどうすることがほんとうに良いことかを理解している人は実に少数です。これを規準にして、すべての人をテストすることができますが、九十九パーセントの人は合格しません。例えば、だれかに、その人のために良いと思ってあることをするように忠告しても、どうしてもその反対のことをしてしまいます。なぜだと思いますか？　それは、彼の身についた物質主義的習性のために、自分で自分を制御することができないからです。また、中には、あなたの忠告が自分にとって良いことだとわかっていても、あなたの言葉に従ったと思われたくないために、それを受け入れない人もいます。自分を改善しようと真剣に考えるならば、落ち着いた、自己制御のできた人と交わるべきです。内面的に正常な人と交わりなさい。と言うよりも、むしろ正常以上の人と交わりなさい。意志の弱い人は意志の強い人と交わり、意志の強い人はもっと強い人と交わるべきです。レスラーも、自分より強い相手と練習しなければ、強くはなれません。

人間の中の動物的性格

人の精神的傾向をサットワ、ラジャス、タマスという三つのグナに分けて考えると、その人の行動を分析することができます。女性の性格は猫に似ていると言う人がいますが、男性にも猫のような人は大勢います。猫は、かごのカナリヤを襲って食べても、素知らぬ顔でヨギのように静かに座っています！　また、他人の平和と幸福を破壊して楽しんでいる人たちもいます。彼らは、人を困らせたり、混乱を巻き起こすために、まるで凶暴な狼のように争いを求めて世間をうろついています。

また、かけすのようにひっきりなしにおしゃべりをする人がいます。インドの神話にこういう話があります――

工芸神トワシュトリは初めに人間の男性をつくりました。次に、月の優しさと、白鳥の胸のうぶ毛の柔らかさと、花の美しさと、かけすのおしゃべりとを組み合わせて女性をつくりました。男はたいそう幸せでした。しかし、しばらくすると、男はトワシュトリのところへ行ってこう言いました、「彼女はほんとうに美しく、それについては、私は心から満足しています。しかし、彼女の休む間もないおしゃべりにはほとほと閉口しま

した。今では、私の生活はめちゃめちゃです。どうか彼女をあなたのところへ連れ戻してください」。それから二か月たつと、男はまたトワシュトリを訪ねて言いました、「私は寂しくてしかたがありません。どうか彼女を私に返してください」。ところが、またしばらくすると男はトワシュトリに頼みました、「やはり彼女を連れ戻してください」。するとトワシュトリは言いました、「だめだ、お前は彼女といっしょにいなさい」。こうして、男は哀れにも、彼女といっしょにいることも、彼女なしでいることもできなくなったということです！

また、女性は女性で、男性にいろいろ不満があります。しかし、男性も女性もお互いの性格を理解し合わなければ、互いに苦しめ合うだけです。両者は、神の目からは平等につくられています。女性なしで生まれた男性はいませんし、男性なしで生まれた女性もいません。男性も女性も、お互いのもっているそれぞれの優れた特長と潜在的素質を調和させてバランスを取ることが両性の義務です。男性はより理性的に、女性はより感情的につくられていますが、両者とも、理性と感情のバランスを取って円満な人格の完成に努めるべきです。

さらにまた、ろばのように鈍い人もいます。彼は、自分が長い間感覚の奴隷のような生活をしてきたためにどれほど苦しみを味わされてきたか、ということを考えようともせず、頑なに自分の悪習を守っています。そして、まるで記憶力をもたないかのように、苦い経験をすぐに忘れて再び感覚に溺れ、少しもそこから学ぼうとしません。

自然界のあらゆる動物は、それぞれ異なる特徴や感情を現わしていますが、人間は、自分の中にそれらのすべてを持っています。人は、蛇のようにも、狼のようにも、狐のようにも、ライオンのようにも振る舞うことができます。われわれの性格の中には、天国の要素も地獄の要素も含まれています。われわれは、天国的な性格をより多く現わすことを学ぶべきです。

直観力は最も確実な性格判断の方法

以上述べてきたように、目や、情緒や、顔つきや、からだつきを分析することによって興味ある性格判断をすることができますが、最も優れた方法は、魂の直観力を使う方法です。あなたの心の理性と感性が完全に平静に保たれていれば、あなたは、出会った人の性格を直観的に、しかも正確に感じ取ることができます。

私の仕事は、あらゆる種類の人たちを訓練し、助けることです。だれに対しても、人のもつ可能性を自分の性格判断の枠に当てはめて、その人を限定して考えることは良くないことです。相手は、今後も今のままかもしれませんが、あるいは、変わる

かもしれません。しかし、いずれにしても、直観力は、相手の性質のいかんにかかわらず、目や情緒や顔つきやからだつきによる判断よりも多くの事をあなたに教えてくれます。直観力は最高の分析能力です。鏡が、前にある物をありのままに映すように、あなたの心も、鏡のように穏やかに澄んでいれば、そこに相手の偽らざる性質を映し出します。もしあなたが、いつも人々のために働き、しかも、穏やかな瞑想的心境にあるならば、どんな人に出会っても、あなたにはその人のほんとうの性格がわかるでしょう。

（1）マタイによる福音書 7・1。

（2）すべてのものは、それぞれ本質的に、三つのグナ（基本的素質）――サットワ（霊的または向上的素質）、ラジャス（活動的素質）、タマス（進化を妨害する素質）――の影響を受ける。

講話三十九　意のままに幸福になるには

（講話の年月と場所不詳）

顔の表情は、その人の心の状態によって、普通、四つの基本的タイプに分けることができます。まず、笑顔――これは内面的にも外面的にも幸福であることを表わします。次に、厳しい顔――これは悲しみや悩みなどの苦痛を表わします。次が、退屈してにこりともしない顔――これは内面的倦怠を表わします。最後が、穏やかな顔――これは平穏な心を反映しています。

われわれの心は、欲望が満たされると喜びを生じ、満たされないと、悲しみや悩みを生じます。また、喜びや悲しみの波の合間には、退屈という波底があります。そして、それらの波の高まりと落ち込みとによる揺れが治まると、平穏な状態が現われます。

その平穏の奥にあるのが、至福と呼ばれる〝常に新鮮な喜び〟の状態です。これが、魂の本来の状態で、人はこの状態を自分の内に経験することができます。至福は、興奮した喜びの大波や、砕け散る苦悩の逆波や、うつろな無関心の波底の下に深く埋もれています。これらの波の動揺が心の湖面から消えて、静かな平穏が感じられるようになると、その穏やかに鎮まった水面に、常に新鮮な至福の喜びが映し出されるのです。

心が現わす反応の根拠

世間のほとんどの人たちは、喜びや悲しみの波に揺られて興奮しており、それがやんだときは退屈しています。日中、家や、会社や、街角や、集会などで人々の顔つきを観察してみると、穏やかな顔つきをしている人がいかに少ないかわかります。

楽しそうな顔をしている人を見つけて、「何が楽しいのですか？」と尋ねてみると、多分、「給料が上がったんだ」とか、「面白い人に会ったんだ」などという答えが返って来るでしょう。幸福の裏には欲望の満足があります。

また、沈んだ顔つきの人に慰めの問いかけをしてみると、「病気が思わしくないんです」とか、「財布を落としたんです」などと答えるでしょう。つまり、そこには、健康や落とした金を取り戻したいという満たされない願望があります。

さらにまた、楽しくも悲しくもない一種のうつろな顔つきの人に、「どうかしたのですか？　何か困ったことでもあるので

すか？」と尋ねると、彼は「いや、別に」と言って首を振るでしょう。しかし、あなたがつづけて、「では、幸せですか？」と尋ねれば、恐らく、「いや退屈なだけだ」と答えるでしょう。

消極的平穏と積極的平安

あなたはまた、りっぱな家に住んでいる裕福で、健康そうで、恰幅もよく、洗練された感じの人で、とりわけ幸福そうでも、悲しそうでも、退屈そうでもない人を見たら、たぶんその人の心は平穏だと思うでしょう。しかし、この種の平穏に慣れてしまった人は、自分が数少ない好運に恵まれていることを忘れて、「ああ、こんな平穏には飽き飽きした。何か面白い気晴らしになる事はないか」などと考えはじめます。ときにはまた、友達に、「おれの頭を殴って、おれが生きていることを感じさせてくれ」などと言うかもしれません！

こうした心の消極的平穏は、喜びも、悩みも、退屈もなくなったときに生じます。しかし、変化も刺激もないこの状態が長続きすると、それにも飽きてきます。消極的平穏が楽しく感じられるのは、喜びや悩みや退屈が長く続いたあとだけです。そこでヨギは、精神集中によって心の波を鎮め、それにより積極的平安を得ようとするのです。すなわち、心の表面に揺れ動く想念の波を鎮めたヨギは、穏やかになった心の湖の底を凝視します。するとそこに、魂の〝常に新鮮な喜び〟という積極的平安を見いだすのです。

私はニューヨークで、一人の大変裕福な男に会いました。彼は自分の人生を語りながら、得意そうにこう言いました。「わたしは今、うんざりするほど財産もあるし、うんざりするほど健康ですよ」。私は、彼に皆まで言わせずにこう言いました。「しかし、うんざりするほど幸福ではないでしょう？　もし、あなたがお望みなら、いつも新鮮な幸福を永遠に味わう方法を教えてあげましょう」。そうして彼は私の弟子になりました。それから、クリヤ・ヨガを実習し、バランスの取れた生活を送り、たえず心の中で神に奉仕するようになった彼は、ついに、〝常に新鮮な幸福感〟に浸りながら天寿を全うしました。臨終のベッドの上で、彼は妻にこう語りました。「わたしを見送らなければならない君には気の毒だが、わたしは今とても幸せだ――これから宇宙の愛するお方のところへ行くのだから。どうか自分のために悲しまないで、わたしのために喜んでくれ。わたしが愛する神のみもとへ行くことをどんなに幸せに思っているかわかったら、君も悲しんだりはしないだろう。いつか君も永遠の至福の宴の中でわたしと再会できる、ということを理解して、喜んでわたしを見送ってくれ」

至福の酒は中毒するまで飲みつづけよ

さて、喜びや、悲しみや、退屈や、一時的な平穏などを表わす顔つきを観察してきましたが、あなたも、人を感化する力をもつ、常に新鮮な神の喜びを自分の顔に表わしたいとは思いませんか？　そのためには、深い瞑想の酒樽から神の至福の美酒を汲み出して、至福のアルコール中毒患者のように、眠っているときも、夢を見ているときも、目をさましているときも、また、喜びや悲しみや退屈や一時的な消極的平穏に引き込まれそうなどんな環境にあっても、いつも至福が顔に表われるようになるまでその酒を飲みつづけなさい。そのとき、あなたの笑い声は清らかな心の洞窟にこだまし、あなたの目覚めた魂の泉から至福の喜びが溢れ出るでしょう。そして、あなたのほほ笑みは、あなたが出会うすべての魂たちと全宇宙に拡がり、あなたのまなざしは、あなたの喜びに満ちた魂を反映して、苦しみ悩む人々の暗い心に光を投げかけるでしょう。

「自分は、喜びや悲しみに翻弄されながらやがて死んでゆくはかない存在だ」などという妄想から目を覚ましなさい。何が起きても、「自分の実体は神の似すがたにつくられている」という自覚を失わないようにしなさい。そうすれば、万物に生きる喜びを与えている神の至福の泉は、あなたの上にそのしぶきを浴びせかけ、その喜びのしずくは、あなたの想念と、からだ中の細胞と組織に染み透るでしょう。

あなたが、夜、夢も見ないで熟睡しているとき、あなたは無意識のうちに魂の意識にあって、その間ずっと幸福を味わっています。ですから、昼間も、どんな災難や精神的試練に出会ってもただの悪夢と思って落胆せず、小川のせせらぎがたえず新鮮な笑い声をたてているように、心の中では常に新たな至福に浸っているように努めなさい。

いつも酒を飲んでいればいつも酔っぱらっていられるように、瞑想後の魂の至福をいつも保持していれば、いつも真の幸福の中に酔っていることができます。あなたが瞑想後の至福状態をいつも感じていられるようになれば、あなたは至福の恍惚の中で生きるようになります。そのとき、あなたは、魂の常に新鮮な至福と一つになって、周りにいる人々にもその喜びを感じさせるようになるでしょう――ちょうど、いつもびゃくだんに触っていると、その香りが手に移るように――。

「彼らは、ひたすらわたしを思い、すべてをわたしに委ね、互いに啓発し合い、わたしを褒めたたえる。こうしてわたしを慕い求める者は満足し、喜びを味わう」（バガヴァッド・ギーター10・9）

講話四十　普遍的キリスト意識へのステップ

（一九三五年二月十七日の講話）

この世界では、われわれは自分の考えによってかえって自分を制限しています。われわれが自分の考えにとらわれがちなのは当然のことですが、そのために、しばしば他人の考えが自分の考えよりも大きく、より良い考えであることを見過ごすことがあります。自分の心を十分に開いて、どんな考えにもとらわれなくなったとき、われわれは自分の理解と英知を伸ばすことができるようになります。

自分の判断が、人種的、国家的、家族的背景から来る偏見や、風習や、慣習などにとらわれなくなると、自由な考え方ができるようになります。西洋では普通いすに腰かけますが、インドでは床《ゆか》の上にすわります。それは、気候が暑く、床に近いほうが涼しいからですが、インド人が床にすわるほうが快適であることを発見したからといって、だれに対しても床にすわるほうがよいと言うことはできません。国の風習や慣習というものは、われわれの物の見方をかなり大きく制限します。しかし、われわれがそういう偏狭な考え方や習慣に盲従することをやめたとき、よその国のことでも、何がほんとうに正しく、何が間違っているかがわかるようになります。

個人としてのわれわれは、何でも自分の利益になることをしようという欲望に、ある程度縛られます。こうして人は、程度の差こそあれ、利己的な欲望と経験の柵の中に自分を閉じこめています。しかし、経験の範囲が拡がると、人の意識も拡大します。ちょうど、無限に伸びるゴムのように、意識も、拡げれば拡げるほど際限なく拡大することができます。

自分の親族を愛することは、自分の意識を拡大するための一つの訓練です。それは、われわれが親族を〝自分の〟一族と思って愛するのと同じように、すべての人々に対しても、〝自分の〟仲間として愛せるようになるための最初の訓練です。われわれは、家族も他人も平等に見ることができるようにならなければなりません。みな同じ神の子だからです。神は、あなたが意識を拡大するための稽古台として家族を与えられたのです。夫婦が互いに相手の幸福を願って助け合うとき、二人の意識の中に、万物の原子に遍在する神の愛と知性であるキリスト意識が現われはじめるのです。また、あなたが他人のために、少しの利己

的動機もなく奉仕するとき、あなたはキリスト意識の領域に一歩踏み込んだことになるのです。

しかし、もしあなたが、自分の家族だけを愛するなら、それがあなたのキリスト意識表現能力の限度になります。あなたが隣人たちを自分の家族と同様に愛するとき、あなたの意識は拡大し、キリスト意識の表現能力も増大します。そして、ついにすべての人々を自分の家族同様に愛し、だれに対しても自分のことのように尽くす魂の準備が出来たとき、あなたはキリスト意識の体現者となるのです。

利己主義は、結局はおのれを利することにはなりません。どんな間柄でも、また、何をするにも、それは得策ではありません。インドの習慣の多くは、思いやりの心を養うことによって自己意識を拡大する訓練になっています。母親は、子供たちや夫が食べ終わるまで食事をしません。その結果、家族の者は母親への思いやりを持つようになり、母親の好きなものを取っておこうとします。しかし、自分の愛する人だけを気遣うのはまだ利己主義です。だれに対しても、自分や家族のためにするのと同じ気持で尽くすとき、あなたは狭い利己主義の領域を出て、広大なキリスト意識の王国に入るのです。

ですから、キリストのような没我的普遍性に近づく第一歩は、自己意識を拡大して、隣人たちの利益や幸福を自分自身のそれとして考えることです。あなたは、自分のものをすべて人に与える必要はありませんが、いつも人を助けたいという強い願望をもち、機会があればいつでも隣人のために自分のことのように奉仕できる精神的、肉体的準備をしておくべきです。あなたはそれができるのに、まだしていません。あなたが寂しそうな人や、路傍で泣いている人を見るたびに、そういう人たちの魂に心からの同情を感じるようになれば、あなたの意識はキリスト意識の入口に来ているのです。

人間の愛は、その愛する範囲を限定します。家族愛は、家族という一つの集団的、排他的感情の中に自分を閉じ込めます。愛国心は、それよりは大きな意識です。あなたが国全体の幸福のために自分の個人的幸福を献げようとすることは、あなたの意識がより大きく拡大していることを意味するからです。あなたがさらに、すべての国々を自分の国と感じるようになれば、あなたの愛の規模はいっそう拡大して、イエスのような普遍的キリスト意識の体現者により近づくことになります。イエスが、「わたしの母とはだれのことか、わたしの兄弟とはだれのことか」[1]と言ったのは、彼が、人間どうしの間には、たとえどんな間柄でもただ一つの愛――神の愛――しかないという意識の中に目覚めていたからです。

私の意識の中にも、アメリカ人や、インド人や、アフリカ人

や、ドイツ人や、フランス人や、イギリス人という区別はありません。これは、私の師《グル》、スワミ・スリ・ユクテスワから受けた訓練のお陰です。普通、親や、社会や、教育機関によってなされる訓練は、偏見を育てがちです。しかし私は、どんな人種の人も、どこの国の人も、同じように愛しています。私は、一つの国への執着によって自分を束縛したくありません。われわれがアメリカ人であったり、インド人であったりするのは、この世にいる束の間のことであって、死ねばみな同じです。自分が世界連邦の市民であると思うようになれば、われわれの意識は拡大します。

意識の心理的拡大

あなたは、大きな自分を意識しようとたえず心がけることによって、小さな自分を忘れ、全世界を大きな自分と感じてその幸福を考えるようになります。これも、キリスト意識を表わす一つの方法です。

あなたは、毎日何千もの事を考えています——一時間に千くらいです。何かを書いているときは、一時間半で二千五百くらいの事を考えています。普通の人が考える量は、一日に一万二千くらいですが、深く考える人は五万にも及びます。しかし私は、心を集中すれば一日に五十万もの考えを生み出すことができることを発見しました。

私の知っているあるインド人は、十八か国語に通じ、そのうちの十二か国語については修士の肩書きをもっています。彼の脳を通過する想念の量を想像してごらんなさい！　それでも彼の頭は混乱しませんでした。

あなたは、自分が目を覚ましている間に考えた事を、ある程度は覚えています。あなたはまた、からだのどこかを針で刺されるとすぐに気がつきます。それは、あなたのからだの何兆もの細胞にあなたの意識が浸透しているからです。しかし、六十歳になって、あなたはそれまでに考えた事をすべて思い出すことができるでしょうか？　それは恐らく不可能でしょう。しかし、あなたの潜在意識の心には、あなたの人生のすべての出来事が記録されており、その心は、印象的な出来事ならほとんどすべて思い出すことができます。そしてそれは、集中力と記憶力を養えば養うほど、思い出すことができるようになります。

顕在意識と潜在意識と超意識の記憶

心の領域はたいそう広大です。神はあなたに、顕在意識と、潜在意識と、超意識とを与えられました。顕在意識の心には一定の限界があって、数年たつと、いろいろな事を忘れはじめます。しかし、潜在意識の心はより大きな記憶容量をもっていて、

過去のどんな想念や経験も、その記憶の貯蔵庫に蓄えておきます。私が今話している言葉も、あなたの顕在意識の心がみな忘れても、潜在意識の心はすべて記憶しています。

潜在意識の心の奥にあるのが超意識の心です。それはどんな事も決して忘れません。超意識の心は、あなたが今までに考えた事や行なった事の記録をすべて保存しています。そして、臨終の時が来ると、あなたが肉体を離れる前に、それらすべての想念と経験が一瞬のうちに心を通り過ぎます。そして、その中の最も強い印象が、次の人生におけるあなたの環境と習性とを決定するのです。[2]

あなたの意識は、一個の自我意識としてあなたの内部の至る所に浸透しています。それは、あなたが考えるすべての想念の中にも浸透しています。あなたが意識を拡大して自我意識から超意識の領域に入ると、あなたはそこから、何千という想念があなたの顕在意識の心を通過するのをすべて見ることができます。超意識の心を開発した人は、現世だけでなく、過去世の記憶をもすべて思い出すことができます。聖なる記憶からは、何一つ忘れられるものはありません。われわれの想念はエーテルの中に、現実に、そして永遠に存在しています。また、地上のすべての音も、あなたの超意識の心には記録されています。だからイエスはこう言ったのです――

「二羽の雀が一アサリオンで売られている。だが、その一羽さえ、あなたがたの父の許しがなければ地に落ちることはない」（マタイによる福音書10・29）

世界中で今、十五億の人々が、それぞれ毎日一万二千もの事を考えています。もしあなたが、何兆にも上るそれらすべての想念を意識することができれば、あなたは万物のすべての出来事を意識する全知のキリスト意識を体得したことになります。

神は人間に、それぞれの考えが他人にわからないように、心に隔壁を設けられました。そのため、あなたは大勢の人といっしょにいても、一人きりで考えることができます。キリスト意識に達した聖者たちでさえ、神から特にその人を導くように命じられたり、弟子の依頼によってそのサーダナ（求道の修行）を助ける場合を除いては、みだりに他人の心の中に立ち入ることはしません。

思いやりはキリスト意識への鍵

キリスト意識を開発しようと思ったら、まず、思いやりの心を養いなさい。あなたの中に、他人の事を自分の事のように思いやる気持が湧いてくるようになったら、あなたはその偉大な意識を現わし始めているのです。しかし、他人に不親切な言葉が口に出る間は、あなたはキリスト意識の普遍的な思いやりか

ら遠く離れた所にいます。イエスは、「自分を迫害する者のために祈れ」[3]と言っています。イエスは自ら聖なる思いやりの手本を示しました。彼は、悪を行なう人たちと戦いましたが、だれをも憎みませんでした。それは、彼がすべての人の中に神を見ていたからです。クリシュナはこう言っています――

「どんな人間に対しても、平等の心をもって見る人は、すぐれたヨギである」（バガヴァッド・ギーター　6・9）

他人を非難するのはやめなさい。それは自分の心や口を汚すことです。だれに対しても誠実でありなさい。特に、自分を偽ってはなりません。あなたの内なる神は、たえずあなたを見守っておられます。神をだますことはできません。

神は、あなたの良心の聖所から聞こえてくるささやきであり、あなたの直感となって射し込んでくる光です。あなたは間違ったことをしたとき、たいがいそれを自覚します。つまり、あなたの全存在があなたにそれを知らせます。その感じが神の声です。あなたがそれを聞き入れようとしなければ、神は沈黙されます。しかし、あなたが自分の迷いに気づいて正しい道へ進みたいと思えば、神はあなたを導いてくれます。神は、あなたが父の家に帰る気になるのをいつも待っておられます。神はあなたの行ないや考えを、善い事も悪い事もすべて見ておられますが、あなたを待つお気持は変わりません。あなたが神の子であることに変わりはないからです。

他人のすべての悩みを和らげるような思いやり、また、イエスに、「父よ彼らをお赦しください。彼らは自分が何をしているか知らないのです」と言わせたような思いやりが、あなたの心からも湧いて来なければなりません。イエスの偉大な愛は、すべてを包み込む愛でした。彼は、一瞥で敵を殺すこともできました。しかし、神と一体になっている偉大な魂は、ちょうど神がわれわれの邪悪な考えをすべてご承知のうえで、なおわれわれをいつも赦しておられるように、われわれを洪大な愛で包んでいるのです。

普遍的な思いやりの心を養う超越的方法は瞑想です。心がいつも超意識状態にある人は、いつも幸福で、賢明で、愛情があり、瞑想後の状態を保持しています。もしあなたが、瞑想後の意識状態を自然に保持できるようになれば、あなたは超意識状態に達したと言えます。そうなれば、だれか見知らぬ人が突然あなたの前に現われても、あなたにはその人の性質や生涯が一目でわかるでしょう。しかし、キリスト意識に達すればそれ以上です。宇宙のすべての出来事が同時にあなたの意識に感じられます。

すべての人に対する思いやりを養うことによって、あなたは自分の意識を拡大し、必要な事は何でも知ることができるよう

になります。ちょうど、あなたが自分のからだや、手足や、考えや、脳を同時に意識しているように、キリスト意識に達すると、あなたが出会うすべての人が感じている事を感じ、それらの人たちが今までに抱いたすべての考えを知ることができます。律法学者やパリサイ人たちがイエスを試そうとして、姦淫した女を連れて来てその裁きを尋ねたとき、イエスは、「あなたがたの中で罪のない者が、まずこの女に石を投げるがよい[4]」と言いました。イエスはどうして彼らの私生活を知っていたのでしょうか？　それは、イエスが、万物に浸透している聖なるキリスト意識の中で生きていたからです。この意識にある人は、ほかの人が何を考え、何をしているかすべて知ることができます。そして、ときには、自分が今どの肉体の中で生きているのか一瞬忘れることさえあります。

キリスト意識に至る霊的方法

キリスト意識に至る霊的（形而上的または超越的）方法は、瞑想し、その効果を保持することです。真理についての本をいくつか読んだだけで自分はキリスト意識に到達したと思っている人がいますが、キリスト意識を実際に体得するには、深い瞑想と、絶え間ない霊的努力が必要不可欠です。私が今までに説明した状態を経験するまでは、キリスト意識に達したと思ってはなりません。あなたの今の意識は肉体によって制限されていますが、深い瞑想によって拡大すると、すべての人々の心が感じられるようになります。また、すべてのことを知ることができるようになります。それはすばらしい悟りの境地です。その境地に達すると、ときどき自分が宇宙の星々や月の中にいると同時に無数の草の葉の中にもいる、と感じることがあります。

われわれは、万物の中に浸透している神のキリスト意識の一部です。個人の知性も、その広大なキリスト意識の知性の一部です。われわれはガスストーブの炎のようなものです。表面では、小さな穴から出ているたくさんの炎ですが、その下には一つの炎があるだけです。われわれはみな、一つの大きな生命の炎から出た小さな炎です。すべての人々の小さな生命の下には、一つの大生命があるのです。無数の花々の背後に、また、あらゆる被造物の背後に、一つの大生命があるのです。

そうした大生命の気孔のようなすべての個々の被造物の中に自分を意識したとき、あなたはキリスト意識に達したのです。そして、すべての被造物を超えた所に宇宙意識があります。あなたの意識がこの創造活動の世界から脱け出して、広大な神の永遠の至福だけを見るとき、あなたは宇宙意識に入ります。そして、この創造活動を超越した宇宙意識を体得したとき、あなたは、父なる神が、創造の世界すなわち〝乙女マリヤの胎内〟

にご自分の知性を宿らせたもうたこと、そして、〝この世に降誕した〟(すなわち〝すべての被造物の原子の中に反映している〟)この神の知性が、〝神のひとり子〟と呼ばれるキリスト意識である、ということの象徴的意味を理解するでしょう。

神の子たち

この普遍的キリスト意識を、インドではクタスタ・チャイタニヤと言います。また、クリシュナ意識と言ってもよいでしょう。つまり、インドの偉大なアヴァター、ヤーダヴァ・クリシュナの意識は、イエス・キリストの意識と同じように、万物に浸透している神のキリスト意識と同調していたからです。この二人の偉大なアヴァターは、すべての生命の背後にある唯一の大生命を発見しました。二人とも、瞑想から得られる聖なる集中力と意志の力とによってこの現象の世界から意識を引きあげ、万物の背後に、唯一の神の反映(神のひとり子)であるキリスト意識またはクリシュナ意識が存在するのを見たのです。

イエスも、クリシュナも、仏陀も、ババジも、みなキリストです。彼らは、キリスト意識を受け入れられるだけの拡大した意識をもっていたからです。ヨハネはこう言っています――

「彼(イエスの中に現われているキリスト意識)を受け入れた者に、彼は、神の子となる力を与えた」(ヨハネによる福音書1・12)

私の師《グル》、スワミ・スリ・ユクテスワもキリスト意識を現わしていました。彼はいつも平静で、その鏡のような心には、私の考える事も感じる事もすべて映っていました。スリ・ユクテスワは、人が口で言っている事よりも、心に思っている事を直接感じ取りました。だから彼のような真のグルをだますことは不可能でした。彼の意識は、すべての出来事を感じ取っていました。

ラヒリ・マハサヤもまたキリスト意識を体現していました。ある日、バガヴァッド・ギーターに説明されているクタスタ・チャイタニヤ(キリスト意識)について弟子たちに講義しておられたとき、大師は突然あえぎ出して、「わたしは今、日本の近海で、大勢の人たちのからだの中にいて溺れ死のうとしている」と叫びました。そして、その翌日、弟子たちは新聞で、前日日本の近海で船が沈没し、多くの死者が出たことを知ったのです。

生と死は、夢から夢への移り変わりにすぎません。両方とも、単なる観念です。あなたは今、自分がこの世に生きている夢を見ており、死ぬと、死んだあとの夢を見るのです。キリスト意識に入れば、生も死も神の夢であることがわかります。イエスはこの意識の中にいたので、「この神殿(肉体)を壊したら、

わたしは三日のうちにそれを起こそう」と言ったのです。[5]イエスは、ちょうど神がなさるように、自分も死の夢を生の夢に変えることができることを知っていたのです。

自分の意識を拡大しようと思ったら、利己心を捨てて、思いやりの心を養いなさい。私はどんなものに対しても、〝自分のもの〟という所有意識はありません。私は何物にも執着していないので、神のお召しがあればいつでもすべてを捨てることができます。しかし、それでもすべては私のものです。あなたがキリスト意識に達したとき、全世界は――すべての人も、物も――あなたのものです。あらゆる空間と、その中にあるあらゆるものが、あなたのものになります。

あなたが他人の感覚を自分のからだの感覚のように感じはじめたら、それはあなたのキリスト意識の発掘が始まったしるしです。あなたがこの意識を育てて、その意識の中で、すべてのものがあなたのものであると理解したとき、人種や皮膚の色の違いから来る偏見はなくなるでしょう。その意識にあるとき、あなたはすべての人に対して、百万人の母の愛を――わずか数人の家族に対する小さな愛ではなく、すべての人々に対する普遍的な愛を――感じるでしょう。それが、イエスや、クリシュナや、その他の偉大な大師たちが現わされた愛です。このキリスト意識と呼ばれる普遍的な知性と愛を、単に想像するだけでなく、実際に感じるようになりなさい。

（1）マタイによる福音書12・48。
（2）「人が臨終のときに抱く思いは、［それがその人の長年の執着であることから］、来るべき次の境遇を決定する」（バガヴァッド・ギーター8・6）
（3）マタイによる福音書5・44。
（4）ヨハネによる福音書8・7。
（5）ヨハネによる福音書2・19。

講話四十一　平常心——どんな変化にも動じない平静な心

（一九三九年八月三日　エンシニタスの旧礼拝堂における講話）

西洋では、一般に肉体の快適さが重要視されています。暑いときには冷房が、寒いときには暖房が必需品だと言います。しかし、インドの大師たちは違った哲学を説いています。彼らはこう言います——

「暑さ寒さや、快不快に対する感覚は、それらの幻想を抱かせる感覚器官の示唆と、それを容認する人間の習性から生じる。しかし賢者は、あらゆる二元性の幻想を超越する」と。

しかし大師たちは、われわれに、からだを傷めてまでも苦痛に耐える訓練をせよと勧めているのではありません。むしろ、暑さ寒さがまんできないときは、常識的な対策を講じながら、できるだけ心を感覚から切り離す努力をするよう勧めているのです。

ギーターはこう言っています——

「感覚的喜びに執着する者は、瞑想の統一状態に達することができず、したがって、サマディによる神との合一を得ることができない」（バガヴァッド・ギーター２・44）

心を感覚の妨害から切り離すと、心の平静が得られます。絶え間なく去来する感覚的刺激をすべて受け流して心が動じなくなると、人は、不変不動の魂の本性を現わすようになります。そして、その不変の意識の中で、永遠不変なるお方と一つになるのです。

肉体が持ち込む感覚情報を無差別に受け入れることは、心と魂を邪魔することになります。魂が邪魔されると、人は本来の性質である平安を失います。神は、地上の極寒の地にも、極暑の地にも、北極にも、アフリカの砂漠にもおられますが、ご自分のつくられたどんな極端な条件にも全く影響されません。神の似すがたにつくられたわれわれもまた、神と同じように振舞うべきです。神はわれわれを、暑さ寒さや、苦痛や快楽の変化にさらされる肉体の中に置かれましたが、われわれがそれらの二元性の働きを平静な心で見守るよう望んでおられます。つまり、それらを超越することを望んでおられるのです。われわれは、忍耐力を養ってそれらに邪魔されないようにならなければなりません。暑さや寒さが避けられないときは、心をそれから切り離すべきです。そのように努力すればするほど、あなた

の心は自由になり、どんな不快な感覚にも意識が邪魔されないようになります。

苦痛は心の中でのみ感じられる

皮膚の表面そのものは触感を感じません。それを感じ取るのは脳です。われわれは、心によらずに見たり、聞いたり、嗅いだり、味わったり、触感を感じたりすることはできません。例えば、舌で味わっているつもりでも、実際に味として受け付けるのは脳です。同様に、からだの一部が傷ついたとき、痛みが存在するのは心であって、傷のある場所ではありません。痛みを感じるために、われわれは神経と脳の二つの器官をもっていますが、われわれが痛みとして感じるのは、心がその二つの器官の接続を許したときだけです。心が痛いと認めなければ、痛みは存在しません。これは、インドの偉大な大師たちによるすばらしい発見です。クロロホルムを用いると痛みを感じないのは、感覚の信号が心に届かないからです。神経の末端には、痛みの刺激を脳に伝えるための緻密な繊維組織がありますが、クロロホルムは、その痛みの信号が脳に伝えられるのを阻止するのです。

脳は、外部からの刺激を受け付ける心の器官で、肉体の感覚情報はすべて神経と脳を通じて心に通報されます。心は、脳といっしょになってそれらの感覚情報を受信し、それを判断します。強靭で、しかも積極的な考え方によって訓練された心ほど、快不快の感覚による影響を受けません。そのような心は、神が意図されたように、感覚を一つの観念的経験として認識します。

感覚は、ただ自分のからだを守るために与えられたものです。もし、感覚がなかったら、大けがをしても気がつかないでしょう。感覚は、決してわれわれを苦しめるためにあるのではありません。動物の場合は、この機能が人間ほど発達していないため、人間ほどには痛みを感じません。そうでなかったら、残忍な殺され方をする動物たちはがまんできないでしょう。生きたまま熱湯に入れられるかにやえびなど、たまったものではありません！

苦痛も快感も、心によってつくられます。そのため、心を制御することによって、肉体の苦痛も和らげることができます。つまり、感覚の指示や警告だけを受け取って、痛みを感じないようにすることができるのです。また、心を制御することによって、われわれはもっと深い境地に入ってゆくこともできます。そして、それこそが、バガヴァッド・ギーターの主題です。苦痛や快感に敏感すぎると、それに影響される度合いが大きくなり、感じ方を制御する訓練をすると、苦痛に悩まされたり快感に執着することも少なくなります。私は、自分の肉体と心を訓

練した結果、苦痛や快感の感じ方を弱めて、自分を感覚の妨害から解放することができるようになりました。心と魂の自由を得るには、こうした訓練が必要なのです。

　自分で自分のからだに大手術を施せるほど強い精神力をもった医者もいました。心は、肉体の感覚に追従する習慣がつくと、わずかな痛みや苦しみにもすぐに弱音を吐きます。しかし、心は訓練しだいで強くすることができるのです。訓練すればするほど、自己の制御下に置くことができるようになります。甘やかされた子供は小さなけがにもひどく痛がりますが、強く育てられた子供は大きなけがにもひるみません。

感覚への隷属から自己を解放せよ

　その点、インドの偉大な大師たちが行なっている訓練は、西洋の学校におけるそれとは全く違っています。インドの大師たちは、弟子たちが自分を肉体や感覚への隷属から完全に解放するよう訓練しますが、西洋で発達した快適さや便利さはからだを甘やかします。その結果、精神力を養うための努力はほとんど、あるいは全くなされていません。インドでは、われわれは子供のうちから、感覚の指図に振りまわされないようにしつけられます。私のランチの学校では、子供たちを固い床《ゆか》の上に小さなマットを敷いて寝かせましたが、子供たちはかえって健康になりました。西洋人は、安眠したりくつろいだりするためにあまりにも多くの〝必需品〟に頼り過ぎています。インドでは、われわれは熱い砂の上に座って瞑想するよう教えられました。そして、しだいに暑い所でも寒い所でも、一日中座っていられるようになりました。そうした訓練のおかげで、私は何物にも邪魔されたり誘惑されたりしない精神力を身につけたのです。ですから私は、心を感覚の電話から切り離すと、どんなものにも邪魔されません。

　数年前、ひどく暑い日がありました。それはまったくひどい暑さでした。まわりのだれもがフーフーあえいでいました。私も、彼らの感じている不快感を心の同調によって自分の中に取り込んでいました。私は書き物をするつもりでしたが、あまりにも不快で、それに集中することができませんでした。そこで、私は自分を叱りました、「いったいどうしたというのだ！」。そして祈りました、「主よ、オーブンの熱も、冷蔵庫の氷も、同じ電気によってつくられます。ここは涼しいです！」。すると、私のまわりの空気が、まるで氷の幕で囲まれたように急に涼しくなりました。私はすばらしい霊感を感じはじめて、すらすらと書くことができるようになりました。

　また、何年も前のことですが、私は数人の若者たちといっしょに、旅行用のオープンカーで田舎を旅していました。若者たち

はみなSRFの生徒で、中の一人は私の秘書でした。彼と私は、車の中でいっしょに一枚の毛布をかけて寝ました。その夜は凍えるような寒さでした。私がぐっすり寝入っている間に、彼は毛布を全部自分の方に取ってしまいました。寒さのために半分目をさました私は、ぼんやりした意識のまま毛布を私の方に引っ張りました。そんな引っ張り合いが二、三回くり返されたとき、私はふと気がつきました。「なぜこんなことをしているのだ！　よし、お前は温かくなる！」。私は毛布をはねのけて瞑想を始めました。すると、からだがぽかぽか温かくなってきました。二時間ほどたって目をさました生徒たちは、寒さで身震いしながら、私が座ったまま動かないのを見つけました。私はサマディの至福の中に浸っていたのですが、彼らは私が死んだと思って叫び声をあげました。その声で私もサマディからさめて、笑いながら彼らに言いました、「何を騒いでいるのだ。さあ、旅を続けよう」。すると彼らは、怪しむように言いました、「こんな寒さの中で、毛布もコートもなしに座っておられてほんとうに大丈夫だったのですか？」。しかし、私は風邪も引かず、それどころか私だけが温かかったのです。

あなたがたは、心をもっと積極的に働かせる訓練をしなければなりません。「わたしは風邪など引かない！」と強く心に決めれば、風邪は引きにくくなります。同様に、苦痛も克服できるように心を訓練しなさい。感覚に過敏な心は苦痛を増大します。苦痛の増大は、あなたの内にある神の似すがたにつくられた不屈の自分をますます忘れさせます。

習慣は三歳から形成される

インドの聖賢たちは、人間の習慣は三歳から形成されると言っています。習慣は一度身につくと、変えるのがなかなか困難です。家族や環境によって、あなたの幼い心の中に偏見が植え付けられると、あなたは生涯それを抱えてゆくことになります。私が、私のグル、スワミ・スリ・ユクテスワから最初に学んだことの一つは、感覚に対する間違った先入観を克服することでした。先生のところへ入門した初めのころ、私は、寒い日に毛布がないと必ず風邪を引きました。しかし先生は、私がそれを克服するように訓練してくれました。その結果、私は、ほとんど生まれつきの性質だった風邪引き癖から解放されました。それまでは、いつもひっきりなしに風邪を引いていたのです。

ある人は、精神力だけに頼れと言いますが、ある人は、肉体の感覚が要求する事にはそのまま素直に応じるべきだと考えています。しかし、どちらも極端です。また、ある説によれば、肉体の健康状態は、自動車と同じように、定期的に検査すべき

だと言います。これは確かに賢明な意見ですが、ただ、われわれのからだは機械ではないことも心得ておくべきです。もし、あなたの精神的健康があまりにも肉体的条件によって左右され過ぎると、心はやがてからだの要求の奴隷になり、からだのわがままは手が付けられなくなります。慢性の病気はこうしてつくられます。肉体の弱さが慢性化するのは、心がからだの主人としての地位を放棄するからです。

　初めのうちは、中庸の道を取ることが賢明です。指を切ったら傷薬を塗りなさい。しかし、薬だけに頼ってはなりません。あなたが十分な精神力を身につけるまでは、適当な予防措置も講じなさい。偉大な大師たちも、ときには薬を使いました。薬も、やはり神のつくられた薬草または化学物質です。大師たちにとっては、薬は必要ではありませんが、神の力がいろいろな形で働いていることを示すために、あえて薬物治療を選ぶこともあるのです。どんな場合にも、勝利をもたらすものは精神力です。あなたが、「薬を用いなくても、何の害も受けずに治せる！」という絶対的確信を得たとき、あなたは、肉体を支配下に置いた勝利者になるのです。

　ある大師が腕にけがをして治療を受け、それを首から包帯で吊っていました。ちょうどそこへ、一人の金持ちの後援者が訪ねて来ました。弟子たちは、彼が腕を吊った大師を見て幻滅を感じるのではないか、と心配しました。聖者は訪問者に言いました、「弟子たちのことは気にしないでください。彼らは、あなたがこのけがをしたわたしを見て、わたしがもう神から見放されてしまったと思うのではないかと心配しているのです。腕も痛いがそれも痛い！」。また、別のとき、この大師は至福に浸りながら神の賛歌を歌っているうちに、傍らで燃えていた小さな炭火の山の上に倒れてしまいました。聖者はそれでも歌いつづけていました。弟子たちが聖者を起き上がらせると、その背中には幾つかの真っ赤な炭がくっついたまま背中の肉を焼いていました。弟子たちは驚いて叫び声をあげましたが、聖者は笑いながら言いました、「さあ、それを取ってくれ」。聖者は、全く痛そうな顔もしませんでした。大師たちは、このようにして精神的超越の模範を示して見せるのです。この場合は、聖者が痛みを超越していることを実証して見せたのですが、前の場合は、謙虚に普通の人と同じ苦しみを味わい、それにも耐えられることを示したのです。

　肉体の状態に振りまわされない堅固な姿勢を養うよう、ギーターはこう教えています――

「寒暑苦楽などの観念は、感覚と感覚対象との接触から生ずる。それらの観念には始めと終わりがあり、一時的なものである。忍耐力をもってそれに耐えよ」（バガヴァッド・ギーター

2・14）

少しばかりの寒さや痛みに心を乱されてはなりません。戦場にいる人の苦しみや痛みを考えてごらんなさい。しかし、国を守るために戦っている人たちよりも強いのが、霊的な人たちです。彼らは、精神的忍耐力を訓練して勇気を養います。そして、ついにはどんな苦痛や困難をも超越する精神力を身につけるのです。

人間の生命は肉体には全く依存しない

肉体は、生命の鳥がしばらくの間住む、肉に包まれた骨の鳥かごにすぎません。生命そのものは、肉体には全く依存しない、完全に自由な存在です。しかし、肉体に宿って肉体の限られた条件を自分のものと錯覚するようになったため、それに束縛されるようになったのです。心と肉体とを分析してみると、両者を結び付けているのはあなた自身であって、それ以外に両者を関係づけるものは何もありません。あなたは、昼間は肉体の感覚を受け入れますが、夜眠ると心は肉体から離れ、感覚から解放されて深い平安を感じます。

神の似すがたにつくられた人間は、肉体の感覚を完全に切り離して肉体の中に住むこともできます。しかし、感覚が接続していると、肉体の条件を自分自身の条件として受け入れてしまいます。感覚に邪魔されないようにするには、自分の心を肉体から切り離さなければなりません。聖者たちが、心を制御して自分を快感や苦痛から分離するよう教えるのはそのためです。この精神的超越を理解し、経験するには、実地の訓練が必要です。私はこの真理を、自分の体験で実証しました。ですから、感覚に過敏であることがいかに有害であるかをよく知っています。感覚を甘やかすことは、あらゆる苦痛や不幸の原因です。神には、人間を苦しめようという意図は全くありません。神がわれわれに感覚という知覚機能を与えられたのは、われわれを導くためと、〝心で見る映画〟を鑑賞させてわれわれを楽しませるためです。神は、われわれが肉体という道具を賢明に使いながら、自分を苦しめるほどにはそれに同化しないことを望んでおられるのです。聖フランシスは、自分の肉体のことを「ブラザー・ドンキー」（わが兄弟のロバ）と呼びました。もし人が、ペットの犬にあまりにも深い愛着を持つと、神経が繋がっていないにもかかわらず、ペットの感覚を自分の感覚のように敏感に感じるようになります。それと同様に、われわれが肉体の痛みに敏感なのは、自分の〝ブラザー・ドンキー〟に愛着を持ち過ぎているからです。

あなたがたは、もっと心で肉体を制御できるようにならなければなりません。精神力で生きられるということは、何でも思

いのままにできるということで、すばらしいことです。もっと精神力に頼る訓練をしなさい。初めはまず、暑さや、寒さや、固いベッドに慣れるようにし、少しずつ従来の安逸から脱け出しなさい。

私は、こうして話をしながらきょうのこの暑さを今まで全く忘れていましたが、今暑さの話をして少し感じはじめました。しかし、以前私がミルウォーキーで講演したときはもっと暑い日でした。おまけに、からだの中からも熱さが噴き出してきました。私は、霊的な話をするときはいつもからだが熱くなるのです。私の心は、「顔の汗を拭かないと、びしょびしょで話が続けられないぞ」と私に言いました。私はポケットに手を入れてハンカチを取り出そうとしましたが、あいにくありませんでした。そこで私は、霊眼を見つめて心に言い聞かせました、「暑さなんかどこにもない！」。するとその瞬間、私を悩ませていた暑さが消えて、私は落ち着き、涼しくなりました。

私の言っている事がうそかどうか、自分で実行して試してごらんなさい。あなたは、感覚に敏感になることによって苦痛を増すこともできれば、心をそれから切り離すことによって苦痛を減らすこともできるのです。

死に対する正しい考え方

あなたの愛する人が死んだときは、いたずらに嘆き悲しむ代わりに、その人は神のご意志によってより高い世界へ向かって旅立って行ったこと、そして、神は常にその人を最良の道に導いておられることを思い出しなさい。そして、その人がこの世の束縛から解放されたことを喜び、あなたの愛と善意がその人の前途を励ます使者となるよう祈りなさい。そうした態度のほうが、死者にとってははるかに有益です。もちろん、愛する人を失って寂しく思うのは人間として当然のことですが、そうした寂しさを感じても、その人を地上に縛りつける利己的な愛着は持つべきではありません。あまりにも激しい悲しみの波動は、地上を去ろうとしている魂がより平和で自由な世界へ旅立つのを妨げることになります。

今この地上に住んでいる人々のほとんどは、百年前にはここに住んでいませんでした。われわれより前には、別の人たちがここに住んでいました。そして、今世界中のあちこちの街を歩いているわれわれも、百年後にはもうほとんどここにはいません。われわれの時代は終わっていて、次の世代の人たちは何一つわれわれのことなど考えようとはしないでしょう。われわれが今そうであるように、彼らもまた、この世界は自分たちのものだと考えるでしょう。しかし、彼らもやがて一人ずつ連れ去られてゆきます。神がすべての人をそこへ連れて行かれるから

には、死とはよいものに違いありません。死は、恐れるようなものではないはずです。

　死を恐れる人たちは、自分の魂の本質を知ることができません。「臆病者は死ぬ前にいくたびも死ぬ。だが、勇者は一度死を味わうのみ」[1]。臆病な人は、生きているうちから何度も死や苦痛を想像によって味わいますが、勇気のある人は、最後の一回の死を経験するだけです。それも、速やかで苦痛のない死です。自然死の場合、または霊的に進化して死ぬ場合、死は感覚をもった肉体が自分から脱落するだけです。そして、意識が別の次元に目覚めると、肉体がなくなっても、肉体を持っていたときに持っていたすべての感覚が依然として自分にそなわっていることに気がつきます。ちょうど、夢を見たときと同じように、この意識の目覚めはすべて自分の心の心理作用です。それを想像することは別に難しいことではありません。死とは、人がこの粗大な肉体——心の低次元での現われであり、かつ、魂を悩ませるあらゆる問題の原因である肉体——を脱ぎ捨てるだけのことです。

平安と善意を発散せよ

　大きく分けて二種類の人がいます——世の中の暗い面ばかりを見て悲観している人と、人生の苦労を笑ってやり過ごし、いつも積極的な考え方をする人です。何事も、あまり深刻に受け取り過ぎるのは禁物です。だれもがもっと物事の積極面を見て互いに調和し合えば、世の中はどんなにかすばらしくなることでしょう。

　文明のジャングルの中で、近代生活のストレスの中で、あなたがたは試練を受けているのです。あなたが他人にする事は、すべてあなたに返って来ます。人を憎めば、人から憎まれます。あなたが自分を不調和な想念や感情で満たすことは、自分を破壊することになります。憎しみや怒りを捨てて、自分を迫害する者にも愛で報いなさい。怒りの火は自分を苦しめるだけです。腹が立ったら、すぐに鎮めなさい。歩きながら十か十五数えるのもよいでしょう。また、何か楽しいことを考えて気分を転換するのもよいでしょう。報復したい気持が湧いてきたら、やり過ごしなさい。あなたが怒っているとき、あなたの脳は加熱し、心臓の弁は重圧を受け、全身の活力は減退します。あなたの周りに、平和と善意をまき散らしなさい。それがあなたの内にある神の似すがたであり、あなたの本性です。あなたがそれを現わすとき、だれもあなたを邪魔することはできません。

善も悪も心でつくられる

　究極的な意味で、すべてのものに心から発生します。罪も、

心の中でつくられます。幼い子供たちは、裸で歩きまわっても罪の意識は感じません。心の純粋な人にはすべてが純粋です。心の汚れた人にはすべてが悪です。訓練されていない心は、人生をだいなしにしてしまいます。感覚の奴隷になった心は、あらゆる戦争や、残虐や、不正の元凶です。

神があなたがたを、この感覚をもつ肉体に入れてこの世に送られたご意図は、あなたがたに内面的な眼をそなえた魂として、肉体と自分自身とを混同することなく、客観的にこの世の人生劇を楽しませるためです。神は、あなたがたがそのように生きることを望んでおられるのです。そのためには、順調なときだけでなく、困難の真っただ中でも心の統御ができなければなりません。理屈だけではなく、この自己統御の具体的方法をSRFは教えています。生と死のダンスは絶え間なく続けられていますが、人間には、人生の変化に翻弄されないように、どんな感覚的経験にも動じない精神力が与えられているのです。バガヴァッド・ギーターは、人間に与えられた自由についてすばらしい保証をしています——

「この世界を平等の心で見る者は、存在の相対性（生死や苦楽など）を克服する。まことに彼は、汚れを知らぬ完全に平等・不変の神の霊の中に住む者である」（バガヴァッド・ギーター5・19）

あなたがこの不変不動の平常心の境地を達成したとき、あなたは魂たちの王となります。あなたの内奥が不変不動ならば、たとえ肉体と心が活動していても、あなたは永遠不変なるお方と一つになります。

ギーターに匹敵する教えはほかにありません。それは生命の本質を詳細に説明し、環境のいかんを問わず人はいかに行動すべきかを教えています。あなたがたは確かに神の似すがたにつくられていますが、その似すがたを見失った今、再びそれを取り戻す方法を学ばなければなりません。ギーターはその方法を教えています。黄金は、いくら厚い地層の下に埋もれてしまっても、依然としてそこにあります。しかし、それを見つけるには、土砂を取り除かなければなりません。魂の黄金も、多くの習慣や感覚の地層に覆われています。そして、それらの土砂が、人間の神経質や恐怖心など、神の子としてふさわしくない性質の原因になっているのです。その土砂を取り除くには、肉体や感覚の要求に対する毅然とした心の姿勢を養わなければなりません。われわれが肉体のために抱いている恐怖の何と多いことでしょう。私は、あらゆる種類の苦痛を想像し、心の中で経験して、それらをすべて克服しました。

魂が命令すれば心は従う

神の似すがたにつくられた自己を自覚するには、恐怖や怒りを超越し、神経過敏を打破しなければなりません。要らない事に気を病むのはやめなさい。そしてこう言いなさい、「きょうはベッドで寝、あすは地面に寝ても、わたしは気にしない。どこに寝ようと同じことだ」と。このようなこだわりのない心を養えば、心はあなたの思いどおりになります。心の統御は、確かに一筋縄ではいきませんが、訓練すればそれはできます。あなたが「ステーキを食べずにはいられない」と言えば、心も「ステーキを食べずにはいられない」と共鳴します。しかし、魂のあなたが「奴隷根性よ、出て行け！」と命令すれば、心はそのとおりになります。ですから、からだや心の言いなりになってはなりません。感覚の奴隷から解放されることは、平和と幸福に至る唯一の道です。どんな環境の中でも、すべての感覚の挑発と心の動揺を超越して、永続する真の幸福を手に入れなさい。

「ヨガの瞑想により心が完全に静止し、自我が真の自己（魂）を見て満足する境地――

目覚めた直覚により感覚を超えた至福を経験し、そこに安住して再びそれを見失うことのない境地――

ひとたびそれを得ればそれを無上の宝とし、これによっていかなる苦難をも寄せつけない境地――

このように、いっさいの束縛から解放された境地をヨガという。されば不屈の決意と情熱とをもってヨガを実習せよ」（バガヴァッド・ギーター6・20―23）

（1）シェイクスピアの『ジュリアス・シーザー』第二幕第二場より。

講話四十二　調和の取れた人生の生き方――心のゆがみを治す

（一九二五年の講話）

　ここに、奇形の人間ばかりが集まった一団があるとします。ある人は、気球のように太った胴体の上に豆粒のような小さな頭が載っており、ある人は、小人のような小さなからだに片方だけ仁王様のように発達した腕が付いており、またある人は、小さなやせたからだに不釣合いな大きな頭をもっています。突然それを見た人は、その場の雰囲気にもよりますが、おかしくて笑い出すか、あるいは痛ましいと思うでしょう。

　では、もう一つの集団を想像してごらんなさい。今度は、体形や容姿は正常ですが、心が病んで、ゆがんでいる人たちです。ちょうど、衣服がからだの傷や体形の異常を隠すように、肉体という衣服は、しばしばその人の心の異常を覆い隠しています。

　もし、あなたが、大勢の身なりも立派で体つきも健康そうなごく普通の人たちを見ているとき、突然彼らの心の姿まで見えるような眼を与えられたとしたら、恐らく大きな驚きとともに、心の痛みを覚えるでしょう。理性を頭とし、感情や感覚を胴とし、意志を手足とした彼らの心のからだは、いろいろに病んだりゆがんだりして異常を起こしているのが見えます。ある人は、感覚的欲望で肥満した胴の上に、貧弱な理性の小さな頭が載っています。ある人は、気力も感性も乏しい小さなしなびたからだに、不釣合いに発達した事業能力の腕をもっています。また中には、大きな創造的頭脳を持ちながら、思いやりに欠けた小さな干からびた胴体をしている人もいれば、頭と胴は正常でも、意志と自制心の足が麻痺している人もいます。こうした異常は、まだまだあります。

　このように、ある面では未発達なのにある面では過剰に発達している、といった病的な心が現わすさまざまな心理的奇形は、人間の内部に隠れていて、日常の生活の中で、魂の自由な表現活動を妨害して本人を悩ませます。

　今ここに、そうした異常な心理のいくつかに病名を付けて、人生を荒廃させる隠れた元凶について説明することは、知らず知らずのうちにそれらに冒されている無意識の患者たちの自覚を促すうえに役立つと思います。これによって、それらの病の性質を知り、自分の中にその症状や徴候を自覚すれば、それらの幸福破壊力のひそかな侵攻に備えることができるでしょう。

霊的うつ病

この病気は、霊的な事で忙しいという口実のもとに精神的にも肉体的にも怠惰な人たちの間に蔓延します。この種の患者は、神への奉仕という名目にかこつけて大小の現世的義務を怠っているうちに、いつの間にか自分の中に悪魔を招き入れてその被害を受けます。その症状は厭世的で、この世のどんな善いものにも美しいものにも、感動する気持を失ってしまいます。この病気には伝染性があるため、霊的探求を志す求道者は、ふだんから健康的で価値のある仕事に従事することによって活動エネルギーの血を温かく保ち、この病気に免疫をつけて自分を守らなければなりません。

宗教的消化不良

この病気は、宗教的偽医者の発明したまがい物の宗教書や指導という特許薬をむやみやたらに飲み込んだ結果生じます。この病気は、真理に対する本当の探求心を失わせるだけでなく、正しい教えと間違った教えとを判別する能力をも失わせます。いろいろな宗教理論をただ手当たりしだいに食べている人は、食べ過ぎを起こすだけでなく、正しい考え方といっしょに誤った有害な考え方まで飲み込んで、まず精神的な消化不良を起こし、ついには霊的理解力の死を招くことになります。宗教的あるいは哲学的理論は、いくらたくさん頭に詰め込んでも、自分でそれらを実地に試して真に自分のものにする努力をしなければ、結局は懐疑心と、無関心と、あらゆる霊的法則に対する不信に陥ることになります。

精神的放蕩

この病気にかかっている人は、お金や時間に恵まれ過ぎている反面、人生の意義や目的を知らないため、無目的な人生を送ります。彼らは気まぐれで、思いついた事を考えもなく行ない、安っぽい小説や、刺激的な映画や、そのほか非建設的な娯楽に熱中して人生を送ります。そして、何か強烈なショックか、深刻な悩みにでも遭遇しないかぎり、自分のこの慢性病に気づきません。

心の風邪

この病気は〝絶望症〟とも言います。この病気は知らないうちにかかって、意気消沈、忍耐力の低下、焦燥などの精神的うっ血を引き起こし、その不快な症状に悩まされます。さらに悪いことに、この病気は後を引く性質をもっていて、一度治ったように見えても容易に再発します。

心のカタル

この病気は、日常のいろいろな問題に対する〝慢性の心配症〟です。一般にこの患者は、意志という有力な武器を使うことを知らず、問題に立ち向かってそれを撃退しようという気力がないため、初めから降伏していつも心配しています。

精神的癒着

この患者は、間違った思い込みに固執して幸福を追求します。彼らはまず、幸福をもたらすものは金であるとか、名声であるとか、健康であるとか、あるいは能力であるなどと思い込み、その野心のためにそれ以外のすべてを——若さも、信用も、心の平和も——犠牲にします。そして、やっと、〝真の幸福と天命の達成をもたらすものは、自然の法則と神のおきてに従い、行動と心の平安とが結び付いた、調和の取れた生き方である〟と気がついたときにはもう手遅れです。

この病気にかかって一つの野心に取り付かれると、その後の人生がすっかり捩じ曲げられてしまいます。例えば、ある人は事業に成功して何百万ドルものお金をためますが、それまでの心労がたまってノイローゼになり、せっかくためたお金も使えずに死んでしまいます。また、ある人は名声を得るために、自尊心や信義までも犠牲にしてしまいます。このように、一つの誤った考えに取り付かれてしまうこの病気の患者は、自分の目指すべき本当の目的に気づくことができず、長い努力を重ねてせっかく望みのものを手に入れても、真の満足を得ることができません。なぜなら、人間の性質には多種多様な側面があり、魂はそれらの円満な発達を求めているからです。

宗教的癒着

宗教に熱心といわれる人たちの中には、その教義に狂信的なこの患者がいます。彼らは、特定の教義や考え方に固執しながら、自分ではその内容を実験して試そうともせず、かえって、他の実証された真理や、自由で合理的な考えに対して激しい憎悪や怒りの発作を現わします。この〝狂信症〟にかかると、精神力の強化、物質的繁栄、肉体の健康という、神が定められた、人生を生きてゆくうえの単純な原則にも反する行動を取るようになります。

精神的原理を教える教育こそ急務

肉体の病気は、症状が明らかで痛みや不快感を伴うため、人はすぐにそれを治そうとして、薬を飲んだり、食事に気をつけたり、運動をしたりして治療に取りかかりますが、心の病気は、人生のあらゆる苦悩の根源であるにもかかわらず、予防も治療

もせずに放置するため、ついには人生を破滅にまで追い込んでしまいます。

真の意味で文明を進歩させるには、教育者、文化人、聖職者、改革家、医師、法律家などが、どうすれば人間の性質と生活とをあらゆる面で調和させながら育成し、向上させることができるか、ということについてまず自ら学び、そのうえで人々に教えなければなりません。これこそ、今世界中で求められている教育であり、調和ある人間文化です。

公共の学校で精神的および霊的な原理を教えることは、いろいろな宗教の教義が対立している現在、いたずらに混乱を招くだけで不可能である、と指導的立場にある教育家たちは考えています。しかし、もし今、彼らが、平和、愛、奉仕、寛容、信仰など、人間の精神生活を支配している普遍的な原理について真剣に考え、その種子を子供たちの肥沃な心の土壌に植え付けて育てるための具体的な方法を工夫するならば、それらの心配は解消するでしょう。この問題を、難しそうに見えるというだけの理由で、このまま見過ごすことは大きな誤りです。

近ごろの大学卒業者たちの多くは、書物から得た知識で頭でっかちになった反面、意志と自己制御の両足が、ほとんど使わないために麻痺してしまい、人生の道をまっすぐに歩くことができません。そして、すぐにつまずいて、間違った結婚、性の乱用、金儲け主義、事業の挫折などの穴に真っ逆さまに転げ落ちてしまいます。これは、彼らが、知識という剣を学校でただ鋭利に研ぎ上げただけで、その使い方を教わらなかったために、自分自身を傷つけることになったのです。多くの若者たちはまるで、結局は自分を苦しめ自分の損になるような事ばかり好んで、それに熱中しているように見えます。昨年、アメリカで起きた十五歳から三十歳までの若者による強盗事件の被害額は十億ドルにも上りました。これは、いったいだれの責任でしょうか。それは、われわれすべての責任です。悪の広がりを防ごうとしない人や、自ら進んで善を示そうとしない人たちもまた悪いのです。今や、学校も社会も、犯罪の真の原因である精神的要因を取り除いて、犯罪を精神科学的に防ぐ試みをすべきです。

人生の生き方を教える学校の必要性

この年間十億ドルの強盗事件をなくすための教育的対策として、そのうちの何百万ドルかを当ててあちこちに人生の生き方を教える学校をつくり、若者たちに、人間としての生き方と、人間の才能をバランスよく発達させる方法を教えるべきではないでしょうか。

それらの学校は、魂の苗木を育てる苗床です。よい苗木に育

てるには、よい教師と、両親や社会の協力が必要です。教師は、しなやかな魂の苗木がまっすぐに伸びるか、ねじ曲がってしまうかを決めるので特に重要です。人間苗の将来の成長は、ほとんどこの人生の初期における手入れや精神的肥料によって決められるのです。

私は、アメリカの近代的教育システムと知力養成の方法に対する絶え間ない改善の努力に心からの賛辞を惜しみません。また、体力訓練の方法に対する改善の努力も評価します。しかし、その背景となるべき精神面については、重大な欠陥を指摘しないわけにはいきません。現代の教育システムを完全なものにするには、どうしても道徳的および精神的訓練を加える必要があります。現在、学課の面で優秀な生徒や、野球やフットボールに秀でた選手たちは、人々の注目を集めて教師からも目をかけられます。しかし、その少年が道徳面や精神面で最悪であっても、ほとんど問題にされたり注意されることがありません。

生徒たちに、人間としての真の生き方を教え、毎日の生き方から人生全体の生き方に至るまで、その道を誤らないように訓練するための具体的な教科を設けている学校がどこにあるでしょうか？　こうした全人教育のための教養と科学を教える学校の設置が今やわれわれの急務です。

子供たちの心がまだ柔軟で、何でも素直に受け入れる状態にあるうちに、このような学校で、肉体と、心と、霊性のすべての面でバランスよく発達させるための科学が教えられるべきです。また、大人でも、自分の悪い習慣を直そうという意欲と忍耐力のある人は、夜間授業によって同様に訓練を受けることができるでしょう。

この学校での訓練を修了した生徒たちは、その後、生涯を通じて、絶えず自分を見つめて自己訓練を続けてゆかなければなりません。そして、そこから実る健康、名誉、能力、富、幸福などが、その人たちに与えられる賞状になります。

今生の地球留学の最終試験の結果は、その人がこの一生の間にいろいろな形で獲得した精神的、霊的賞状と業績によって決まります。この重大な最終試験に合格した人は、聖なる充実感と、自由と喜びに満ちた良心と、永遠の祝福とが彫り込まれた魂の卒業証書を受け取ることになります。この卒業証書は、虫に食われることもなく、人に盗まれることも、時間とともに消えることもなく、やがて神の国に入るときの貴重な資格証明書になるでしょう。

講話四十三　独創力を伸ばす

（一九二七年五月二十三日の講話）

巨大なパノラマのようなこの世界と、その中をあわただしく駆け抜けて行く人々の群れを見ていると、これはいったい何だろう、と不思議に思わざるをえません。われわれはどこへ行くのでしょう？　何のために？　目的地に至る最も確実で最善の道は？

ほとんどの人は、まるで逃走車のように当てもなく、また、計画もなく突っ走っています。人生の街道をただがむしゃらに突進し、旅の目的を考えることも忘れています。そして、自分が今、目的地への正しい本道を進んでいるのか、それとも方角違いのわき道にそれてしまったのか考えてみようともしません。そういうことを考えないで、目的地に着くはずはありません。

しかし、多くの人は、人生の行く先は知らなくても、自分の欲しいものを決めてそれを手に入れようとするだけの独創性はもっています。そして、自分の個人的な願望を果たしたり、境遇を改善したりするために、自分の内にある独創力を使おうとします。独創力とは何でしょうか？　それは、新しくつくり出す能力であり、各人の内に宿る神の全能の創造力の火花です。

あなたの知っている人を十人くらい思い浮かべてごらんなさい。その人たちのほとんどは、一馬力のエンジンくらいの心の力しかもっていないのではないでしょうか？　多くの人が、自分にそなわっている創造力のほんの一部しか利用していません。彼らの生活、すなわちその主な行動は、大体、食べることと、働くことと、娯楽と、眠ることとで成り立っています。そんな人生は、動物の一生とあまり変わりません。心理学者は、人間と他の動物との違いの一つは笑うことだと言います。笑うことは確かによいことです。笑いを忘れたら、完全な人間としての進化の一面を失うことになります。ほほ笑むのも心配なほど、深刻な顔をして毎日を暮らすような人になってはなりません。そのような人に、人生の楽しみはありません。

しかし、笑いのほかに、人間はもう一つの特長、しかもいろいろな性質の中で最も重要な性質の一つである独創性をもっています。この神秘的な能力、独創性とはどんなものでしょうか？　アメリカは、事業や、機械力の応用などの面で独創性をもつ国

です。そしてインドは、霊的探究の面で独創性をもっています。独創性とは創造する能力です。創造とは、だれもやったことのない事をすることです。それは、新しい方法を試みたり、新しいものをつくろうとすることです。独創力は、あなたが創造主なる神から直接引き出す創造力です。あなたは今までに、この神からの贈り物を使ってどんな事をしてきましたか？　この聖なる創造能力をほんとうに使おうとしている人はどれほどいるでしょうか？　多くの人は、何日たっても何年たっても、いつも同じで、年を取るほかは少しも変わりません。しかし、独創性のある人は流れ星のように輝いています。神の偉大な創造力を引き出して、何もない所から新しいものをつくり出し、不可能を可能にします。

一馬力人間になるな

独創的な人にも三階級あります。非凡クラスと、中クラスと、並クラスです。そしてそのほかに、独創性を失ってただ右往左往している大衆がいます。あなたは今までに、だれも試みたことのない初めての事をしようとしたことがあったかどうか、まず自問してごらんなさい。これが、独創力開発の第一歩です。もし、そんな事は考えたことがないと言うなら、あなたは、自分には新しい事を始める力などないと思い込んでいる大衆と同じです。彼らは、夢遊病者のように潜在意識の暗示にかかって、自分を一馬力人間と思い込んでいます。もしあなたが、これまでそうした夢遊病者のような生き方をしてきたなら、こう断言して自分の目を覚まさせなさい――

「わたしには、人間の最高の能力、独創力がある。人にはみな、だれもやったことのない新しいことを実現する独特の能力があるのだ！　わたしは、今まで世間一般の間違った常識の催眠術にかかって、自分の力を小さな枠の中に閉じ込めていたことがわかった！」と。

しかし、もしあなたが、「もうどっちを向いても超満員だ。何をやろうとしても、自分の入り込む余地はない」と言うなら、あなたはまだ自分の力を制限しようとする世間的常識の催眠術にかかっているのです。大勢の人たちが独創性を失って、それぞれの人生で成功できずにいるのはそのためです。

宗教的な面においても、多くの人々は与えられた道を、生涯何の疑問も抱かずにただ守っています。不満足な教えでも、家族の属する宗派にとどまってそれ以上考えようとはしません。あるいは、バプテスト派の家に生まれても、たまたま組合派の教会のそばに引っ越すと、何も考えずにその教会に宗旨変えをします。しかし、人は生活のあらゆる面で、内なる良心の指示する生き方をすべきであって、盲目的に行動すべきではありま

せん。

私のグル、スリ・ユクテスワはよくこう言いました――

「よく覚えておきなさい――もし、お前の中に、聖なるものへの真実の信仰があれば、たとえ今この宇宙に存在しないものでも、お前が欲しいと思うだけでそれはお前のためにつくり出されるだろう」と。

私は、自分の内なる力、すなわち意志のもつ霊的な力に対して不動の信仰をもっていました。おかげで私は、何かを欲しいと思うたびに、それを私に与えるための機会がつくり出されるのを経験してきました。

あなたがたの内にある独創力はまだ未熟で、未開発で、ほとんど利用されていません。この力は、魂に本来そなわっている力で、だれの内にもあるものですが、あなたがたはまだそれを使っていません。では、どうすればその力を掘り起こすことができるのでしょうか？　もし、あなたが今までに、新しいものを考え出したり、自分の独自の道を行く訓練をしたことがないなら、まず、ほかの人の考えたものを改良することから始めるとよいでしょう。他人の考案したものを改良するのは、最も一般的な並クラスの独創力です。

二番目の中クラスの独創力は、小説などの作家や、新しい製品や方法などを発明する人たちがもっている程度の独創力で、これも特に重要な意味はありません。

最上級の非凡クラスの独創力は、エジソンやバーバンクのような世界的にも傑出した人物をつくり上げます。そういう人たちは、どんな障害にも屈しない独創力、すなわち霊的な独創力の持ち主です。では、神はそれらの人たちにえこひいきをして、彼らにだけ特別にそのような偉大な素質を与えられたのでしょうか？　彼らは、神のご意志によってそのような栄光を受けるよう選ばれたのでしょうか？――そうではありません。彼らはただ自分の独創力を使って、だれもがもっている不滅の神の子としての特権である偉大さと栄光を実現したのです。しかし、自分の個人的栄光を求める人は決して偉大な人にはなれません。そういう人は、傲慢な自尊心のために神の支持を受けることができないからです。人に与えることに喜びを感じる人、与えるものが力であれ、勇気であれ、音楽であれ、芸術であれ、何であれ――そういう人が偉大になれるのです。

偉人たちのほとんどは、潜在意識によって導かれた人たちです。彼らは、自分が受け継いだ遺伝子の中に偉大さを示す色合いをもっていて、それが彼らに最初の特長を与えたのです。彼らは、その遺伝的長所を人生の中で活用して人並外れた業績をあげ、世に知られるようになったのです。もし、今のあなたに偉人の素質があるとすれば、それは、あなたの潜在意識の心が

あなたを無意識のうちに導いて、あなたが新しい環境の中で自分の独創性を最大限に開花させるよう、今の境遇に生まれ変わらせたのです。その意味では、偉人の素質は生来のものです。

自分に内在する力を発見せよ

しかしまた、偉人的素質の全くないような人でも偉人になれることを私は知っています。つまり、偉大になるための卓越した独創力を獲得する方法があるのです。正しい知恵と、正しい自己訓練と、ＳＲＦの教えを実行することによって、あなたは独創力を伸ばし、それを完全に発揮することができるようになります。今、成果を手に入れている人たちは、昔、努力した人たちです。あなたも自分の内に埋もれている力を、今、発掘しなさい。一見不可能に見える事でも、その困難を克服して可能にする努力をしなければなりません。

どんな仕事でも、大きな成功を収めるには、世の中の批判的な意見にも耐えうる用意が必要です。人と違ったことを考え、少しでも違ったことを言う独創的な人になろうと思ったら、一馬力人間の人たちの仲間から離れることです。そして、初めの情熱を持ち続けなさい。非凡な独創力の持ち主は、自分の正しさを信じているため、どんな困難でも呑み込んでしまいます。あなたの背後には神の無限の創造力が働いていることをたえず自覚して、断固たる決意で自分の道を進みなさい。

あなたはまず、その無限の力と意識的に接触しなければなりません。それは、あらゆる独創力の源です。あなたがその超意識の力と接触するとき、あなたの顕在意識と潜在意識の心にもその力が流れ込んで来ます。昔、私は、自分が身につけた小さな独創力など難しい問題にぶつかればすぐに消えてしまうのではないか、と思っていました。しかし、今では、自分の内にはあの偉大な無限の源があって、そこからあらゆる芸術、あらゆる音楽、あらゆる知識が引き出されることがわかりました。それが私の内にあるかぎり、私にできないことは何もありません。

何か新しいものをつくり出そうと思ったら、まず静かに座って、自分の内にあるその無限の発明的創造力と接触するまで深く瞑想しなさい。あなたは新しいものに挑戦すべきです。しかし、何をするにも、内なるその無限の創造力が自分を助けて成功に導くことを確信していなければなりません。人はみな、神の無限の創造力に導かれるようになっていますが、自分の懐疑心と怠惰で、内なる創造力の泉の口を塞いでいるのです。何をするにもその邪魔物を取り除いて、必ず成功するという不屈の決意を示しなさい。

ほとんどの人は、自分の個性を表現するよりも、他人の考えを集めてきてはそのまねをして、それで満足しています。あな

たの特徴は何ですか？　あなたの内にある、神から与えられた独自性は何ですか？　あなたの独創力はまだ眠ったままです。

あなたは神の無限の力に支えられている

私は、初め教師になることを躊躇しました。やっかいな仕事だと思ったからです。教師は、人々の悩みを和らげる緩衝器にならなければなりません。自分が困惑したら、相手を助けることはできません。また、真の教師は、すべての人を平等に愛さなければなりません。人間性を理解し、しかも神を知っていなければなりません。私はスリ・ユクテスワに、私の今生における役割は教師になることだと言われて、神の無限の力に私を支えてくれるよう祈りました。私は講義を始めるにあたって、自分は書物から学んだ知識を語るのではなく、自分の言葉の背後に働いている無尽蔵の創造力をたえず意識しながら、そこから湧いて来る霊感によって語ろう、と決心しました。私はまた、その力を、仕事その他のいろいろな面で人を助けるために利用しました。私は、自分の有限の心を使って、神の無限の力を反映させたのです。ですから私は、「父よ、こうしてください」と祈る代わりに、「父よ、私はこうしたいのです。ですから私を導いてください。私に霊感を与えて導いてください」と祈りました。

小さな事にも自分の創意を働かせなさい。その道の第一人者になりなさい。人の後ろについて行くような人生を送ってはなりません。だれもやったことのない事、人々が目を見張るような事をしなさい。あなたの中に神の創造力が働いていることを示しなさい。過去の間違いを気にしてはなりません。あなたの犯した間違いが海ほど深かったとしても、あなたの魂を呑み込むことはできません。過去の失敗に怖じけずに、確固たる決意で自分の道を進みなさい。

人生には暗い時期もあれば、困難もあり、チャンスに逃げられることもあります。しかし、「自分はもう終わりだ。神に見捨てられた」などと考えてはなりません。そんな人は、だれも助けようがありません。あなたは家族に見放されるかもしれませんし、幸運にも見捨てられたようになるかもしれません。人も、自然も、すべての力があなたに逆らって働くかもしれません。しかし、ひとたび内なる神の独創力を発揮すれば、あなたは過去の過ちや失敗がもたらす運命の攻撃をはね返して、楽園に向かって勝利の行進をすることができるのです。

たとえ百回敗れても、あくまで勝利に向かって突き進もう、と決心しなさい。敗北はいつまでも続くものではありません。それは、単なる一時的な試練にすぎません。神はもともと、あなたが内なる全能の力を発揮して、いかなる試練にも挫けず、

この人生の舞台における崇高な役割を達成することを望んでおられるのです。

神はわれわれを楽しませるためにこの世界をつくられた

あなたがたはどのようにして自分に適した役割を見つけようとしていますか？　もし、だれもが王様になりたいと思ったら、だれが召使いになるのでしょう？　舞台で劇を成功させるには、王様の役も召使いの役も正しく演じられなければなりません。どちらもその重要さは同じです。われわれがそれぞれ異なる個性を持ち、さまざまな職業的志向を持ってこの世に送られてきたのはそのためであることを覚えておきなさい。神は、われわれを楽しませるための巨大な舞台劇として、この世界をつくられたのです。しかし、われわれはとかく、舞台監督の意図を忘れて自分勝手な役割を演じようとします。

あなたが人生の舞台で失敗するのは、神の定められた役割と違う役割を演じようとするからです。舞台では、ときには道化役のほうが王様よりも注目を集めることがあります。ですからあなたも、自分の役割がどんなに目立たないものでも、良心的に演じなさい。神に意識を合わせれば、あなたは自分に与えられた役割を立派に演じることができます。

あなたがたは、苦しんだり悲しんだりするために劇を演じるのではありません。悲劇を演じている人は、ただその役を演じているだけだということを理解すべきです。どんな役を演じることになっても、嫌がらずに、聖なる監督の指示に従ってその役を立派に演じるよう努めなさい。そうすれば、たとえ小さな役でも、人々に光を与えます。神の無限の力が、あなたを通してこの地上劇の一役を演じていることを自覚しなさい。

神の無限の力は新しい成功をつくり出します。神は、あなたがロボット人間になることを望んではおられません。工場で働いている人も、商売で走りまわっている人も、自分の意識をその偉大な力に同調させて、いつもこう念じなさい――

「わたしの中には神の無限の創造力がある。わたしは死ぬまでに、必ず何かを成し遂げよう。わたしは神の化身であり、わたしには理性がある。わたしは、わたしの魂の力の源、神の全能の力である。わたしは実業の世界でも、思想の世界でも、学問の世界でも、何をするにも神の力を引き出して創造する。わたしは神と一体である。だから、わたしも創造主のように、自分の望むものは何でも実現することができる！」と。

講話四十四　だれが神をつくったのか

（一九四九年ごろの講話）

神の創造の神秘と、全知全能の神がどのようにして存在するようになったのか、という謎は、昔から神を探究する人たちがみな一様に考えてきた事です。この問題について完全に解説した聖典はなく、その答えは一見不可能なようにも見えます。しかし、もしあなたがこの問題について瞑想し、その中で、私の説明を基にあなたの全知覚をあげてその答えを感じ取ろうと努めるならば、あなたも、私が魂の深みの中で神から受け取った答えと同じ答えを見いだすでしょう。

　無限の存在である神は、あらゆる有限の被造物を生み出した究極の本源です。神がマーヤ（宇宙的惑わし）の力を用いて、本来一つのものを多数の個々別々のもののように錯覚させる二元相対の嵐を起こすと、それが、ご自身の存在と創造のご意志の海のうえに吹きつけて有限の波を生じ、それらの波が万物として顕現するようになったのです。

「わたしは、生まれて出来たものではなく、永遠不変の、万物の主であり、プラクリティ（宇宙エネルギー）の支配者であるが、世に出現するときは、わたしのマーヤの衣で仮装する」

（バガヴァッド・ギーター４・６）

　神は、ご自分の知性を浸透させた創造的宇宙エネルギーの波動としてご自身を顕現させ、その上に二元相対の迷妄《マーヤ》の嵐でいろいろな波形を生じさせ、心や、生命エネルギーや、物質——小は、電子、陽子、原子、分子、細胞から、大は、無数の交錯する放射線に取り囲まれて宇宙空間に浮遊する巨大な銀河集団に至るまで——など、あらゆる種類の有限の波動をつくり出されたのです。

　このように、神の知性を内蔵する宇宙エネルギーは、神の最初の顕現であり、万物をつくり出した根本エネルギーです。そして、物質のいろいろな有限の形態は、その根本のエネルギーからさらに変形や、基本形の組み合わせなどの過程を経てつくり出されたものです。すなわち、細胞は分子から、分子は原子から、原子は陽子と電子から、電子と陽子はライフトロン（生命エネルギー）から、ライフトロンは神のソートロン[1]（想念エネルギー）からつくり出されました。

　被造物が存在し、それらは神によってつくられたとすれば、

当然、神は存在します。また、知性をもつ被造物があるということは、神が知性をもつ存在であるということです。では、それらすべてのものをつくられた神をつくったのはだれか?――それは、無限者なる神ご自身です。(2) 因果の法則が適用されるのは有限のものだけです。それは無限者には適用されません。海の波がすべて海の中に溶け込むように、前に述べた有限の原因から生じた有限の存在は、みな永遠にして無限なる源の中に溶け込んでゆきます。そして、因果の法則もまた同様に、外面的創造活動の中では働きますが、無限者の中では消えてなくなります。

アダムとイヴの名で呼ばれるわれわれ人類の最初の両親――彼ら自身は無限者から直接生まれた特別の被造物でしたが――は、因果の法則によって次から次へとすべての人間をつくるきっかけをつくりました。〝われわれは両親から生まれ、両親は祖父母から生まれた、というふうに、もとをたどればすべての人間はアダムとイヴという原因から生まれた〟という理由から、われわれは、「神はだれから生まれたのか?」という疑問をもちます。つまりわれわれは、われわれをつくった因果の法則を無限の神にも当てはめようとします。しかし、その考え方は誤りです。

別の視野

あなたが海の波に揺られている間は、海全体を見ることはできません。しかし、高い空から眺めれば、その広い全貌を見ることができます。それと同様に、あなたがこの被造物の世界だけを見てその中に没頭している間は、被造物とそれらをつくり出している因果の法則以外のものを理解することができませんが、目を閉じて内なるものを観ることができるようになると、有限の存在やそれらを支配している法則は見えなくなる代わりに、形も原因もない無限の存在をかいま見ることができるようになります。

北極に近い氷原でアザラシの猟をしているあるエスキモーの所へ、一人のインド人の旅行者がやって来ました。

「やあ、あなたはどこから来たのですか?」とエスキモーが尋ねました。

「インドからです」旅行者が答えました。

「それはそれは。インドでもよいアザラシの肉がたくさん手に入りますか?」エスキモーが尋ねました。するとインド人は笑いながら、

「いや、インドにはアザラシはいません。インド人はほとんど菜食です」と言いました。これを聞いたエスキモーは心の中で思いました。

「なんておかしなことを言うやつだ。アザラシの肉を食べずにどうして生きてゆけるんだ！」

ほかの食べ物を知らないエスキモーが、だれでもみなアザラシの肉を食べていると考えたように、われわれ有限の被造物は、自分たちが因果の法則によってつくられていることから、無限の神もまた因果の法則によって何かからつくられた、と考えるのです。

神はつくられて出来たものではない

ですから、因果の法則から生まれた有限の人間が、有限のものに適用される法則を無限の神に当てはめて、「神はだれがつくったのか？」と問うことがそもそも誤りなのです。無限者は、すべての有限物を生み出す因果の法則をつくりましたが、無限者自身は原因によらずに存在しているのです。専制君主が、国のすべての法律をつくっても、自分はそれに拘束されないように、宇宙の王も、ご自分のすべての被造物を支配する因果の法則をはじめ、ご自分の王国のいっさいの法則をつくられましたが、ご自身はそれらの法則の外にいます。

「わたしは、隠れた状態で全宇宙に遍満している。すべての被造物はわたしの中にあるが、わたしはそれらの中に住んではいない」（バガヴァッド・ギーター９・４）

神は万物の中に浸透していますが、それらの有限性には全く拘束されません。

無限なる神は確かに存在します。われわれは、万物の中に現われているその強大な力から、その存在と全能の力を推論します。その力は、顕現状態では活発に働きます。しかし、宇宙が消滅している間は、すべての力と、宇宙を支える知性と、因果の法則は活動をやめて、〝絶対〟の中に溶け込み、次の創造活動の周期が始まるのを待ちます。海に波を立てる嵐の力は、波の中に現われていますが、海が平穏なときは、その力はどこにも現われていません。それと同様に、創造活動が行なわれている間は、神は、知性や、心や、波動や、力や、物象などを現わしますが、創造活動を停止しているときの神は、ただ霊として非顕現のまま存在し、その中にあらゆる力が溶け込んでいるのです。光も、星雲も、天候も、空間から発生し、空間の中に溶け込んで消滅します。そうした顕現活動を超えた領域に、霊なる神の隠れ家があるのです。

このように、知性や、エネルギーや、空間や、時間などの波動的顕現を超越した無限者なる神は、それ自身で存在している唯一者です。それは、始めもなく終わりもなく存在する永遠不変の力として感じられ、また認識されます。被造物は神によってつくられますが、神はただ存在しているだけです。神はだれ

にも、また、何からもつくられたわけではなく、初めから存在し、永遠不変なのです。

「アルジュナよ、わたしより上位にあるもの、わたしを超えるものは何もない。万物は、糸に繋がれた数珠玉のように、わたしに繋がれている」（バガヴァッド・ギーター7・7）

あなたがたは、自分を因果の法則に縛られた被造物であると考えている間は、このことを理解することはできないでしょう。しかし、ひとたびサマディの中で神と一つになれば、神がどのようにして存在するようになったのか、どんな存在なのか、そして始めもなく終わりもなく原因もない存在とはどんなものなのか、わかるでしょう。そのとき、神と一つになったあなたは、自分もまた因果の法則を超越した永遠の存在であることを知るでしょう。死すべき人間としてのあなたは神によってつくられた被造物ですが、自己の不滅性を悟ったあなたは、自分が神の──不生不滅、永遠不変、唯一絶対の存在である宇宙意識の──海の中の一つの波であることを知るでしょう。

（1）ソートロンとは、オームの波動から最初の創造過程でつくられる想念波動にパラマハンサ・ヨガナンダが付けた名で、個々の被造物の最も根源的な観念を構成する波動である。このソートロンによって観念界（コーザル界）が構成され、その波動から幽界を構成するライフトロン（知性をもつ生命エネルギー）の波動が生まれ、さらにその波動から物質を構成する原子エネルギーの波動が生まれる。（用語解「観念界」参照）（出版部注）

（2）「そのとき無もなく有もなかった……
その唯一者は自力により風も起こさず呼吸していた
それを超えるものは何も存在しなかった……
聖賢たちは心の内奥の直覚をたどって
無の中に有の源を見いだした」
（リグ・ヴェーダ10・129）

講話四十五　意識と物質との間の失われた環

（一九三二年　SRF本部における講話）

石そのものと、石という観念との間には、大きな違いがあります。石には、重さや大きさがあり、見ることも触れることもできますが、石という観念には、重さも大きさもなく、見ることも触れることもできません。それと同様に、例えばヘンリー・ジョーンズの肉体は、重さや形や大きさがあって目に見えますが、ヘンリー・ジョーンズという観念には、それらの物理的性質はありません。しかし、観念の視覚心像化《ビジュワリゼーション》（瞑視）に熟達した強力な精神力の持ち主は、幻覚や、意識的につくり出した夢の中で、ヘンリー・ジョーンズと会って握手したり、秤で彼の目方を計ったりして、彼が長身の痩せたからだつきであることを実感することができます。このように、瞑視や幻覚の場合、また、夢に見ているときでさえも、ヘンリー・ジョーンズのからだは、彼を単に観念として想像する場合よりも現実的に感じられます。その理由は、自分の意識が描き出した夢の像は実際に視聴嗅味触の感覚器官を通して認識されるからです[1]。では、観念としてのヘンリー・ジョーンズと、瞑視や幻覚や夢によるヘンリー・ジョーンズの像と、実際の彼の肉体との違いは何でしょうか？

個人的幻覚と宇宙的幻覚の違い

ある人はこう考えるかもしれません――ヘンリー・ジョーンズの肉体はだれにでも見えるから本物であり、夢の中で見る彼の像は自分一人にしか見えないから本物ではない、と。しかし、ヘンリー・ジョーンズに限らず、だれの現実の肉体も、夢の中の像と同じように本物ではなく幻影である、とは考えられないでしょうか？　インド哲学には、すべての人に同じ幻覚を抱かせる普遍的な惑わしの力〝マーヤ〟と、個々の人間が抱く幻覚〝アヴィディヤ〟[2]という概念があります。

一方、一般の人々には理解されないような霊妙な真理を体得しているごく少数の人たちがいます。このような聖者が、神や人間の本質について体験した真理を語ると、時として、まだマーヤの幻術のとりこになっている人たちは、「彼は幻覚や妄想に取りつかれている」と言って非難します。しかし、マーヤの幻術に陥っている人たちに、マーヤから目覚めた人の証言を非難

する資格はありません。何が真実かを正しく判断できるのは、内的悟りによってマーヤの幻術を克服した人だけです。

大概の人は、感覚で認識されるものは真実であり、心の中の観念や、想像や、夢で見る像は真実ではないと考えています。では仮に、ヘンリー・ジョーンズの姿がテレビジョンでデトロイトからロサンゼルス・タイムズの本社に送られたとしましょう。この場合、ロサンゼルスの人たちが見ているのは真実のヘンリー・ジョーンズでしょうか？　感覚で認められるものが真実なら、テレビジョンの像も真実ということになります！

宇宙魔術師の壮大な幻術

霊的な悟りに達した大師たちは、マーヤの幻術の中に住んでいても、その宇宙的な幻影を自分の錯覚として見ています。大師たちは、ヘンリー・ジョーンズの肉体を蜃気楼のような幻として見ることができます。それは無ではなく、何かではありますが、目に見えるとおりのものではないのです。彼らはこう問います、「肉体を、だれの目にも一様にかくも真実の存在らしく見せるものは何か？」と。ヘンリー・ジョーンズの肉体にしても、そのほかこの世のすべての現象にしても、われわれはみな、世界中の人々がみないっしょに同じ夢を見ることなどありえないと思っていますが、果たしてそうでしょうか？　もし人間が、ほんとうは宇宙という神の夢の中で神によって夢を見せられているとすれば、われわれはみな、ヘンリー・ジョーンズの肉体があるという夢を見ていることになります。その場合、われわれには、ヘンリー・ジョーンズの肉体が実際に存在するのかどうか判断できません。

偉大な奇術師サーストンなら、巧妙な立体映像と立体音響の装置を使って、ヘンリー・ジョーンズを空中に浮かび上がらせ、観衆に向かって話をさせ、次の瞬間、神隠しのように突然その姿を消してしまうこともできるでしょう。彼よりもさらに偉大な、〝宇宙魔術師〟ならなおのこと、われわれに全く真実に見え、真実に聞こえ、真実の触感を与えるヘンリー・ジョーンズや、そのほかあらゆる被造物の〝超映画〟を見せることもできるのではないでしょうか？　そうすると、この立体映像と立体音響による超映画を見ている人たちの中には、自分の心で、自作のヘンリー・ジョーンズの映画をつくる人も出てくるでしょう――言わば、〝ホーム・ムービー〟です。この場合、神の仕掛けられた宇宙魔術にかかって自分は真実を見ていると思い込んでいる人たちは、ホーム・ムービーを見ている人を見て、「彼は幻覚に惑わされている」と言います。しかし、彼らもほんとうは宇宙的幻覚に惑わされていて、自分たちの見ているヘンリー・ジョーンズの肉体も、実はこの世界（形而下）で真実に

見えているだけで、形而上から見れば幻覚であることに気づいていないのです。ですから、この宇宙のすべてのものが人間の意識の中の夢の映像だとすれば、すべてが幻覚であり、その中の一個の幻影である人間がさらに自分の心でつくり出した幻影は、幻覚の中の幻覚ということになります。

この宇宙夢のからくりに気づいた賢者たちは、ヘンリー・ジョーンズの肉体も、その他のものも、すべて宇宙夢の幻影としてとらえ、また、自分の心の中に描いたヘンリー・ジョーンズやその他のものを、〝神の宇宙夢の中で自分が見ている夢〟としてとらえます。個人的な錯覚や幻覚は、同じ錯覚や幻覚に陥っていない別の人によって正されますが、すべての人がいっしょに陥っている錯覚や幻覚を正せるのは、悟りに達して、「物事は必ずしも感覚で認識されるとおりのものではない[3]」という真理を会得した人だけです。

意識はどのようにして物質となったか

意識と物質、心と肉体、の唯一の違いは、波動の精粗の度合いです。波動は、エネルギーの振動です。この振動はどのようにして宇宙知性から生じたのでしょうか？　エーテル中に存在する波動はすべて、宇宙知性に導かれた宇宙エネルギーが顕現したものです。非顕現の絶対者としての霊は、波動も、振動も、何の動きもなく存在しています。そこから創造主として現われた霊が、〝父なる神〟です。創造主はまず、静止しているご自身の霊を想念の振動で活性化しました。このように、父なる神が最初につくられたのは、宇宙知性の振動すなわち想念波動だったのです[4]。そして、その振動をなおも強く、しかも粗くしてゆくと、その波動は外に向かって発達し、宇宙光と宇宙音になって現われました（これらは人体の中で霊眼として見え、また、オームまたはアーメンと呼ばれる宇宙音として聞くことができます）。この意識をもつ宇宙エネルギーの波動は、さらに強く粗大になり、神聖で、半ば知性があり、本能に導かれる電子的エネルギーとして現われるようになりました。そして最後に、最も粗大な質の気体や、液体や、固体などの物質を形成するエネルギーになったのです。

小宇宙である人間のからだも同様に、まず、想念波動で出来た根源体《コーザル》（観念体）としてつくられました。それが次に、より粗い波動のエネルギーで出来た幽体《アストラル》となり、さらに、より粗い物質波動の肉体につくられたのです。ちょうど人間が、電気でつくり出した光と影と音とを使って、立体映像と立体音響の映画を作るように、宇宙映画の映写技師も、想念波動を凝縮した宇宙光と宇宙エネルギーのいろいろな波動を組み合わせて、人間の意識の中に肉体という映像を映し出しているのです。

誤った考えは神の想念の完全な投影を妨げる

あなたがたがスライド・フィルムを映写するとき、光線の一部を遮ると、映っている人の手がなくなったりします。そして、光線が完全に当たるようにすると、像は元どおりの完全な姿に戻ります。これと同様に、人間の心や体に現われる病気の意識や症状は、神がつくられた〝完全な人間〟の考え方や感じ方が、本人の誤った考えによって遮られたときに生じるものです。人間は、祖先たちの欠点を引き継いできました。そして、長い間の遺伝に慣れて自分の不完全さを当たり前のように思っています。しかし、誤った考えは、自分の命やからだについての完全なイメージを損なうばかりでなく、人体というマーヤの映像を投影し維持している宇宙生命力の自由な流入をも妨げてしまいます。

自動車事故で手を失うことの真実性は、先ほど説明したスクリーンに映った像の手がなくなるのと同じようなものです。しかし、神の宇宙規模の超映画の中で、映像のゆがみ――われわれの目には現実の肉体の病気やけがとして見えますが――を治すのは、熟練した〝映写技師〟でなければできません。肉体の病気やけがの正体が単なる幻覚であることを知るには、自分の意識を宇宙意識という映写室の中へ移して、宇宙映画の映写技師の秘術を習得しなければなりません。神は、ご自分の考えを表現した宇宙的想念フィルムと、ご自分の力を凝縮した宇宙エネルギーとを用いて、ご自分の似すがたにつくられた人間をはじめ、あらゆる生命やあらゆる世界を含む宇宙の完全な映画を映そうとしておられますが、人間は自分の無知のために、神のご意志から外れて、その宇宙映画が完全な形で映し出されるのを阻害しているのです。

氷の塊は、固く、重く、冷たくて、目に見えます。しかし、溶けると水になり、目方は同じで、やはり冷たく感じられますが、形態は変わって見えます。その溶けた水に電流を通すと、目に見えない水素と酸素になります。このように、一塊の氷は、目に見える冷たい固体から同じ重さの目に見えない気体に変えることができますが、この工程はまた、逆に、気体を凝縮して液体にし、さらにそれを冷凍して初めの氷の塊に戻すこともできます。人間の肉体も同様に、液体に変え、さらに蒸発させて気体にすることはできますが、それを元に戻す方法はまだ知られていません。人間はまだ、心と肉体、霊と物質とを結び付けているものについて無知ですが、この「失われた環」が宇宙エネルギーなのです。

神の知性を内蔵するエネルギーが細かく振動すると、それは純粋な意識になります。そして、その振動を強く、粗くしてゆ

くと、肉体として現われます。人が、意志を用いて自分の肉体のエネルギーを完全に制御できるようになれば、肉体の波動を溶かして幽体エネルギーに変えたり、さらに幽体エネルギーを想念エネルギーに還元したりすることができるようになるでしょう。また、その反対に、意識を具象化して幽体をつくり、さらに凝縮して肉体をつくることもできるでしょう。ギーターはこの能力についてこう言っています――

「わたしの変幻自在性とヨガの力（エネルギー制御能力）を会得した者は、わたしとともにあって揺らぐことがない。このことに疑いはない」（バガヴァッド・ギーター10・7）

今日の科学者たちは、肉体の化学的変化を制御することはできますが、物質を生化学的に制御することについてはまだ理解していません。意志と肉体との関係が理解されるようになれば、われわれの肉体が単に食物に含まれる化学物質によって維持されているのではなく、目に見えない宇宙の源から意志によって直接摂取されるエネルギーによって支えられていることがわかるようになるでしょう。意志は肉体に生命力を導入する主役です。人体という乾電池は、ただの仮死状態にある間は、酸素、日光、食物、飲み物、空気、心臓の鼓動がなくても生きていますが、意識すなわち意志が脊髄と脳から完全に引きあげると、崩壊が始まります。

宇宙エネルギーは意志によって導入される

肉体のどの部分を動かすにも、意志の力が必要です。この目に見えない意志という通信電波の働きによって、脳にあるエネルギー貯蔵庫と、からだを取り巻いている宇宙エネルギーから、必要なエネルギーがからだの目的の部分に送り込まれるのです。あなたは疲れたとき、食べたり、酸素を吸ったり、日光の紫外線を吸収したり、水やその他の飲み物を飲んだりして、からだにエネルギーを取り入れることができますが、何か重い物を持ち上げようと、意識して腕やからだに力を入れるときは、意志という目に見えない精神力を働かせてからだにエネルギーを取り入れます。意志の力を集中してからだの一部に力を入れることによって、あなたは、"われわれはからだのエネルギーを、体外の物質源から取り入れる代わりに、からだの内にも外にも遍満する神の知的宇宙エネルギーから直接体内につくり出すことができる"という事実を自分で確かめることができます。(5)

意識と物質、肉体と霊とをつなぐ「失われた環」であるこの宇宙エネルギーを制御できるようになるということは、自己の本質を、万物の本質を、そしてすべてのものが創造主と一体であることを、会得することです。

（1）目や耳などの感覚器官は肉体に属するが、感覚そのものは、精妙な電気的エネルギーで出来ている幽体の機能である。そのため夢や幻覚の場合は、幽体の感覚器官が肉体の感覚器官とは無関係に、潜在意識の心によって働くのである。（用語解「幽体」参照）

（2）用語解「アヴィディア」および「マーヤ」参照。

（3）パエドルスの寓話第四巻より。

（4）アルバート・アインシュタインの次の言葉は真理の核心に迫っている。「わたしは神がどのようにしてこの世界をつくったのかを知りたい。わたしは、一つ一つの現象や一つ一つの細かい要素には興味がない。わたしが知りたいのは神の考えであって、それ以外は末梢の事である」

（5）ここではＳＲＦが教えている活力強化法のことを言っている。（用語解「活力強化体操」参照）

講話四十六　神は父か母か

（一九三九年五月十四日　エンシニタスの旧礼拝堂における講話）

私は、母の愛を知らずに育った人たちを気の毒に思います。なぜなら、そういう人たちは非常に大事な経験をしそこなったからです。母親はみな、〝神の無条件の愛〟の現われです。その完全な現われは聖母様（天の母、宇宙の母）ですが、人間の母親たちはまだ不完全です。私は、世のすべての母親たちが、すべてのものを平等に愛する〝神の愛〟を身につけて、小さな人間的愛を、聖母様のような純粋な〝すべてを包み込む愛〟に高めることを祈ります。

私の母は、私にとってすべてでした。私の日々の喜びは、すべて母の存在という大空の中にありました。当時、私たちはバレイリーに住んでいましたが、父と私が「母危篤」の電報を受け取ったのは、私がまだ少年のときでした。母は、兄アナンタの結婚式の準備のために、カルカッタに行っていたのです。父と私は、すぐに汽車でカルカッタへ向かいました。途中の乗り換え駅で、伯父が待っていました。私はそのとき、母がすでに死んでしまったことを直感して、悲痛な思いで伯父に、母はまだ生きているだろうか、と尋ねました。ちょうど汽車が轟音を立ててプラットホームに突進して来たので、私は、もし母が死んだのならその車輪の下に身を投げようと思ったのです。私の顔から心中を読み取った伯父は、「もちろん生きているとも」と答えました。しかし、カルカッタの家に着いたとき、母はやはり息を引き取ったあとでした。私は、悲嘆のどん底に突き落とされてしまいました。私は母を、最愛の友として愛していたからです。母の慰めに満ちた黒い瞳は、私にとって何物にも替えがたい避難所でした。私はそのころの経験をこんな詩に書きました――

ただの同情に満ちた多くの黒い瞳が言った
　母を失った悲しみを、孤児になったわたしを
　慰め守ろうと。
だが、失われた二つの黒い瞳の
　愛のまなざしに代わるものはなかった。
あの愛に満ちた二つの黒い瞳は
わたしを取り巻くすべての黒い瞳の世界から
　永遠に消えてしまった。

その二つの黒い瞳をわたしは探し求めた
　生死のくり返しの中に、現実と夢の中に
　また、すべての未知の国々の中に。
そしてついに、わたしは見つけた
　宇宙の彼方から、心の内奥から、
　地の底から、遠い星々から、内からも外からも
　至る所でわたしをじっと見つめている
　遍在の聖母様の無数の黒い瞳を。
消え去った母を求めつづけて
　わたしは不滅の母を見つけた。
失ったこの世の母の愛を
　わたしは宇宙の母の中に見つけた。
その無数の黒い瞳の中に
　捜し求めていた二つの黒い瞳があった。

私がどこにいても、あらゆる所から――宇宙のすみずみから――たえず私を見つめてくれている、あの母の黒い瞳に突然気がついたときの感動は、とても言葉では言い表わすことができません。あなたがたにも経験させてあげることができたらと思います。私のそれまでの悲しみは、その瞬間、いっぺんに喜びに変わってしまいました。

神があなたがたにいろいろな人間関係を与えられたのは、単に相手の表面的な姿だけを見ず、その意味するものを見ることによってそれを理想化させるためです。もし、あなたがたが、いつも自分の母を、〝聖母様の無条件の愛が人間の形をとって現われたもの〟として見るならば、いつか母の死に遭遇しても慰めを与えられるでしょう。あなたの母は、肉眼の視野からは消えても、いなくなったのではありません。今まで聖母様の代理としてしばらくの間あなたの世話をしたあと、連れ去られただけです。そして今は、遍在の聖母様の愛の陰に隠れているのです。母を失ったと思っている人たちは、大空の彼方に隠れている聖母様を見つけるべきです。あなたの祈りは、まだ十分な深さに達していません。聖母様の応えが得られるまでは決してあきらめまい、という不屈の決意で求め続けなさい。もしあなたも、私がしたように真剣に祈るならば、聖母様は必ず応えてくださいます。そしてそこに、あなたは失った母を見るでしょう。

今私は、すべての女性をみな母として見ています。たとえわずかでも善良さをもっているならば、私は彼女の中に聖母様を見ます。男性はみな、女性を母と見るべきです。女性を単なる情欲の対象として見るとき、男性は最も大切なものを見失って、自分の中の悪だけを見ます。母としての女性の中には純粋さが

あります。女性には、男性を悪の落とし穴から救う母性本能が与えられています。それが女性の第一の役割で、女性は愛欲の対象としてつくられたのではありません。男性に対する女性の無条件の愛情ほど神聖なものはありません。いかめしい裁判官も、家庭では妻にとって子供にすぎません。女性は、聖母様の愛を現わそうと思ったら、世界中の人々に愛を感じなければなりません。他人を母性愛で元気づけることは、女性が人に与えることのできる最高の恩恵です。

神は父でもあり母でもある

神はこの宇宙を創造するにあたって、二つの相を現わされました。すなわち、男性的、父性的な相と、女性的、母性的な相です。あなたは目を閉じて広大な無限の空間を一心に思い浮かべていると、それに圧倒され、魅了されるようになります。そしてそこに、純粋な知性だけを感じます。その、星々も星座も何もない隠れた無限の領域、純粋な知性だけの領域が父です。そして、きらめく星々や、銀河や、花や、鳥や、雲や、山や、空など、無数の美しい被造物を包含する大自然が聖なる母です。大自然の中に、あなたは、美しさ、優しさ、柔和さ、思いやりなどに満ちた神の母性を見ます(1)。大自然の美しさは、神の創造的母性本能を現わしており、われわれは、大自然の中にあるさまざまな善きものを眺めていると、自分の内に安らぎを覚えます。つまり、われわれは自然を眺めるとき、そこに母としての神を見たり感じたりすることができます。

ですから、神は父でもあり、母でもあります。キリスト教の聖書も、ヒンズー教の聖典も、神の三位一体を説いています。すなわち、キリスト教では、「父と子と聖霊」、ヒンズー教では、「サット・タット・オーム」と言います。父とは神の知性としての相です。聖霊は母としての相です。そして、子は宇宙の被造物で、神の父性と母性の聖なる愛を表現する象徴または原理です。われわれは、その愛によって生まれた子供です。「地は天にならい、下は上にならう」――地上の家族の中に、われわれは聖なる三位一体の縮図を見ることができます。すなわち、父なる神は父親の中に、聖霊または大自然は母親の中に。そして子なる神は、父母の愛の結晶である子供の中にそれぞれ現われています。

イエスは、神を父として語りました。しかし、神を母として語る聖者たちもいます。神は、その超越的相においては父でも母でもありません。しかし、神を人間関係に当てはめて考えるとき、われわれにとって、神は父でもあり、母でもあります。そしてまた、無限の知性であり、無限の愛でもあります。神は創造活動の中でご自身を現わされるとき、父親の性質の中にそ

の知性を現わし、母親の性質の中にその愛を現わそうとされました。したがって、父親も母親も、神の性質の半分ずつが強調されているため、片方だけでは不完全なのです。つまり、父親は理性によって動いたり動かされたりしがちなのに対して、母親は感情によって動いたり動かされたりしがちです。子供に指図するときも、父親は理性的に物を言い、母親は感情的です。

母親は、「子供を育てるには愛情で」と言います。多大な愛情表現もときにはよいことですが、甘やかしは子供をだめにしてしまいます。反対に、厳しさもある程度は必要ですが、過ちを厳しく罰してばかりいると、子供を間違った方向へ追い込むことになります。ですから、子供を育てるには、神の二つの面が両親によってバランスよく表現されなければなりません。子供のためには、両方とも必要なのです。また、父親は自分の理性を愛情で調節し、母親は自分の愛情を理性で調節するよう努めることが必要です。

私のグル、スリ・ユクテスワの中には、父親の厳しさと、母親の優しさがよく現われていました。その厳しさは英知による確信に満ち、その優しさには盲目的なところが少しもありませんでした。すべての父親も母親も、潜在的にはみな、神の父性的知性と母性的優しさの両方が与えられています。ですから、だれもが両方の特性を完成させるべきです。親は、とかく自分の子供の欠点には盲目的になりがちです。子供の欠点を正しく見ることができない人の愛情には、どこかに欠陥があります。親たちは、子供を無条件に愛すると同時に、子供の間違った考え方や行動に盲目にならないよう気をつけなければなりません。子供がどんな間違いを犯しても愛を忘れてはなりませんが、その間違いをかばって助長させてはなりません。間違いは間違いとして正し、子供が悪の落し穴から脱出するよう助けてやるべきです。子供は、親の間違った甘やかしの愛に対しては、何の愛も返しません。

純粋な理性と純粋な愛情は直感的である

純粋な理性も、純粋な愛情も、ともに直感的な性質をもっています。純粋な愛情は、純粋な理性と同じくらい澄んだ洞察力をもっています。ほとんどの女性は鋭敏な直感力を与えられています。しかし、あまり興奮すると、直感力は失われます。理性もまた、十分に修練されたものは直感的ですが、未熟な理性は、前提を間違えると結論も間違ってしまいます。澄明な理性をもつ人は、だれでも早晩、間違うことのない真の直感を育て上げるでしょう。

嫉妬深く、憎悪心が強く、怒りっぽい性格の女性は、自分のそういう性格を周囲の人々の中にも反映させます。それらの有

害な感情を持ちつづけていると、やがて直感という貴重な天与の贈り物を失うことになります。ですから、女性はみな、自分の感情を抑えるように気をつけ、自分の中から有害な感情をすべて閉め出すよう心がけなければなりません。そうすれば、やがて、神の母性である直感的な愛情を発達させることができるでしょう。私の母は、嫉妬と、憎しみと、怒りから完全に解放されていたので、すばらしい直感力をもっていました。

神はだれをも決して見捨てません。あなたが仮に罪を犯し、自分でもそれが救いようもないほどの大罪であると認めたとき、あるいはまた、世間の人々から何の値打ちもない虫けらのような人間だと烙印を押されたときでも、ちょっと立ち止まって聖母様のことを思い出しなさい。そしてこう言いなさい、「聖母様、私はあなたの子供です。悪い子供でした。どうかお赦しください！」と。あなたが神の母性に訴えるとき、拒絶されることはありません。あなたはいとも簡単に、神の心を溶かしてしまいます。しかし、もしあなたが同じ罪を重ねるならば、神はもう助けてはくれません。神に赦しを祈るときは、自分の悪い行為を捨てなければなりません。

罪の告白（懺悔）には、このように付随すべき原則があります。教会での告白という行為は、健康の法則に背いて病気になった人が医者に治療を依頼する行為にたとえることができます。病人は医者に、発病するまでの経緯を説明しなければなりません。すると、医者は処方して治療してくれます。しかし、同じ不摂生を何度もくり返して自然の法則に背いていると、もう健康は戻らなくなります。私の知っているある少年は、いつも、「自分は何をしても平気だ。どうせ来週、教会で告白すれば許してもらえるから」と豪語していましたが、これは心得違いです。悪い行為は、告白と同時に改めなければ決して赦されません。

聖者といわれるような人たちは、自分の中に父性と母性の両方を発達させます。彼らは、母親が子供に対して抱く愛情と同じ愛情を、すべての人に感じることができます。イエスが十字架の上で、「父よ、彼らをお赦しください。彼らは、自分が何をしているか知らないのです」と言ったときの気持がそれです。自分をはりつけにした人たちに、どうしてこのような愛を感じることができるのでしょうか？　それは、イエスが神の父性と母性の両方をそなえていたからです。イエスにとって、自分を十字架に釘づけにした人たちは、槍をもった敵ではなく、自分のことを理解できない自分の子供だったからです。母親以外にだれがこのような気持をもつことができるでしょうか。母親は、自分の子に虐待されても、その子供の将来だけを心配します。イエスの中にそのような母性があったからこそ、「父よ、彼らをお赦しください」と言うことができたのです。

あなたも、自分の内に神の母性を育てれば、世界中の人々に愛を感じるようになるでしょう。また、もしあなたが、聖母様としての神に懇願すれば、聖母様はすぐにあなたの願いを聞いてくださるでしょう。それはあなたが、聖母様の優しさと無条件の愛に訴えるからです。あなたが神を母として拝むときは、堂々とこう言うことができます――

「聖母様、善くても悪くても、私はあなたの子供です。私が今までに過ごしてきた幾生涯は悪行ばかりだったかもしれません。しかし、それらの罪は、どうしてもすべておきてどおりに償わなければならないものなのでしょうか？　そんなに長い間、私はあなたのみもとへ行くのを待つことはできません。聖母様、どうか私をお赦しください。あなたはなぜ私を、そんなに厳しく罰しなければならないのですか？　してしまったことは、してしまったことです。みな過ぎたことです。もう二度と罪は犯しません」と。

すると、聖母様はこう答えるかもしれません。

「お前は悪い子です。あっちへお行きなさい」

そうしたら、あなたはこう言いなさい。

「あなたは私の聖母様です。私を赦さずにはいられません」と。

すると、聖母様はこう言うでしょう。

「お前が救いを求めるなら、救いをあげましょう。知恵を求めるなら、知恵をあげましょう。でも、愛だけはあげられません。お前がわたしから愛を取ったら、わたしには何もなくなってしまうから[2]」

しかし、もしあなたがなおも、

「私は、どうしてもあなたの愛が欲しいのです！」

と叫びつづければ、ついに聖母様は折れてこう言うでしょう。

「お前はわたしの子、わたしはお前の母、どうしてお前を赦さずにいられましょう」

そして聖母様は、その最後の宝、聖なる愛をあなたにくださるでしょう。

聖母様の幻

私はインドにいたころ、偉大な聖者マスター・マハサヤをよく訪ねました[3]。初めて彼の家を訪ねたとき、彼は祈りの最中で、私はその邪魔をしてしまいました。彼は私を招き入れてすわらせると、こう言いました、「わたしは今、聖母様とお話をしていたところだ」。そのとき、彼の顔は満面に聖母様の愛を反映して輝いていました。そして、その偉大な愛の波動が強く私にも伝わってきました。私が、聖母様と霊交しているマスター・マハサヤのそばで感じた愛の波動はいつも、私が最も愛していた地上の母の中に感じた愛よりも何億倍も強いものでした。そ

んなとき、私は、もう聖母様なしでは一刻も生きてゆけない、と思いました。

ある日、私は彼に言いました。

「先生は聖母様とお話ができるのに、どうして私にはできないのでしょうか？　聖母様が私を愛してくださっているかどうか、先生から聖母様に聞いてください。私は、それを知らずにはいられません」

私がしつこく懇願すると、彼はとうとう承知してくれました。

「では、愛するお方に取りなしてあげよう」

その夜、私は瞑想中にすばらしい聖なる体験をしたのです。私は家に着くやいなや、自分の小さな屋根裏部屋に閉じこもって瞑想に入りました。夜の十時ごろ、暗やみの中に突然輝かしい幻が現われて、辺りが明るくなりました。美しい聖母様が優しく微笑みながら私の前に立っておられたのです。

「わたしはいつもお前を愛してきました。これからも、いつもお前を愛しています」

こう言われると、そのみ姿は消えてゆきました。

次の朝、私はまだ日も上がらないうちに、急いで聖者の家に行きました。彼の目を見て、私には彼が無限の花園を散歩していたことがわかりました。そのような神の愛はめったには見られないものです。

「先生、聖母様は私について何かおっしゃったでしょうか？」私は尋ねました。

「このいたずら者が！」

私は不服そうな顔をしてもう一度言いました。

「聖母様は何とおっしゃったのですか？　先生はきのう、聖母様に聞いてくださるとおっしゃったではありませんか」

すると彼はまた、「このいたずら者が！」と言いました。私は、彼が私の計略を見抜いていることがわかりましたが、昨夜の自分の体験が真実のものであったかどうかどうしても確かめたかったので、わざと知らぬふりをして言いました。

「どうしてそんな謎のようなご返事しかしてくださらないのですか？　聖者ははっきりと物を言わないことになっているのですか？」

すると彼は答えました。

「どうしてもわたしを試そうというのかね？　お前がゆうべ美しい聖母様ご自身からいただいた保証に対して、いまさら何を付け足せと言うのだ？」

私はとたんに、至福の洪水に包まれてしまいました。私は聖者の足もとにひれ伏しました。そして、聖母様がその足を通して歩いていらっしゃることを知りました。私に神の母性を明かし、理解させてくれたのはマスター・マハサヤでした。それか

ら彼は、私に、私がやがて自分のグルにめぐり会うこと、そして、そのグルは神の英知をそなえたグルであることを語ってくれました――

「その師の導きにより、これまでお前が愛と信仰を通して得ていた神の経験は、測り知れない英知を通しての経験へと変わってゆくだろう」

信仰心のテスト

ではもう一つ、聖母様についての私の経験を話しましょう。SRF本部の庭には、小さなコンクリート製の「願いの井戸」があります。その井戸を購入したあと、私は、若い生徒たちがそれを据え付け場所へ運ぶのを手伝っていました。ところが、たまたま持ち上げた井戸がすべって私の足の上に落下しました。全重量をまともに受けた私の足は、激痛が走り、腫れあがって、完全につぶされたような感じでした。私は部屋に運ばれ、友人たちは医者を呼ぼうとしました。私はそれを止めて、

「もし、聖母様が医者にかかれと言われたら、見てもらおう。だが、そう言われないかぎり、わたしは見てもらわない」と言いました。

私は、聖母様のご指示を期待しながら待ちました。しかし、私の足の痛みは日ごとに増してほとんど耐えられなくなってきたのに、聖母様からは何の知らせもありませんでした。次の日曜日には、私は大勢の前で講義をする予定になっていました。『わたしは演壇まで運ばれて行かなければならないのだろうか！』――私の足は腫れあがったまま靴も履けませんでした。

日曜日になると、サタンが私を誘惑して言いました。

「治してくれと祈ったらどうだね？」

しかし、そう祈ることは聖母様を疑うことでした。『聖母様はわたしが誓ったことを知っておられる。だから、聖母様のご意志に従おう』――私はそう思って、

「いや、わたしは祈らない。聖母様はわたしのけがをご存知だ」と言いました。私は、聖母様にすべてをおまかせすることを誓って、心の中で言いました。

「死の波の下に沈もうと、生の大波に揺られていようと、私はいつもあなたといっしょです！」

すると、またサタンが言いました。

「ここにいる人たちを見るがよい。彼らはみな、お前を見て笑うだろう。お前は今まで、彼らの前で病気一つしなかった。しかし、今その足の大けがを彼らの前にさらさなければならないのだぞ」

「かまわない！」と私は答えました。ひとたび聖母様の愛に

触れると、人からの非難や賞賛は気にならなくなるのです。

私は、演壇に向かってびっこを引きながら歩いて行きました。ところが、入口の敷居のところで、私はうっかり足をすべらせて、けがをしたほうの足をひねってしまいました。その痛さは、骨が砕けたかと思うほどでした。ところが、もう一歩足を踏み出したとき、なんとあの恐ろしい腫れが突然退いて、痛みも消えていたのです。私は、その場で靴が履けるようになりました。

それは、聖母様の愛の力が最も劇的な形で現われた経験の一つです。私は、足のけがなど初めからなかったかのように、普通に歩くことができました。言うまでもなく、私は感動で震えていました。それは足が治ったからではなく、そこに聖母様がおられるのを感じたからです。聖母様は、私が足を治して欲しいと祈るかどうか試しておられたのです。もし、私がそう祈っていたら、おそらく私の足は然るべき時間をかけて自然に治ったことでしょう。そして、その代わり私は、神の愛はわれわれをどんなことからも守ってくださるという、この聖なる経験をしそこなったことでしょう。

また、別のときのことですが、私はパームスプリングで聖母様に賛歌を歌っていました――

「聖母様、
私の魂の叫びをお聞きください
いつまで隠れていらっしゃるのですか
沈黙の空から出て来てください
私の静寂の洞窟から出て来てください」(4)

すると突然、聖母様がみ姿を現わされたのです。石の中にも、しゅろの木の中にも、至る所に私は聖母様を見ました。神には決まった姿はありません。しかし、信者を喜ばせるために、その人が望むどんな姿でもとって現われてくださるのです。あなたがたにはまだ、聖母様がどんなにすばらしく、どんなに偉大で、どんなに愛深きお方かわからないでしょう。

そのような聖母様が自分といっしょにいてくださるということを実感して知るほど、偉大な経験はありません。聖母様のおいでをいつも待ち構えていなさい。聖母様は、あなたの悩みが悲しみであろうと、痛みであろうと、病気であろうと、どんな問題でも助けてくださいます。慰めを祈るときは、聖母様としての神に祈りなさい。そして英知を求めるときは、天の父としての神に祈りなさい。

母親の皆さん、あなたがたが自分の子供に与える無条件の愛を、小さな親子関係の中だけに閉じ込めずに、それを聖母様の愛と理解にまで拡げてすべての人々に与えなさい。そうすれば、あなたの母性愛は地上の母親の限界を超えて、あなた自身も聖母様になるでしょう。あなたが世界中のすべての人々に対して

真に母親の実感をもつようになれば、あなたにとってもう他人はいません。そして、世界中の子供たちをわが子と感じ、愛するようになるでしょう。人間どうしのどんな愛も、その完全な姿は神の愛の中にあるのです。

自分を罪びととして裁くのはやめなさい。そして、自分の悪習を追放してこう祈りなさい——

「聖母様、私はあなたの子供です。どうかみ姿を見せてください」と。

こうして、毎朝毎晩欠かさずに聖母様としての神に訴えつづければ、必ずみ姿を現わしてくださいます。

神に感謝して、すべての母親たちのために、彼女たちが神の母性を現わすことができるように祈りましょう——

「世界中のすべての子供たちが、聖母様の無条件の愛を反映する母親たちの真の母性愛に包まれますように——。そして、その無条件の母性愛を互いに与え合うことによって、この地上に天国が実現しますように——」

（1）ここでは、パラマハンサ・ヨガナンダは、われわれが母親の中に見る優しさや思いやりこそ真の母性である、と強調している。しかし、師はまた別のところで、「相（表現形態）も性質も顕現を前提とし、顕現（現象）は相対性を前提とする」と言っているように、神の母性の顕現（Mother Nature）といわれる大自然はまた、厳正な宇宙秩序を維持しなければならないため、この秩序が、人間の誤った行為がもたらす影響によって調和を破られると、それを正すために時には極めて荒々しい形で神の裁きを現わす。そのような場合でも、聖なる母（神の母性）の本質である優しさは、信者が彼女の無条件の愛に訴えるとき、因果の法則の厳しさを緩めずにはいられなくなることがあるのである。ヒンズー教では、大自然のもつこの二面性を象徴して、神の母性を表わす聖母像を、恩恵を与える二本の腕と破壊をもたらす二本の腕の、つごう四本の腕をもつ女神カーリとして描くことがある。（出版部注）

（2）ベンガルの古い詩より。この詩を訳したものは、パラマハンサ・ヨガナンダの『Cosmic Chants』に載っている。（出版部注）

（3）『あるヨギの自叙伝』第九章参照。

（4）『Cosmic Chants』〝わが魂の叫びを聞きたまえ〟より。

講話四十七　記憶力を養うには

（一九三二年八月二十八日　SRF本部における講話[1]）

人間には、他の動物にはない発達した記憶力という貴重な能力が与えられています。あらゆる被造物の魂は、無意識のうちに、自己の神聖な起源を記憶しており、自然にその起源を求めようとします。万物はこうして、自分のつくり主の完全さを求めることによって進化しますが、神の創造計画によれば、魂がその起源において神と一体であったことを意識的に思い出す能力を与えられるのは、高度に発達した脳と神経組織をそなえた人体を獲得してからです。

記憶力とは、われわれが過去の経験を心に再現する能力です。もし、われわれに記憶力がなかったら、われわれは過去に経験した事をすべて忘れて、赤ん坊のように、毎日一から始めなければなりません。だから記憶力を失った精神異常者は、幼児のように振る舞うのです。

いくら経験があっても、それを思い出して活用することができなければ、その経験は価値がありません。人は、自己を内省したり、過去の行為を分析したりして学んでゆきます。人間としての価値はその記憶能力にある、と言うことができます。Aという人は、毎朝目を覚ますと、自分がAであることを思い出します。そして、過去のいろいろな出来事を自分の人生の経験として思い出すことができるのも、記憶力のおかげです。

われわれは、潜在意識の働きによって、過去の経験を必要に応じて思い出すことができます。それによって、以前習得した技術や方法などを容易に再現することもできれば、また、いろいろな場合にどのように行動すべきか、どのような行動は避けるべきか、などの判断をすることもできます。

潜在意識の心は四六時中活動していて、昼間経験した事をすべて記録し、夜眠っている間も、夜間警備員のようにからだを見張っています。そのため、われわれは目が覚めたとき、よく眠ったかどうかもわかります。この潜在意識の記憶能力は、常に目覚め常に喜びに満ちている神の意識から来ています。だれの魂の中にも、自己の起源である神の意識の、記憶の種子が宿されています。だから魂は、自分が常に神の中に生きていることを知っているのです。記憶力は、人間に自己の不滅の本性を思い出させる種子であり、これを育てることによって、われわ

れは、今生だけでなく過去世のすべての経験をも思い出すことができるのです。

聖なる記憶を開発せよ

われわれは、肉体的存在としてこの世で経験した事は何でも思い出すことができるのに、魂として経験した聖なる経験は何も思い出すことができないのはなぜでしょうか？　記憶には、二つの種類があるのです。それは、肉体的存在としての今生における経験しか再現しない浅層の記憶と、魂の過去世におけるすべての経験を再現する深層の聖なる記憶です。しかし、ほとんどの人は、今生の記憶しか呼び起こすことができません。

では、なぜわれわれの聖なる記憶は眠っているのでしょうか？　世の中には、今生の記憶も聖なる記憶も豊富に思い出すことのできる人がいますが、一方では、少し前の出来事さえよく思い出せない人もいます。このように、記憶力は、各人の脳の能力によって差があります。記憶力を養うには、教育、集中力、瞑想、そのほか記憶を必要とするいろいろな経験などが必要ですが、記憶力の乏しい人は、教養や学識のある人にはなれません。いくらいろいろな経験をしても、それを端から忘れていったのでは、それらの経験は、その人の心を成長させる糧にはなりません。

われわれは記憶力の質を高めることによって、この世の経験だけでなく、自分自身の聖なる起源まで思い出せるほどその能力を拡大することができます。この聖なる記憶を目覚めさせることができれば、われわれは過去世におけるすべての経験を思い出し、ついには自分が不滅の魂であることを自覚して、人生のあらゆる束縛から自由になることができるのです。

記憶に与える運動の効果

ヨガのアサナ[2]や適当な運動は、記憶力を養ううえに効果があります。今日、われわれの生活はあらゆる面で機械化が進み、人手による作業が減ってしまったため、からだを動かす機会が少なくなり、規則的な運動の必要性が急務となってきました。そこで、そのためのいろいろな屋内用運動器具も考案され、使われています。

しかし、運動による十分な効果を得るには、自分の動作に精神を集中して行なうことが重要です。からだに力を与えるものは単なる筋肉の伸縮ではなく、生命エネルギーを呼び起こしてそれを身体の各部分に送り込む精神集中力です。

記憶力増進に有効な食物

食物には、脳に栄養を与える食物や、筋肉、神経、各臓器な

どそれぞれの器官の成長維持に有効な食物があります。記憶力を増進するためには、脳の力を増す食物を摂ることが必要です。それには蛋白質が有効です。ヨギの経験によれば、粉にひいたペカン（西洋くるみ）またはアーモンドに、少量のライムジュースかオレンジジュースを混ぜたものを就寝前に摂ると、脳の強化によいとされています。また、ミルクやチーズも脳に有効な食物です。

ヨギはまた、頭や神経が疲れたときには、一、二個分のライムジュースをコップ一杯の水に混ぜて飲み、頭に冷水をかけ、さらに、こめかみ、眉間、鼻孔、耳を冷水で冷やすことを勧めています。そうすると、神経が速やかに鎮静し、心が落ち着いて記憶力が回復します。

脂肪分を摂り過ぎると、脳の表面の血管内に脂肪が沈殿して付着する恐れがあるので、あまり油っこいものは食べ過ぎないように気をつけるべきです。ヒンズー教徒の間では、豚肉や牛肉は多量の尿酸を含んでいるため人間の健康には有害とされており、また、豚や牛は記憶力が鈍く、その肉を食べることはその肉体的、精神的特徴まで引き継ぐことになる、とも言われています。

記憶力を訓練せよ

記憶力は、訓練によって強化することができます。生まれつきからだがひ弱だからと言って、生涯強いからだにはなれない、と考えるのは間違いです。人生には、常に、何事にも、改善の可能性があります。正しい方法を見つけて訓練すれば、それは可能です。同様に、医師の中には、遺伝的精神薄弱者は死ぬまで治らないと言う人がいますが、これまでに多くの精神薄弱者が精神集中の訓練によって治った実績があります。西洋では、この方面の研究があまりなされてこなかったため、多くの心理学者は深い精神集中に入るための方法を知りませんが、インドでは何世紀にもわたって、ヨギたちがこの方法を伝えてきました。

集中力を養うための正しい方法は、一般の人々にはまだほとんど知られていません。人はだれでもその能力をもっていますが、眠らせたままです。人々はこの精神的能力の開発を怠っているために、いろいろと深刻な問題に悩まされているのです。健全な脳を発達させるには、肉体と同様、そのための正しい訓練が必要です。

このように、記憶力を伸ばすにも、運動や、栄養価の高い食物のほかに、精神的訓練が必要です。そのためには、思い出す訓練をしなさい。まず、特定の物または情景をよく見ます。次

に目を閉じて、心の中に今見たものをできるだけはっきりと思い描く練習をしなさい。また、歌曲や聖歌のメロディーを思い出して心の中で歌ってみるのも有効な訓練です。感情を込めて何かを行なったり、感動を呼び起こすような事をすることも記憶力を増す効果があります。また、詩や音楽は感動を呼び起こすのに有効です。われわれが過去に経験した大きな喜びや悲しみをよく覚えているのは、それらが心に深く感じられたからです。何事によらず、心に強い感動や刺激を受けることは、記憶力を訓練することになります。詩を書いたり、それを思い出して心の中でいろいろ練り直してみることもまた、記憶力や集中力を訓練する良い方法です。

瞑想は記憶力を強める

記憶力を養うには、何事も深い注意力をもって行なわなければなりません。しかし大概の人は、不注意な心で漫然と行動しています。彼らの心と行動との間には大きな隔壁があるため、自分のしたことがよく思い出せないのです。よく覚えておこうと思うことは、最深の注意力をもって行ないなさい。神経質になってはいけませんが、どんなことをするにも注意力を欠かしてはなりません。教会で説教を聞くときには、心を集中して聞きなさい。家事は興味をもって注意深く行ないなさい。自分のしている仕事に注意力を集中しても、その心の背後におられる神を意識する妨げにはなりません。しかし、瞑想するときは、神のことだけを思いなさい。記憶力は瞑想によって強められます。

瞑想とは、魂と一体になることです。それは、ふだん意識している自分の肉体や、人間的限界のことを忘れて、自分が魂であることを思い出そうとすることです。人は、自分を、今生の仮住まいである肉体には束縛されない、不滅の魂として自覚するよう意識的に努力しはじめると、しだいに過去世における経験を思い出すようになり、ついには、自分が神の懐から下って来たことを思い出すようになります。神の中には、自分の今生の記憶だけでなく、過去の全生涯のすべての記憶があります。自分の内なる魂と一体になると、死を超えて生きつづけてきた不滅の自己の、忘れていたいくつもの過去の生涯がよみがえってきます。瞑想とは、自分が肉体ではなく、神と一体の不滅の魂であることを思い出すことです。

われわれは、昼間は自分を肉体としての人間と考えがちですが、夜、夢も見ないほど熟睡しているときは、肉体のことを忘れています。瞑想によって、われわれは自分が肉体に束縛されていることを忘れようとすることができます。そして、実際に肉体意識から解放されて、自分が魂であることを思い出すよう

になります。大師たちは、こうした瞑想に根気よく励んだ人たちです。

良い経験だけを思い出すこと

人間の記憶能力は、良い事を再現するために与えられたものです。記憶力を誤用することは、かえって有害です。昔ひとから受けた害をいつまでも覚えていてその人を憎むのは、記憶力の誤用です。しかし、不幸な経験も、その中から教訓を学び取るために思い出すならば、それは記憶の正しい使い方です。それによって、人は自分の過去の行動を反省し、不幸をもたらした自分の間違いを再びくり返さないように気をつけることができるからです。過去に抱いた悪い想念は、わざわざ思い出してそれを復活させてはなりません。それは、思い出せば思い出すほど長く心に住み着きます。記憶力は、自分の過去における良い経験と教訓だけを思い出すために与えられたものです。過去の悪い想念は、思い出さないようにすれば自然に消えてゆきます。もし、それでも心に浮かんで来たら、すぐに追い出しなさい。

もう一度言いましょう――悪い経験を思い出してそれに固執することは、神の贈り物である記憶力の誤用です。それよりもこう誓いなさい――

「わたしは記憶力を、良い想念、良い経験だけを思い出すために使おう。これからは、不愉快な思い出はすべて心から追い出そう。それらはみな消えてゆくべきものだ。わたしは神の子だ。わたしは良いことだけを見、聞き、味わい、触れ、感じ、志そう。わたしは自分の経験から、良いものだけを取り出し、良いものだけを記憶に残そう」と。

こうして、きょう限り記憶の誤用をやめなさい。

常に善い感情をいだき、善意に満ち、自然や人々の善い面だけを見る人は、善いことだけが記憶に残ります。記憶力は、あなたが過去の経験の中から善いものを思い出す力を養い、ついには最高の善である神を完全に思い出すために与えられたものです。すべてのものの中に善を観ることができるようになると、これまで神のつくられたいろいろな被造物の中に神の調和の片鱗をかいま見せていたあなたの思考や、感覚や、知覚の小さな窓は、見えないみ手によってすべて閉じられます。そして代わりに、広大な無限の窓が開かれて、そこに遍在の善である神のみ顔が見えるようになります。

聖なる記憶という永遠の炎を燃え上がらせて、あなたの忘却のヴェールを焼き払いなさい。そのとき、あなたは、自分が今までも今も、常に神と一体であることを思い出すでしょう。

（1）この講話は、パラマハンサ・ヨガナンダがＳＲＦ本部で開いた一連の夏季戸外講座での講話の一つである。この講話は大きな胡椒の木の下で行なわれ、師はそこを「木陰の教会」と呼んだ。
（2）アサナはハタ・ヨガが教える独特の姿勢（体位）のこと。（用語解「ハタ・ヨガ」参照）

講話四十八　人間の永遠の探求

（一九四一年二月十六日　エンシニタスの旧礼拝堂における講話）

　この礼拝堂のまわりに咲いている花は、たいそう美しく見事です[1]が、実は、その背後にはもっとすばらしい花園があります。その花園はきわめて霊妙で、初めはなかなか見えませんが、あなたがたが霊眼の扉[2]を開いて、内なる世界に入ることができるようになると見えてきます。私はその花園に住んでいます。そこはこの上もなく優雅で、どんな花よりも優しく甘美な、香り高い想念の世界です。私の心は、その花園で蜜蜂のように、たえず神といっしょにいる喜びの甘い蜜を吸っています。

　あなたがたは、注意力を内面に集中して、肉眼には見えないこの内なる世界により多く住むようになると、すべての魂がそれぞれの性質を独特の形で表現しているのがわかるようになります。いかなる物象も、言葉では言い表わすことのできない神の甘美さを覗かせてくれる窓です。神の探求は、瞑想の中だけにあるのではありません。あなたの内的知覚力が十分に深まってくると、あなたの善意や善行を通して現われるあなたの善性が、あなたに神の存在を感じさせる隠れた甘露をつくり出しているのがわかるようになります。

　あなたがたは、心を内面に集中して霊眼の扉を通り抜けると、自分の内に、知性をもつ生命エネルギーの工場があるのを見ます。全宇宙はそのエネルギーによってつくられています。しかし、あなたがたは心を内面に向けていないために、自然界の万物に刻まれた神の刻印を見ると当惑します。どこを見ても神のつくられたものばかりです。花にも、空にも、すべてのものに神のみ名が刻まれているのに、神ご自身は沈黙したままです。しかし、われわれ人間には大きな特権が与えられています。すべての神の創造物の中で、神を求め、神を見いだし、神を知り、神の沈黙の言葉を理解するだけの肉体的、精神的、霊的素質を与えられているのは人間だけです。

人生における成功とは何か

　子供が夢に描いている成功といえば、あらゆる種類のおもちゃを持つこととか、自分が乗って動かせるおもちゃの自動車を持つことなどです。貧しい子供は、もしたくさんのおもちゃを持つことができたらどんなに幸せだろうと思っていますが、

金持ちの子供は、おもちゃやゲームに飽きてその魂はかえって落ち着きません。彼らはすでにあまりにもたくさんのものを持っているため、少々のことでは喜ばなくなっています。われわれが子供のころに抱いた願望は、大人になってから振り返ってみると笑ってしまうようなことですが、今自分がこれこそ人生の夢だと考えていることも、やがて大して意味のあることではなかったと思う日が来る、ということを知っている人はあまりいません。私はこのことに気がついたので、普通の人たちが追い求めているこの世のはかないものに夢中になるのをやめて、もっと先を見ることにしました。少し先を見れば、われわれがふつう欲しいと思っているもののほとんどは、われわれに真の幸福をもたらすものではない、ということがわかります。

成功は、われわれが食物や、衣服や、家や、健康など、生活に必要なものを手に入れるためにも必要です。これらのものは、ある程度はもっていないと満足に生きてゆくこともできません。たちまちみじめな状態に陥ってしまいます。あなたは、自分の求める最小限度の幸福と生活の安定は確保できなければなりません。霊性を求める人も、物質的繁栄を求める人も、肉体を保持してゆくためにはある程度の基本的な必需品が要ることは認めるでしょう。肉体を満足に維持することができなければ、ほかのどんな成功も期待することはできません。

幸福は自分の心がつくり出すものである

しかし、真の成功とは何でしょうか？　あなたがこの世の欲しいものをすべて手に入れたとしても、最後に感じるのは結局はかなさです。私は自分自身を分析してみて、以前自分が何かに対して感じた喜びは、すべて自分の心がそのものに与えたものであることがわかりました。そのものへの関心がなくなれば、それに対して感じていた喜びは消えてしまいます。このように、私は、喜びとは内からのもの、すなわち自分の心がつくり出す観念であることを知りました。あなたの最も大切にしているものがあなたの目の前にあっても、もし、あなたの関心がほかのものに向けられていたら、そのものはあなたにとって無いも同然です。あなたの心がそれに向けられているときだけ、あなたはそれに喜びや愛着を感じるのです。ですから、われわれが求めている幸福のほとんどは、自分の外にではなく、自分の内にあると言うことができます。

われわれは、自分の幸福を大きくすることも、また小さくすることもできます。小さな家に住んでいても、宮殿に住むより幸せだと言う人もいれば、りっぱな宮殿に住みながら、小さな家でつつましく暮らしている人ほどの幸せも感じていない人もいます。つまり、成功と幸福の秘密は、あなたの内にあるのです。いくら外面的な成功と繁栄を手に入れても、そこに内面的

な幸福がなければ、真に成功したとは言えません。たとえ百万長者になっても、幸福でなければ成功したとは言えません。もちろん、大金持ちは成功者ではない、というのではありません。裕福であろうと、貧乏であろうと、自分の人生に幸福を見いだした人が真の成功者なのです。

一時的な喜びや、あとに悔いを残すような喜びは幸福ではありません。何かを達成して、その初めの感激が薄れたあともなおその満足感が残るとき、あなたは幸福であり、真に成功したと言えます。あなたが行なったすべての善行は、いつまでも喜びとして記憶の中に残ります。それこそ真の成功です。

どんな環境の中でも幸福であることが真の成功である

成功することは、決して簡単なことではありません。それは、あなたが手に入れたお金や財産の量によって決められるものではなく、もっと深い意味を含んでいます。すなわち、それは、あなたがどんな環境の中でも、心の制御と内的平安によってどれだけ自分を幸福に維持できるか、ということによって決められます。あなたが自分の心を内観してみて、良心が澄んでおり、理性に偏見がなく、意志が強固でしかも臨機応変の柔軟性があり、明確な判断力に富み、さらに、自分に必要なものや役立つものを自由に手に入れることができるとき、あなたは真の成功者と言えます。

子供のうちは小さなものでも幸福になれますが、大人になると、家や車をいくつも持ちたがるようになります。家や車をたくさん持つことが必ずしも幸福ではない、と知っていても、やはり欲しくなります。しかし、満足を得るためにほんとうに役立つものは、簡素な生活と高邁な思想です。外面的なものを追い求めるよりも、心を内面に向けることが真の幸福への道です。自分の家や、持ち物や、衣服などのことに熱心な人が必ずしも文化的レベルが高いわけではありません。犬にいくらきれいな着物を着せても、犬の文化的センスは変わりません。人が犬と違う点は、自分の意識や性質を自発的に変えられる点です。人は、自分の意識を聖なる次元にまで高めることができますが、犬にはできません。人の愛は、この世の次元を超えて働きます。犬は、飼い主が死ぬとしばらくは悲しむかもしれませんが、たいがいはすぐに忘れてしまいます。しかし人は、忘れまいと思う友達のことは、死後も、また、転生したあとまでも覚えています。このように、人は他の創造物よりもはるかに優れた特性をもっています。

人間の進化は考える能力にある

あなたがたは、考えることによって人間として最も大きな進

化を遂げます。ですから、毎日考える力を養うための時間をもちなさい。少しでも読書の時間をもつことは、一日中家事だけに明け暮れたり、無益な事に熱中して過ごすよりもはるかに良いことです。自分の生活を漫然と過ごさないように計画を立てなさい。しかし、自分を束縛しすぎる行き過ぎた計画はいけません。人生では、何事にもバランスが必要です。毎日の仕事や雑用にばかり気を使ったり、ぶらぶらと時間を浪費するよりは、有意義な本を読む時間をもちなさい。有益な読み物を手もとに置いておき、時間が出来たとき読むようにしなさい。本は、科学、歴史、哲学、伝記、旅行記、その他意識を拡げ高めるうえに役立ついろいろな分野のものを少しずつ取り入れるほうが効果的です。

本は、あなたにとって良い友人です。良い本を読めば、そこから多くのものを学ぶことができます。例えば、エマーソンや、ミルトンや、プラトンや、偉大な聖者たちの本は、最初のうちは難しく感じられても、しばらくすると、自分がそこに書かれた事柄について考えているのに気がつきます。そして、自分が何かを学んだと感じるようになります。なぜなら、それらの聖者たちはみな、神の無限の宝庫から、あなたがたが一生かかっても思いつかないような英知を引き出しているからです。

しかし、ふだんよく読書をしていても、自分が読んだ内容を語れない人が大勢います。読書効果をあげるには、読んだあとでそれについて考えてみることです。読んだ事が自分の生活にどう当てはまるのか、また、当てはまらないか、よく考えなさい。読んだ事をただ鵜呑みにしないで、自分の考えでそれをテストしなさい。それが効果的な本の読み方です。このような読書を続けると、自分の考えが成長するのがわかります。

知識は神から直接引き出せ

読書も瞑想もせずに、外面的にしか生きていない人は、深い理解力を養うことができません。瞑想は、聖なる全知の力にあなたを同調させます。その力と接触することが瞑想です。読書もしないということは、自分を人間として正当に扱っていないことですが、瞑想は読書よりもすぐれています。私は読書したいと思っても、一、二ページ読むとすぐに何かの用事で呼ばれるため、読書はあきらめました。それに比べると、瞑想は便利です。自分の内部に深く入り込んで行くと、輝かしい光が見えてきて、大きな喜びが湧いてきます。その喜びは一日中続きます。これは、私だけでなく、至福の主と霊交する人はみな経験する事です。

時間をむだに過ごしてはなりません。神は、あなたがバランスの取れた人間であることを望んでおられます。あなたの生活

のバランスがくずれると、宇宙の法則が働いてあなたに警告します。簡素な生活をして、毎日適度の運動をし、有益な本を読み、規則的な瞑想の習慣をつけなさい。瞑想はあなたに、今まで知らなかった幸福を発見させてくれます。あらゆる必要な知識が、あなたに内部から与えられるようになります。

　私自身、そのようにして生きてきました。私はアメリカに来て二十年になりますが、読んだ本は二十冊にもなりません。これは自慢にはなりませんが、もし、私が瞑想によって神の意識に入ることがなかったら、私は恐らく全くの無知だったでしょう。しかし私は、どんな本も一見しただけで、そこに含まれている真理が私の中にすでに神から与えられていることがわかるのです。どんな思想も真理も、すべて神から来ます。神と霊交すると、全知の神からその英知を直接引き出すことができるのです。ですから、無益な事に時間を捨てるよりは良い本を読むべきですが、さらに良いことは、瞑想によって自分の心をたえず究極の真理である神に結び付けておくことです。

宇宙法則で定められている人間の進化

　人間は、いろいろな時代に、いろいろな場所で、生命と魂についてのいろいろな考え方を発展させてきました。例えば、ある原始的な種族では、だれかが頭痛になると、彼の魂がいなくなったと思い、まじない師に治療を依頼します。すると、まじない師は森へ行って、いなくなった魂を捜して箱に入れて持って帰り、患者の頭にその魂を戻します。そうすると頭痛は消える、と信じられています。また、別のケースでは、病人のからだに釣り針を刺します。これは、病人がくしゃみをしても、魂が飛び出さないようにつなぎ止めておくためです。

　このように、魂については、誤った考え方によって誤った結論に達した人たちもいれば、正しい考え方によって、より深い理解に達した人たちもいます。われわれは、魂が呼吸には依存していないことを知っています。なぜなら、呼吸をせずに仮死状態のまま長時間生きていた人がいたという事実[3]がそれを物語っています。魂は、呼吸やそのほかいっさいの肉体的条件を超越した存在です。

　また、人は、自分が魂であることを信じようと信じまいと、宇宙法則によって、意識的にまたは無意識に、自分のより深い本性を発展させるように定められています。どんな職業に就いても、何か計画を立てたり、創造的なことを考えているときは、その人の意識は進化しています。人は建設的な行為をすることによって進化するのです。

　ほとんどの人は、一つの仕事をしているとき、別の事を考えてしまうため、それに邪魔されます。彼らは、自分の今してい

る事に意識を集中する方法を知りません。あなたがたは、自分の考える力のすべてを一つの事に集中することを学ぶべきです。全神経を一つの目的に注ぐのです。散漫な心で漫然と行動することは、失敗と苦痛を招くことになります。

また、人は、動物のように本能だけで行動する心理的ロボットであってはなりません。考えずに行動することは、自分の内に宿る神に対して大きな罪を犯すことです。われわれ人間は、意識的に行動するようにつくられています。行動に移る前に、まず考えるべきです。そして、よりいっそう進化して創造主と一体であることを悟るために、思考力の使い方を学ぶべきです。何事も、瞑想から生まれた考えに従って行動すべきです。

目標は高く持ちなさい。つまらない事に思考力を使うのはむだなことです。心の庭に生えた雑草を摘み取ることを学んで、神を迎え入れられるようにそこをきれいに整えなさい。そして、その英知の土に花を咲かせようと思ったら、生活を簡素化しなさい。また、行動は何事も、漫然としないで、よく考えてするようにすれば、自分の行動を分析することができます。それから、重要なものを選り分け、不要なものを捨てなさい。そして、一仕事終えたらすぐに頭を切り換えて、また新しい創造的な仕事に取り組みなさい。

人間の永遠の探求を成就してくれるものは神である

自分の内にある、聖なる意識を発掘する方法を学びなさい。あなたがたが人間に生まれたのはそのためです。人間は進化の法則のもとで、与えられた聖なる能力を使って神を見いだすようにつくられているのです。動物はまだそこまで進化していません。ラヒリ・マハサヤは、動物の進化を促進させる科学を研究していましたが、完成に至らないうちに他界されました。私も、下等動物の進化を早める方法をいくつか知っています。しかし、せっかく人間に生まれながら、動物のような生き方をしている人のなんと多いことでしょう！　このままでは、彼らは人間としての存在目的を果たさずに一生を終えてしまうでしょう。そういう人たちは、今すぐ生き方を改めるべきです。精神を集中することができれば、今すぐにでもその目的を果たすことができるのです。人生の最大の意義は、身を隠しながらすべてのものを愛しておられる神を見つけることです。あなたがたは神を見つけなければなりません。人はみな、一つの幸福が終わるたびに、いつまでも変わらない完全な幸福を与えてくれそうな別の何かを求めて、永遠の探求を続けています。この探求は、それを神に求め、神を見つけたときに終わります。神こそがその〝別の何か〟だからです。

大自然は神の存在を隠す

なぜ人間に誘惑が与えられたのでしょうか？　それは人間に、地上のどんな誘惑よりも魅惑的な神を求めさせるためです。あなたを取り巻いているこの世の誘惑は、あなたを陥れるためにあるのではなく、それらをはるかに超えたものを求めさせるためにあるのです。そしてあなたに、

「こんなにすばらしいものをつくったのはだれだろう？　自分をつくったのはだれだろう？　自分とはいったいだれなのか？　主よ、あなたはどこにおられるのですか？　なぜ隠れていらっしゃるのですか？　どうか私に語りかけてください」

と言わせるためです。あなたが真剣にこう考えて、神に直接問いかければ、神は答えてくださいます。ほとんどの人が神を見つけられないのは、本気で神を求めていないからです。あなたの魂の言葉で、はっきりとこう語りかけなさい――

「主よ、私はもう、どんな美しいものでも、あなたのおつくりになったもので満足することはできません。どんな花よりも美しく、どんなものよりも魅惑的な、あなたご自身のお顔を見せてください。私は、すべてのものの陰に隠れておられる、あなたを見たいのです」と。

あなたは、だれかがヴェールに身を隠していても、そこにだれかが隠れていることはわかります。それと同じように、大自然という巨大なヴェールも、よく見ると、その陰に隠れている恥ずかしがり屋の神の存在でふくらんでいます。しかし、多くの人はそれを見過ごしています。私は瞑想の中で、呼吸を止め、心を鎮めて注意力を集中していると、しだいにぞくぞくするような至福が内から湧いてくるのを感じます。そのとき主は、「わたしはここにいる」とささやいてくださいます。

神が人間に与えられた知性は、天国への門です。それは、神の国の外郭の門です。あなたは、今までこの門を使っていませんでしたが、きょうからは使いなさい。死によって、野良犬のように蹴飛ばされてこの世から追放されるのをただ待っていてはなりません。それは、自分の魂に対する侮辱です。あなたが今ここに置かれている目的は神を見つけることであり、あなたの知性はそのために与えられたものです。

どうすれば神を見つけることができるか

神を見つけるにはいろいろな方法があります。鎮静（心の沈黙）もその一つです。沈黙を行ずるとは、自分の意識の中に外から侵入しようとするすべての欲望を鎮めて、魂としての自己を感じられる所まで深く沈潜することです。

もう一つの方法は信仰です。すなわち、純粋な気持でひたすら神にこう訴えます――

「主よ、あなたは私の意志に反して私をおつくりになりました。私にみ姿を見せてくださることはあなたの責任です」と。

しかし、しばらくこう訴えただけで、そのあと忘れてしまうようでは神の応えは得られません。神の応えが得られないのは、大概の人が本気でそれを求めていないからです。ふつう祈りがなかなか聞かれない理由は、十分に深い信仰心がこもっていないからです。あなたは、超意識に達するまで深く何回もくり返し祈らなければなりません。あなたの魂が神を求める熱意で燃えだすような祈りだけが、神を動かすのです。あなたは今までに、何かどうしても叶えて欲しいと思う事があったり、緊急にお金が入用だったりしたとき、そんなふうに熱心に祈った経験があるでしょう。そのときあなたは、自分の願望でエーテルを燃やしていたのです。神に対しても、それと同じ熱意を込めて祈りなさい。昼も夜も訴えなさい。そうすれば神は応えてくださいます。

ヨガは神を見つけるための科学である

神と接触するための方法としては、ヨガによる方法が最も優れています。この方法は、科学的に有効ないろいろな瞑想の技法から成り立っています。インドの偉大な聖賢たちはこう考えました——

「論理的に考えて、神が宇宙を支配するために正確な法則をつくられたように、人が神に近づくための正確な法則も必ず用意されているに違いない」と。

そして、根気強い実験研究の結果、ヨガの霊的法則を発見したのです。ヨガ科学は、このアメリカで、ほかのどんな霊的探求の方法よりも発展するでしょう。人々は、単に説教を聞くだけの教会から離れて、神を直接経験するために、ヨガの教習所や静かな場所へ行って瞑想するようになるでしょう。

人はだれでも、神と霊交できるようになるべきです。イエスも弟子たちにその手本を示しました。私も、ここへ来たのはただ神のすばらしさについて語るためではありません。最大の目的は、あなたがたに神を経験してもらうことです。私がいくら神について語っても、あなたがた自身が神を見いだし、その甘美さを経験してくれなければ何にもなりません。私が神を経験したように、あなたがたも神を経験すべきです。

私がこのように言うのは、自慢するためではありません。私がここに送られて来た目的が、神について証言することだからです。私は昼も夜も神のことを考えています。私は、私に与えられた時間をむだには使いません。何事も神のために行なっています。そして、神に夢中になるあまり、時のたつのも忘れ、仕事をしても疲れを感じません。仕事中でも神を感じているか

らです。私にとっては仕事も瞑想です。私はよくこんなたとえ話でこれを説明します――

「世間の一部の人たちは、いつも酔い心地でいたいために、仕事の途中でもときどき隠れて酒を飲み、それからまた仕事に戻ります。こうして年中酔っ払っています。聖者たちもこれと同じように、ときどき人に隠れて神を瞑想し、神のうま酒を飲みながら神にこうささやきます、『主よ、あなたはなんとすばらしく、なんとすてきなのでしょう！　私はあなたを愛します』と。それからまた仕事に戻ります。彼らは何をしていても、たえず心の中で神に語りかけています」

私は、片ときも神を離れることはありません。私はこういう状態を望み、そのために努力しました。今まで、ときには神が見えなくなったこともあります。そんなとき、私は、神を見失って生きるよりは死んだほうがましだと思いました。そして何をしても喜びを感じませんでした。このように、神を愛する信仰者は、神から離れると苦痛を感じるのです。しかし、やがて彼は、神が至るところで踊っておられるのを見、神の霊と永遠の至福が自分の魂の泉から絶え間なく湧き出ているのを感じるようになります。あなたがたが瞑想によって経験するのもこの状態です。神が応えずにはいられないほどの熱意を込めて祈りなさい。ギーターの中で主はこう約束しておられます――

「そなたの思いをひたすらわたしの中に沈め、純粋な理性の直感をわたしに集中せよ。そうすればそなたは、必ずわたしの中に永遠に住むようになる」（バガヴァッド・ギーター12・8）

ヨガの技法は、普通の祈りよりも科学的です。これを利用することによって、速やかに霊交を得ることができます。私は若いころ、祈りだけによって神を求めましたが、神の応えを得るのにしばしば長い時間がかかりました。しかし、クリヤ・ヨガを学び、深い信仰を込めてそれを行なうようになってからは、数分で神と交わることができるようになりました。ヨガの瞑想は、苦行の道よりも、信仰や祈りの道よりも、戒行の道よりも、また、哲学的内観の道よりもすぐれている、とクリシュナは教えています。[4]それは最も早い道です。ロサンゼルスからニューヨークまで飛行機を使えば数時間で行けますが、牛車だと数か月もかかります。ヨガは、霊的求道の旅における飛行機のようなものです。

肉体的、精神的、霊的訓練を包含するこのヨガによって自己を完成すると、魂の自由を妨げていた邪魔物が取り除かれて、自由に神と霊交することができるようになります。これこそ、ヨガが最高の道と言われるゆえんであり、私があなたがたにこれを勧める理由です。ヨガはだれかが作りあげた伝説ではなく、

だれにでも適用される科学です。

神が人類に与えられたこの最高の〝神を見つける方法〟をインドから学びなさい。私はインドの大師たちのもとで訓練を受けました。大師たちは、西洋では全く聞いたこともないような深遠で親愛感のこもった説き方で、キリストについて語ってくれました。私は、キリストが大師たちといっしょにおられるのを見ました。大師たちはキリストと語り合っていましたし、聖フランシスも、毎晩キリストに会っている、と言いました。聖フランシスがうそを言うでしょうか？　主イエスは今でも生きています。私も実際に会いました。あなたがカーテンの中から外にいる人々を見ていても、外の人々にはあなたが見えないように、聖者や天使たちはあなたがたを見ていますが、あなたがたはヨガの技法を用いなければ彼らを見ることはできません。[5]

祈りは神に届くほど真剣でなければならない

去年の夏、私がある修道院に立ち寄ったとき、そこで一人の僧に会いました。彼はすぐれた魂でした。私は、彼が僧籍に入って何年になるか尋ねてみました。

「二十五年くらいです」

と彼は答えました。私はさらに尋ねました。

「あなたはキリストに会いますか？」

「私には、まだその資格はありません」彼は答えました、「たぶん主は、私が死んでから私を訪ねてくださるのでしょう」

「いいえ、あなたが決心しさえすれば、今夜からでもキリストに会うことができますよ」

私は、はっきりと請け合うように言いました。彼は、黙って目に涙を浮かべていました。

祈るときは、本気でなければなりません。幾晩も瞑想し、泣いて神に訴えれば、あなたの視野を妨げていた暗やみが消えて、そこに、この世の光の背後にある霊なる光が見えてきます。すべての生命の背後にある大生命が見えてきます。すべての父親の背後にいます天の父が見えてきます。すべての母親の背後にいます聖なる母が見えてきます。すべての友人の背後にいます永遠の友が見えてきます。すべての元素の背後にある根源の元素が見えてきます。すべての力の背後に働いている偉大な力が見えてきます。そこが私の住んでいる所であり、あなたがたにも来てもらいたい所なのです。

ヨガは魂の本来の願望を目覚めさせる

あなたがたは放蕩息子のように、神の家をとび出して来ました。あなたがたがこの〝涙の谷〟（浮世）を平和な楽園にするには、内なる神のもとへ帰る以外に方法はありません。たとえ

パラマハンサ・ヨガナンダ（1920 年代初めごろ）

パラマハンサ・ヨガナンダ（1926年 ニューヨークにて）

世界中の人々がみな百万長者になったとしても、この世に争いと悲しみはなくならないでしょう。不変の幸福はお金では買えないからです。それを得るには、ヨガを行じ、信仰を深め、自己の内面を探求しなければなりません。ヨガを行ずることは、半分は自分との戦いです。初めから情熱が湧いて来なくても、たゆまず続ければ、やがて神を見つけるのに必要な強烈な神への情熱が感じられるようになります。

ですから、まず努力しなさい。絶え間なくつくり出されるこの世のすべての美しい創造物は、どこから生まれてくるのでしょうか？　偉大な魂たちの測り知れない知性は、神の無限の宝庫以外にどこから生まれてくるでしょうか？　これほどの不思議を自分の周囲の至る所に見せられてもなお神を求める気を起こさない人たちに、どうして神はご自身を現わそうとされるでしょうか？　神は、あなたがたが何物にもまして神を慕い求めるように、すべての人に愛の能力を授けられたのです。その愛と理性を誤用してはなりません。集中力と知性を間違った目的に使ってはなりません。

この世界は光の像にすぎない

夜は瞑想の時です。神と交わらずにベッドに入ってはなりません。私も必ずそうしています。昨夜も私がベッドの上に座って瞑想していると、主の存在が私を包みました。部屋とその中にあるすべてのものが、まばゆい光に変わりました。私が就寝したあとも、私はずっと主の腕の中に抱き締められたままでした。それは今までに経験したこともない喜びでした。

この世界は、すべて神の心が投影している映画です。死も、病も、悪も、実在するものではありません。いつか神は、あなたに、この恐ろしい生と死の宇宙映画が神ご自身の光によって映し出されていることをお示しになり、そのあと、神の光だけを残してすべての映像を消してしまわれるでしょう。そのときあなたは、万物が神の光と影とによって映し出された実体のない幻影であったことを知って笑い出すでしょう。そして、神の光だけが実在することを知ります。あなたは自分自身をこの迷夢からたたき起こして、自分が神の不滅の光の中の一筋の光線であることを悟らなければなりません。この悟りは、最高のヨガの瞑想を行ずることによって得られます。それは、講義では伝えることのできない経験です。

神こそ人間の唯一の目標である

私はときどき、ロンドンのＳＲＦ会員から手紙をもらいます。近ごろの恐ろしい空襲のさなかでも、彼らは礼拝の集会を欠かしたことがありません。これこそ真のイギリス魂です。このイ

ギリス魂がイギリスを救うでしょう。政治家には世界は救えません。世界を救うものは、神に対する理解です。神は、人生の真の目標です。それがなかったら、人が生きてゆく意味もないでしょう。

神を愛する者は、あらゆる宗教を通して人々を導いておられる唯一の神を礼拝すべきです。神はギーターの中でこう言っておられます——

「わたしを信じ求める者がいかなる道を取ろうとも、わたしはその程度（信仰者の願望、理解、礼拝方法など）に応じてわたしを現わす。人がたどる道は、信仰形式のいかんにかかわらず、すべてわたしに通じている」（バガヴァッド・ギーター4・11）

ですから、他人の信仰を批判してはなりません。信仰をもつ人に対しては、だれに対しても心からの愛と尊敬を表わすべきです。寺院や教会を見たら、そこに宿りたまう神に、心の中で礼拝しなさい。だれもが霊の教師になれるわけではありませんが、あなたはいつでも、他人の関心を霊的なものに向けさせることはできます。楽しみを求めるなら、無益な小説を読んだりラジオに聞き入って時間をむだにする代わりに、自分の魂から来る神のメッセージを聴く楽しみを見つけなさい。私は、愛の指先で心のダイヤルを合わせるだけで、神からの放送をその場で心の奥深くに聞くことができます。

自分で努力しない人を、だれも救うことはできません。神の懐に救われるには、単なる信心や、教義に従うだけでは不十分です。自らの努力によって神を知り、神を体験しなければなりません。あなたは毎日、自分にこう問いかけなさい——

「もし、神が存在するなら、どうして自分には見えないのか？もし、聖者がいるなら、どこにいるのか？」と。

そうすれば、答えが与えられるでしょう。クリヤ・ヨガの科学を実習すれば、あなたがたも神や聖者たちと交わることができるのです。あなたがたにこの真理を伝えて、私が体験している事をあなたがたにも体験してもらうことが、私の唯一の願いです。

人生の目的は、真の自己を見つけることです。真の自己を自覚しなさい。あなたの心の奥に、宇宙に遍満する神の大海原の鼓動を感じなさい。自分がその大海原に漂いながら、広大な力強い神のみ胸に抱かれて揺すられていると想像しなさい。それから岸に向かって泳いで行くときもなお海全体を感じ、浜に上がって歩いて行くときも背後に海のうねりを感じなさい。私はそんなふうに神を感じています。神は、ご自分の子供たちを一瞬たりとも放ってはおかれません。あなたのどんな問いにもすべて答えてくださいます。そしてそのとき、あなたのいっさい

の恐怖や不安は消えるでしょう。

その偉大な力を見つけ、あなたの意識の背後にある愛の大海原を感じなさい。そのとき、あなたは人間として最高の成功を手に入れるのです。

（1）エンシニタスの旧礼拝堂は色鮮やかな花園に囲まれていた。

（2）人は額にある霊眼を通して、物質界の背後にある内的な幽界と観念界を見ることができる。

（3）217ページのサドゥー・ハリダスの例参照。

（4）バガヴァッド・ギーター　6・46。

（5）ヨガの技法によらなくても、超常的な信仰の力によって無呼吸の超意識状態に入り、内的な世界を実際のビジョンとして体験した神秘体験者はこれまでにもいるが、それらの偉大な魂の神に対する情熱は、普通人の持ちうる範囲をはるかに超えたものである。したがって、一般的に言えば、科学的なヨガの技法を毎日実習することが、聖なる世界を経験する唯一の方法である。

講話四十九　日常生活の心得と人生の生き方

（一九三三年の講話）

人はみな、この世に生まれる前と、生まれてから受けたいろいろな影響力に作用されて、将来の計画を立てたり願望を形成したりします。すなわち、遺伝や、国家的、社会的、家族的特徴や、好みや、慣習などが各人の人生を形づくります。しかし、人生の初期、つまり子供のうちは、どこの子供もほとんど同じです。イエスはこう言いました、「子供たちをわたしのところに来させなさい。妨げてはならない。神の国は、このような者たちのものである」[1]と。神性は、世界中のすべての子供たちがもっている同一の国籍です。しかし、彼らも成長するにつれて、家族や社会からの影響を受けて、国家的および人種的特徴を現わすようになります。

神は、いろいろな文明や、国民性や、個人的性格の無数の組み合わせの中に、ご自身の真理を表現しておられます。その万華鏡のような多様性を通して、神はわれわれに、人間の可能性についてのイメージを示しておられるのです。それらの無数の変化の中から、最高のもの、最良のものを選び取って、それを自分自身の中に、自分の国の中に、そして世界全体の中に育ててゆくことが、われわれ人間に与えられた義務です。偉人や聖者たちはこれを実行しています。彼らは、永遠の真理の普遍的原則を先取りして、自分の時代よりも数百年先を生きているのです。それらの原則は、人間の生き方の本質であり、成功と幸福を得るためにはだれにとっても必要不可欠なものです。国や、人種や、主義の違いによる人間間の相違は、人々を区別するためにあるのではありません。それは、われわれがそれらのいろいろな特徴や行き方を比較し、最善のものを選択して、自分たちの理想的な個性と、理想的な世界をつくり上げるためにあるのです。

今日、世界の国々の中で、インドとアメリカは、霊的文化と物質文化のそれぞれの頂点を代表しています。インドをはじめ東洋諸国は、イエスやガンジーのような最高の霊的偉人を生み出しました。これに対して、アメリカはフォードやエジソンのような偉大な実業家や実用的科学者を輩出しています。それらの偉人たちの生き方から、人間に霊的進化と物質的進化をもたらす能力的特性を学び、さらにそれらを組み合わせることに

よって、われわれは民族や国籍を超えて、肉体的にも、精神的にも、道徳的にも、物質的にも、社会的にも、霊的にも、すべての面で円満に発達した最高級の人間をつくり上げるための生き方を学ぶことができます。

それには、一部の国々の特色に偏らないように、広くすべての国々とすべての偉人たちから、正しい生き方の普遍的原則を学ぶことが重要です。精神的な面をおろそかにして肉体的発達のみを求めたり、また、その反対に偏ってはなりません。肉体的にも、精神的にも、道徳的にも、霊的にも、円満に発達した超人を育てるには、それらの原則がバランスよく調和して取り入れられなければなりません。

バランスのとれた発達を得るための具体的方法

肉体と、心と、魂をバランスよく発達させるための具体的方法のいくつかを次に挙げてみましょう——

○毎日の食事の中に、牛乳やその他の乳製品と、十分な割合の生鮮食品と新鮮な果物を含めなさい。ナッツ類を粉にひいて、それを大きなコップ一杯のオレンジ・ジュースに混ぜて飲みなさい。肉類はなるべく少なくし、牛肉や豚肉はやめなさい。また、信頼できる栄養学の本を読んで、それに従いなさい。

○一週間に一日、オレンジ・ジュースだけの断食をしなさい。この場合、同時に、あなたの主治医の処方による、からだに合った生薬の下剤を用いなさい。

○毎日、朝と夕方、意識的にからだを動かしながら活発に歩くか、走るか、またはそのほかの運動——自分の体力が許すかぎりの活発な運動——を発汗するまで行ないなさい。

○聖書やバガヴァッド・ギーターの啓発的な言葉を何節か読み、それを瞑想しなさい。

○シェイクスピアや、その他の古典、および、化学、物理学、生理学、東洋および西洋の哲学史、比較宗教学、倫理学、心理学など、実用的な書物の中の適当な部分を読みなさい。つまらぬ読み物に時間を浪費してはなりません。また、信頼できる健康雑誌や霊的啓発を受ける雑誌も読みなさい。新聞は、漫画やスキャンダル記事ばかり読まず、論説や健康記事も読みなさい。

○あらゆる信仰を尊重し、理解するために、プロテスタント、カトリック、仏教、ユダヤ教、ヒンズー教など、いろいろな教会や寺院を訪問しなさい。どれもみな、われわれすべての者の神を祀る宮であると思いなさい。

○神を、人間が造った外の寺院で礼拝するだけでなく、内なる静寂の聖所で礼拝し、そこで神と交わることを学びなさい。SRFの大師たちが教えてくれた科学的方法で、毎日、朝と夜、一時間ずつ瞑想しなさい。実証のともなわない盲目的信心や神

学の森に迷い込まないように、あなたを速やかに神のもとに導く自己探究の本道を進みなさい。

○感覚の奴隷になってはなりません。感覚は、あなたを物質的、感覚的欲望に縛りつけるためにあるのではなく、神を反映する善を感じ取るための道具としてあるのです。

○演劇や映画は、最高の内容のものを選び、時たま見るにとどめなさい。

○家族や、国や、世界に対する、神が定められた神聖なおきてに従いなさい。

○常に、思いやりと理解をもって真理を語り、また、何に対しても真理を感じたときは、それに敬意を払いなさい。

○あなたの家族愛や愛国心を、世界中の人々に対する人類愛にまで拡げて、そのために奉仕しなさい。人種や宗教の違いを超えて、すべての人々の中に神を観なさい。

○ぜいたくな習慣をやめることによって、より少なく費やし、より多く所有しなさい。収入の中からできるだけの貯金をし、元金をくずさずに利子を生活費の補充にあてるように心がけなさい。

○人生を次の四つの時期に分けて考え、それぞれの時期にふさわしい生き方をすることによって、着実に目標に向かって前進するよう努力しなさい(2)。

(一) 五歳から二十五歳までの時期――子供のうちは主として人格形成のための訓練を受け、霊的な理想と習慣が教え込まれなければなりません。成人するにつれて一般教育を受け、学習と観察により能力を身につけ、自分に適した職業に就くための専門的訓練を受けるべきです。

(二) 二十五歳から四十歳までの時期――一人前の大人として、家庭的および社会的義務を果たし、同時に、それとバランスを保つよう霊的努力も怠ってはなりません。

(三) 四十歳から五十歳までの時期――より静かに生活し、啓発的な書物を読み、芸術や科学の進歩にも遅れないように努め、また、瞑想する時間をしだいに増やしてゆくべきです。

(四) 五十歳を過ぎた時期――人生の最後の部分は、できるだけ多くの時間を深い瞑想に費やし、そこから得られる英知と霊性をもって、人々のために社会的および霊的奉仕をすべきです。

平静な心で行動し何が起きても動じないこと

要するに、いつも金儲けのことばかり考えているようではいけません。運動し、読書し、瞑想し、神を愛し、いつも平静な心で行動しなさい。瞑想という霊的行動から得た心の平静を、

日常の行動の中に持ち込みなさい。そして、常に平静な心で行動し何が起きても動じない、平常心を養いなさい。ギーターの中で、クリシュナはこう教えています——

「何事もヨガの境地で行い、〔結果に対する〕執着を捨て、成功も失敗も平等に観よ。いかなる環境にあっても心を平静に保つことがヨガである」（バガヴァッド・ギーター 2・48）

世界中の人々が唯一の神を父とする真の兄弟姉妹となるよう、いっしょに祈りましょう——

「天の父よ、われらを助けて、この地上に、あなたの真理を指導者とする世界連邦を築かせてください。それによって、われらが真の同胞愛に生きるよう導かれ、肉体と心と魂の完全な発達が遂げられますように——。そして、われらの内なる平和の天国が、われらの日々の生活にも現われますように——。

われらをすべての面で、健康で、有能で、完全にしてください。そして、地上のすべての兄弟姉妹があなたの聖なる子としての本性を現わすように、われらに彼らを啓蒙させてください。

天の父よ、われらの信仰の聖所を、絶えずあなたの愛の光で満たしてください。そしてわれらに、あまねく人々の心に宿るあなたの愛を目覚めさせてください」

あなたが、内なる静寂の聖所で神に触れ、神と交わったとき、あなたは真の生き方を会得したことになります。そのときあなたには、健康と、繁栄と、英知と、愛と、喜びとが、ともに添えて与えられるでしょう。

（1）ルカによる福音書 18・16。

（2）古代のヴェーダは、人生の理想的な送り方として、これを四つのアシュラマ（時期）に分けている。第一期は、肉体と精神と道徳と霊性について教育を受ける独身の学生（ブラーマチャリ）。第二期は、家庭を持ち、社会的な責任を果たす所帯持ち（グリハスタ）。第三期は、世間的な仕事から引退してアシュラムに入ったり隠遁したりして霊的探求と瞑想に、より多くの時間を献げる修行者（ヴァーナプラスタ）。第四期は、俗世間を外面的にも内面的にも完全に放棄した隠者または遊行者（サンニャシ）——ただし、この完全な世俗放棄は通常は第四期であるが、若いうちから神だけを一筋に求めたいという強い意志を持つ人はもっと早い段階でこの生活に入る。

この四つのアシュラマを経ることによって、人は、まず人生の生き方と社会生活における正しい行動について学び、次に、この世での物質的な抱負や社会的責任を果たす機会が与えられ、次に、真理についての思索と瞑想に、より多くの時間を費やすことが許され、最後に、自分の命とそのほかのすべてのものを与えてくれた神にそれらを喜んでお返しするのである。

講話五十　習慣はあなたの主人か奴隷か

（講話の年月と場所不詳）

人間の脳には、うねうねと連なる大脳皮質の丘があり、その中を細かく枝分かれした動脈の川と、薄黒く濁った静脈の川が流れていて、まるで壮大な屋敷の縮図のようです。その精緻を極めた造りと霊妙さは、そこが聖なるお方の住みかであることを示しています。本には著者があり、子供には両親があり、時計には製作者がおり、ローズウインドーにはデザイナーがいるように、このすばらしい神秘的な脳のやかたは、驚くべき知性をもつ働き手たちによってつくられ、かつ維持されているのです。

骨組織で出来たモルタル壁に、視覚、聴覚、嗅覚、味覚、触覚のドアをはめ込んだこの驚くべき頭蓋のホールには、いったいだれが住んでいるのでしょうか？　そのドームの下では、生命と知性の躍動する無数の脳細胞が、活発な活動風景を演じています。それらは、宴会を開いたり、自己反省をしたり、感覚のドアから入って来る外来の客に応接したり、さまざまな仕事に従事しています。そこではまた、排出と吸収という売り買いも行なわれています。動脈の小川には、血球が小さなボートのように、さまざまな生命の必需品を運んで漕ぎまわっています。

そうした細胞活動の多くを導いたり抑制したりして支配しているのが、習慣という目に見えない一群の妖精たちで、その中には、善良な妖精もいれば、いたずら者の妖精もいます。この脳の国に、外からときどき悪習という無法者が入国許可を得て入り込んで来ると、大きな災難をもたらします。彼らは、本来の主権者である脳細胞に取って代わり、支配者のように振る舞います。脳細胞が自分たちの自由を侵害されて抵抗すると、肉体連邦はあちこちで内乱が起きます。悪習が小さな独裁者として振る舞うことに対して脳細胞が激しく抵抗している間、肉体連邦の秩序は全面的混乱状態に陥ります。

人間の行動に対するそのような独裁権を、習慣はどのようにして獲得するのでしょうか？　われわれの一つ一つの行為が決定される過程は、外面的な行動にしても内面的な考え方にしても、いわば特定の習慣に対する投票のようなものです。同じ行動や同じ考え方をくり返すことは、一つの習慣が肉体政府の中に議席を得るための支持票を増やすことになります。そのため、

同じ行動を何回もくり返すと、しだいにその習慣を重要な地位に就かせます。こうして、人生ではいろいろな節目ごとに、その人がそれまでにとってきた行動の回数が、どの習慣にその後の支配権を与えるかを決めているのです。

投票者の判断力の程度を無視して、ただ多数決によって選挙を行なうと、国は大きな災難を招くことがあります。例えば、もし仮に投票者の過半数が知能に障害があったり犯罪者だったら、とんでもない大統領が選ばれてしまいます。それと同様に、人が自分の行動を選ぶために投票を行なうときは、そのたびに注意深く良心と理性という最高の法に照らして判断しないと、脳細胞全体が悪習という独裁者の暴政の下に置かれることになりかねません。

肉体連邦に、真に目覚めた精神的民主主義が根を下ろすには、脳細胞という市民の徹底的な教育が必要です。脳細胞たちは、習慣という候補者を、無分別な同じ行為のくり返しという多数票によって軽率に選出しないように、行為という票を投ずるたびに、理性と良心による分別を働かせるよう訓練されなければなりません。また、彼らが理想的合理主義に基づいて投票し、環境に対する感情的な執着から差し出される賄賂を受け取って投票権を乱用することのないように注意することも必要です。習慣という候補者を大統領に選ぶに当たっては、良心と理性による判断のみを基準にすべきです。

習慣への隷属は生まれつきのものか自分が育てたものか

普通、飲酒癖、喫煙癖、お茶やコーヒーの飲み過ぎなどの習慣や、すぐに腹を立てたり、欲張ったり、ねたんだり、怠けたり、意気消沈したりする気質的習性は、初めはささいな行為だったものが、その悪影響に気づかずに不用意にそれをくり返しているうちに、しだいに結集した力を持つようになり、ついに強力な支配的地位を占めるようになったものです。それらの習慣のとりこになっている人たちは、必然的にそういう不運に生まれついたわけではありません。彼らは、今生または過去世において、自分で意識的に、または無意識に、そういう行為をいつもくり返していたために自分自身をその奴隷にしてしまったのです。一度酒を飲んだだけで大酒飲みにはなりません。一度官能を味わっただけで放蕩者にはなりません。一度麻薬を使っただけで麻薬中毒にはなりません。それらの悪習に支配力を与えたのは、それらの誤った行為の機械的な、または無分別なくり返しです。[1]くり返しという量的な力が、理性の忠告という質的な力を圧倒したのです。理性は、出番を封じられると、ますますその力を弱められ、ついには全く発言権を失ってしまいます。

ですから、自分を守るには、初めに間違った行為をしないこ

とが大切です。一度した事は、もう一度しがちです。習慣は、くり返すたびに、雪だるまを転がすようにどんどん強大になります。何をするにも理性を働かせなさい。さもないと、自分を悪習の奴隷にして、容易にそこから抜け出せなくなってしまいます。

悪習の大統領を弾劾してよい習慣を選任せよ

肉体連邦が長い間横暴な悪習の大統領によって支配されると、連邦全体は混乱と不幸の中に転落します。そのような悪政は、霊的飢饉や、精神的熱病や、そのほかさまざまな肉体的、精神的貧困をもたらします。横暴な悪習は、日々の反省という法廷で、良心という裁判長の前でその罪状が弾劾されなければなりません。裁判長はそこで、これ以上悪習が違法行為をくり返すと神経障害や、体力の疲弊や、幸福の破壊などの破綻が避けられないことを、理性の陪審員たちに説明すべきです。こうして裁判長がたえず警告を怠らなければ、陪審員たちもしだいに悪習の有罪を認め、無期追放の判定を下すようになるでしょう。

しかし、ときには陪審員たちを納得させることが難しいこともあります。飲み過ぎや、吸い過ぎや、性的放縦のとりこになってしまった人たちは、そういう悪習の奴隷状態から自由になりたいという気持すら起こしません。彼らは、自分の行為が、今自分に幻滅を感じさせるような結果を引き起こしてさえいなければ別に心配することはない、と考えています。彼らは子供のように、先のことまで見通して考えることができません。そして、自分の行為が、そのたびに厳正な因果の法則の作用を誘起していることを知りません。悪習という鍬は少しずつゆっくりと、しかし確実に、悲惨な落とし穴――早死にの墓穴――を掘っており、その奴隷たちは、苦悩の炎に身を焦がしながらやがてその穴に落ち込んで行くのです。そうしたわなにはまった人たちについて、ギーターはこう言っています――

「マーヤのとりこになり、妄想に取り憑かれ、ひたすら感覚的喜びを追い求める者は、陰惨な地獄に転落する」（バガヴァッド・ギーター16・16）

まず、横暴な悪習の専制を転覆させようと、自分の心を説得しなさい。それから、体制改革の必要性を叫んで弾劾運動を始めなさい。この場合、哀れみを乞うような卑屈な訴えや、おとなしい陳情や、いくら激しくても発作的な反抗はほとんど役に立ちません。習慣を改善するには、新しく身につけようと思う行為を連続的にくり返すことが必要です。そして同時に、たえず理性と良心と決断力を意識的に働かせて、以前の悪習が再び頭を出さないように厳しく抑制する努力も必要です。

自分のすべての行動を、新しい良い習慣に結び付けなさい。自分の行動がすべて良い習慣を築くうえに役立つよう、また、それによって別の良い習慣を誘うよう、たえず油断なく気を配りなさい。たとえあなたの行動が、昔の悪い習慣に誘惑されかかっても、挫けてはなりません。あくまで正しい行動を固守して、気長に注意深く努力すれば、しだいに新しい良い行動を支持する勢力が強まり、ついには、悪習の政権を転覆して価値ある習慣がそれに代わる力を獲得するようになるでしょう。

習慣の形成には時間がかかる

悪い習慣でさえ、根を下ろすまでには時間がかかります。ですから、それに替わる良い習慣を築くには、何よりも忍耐が必要です。悪い習慣は、一度追放したつもりでも、気を許していると再び頭をもたげ、勢いを盛り返す恐れがあります。習慣を形成するのに要する時間は、その人の神経と脳の働きによって違いますが、主として注意力の集中度によって決まります。深い精神集中によって訓練された注意力をもつ人は、おおむね即座に思いどおりの習慣をつくることができます。つまり、集中力によって脳の中に新しい習慣のパターンがつくられるからです。聖書には、人間の意志と集中力には幸運や不運をつくり出す力があることを教える印象的な言葉が載っています――

「およそ、持っている者は与えられて、ますます豊かになるが、持っていない者は、持っているものまでも取り上げられるであろう」（マタイによる福音書13・12）

この真理は特に習慣についてよく当てはまります。善い行ないをする人は、それによってますます善い行ないをしようという意志が強められ、少ない努力で徳を積むことができますが、悪習の奴隷になった人は自分の理性と意志を堕落させ、ついには、新たに良い習慣をつくるどころか初めに持っていた良い習慣までもすべて失ってしまいます。

良い習慣にも悪い習慣にも影響されず、いつも直感的な英知に導かれた純粋な理性に基づいて行動する人は、何物にも束縛されない自由な意志の力を獲得します。

「心で感覚を制御し、執着を断ち、おのれの行動器官を、正しい英知の指示、またはカルマ・ヨガが教える行為の道に導く者は、アルジュナよ、成功を得る」（バガヴァッド・ギーター３・７）

このような能力を身につけた人は、新しい習慣を直ちに脳に定着させることができ、また、古い習慣を自由に脳から消すこともできます。理想的な民主主義は、だれもが権力や外圧に強制されることなく、自分の理性で法律の正しさを公正に判断し、進んでそれに従う、ということが前提です。それと同様に、真

の自由を達成した賢者は、どんな習慣にも強制されずに、理性と自由意志によって正しい行動を選択し、過ちを避けます。そのような人は、たとえ良い習慣でも、それに自分を支配させるようなことはしません。さもないと、完全な英知による判断が妨げられるからです。また、良い習慣といっても、それは、たまたま今までそれを覆すような誘惑に出会わなかったために出来たものかもしれません。そのようにして出来た良い習慣は、必ずしも性格の中に確実に根を下ろしたものとは言えません。それは単なる幸運な環境の結果であって、理性と意志によって築き上げられたものではないからです。

世界の国々の国民性や風習は、その国の環境的影響によってつくられた一種の習慣です。アメリカ人気質もヒンズー教に対する愛着も、過去において慣れ親しんだ習慣から来たものです。もし、それらを自由に選べるなら、私は、世界のあらゆる国民性と、あらゆる宗教的信条の中から、どれでも好きなものを好きなときに自由に身につけられるカメレオン人間になりたいと思います。

われわれは、自分の習慣に対する制御能力を、実験によって試すことができます。それは、食べ物の好き嫌いを意志の力で自由に変えてみる方法です。私はあるとき、この方法がなかなか役に立つことを発見しました。それは、私がアメリカへ来て間もないころのことです。私はある晩餐会に招かれ、食卓にロックフォールチーズをのせたクラッカーが出されました。〝ロックフォール氏〟が私の舌に触れて、その到着が脳細胞に伝えられるやいなや、保守的な味覚習慣の議員たちは、すでに胃の中に参集していた客たちの間に猛烈な排斥運動をあおり立てました。彼らは興奮しきって私を脅しました、「ロックフォール氏を迎え入れるなら、われわれが全員退場する」と。私はこの突然の難題に困惑しました。しかし、ふと同席の人たちがみなこの変わった食物をおいしそうに味わっているのを見て、私はすぐに感覚器官に、ロックフォールチーズを好む習慣議員を選出するよう強く命じました。すると、私はすぐにその味が好きになり、それ以来、ずっとその好みが続いています。

あなたがたはときどき、自分の本当の意志とは逆に行動したり、反応したりする自分に気づくことがあるでしょう。なぜだと思いますか？　それは、あなたが、かつてある時期に、そのように行動する習慣をつくり上げたため、それ以来あなたの行動が、自動的にその習慣に従うようになったからです。ですから、あなたはまず、自分の本当の理想に沿った行動を促すような習慣を確立しなければなりません。

習慣は、われわれが何か新しい行動に取りかかるとき、普通必要とされる精神的、肉体的労力を使わずに行動を遂行するた

めの自動機構です。しかしそれは、使い方を誤ると、自分の自由選択のとりでを脅かす大敵になります。ですから、習慣は正しく使いなさい。環境に対する好き嫌いという衣装をまとってあなたの中に潜み、あなたを自分の思いどおりに操ろうとねらっている習慣をきょうから退治しなさい。それらをすべて追い出して、あなたの理性の判断だけで行動する自由を取り戻しなさい。あなたの習慣は、あなた自身ではありません。その妄想を払い落とせば、あなたは神の完全な似すがたである内なる真の自己を思い出すでしょう。

（1）前世において例えばアルコール中毒のような有害な習慣を身につけた人は、それより何回も前の過去世に最初の飲酒を経験しており、そのため、今生で初めて少し酒を口にしただけでも驚くほど速やかに過去の習慣がよみがえって、たちまち悲劇的な結果に突入することがあるのである。

講話五十一　意のままに習慣をつくり変える

（一九四三年十二月十二日　サンディエゴの礼拝堂における講話）

神は、われわれ子供たちの多くの願いを聞きとどけてくださいます。ときには即座にかなえてくださいます。きょうも、この礼拝のために雨をやませてくださるようお願いしたところ、「少しは日が射すでしょう」という聖母様のみ声が聞こえてきました。けさ、こうして日の光を見ることができるのも、主のお恵みです。

主は、すべての母の母であり、すべての父の父であり、すべての友の背後にいます友です。もし、あなたがたが、主をだれよりも身近なお方として片ときも忘れなければ、自分の人生のうえに多くの不思議を目の当たりに見るでしょう。

「主はわたしとともに歩み、わたしとともに語り、わたしが主のものであると言っておられる[1]」

もしあなたがたが、瞑想によって少しずつ心を鎮めながらどこまでも深く聖なる領域に入り込んで行けば、主はあなたと語り合ってくださるでしょう。

フランシス・トンプソンの詩は、神を「天の猟犬」として語っています。彼は、神を人間が求めるものとしてではなく、むしろ人間を追いかけるものとして描いています。そこでは、人間は懐疑心という迷路のような洞窟に隠れながら、神から逃げまわっていますが、聖なる猟犬はどこまでも人間を追いかけて来て、こう警告します――

「わたしにそむく者は、すべてのものにそむかれる」

神を避けて生きることは、いっさいの愛を拒否することです。われわれは、お金や感覚的喜びなど、いろいろなものを求めますが、どんなものにせよ、われわれがその中に求めているものは、実は神です。われわれはダイヤモンド探しをしているのに、日の光にきらめいているガラスのかけらを夢中になって拾っているのです。ガラスのきらめきについ幻惑されて、もっと見つけにくい、しかし自分がほんとうに求めているダイヤモンドを探すことを忘れているのです。

良い習慣というものは、ちょうど、手に入れることは難しくても自分にほんとうの喜びを与えてくれる、ダイヤモンドのようなものです。それに対して、悪い習慣は、見せかけの満足しか与えてくれないガラスのかけらです。それは、比較的容易に

手に入る代わりに、結局は偽物の値打ちしかないことがわかって失望させられます。必ず飽きが来て全く喜びを感じなくなります。しかし私は、そういう幻滅を経験する必要がなくなりました。私は人間的な楽しみの結末を悟って、神の中に、永続性のある唯一の真の喜びを発見したからです。

〝老齢〟の真の定義は、この世に飽きた状態です。私は、この世の楽しみにはすぐに飽きてしまいました。(2) もし、私が神の中に喜びを見つけなかったら、私にとってこの世界は全く退屈なものだったでしょう。私が神の中に見つけた豊かさと幸福は計り知れないものです。神が信仰者の心に入って来られたときの喜びを説明するには、永遠でも短すぎるくらいです。これは誇張ではありません。神の喜びは文字どおり永遠で、絶えず湧き出る泉のようにいつも新鮮で限りがないからです。この魂の永遠の至福の思い出は、われわれがだれでもときどきはかいま見ているものです。

この世では、だれもが他人を自分の目的のために利用しようとします。人をほんとうに愛することができるのは、神と、神を知っている真の大師たちだけです。多くの人たちは、ほんとうの愛とはどういうものかを知りません。あなたがたはだれかといっしょにいて楽しいと感じると、自分はその人を愛していると思いがちですが、実は、この場合あなたが愛しているのは相手ではなく、あなた自身なのです。つまり、あなたに対する相手の心遣いがあなたの自我を喜ばせているだけです。もし、相手があなたを喜ばせなくなっても、あなたは相手を愛しつづけるでしょうか？

普通の人たちにとって、自分よりも相手を愛するということを理解するのは難しいことですが、それを実行するのはもっと難しいことです。このほんとうの愛について、実際にあった話があります――

インドに、献身的な愛で深く妻を愛している夫がいました。あるとき妻は、別の男から強く言い寄られて、そのうちに二人は駆け落ちしてしまいました。しかし結局、彼女は捨てられて、お金も友達もすべて失ってしまいました。ある日、彼女のところへ夫が訪ねて来ました。夫は優しく彼女に言いました。

「今度の経験は終わったかね？　終わったなら、いっしょに家に帰ろう」

しかし、彼女は首を振って言いました。

「いいえ、私はこれ以上あなたに恥をかかせるわけにはまいりません」

すると、夫は答えました。

「わたしは、世間のうわさなど気にはしない。わたしはお前を愛している。あの男はお前のからだだけを愛したが、わたし

はほんとうのお前を――お前の魂を愛しているのだ。今度の事でお前は少しも変わりはしない」と。

このような愛がほんとうの愛です。この夫は、自分の名誉のことなど全く考えず、ただ愛する妻の幸せだけを考えていたのです。

真の愛を与えるうえに一つの大きな障害になるのが、われわれの習慣です。われわれはみな、心の奥では天使のようでありたいと思っていますが、習慣はわれわれを悪魔にします。われわれは、朝、「きょうは善いことをしよう」と決心しても、日中いろいろな活動をしているうちに、その決心を忘れてしまいます。

「まことに心は燃えても、肉体は弱い」(マタイによる福音書26・41)

ここで、〝肉体〟を〝習慣〟と考えることができます。つまり、われわれの良心や理性が決心しても、良い習慣は弱いのです。ギーターはこう言っています――

「感覚の刺激は執拗で、魂の解脱を求める求道者の意識をむりやり奪い去ろうとする」(バガヴァッド・ギーター2・60)

多くの人は、習慣というものの恐るべき性質を理解していません。人によっては、すぐに習慣化してしまう人がいます。これは、良い習慣をつくる場合は結構ですが、悪い習慣をつくり出すような行動の場合は危険です。こういう人にたばこを一本与えると、すぐ習慣的にたばこを吸うようになるかもしれません。また、一杯の酒が、彼を生涯の酒飲みにするかもしれません。(3)

あなたがたは、自分がどんなタイプの潜在意識をもっているか、つまり、どんな隠れた性質をもっているかを知りません。ですから、有害な習慣をつくり出すような行動は初めから避けることが賢明です。理性と決断力が弱い人の心は、悪い習慣を、まるで吸い取り紙のようにすぐに吸い取ってしまいます。

この世界では、実に大勢の人たちが助けを必要としていますが、神は、神の手足となって神の愛を現わしたいと願っている人たちを通して彼らを助けています。先日も気の毒な人が私を訪ねて来ました。彼は、酒を飲まないときはよい人なのですが、飲むと人が変わったように狂暴になるのです。しらふのときは全くの善人ですが、酔うと、妻を殴ったり蹴ったりして手が付けられなくなります。彼はそれを直してもらいに来たのです。彼の場合、ほんのちょっとの間私の想念の働きかけに心を同調させれば直るのですが、それにしても、悪習の恐ろしさをまざまざと見せつける例でした。酒の影響を受けていないときの彼には悪の影は全く見えず、むしろ自分の酒乱癖を苦にして自殺したいとさえ思うのですが、それでもやはり酒をやめられない

のです。習慣とはこういうものです。

何か善い事をしようと決心したら、それを積極的にやり遂げなければなりません。何ものにも邪魔をさせてはなりません。そして、決心する前に、それが善い事であることをしっかりと見極めなさい。私は、ひとたび決心したら、どんな邪魔物も断固として排除します。決心するまではかなり長い時間をかけることがありますが、決心したあとはもう何物の妨害も許しません。あなたが強く決心してその決心を守り通すとき、神の法則があなたのために働きはじめます。

われわれは何事も良かれと思って行動しますが、時には、習慣が自分の本意に反して、自分や他人を傷つけるような行動に自分を駆り立てることがあります。悪い習慣には絶対につけ入る隙を与えまい、と決心しなさい。

習慣の横暴を許すな

あなたがたの祖先は、自分たちの良心に従って行動する自由を奪うような法律から逃れるために、この地に移住して来ました。自由の身に生まれたアメリカ人たちは、だれからも指図されることを好みません。それならば、なぜあなたがたは、自分の習慣の横暴な指図を許しておくのですか？　例えば、食べたくないときでも、あなたは食べます。けんかをするまいと思っていても、つい始めてしまいます。これはどうしたことでしょう？　それは、あなたが自分を悪習の奴隷にしているからです。

アメリカや、そのほかの民主主義の国に生まれたというだけでは、その人の心の自由は保証されません。自由であるということは、われわれが習慣に強制されたり、盲目的に服従させられたり、不当に脅されたりせずに、ただ自分の魂の英知の指示だけに従って正しい行動がとれるようになることです。英知こそが真の自由をもたらします。そして、それが真のアメリカの精神です。

自分の好きな事を何でも気ままにできることが自由ではありません。それは自由の履き違えです。例えば、二十人の人が一つの屋根の下に住んでいるとします。そして、皆がそれぞれ自分の好きな事をすることが自由だと考え、しかも、それぞれのしたい事が互いに衝突し合うとしたらどうなるでしょう？　そこには自由はありえません。自由は、自己制御というおきてに従うことによってのみ得られます。あなたが自分のなすべき事を、なすべきときに、自由に行なえることが――いつも自分の英知の導きに従って行動できることが――唯一の真の自由なのです。

いろいろな隷属の中でも、習慣への隷属は最悪です。習慣の束縛から抜け出そうと決心しなさい。次のように断言して、魂

は自由である、という聖なる記憶を呼び起こしなさい――
「わたしは子供のころから、いくつかの悪い習慣を身につけたが、それらは英知と意志を働かせることによって追放することができる。わたしこそ、このからだの主人なのだ！」と。

習慣にではなく英知の導きに従え

人それぞれに違った行動をさせるものは何でしょうか？　それは、生活方式や、行動や、考え方などの個人的習慣と、環境や国のもつ風習です。後者は、そこに住む人々全体を巻き込みます。しかし、私はいつも自分の考えに従って行動します。一九二〇年、私がアメリカに向けて出発したときは長いひげを生やしていました。インドでは一般にひげが尊重されているのです。ひげを生やしているほうが立派に見えるためですが、私はその船の中で、アメリカ人は長いひげを生やしている男を見ると、むしろジャングルから出てきた野蛮人を見るようにばかにする傾向がある、と教えられました。

私は、アメリカではひげを生やしている人が少ないことがわかったので、自分で考えた結果ひげを剃ることにしました。しかし、髪は長いままにしておこうと決心しました。それは、私のグル、スリ・ユクテスワが髪を長くしていたからです。そんなわけで、髪については、私はその後だれに何と言われても短くしようとは思いませんでした。もし今、私が髪を短くしたら、以前私の長い髪を笑った人たちは、今度は私が髪を短くしたことを笑うでしょう。そして、私の中身まで短くなったと思うでしょう。

いつも物事の表面だけを見ている人たちは、何がほんとうに正しく、何が真実かを知りません。そのため、しばしば誤った判断をします。外見だけを基にして正しいか正しくないかを判断することはできません。

どんな習慣の影響からも少しずつ自由になるよう努力しなさい――着る物にしても、食べる物にしても、そのほか何にしても――。例えば、多くの人が一日三回肉を食べなければならないと思っています。また一方では、レタスとナッツ類しか食べないと決めている人もいます。彼らは、食事内容を変えると病気になると思い込んでいます。そうした考え方も一種の習慣への隷属です。どんな生活習慣にも、自分を隷属させてはなりません。それよりも、自分の習慣を英知の指示するとおりに変えられるようになりなさい。英知の導きと自由選択の力によって正しく生きることを学びなさい。柔らかいベッドで一夜を安らかに過ごしても、次の晩は、固い床の上で同じように安らかに眠られるようになりなさい。このような、英知による習慣からの完全な離脱が、インドの大師たちの説く自由です。

真の自由と気ままな自由

しかし西洋では、多くの人がこれとは違った自由を信じています。私はそれを気ままな自由と呼んでいます。自由というものの本質を誤解している親たちは、子供の欲しがるものを何でもねだられるままに与えるため、子供を生涯、習慣の奴隷にしてしまいます。そういう子供たちは、自分の欲望が満たされることだけに幸福を感じ、人生の目的は欲望を次々と満たしてゆくことだ、と考えて成長します。ところが、やがて外の社会へ出ると、それまで家の中で見てきたものと大きく違っていることを発見して、自分が間違った育て方をされてきたことに気づきます。彼は、外の世界では自分の気ままがそうやすやすとは通らないことを知らされます。それどころか、中には彼を自分たちの欲望を満たすためにこき使おうとする連中もいます。そして、そのうちに彼もまた平気で他人を自分の欲望のために利用するようになります。

「この世の欲望を満たすことを人間の最高の目的と信じ、この世がすべてであると考える人たちは、死の間際まで、この世の欲望や心配事を思い煩う」（バガヴァッド・ギーター16・11）

親たちは、子供たちが世の中へ出てから立派にやってゆけるように、しかも世間の悪習に染まらないように、早いうちから確固たる意志と分別とを身につけるよう指導すべきです。子供のうちに、真の自由を得るにはどうすべきかを教えなさい。子供たちを、肉体や悪習の奴隷にさせてはなりません。子供たちに、毎日を規則正しく送る訓練をするのは良いことですが、同時にまた、予定どおりにゆかないときでも、いつもと同じ落ち着いた気持で行動できるよう訓練することも大切です。例えば、時間どおりに就寝できればよし、できなくてもよし、時間どおりに食事が摂れればよし、摂れなくてもよし、というように――。子供たちには、他人の権利を尊重することを教えると同時に、だれに対しても、また何に対しても、理性を忘れた習慣的行動に陥らないように教えるべきです。

悪習と闘うときは頑固になれ

らばは、自分の承服できる仕事に対してはまったく従順ですが、いったん承服できないと思った事は、だれがやらせようとしても言うことを聞きません。あなたも、そういう頑固さを養いなさい。気分や習慣に左右されない、自分自身の主人になりなさい。そうすれば、あなたが悪いと判断してするまいと決心した事は、もうあなたをそそのかすことはできないでしょう。しかし、もし自分が間違っていると気づいたら、速やかにそれを改める姿勢も必要です。そのような柔軟性は、あなたが習慣

の支配から抜け出して、常に英知に導かれた自由意志によって行動できるようになったとき現われてきます。常に自由でありなさい。たとえ良い習慣でも、その奴隷になってはなりません。いつも、そのつど正しいと判断した事をしなさい。

毎日同じ仕事をしていても毎日説明されないとできない人もいますが、普通の人は、毎日決まった仕事をただ習慣的にやっています。これは、それによって良い習慣が出来たときは結構ですが、悪い習慣がつくと不幸なことになります。しかし、ほとんどの人はその両方を身につけています。

習慣は心の録音盤《レコード》である

同じ行動をくり返していると、心にその青写真が出来上がります。どんな行動も、心と肉体とによって遂行されますが、一つの行動とその想念パターンをくり返すことは、脳の中に、ちょうど蓄音機のレコードの溝に似た一つの霊妙な電気回路を生理的に形成します。そして、後にその電気回路の溝に関心という針を置くと、初めの心の青写真が再生されるのです。そして、その行動がくり返されるたびに、その溝はますます深くなり、ほんのわずかな関心を向けるだけで、自動的に同じ行動を何度でもくり返すようになります。

しかし、長い習慣によって深められたこの溝も、集中力と意志の力を使えば消すことができます。例えば、たばこをやめたい人は自分にこう言いなさい——

「わたしの脳には長い間喫煙の習慣が住み着いてきたが、わたしは今、すべての関心と集中力を脳に集めてこの習慣を追放する！」と。

こうして、自分の心に何度も何度も命令しなさい。これを行なうのに最もよい時は、朝です。朝は、意志と注意力の働きが新鮮だからです。あなたのすべての意志の力を結集して、「もう何物にも邪魔されまい」と何度も何度も断言しなさい。そうすればあなたは、いつかふと、自分がもうその悪習に誘惑を感じなくなっていることに気がつくでしょう。

私のところへ、たばこをやめたいと言って来た男がいました。彼はチェーンスモーカーでしたが、私によって必ずやめられるという強い信仰をもっていました。私は彼にこう言いました、「わたしがあなたを治したあと、試しにたばこを吸ってごらんなさい。それはきっとぼろくずのような味がして、あなたはもう二度と吸う気にならないでしょう」と。そして実際にそのとおりになりました。翌日彼は、一口吸っただけで吐き気を催しました。彼は、私の強い想念の働きかけに対して、心を開いて受け入れようとしていたので、私は自分の意識を一瞬のうちに彼の中に移すことができたのです。それ以来、彼はその悪習か

ら完全に解放されました。

爪をかむ癖も、愚かなくだらない習慣です。自分の人生の城の王であるあなたは、自分の意志に反するそのような行動を許してはなりません。

神の子としての自由を保持せよ

もしあなたが、強い精神力をもち、自分のすべてを神に委ねてからだのことも忘れるならば、神の子としての自由を保持することができます。どんな習慣からも必ず自由になろうと決心しなさい。また、もし強力な英知を身につければ、あなたは自分のなすべきことを、即座に、確信をもって決めることができるようになります。自由意志の力を呼び起こすこの英知を身につけて、今まで当たり前と思っていた習慣の支配から抜け出しなさい。

「もしそなたが悪人の中の極悪人であったとしても、英知のいかだに乗りさえすれば、無事に罪の海を乗り越えることができる」（バガヴァッド・ギーター　４・36）

習慣から脱出する最善の方法は、今すぐそれらの習慣を心の中から追い出すことです。未練がましく考えていてはなりません。さもないと、せっかくの決心が鈍ります。あなたを習慣から救うものは英知です。子供にキャンデーを食べてはならないと言うと、子供はかえって前よりもキャンデーを欲しがるようになります。その子供が大きくなって糖尿病になったとします。医者は彼に、これ以上甘い物を食べつづけると死ぬ、と警告します。そのとき彼の内部から、「医者の言うとおりだ、すぐに甘い物を食べる習慣を捨てろ」とささやく声が英知です。こうして人は英知から学びます――もっとも、聞き流す人も多いようですが！

私がランチにいたころ、何でも言われた事の反対をしたがる子供がいました。そこで、私はよく彼に、させようと思う事の反対の事を命じました。こうして私は、彼にさせようと思う事をさせました。そのうちに、彼は私のやり方に気づき、やがてほんとうに賢くなって自分の曲がった癖を直しました。

悪い習慣から抜け出せないで悩んでいるすべての人に、私はこう言います――

「あなたを今まで奴隷のように操ってきた習慣に対し、開き直ってこう言いなさい、『わたしはお前を追い出すむちを持っている。お前はもう、わたしの意志に反する事をわたしにさせることはできない。わたしは、生まれつき完全な自由を身につけた神の子だ。神の似すがたにつくられた神の子なのだ。これからは、神から受け継いだ英知と自由意志を使って、わたしのなすべき正しい事だけをするのだ！』と」

私は、自分を束縛する習慣を打破するために、何度も神から与えられた自由意志を使ってきました。何かを食べて、もっと欲しいという気持が募りそうに感じたときは、その欲望を感じなくなるまでそれを食べるのをやめました。

かつてシンガポールへ行ったとき、私はそこでたいそうおいしい果物を見つけました。私は、自分の中に貪欲が生じないよう警戒しました。私は、気をつけないと自分が朝も、昼も、晩も、それが欲しくなることを知っていたからです。こういう欲望を許すと、それが習慣になるのです。ですから私は、最初の日は十分にその味を楽しみましたが、翌日はそれを食べようとしませんでした。このように、好きなものには警戒を怠らないようにすれば、むやみにそれを恐れる必要はありません。どんな努力を払っても守るべきものは、魂の自由です。

多くの人が、自分に良くないとわかっている食物を、やめられずに食べつづけています。私はいったん食べまいと決心したら、もうその食物は決して食べません。このように、自分の習慣に流されたり友人に説得されたりしてではなく、自己の英知の指示に従って行動できるようになることこそ本当の自由だとは思いませんか？　英知には、自分のなすべき事を遂行するのに習慣の力に頼る必要はない、という確信の力がともないます。英知によって自分の選択した行動に確信を持ったら、あとは何物にも邪魔させてはなりません。いつも英知の導きに従いなさい。英知の力によって、あなたは意のままに新しい習慣をつくることもできます。私は、自分の英知が命じるならば、どんなものでも好きになることができます。

ほとんどの人は、心の中の習慣のパターンが固定化しているため、なかなかそれを変えることができません。しかし、訓練と自己制御によって心の柔軟性を保持している人は、容易にそれを変えることができます。英知は心を柔軟に保ちます。心は、軟らかな粘土のようでなければなりません。それが自由です。私は、だれもが習慣に煩わされない心の自由を楽しめるようになって欲しいと思います。習慣の影響を完全に克服したとき、あなたは、〝神の子として自由に行動できることほど幸せなことはない〟ということがわかるでしょう。

人生に打ちのめされてはなりません。むしろ、人生を打ちのめしなさい！　強い意志さえ持っていれば、どんな困難でも克服することができます。試練の真っただ中にあっても、こう断言しなさい――

「危険と〝自分〟とはいっしょに生まれた。そして、この〝自分〟こそどんな危険よりも危険なのだ！」と。

こうして、この真理をいつも思い出しなさい。そうすれば、その効果がわかるでしょう。卑屈な姿勢で人生を歩んではなり

ません。あなたは神の子なのです！

（1）C. Austin Miles の賛歌『花園の中で』より。
（2）パラマハンサ・ヨガナンダが十一歳のころに遭遇した母の死は、彼の人生の一つの転機となり、霊的なものに強くあこがれる生来の傾向をさらに強めて、神を求める不動の決意を固めさせた。師が過去世において蓄積した英知は、今生において早くからその徴候を現わした。そのため、この世の経験は本質的に幻滅をもたらすものであり、永続性のある幸福は神の中にしかないことを早くから見抜くことができたのである。（出版部注）
（3）これは、潜在意識の心に過去世からの悪い習慣が強く刻みつけられている人の場合は特に真実である。今生で同じ誘惑を一度でも受け入れると、それが引き金になって、過去の長い習慣が表に現われてくるのである。

講話五十二　ダイナミックな意志を養う

（一九四九年一月十一日　ＳＲＦ本部における講話）

神は、われわれをこの地上へ送られるにあたって、一定の肉体的、精神的、霊的能力をお授けになりました。われわれはそれらの能力を上手に、しかも賢明に使いこなすことによって、自分の思った事を実現することができます。神がわれわれに与えられた何兆という細胞から成る柔らかな肉と動く骨格で出来たこの人体という複雑な機械は、ちょうどわれわれのつくった機械が電気によって動かされているのと同じように、神経という電線を流れるプラーナという知的生命エネルギーによって動かされています。

幼少時の肉体は、心に、より敏感に反応します。すなわち、心は肉体を、より容易に命令に従わせることができます。しかし、成長していろいろな習慣を身につけるようになると、肉体は、以前ほど心と調和して働かないようになります。今まで何度もお話ししたように、この世の物質現象はすべて単なる神の意識の中の夢にすぎませんが、われわれは、肉体を使って生きている間はそれを心によって制御しなければなりません。

肉体はたえずいろいろな故障に襲われます。これは生命の法則で避けることができませんが、あなたは、どんな困難の中でもそのような外的条件に影響されない心の安定を養うべきです。

アシジの聖フランシスは重い病気を持っていましたが、心は少しもそれに影響されませんでした。死ぬ少し前、彼の目は失明しそうになりました。医者は手術を勧めましたが、それは両方の眉から耳にかけて、赤熱した鉄のこてで焼く治療でした。そのころはまだ麻酔剤はありませんでした。付き添いの弟子たちにとってそれは見るに耐えない光景でしたが、聖フランシスは手術を始めるよう医者を促しました。彼は優しい言葉で兄弟なる火を歓迎し、その心は少しも肉体の苦痛に悩まされてはいない様子でした。「われわれのいずれ死すべき肉体の中には何物にも侵されない不滅の魂が宿っている」という真理を、あなたがたも理解するよう主は望んでおられます。

悟りに達した大師たちは全く苦痛を経験しない、と考えるのは間違いです。イエスの場合も、彼はすでに自分自身のカルマによる苦痛からは完全に解放されていましたが、弟子たちやこ

の世界が負うべきカルマの苦しみを進んで自分のからだに引き受けたのです。彼は心と肉体の関係を知っていて、自分の心も肉体も神の宇宙夢の中の幻影である、と見ていました。肉体は単なる感覚の集合体にすぎません。感覚を自分の意識から切り離すことは易しいことではありませんが、もし、自分が神と一体の魂であるという意識の中に常に目覚めていられるようになれば、それは可能です。普通の人の心は、ほとんどいつも、肉体と、肉体が要求するものに注意を奪われていますが、そういう人たちは、少しずつ小さな事から始めて、心を肉体から切り離す訓練をするとよいでしょう。

普通の人と熟練したヨギとの違いは、普通の人がすぐ苦痛に負けて泣き言をいうのに対して、ヨギはたえず、自分が肉体ではなくそれとは分離した存在である、ということを意識していることです。私も、いつもそのような意識の中にいます。ときどき私は、全くからだをもたない自分を意識しながら、歩いている自分を見ていることがあります。聖なる意識に入ると、あなたは自分を魂として意識し、手足や、目や、耳など、肉体の付属物の存在も必要性も意識しなくなります。それでもあなたは、それらを動かしたり使ったりすることができます。心の力だけで、見たり、聞いたり、嗅いだり、味わったり、触ったりすることができるのです。例えば、透聴力をもっている人は、内面的能力で音を聞きます。多くの聖者たちは自分を導いてくれる神や天使たちの声を聞いていますが、彼らも、耳ではなく心でそれを聞いているのです。この意識状態は実際の経験であって、単なる想像ではありません。しかし、あなたがたは瞑想しなければそのような経験をすることはできません。最深の信仰をもって瞑想を続ければ、あなたの期待が薄れてきたころにあなたはそれを経験し、私の言った事を理解するでしょう。

神は私に、肉体は実在ではないという真理をたえず見せてくれています。そして、このからだにひとの苦痛を引き受けなければならないことも教えてくださいました。しかし、この肉体的苦痛は、私の意識に何の影響も与えません。この苦痛は他人の悪いカルマを引き受けるときに経験するもので、通常苦痛の原因となる自我の欲望から生じるものとは違います。自分のからだが世の中やほかの人たちのために役立つことはうれしいことです。大師たちは、自分の肉体に何が起きても気にかけません。彼らは、それによって他人が救われることだけを願っているのです。

普通の人が自分の肉体を意識しなくなるのは眠っているときだけですが、それでも目を覚ますと、自分がよく眠ったかどうかすぐにわかります。唯物主義者の中には、人は睡眠中は完全に意識を失っていると考える人がいますが、それは間違いです。

睡眠中に全く意識がなくて、どうして自分がよく眠ったかどうかわかるのでしょう？　心は肉体がなくても存在することができるのです。

肉体と心を支配しているのは英知と意志である

では、からだと心を根本的に支配しているものは何でしょうか？　それは、英知と意志です。英知とは、神から魂に与えられた、真理を直観する知性です。戦争中、大砲を目標に命中させるために測距儀というものが使われました。正しく距離が測られると、砲弾はよく命中します。英知はこの測距儀のようなもので、これに対して、砲弾に破壊力を与えるのが意志です。意志は常に英知の指示に従って、目的を実現する力を発動します。意志は英知の導きに従わなければなりません。意志と英知とは、どちらが欠けても危険です。たとえ英知を持っていても、その指示する目的を達成するに十分な意志の力が伴わなければ、幸福な結果は得られません。反対に、強い意志を持っていても英知に欠けるときは、暴発を起こしたりして自滅する結果を招くことになります。

もし、あなたの理性があなたのなすべき正しい事を示さなかったら、それは、あなたの理性が英知に導かれていない証拠です。そして、もしあなたの理性があなたの魂の命令を遂行するのに必要な意志の力を奮い起こさなければ、その理性はあなたの本当の目的を達成する力を持ちません。

「感覚器官は〔肉体よりも〕上位にあるといわれているが、心（思考器官）は感覚器官より上位にあり、知性は心よりも上位にある。そして、知性よりも上位にあるのが彼(真の自己、魂)である」（バガヴァッド・ギーター３・42）

ほとんどの人はまるで自動機械《ロボット》のようです。朝食を食べ、働きに出かけ、昼食を食べ、また働いて、家に帰り、夕食を食べ、テレビを見て、ベッドに入ります。そして、肉体機械は朝まで運転を休止します。このような生き方をしている人たちは、単なる機械的な意志を使っているだけで、ほとんどの行動を習慣として行ない、仕事も、いつも決まったやり方で行なっています。彼らは、自分の意志を意識的に働かせることがほとんど、または全くありません。習慣的に仕事をする場合でも確かに意志は使いますが、それは全く機械的で、ダイナミックな（創造力を発動するような）意志ではありません。

生理的な意志——最初の意志表示

人がこの世に生まれて最初に表わす意志表示は産声です。これが、肺を拡げ、呼吸を始めるきっかけになります。聖者たちは、「魂は、赤ん坊の窮屈なからだに閉じ込められたことを嫌

がって、その気持をまず泣いて表現するのである」と言っています。魂は、自分が人間として生まれると再びいろいろな苦難と闘ってゆかなければならないことを知っていてこう言います、「主よ、どうして私をまたここに入れられたのですか？」と。しかし、その一方で、多くの赤ん坊が誕生のとき手を合わせる格好をしているように、その魂は神に、「主よ、どうぞ私を地上に送り出してください」と祈っているのです。

何をするにも意志は原動力です。それを使って、あなたは神を知る高い次元へ昇ることもできれば、無知の中に深く沈み込むこともできます。赤ん坊の産声は、不快感から開放されたいという生理的欲求による意志表示です。ほとんどの人は、この赤ん坊のころの状態からあまり成長していません。彼らは、不快を感じるとすぐにそれから逃れたいと思い、また、何か面白いものを見つけると声をあげて欲しがり、それがなければ生きて行けないほど自分には必要だと思います。このように、感覚に動かされて自動的に発生する意志が生理的な意志です。これは、肉体の要求に操られた意志です。

麻薬は、どんな麻薬でも、意志を肉体の奴隷にしてしまう恐ろしい力をもっています。私の知っているあるアヘン患者は一日中もうろうとした意識の中で眠っていましたが、彼がそれを治すまでには何年もかかりました。麻薬の使用は、神に対する最大の罪の一つです。飲酒癖も同様です。両方とも意志の力を破壊するからです。偉大な聖者たちはそれについて警告してきました。どんなことがあってもそれらの誘惑に乗ってはなりません。さもないと、ほんの一時の経験でも自分を見失う恐れがあるからです。飲酒癖も麻薬も、魂に対する大罪です。これらは意志を麻痺させて、魂の解脱や救いを不可能にします。

多くの人は、まだ生理的な意志に束縛されています。過度な性行為や、飲酒癖や、人を憎む習慣が続くと、プラーナを制御して人体という機械を有効に動かしている原動力が破壊されてしまいます。そして、それらの習慣は、いったん身につくと克服するのがきわめて困難です。自分の不機嫌をいつも顔や態度に表わす癖のある人に、改めようと思っていてもついその癖が出てしまいます。意志の力は、魂の解脱を得るためにはどうしても必要な神からの贈り物ですが、習慣はそれを破壊してしまいます。

英知が欠けると意志は習慣の奴隷になる

神や天国も、もしそれらがわれわれに強制的に押しつけられていたら、われわれはそれらの奴隷になっていたでしょう。しかし、主はわれわれに、善に対しても悪に対しても、それを受け入れるか排除するかの選択権をお与えになりました。この選

択をするために主がわれわれに与えられた能力が英知と意志です。あなたは、自分の意志を制御しているかどうか常に自省する必要があります。悪い習慣に、自分の意志の活力を奪われてはなりません。

生理的な意志の次に来るのが習慣的な意志です。あなたの意志は、英知の導きがないと自動的にこの第二段階にはいります。ときどき、善良な両親を持ちながら、不誠実で悪習に染まってゆく子供がいます。彼は、善良さを学ぶ環境に恵まれているにもかかわらず、自分の意志を表現する年ごろになると、周囲のいろいろな悪影響を身につけてゆきます。それはなぜでしょうか？　このような場合、ふつう過去世におけるカルマによって形成されたその子供の性質の中に、悪い習慣や考え方に流され易い傾向があるためです。小さいうちは家族から正しく行動するようしつけられますが、それは彼の本来の性質の上に上塗りされるだけです。彼の意志は、単に家族から受ける良い習慣に機械的に動かされていただけで、魂の英知や真の理解に基づくものではなかったために、ひとたび家族の影響の下から離れると、容易に誘惑に負けてしまうのです。

もしあなたが、泥棒やアルコール中毒患者に、「あなたはそんな生活が好きか？」と尋ねれば、たいてい「ノー」と答えるでしょう。彼らも、そういう行為に手を出した初めのころは、まさか今のような泥沼にはまるとは思わず、幸福になるつもりだったのです。ですから私は、悪の道にはまり込んだ人たちには深い同情を感じます——「もし神の恵みが届かないなら、わたしが彼らのところへ行こう」と。悪は一種のアヘンのようなものです。だから悪を犯した人たちには、正しい生き方と考え方を教える場所が必要です。刑務所は、生き方を変えるために適当な場所とは言えません。彼らには、彼らを助けることのできる優れた人たちと交わる環境が必要なのです。

あなたのまわりには、環境という泥棒があなたの意志の活力を盗もうとねらっています。しかし、あなたの意志を盗むことができるのはあなた自身だけです。子供は自分の思いどおりにしたがりますが、成長する過程で自分の意志を英知でコントロールすることを怠ると、やがて気がついたときには、欲望の奴隷になっています。あなたは今、自分のなすべきでない事や、将来不幸をもたらすとわかっているような事をしてはいませんか？　感覚的刺激に溺れると、意志は創造的活力を失ってしまいます。ですから、どんなものにも貪欲を起こしてはなりません。例えば、大好きな食べ物があっても、それがなくても平気でいられるだけの強い意志の力をもたなければなりません。

人の好みは常に変化するため、何がほんとうに好きで、何がほんとうに嫌いかを断定することはできません。あなたがたも

自分を分析してみれば、みな自分が好き嫌いに振りまわされていることがわかるでしょう。われわれはなぜあるものを好きになったり、あるものが嫌いになったりするのかわかりませんが、あなたが英知の影響を受けて好きになったものと、生理的習慣の結果好きになったものとは違います。私は自分に、あるものを好きにならせ、次の瞬間、それを見るのもいやなほど嫌いにさせることができます。

英知に導かれることは、世界の支配者になることです。賢い人は何かを行なうとき、まずそれが正しいかどうかを見定めてから行動に移ります。しかし、一度正しいと思った事でも、その後間違っていることがわかればすぐに改めます。このように、強い意志は必要ですが頑固であってはなりません。例えば、あなたがだれかと一時間話し合いをしたとします。相手はあなたの考えに賛成しそうになったのに、途中で態度を変えて自分の考えを固守することがあります。それは彼が、意志の力が強いからではなく自我の奴隷になっているからです。このような奴隷はあなたの周りに大勢います。彼らは自分では自由に振る舞っているつもりですが、実は、彼らの意志は鎖につながれているのです。彼らは、良きにつけ悪しきにつけ、習慣に命じられるままに機械的に行動しているだけです。それとは反対に、もしあなたが、「悪は幸福を破壊する。だからわたしは悪を近づけない」とか、「わたしが善を行なうのは、人に言われたからではなく、それがわたしを幸福にするからだ」と言うならば、それは英知です。私のグルは、私をそのように訓練してくれました。英知に導かれた意志は人生に建設的な何かをつくり出す、ということを、われわれはいつも思い出すべきです。

イエスが天の父に、「どうかみ心が行なわれますように(1)」と祈ったのは、彼が意志を持たなかったからではなく、自分の意志が神に導かれるよう求めたものです。「肉体を捨てよ」という天の啓示を受けたとき、イエスは肉体の弱さに打ち勝つために驚くべき意志の力を発揮しなければなりませんでした。人は、イエスのように、自分の肉体を捨ててでも自分のなすべき事が遂行できるようになったとき、その人の人間としての意志は完全に神と一致して、聖なる意志となるのです。肉体の奴隷になっている人なら、「彼らは私を十字架に掛けようとしています。どうか私を助けてください」と祈ったでしょう。もし、イエスもこのように祈っていたら、今日われわれの心の中に住んでいるキリストにはならなかったでしょう。

意志の発達段階

赤ん坊の生理的な意志は、成長すると、幼児期の〝何も考えない意志〟になります。この時期は母親に従順な時期で、何で

も母親に言われたとおりに行動します。その次に来るのが少年期の〝盲目的な意志〟です。この意志に目覚めると、母親の言うことよりも自分の意志を強く感じるようになります。そして、自分の意志を試し、欲しいものを手に入れるためにそれを使うようになります。

私は、子供のころオートバイが欲しくなり、それを買ってもらいました。それから馬が欲しくなりましたが、それは聞いてもらえませんでした。しかし、何年もたってから私はそれを人からもらいました。主は、私が今までに抱いた望みをすべてかなえてくださいました。私の望んだものはすべて向こうから来ましたが、それらはみな主の恵みによるものでした。

私は、自分の意志を実行に移す前に、必ずそれが正しいかどうかよく考えました。正しいことを守るためには頑固も良いことですが、そうでないときは頑固であってはなりません。自分が間違っていると知ったらすぐに改めるべきです。あなたが自分の意志を正しいことだけに使うようになれば、あなたの〝盲目的な意志〟は〝分別ある意志〟に成長します。

私は、母を失ったときまだ十一歳でしたが、そのあと深い悲しみに打ちのめされました。一番上の姉のロマは私を慰め導いてくれました。ほかの人たちは力ずくで私を導こうとしましたが、ロマは愛で私を説得しました。私が意地になって「うるさいな、あっちへ行け！」と叫んでいるときでも、私は、内心では彼女の言葉に従っている自分に気がついたものです。

花のように優しい聖者でも、決意して何か善いと思うことをしようとしているときは雷よりも強い力を持っています。それは、その意志が英知に導かれているからです。私のグル、スリ・ユクテスワは、私が彼の指示よりも私の考えのほうがよいと思うときでも、説得するのはなかなか容易ではありませんでした。しかし彼は、私の考えが別の角度から見たものだと認めると、すぐに、「それもいいだろう。その方法でやってみよう」と言いました。しかし、私が間違っているときは決して認めてくれませんでした。

〝分別ある意志〟はあなたが想像しうる最もすばらしい道具です。あなたは分別ある意志を使って行動していますか？　盲目的、または生理的な意志に支配されてはいませんか？　分別ある意志はあなたを英知へと導きます。例えば、あなたの心の中に、「また映画を見に行きたい」という気持が湧いてきたら、それは生理的な意志です。しかしそのとき、「今すぐ行かなくても、そのうち適当なときに行けばよい」と考え直すのは、分別ある意志です。

分別ある意志とは、習慣に流されない意志です。たばこを吸いたいと思わないのに、吸うべきではありません。空腹を感じ

ないのにただ習慣的に食事を摂るべきではありません。私は、食事を控えようと決めたら、だれに勧められても摂りません。なかなか克服し難いもう一つの習慣は、無愛想な話し方です。相手の気持に無神経な話し方をしていると、意志が麻痺してきます。不機嫌に襲われたら、すぐに追放しなさい。怒りは顔を醜くします。一度会った人から、「あの人にまた会いたい」と言われるほど、だれに対しても愛情深く、親切でありなさい。自分の話し方にいつも気をつけていれば、他人が自分をどう噂しているか気にならなくなります。私は子供のころに怒るのをやめましたが、今、神によって私のもとに送られて来る理解力のある弟子たちを訓練するときには厳しい言葉を使います。しかし、理解のない人に対しては何も言いません。

意志のもつ創造力のすばらしさを知りなさい。分別ある意志を身につけると、あなたは、「この力を使って何か価値あるものをつくり出そう」と考えるようになります。そして、一つ一つそれを実現してゆくでしょう。あなたの問題が何であれ――健康であれ、経済であれ、習慣の改善であれ、神を知りたいという願望であれ、何であれ――あなたの意志を一つの目的のまわりに回転させなさい。あなたがこうして自分の意志を強力に発動して、成功するまでそれに向かって行動するとき、あなたはダイナミックな意志を身につけます。

この世界はあなたを惑わそうとする

この世のものはすべて、あなたを神から引き離そうとして誘惑します。神を求める人たちも、初めは大概、神から与えられた聖なる意志を使わないため、その誘惑に負けてしまいます。彼らはなかなか瞑想しようとしません。一日ずつ、また一週間ずつ引き延ばしてゆきます。「神を愛するようになりたい！そのためには今すぐ努力しなければ――」と思っていても、延び延びにしてしまいます。私も子供のころに、一時期そんなふうにして多くの時間をむだにしたことがあります。そのとき私は、すでに毎日瞑想する習慣をつけてはいましたが、もっと長い時間瞑想しようと決心していたのです。しかし、私はその実行を一日延ばしに延ばしているうちに、気がついたらまる一年たっていました。私はそのとき、猫と雀の話を思い出しました――

猫が雀を捕まえました。しかし、その雀は利口な雀でした。雀は猫に言いました。

「ごちそうを食べる前に、まず顔や手をなめてきれいにしたほうがおいしく食べられるよ」

猫はなるほどと思い、雀を放して手やからだをなめはじめました。雀はその間に高い枝に飛んで行きました。やがて、からだをきれいにした猫は雀に言いました。

「もう降りて来てもいいよ、食べる準備はできたから」

しかし、雀はさえずりながら言いました。

「おあいにくさま、ぼくはもう捕まらないよ」

そこで猫は決心しました。

「よし、これからは雀を食べてからからだをきれいにすることにしよう」


先にすべき事は先にしなさい。さもないと、この世の雑事があなたを取り囲んで、神のことを忘れさせてしまいます。朝、目が覚めたら、まず瞑想しなさい。さもないと、この世の雑事が一斉にあなたを取り囲んで、神のことを忘れさせてしまいます。夜は、眠りに捕まる前に瞑想しなさい。私は、しっかりと瞑想の習慣をつけてしまったため、眠ろうと思ってベッドに入ったあとも瞑想している自分に気づくことがあります。私は、普通の人のように眠ることができません。神といっしょにいる習慣のほうが先に来るのです。

意志の力の中には神の似すがたがある

意志の力を養うことは、自由を得ることです。それはまた、天国に入ることをも意味します。もしあなたが、この世のどんな誘惑に出会っても、自分の意志を堅固に保つことができれば、聖なる目標を達成することができるでしょう。しかし、あなたがたの多くは、自分の意志を悪習の侵蝕にまかせています。そして毎日、酒や、たばこや、かんしゃくの習慣に漬かって、それらを禁じられたら生きてゆけないとさえ思っています。しかし、あなたにもかつては、酒もたばこも怒りも知らない時期があったのです。ところがそれらの習慣の侵入を受け入れたため、自らの自由を明け渡してしまったのです。自分をそんなものの奴隷にしておいてよいのですか？　あなたは、自分の自由意志の力を取り戻してそれらの悪習を追い出し、その代わりに瞑想の習慣をつけなければ、神を見つけることはできません。

からだにどんな支障が生じても、瞑想だけは欠かさないようにしなさい。夜は、神と交わるまで眠ってはなりません。からだは、あなたに一日の疲れと休息の必要を訴えるかもしれません。しかし、それを無視して神に意識を集中すればするほど、あなたの生命は、大きな火の球のように喜びで燃え上がるでしょう。そのとき、あなたは自分が肉体ではないことを体験します。あなたの意志の力の中には神の似すがたがあります。しかし、その聖なる似すがたは今まで、あなたが自分の意志を習慣の奴隷にしてきたため汚されてきました。私のグルは、私が初めてアメリカに向かってインドを出発するときこう言いました――

「お前はこれから自分がインド人であることを忘れなさい。しかし、アメリカ人のやり方をすべて受け入れてはいけない。

……神の子としての真のお前でいなさい」

この賢明な助言に従ったおかげで、私は自分の自由意志を保ちつづけてきました。たとえ全世界が私の前に立ちはだかっても、自分が正しく相手が間違っていると確信するときは、私は決して自分の考えを変えません。

ダイナミックな意志に不可能はない

健全で、有益で、建設的な目標を立てたら、何があってもそれを達成しようと決心しなさい。何度失敗してもやり直しなさい。「たとえ地球が砕けても、最善をつくして努力しよう」という不屈の決意をもってダイナミックな意志を使えば、必ず成功します。ダイナミックな意志は人を富豪にしたり、たくましくしたり、また、聖者にもします。

神を知ることができるのは、イエスや、そのほかの限られた聖者たちだけではありません。正しい方法で努力すれば、あなたも神を見つけることができるのです。せっかくダイナミックな意志を使って立派な医者や大実業家になっても、翌日死んだら何にもなりません。だからイエスは、「まず神の国を求めよ(2)」と言ったのです。あなたの意志は、まず神を知るために使うべきです。そうすれば、あなたの進むべき道は神が示してくださるでしょう。

あなたが昼も夜も神を求めて、その熱意を深く深く内なる神にささやきかけるとき、あなたはダイナミックな意志を使っているのです。あなたの意志を、神を求めるために使うことは、ほかのどんなものを求めるために使うよりも善いことです。私は幸いにも、わが師スリ・ユクテスワによって聖なる意志の力を目覚めさせてもらいました。先生に出会う前は、私は意志の力をいろいろつまらない目的にも使っていましたが、それでも何かを計画したときは、それを達成するためにダイナミックな意志を使いました。

私が人助けのためにダイナミックな意志を初めて使ったのは、まだ少年のときでした。私は友人の一人にこう言いました。

「五百人の人に施しをしようよ」

すると彼は驚いて言いました。

「だって僕たちは一文なしじゃないか！」

「いや、大丈夫だ」私は請け合うように言いました「そのお金は君を通して手に入るような気がするんだ」

「そんなこと、できるわけがないじゃないか」

彼はあざけるように言いました。すると、直感的な確信が私にこう言わせました。

「いいかい、何があってもお母さんに逆らっちゃいけないよ。何でもお母さんに言われたとおりにするんだ」

その翌日、彼は私のところへ駆け込んで来て、こんな話をしました。

「僕が水浴びをしていると、お母さんが僕を呼んだんだ。僕は、『今、水浴びをしているから……』と言いかけたけど、何の用か尋ねると、近所にいる叔母さんのところへ行ってくれと言うので、『いいよ』と返事をしたんだ。

叔母のところへ行くと、叔母はいきなりこう言うんだ、『お前が付き合っているおかしな子はだれだい？　五百人に施しをするそうだけど、お前たちは頭が変になったのかい？』。僕は腹が立ったから、『僕は帰る』と言って帰ろうとすると、叔母は僕を呼び止めてこう言ったんだ、『お前の友達は少しおかしいけれど、言っていることは善いことだ。この二十ルピーを持っておいで』と」

その友達は驚いて卒倒しそうになりましたが、すぐに私の所へ走って来て、この話をしてくれたのです。二人が米やそのほかの材料を買いに行くと、われわれの計画をすでに聞いていた近所の人たちは、ほかにも食べ物を寄付してくれました。そして結局、われわれが施しをした人の数は二千人にもなったのです。私が設立した最初の図書館、カルカッタのサラスワット図書館も同じように、神によって活性化された意志の力によって出来たものです。

あなたが善いことをしようと決心して、最後までダイナミックな意志の力で神に働きかければ、必ず達成することができるでしょう。どんな状況に置かれてもあきらめずに努力しつづければ、神があなたの意志を実現させる方法をつくり出してくださいます。この真理についてイエスはこう言っています――

「もし、あなたがたが信じて疑わなければ、この山に向かって、動き出して海の中に入れと言っても、そのとおりになるだろう」（マタイによる福音書21・21）

もしあなたが、いつもこのような意志の力を使うならば、どんな障害に出会っても、その意志の力は、成功や、健康や、人を助ける能力をつくり出し、さらに、何よりも大切な神との霊交をもたらすでしょう。

あなたがたもそのような意志の力を養いなさい。それは、善いことを達成するために、必要ならば海の水さえも乾かしてしまうほどのダイナミックな力です。あなたは、この何よりも偉大な意志を、まず瞑想のために使うべきです。主は、われわれがこの聖なる意志を発掘し、それによって主を見つけることを望んでおられます。このダイナミックな意志を育てて、神を求めなさい。あなたに真の自由――解脱、救い――を与えてくれるものは、単なる聖典の知識ではなく、瞑想を通じてのあなたの努力です。

（1）マタイによる福音書26・42。
（2）マタイによる福音書6・33。

講話五十三　すぐ今から神を求めよ

（一九四一年七月十五日　SRF本部における講話）

神を知るためには、神を求める者の不屈の努力と、神の恩寵とが必要不可欠です。神に近づくには、戒律を守ったり、科学的法則を利用することも有効な方法ですが、人間の愛を何よりも求めておられる神の恩寵を得るには、まず信仰者自身の神を求める熱意を、神に認めてもらわなければなりません。ヨガの科学的技法をいくら完全に行なっても、まだ神に心のすべてを献げきっていない信仰者に対しては、神は最後の承認を保留されます。

私がまだ、私の師《グル》、スワミ・スリ・ユクテスワのアシュラムで先生の薫陶を受けていたころ、私は最深の信仰を込めて何か月も神を求めつづけたにもかかわらず、自分の霊的進歩に沈滞を感じていたことがありました。私がこのことについて先生に尋ねると、先生はこう言われました――

「お前は、自分の精神力や奇跡的能力を伸ばせば神をもっと近くに感じることができる、と思っているが、それは違う。たとえ、神がお前の望みに応えて全宇宙を支配する力を与えてくださったとしても、そのような能力はお前を心から満足させてはくれないだろう。神は、お前がすでに瞑想中に体験している〝常に新たな喜び〟だ。神は、信仰者がその喜びをこの世のどんなものよりも愛し、財産や名声を得たり、好きな気分や習慣や快楽に浸るよりもその喜びを求めるようになったとき、初めてそこへの道を開いてくださるのだ」と。

しかし、ほとんどの信仰者は、まだそれらを犠牲にするだけの心の準備ができていません[1]。

神を喜ばせることはたいそう易しいことでもあり、また、難しいことでもあります。神は、信仰者を試練の中に置いて常に彼らを試しながらも、彼らと戯れています。

一日中、何の考えもなく気ままに過ごすのは易しいことですが、価値あることを考えたり行なったりして過ごすのはたいそう難しいことです。しかし、神は、われわれが何をしているかということよりも、われわれの心がどこにあるかということに関心を持っておられます。われわれは、みないろいろな困難を抱えていますが、神はどんな言い訳もお聞きにはなりません。神は、われわれがどんな困難な環境にあっても、心を片ときも

神から離さないことを望んでおられるのです。私は今こうしてあなたがたに話をしていますが、心はたえず神に向いています。内面的にはいつも神といっしょにいて、神の喜びの中に住んでいます。その喜びだけを愛し求めていると、神との合一を妨げるすべての障害は私の前から退散してゆきます。これは、決して私の夢物語ではなく本当のことです。しかし、神は、あなたの愛を独り占めにするまではあなたのところへおいでにならないでしょう。あなたは、自分がときどき神から見放されたように見えることがありますが、そのような試練はだれもが経験することです。あなたがそれに挫けずに、あくまでも求めつづけるとき、神はあなたをご自分のものとして受け入れてくださるのです。

世俗的な野望には常に不確実という要素がともないます。大金持ちになるために何十年も精魂つくして働いても、必ずしも成功するとは限りませんが、神を手に入れようという聖なる野望の場合には、神に精魂を献げれば必ず成功します。その努力が報いられないことは決してありません。

忍耐は霊的成功を得るための魔法の鍵

神を知るうえの最大の敵は肉体です。肉体は飽きやすく、すぐに弱音を吐いたりあきらめようとします。真の求道者は決して肉体を甘やかしたり、努力を緩めたりはしません。それには不断の警戒が必要です。どんなに失望しかけても、「神は必ず来てくださる」と信じなさい。神の存在を十分に信じられない不可知論者でも、根気よく忍耐をもって求めつづければ、最後には神を見つけることができるでしょう。たとえ神が何も応えてくださらないように見えても、決して疑わず、あくまでも辛抱強くこの聖なる探求を続けなさい。忍耐は、霊的成功を得るための魔法の鍵です。もし神が、神を求める人たちの祈りに対してだれにでも簡単に応えてくださったら、神の愛よりも神のさまざまな贈り物を求める人たちまでがすぐに神を求めようとするでしょう。

この世界は神の劇場です。ここで上演されている複雑霊妙なドラマでは、神は容易には見つけ難い存在としての役割を演じています。見つけ難いため、われわれはその存在を忘れがちです。われわれは、自分の愛する人たちが神秘な未知の国へ連れ去られて行くのを見ても、自分もいずれはそこへ行かなければならない、ということについてなかなか真剣に考えようとしません。しかし、そこへ連れて行かれそうになって初めて神を求めることの重要さに気づくのでは遅いのです。神を求めることは、だれにとっても最も重要で、しかも緊急な義務です。人生は、一刻一刻が神の探求でなければなりません。心の中でたえ

ず、「主よ、私はいつになったらあなたを見つけることができるのですか?」という問いかけを燃やしつづけるべきです。

どんなことがあっても、この生命の本質にかかわる重大な探求をあきらめてはなりません。例えば、瞑想中に友人が尋ねて来たとき、あなたはやむをえず瞑想を中断しなければなりませんが、それでも、心を神に向けていることはできます。外面的にはどんな活動をしていても、内なる注意力はたえず神に向けていなさい。われわれにとって、神はそれほど重要なのです。

ですから、今すぐ始めなさい。時は休みなく過ぎて行きます。ぐずぐずしていると、「ああ、人生はまたたく間に過ぎてしまった。だが神はまだ見つからない!」と嘆き恐れる日が来るでしょう。神を瞑想する努力は、一日も怠ってはなりません。そうすれば、驚くほどわずかな努力で続けることができるようになります。至上の幸福は、着実な努力を続けた信仰者にのみ訪れます。不屈の熱意がなければ、何事も成就することはできません。

バガヴァッド・ギーターは、霊的修行の道においては肉体の感覚を克服することがいかに重要であるかを教えています。われわれの感覚器官は外の環境と接触すると、暑さや寒さ、喜びや苦痛などといった相対的な感覚をつくり出します。普通の人はこれらの感覚にすぐ影響されますが、ギーターは、「人はそれらに動揺させられてはならない」と教えています。これは、無謀な忍耐を勧めているのではありません。瞑想中に暑さや寒さが厳しすぎてどうしてもがまんできないときは、それを和らげる具体的な処置を講じて、心がそれらに煩わされるのを防ぐべきです。何物にも邪魔されない不動の心を身につけるとき、その人は聖者への道を歩みはじめます。肉体に住みながら、さまざまな感覚的刺激に影響されず、喜びと苦痛、暑さと寒さ、などの変化を平等に見て、平静な心を保持できる人は真の王者になります。この不動の平常心を確立した人が、不変不動の神と一つになるのです。

私のグルのアシュラムで霊的訓練を受けた人たちは、みなこのように訓練されました。ヨギを志す人は、東洋人であろうと西洋人であろうと、そのように自分を訓練すべきです。肉体の要求に振りまわされてはなりません。もし自分が、ほかの事にはすぐに時間をつくるのに、神のための時間はいつも後回しにしてつくろうとしないのに気づいたら、自分をむち打って改める努力をしなさい。ためらうことは何もありません。時間をつくる方法はいくらでもあるはずです。自分を救うために本気で努力しない人をだれが助けるでしょうか?

自分の内に神を自覚する境地に達することは最も難しいことです。自分を偽って言い訳をしたり、だれかがそれを与えてく

パラマハンサ・ヨガナンダ（ワシントンDC、ホワイトハウスにて）

1927年、ヨガナンダはジョン・バルフォー氏（写真右）といっしょに、ホワイトハウスにアメリカ大統領カルヴィン・クーリッジ（後ろの窓から見送っている）を訪れた。1月25日のワシントン・ヘラルド紙はこう報じている、「スワミ・ヨガナンダは大統領の歓迎を受けた……大統領はスワミに、スワミの著書はすでにいろいろ読んでよく知っていると語った。インドのスワミがアメリカの大統領と正式に会見したのは、これが初めてである」

インド大使一行を歓迎するパラマハンサ・ヨガナンダ

パラマハンサ・ヨガナンダは1952年3月4日（師のマハサマディの3日前）、インド大使B. R. セン氏夫妻（写真左2人）とインド総領事アフジャ氏（写真左から3人目）をロサンゼルスのSRF本部に迎えた。

SRF/YSS 国際本部の本館

1925 年、アメリカ、カリフォルニア州ロサンゼルスのマウント・ワシントンの山頂に、
パラマハンサ・ヨガナンダにより設立された。

れるなどと考えてはなりません。昔、私が何度か精神的沈滞に陥ったときも、私のグルは何もしてはくれませんでした。しかし私は、グルの言いつけにはいつもできるだけ陽気に従って、グルに同調しようと努めました。私は、神を知るためにこのグルのもとへ来た以上その指示には絶対従わなければならない、と考えていたからです。そのアシュラムでは、われわれ若い弟子たちはいつも料理や雑用に追われていて、瞑想できない言い訳には事欠かないくらいでした。私は自分の家にいたときよりも忙しく働かなければなりませんでしたが、それでも、私の霊的進歩にはこのアシュラムの環境が大いに役立っていることを知りました。

神との毎日の約束を守れ

神を求める者は、神との毎日の約束を破ってはなりません。映画を見たいとか、そのほかいろいろな考えがあなたを誘惑するでしょう。しかし、毎日の神との約束の時間が来たら、必ずそれを守りなさい。さもないと、神を見つける時期はますます遠のきます。

神を見つけるには、ヨガ科学のあらゆる技法に習熟することよりも、もっと大切な人間的要素があります。われわれの父なる神は、われわれが父だけを求めており、ほかのどんなものにも満足しないことを確かめようとしておられます。もし、われわれが心の底から第一に求めているものが神ご自身ではない、とお知りになると、神は立ち止まって来るのをやめてしまわれます。しかし、「主よ、私といっしょにいてくださるなら、今夜一晩中、眠らなくてもかまいません」という信仰者のところへは必ず来てくださいます。そのとき、万物の背後に隠れておられる主は、この神秘的な世界の無数のスクリーンの後ろから出て来て彼にみ姿を現わされます。このような真剣な信仰者に主は語りかけ、彼とかくれんぼをして戯れます。ときには、彼が苦しんでいるとき突然真実を明かして癒してくださることもあります。そして、いつか、彼の望みを直接または間接的な方法ですべて叶えてくださるでしょう。

〝どんな欲望も神の中で完全に満たされる〟ということを知らない人たちは、どうしても欲望の成就をこの世に求めます。神の中に平安を見いだした人は、地上の欲望が満たされなくても少しも苦痛を感じません。

「わたしだけを頼りにする者は……だれでも最高の満足に達する」（バガヴァッド・ギーター９・32）

私は、外面的なことで人から邪魔されたり中傷されたりしても、少しも精神的に傷つけられることはありません。私にとっては、神だけで十分だからです。私にとって幸福の条件は、神

がともにおられるという喜びだけです。あなたがたも、「瞑想を実行して必ず神の存在を実感しよう」と決心しなさい。そうすれば、速やかに神の恩寵が感じられるようになるでしょう。

世間は、アレキサンダー大王や、ナポレオンのような英雄を崇拝します。しかし、彼らの心の中はどんなだったでしょうか？それに比べて、イエスの内にあった心の平和はどうでしょうか？イエスの心の平和はだれも奪うことができませんでした。自分も、あしたからそのような平和を求めよう」と言う人はそれを見つけることはできません。今からすぐ求めなければなりません！あなたがたは、食べることや、そのほか肉体の世話は決して怠りません。それらはあなたがたにとって重大事です。しかし、いったん神を何よりも愛するようになると、肉体に関する心配事はすべて忘れるようになります。これについてイエスはこう言いました——

「何を食べようかと命のことで思い煩い、何を着ようかとからだのことで思い煩うな」（ルカによる福音書12・12）

あなたは、神を自分にとって不可欠な、何よりも大切なものであると心底から感じるまでは、神のもとに到達することはできないでしょう。この世の見せかけの幸福にだまされてはなりません。真の幸福をもたらす良い習慣を身につけなさい。簡素な食事をとり、降っても照っても、何が起きても、毎日運動と瞑想を怠ってはなりません。朝それができなければ、夜行ないなさい。そして毎日こう祈りなさい、「主よ、たとえ私が死んでも、また、全世界が滅びても、私は毎日あなたといっしょにいる時間を見つけます」と。

ここに、神のことにしか興味をもたない人は何人いますか？そういう人はほんとうに少ししかいません。ほとんどの人が霊魂や奇跡などについて知りたいと思っていますが、神を知る人は、自分が知りたいと思うすべてのことを神ご自身から教えられます。

クリヤ・ヨガ——神と接する最高の方法

クリヤ・ヨガは、神と接触するための最高の方法です。かつて私は、神を探求してインド中を旅しました。そして多くの偉大な大師たちの口から英知の言葉を聞きました。ですから私は、「SRFの教えの中には、神と偉大な大師たちによって伝えられた最高の真理と科学的技法が含まれている」と断言することができます。

クリヤ・ヨガは、最高の平安と幸福をヨギにもたらします。クリヤによって得られる喜びは、あらゆる肉体的感覚がもたらす喜びをすべて合わせたものよりも大です。

「感覚の世界への執着を断ち切ったヨギは、神の常に新たな

喜びを経験する。彼の魂は神の中に融合し、永遠不滅の至福を味わう」（バガヴァッド・ギーター５・21）

瞑想中に経験するこのような喜びは、私に千回眠ったのと同じ休息を与えてくれます。ですから、熟練したクリヤ・ヨギにとって睡眠は実際に不要になるのです。

クリヤ・ヨガによってサマディに入ると、ヨギの目と、呼吸と、心臓は静止し、別の世界が見えてきます。呼吸と、音と、目の動きはこの世界に属するものです。しかし、呼吸を制御したヨギ[2]は、天の幽界や観念界に入り、そこで神の聖者たちと交わったり、また、宇宙意識に入って神と交わることもできるようになります。このようなヨギは、それ以外の何物にも興味を持たなくなります。

私の言ったことをいつも思い出して、神以外のものに対する関心を減らしてゆく人は、必ず神のもとに到達するでしょう。だれもが最後にはそこに到達しなければなりません。しかし、私の語ったこれらの真理も、あなたがたが自分で実行しなければあなたがたの役には立ちません。私がいくらあなたがたの幸福を願って、これらの真理をあなたがたに毎日思い出させたとしても、自分で瞑想の努力をしない人には何の効果もありません。各人の心の奥にいます神ほど偉大な方はいませんが、その神でさえ、われわれにご自分を求めるよう強制はなさいません。神はわれわれに自由意志を与えられました。どの道を選ぶかはわれわれの自由ですが、真のグルの導きに従い、その教えを忠実に守る人の人生は全く変わってくるでしょう。

「それ（グルが示す英知）を理解すれば、そなたは再び迷いに陥ることがなくなるであろう」（バガヴァッド・ギーター４・35）

神を見つけるためには神に忠実であれ

顔を見れば、その人が神を愛する人かどうか容易に見分けることができます。真の信仰者の神に対する忠誠は、ほかの人から見ると、あるいは狂信者のように見えるかもしれません。しかし、昼も夜もたえず神のことを思いつづける神への忠誠心は、唯一の正しい〝狂信〟です。この忠誠心なくして神を見つけることは不可能です。クリヤを怠らず、長時間の瞑想と熱烈な祈りを実行する信仰者は、いつか待望の宝を手に入れるでしょう。

この世界はただの夢です。映画のスクリーンに映っている海と空は、それを映し出している光線の周波数が違うだけで本質的には何の違いもありませんが、この世界もそれと同じです。喜びと悲しみ、楽しみと苦しみ、暑さと寒さ――これらを映し出しているこの世界は単なる夢にすぎません。神だけが真実の存在です。われわれは、どんな試練や誘惑に出会っても神を忘

れずにいられるよう常に祈るべきです。神は、私がこのように祈るとそれ以上のお返しをしてくださいます。どんな困難な問題が襲って来て私の注意を神からそらそうとしても、私はすぐに、自分が神のみ手の中で安全に守られていることがわかります。

神を知ることは易しいことではありません。神への道はかみそりの刃の上を渡るようなものです。だからと言って、失望するのは間違いです。なぜならば、われわれは神をよそから手に入れたり、戦って勝ち取る必要はないからです。われわれは、すでに自分の内におられる神に気づけばよいのです。しかし、それには、心の中から神に反する要素を完全に追い出さなければなりません。グルの指示に従うことは神への道を進みやすくします。グルに向かって、「そんなことはできません。私には無理です」と言う弟子は、先へ進むことができません。われわれを気分や、習慣や、欲望に巻き込んできたのはほかならぬ自分自身であり、自由の中に開放することができるのも自分自身だけです。

あなたがたも霊的修行の日記を付けなさい。私は若いころ、毎日どれくらい瞑想して、どれくらい深い状態まで入ったかを記録していました。また、できるだけ独りの時間を持つようにしなさい。余暇を単なる社交目的の付き合いに使ってはなりません。人といっしょにいて神の愛を見つけるのは困難です。神を見つけるには、静かな一人きりの場所でなければなりません。そこでクリヤを行じなさい。

私の最大の関心は、人々の魂の中に神の意識を確立させることです。私にとって、それ以外のことはあまり重大ではありません。SRFの唯一の目的は、一人一人に、神と個人的に霊交するための方法を教えることです。この方法に従って努力する人は必ず神を見つけることができます。心に真剣に誓ってから神にこう祈りなさい――

「父よ、あなたを求める私の熱意を、いつまでも燃やしつづけさせてください。そして、私がこれ以上、この世の無益な楽しみのために時間をむだにしないよう力をお貸しください」と。

また、こう祈りなさい――

「天の父よ、われらはあなたの創造のおきてによって、働くように定められました。それなら、われらがあなたを喜ばせるためにのみ働くようお導きください。あなたがわれらにとって、食べることよりも、眠ることよりも、そのほかどんなことよりも大切であることを心の底から悟らせてください。われらがあなたのどんな試練にも耐えて、肉体の執拗な誘惑を退けることができますようお恵みください。そして、われらすべての者を、あなたの王子としてあなたのみ胸の中に抱き締めてください」

そして私は、あなたがたのために祈ります――あなたがたがきょうから主を求めて聖なる努力を続け、主の中にしっかりと住み着くまで決してあきらめないように、と。

神を愛するならば、最深の信仰と忠誠を込めてクリヤを行じなさい。祈りとクリヤ・ヨガによって、たゆまず、元気に神を求めつづけなさい。ババジはギーターの言葉を引用してこう約束しておられます――

「少しでもこの行法を実行する者は、大いなる恐怖と深刻な苦悩から救われるであろう」（バガヴァッド・ギーター 2・40）

（1）「まことに実りは多いが、働く者は少ない」（マタイによる福音書9・37）

（2）用語解「呼吸」参照。

講話五十四　時間を浪費するな——神こそあなたの求める喜びである

（一九三九年クリスマス　ＳＲＦ本部の僧侶や来賓との談話）

皆さん、このクリスマスに私から皆さんに贈る最大の贈り物は、私の愛です。すべての人々を愛し、すべての人々のために尽くし、人を助けることに限りない喜びを感じる——これが、私が神から頂いた恩寵です。われわれは、他人のためにも自分のことのように尽くすべきです。われわれは、自分に必要なコートなら五十ドルでも喜んで買い求めます。もし、これと同じ気持で他人にも喜んで買い与えることができるようになれば、あなたは人に与えることの真の精神を会得したと言えるでしょう。

ともに主を愛する皆さんといっしょにこのクリスマスをお祝いすることは、私の大きな喜びであり、特権です。このことは、私の記憶の中にいつまでも残ることでしょう。昨日、私は、ここでの終日瞑想会でキリストと霊交していたとき、われわれ皆が神の中で一つの家族であることを改めて実感しました。瞑想中の魂は、心の深い次元で互いに出会い、神の中で喜び合います。

私は、キリスト意識の礼拝にまる一日を献げるこの素朴な霊的クリスマスの集いが、すべての人々と、すべての教会に感化を与えて、大きく広まることを祈ります。きのうの八時間の瞑想は、まるで八分間のように過ぎてしまいました。神の愛は、あらゆる感覚的喜びを合わせても及ばないほどすばらしく、偉大です。一度それを経験すると、われわれの心はそのとりこになって忘れることができなくなります。私は、昨夜は一睡もしませんでしたが、眠る必要もありませんでした。キリスト意識の中で感じられる永遠の至福の中では、ほかのどんな事も眼中になくなるからです。

「わたしの言葉は滅びることがない」

あなたがたが今感じているクリスマスの感動が、きょうだけで終わらずに、これから毎晩瞑想するたびに感じられるよう祈ります。それを感じながら、心の中からすべての雑念を追い出して静寂に入ったとき、聖なるキリスト意識があなたを訪れるでしょう。われわれは、イエスの精神に完全に従えるようになったとき、内なるキリストの存在を毎日経験するようになります。

イエスに現われたキリスト意識は、彼が世にあったわずかな一時期を照らす光ではなく、あらゆる世紀を照らす永遠の光です。それについてイエスはこう言っています――

「天地は滅びるであろう。だが、わたしの言葉は滅びることがない」（マタイによる福音書24・35）

イエスが感じた喜び、イエスが人々にも求めるよう教えた喜びと、イエスの説いた、われわれが従うべき行動の精神的規範――汝の敵を愛せよとか、右のほほを打たれたら左のほほをも向けよ、など――は、永遠不変のものです。「心をつくし、思いをつくし、魂をつくして主なる汝の神を愛せよ」という教えは、単に聖書の時代の人々に対する戒めではなく、永遠不変のおきてです。

人生はキャラバンである

昨年のクリスマスにわれわれといっしょにいた人の多くは、今ここにはいません。そして、来年のクリスマスにはだれがここにいるか、だれにもわかりません。人生とはこのようなもので、今後も同じように続いてゆくでしょう。人生は、しばらくの間いっしょに旅をするキャラバンのようなものです。ある仲間は、愚かな遊びや無知の溝にはまりますが、その苦い経験に懲りると、キャラバンの隊長に安全な進み方の指示を求めるようになります。このキャラバンの隊長とは、ほかならぬ地球キャラバンの長である天の父です。われわれがこのキャラバンの途中で別れ別れになっても、また、旅の始めと終わりがやみに包まれていても、なおわれわれの人生には深い意味があります。すなわち、人生はわれわれに、真剣に神を求めるよう教えているのです。

この世界はまた、芝居にたとえることができます。俳優たちはみな、舞台裏から登場します。自分の役割が済んでも、彼らは死んでしまうわけではなく、ただ舞台裏に引っ込んで休みます。われわれがこの地上の人生劇の舞台にいっとき出演して去って行くのも、聖なる舞台監督の計画によるものです。われわれは、舞台からいなくなっても死ぬわけではありません。天の舞台監督の指示に従って、時という垂れ幕の後ろにある舞台裏に引っ込むだけです。そして、天の監督が計画された自分の役割を完全に演じられる良い俳優になるまでは、何度でもこの人生舞台に登場させられるのです。そしてわれわれがそれを達成したとき、監督はこう言います――

「お前はもう舞台に出なくてもよい。お前は、わたしが与えた役割を見事に演じ終えた。お前は勇気を失わなかった。お前は今、わたしのこの永遠の神殿の不滅の柱になるために、わたしのもとに帰って来たのだ(1)」と。

優れた人たちとの交友は何よりも大切

この地上での自分の役割を正しく果たすことは、易しいことではありません。無知のやみの中で自分の進むべき道を正しく判断して歩むには、優れた人たちの仲間に入ることが必要です。盲人が盲人を導くことはできません。単なる社交的な集まりを好む人たちの仲間に入ることは、時間を浪費するだけです。これに反して、神を愛する人たちと交われば、神の愛が与えられます。ギーターの中で、主はこう言っておられます――

「救いを求めて努力する者は何千人に一人しかいない。しかも、それらの熱心な求道者の中でも、わたし自身を体験する者は恐らく一人であろう」（バガヴァッド・ギーター7・3）

神に関心をもつ人はきわめて少数です。「子供は遊びに忙しく、若者は恋に忙しく、大人は心配事で忙しい」と言います。神の永遠の至福を求める人のなんと少ないことでしょう。しかし、魂の深みから湧いてくる情熱のすべてを献げて最後まで神を求めつづける人は、すべての人々の中で最も賢い人です。神は、あなたが何を考えているかよくご存知です。あなたの神に対する愛が真剣ならば、神は必ずあなたにみ姿を現わしてくださいます。

片ときも神を忘れるな

私はこれまで、何をしていても、いつも、自分の揺れ動く心の下をたえず静かに流れている喜びを感じてきました。その聖なる喜びの流れは、目には見えませんが、自分の意識の層を深く掘り下げてゆくと感じられるようになります。しかしあなたは、自分が神をどれほど深く愛し、どこまで神に近づいたかをだれにも漏らしてはなりません。宇宙の主はあなたの愛を知っておられます。他人に吹聴すると、かえってそれを失うことになります。

あなたが人生のどんな場面にあっても、常に魂の鎮まりの中で、内なるお方に、「父よ、私はあなたを片ときも忘れたことがありません」と言うとき、そして、そのような信仰心があなたの心の奥底から湧いてくるとき、神はあなたの愛の泉を飲みに来られます。人生の唯一の目的は、神を〝楽しむ〟ことです。それはほんとうに可能なことなのです。もし私が、神の無限の喜びと至福を実際に経験していなかったら、このように言うことはできなかったでしょう。ですから、あなたがたも神を見つけなさい。神はほんとうに居られます。聖者たちはうそを言っているのではありません。私もうそは言いません。ですから、早く神を見つけなさい。そして、片ときも忘れてはなりません。神を忘れることがどんなに悲惨な結果をもたらすか、私は知っています。内なる幸福の泉を忘れることが、人間のあらゆる苦

悩と不幸の原因なのです。

われわれは、神のくださる命や、日光や、食物や、そのほかあらゆる贈り物には手を差し出してそれを受け取りますが、それらを与えてくださる神に対してはほとんど無関心です。もしあなたが、だれかに好意をもって贈り物を贈ったとき、相手があなたのことを無視したら、あなたはどんなに傷つけられるでしょう。神も同じ思いです。われわれは毎日、この世界を見るために神から贈られた視力を使っています。また、いろいろな考えや判断力も神から受けています。しかし、われわれは神のことをとかく忘れがちです。

もし、神が乞食のように求めておられるものがあるとすれば、それはあなたがたの愛です。神はいつもあなたがたを追いかけて、それを求めておられるのです。神は聖者たちの言葉を通してあなたがたを口説いておられます。神を無視してはなりません。

神の国を目指して前進せよ

きのうあなたがたが八時間の瞑想のあとに感じた喜びは、今も私の中に続いています。これほどの幸福を私に与えてくれるものはほかにありません。これに比べれば、ほかのどんなものも時間の浪費に感じられます。いつまでもこの世の幻影に夢中になっていてはなりません。私は、あなたがたといっしょにいるかぎり、神を求めることの大切さをあなたがたの意識の中に刻みつける努力を続けるつもりです。あなたは、霊的向上に努めているときは神の国に向かって前進していますが、そのように努力していないときは、停滞しているか、または後退していると思いなさい。そして、着実に前進するために、夜の時間を使って瞑想しなさい。それが神を見つける道です。神を見つけることはたいそう難しそうに見えますが、あなたが、〝神こそ自分のすべて〟と思っていることを神に納得させさえすれば、神はいともたやすくお喜びになり、あなたのところへ来てくださいます。

皆さん、私は、このクリスマスが皆さんにとっても今夜だけで終わらないことを望みます。私のクリスマスに、いつまでも終わることはありません。それは昼も夜も続きます。主は私とともにおられ、私も決して主から離れません。それは、主がギーターの中で約束されたことです――

「万物の中にわたしを見、わたしの中に万物を見る者は、決してわたしを見失わず、わたしもまた彼を見失うことはない」（バガヴァッド・ギーター６・30）

酒浸りになっている人はいつも酔っ払っています。働いているときも遊んでいるときも、彼の心は酒から離れません。しか

し、神の甘露はその百万倍も人を酔わせる力を持っています。私は、あなたがたに話をしていても、瞑想中と同じくらい神をすぐそばに感じています。神の愛とはそのようなものです。このような幸福感は、とても言葉で言い表わすことはできません。聖書は、五旬節《ペンテコステ》の日に聖霊に満たされている使徒たちを見た疑い深い人たちが、「彼らは新しい酒に酔っているのだ」と言った、と記しています。[2] 正に、彼らは聖なる至福の酒に酔っていたのです。

純粋な神の喜びの泉は、魂の奥に埋もれています。それを見つけるまで瞑想のつるはしで掘りつづけ、永遠の至福の泉に浸りなさい。

皆さん、こうして私のクリスマスは、ますます高まる永遠の喜びの中でいつまでも続くでしょう。もし、この喜びが世間の普通の幸福のように限りあるものだったら、早晩すべてが終わる時が来るでしょう。しかし、どんな聖者も、神の〝常に新たな喜び〟を汲みつくすことはできません。大師たちは神を十分に知っていますが、それでも、神の喜びは彼らにとって、常に新鮮でいつまでも尽きることがないのです。神の喜びがもし永遠不滅でなかったら、聖者たちも、普通の人が何度も地上へ戻って来るように、ときどきは気晴らしに地上に戻りたいと思うでしょう。しかし聖者たちは、普通の人たちと違って永遠の幸福を楽しんでいるのです。これこそ、聖者たちが、神の愛以外のすべてを犠牲にして手に入れた宝なのです。何物も彼らの喜びと平安を打ち壊すことはできません。それがキリストの境地です。

神を喜ばせることによって人を喜ばせよ

ですから、神を喜ばせることだけを考えなさい。人を喜ばせることはもちろん善いことですが、そのために神を喜ばせることを犠牲にしてはなりません。あなたが神を知ることによって人から認められるようになれば、それはあなたにできる最高の事です。時は容赦なく過ぎて行きます。ぐずぐずしているひまはないのです。この世の人生は、真実のものではありません。今あなたは、食べたり眠ったりしなければなりませんが、やがていつか、あなたの心臓のスイッチは突然切られます。そのとき、あなたはすべてのものを残して去らなければなりません。ある訪問者が私に、「わたしは忙しすぎて、瞑想する時間がありません」と言ったので、私はこう答えました、「あなたに死が訪れたとき、あなたはこの世の仕事も約束もすべて捨てなければならないのですよ。そのときあなたはどうしますか？　そのときまだ神を見つけていなかったら、あなたはどこへ行くつもりですか？　あなたの友人たちは、しばらくはあなたに名残

を惜しんでくれるかもしれませんが、そのあとはもういつもの仕事に戻って行きます。どうして今、たった一人の永遠の友を大切にしないのですか？」と。

あなたが自分の心を間違った方向に使ったり、悪い友人たちと付き合っていると、あなたの中から英知は影をひそめてゆきます。神を求めることは幸福への最高の道です。どんな人間どうしの愛も、この世の楽しい経験も、神の至福とは比べものになりません。神を求めるよりも大切な事があると言う人がいたら、それは間違いです。われわれのつくり主である神を見つけることより偉大な事はありません。インドの聖典はこう言っています――

「もし必要ならばすべての義務を捨ててでも、わたしを求めよ。義務を捨てたことから生じる罪は、わたしが赦そう。どんな義務も、わたしの力を借りずに果たすことはできないからである」(3)

神に対する義務は、ほかのすべての義務を帳消しにします。神を求めるためにそれ以外のすべてのものを犠牲にしようと決心したとき、あなたは神への道を歩んでいるのです。

神に対する義務と人間に対する義務の両方をともに果たすことができれば、それはすばらしいことです。必要ならば世間的な義務を犠牲にして神に対する義務を果たすのも善いことです。しかし、世間的な義務を果たすことだけに熱中して、神への義務を果たすことを知らない人は、金貨の袋を運ぶらばのようなものです。らばは金貨の重みを感じるだけで、それを使うことができません。神への義務をまず果たして、そこから得た神の意識で世の人々に貢献するのが、聖者たちの生き方です。SRFの教えもそれを唱導するものです。すなわち、まず真の自己である魂を自覚することによって神との交わりを果たし、自らその境地に立ってほかの人々をそこへ導く手助けをするのです。(4)

あなたの心のある所に、あなたの思いもあります。あなたの愛する人がどこにいてもあなたの心と思いはその人を離れないように、神についても同様に感じるべきです。あなたは、心のすべてと思いのすべてを献げて神を愛さなければなりません。心と思いが神に集中していない祈りは、祈りのまね事です。心と思いのすべてを献げたら、最後に、魂のすべてを献げて神を愛さなければなりません。あなたがすべての誘惑を英知の剣で粉砕し、感覚の扉を一つずつ閉じ、雑念を一つ一つ閉め出しながら神に近づいてゆくとき、あなたは、心をつくし、思いをつくし、魂をつくして神を愛するようになるのです。器に水を入れて揺すると、その水に映る月の影はゆがんで見えますが、水の揺れが治まると、完全な月の影が映ります。それと同じよう

に、動揺している心には魂の姿がゆがんで映りますが、心と思いと魂のすべてを献げて神を愛することによって心が静止すると、自分の内にはっきりとした神の似すがたが見えてくるのです。

神は大空の星々の中に、また、われわれの知性や理性を通してきらめいています。神は一つ一つの草の葉の中にもおられ、花々は神のほほ笑みを映しています。そして、すべての善い想念の中で神は喜んでおられます。神は永遠不滅です。あなたが霊的に進歩すると、ちょうど器の中の水に映っている月のように神が自分の中に魂として映っていて、それが真の自分であることがわかるようになります。つまり、自分が神の純粋な似すがたにつくられていることがわかります。あなたがさらに努力を重ねると、人間的な自我の器を打ち壊すことができるようになります。すると、器の中の月影だった魂は、月そのものである神と一つになるのです。

神に認めてもらうように努めよ

われわれが求めるべきものは人々の賞賛ではなく、神に認めていただくことです。聖フランシスは、「人の功罪は主がどうご覧になるかによってのみ決められる」と言っています。もしあなたが、神の前に罪を犯していなければ、何も気にすることはありません。われわれは善いことをするにも、時には苦しまなければならないこともあります。神を見つけるためには、喜んで苦痛にも耐えなければなりません。神の永遠の慰めを得るために、肉体的苦痛に耐えたり精神を鍛えたりするのはなぜでしょうか？　イエスが神のために喜んで肉体を捨てたのは、何物にも替えがたいほど大きな喜びを神の中に見つけたからです。人生の目的は、その限りなく大きな幸福を手に入れること、つまり神を見つけることです。

脱俗は、目的ではなく手段です。真の脱俗者とは、神のためを第一に考えて生きる人のことで、外面的な生活のしかたには関係ありません。神を愛し、神を喜ばせるために生きる――大切なのはこのことです。それを実行すれば、あなたは神を知ることができます。あなたが心に抱く一つ一つの崇高な思いは、あなたを神に近づけます。そのような思いは、河のようにあなたを神の大海原へと運びます。

信仰は、神の注意を惹くための一つの献げ物です。神はどんな高価な贈り物にも、また約束にも動かされませんが、甘い信仰の香りのする生命の花園には引き寄せられます。あなたの信仰の香りがあなたの心のばらから絶え間なく匂い出るとき、さしもの神も来ずにはいられなくなるのです。

どんなに心が乱れて神から離れても、また、神から見放され

たように見えても、着実な足取りで信仰の道を歩みつづけるならば、あなたは必ず神の安らぎの住みかへと導かれます。どんなに遠くまでさまよい出ても、信仰さえ失わなければ神のもとにたどり着くことができます。取り返しのつかない人生などというものはありません。

あなたがたは、毎日生活上の義務に追われていますが、それは、神を求める時間がないという言い訳にはなりません。ほかの人が眠っている間に瞑想しなさい。そうすれば百倍も幸福になり、安らぎを感じるでしょう。これを毎晩、時間のことは忘れて実行しなさい。そして、瞑想しながら自分にこう言い聞かせなさい、「わたしは父なるお方といっしょにいる。大切なのはそのことだけだ！」と。

地面に種をまいたら、そのあと芽を出したかどうかと毎日掘り返すようなことをしてはなりません。そんなことをすると、種の生長を妨げるだけです。あなたの霊的努力という種も同じです。一度まいた種は、そのままにして、注意深く世話をしなさい。

私は、あなたがたが今夜から、今まで以上の霊的努力を始めてくれることを期待しています。神を見失ってはなりません。世界はあなたがいなくても過ぎて行きます。どんなに社会的に成功しても、あなたは自分が考えるほど重要な存在ではありません。無数の人々が何千年という時のごみ箱の中に捨てられてゆきました。人生は有効に使いなさい。もしあなたが、心の底から神を愛するならば、あなたはどんな世間的成功者よりも偉大なのです。あなたが神を喜ばせるとき、あなたはだれからも喜ばれるようになります。ですから、何よりも神を愛するようになりなさい。いつも人といっしょでなければいられないようではいけません。しかし、人といっしょにいるときは、人のためにできるだけのことをしなさい。そして、一人でいるときは、ほかのことは忘れて神といっしょになりなさい。神さえ手に入れれば、ほかのものはすべて添えて与えられるでしょう。

あなたを救うものは、あなたが耳で学んだ事ではなく、その中からあなたが実行して身につけた事です。耳で学ぶ人は大勢いますが、それを実行する人はごくわずかです。自分の決心を麻痺させてはなりません。しなければならないと判断したことは、どんなことがあっても成し遂げなさい。その決意と熱意を込めて、大空が揺れ動くまで神に祈りなさい。そして祈ったあとは、神にすべてを委ね、決して神の助けを疑ってはなりません。

瞑想の海には、深く深く潜らなければなりません。神という真珠が見つからないのは、海のせいではなく、あなたの潜り方が足りないからです。見つかるまで何度でも潜りなさい。

「探しなさい。そうすれば、見つかる。門をたたきなさい。そうすれば、開かれる」（マタイによる福音書７・７）

母親の注意を引くのは、いつまでも泣きつづける赤ん坊であることを覚えておきなさい。おもちゃを預けられてすぐに満足する赤ん坊のところへは、母親はわざわざ来ません。あなたも、天の母が来てくださるまで泣きつづけなさい。

神を知る聖者にとっては、神は文字どおり真実の存在です。古来の聖者たちが神について語った言葉はみな真実ですが、神のみ業は常に神秘の幕で隠されています。神の探求は、たえず継続することが必要です。一時的にいくら泣いて訴えても、神は来てくださいません。お金や、名声や、人間的な愛などのおもちゃにだまされずに、たえず泣きつづけなさい。神は、あなたの求めているものが神ご自身であることを認められたとき初めて来られるのです。そのとき、あなたのこの世で学ぶべき課題は終了します。そしてあなたは、永遠の喜びの中にいつまでも住むようになるのです。

「何事もわたしのために行ない、わたしを目標とし、おのれのすべてを喜んでわたしに委ね、〔わたしの宇宙夢の幻影に〕執着を抱かず、〔万物の中にわたしを見て〕何物にも憎悪を抱かぬ者は、わたしの中に住むようになる」（バガヴァッド・ギーター11・55）

（１）「勝利を得る者を、わたしの神の宮の柱にしよう。彼はもう決して外へ出ることはない」（ヨハネの黙示録３・12）

（２）「五旬節の日が来て、皆がいっしょに集まっていると……すると、一同は聖霊に満たされ……しかし、中には、『彼らは新しい酒に酔っているのだ』と言ってあざける者もいた。すると、ペテロは十一人の者とともに立ち上がり、声をあげて人々に言った。『……この人たちは、あなたがたが考えているように酒に酔っているのではない。……これこそ預言者ヨエルが預言していたことなのである。すなわち、〝神はこう言われる。終わりのときに、わたしの霊をすべての人に注ごう……〟とある』」（使徒言行録２・１—17）

（３）バガヴァッド・ギーター18・66より一部自由訳。

（４）「すべての罪業を消滅し、迷いを去り、感覚を克服して、万人の幸福のために尽くすリシ（賢者）は、神の中に解脱する」（バガヴァッド・ギーター５・25）

講話五十五　光と喜びとしての神

（一九三七年十一月十四日　エンシニタスの僧院における講話）

大自然の万物はすべて真実の存在ではありません。万物を超越する唯一の実体だけが真実の存在です。けさ、私は太陽の光を浴びながらこの僧院の庭を散歩しました。海岸へ下りる階段の所で、私は立ち止まって階段の電灯がつくかどうかスイッチを入れてみました。するとそのとき、突然まばゆい神の光が私を包んだため、電灯の光は全く見えませんでした。それどころか、太陽さえも見えなくなってしまいました。私は、太陽の光も電灯の光も真実のものではないことをまざまざと実感しました。神の光だけが真実の光です。

「もし、千個の太陽が同時に空に現われ、想像も及ばぬ光輝で地上を照らしたとしたら、その輝きは、人々が夢みた聖なるお方の威厳と栄光にたとえられるかもしれない(1)」

この偉大な霊示《ビジョン》の中で、神は私に、神の光によって果てしなく映し出されてゆく、幾重にも重なりあった世界を見せてくださいました。私が見たそれらの世界も、神の意識が映し出されたものにすぎません。あなたがたも、もし自分の意識を神に同調させさえすれば、あなたがたの知覚力は無限に拡大し、神の存在が大洋の潮のように流れている全宇宙のすみずみまで知覚することができるようになるでしょう。

あなたが遍在の霊としての神を知り、自分自身を神の霊として自覚するとき、陸も、海も、地球も、大空もなくなって、すべてが神の霊として感じられるようになります。この、すべてのものが神に溶け込んでゆくときの感動は、とても言葉では言い表わすことができません。それは、たえず湧き出る喜びと、知識と、愛に満ちた、至福の境地です。この喜びに浸って、風にそよぐ木の葉のように魂を震わせている聖者の顔にはそれが現われています。こういう状態に入ることのできる人がヨギです。この至福の境地は、日常の行動と、たゆまぬ真剣な深い瞑想とを調和させることによってのみ体験することができるのです。

真の自由への道

利己心、慢心、貪欲、怒り、そのほか自己中心的な心から生じる醜い性質や行為は、人の霊的な成長を妨げ、それら魂につ

いての無知から生じるさまざまな苦悩にその人を束縛します。この束縛から逃れる道は、英知をそなえ、神を何よりも愛するグルの教えに従い、そのグルの意志に心の波調を合わせることです。これが〝真の自由〟への道です。あなたの心は、過去世を通じてつくりあげた習慣や、新しく育てつつある習慣に従って働いています。そこから生じる欲望は、あなたの魂を束縛して、永遠の自由の中に解脱するのを妨げます。

人生の道の片側には暗い無知の谷があり、別の片側は永遠の英知の光に照らされています。真のグルの教えに従えば、安全に解脱への道を進むことができます。そのとき、あなたの願望はすべて英知から生まれ、何の苦労もなく果たされるでしょう。全宇宙は神の意志によってつくられており、あなたが神の意識に同調するとき、あなたの願いは、心に思うだけで成就します。ですから、私は自分から求めることもしません。私の心にあるものはすべて成就することを知っているからです。

神にすべてを献げている真の信仰者はこう言います――

「主よ、私にはもう欲しいものは何もありません。私は、自分の欲しいものをすべてあなたの中に見つけました。あなたより価値あるものはほかにありません」(2)

神の英知と、愛と、喜びさえ手に入れれば、心のすべての願望は満たされます。これはすばらしい境地です。神の霊と一体になったあなたは真の王者です――自己の内にすべてを完備し、完全に満足した平安と至福の王者です。神と一つになったとき、あなたは、全世界があなたの命令を遂行しようとして待ち構えているのを見ます。神は人間をご自分の似すがたにおつくりになったので、神を知った人の命令は、彼の内に宿る神の意志によって、どんな小さなことでも残らず成就するのです。

神を知ることはあらゆる能力を得ることである

他人を支配したいとか、自分のさまざまな能力を誇示したいと思っている間は、魂の自由は得られません。神への目覚めは、謙虚さと、愛と、瞑想中の喜びの中で始まります。しかし、ひとたび神を知ると、あらゆる能力が与えられます。海の小さな波も、自分の背後に巨大な海があることを知れば、「わたしは海である」と言うことができます。あなたも、自分の意識の背後に神の大海原があることを悟りなさい。

イエスは十字架に掛けられたとき、一瞥で敵を粉砕することもできましたが、そうする代わりに彼らを赦しました。それが神の性質です――平和、愛、謙虚、遍在、全知――。神と一つになった人は、自分の能力を試してみたり、他人に証明して見せる必要がありません。彼は、自分の内に全能の力があることを知っているので、何も恐れるものがないのです。だから彼は、

神がそれを使うよう指示されたときでなければそれを使いません。

完成したヨギは、内なる無限の世界では目覚めていますが、外の物質世界では〝眠って〟います[3]。あなたがたも、このような自己統御を達成しなさい。自分の時間をこの世のことだけに使ってしまうのは愚かなことです。あなたの時間を奪おうとするこの世の誘惑をやり過ごしなさい。時間をむだにせず、それを最大限に利用する最良の方法は、昼も夜も、何をしているときも、内面ではたえず神を思っていることです。

牧場で子牛といっしょに静かに草を食んでいる牝牛は、一見子牛のことを何も心配していないように見えますが、人が近づいて行くと、すぐに近寄って来て子を守ろうとします。ヨギもまた、どんなに忙しい仕事をしていても、心は常に神に注がれています。

イエスはこう言いました、「もし、あなたの手があなたに罪を犯させるなら、それを切って捨てなさい[4]」と。イエスはここで、自分の手を実際に切り捨ててかたわになれと言っているのではありません。神を知るうえの妨げになる感覚的執着を切り捨てよ、と言っているのです。聖母様があなたに、「わかりました。それで、あなたは何が欲しいのですか?」と答えてくださるまで、駄々っ子のように呼び続けなさい。聖母様は創造の仕事に忙しくて、あなたが呼んでもすぐには応えてくださいませんが、いつまでもあきらめずに泣きつづける駄々っ子には、最後に必ず応えてくださいます。

聖母様は、あなたがたをご自分のもとへ連れ戻すことを何よりも望んでおられますが、それにはまず、あなたが聖母様だけを求めていることをはっきりと示さなければなりません。いつまでもしつこく泣きつづければ、聖母様はついにほほ笑んであなたのところへ来てくださいます。聖母様はだれに対してもえこひいきせず、一様に愛しておられますが、この聖母様の愛を真に理解し、感謝をもってそれに応えているのは、聖母様にすべてを献げている聖者たちだけです。世間の人たちは、人間どうしの小さな愛や、わずかなこの世の富を手に入れることに幸せを感じていますが、もし、聖母様の中にある愛と、喜びと、力のすばらしさを知ったら、だれも聖母様以外のものには目もくれなくなるでしょう。

神はご自分の聖者たちを通してのみ語られる

神がこの世に語りかけられるときは、ご自分を知る聖者たちを通してのみです。ですから、神があなたの魂の求めに応じて遣わされたグルの意志に沿って行動することが、あなたの取りうる最も賢い行動です。自分はグルである、と自称する人がグ

ルではありません。人々を神のもとへ連れ戻すために神から遣わされた人がグルです。あなたの神に対する関心がまだ小さいうちは、神はそれをもっと育てるために、あなたにいろいろな書物や教師を送られます。そして、あなたの神を求める熱意が強まったとき、ほんとうのグルを遣わされます。

「〔グルに〕おのれを委ね、〔グルとおのれの直覚に〕問いかけ、〔グルに〕仕えることによって、そなたは、最高の悟りに達した師《グル》の導きを受けるであろう。〔この真理を〕理解せよ」（バガヴァッド・ギーター 4・34）

世の教師たちの中には、弟子たちに何でも自分の言いなりになることを求め、言いつけに従わないとすぐに腹を立てる者がいますが、神を知った真のグルは、自分を特に教師とは意識していません。彼はすべての人の中に神を見ているので、自分の言うことを聞かない弟子がいても決して腹は立てません。しかし、「弟子は、グルの英知を受け入れようとグルに心の波調を合わせることによって、グルの助けを可能にする」とインドの聖典は言っています。

「それ（グルが示す英知）を理解すれば、アルジュナよ、そなたはもう迷いに陥ることはなくなるであろう」（バガヴァッド・ギーター 4・35）

グルと弟子との間の友情は永遠のものです。弟子がグルの訓練を自分から望んで受け入れるとき、そこには完全な信頼関係があり、少しの強制もありません。

一方、普通の人間どうしの友情は、とかく利己的です。自分にとって得にならないと思うと、すぐに愛を失ってしまいます。これが人間の愛の欠点です。

物質的な理由でなく、霊的なきずなで結ばれた聖なる友情や愛には、相互の信頼と、相手を理解しようという意識があります。あなたに相手を理解しようという気持があるときは、容易に相手を喜ばせることができますが、理解しようと思わない相手とは、仲よくすることも不可能です。私は、私に特に関心を示さない人とも仲よくすることができますが、私に心の波調を合わせてくれる人のほうが、はるかに容易に力になってあげることができます。私はだれも傷つけたくはありませんし、すべての人を喜ばせたいとは思いますが、間違った欲望に対しては率直にそれを教えて、彼が人生の正しい目標を見つけて神を意識した真の生き方ができるよう手助けしたいと思っています。

神だけがグルである

神を愛する人は、グルと呼ばれても少しも喜びません。彼は、神だけがグルであることを知っているからです。私は、自分をあなたがたの足もとの塵くらいにしか感じていません。それは、

あなたがた一人一人の中に全能の主が宿っておられるのが見えるからです。

私は、とうの昔にこの地上から去っているはずでした。私はこの肉体を神の炎で溶かし、自分に付着している汚れをきれいに焼いて、私と無限の神とを隔てようとするこれらの邪魔物を取り除いてしまいたいと思っています。いずれその日は来るでしょうが、この地上に生きている間は、私の言葉に共感し、私を信じてくれる人たちに、私が経験した神の光――言葉では言い表わせない慰めと自由と安らぎを与えてくれる神の光――に関心を向けさせるように語りかけることが、私の最大の喜びです。

「あらゆる光の本源の光、やみの中にも浸透している光……それは万物の心の内奥に宿っている」（バガヴァッド・ギーター13・17）

その光の中には、かつて生まれて死んで行ったすべての人々、すべての被造物、昔起こったすべての出来事が見えます。世界の歴史は、別の世界にある記録保管所に永遠に記録されています。この物質世界では、われわれは長さ、幅、厚みという三つの次元を見ていますが、長さも幅も厚みもない、すべてが透明な世界が別にあります。それは意識の世界です。味もにおいも意識です。われわれの知覚も、思想も、からだも、実は意識以外の何物でもありません。ちょうど、われわれが夢の中で見たり、聞いたり、嗅いだり、味わったり、触ったりすることができるように、その高い次元の世界では、すべての感覚が純粋な意識によって経験されるのです。

私は、今こうして話をしている間も、その世界を見ています。私はこの肉体の中にはいません。私は、存在するすべての一部です。その意識の世界の中で私が見ているものは、すべてこの部屋の中にいるあなたがたと同じように現実に見えます。あなたがたも目を覚まして、神が至る所におられるのを見、今まで自分が見ていたものが夢であることを悟りなさい。あなたがたが今ここにすわっているのも、その夢の一部です。私は何度も、この部屋を永遠の光の中に見たり、この部屋の中に永遠の光を見たりします。万物は、みなその永遠の源から生命を借りているのです。

私は昼も夜も泣き叫んで祈った

万物はすべて神です。この部屋も、この宇宙も、映画のように私の意識のスクリーンの上に浮かんでいます。あなたが映画を見ているとき、振り返って映写室の方を見ると、映画を映し出している光線だけが見えます。それと同じように、この宇宙の創造活動も、神の光が映し出している映画にすぎません。こ

れは、信じ難いかもしれませんが真実です。私には、この部屋が純粋な霊として、純粋な光として、純粋な喜びとして見えます。

「それは宇宙に遍満し、至る所ですべてのものを包んでいる」（バガヴァッド・ギーター13・14）

私のからだも、あなたがたのからだも、そのほか世界中のすべてのものは、一つの聖なる光によって投影された映画です。この光を見るとき、純粋な神の霊でないものはどこにもありません。[5]

今ではもう私にとって簡単なことになってしまいましたが、私がまだ少年だったころは、毎晩祈りつづけても神からは何の応えも得られませんでした。片方の側には迷いの中をさまよっている人々の姿が見え、別の側には無限なるお方がおられましたが、無限なるお方は私に何も語りかけてくださいませんでした。私は神に見捨てられたと思い、悲嘆の中に苦しんでいました。しかし、神は私を見捨てられたわけではなかったのです。神はいつも私の揺れ動く心の後ろに隠れておられたのです。やがて内なる光が見えるようになると、私の魂は、神秘的な神の香気で満たされるようになり、地中の木の根や、そこを流れる樹液までが見えるようになりました。そしてついに、神がすぐそばにおられるのを感じるようになったのです。昼も夜も泣き叫ぶように祈りつづけ、すべてのものがもう無意味に感じられるようになったとき、そして、物質的な幸福に惑わされないように心の中からすべての執着を捨てたとき、神は私に来られたのです。今では、いつもいっしょにいてくださいます。世界中が私を見捨てても、神だけは決して私をお見捨てにはなりません。

私は、今どうしてこの話をしているのか自分でもわかりませんが、ただ話さなければならないという気がするのです。以前はよくこの話をしたものですが、神に無関心な人たちの前では話すことができませんでした。口が開こうとしなかったからです。しかし今回は、神が私に語らせたのです——あなたがたに、人生の目的は神以外にはないことを知らせるようにと——。神以外のものはすべて消え去って行きます。永遠に変わらない神だけを求めなさい。

神を知ることだけを祈れ

人間的な愛を求めてはなりません。それはやがて消えてゆきます。人間的な愛の後ろには聖なる神の愛があります。それを求めなさい。家や、財産や、人間的な愛や、人間的な友情など、この世のものを求める代わりに、神が与えてくださるものだけを楽しみなさい。それ以外のものはあなたを迷わせるだけです。

人間が地上に生まれた唯一の目的は、ただ神を知るようになるためです。それ以外に理由はありません。これが神の真のメッセージです。神は、神を愛し求めるすべての人たちに、苦しみも、老いも、戦争も、死もない、永遠の安らぎだけがある偉大な生命の源を明かしてくださいます。そこには滅びるものは何もありません。そして、たえず湧き出る泉のように常に新鮮で飽きることのない得も言われぬ至福だけがあります。

だからこそ、神は何をおいても求める価値があるのです。神は、真剣に求めさえすればだれでも必ず見つけることができます。神を愛したい、神の国に入りたい、神を知りたい、と心から願う人は、必ず神を見つけることができます。それには、昼も夜も神を思い、その願いをもっともっと育てなさい。そうすれば神はあなたの愛を受け入れ、あなたとの約束を果たし、いつまでもあなたとともにいて、不滅の喜びと幸福を楽しませてくださるでしょう。すべては光です。すべては喜びです。すべては平安です。すべては愛です。神こそすべてです！

（1）バガヴァッド・ギーター 11・12（エドウィン・アーノルド訳より）
（2）「ひとたびそれを得ればそれを無上の宝とし、これによっていかなる悲しみをも寄せつけない境地」（バガヴァッド・ギーター 6・22）
（3）「凡人が目覚めていると思っている昼は、真理に目覚めた賢者から見れば、迷妄の中で夢を見ている夜である」（バガヴァッド・ギーター2・69）
（4）マタイによる福音書 18・8。
（5）このように神を愛する偉大な魂について、バガヴァッド・ギーター（7・19）はこう言っている、「多くの転生を経て、万物に遍在するわたしを見る賢者は、わたしのもとに来る。このように目覚めた魂は［この世では］きわめて少ない」（出版部注）

講話五十六　自分は神を見つけたか

（一九三八年五月のメッセージ[1]）

　これは、私からあなたがたに贈る心からのメッセージです。深く心に刻みつけてください。読んだら、それを噛みしめて、神が私を通して語っておられる真理を実行しなさい。

　まず第一にこう自問しなさい――「自分は神を見つけたか？」と。もし、自分を満足させるような答えができなかったら、神を見つけた聖者たちが教えているように、真剣に瞑想に励みなさい。

　ヨガは、魂をあらゆる束縛（苦悩）から開放する、〝神との合一〟を達成するための普遍的な科学です。インドの聖賢たちは、このヨガを完成させるために、何千年もかけて実験と検証を重ねてきました。あなたがたも、自分自身のためにこの手法を利用して神を見つけなさい。精神集中と瞑想の原理を利用せずに、神を見つけることはできないからです。自然科学者たちは、大自然の秘密を探るために、毎日、自然法則を利用しています。神についても同様に、霊的法則を利用して探求しなければ、神学はただの陳腐な教義と化して、神への扉を開く力を失ってしまいます。

　心のこもらない祈りや、口先だけの確言《アファーメーション》（決意や信念を自分に断言すること）や、実証の伴わない教令や信条には、神を惹きつける効力はありません。あなたを聖なる目標へ導くものは、真の自己を自覚するための段階的なヨガの技法と、グル（神学の森を超えて実際に神を体験した師）の助けと、ヨガによる毎日の深い瞑想の努力です。神はギーターの中でこう明言しておられます――

「そなたは、肉眼をもってはわたしを見ることができない。それゆえ、そなたに聖なる霊眼を授けよう。見よ、わがヨガの神秘力を」（バガヴァッド・ギーター11・8）

　神に到達するには、毎日、神とふたりだけで過ごす時間をもたなければなりません。必要以上の娯楽や、不必要な用事や、過剰な欲望の追求に時間を浪費するのをやめて、神を知った真のグルの教えを実行しなさい。真のグルを見分けるには、常識と直感を用いなさい。あなたを神のもとへ導くことができるのは、神を自ら体験しているグルだけです。

　夜の時間をできるだけ活用し、また、早朝やわずかな仕事の

合間も利用して、あなたの魂のすべてを神に献げてこう祈りなさい——

「主よ、どうかあなたご自身を現わしてください」と。

神を求めるときは、独りでなければなりません。独りになって、あなたの内なる眼を覚ましなさい。盲目的に従わされる信仰にこれ以上時間を浪費してはなりません。すでに実証済みの手法——真の自己を自覚して神を知るヨガの科学的方法——によって神を見つけなさい。

（1）このメッセージをこの講話集に編入した理由は、この小編がパラマハンサ・ヨガナンダの人類に対する普遍的な提言の最も重要な面を含んでいるからである。師は言っている、「あなたに解脱をもたらすものは、本から学んだことではなく、その中から実行したことである。救いをもたらすものは、知識ではなく実践であり、盲目的な信心ではなく、自らの経験による実証である」と。（出版部注）

講話五十七　人生の目的は神を見つけることである

（一九四四年十月八日　ハリウッドの礼拝堂における講話）

私はいつも、ただ神のために働いています。この地上には、今、私を惑わすものは何もありません。私はそれらの正体をすべて見抜いてしまったからです。あなたがたも、自分がこの地上の一時的な訪問者にすぎないことを悟りなさい。あなたがたはここで教訓を学び、縁をもった人たちを助けるためにこの地上に来ているのです。あなたは、まだ自分が何をするためにここへ送られて来たのか自覚していませんが、神があなたに何を期待しておられるかを知りなさい。自分の欲望を果たすことばかり考えていてはいけません。神のご意志に従うことだけを願って、神のために生き、神のために働きなさい。

われわれは、きょうここにいますが、あすはもういません。われわれはみな、神の宇宙夢の中の単なる影です。しかし、こうして刻々と変化する幻影の背後には、実在する不滅の神の霊があります。われわれの地上での人生は、われわれが神の中に碇を下ろすまでは、ただ空しく混沌としているように見えます。

今まで何度もお話ししたように、私がここで、神を知ることの最重要性とその効果について証言しているのはそのためです。この世のはかない欲望や、人間的執着に心を奪われてはなりません。それらに熱中していると、あなたの心は、神と、神の中にある永遠の自己からますます離れてしまいます。

「感覚の対象や行為に対する執着を克服し、自我意識の影響から完全に脱却した者は、神との合一を果たした者といわれる」（バガヴァッド・ギーター６・４）

あなたがたは神のご意志によってこの地上に生まれてきましたが、神はあなたがたに、自分の意志によって生きる自由を与えてくださいました。しかし、あなたがたは、全能の主のご意志に沿って生きることを学ぶべきです。私自身、いつもそのように努めています。私は、毎朝神に、神が私に望んでおられる事を示してくださるようお願いします。そうすると、神が私の手や脳を通して働かれ、すべてが神のお望みどおりに運ぶのがわかります。

これこそ、あなたが頼りにすべき力です。その力を通して、あなたは導きや、幸福や、力や、自由を得ることができます。あなたに解脱をもたらすのもその力です。

神に対する義務を忘れさせるような義務は、すべて取るに足りない義務です。それらはあなたを惑わせるものです。私もこの真理を会得するために、瞑想に励み聖者たちと交わることによって、この世の妄想をすべて取り除かなければなりませんでした。神こそが何よりも大切なものであることを悟り、自分の人生をただ神を喜ばせるために使うようになるまでは、あなたは決して霊的に進歩したとは言えません。このことを、よくよく理解して欲しいと思います。

神を無視することこそ常識に反する

神の意志を遂行する行為、人々を神のもとへ連れ戻すのに直接役立つような行為こそ、真に賢い（神の英知が現われた）行為ではないでしょうか。私の最大の喜びは、人々を、神を思い出すことの大切さと必要性に気づかせることです。この地上は、われわれの母国ではなく、いわば外国なのです。あなたは、いつか突然この地上から退去を求められます。そのときあなたは、この地上とのかかわりをすべて捨てなければなりません。それなのに、どうしてあなたはそのようなものを大事にして、永遠の友である神のことを後回しにするのですか？　それは常識的な考えとは言えません。われわれをいろいろな世俗的興味のとりこにして神を忘れさせようとしているのは、マーヤという、われわれにかぶせられた宇宙的迷妄の網です。

イエスはこう言っています――

「もし、あなたの右の目が罪を犯させるなら、それを抜き取って捨てなさい。からだの一部を失っても、全身が地獄に投げ込まれるよりはましである」（マタイによる福音書５・29）

この言葉は、もちろん文字どおりの意味ではなく、形而上のことを言っています。神の似すがたにつくられた人間の魂が感覚に惑わされて罪を犯すのは、心が誤った欲望のとりこになったときだけです。イエスが言っている意味は、「誤った欲望が感覚の使い方を誤らせている間は、われわれは真の幸福の源である神を忘れ、そこから抜け出すことができない。だから感覚は、それを誤用するよりはむしろ失うほうがよい」ということです。イエスはここで、神を知らなければ人生のすべては――肉体さえも――無意味であることを、劇的な表現で言ったのです。神を忘れた人生は地獄になります。そこは苦悩の巣窟です。この世界にはわれわれの安全を保証してくれるものは何もありません。災難は、いつどこから襲って来るかわかりません。

癌で入院している人を見ると、あなたは「自分でなくてよかった！」と思います。しかし、深くその人の身になって考えてみると、その絶望的な気持がよくわかります。あなたがたは、健康で元気な今の時間をつまらないことに費やすべきではありま

せん。全知の神は、われわれを送り込まれたこの地上の環境が厳しいこともよくご存知です。神はわれわれの悲しみを、ご自身の悲しみとして感じておられます。迷妄の泥にまみれているわれわれを見ることほど、神にとってつらいことはありません。われわれが天の家に帰ることを何よりも望んでおられる神は、神を知ろうと努力している人たちに応えてこう言っておられます——

「聖なる内在者であるわたしは、深い哀れみをもって、彼らの内に輝く英知の灯をともし、無知の闇を追放する」（バガヴァッド・ギーター10・11）

神のもとに帰り着いた人は、だれでも天使たちの盛大な歓迎を受けます。天使たちは実際に姿を現わして、帰って来た魂を大きな喜びで迎えます。

あなたは、自分の周りに世俗的欲望のわなを張りめぐらされたままでは天の家には帰れません。あなたがこの地上へ送られて来たのは、時間という舞台で上演されている神のドラマの中で、与えられた役割を演じるためです。しかし、あなたが役割を果たすうえで最も肝心なことは、たえず神を思い、神のご意志に従って行動することです。神を第一に優先しない考えや行動は、すべて迷いに悩まされます。インドの聖典は、「神を求めようと思ったら、直ちに生き方を改めて神いちずに生きよ」と教えています。

神への帰り道は、自分独りで見つけなければなりません。あなたの犯した間違いや習慣に対する責任はすべてあなたが負わなければなりません。あなたがひとたび魂としての真の自己を自覚すれば、あなたは自由になります。しかし、それまでは、危険から逃れることはできません。あなたは再び地上に戻されて、残っている欲望を果たさなければなりません。[1] 肉体の寿命は限られていますが、魂は肉体よりも長生きします。あなたが、もしキャデラックが欲しいと思ったまま死ぬと、もう一度地上へ戻って来なければなりません。天国では自動車が使われていないので、そこでは手に入れることができないからです！

欲望の力は強力ですが、神のご意志はそれよりも強い力を秘めています。神のご意志はあなたの内にあって、あなたがそれを受け入れたとき、そして、あなたに転生を強いる世俗的欲望のわなを自分の周りから排除したとき、あなたを通して働くようになるのです。

若くて元気なうちに神を求めなさい。年を取ったり、病んだりすると、神を求めることができなくなるかもしれません。ほとんどの人は、人生の真の意義を理解しはじめるころになると、からだが衰えてきます。そして、神の探求よりも傷んだからだの養生に追われるようになります。

人生の唯一の目的は、神を見つけることです。もし、あなたがすでに結婚しているなら、夫婦そろって神を見つけなさい。しかし、まだ独身なら、今すぐキリストの「まず神の国を求めよ」という教えに従いなさい。神を見つければ、神があなたの取るべき道を教えてくださいます。さもないと、結婚生活にどのような運命が待ち受けているかしれません。想像もできないような悲劇の話がいろいろと私の耳に入って来ます。それは、ほとんど人間関係の不和から生じる悲劇です。人は若いうちに、自分の感情を制御することを教えられるべきです。だれでも、自分の衝動的感情を抑えることを学ばずに結婚すべきではない、と私は考えています。自分の感情が抑えられないうちは、家庭を持つ資格はありません。まず自己制御を身につけることが何よりも大切です。そのうえで結婚を考えれば、あなたにとって最良の伴侶が自然にあなたの前に引き寄せられて来るでしょう。

無知（霊的な無知）は、からだの奥にまで浸透した毒素のようなものです。無知のために、われわれは神の似すがたにつくられた自分の本性を見失っています。まず、たえず神に語りかける〝不断の祈り〟によって、主があなたに何を望んでおられるのか尋ねなさい。主のみ心に従うことほど大切なことはありません。あなたを奴隷のように操って、「あれが欲しい、これが欲しい」と思わせるのは、あなたの自我（真の自己をおおい隠している偽物の自己）が命じる欲望です。あなたの宿敵である自我の指図に従ってはなりません。それよりも、あなたの唯一の友である天の父のご意志に従いなさい。

あなたが自分の無知を完全に根絶するまでは、これから先まだ何度でもこの苦悩に満ちた地上に生まれ変わって来なければなりません。瞑想によってその無知を取り除きなさい。長く瞑想すればするほど、あなたの中に長年住み着いてきた心の〝ばい菌〟をより完全に〝焼灼〟することができます。例えば、怒りっぽい人がいますが、彼らは、自分では自覚していませんが、今まで多くの生涯を重ねてきた間に、自分で怒り癖を身につけてしまったのです。また、ある人は、いくつもの転生を通じて身につけた悪習によって性本能の奴隷になっています。今こそ、悪習を追放する努力をすべきです。

「勝利を得る者をわたしの神の宮の柱にしよう。彼はもう決して外へ出る（この世に生まれ変わる）ことはない」（ヨハネの黙示録３・12）

毎日私といっしょに神にこう言いなさい、「私はあなたのために働いています。あなたがいつ私をお召しになろうとも、用意は出来ております。私はあなたの子供です」と。そうすれば、神は、私が今楽しんでいる自由をあなたにもくださるでしょう。

私はこれからまだ多くの仕事を引き受けますが、少しも負担には思っていません。それは、私がすべてを神のために行なっているからです。私は神だけを愛しています。こうしてすべてを神に委ねることによって、私の無知のカルマは消滅してしまったのです。今後も、路傍で泣いている兄弟たちがいるかぎり、私は彼らの涙を拭いてやるために、何度でもこの地上に戻って来るつもりです。兄弟たちが苦しんでいるのに、私だけ天の恵みを楽しんで満足しているわけにはいきません。

神との聖なるロマンス

あなたの生き方を改めなさい。毎晩神と交わって、神に語りかけなさい。心のこもらない形式的な祈りのまね事はやめて、真剣にこう祈りなさい――

「主よ、あなたは今ここにおられます。どうか私に語りかけてください。静寂の洞窟から出て来てください！」と。

私は、かつてパームスプリングの近くの砂漠を訪れたとき、聖母様に献げる詩を作りました。次の祈りはその中の一節です。

聖母様、私の魂の叫びをお聞きください
いつまで隠れていらっしゃるのですか
沈黙の空から出て来てください
山々の谷間から出て来てください
私の魂の隠れ家から出て来てください
私の静寂の洞窟から出て来てください

私がちょうどこの詩を書き終えたとき、聖母様の驚くべきみ姿が空から現われるのを見ました。私の魂の叫びに応えて、聖母様はそのすばらしいみ姿を至る所に、そしてすべてのものの中に見せてくださいました。私が聖母様に祈り、礼拝すると、聖母様は私を祝福して、話かけてくださいました。

最高の恋《ロマンス》は、無限なるお方との恋《ロマンス》です。それによって人生がどんなにすばらしくなるか、あなたにはまだ想像もつかないでしょう。

「感覚の世界への執着を断ったヨギは、内なる〔神の〕常に新たな喜びを経験する。彼の魂は〔神の〕霊の中に融合し、永遠の至福を得る」（バガヴァッド・ギーター5・21）

あなたが、ある日突然、至る所に神を見つけたとき、そして神があなたのところに来られて話かけ、導いてくださったとき、あなたと神との聖なるロマンスが始まるのです。

（1）欲望を解消するには、それを実際に果たす物質的方法のほかに、霊性の程度によって二つの方法がある。すなわち、理性と判断力を養う精神的方法と、深い瞑想による霊的方法である。

神よ、神よ、神よ

パラマハンサ・ヨガナンダ

まどろみの深みから
目覚めの螺旋階段を登るとき
わたしはささやく
神よ、神よ、神よ、と

あなたと別れる夜ごとの眠りから覚めたとき
あなたはわたしの朝餉《あさげ》
わたしはあなたを味わいながら　心に口ずさむ
神よ、神よ、神よ、と

どこへ行っても
わたしの心のあかりは　いつもあなたに向いている
騒がしい活動のいくさ場の中で
わたしはたえず無言の雄叫《おたけ》びを放つ
神よ、神よ、神よ、と

荒れ狂う試練の嵐がうなり声をあげ
苦悩がわたしに吠えかかるとき
わたしは大声でみ名をたたえてそれをかき消す
神よ、神よ、神よ、と

わたしの心が
記憶の糸で夢を織るとき
その魔法の織布の上に　わたしは織り出す
神よ、神よ、神よ、と

夜ごとの深い眠りの中で
安らぎが喜びを求めて夢みるとき
喜びはいつも歌いながらやって来る
神よ、神よ、神よ、と

朝目ざめたときも　食べるときも
働くときも　夢みるときも
眠るときも　礼拝するときも

瞑想するときも　聖歌を歌うときも
神の愛を行ずるときも
私の魂は口ずさむ
だれにも聞こえない声で
神よ、神よ、神よ、と

パラマハンサ・ヨガナンダの遺体に見られた不朽現象

パラマハンサ・ヨガナンダは、一九五二年三月七日、アメリカ、カリフォルニア州ロサンゼルスにおいて、インド大使ビナイ・セン氏のために開いた晩餐会で演説したあと、マハサマディ（ヨギが意識的に肉体を脱ぎ捨てること）にはいった。

この偉大なる世界の師は、神との合一を達成するための科学的行法であるヨガの価値を、生前のみならず死後においても、身をもって証明した。彼の遺体は、死後数週間、何ら腐敗の徴候を示さず、その顔は神々しい光に輝いていた。

これについて、ロサンゼルスのフォレスト・ローン墓地の遺体仮安置所（師の遺体もしばらくここに安置されていた）の所長ハリー・ロー氏は、ＳＲＦ本部に、次のような遺体の検証報告を寄せた。

「パラマハンサ・ヨガナンダの遺体には、何ら崩壊のあとが見られない。これは、われわれの経験では、きわめて異例な現象である……彼の肉体は、死後二十日に及んでも全く分解の色が見えなかった……皮膚にこのような徴候が見られないのみならず、体内組織にも何ら乾燥のきざしが見えない。死体がこのように長い間、完全な状態を保持した例は、この遺体安置所が始まって以来、類例のないことである……当初、ヨガナンダ師の遺体を預った安置所の職員は、例によって当然、柩の中の遺体が日ごとに腐敗してゆくであろうと思っていた。しかし、柩のガラス蓋を通して見られるその遺体は、何日たっても何の変化も見せず、われわれの驚きは日ごとに増大した。ヨガナンダ師の遺体は明らかに、まれに見る不朽状態にあった……

遺体はまた、全く死臭を発しなかった……三月二十七日、柩に青銅の蓋がかぶせられたが、その直前に見たところ、その遺体は、彼が死んだ三月七日の夜と全く変わらず新鮮で、崩壊のあとは皆無だった。われわれは、パラマハンサ・ヨガナンダの遺体の状態が、われわれの経験上まったく異例のものであることをここに証言する」

ＳＲＦの目的と理想

各人が神を直接経験するための明確な科学的技法を、世界中の人々に広める。

人生の目的は自らの努力によって、生死に束縛された有限の人間意識から神の意識に進化することであることを教え、これを広く普及させるために、瞑想の聖所を、世界の各地に、各家庭に、各人の心の中に打ち立てる。

イエス・キリスト自身が説いた教えと、バガヴァン・クリシュナが教えたヨガとの根本的な一致を明らかにし、かつ、その根本原理が、あらゆる宗教に共通する科学的真理であることを示す。

毎日科学的方法によって神を瞑想することこそ、あらゆる真の信仰が最後にたどるべき神への本道であることを示す。

人間を、肉体の病気と、心の不調和と、魂の無知の三重苦から救い出して、完全な自由の中に解放する。

簡素な生活と高邁な思想を奨励し、人はみな神の家族であり、神性を宿した兄弟どうしであることを教えて、同胞愛の精神を広める。

心は肉体にまさり、魂は心にまさることを、自ら実証して人々に知らせる。

善をもって悪を、喜びをもって悲しみを、親切をもって残酷を、英知をもって無知を征服する。

科学も宗教も、同じ原理の上に立つ一つの真理体系の中の異なる分野にすぎず、何ら矛盾するものではないことを実証する。

東洋と西洋がそれぞれ育んできた文化的および霊的知識の相互理解と交流をはかる。

人類全体を大いなる自己と観て、それに奉仕する。

創設者　パラマハンサ・ヨガナンダ
会　長　スリ・ムリナリニ・マタ

用語解

アヴァター　avatar　サンスクリットavataraの語源はava（下って）とtri（通り過ぎる）で、〝神の化身〟の意。神との合一を果たしたあと人類を救うために再び地上に再生した魂をいう。

アヴィディア　avidya　〝知らないこと〟、〝無知〟の意。マーヤ（迷妄――宇宙的惑わしの力）が個人の中に現われたもので、本質的には、人間が自己の神性と、唯一の真実の存在である神を見失うこと。

アシュラム　ashram　霊的修行所または僧院。

アルジュナ　Arjuna　インドの偉大な叙事詩マハーバーラタ物語に登場するパンダヴァの五人の王子の一人で、最も主要な役割を演じる。紀元前約三十世紀、バガヴァン・クリシュナの優れた愛弟子としてバガヴァッド・ギーターの不滅の教えを伝授された。

悪　万物に遍在する神を隠蔽して、人間や自然の中に不調和を生じさせる力。これを擬人化してサタンと呼ぶこともある。また広義では、人間に自分が神と本質的には一体であるという意識を忘れさせ、神の意識に復帰することを妨げる〝神の掟（ダルマ）に反するすべてのもの〟をいう。

意識の諸状態　この世にあるとき、人はふつう、目覚めているときの意識、眠っているときの意識、夢を見ているときの意識、の三つの意識状態を経験するが、自分の魂（超意識）や神（キリスト意識、宇宙意識）を経験することはできない。キリスト意識に達すると、普通の人がからだ全体を意識しているのと同じように、宇宙全体を自分のからだとして意識するようになる。さらにこの状態を超えて宇宙意識に達すると、宇宙の万物を超越した神の絶対意識と合一し、同時に、万物に遍在する宇宙の主としての自己をも自覚するようになる。

ヴェーダ　Vedas　リグ・ヴェーダ、サーマ・ヴェーダ、ヤジュル・ヴェーダ、アタルヴァ・ヴェーダの四部から成るヒンズー

の聖典集。これらは本質的に、人間の生命と活動のあらゆる面を霊的に活性化するための歌と祭式と吟誦《ぎんしょう》詩を集めた文献である。ヴェーダ(サンスクリットの語源はvid“知る”)は、インドにある膨大な文献の中で唯一著者の名の明かされていない文献である。ヴェーダの起源は天上にあって、それが賛歌として大昔から新しい言葉に衣替えしながら代々語り継がれてきた、とリグ・ヴェーダは述べている。こうして時代の変遷を超えてリシたちに啓示された四つのヴェーダの真理は永遠に廃ることがない（nityatva）といわれる。

ヴェダーンタ　Vedanta　“ヴェーダの結び”の意で、ヴェーダの終わりの部分ウパニシャッドの根幹をなす哲学。ヴェダーンタの最も優れた解説者であったシャンカラ（九世紀）は、神は唯一の実在であり、万象は本質的には幻影である、と言明している。人間は神を理解することのできる唯一の存在であるから、人間自身も聖なる存在であるはずであり、したがって、自らの本性を自覚することは人間の義務である。

宇宙意識　創造活動によってつくられたいっさいの被造物を超越する絶対的実在。また、瞑想によって、万物を超越しかつ万物に遍在する神と合一したときの、サマディの意識状態をいう。（「三位一体」の項参照）

宇宙エネルギー　「プラーナ」の項参照。

宇宙音　「オーム」の項参照。

エーテル　サンスクリットのアーカーシャakash。現代科学では、エーテルは物質宇宙の性質を説明するうえの要素とは考えられていないが、インドの聖哲たちは何千年来エーテルをそのように考えてきた。パラマハンサ・ヨガナンダはエーテルを、神が創造活動という宇宙映画を投影するバックグラウンド（素地）である、と説明している。空間は対象物に大きさを与え、エーテルは心の中のイメージを別々の姿に分割する。すべての空間的波動を統制するこの創造力アーカーシャ（エーテル）は、霊妙な力（想念および生命エネルギー）、空間の性質、物質的存在の起源などについて考えるとき、必要な要素となる。（「五大要素」の項参照）

延髄中枢　第六脊髄中枢で、生命力（プラーナ）が肉体に流れ入る入り口。流入した宇宙エネルギーはここから頭頂にある第七中枢（サハスラ）に送られ、そこに蓄えられ、さらに

そこから体内各部に配分される。この霊妙な延髄中枢は生命力の受け入れ、貯蔵、配分を制御する主要なスイッチである。

ＳＲＦ　**Self-Realization Fellowship** の略。人類の精神的な福祉に貢献するためにクリヤ・ヨガの霊的原理と瞑想の技法を世界中に広める目的で、一九二〇年、パラマハンサ・ヨガナンダによってアメリカに設立された団体。本部はカリフォルニア州ロサンゼルスにある。パラマハンサ・ヨガナンダはこの Self-Realization Fellowship《セルフ・リアリゼーション・フェローシップ》という名称の意味を、「真の自己を自覚することによって神と霊交し、真理を求めるすべての魂と友交を結ぶこと」と説明している。（「ＳＲＦの目的と理想」470ページ参照）

ＳＲＦのグル　ＳＲＦ／ＹＳＳのグルは、イエス・キリスト、バガヴァン・クリシュナ、および一連の師弟関係にある四人の大師――マハアヴァター・ババジ、ラヒリ・マハサヤ、スワミ・スリ・ユクテスワ、パラマハンサ・ヨガナンダ――である。イエス・キリストの教えと、バガヴァン・クリシュナが説いたヨガの教えとの本質的な一致と調和を明示することは、ＳＲＦの使命を遂行してゆくうえに不可欠な要素である。これらのグルたちはみな、自分自身が示す神性と崇高な教えとを通して、神と霊交するための科学的ヨガの技法を人類に紹介するというＳＲＦの使命遂行に貢献している。

ＳＲＦのレッスン（通信講座）　パラマハンサ・ヨガナンダの教えを、世界中の真剣な真理探究者たちがだれでも家庭で学ぶことができるように集大成したもの。この中には、パラマハンサ・ヨガナンダが説くヨガの瞑想法と、特に志望する人のためのクリヤ・ヨガが含まれている。受講案内書は、ＳＲＦ本部に申し込めば取り寄せることができる。

ＳＲＦの会誌　**Self-Realization Magazine**　『セルフ・リアリゼーション』誌（季刊）は、パラマハンサ・ヨガナンダの講話、著作、ＳＲＦ会長のサットサンガ（求道のための集会）における非公式な談話のほか、時事問題や真理探究について霊的にまたは実用的に役立つ記事等を掲載している。

オーム（オウム）　**Aum (Om)**　神の創造活動においてあらゆる被造物を創造し維持している神の力（知的エネルギーの波動）を象徴するサンスクリットで、〝初めにあったことば〟または宇宙原音を意味する。このヴェーダで言う「オーム」は、

チベット人の間では「フム」、イスラム教徒の間では「アーミン」、エジプト人、ギリシャ人、ローマ人、ユダヤ人、キリスト教徒の間では「アーメン」と呼ばれるようになった。世界の偉大な宗教がともに、すべての被造物はオームまたはアーメン（ことばまたは聖霊）と呼ばれる宇宙エネルギーの波動からつくり出されたと述べている。「初めにことばがあった。ことばは神とともにあった。ことばは神であった。……すべてのものは、これ（ことば、オーム）によって出来た。出来たもので、これによらないものは一つもなかった」（ヨハネによる福音書1・1—3）

ヘブライ語のアーメンは〝確かな〟、〝忠実な〟という意味である。「アーメンなる方、忠実で真実の証人、神がつくられたすべてのものの根源である方がこう言われる」（ヨハネの黙示録3・14）。ちょうど運転中のモーターの振動が音を発するように、宇宙にあまねく鳴りひびくオームの音は、すべての被造物の生命と分子を波動エネルギーによって支える神の〝宇宙モーター〟が運転していることを〝忠実に立証〟している。パラマハンサ・ヨガナンダがＳＲＦのレッスンの中で教えている瞑想法を実習すると、神を、オームすなわち聖霊として直接経験することができるようになる。この見えない神の力——「助け主、すなわち……聖霊」（ヨハネによる福音書14・26）——と至福の霊交をすることが、祈りを真に科学的なものにする基礎である。

カースト　カーストは、その起源においては世襲の身分を意味するものではなく、個人の性格的能力によって区分したものであった。すなわち、古代のヒンズーの聖賢たちは、人が霊的に進化する過程で四つの段階を経ると観て、シュードラ、ヴァイシャ、クシャトリヤ、バラモンの四つのカーストに分類した。シュードラは、肉体的な要求や欲望を満たすことに最大の関心を持ち、肉体的労働に従事することが最も適切とされる人たちをいう。ヴァイシャは、世俗的成功や感覚的満足を得ることに意欲を燃やし、シュードラよりも創造的能力を持っていて、農業、商工業、芸術、そのほか知能的な仕事に満足を感じる人たちをいう。クシャトリヤは、過去世においてすでにシュードラやヴァイシャのもつ欲望を果たしていて、人生の意義について考えはじめ、自分の悪い習慣を克服したり感覚を制御して正しい生き方をしようと心がける人たちで、高潔な政治家や官僚や軍人を適職とする人たちをいう。バラモンは、他の三段階を修了していて、生来の霊的探求心を持ち、神を知っていて、他の人たちを霊的解放に導くことのできる人たちをいう。

カルマ　Karma　サンスクリットの語源はKri（行なう）で、今生または過去世で行なった過去の行為がもつ効力をいう。ヒンズーの聖典が説くカルマの法則は、平衡の法則であり、因果の法則であり、作用反作用の法則であり、種まきと収穫の法則である。自然は公正さを保持するために、各人の想念と行動が自動的にその人の将来の運命を形成する仕組みを備えている。人が何らかのエネルギーを発動すると、その波動は良いものも悪いものも、円を描くように必ず初めの出発点である本人のところに戻って来る。公正さを保持するための法則としてカルマを理解するとき、人は、自分の運命について神や他人を恨むことから解放される。個人のカルマは、それを果たすか、または霊的に超越しないかぎり、何度生まれ変わってもその人について来る。（「転生」の項参照）

特定の地域社会や、国や、世界全体の人々の行為によって累積された集団的カルマは、その善悪の割合と程度に応じた効果をその地域または全世界にもたらす。したがって、今地上に生きている一人一人の想念と行動は、この世界とそこに住む人類全体の幸不幸に影響を与えているのである。

カルマ・ヨガ　Karma Yoga　無執着の行為と奉仕を通して神に至る道。没我的奉仕により、自分の行為の結果を神に委ねることにより、神を唯一の行為者と観ることにより、信仰者は自我意識を克服して神を経験する。（「ヨガ」の項参照）

活力強化体操　ちょうど魚が水の中にいるように、人間は宇宙エネルギーの海の中にいる。パラマハンサ・ヨガナンダによって考案され、ＳＲＦのレッスンの中に説明されている活力強化体操は、肉体に宇宙エネルギー（プラーナ）を補充する技法である。

観念体（コーザル体、根源体）　魂としての人間は、本質的には観念体をまとった存在である。観念体は、幽体と肉体の原型をなす母体で、幽体を構成する十九種の要素と肉体を構成する十六種の要素に対する合計三十五種の観念で構成されている。

観念界（コーザル界、根源界）　物質（原子、陽子、電子など）で出来た物質界と、光（生命エネルギー）で構成された精妙な幽界の背後には、想念の世界である観念界（根源界、コーザル界）がある。人は進化の過程で、物質界と幽界の段階を終了すると、観念界に住むようになる。ここに住む魂の意識の中では、物質界も幽界もその根源である想念に還元される。

肉体をまとっている人間が想像の中でできる事を、観念界の住人は何でも現実に経験できる。唯一の制限は、それが考えられるかどうかということである。そして、彼らも最後には、この最後の衣、観念体を脱いで、すべての現象の世界を解脱し、遍在の神と合一するのである。

キリスト意識　キリスト意識（キリスト）は宇宙のすべての被造物の中に浸透している神の遍在意識。キリスト教の聖書では、万物の中に現われている父なる神の唯一の純粋な反映であるところから神の〝ひとり子〟と呼ばれる。ヒンズー教の聖典では、「クタスタ・チャイタニヤ」または「タット」と呼ばれ、宇宙に遍満し、万物の中に浸透している神の知性を意味する。それは、イエスや、クリシュナや、その他のアヴァターたちの意識の中に自覚された、神と一体の聖なる遍在意識である。偉大な聖者やヨギたちが、瞑想中にサマディの中でこの状態に達すると、彼らの意識は、万物の原子の中までも浸透している聖なる知性と一つになり、全宇宙を自分のからだとして感じる。（「三位一体」の項参照）

キリスト意識の中枢　眉間の中央にある「クタスタ」または「アジナ・チャクラ」は、意志と精神集中の中枢、キリスト意識の中枢、霊眼の座であり、延髄の中枢と対極の関係にある。

ギャーナ・ヨガ　Jnana Yoga　真理についての知識と思索とによる理解力を、全知の魂の英知にまで昇華させることによって神との合一に至る道。

クリシュナ　Krishna　「バガヴァン・クリシュナ」の項参照。

クリシュナ意識　「キリスト意識」、「クタスタ・チャイタニヤ」のこと。

クリヤ・ヨガ　Kriya Yoga　有史以前からインドに伝承される、神との霊交を得るための瞑想の技法を含む聖なる霊的科学。パラマハンサ・ヨガナンダによれば、クリヤのサンスクリットの語源 kri は〝行なう〟または〝作用と反作用〟の意で、因果の法則を表わすカルマと同じ語源である。したがって、クリヤ・ヨガとは「特定の行法（クリヤ）によって神と合一する（ヨガ）」という意味である。ラージャ（〝最高の〟または〝完全な〟）・ヨガの一方式であるクリヤ・ヨガは、バガヴァッド・ギーターの中でクリシュナにより、また、ヨガ・スートラの中でパタンジャリにより推賞されている。この聖なる霊

的秘法は、マハアヴァター・ババジによって現代に復活し、その後、SRFのグルたちによって伝承されてきた。そして、パラマハンサ・ヨガナンダがマハサマディに入ったあとは、彼が指定したSRF／YSSの代表者（またはその会長が指定した者）によって伝授（ディクシャ）が行なわれている。クリヤ・ヨガの伝授を受ける資格を得るには、SRF会員として一定の霊的な条件と準備を整えなければならない。その伝授を受けた者をクリヤ・ヨギまたはクリヤバンと呼ぶ。（「グル」と「弟子」の項参照）

グナ　gunas　大自然の三つの基本的属性、すなわち「タマス」と「ラジャス」と「サットワ」——〝妨害〟と〝活動〟と〝拡大〟、または〝かたまり〟と〝エネルギー〟と〝知性〟。人間の中では、三つのグナは「無知、惰性」と「活動、苦闘」と「知恵」として現われる。

グル　guru　霊的な指導をする教師。グルという言葉は、しばしば外面だけを見て乱用されることがあるが、真のグルとは、自己統御を完成し、遍在の神（キリスト意識）との合一を達成した師をいう。そのような師は、弟子たちをも神との霊交に導く力をもっている。

求道者の心に、神を求めたいという真剣な願望が高まると、主は彼にグルを送り、そのグルの、教えと、悟りと、知性と、英知を通して彼を導かれる。弟子は、グルの教えと訓練に従うことによって、神を知りたいという魂の願望を成就することができる。真剣な求道者の魂の叫びに応えて彼を神のもとへ導くよう神によって任命された真のグルは、普通の教師ではなく、道に迷った魂たちを永遠の故郷である神の家に連れ戻すために神が用意された迎えの車である。神は、グルの霊性と、考えと、言葉と、からだを通して、魂たちを導く。グルは、聖典の真理の体現者であり、この世の束縛から解放されたいという信仰者たちの願いに応えるために神が任命した救いの代行者である。（「大師」の項参照）

グルデーヴァ　Gurudeva　自分のグルを呼ぶときの尊称で「尊師」または「先生」の意。英語ではMaster（大師）が使われることがある。

コーザル体または**根源体**　「観念体」の項参照。

コーザル界または**根源界**　「観念界」の項参照。

呼吸　パラマハンサ・ヨガナンダは次のように言っている、「人が呼吸すると、それを通して宇宙の無数のエネルギーの流れが体内に流れ込み、それが心の動揺を引き起こす。呼吸は、こうして人を流動する現象界に拘束する。ヨギは、この世の幻滅がもたらす悲哀を避けて永遠の至福の世界に入るために、科学的瞑想によって呼吸を鎮めるのである」

五大要素　Five elements　物質界（人間の肉体を含むすべての物質的存在）を構成する五つの要素 tattva で、「地・水・火・風・空」で象徴される。いずれも知性を有する波動エネルギーで、その源は宇宙波動オームである。「地」は固体を、「水」は液体を、「火」は熱を、「風」は気体を、「空」は物質界という現象のドラマを映し出している場であるエーテルを、それぞれ形成する要素である。人間の肉体では、延髄中枢から流入した宇宙エネルギー（プラーナ）は、五つの下位の脊髄中枢（チャクラ）の働きで五つの要素に分けられる――尾骨中枢（地）、仙骨中枢（水）、腰椎中枢（火）、胸椎中枢（風）、頸椎中枢（空）。「地・水・火・風・空」のサンスクリットは、prithivi, ap, tej, prana, akash.

サタン　Satan　ヘブライ語の語義は〝敵対するもの〟。サタンは、人間を含むすべてのものに本来の霊性を失わせ、神と分離した有限の存在のように思わせる宇宙的な力で、惑わされたそれらのものを本来の状態に引き戻そうとする神の力を意識的に妨害するため、擬人化して悪魔と呼ばれる。したがって、マーヤ（宇宙的な惑わしの力）とアヴィディア（霊的無知、錯覚）がサタンの武器である。（「マーヤ」の項参照）

サーダナ　sadhana　霊的修行の道。グルから示された教えと瞑想を忠実に実行することによって、弟子は神との合一に達することができる。

サット・タット・オーム　Sat-Tat-Aum　サットは絶対的存在、真理、至福。タットは宇宙に遍在する知性または意識。オームは宇宙に遍満する知的創造エネルギーの波動で神を象徴する言葉。（「オーム」および「三位一体」の項参照）

サナタン・ダルマ　Sanatan Dharma　語義は〝永遠の真理についての教え〟。ヴェーダの教えの主要部分につけられた名で、後にギリシャ人が、インダス河流域に住む人たちをインドゥーまたはヒンドゥーと呼ぶようになったため、ヒンドゥー教（ヒンズー教）と呼ばれるようになった。（「ダルマ」

の項参照）

サマディ　samadhi　聖哲パタンジャリが概説したヨガの八段階の最高段階。瞑想中に、瞑想者と、瞑想行為（それによって心が感覚から引きあげられて完全に内面に向けられる）と、瞑想の目的（神）とが一つになった境地。パラマハンサ・ヨガナンダはこう説明している「神との霊交に入った初めの段階（サビカルパ・サマディ）では、瞑想者の意識は神の中に融合するが、同時に、その肉体は生命エネルギーが引きあげられて動かなくなり、硬直して一見死んだように見える。しかし、瞑想者は、この仮死状態の肉体を完全に意識している。瞑想者がさらに高い境地（ニルビカルパ・サマディ）に達すると、肉体の硬直を伴わずに神と霊交できるようになる。そして、普通の顕在意識を保ったまま、日常の仕事をしながらでも神との霊交を持続することができる」と。両方とも、神の〝常に新たな至福〟との霊交を表わす状態であるが、ニルビカルパ・サマディは最高の境地に達した大師だけが経験できる状態である。

三位一体　Trinity　非顕現の絶対者である神が自らを顕現して創造活動に入るとき、三つの相――父と子と聖霊、または、サット・タット・オーム――を現わす。父（サット）とは、被造物を超越した創造主であり、子（タット）とは、被造物の中にあまねく浸透している知性または意識であり、聖霊（オーム）とは、意識の対象となるすべてのものをつくり出すエネルギーの根源をなす波動である。

神の創造活動は、永遠の中で創造と壊滅の周期をくり返す（「ユガ」の項参照）が、宇宙が壊滅したあとは、神の三つの相（三位一体）も、二元相対の原理も、すべて絶対者なる神の中に溶け込んでしまうのである。

シッダ　siddha　語義は〝達成した人〟。すなわち、自我意識を完全に克服して真の自己を自覚し、それによって神との霊交を達成した人。

シャンカラ　Shankara　スワミ・シャンカラはアーディ・シャンカラチャリヤ（初代のシャンカラ師）とも呼ばれ、インドの最も偉大な哲学者。彼の在世した年代は明らかではないが、多くの学者たちは八世紀または九世紀の初めごろと推定している。彼は、神が、人間の考えた単なる抽象的概念ではなく、実在の、永遠にしかも至る所に遍在する〝常に新たな至福〟である、と説いた。シャンカラはインド古来のスワミ教団を

再編成して、四つの大きなマート（僧侶の教育施設）を設立した。そのあとそれぞれのマートを継承するリーダーは、ジャガドグル・スリ・シャンカラチャリヤと呼ばれている。ジャガドグルとは〝世界の教師〟の意。

ジ　ji（接尾語）　〇〇様。インドで名前や称号のあとに付ける敬称。例えば、ガンジージ、パラマハンサジ、グルジ、など。

自我（自我意識）　サンスクリットのアハンカーラ ahamkara は〝わたしがする〟の意。自我意識は、物事を二元的に認識したり、自分を神と分離して考える根本原因。マーヤの影響を受けて自我意識にある人は、自分がつくったもの（偽物の自分である自我や、肉体、欲望、習性など）を自分自身と誤認し、本当の自己（魂、神）を自分とは別の存在と錯覚するようになる。人は自我意識を追放することによって、自己の本性（神との一体性）に目覚めるのである。

自己（真の自己）　ここでは、人が通常自分自身と思っている自我または自我意識と区別して、魂（人間の聖なる本質、アートマン）をいう。人間の自己は、神の霊が個性化して現われたもので、その本質は〝常に存在し、常に意識し、常に新たな喜び〟である。真の自己である魂は、人間の愛、知恵、平安、勇気、思いやり、その他すべての聖なる性質の源泉である。

スリ（またはシュリ）　Sri　僧侶など宗教関係の人の名前の前につける尊称。その意味は〝聖なる〟または〝尊い〟。

スリ・ユクテスワ　Sri Yukteswar　スワミ・スリ・ユクテスワ・ギリ（一八五五年—一九三六年）は、インドのギャナアヴァター（英知の権化）で、パラマハンサ・ヨガナンダのグルであり、SRFのクリヤバンたちにとってはパラムグル（グルのグル）である。また、スリ・ユクテスワはラヒリ・マハサヤの弟子である。スリ・ユクテスワは、ラヒリ・マハサヤのグルであるマハアヴァター・ババジの命を受けて、キリスト教の聖書とヒンズー教の聖典の底にある共通の真理について説明した論文『聖なる科学』をまとめた。彼はまた、クリヤ・ヨガを世界中に広めるという聖なる使命を果たさせるためにパラマハンサ・ヨガナンダを訓練した。パラマハンサ・ヨガナンダは『あるヨギの自叙伝』の中で、愛情を込めて師の生涯について語っている。

スワミ　swami　スワミ・シャンカラによって九世紀ごろに再

編成されたインドに最も古くからある僧団に属する僧侶をいう。スワミは、独身を守ることと、世俗的な絆や野心を放棄することについて正式な誓いを立て、瞑想をはじめ他の霊的修行に励み、かつ人々のために奉仕する人生を送る。スワミ僧団は、ギリ、プリ、バーラティなど十個の分団に分かれており、パラマハンサ・ヨガナンダはギリ（〝山〟）分団に属する。

セルフ・リアリゼーション Self-realization 語義は〝真の自己を知ること〟。パラマハンサ・ヨガナンダはこの言葉を次のように定義している「セルフ・リアリゼーションとは――われわれが遍在の神と一体であること、したがってその来臨をことさら祈らなくても神はわれと共にいますこと、われわれは単にいつも神のおそばにいるというだけでなく、神の遍在はわれわれ自身の遍在性を意味すること、われわれは今現に、そして今後も常に神の一部であること――これらのことを、肉体と心と魂を通して知ることである。このように自己についての認識を改めることが、われわれのなすべきすべてである」

精神集中法 ＳＲＦのレッスンに説明されているＳＲＦの精神集中法はホン・ソー行法とも呼ばれる。この行法は、雑念の対象から心の注意力を合理的に引きあげて一つの目的に集中させるのに絶大な効果がある。したがって、神に精神を集中する瞑想に入るには、欠くことのできない貴重な技法であり、クリヤ・ヨガの重要な一部をなしている。

聖なる母（天の母、宇宙の母） 創造活動の実行者としての神。超越的創造主の属性シャクティ（力、エネルギー）。これと同じ神の相を表わす言葉として、プラクリティ（大自然）、オーム（聖霊、知的宇宙エネルギーの波動）などがある。また、神の人格的な面における母性的な相――愛や思いやり――をいう。

ヒンズーの聖典は、「神は内在すると同時に超越しており、人間的であると同時に非人間的である」と言っている。神を求めるときは、それを非顕現の絶対的存在として求めることもできれば、愛、英知、至福、光など、神の永遠の性質の一つを思い浮かべて求めることもできる。また、一つの神格を表わす神 ishta として求めることも、天の父、宇宙の母、聖なる友などの概念を通して求めることもできる。

生命エネルギー 「プラーナ」の項参照。

聖霊 「オーム」および「三位一体」の項参照。

魂 神の霊が個性をもって現われたもので、人間およびすべてのものの不滅の本質である。魂は、現象の世界でそれぞれの役割を演じる間、観念体、幽体、肉体などのからだをまとっているが、その本質は神の霊、すなわち〝常に存在し、常に意識し、常に新たな喜び〟である。

ダルマ dharma すべての創造活動を秩序正しく維持するための永遠不変の法（正義の原理）。また、この原理に沿って生きるために各人が果たすべき生来の義務をいう。（「サナタン・ダルマ」の項参照）

大師（英語 **master** の訳） 自我意識を克服して最高の解脱を果たした人。パラマハンサ・ヨガナンダはこう指摘している「大師の特徴は肉体的なものではなく霊的なものである……大師であるか否かを見分ける唯一のポイントは、意のままに無呼吸状態（サビカルパ・サマディ）に入ることができるかどうか、そして、不変の至福（ニルビカルパ・サマディ）に達しているかどうかである」（「サマディ」の項参照）

パラマハンサ・ヨガナンダはさらにこう言っている、「どの聖典も、神は人間を自らの全能の似すがたに創造された、と明言している。宇宙を制御することは、超自然的なことのように考えられるが、実は、そのような力は、自分の神聖な起源を〝真に自覚〟しさえすれば、だれにでもそなわっている能力なのである。神の自覚に達した人は、……自我意識を克服しているため、そこから生じる欲望もない。真の大師の行動は、努力しなくても自然にリタ（宇宙の法則、正義）にかなっている。エマーソンは『偉大な人は、有徳ではなく徳そのものになる。そのとき創造の目的は果たされ、神は喜ばれる』と言っている」

チッタ chitta 認識能力・心——意識の集合体であり、ブッディ（知性）、アハンカーラ（自我意識）、マナス（思いや感情、感覚意識）を含む。

チャクラ chakras ヨガでいう、人体の脳から脊髄に沿って並ぶ七つの、生命と意識の中枢。それらによって肉体と幽体が活性化される。これらの中枢は、それぞれの中心に集中したエネルギーから生命力を運ぶエネルギーの光線が周囲に放射されている様がちょうど車輪のハブとスポークに似ているところからチャクラ（車）と呼ばれる。これらのチャクラは

下から次の順に並んでいる――ムラダーラ（脊髄の最下部にある尾骨中枢）、スワディシュターナ（ムラダーラの約五センチ上部にある仙骨中枢）、マニプラ（へその反対側にある腰椎中枢）、アナハタ（心臓の後ろにある胸椎中枢）、ヴィシュッダ（頸の下部にある頸椎中枢）、アジナ（昔から眉間の位置とされているが、実は、延髄中枢の対極である。「延髄中枢」と「霊眼」の項参照）、サハスララ（大脳の頂上部にある中枢）。

七つの中枢は、魂が肉体に降りてゆくときに通る神の設けられた出口または落とし戸のようなもので、魂は瞑想によって再びそこを通って上昇し、七つの段階を経て宇宙意識の中に融合する。こうして魂は、七つの開かれた（目覚めた）脳脊髄中枢を意識的に次々と上昇しながら、神への本道を戻り、再び神と合一するのである。

普通、ヨガの解説書は、下位の六つの中枢をチャクラと呼び、最上位のサハスララを七番目の中枢として別に考えているが、七つの中枢はどれもしばしば蓮の花にたとえられ、生命と意識が脊髄を上昇しながら霊的に目覚めてゆくとき、〝蓮の花びらが開く〟、または〝下向きになっていた花びらが上向きに変わる〟と説明している。

超意識　純粋で、直感的で、すべてがわかり、たえず至福を感じている、魂の意識。瞑想中に経験されるサマディのいろいろな状態を全般的に超意識ということがあるが、厳密には、サマディの初めの段階をいう。超意識に入ると、自我意識を超越して、神の似すがたにつくられた魂としての自己を自覚するようになる。この意識状態を通って、より高い状態――キリスト意識、宇宙意識――へと進む。

超意識の心　真理や真実を、感覚器官を通さずに直接感知する魂の全知の能力、すなわち直覚。

直覚　「超意識の心」の項参照。

ディクシャ　diksha　霊的導き（引導、イニシエーション）。サンスクリットの語源 diksh は〝献身する〟の意。（「弟子」および「クリヤ・ヨガ」の項参照）

転生　人間は、進化の法則により、生まれ変わりをくり返しながらしだいに高い世界へ進み――途中、間違った行為や欲望のために遅れたり、霊的な努力により速度を速めたりしながら――最後に真の自己を自覚して神との合一に入る、という

教義。こうして人間的な有限意識の束縛と不完全さを克服した魂は、強制された転生から永遠に解放された自由（解脱）の境地に入る。「勝利を得た者をわたしの神の宮の柱にしよう。彼はもう決して外へ出ることはない」（ヨハネの黙示録3・12）

転生の概念は、東洋だけの考え方ではなく、多くの古代文明によって支持された、人生（過去世、現世、未来世を通じての人生）に関する基本的真理である。初期のキリスト教会も転生の考え方を受け入れており、グノーシス教徒やそのほかアレキサンドリアのクレメント神父、オリゲン神父、聖ジェローム神父ら多くの神父たちが転生について説いている。しかし、西暦五五三年、コンスタンチノープルで開かれた第二回キリスト教会議で、この教義はキリスト教会の教義から公式に削除された。今日では、西洋でも多くの思想家たちが、カルマと転生の法則の中に、人によって大きく異なる人生の運不運の不公平さに対する完全な納得できる説明を見いだして、転生説を受け入れはじめている。

弟子　神への導きを求めてグルを訪れ、グルと永遠の霊的師弟関係を結んだ求道者。SRFでは、クリヤ・ヨガの伝授（ディクシャ）によってSRFのグルとの師弟関係が結ばれる。（「グル」と「クリヤ・ヨガ」の項参照）

ハタ・ヨガ　Hatha Yoga　健康と精神的安定を増進するための技法と体位（姿勢）をふくむ体系。

バガヴァッド・ギーター　Bhagavad Gita　〝神の詩《うた》〟の意。古代インドの叙事詩マハーバーラタ物語の中に含まれる十八章から成る教典。歴史的なクルクシェートラの戦い（紀元前三千年ごろ）の開戦直前に行なわれたアヴァター主クリシュナとその弟子アルジュナ王子との対話の中で語られた、ヨガ（神との合一）科学の深遠な哲理と、人生の幸福と日常生活における成功を得るための不変の法則とを主題とする教訓。ギーターは、歴史物語であると同時に、人間の内面における心理的な善悪の戦いについての霊的な教えを風諭した寓話である。文脈の中で、クリシュナはグル、魂、神を象徴し、アルジュナは模範的な信仰者を代表している。この普遍的な教典についてマハトマ・ガンジーはこう書いている「ギーターを瞑想する者は、毎日そこから新鮮な喜びと新しい意味を引き出す。ギーターによって解明されない霊的問題は一つもない」

本書の本文または注に引用されているギーターの句節は、

パラマハンサ・ヨガナンダがサンスクリットの原文をときには逐語的に、ときにはわかり易く言い換えて訳したものである。

バガヴァン・クリシュナ　Bhagavan Krishna　西暦紀元前三千年ごろインドに在世したアヴァター。ヒンズー教典による〝クリシュナ〟の語意の一つは〝全知の霊〟。したがって、〝クリシュナ〟とは、〝キリスト〟と同様、神と一体化したアヴァターの霊性の偉大さを表わす称号である。〝バガヴァン〟という称号は〝主〟を意味する。クリシュナは、バガヴァッド・ギーターに記録されている教えを説いたときは北インドの一王国の王だったが、その少年時代は牛飼いで、得意の笛を吹いて仲間や牛たちを魅了した。ここでクリシュナは、あちこちさ迷っている想念を瞑想という笛の音で全知の意識という牛小屋に呼び戻す魂を演じている、と考えられている。

バクティ・ヨガ　Bhakti Yoga　神に自分のすべてを献げる愛を、神との霊交と合一（ヨガ）を果たすための最も主要な手段とする道。（「ヨガ」の項参照）

ババジ　「マハアヴァター・ババジ」の項参照。

パタンジャリ　Patanjali　古代のヨガの解説者。その著書『ヨガ・スートラ』は、ヨガの修行過程を八段階に分けて概説している。①ヤマ——倫理的戒律。②ニヤマ——宗教的規範。③アサナ——肉体の動揺を鎮めるための正しい姿勢。④プラーナヤーマ——プラーナ（生命エネルギー）の制御。⑤プラティヤハーラ——注意力の転換（外界から内面へ）。⑥ダーラナ——精神集中。⑦ディヤーナ——瞑想。⑧サマディ——超意識の経験。（「ヨガ」の項参照）

パラマハンサ　paramahansa　大師を意味する尊称。この称号は、真のグルがその資格を認めた弟子にのみ与えることができる。パラマハンサの語義は〝至高の白鳥〟。ヒンズー教典では、ハンサ（白鳥）は英知を象徴する。スワミ・スリ・ユクテスワは一九三五年、愛弟子のヨガナンダにこの称号を贈った。

パラムグル　paramguru　語義は〝至高のグル〟または〝偉大なグル〟で、ある人のグルのグルをその人のパラムグルという。ＳＲＦ会員にとってパラマハンサ・ヨガナンダはグルであり、スリ・ユクテスワはパラムグルである。パラマハンサ・ヨガナンダにとってはラヒリ・マハサヤがパラムグルであり、

ババジはパラム・パラムグルである。

ブラフマ、ビシュヌ、シヴァ　Brahma-Vishnu-Shiva　創造活動に現われている神の三つの相。すなわち、創造、存続、破壊という大自然の活動を導いているキリスト意識の三つの働きを擬人化して象徴する神の名。（「三位一体」の項参照）

ブラフマン　Brahman　絶対的実在としての神。

プラーナ　prana　生命を構成する、知性をもつ、原子よりも精妙なエネルギーの火花で、ヒンズー教典ではその集合体をプラーナと呼ぶ。パラマハンサ・ヨガナンダはこれを英訳して「ライフトロン」と名づけた。その本質は神の想念の凝縮したもので、幽界を構成する実質であり、物質宇宙の生命原理である。物質世界には二種類のプラーナがある。（一）宇宙に遍満する宇宙エネルギーで、すべてのものを構成し維持している。（二）各人の中に浸透し、人体を維持している生命エネルギーの流れで、五つに分かれて五種類の機能を遂行している——①プラーナ（結晶）②ヴィヤーナ（循環）③サマーナ（消化吸収）④ウダーナ（新陳代謝）⑤アパーナ（排泄）。

プラーナヤーマ　pranayama　体内の生命力を活性化し維持するプラーナ（生命エネルギー）を意識的に制御することをいう。プラーナヤーマは、人間を肉体意識に縛りつけている感覚と生命の働きから、心を意識的に切り離して、神との霊交に向けて集中するヨガの科学的技法である。魂と神との合一を目的とする科学的技法はすべてヨガと考えることができるが、プラーナヤーマはその中でも最も偉大な技法である。

プラナム　pranam　インド風のあいさつのしぐさ。両手を軽く押しつけるように合わせて、手首を心臓の高さに置き、指先を額に触れさせる。このしぐさは、プラナムの語義である〝完全なあいさつ〟の変形である。サンスクリットの語源はpra（完全に）nam（おじぎする、あいさつする）。プラナムは、インドでは普通のあいさつのしぐさであるが、行者や特に霊的に尊敬すべき人に対しては、口で「プラナム」と言いながらこのしぐさをすることがある。

マーヤ　maya　創造活動の構造原理の中に本来存在する惑わしの力で、これにより、元来唯一の存在（神）が多種多様な存在のように認識される。マーヤは、二元性、相対性、二極背反性の原理で、旧約聖書の預言書に出てくるサタンや、イ

エスが〝彼の内には真理がない〟（ヨハネによる福音書 8・44）ために〝人殺し〟とか〝偽り者〟と呼んだ〝悪魔〟は、この力を擬人化したものである。

パラマハンサ・ヨガナンダは次のように書いている、「サンスクリットのマーヤの語義は〝計る者〟である。それは創造活動において、本来計ることも分けることもできないものを、有限で個々別々のもののように見せかける魔術的な力である。マーヤは大自然——神の恒常不変性とは正反対にたえず変転推移する現象世界——そのものである。

神のドラマ（リーラ）のシナリオの中で、サタンすなわちマーヤの唯一の役割は、人間の意識を霊から物質へ、真実から幻影へと転換させることである。『悪魔は初めから罪を犯している。神の子が現われたのは、悪魔のわざを滅ぼすためである』（ヨハネの手紙一 3・8）すなわち、人間の内なるキリスト意識が現われると、この世の幻影を真実のように見せかける〝悪魔のわざ〟は自然に消滅するのである。

マーヤは、大自然の移り変わり、創造活動の絶え間ない変化というヴェールであり、人間だれもがその後ろに隠れておられる創造主——永遠不変の実在——を見るために剥がさなければならないヴェールである」

マウント・ワシントン　ロサンゼルスのSRF本部の所在地であり、また、意味を拡げてSRF本部そのものを言うこともある。一九二五年、パラマハンサ・ヨガナンダはここに十二・五エーカー（約五ヘクタール）の敷地と建物を購入し、SRFの修行者たちの訓練センターと、古代の霊的科学クリヤ・ヨガを世界中に広めるための本部とを開設した。

マハアヴァター・ババジ　Mahavatar Babaji　一八六一年、ラヒリ・マハサヤにクリヤ・ヨガを伝授し、これによって古代の解脱（救い）の行法を現代に復活させた不死身のマハアヴァター（偉大なアヴァター）。ヒマラヤの山奥に何世紀も青年のような肉体を保持して生き続け、たえず世界を霊的に導いている。彼の使命は、聖者や預言者たちを助けて、彼らにそれぞれの天与の役割を果たさせることである。彼には、その霊性の偉大さを意味する称号がいろいろ献げられているが、普通、サンスクリットの〝ババ〟（父）に〝ジ〟（尊称）を付して、単にババジと呼ばれている。彼の霊的な使命や生き方については『あるヨギの自叙伝』参照。また、本用語解の「アヴァター」の項参照。

マハサマディ　mahasamadhi　〝偉大なサマディ〟の意。完

成したヨギが肉体を捨てるときに行なう最後の瞑想で、これによって彼は肉体を離脱し、その意識はオームなる神の中に融合する。完成したヨギは、神から肉体を去るべき時期を必ず予告されるため、あらかじめそれを知っている。(「サマディ」の項参照)

マントラ・ヨガ Mantra Yoga マントラ(霊的効力を内蔵する宇宙原音による唱え言葉)を、信仰を込め精神を集中してくり返し唱えることによって神との霊交を得る方法。(「ヨガ」の項参照)

瞑想 神に精神を集中する行為。瞑想という言葉は、一般には、注意力を内面にむけて、それを神の特定の相に集中するための技法を行なう行為に使われているが、厳密な意味では、その技法の目的を達成した状態、すなわち、直覚を通して直接神を経験する行為をいう。それは、パタンジャリが解説したヨガの八段階の第七段階ディヤーナに入ってからの状態で、瞑想者が外界からの感覚的妨害を完全に遮断して、精神を内面に固定したあとでのみ得られる状態である。そして瞑想の最も深い状態が第八段階のサマディで、このとき神との合一を達成する。(「ヨガ」の項参照)

ヤーダヴァ・クリシュナ Jadava Krishna ヤーダヴァとは、バガヴァン・クリシュナが王として君臨していた一族の名で、ヤーダヴァ・クリシュナはクリシュナの数多い呼び名の一つ。(「バガヴァン・クリシュナ」の項参照)

ユガ yuga 周期的にくり返される創造活動の一周期、または、その一周期の中で霊性の盛衰として現われる宇宙的季節をヒンズーの聖典ではユガと呼んでいる。スリ・ユクテスワはその著書 The Holy Science『聖なる科学』の中で、二万四千年を分点の移動による一周期とする天宮図と、その中で現在人類が置かれている位置について説明している。この周期は、古代のリシたちが計算した、これよりもはるかに大規模な宇宙周期の中で生じる周期で、それについては『あるヨギの自叙伝』第十六章にこう注記されている――

「この古代の聖典に記された宇宙周期は四十三億五十六万年の長期にわたるもので、〝創造のみわざの一日〟を計算したものである。この膨大な数字は、太陽年の長さと円周率の倍数との関係を基礎にしている。

一つの宇宙の寿命は、古代の預言者たちによれば、三一四兆一五九億太陽年で、これが〝ブラフマの一時代〟である」

幽界（アストラル界）　神の創造活動の舞台の中の、物質原子よりも精妙な生命エネルギー（プラーナ）の波動で出来ている光と色彩の世界。幽界は物質界の天国であり、幽界には物質界の青写真があるため、物質界のすべてのもの、すべての出来事、すべての波動の原型がそこにある。人は肉体の死を迎えると、その魂は光の幽体をまとったまま、それまでに身につけた徳性に応じて最も適した高さの幽界へ行き、物質界よりもはるかに自由な環境で霊的進化の生活経験を重ねる。そしてカルマによって定められた期間そこに滞在したあと、再び肉体をまとって物質界に転生する。

幽体（アストラル体）　魂がまとっている三重のからだ――観念体、幽体、肉体――の二番目のからだで、光すなわち生命エネルギー（プラーナ）の波動で出来た精妙なからだ。ちょうど電球が電流によって電灯となるように、肉体は幽体の働きによって生きた人間となる。幽体は十九の要素によって構成される――知性、自我意識、感性、感覚意識（感覚と密着した心）、五つの知覚力（肉体の視聴嗅味触の五官を働かせる力）、五つの行動力（肉体の生殖、排泄、会話、歩行、手作業の五つの行動を遂行する力）、五つの生命力（肉体の循環、新陳代謝、消化、結晶、排出の五つの作用を遂行する力）。

幽界の光　生命エネルギー（プラーナ）が発する精妙な光で、幽界を構成する本質。瞑想の集中状態にある求道者は、魂の全知の直覚により幽界の光を霊眼として見ることができる。

ヨガ Yoga　サンスクリットの語源は、yuj（合一する）。ヨガとは、個々の魂が神の霊と合一することをいい、また、そのための行法をもいう。また、ヨガは、より広い意味で、ヒンズー哲学の六つの主要な学派――ヴェダーンタ、ミーマンサ、サーンキヤ、ヴァイシェーシカ、ニヤーヤ、ヨガ――の一つに数えられている。ヨガにはいろいろな道がある――ハタ・ヨガ、マントラ・ヨガ、ラヤ・ヨガ、カルマ・ヨガ、ギャーナ・ヨガ、ラージャ・ヨガ、など。SRFが教えるヨガはラージャ・ヨガ（ラージャは〝王の〟または〝完全な〟の意）であり、これは、バガヴァン・クリシュナがバガヴァッド・ギーターの中で弟子のアルジュナにこう賞賛しているヨガである、「ヨギは、肉体を鍛練する苦行者より勝り、また、知恵の道や行為の道に従う者よりも勝る。さればアルジュナよ、なんじヨギになれ」（6・46）。ヨガの最高の解説者、聖哲パタンジャリは、ラージャ・ヨギが神との合一（サマディ）に至る道程を八つの段階に分けて説明している。①ヤマ――倫理的戒律。②ニヤマ――宗教的規範。③アサナ――肉体の動揺を鎮める

ための正しい姿勢。④プラーナヤーマ——プラーナ（生命エネルギー）の制御。⑤プラティヤハーラ——注意力の転換（外界から内面へ）。⑥ダーラナ——精神集中。⑦ディヤーナ——瞑想。③サマディ——超意識の経験。

ヨギ　yogi　ヨガを行ずる人をいう。結婚していてもいなくても、また、世間的責任を負う立場にあろうと、正式に宗教に所属していようと、神を知るために科学的行法を行なう者はみなヨギである。

ラージャ・ヨガ　Raja Yoga　ラージャ・ヨガとは〝神との合一に至る最高の道〟の意。ラージャ・ヨガは、神を直接体験する最終段階に必要な科学的瞑想法を教え、また、他のヨガの道の本質的要素を含んでいる。ＳＲＦのラージャ・ヨガは、クリヤ・ヨガの瞑想を基に、肉体と心と魂における自己の完全な解放をもたらす生き方を教えるものである。（「ヨガ」の項参照）

ラヤ・ヨガ　Laya Yoga　心を幽界の特定の音に没頭させることによってオームなる神との合一に導く方法。（「オーム」および「ヨガ」の項参照）

ライフトロン　「プラーナ」の項参照。

ラヒリ・マハサヤ　Lahiri Mahasaya　〝ラヒリ〟はシャーマ・チャラン・ラヒリ（一八二八年—一八九五年）の姓で、〝マハサヤ〟はサンスクリットの宗教的称号で〝大きな心の人〟の意。ラヒリ・マハサヤはマハアヴァター・ババジの弟子で、パラマハンサ・ヨガナンダのグルであるスワミ・スリ・ユクテスワのグルである。ヨガの神秘力の奥義を極めたキリストのような大師で、ヨガアヴァター（ヨガの権化）と呼ばれている。彼はまた、世間的な仕事と責任をもつ一家庭人でもあった。ラヒリ・マハサヤに与えられた使命は、ヨガが現代人の生活に適合するものであり、瞑想を行じながら世間的な義務を正しく果たすことによってバランスのとれた生き方ができることを人々に知らせることであった。ババジは弟子である彼に、現在ほとんど失われてしまった古代の霊的科学クリヤ・ヨガを伝え、真剣に神を求める求道者たちにも引き継いで伝えてゆくように指示した。ラヒリ・マハサヤの生涯については『あるヨギの自叙伝』参照。

ランチの学校　Yogoda Satsanga Vidyalaya　パラマハンサ・ヨガナンダが一九一八年、インドのビハール州ランチに設立

した学校。その敷地二十五エーカー（約十ヘクタール）と建物は、当時のカシムバザールのマハラジャが自分の夏の別荘を少年たちの学校を開設するために贈ったもの。この土地と施設は、パラマハンサ・ヨガナンダが一九三五―三六年の帰国中に正式に学校の所有となった。現在、幼稚園から大学まで二千人以上の子供たちがここで学んでいる。（「ＹＳＳ」の項参照）

リシ　rishi　神の啓示を受けて英知を語る預言者。特に、ヴェーダの真理を直覚によって会得した古代インドの哲学者であり聖者でもある賢者をいう。

霊眼　眉間のキリスト意識の中枢（クタスタの座、アジナ・チャクラ）にある全知の直覚能力をもつ〝一つの眼〟。深い集中状態にある瞑想者は、金色の光の輪に囲まれた乳白色の光を放つ青空の中央に五つの光芒を放つ白い星の形をした霊眼を見る。この三重の形と色は外側からそれぞれ、波動エネルギーによってつくられた現象の世界（大自然、聖霊）と、創造活動を支配している神の知性または〝ひとり子〟（キリスト意識）と、いっさいの創造活動（被造物）を超越した絶対的存在（父なる神）を象徴する縮図である。

霊眼は、瞑想の究極の目標である神の意識に至る参道である。瞑想の深まりとともに瞑想者の意識が三重に色分けされた霊眼のトンネルの奥深く進入してゆくにつれて、次の状態が経験される――まず、超意識、すなわち〝常に新たな喜び〟である魂の自覚と、オーム（聖霊）なる神との合一。次に、キリスト意識、すなわち〝宇宙にあまねく浸透する全知の知性〟なる神との合一。最後に、宇宙意識、すなわち〝波動でつくられた宇宙に遍在すると同時に、宇宙を超越して存在する意識〟としての神との合一。（「意識の諸状態」、「超意識」、「キリスト意識」の項参照）

「それから彼は、わたしを東に面した門に導いた。すると、見よ、イスラエルの神の栄光が東の方から来たが、その音は大水の響きのようで、地はその栄光で輝いた」（エゼキエル書43・1―2）。パラマハンサ・ヨガナンダはこのエゼキエルの言葉をこう説明している、「ヨギが額の霊眼（〝東に面した門〟）を通して意識を遍在の中に進入させると、万物を構成する唯一の真実の存在である聖なる光の波動が発する〝ことば〟、オーム（〝大水の響き〟）が聞こえてくる」。

イエスもまた霊眼についてこう言っている「もし、あなたの一つの目が見えたら、あなたの全身は光り輝いて見えるであろう……だから、あなたの内なる光が暗くならないように

気をつけなさい」（ルカによる福音書11・34―35）

ＹＳＳ　Yogoda《ヨゴダ》・Satsanga《サットサンガ》・Society《ソサイエティー》・of《オブ》・India《インディア》の略。パラマハンサ・ヨガナンダが一九一七年、インドに設立した団体。本部のヨゴダ・マートは、カルカッタ近郊、ダクシネスワのガンジス河のほとりにあり、その副本部は、ビハール州のランチにある。インドの各地には多くの瞑想センターや瞑想グループがあり、そのほかに二十一か所の幼稚園から大学に至る教育施設をもっている。〝ヨゴダ〟という語はパラマハンサ・ヨガナンダの造語で、〝ヨガがもたらすもの〟すなわちセルフ・リアリゼーション（真の自己を通して神を知る）を意味する。〝サットサンガ〟とは〝聖なる集い〟または〝真理を求める仲間〟をいう。パラマハンサ・ヨガナンダはこのYogoda Satsanga Society（ＹＳＳ）を英訳してSelf-Realization Fellowship（ＳＲＦ）とした。

パラマハンサ・ヨガナンダの記念切手

1977年3月7日、インド政府は、パラマハンサ・ヨガナンダのマハサマディの25周年を記念して、その記念切手を発行した。インド郵政省から切手とともに配布された説明書は、次のように述べている——

「パラマハンサ・ヨガナンダは、青少年時代を除いて、その生涯の大半を外国で過ごしたが、それでも、彼はやはり、インドの偉大な聖者の一人として数えられるべき人物である。彼の遺業は、現在ますます発展をつづけており、世界各地で、魂の救いを求める人々に大きな指針を与えている」

パラマハンサ・ヨガナンダの
クリヤ・ヨガの教えに関する追加資料

Self-Realization Fellowship（ＳＲＦ）は、世界中の求道者を進んで支援するために設立されました。ＳＲＦの年間の講演会や講習会の情報、世界中の寺院やセンターでの瞑想会等の情報、リトリートの予定やその他の活動についての情報に関しては、Web サイトを訪ねるか、国際本部までお問い合わせください。

Web アドレス：　www.yogananda-srf.org

住　所：　Self-Realization Fellowship
3880 San Rafael Avenue
Los Angeles, CA 90065 U.S.A.

電　話：　+1-323-225-2471

『あるヨギの自叙伝』

パラマハンサ・ヨガナンダ著

賞賛のうちに迎え入れられたこの自叙伝には、現代における一人の霊的偉人の心引きつけられる人物像が描きだされています。パラマハンサ・ヨガナンダは、人々を魅了してやまない率直さ、雄弁さ、そして機知を交えながら、自らの一生の経験を物語って、人を霊性の旅路へといざないます。この本には、非凡な少年時代、悟りを開いた師を求めてインド中を探し回り、多くの聖人賢者に出会った青年時代、尊いヨガの師の庵に参じて修行した10年間、そしてアメリカで暮らし教えた30年間の経験が描かれています。また、マハトマ・ガンジーやラビンドラナート・タゴール、ルーサー・バーバンク、カトリックの聖痕女テレーゼ・ノイマンなど、西洋と東洋の多くの著名な霊的偉人との出会いが記録されています。

『あるヨギの自叙伝』は、美しく描かれた、稀なる人生の物語であると同時に、古の科学であるヨガと歴史ある伝統的な瞑想方法に奥深く迫る入門書です。著者は、日常生活で起こる普通のできごとと、奇蹟と呼ばれる特別なできごとの背後にある、精妙ではあっても確実に存在する法則をはっきりと説明しています。このようにして、人を夢中にさせる著者の一生の物語が舞台となって、洞察力に満ちた視点、感銘を受けずにはいられないその視点から、人間存在という究極の神秘を見ることができるのです。

この本は、現代における霊的著作の傑作と認められ、18ヶ国語に翻訳されました。そして、大学での教科書や参考書として広く用いられています。約50年以上前に出版された『あるヨギの自叙伝』は、長年にわたるベストセラーとなって、今も、世界中の無数の読者の心に届けられ続けているのです。

「たぐい稀なる記録」　——ニューヨーク・タイムズ

「心をとりこにする、しかも明解な注釈の施された研究書」

——ニューズウィーク

「英語もしくはどのヨーロッパ言語においても、このようにヨガを紹介した本は、いまだかつて書かれたことがなかった」

——コロンビア大学出版局

その他の SRF 書籍の紹介

SRF の書籍、CD、DVD 等の総合カタログを希望される方はご連絡ください。

——————— 日本語 ———————

『聖なる科学』 スワミ・スリ・ユクテスワ著
『オンリー・ラブ――愛だけが――』 スリ・ダヤ・マタ著
『師弟関係』 スリ・ムリナリニ・マタ著
『セルフ・リアリゼーション』誌 ――スリ・ダヤ・マタ追悼特集号――

——————— 英 語 ———————

The Holy Science Swami Sri Yukteswar 著
Only Love: *Living the Spirital Life in a Changing World* Sri Daya Mata 著
Finding the Joy Within You: *Personal Counsel for God-Centered Living* Sri Daya Mata 著
God Alone: *The Life and Letters of a Saint* Sri Gyanamata 著
"Mejda": *The Family and the Early Life of Paramahansa Yogananda* Sananda Lal Ghosh 著
Self-Realization (1925 年パラマハンサ・ヨガナンダ創刊の季刊誌)

入門用小冊子（無料）

パラマハンサ・ヨガナンダの教えと、クリヤ・ヨガを含め師が教えた科学的瞑想法は、SRF のレッスン（通信講座）として特別にまとめられています。日本語では、重要なヨガ行法を説明した三つの要約レッスンが用意されています。詳細について知りたい方は、小冊子『セルフ・リアリゼーションとは？』をお取り寄せください。英語、スペイン語（全レッスン）およびドイツ語（短縮版）については、希望の言語を指定したうえで、小冊子『UNDREAMED-OF POSSIBILITIES』をお取り寄せください。小冊子はいずれも無料です。

Where There Is Light: Insight and Inspiration for Meeting Life's Challenges

Whispers from Eternity

パラマハンサ・ヨガナンダが高い瞑想の境地で得た、聖なる体験と祈りのコレクション。

The Science of Religion

The Yoga of the Bhagavad Gita:
An Introduction to India's Universal Science of God-Realization

The Yoga of Jesus: *Understanding the Hidden Teachings of the Gospels*

In the Sanctuary of the Soul: *A Guide to Effective Prayer*

Inner Peace: *How to Be Calmly Active and Actively Calm*

To Be Victorious in Life

Why God Permits Evil and How to Rise Above It

Living Fearlessly: *Bringing Out Your Inner Soul Strength*

How You Can Talk With God

Metaphysical Meditations

心を高める瞑想、祈り、アファメーションの数々。300以上を収録。

Scientific Healing Affirmations

パラマハンサ・ヨガナンダがアファメーションの科学を奥深く説明した書。

Sayings of Paramahansa Yogananda

導きを求めて来た人々へ向けられた、パラマハンサ・ヨガナンダの率直で愛に満ちた言葉と賢明な助言を集めた書。

Songs of the Soul

パラマハンサ・ヨガナンダによる神秘的な詩。

The Law of Success

人生の目標を達成するための、原動力を生みだす原理を説明した書。

Cosmic Chants

神への愛の歌60曲（英詩と楽譜）を収録。聖歌の詠唱によって、どのように神との霊交へと導かれるかを説明した序文つき。

CD・DVD

Beholding the One in All

The Great Light of God

Songs of My Heart

To Make Heaven on Earth

Removing All Sorrow and Suffering

Follow the Path of Christ, Krishna, and the Masters

Awake in the Cosmic Dream

Be a Smile Millionaire

One Life Versus Reincarnation

In the Glory of the Spirit

Self-Realization: The Inner and the Outer Path

パラマハンサ・ヨガナンダの

日本語

書店，出版社および SRF から購入できます。

森北出版　www.morikita.co.jp
SRF　www.yogananda-srf.org

『あるヨギの自叙伝』
『人間の永遠の探求』

以下は SRF から直接購入できます。

『成功の法則』
『メタフィジカル瞑想』
『神と話をする方法』
『科学的な癒しのアファメーション』
『内なる平和』
『神はなぜ悪を許されるのか』

英語

SRF から直接購入できます。

Self-Realization Fellowship
3880 San Rafael Avenue
Los Angeles, CA 90065-3219 USA
Tel +1-323-225-2471　Fax +1-323-225-5088
www.yogananda-srf.org

Autobiography of a Yogi

The Second Coming of Christ: The Resurrection of the Christ Within You
イエスの本来の教えについての注釈。天啓の書。

God Talks with Arjuna: The Bhagavad Gita
これまでにないバガヴァッド・ギーターの翻訳・注釈書。

Man's Eternal Quest
パラマハンサ・ヨガナンダの講話・談話集、第一巻。

The Divine Romance
パラマハンサ・ヨガナンダの講話・談話・エッセイ集、第二巻。

Journey to Self-Realization
パラマハンサ・ヨガナンダの講話・談話集、第三巻。

Wine of the Mystic: The Rubaiyat of Omar Khayyam
— A Spiritual Interpretation
『ルバイヤート』の不思議な心象風景の背後に秘められた、神との霊交の科学、神秘の科学を明らかにする、天来の注釈書。